# EDUGORILLA
## PUBLICATION

# मध्य प्रदेश पुलिस

## कांस्टेबल (पेपर - I) परीक्षा

**नवीनतम संस्करण**
**अभ्यास किट**

**10 टेस्ट्स**
10 मॉक टेस्ट्स

वास्तविक परीक्षा प्रारूप पर आधारित टेस्ट

✓ पूर्णतः संशोधित और अद्यतन

✓ सभी बहुविकल्पीय प्रश्नो का विस्तृत विश्लेषण

| शीर्षक | : मध्य प्रदेश पुलिस कांस्टेबल ( पेपर - I ) परीक्षा |
| लेखक का नाम | : Mr. Rohit Manglik |
| प्रकाशक | : EduGorilla Community Pvt. Ltd. |
| प्रकाशक का पता | : 12/651 प्रथम तल, अरविन्दो पार्क के सामने, निकट जामा मस्जिद, इंदिरा नगर लखनऊ, उत्तर प्रदेश, 226016, भारत। |

## कॉपीराइट EduGorilla



## अस्वीकरण EduGorilla

**रोहित मांगलिक**
सीईओ, EduGorilla

प्रिय छात्रों,

एक बहुत ही प्रचलित कहावत है कि "सफलता उन्हीं को मिलती है जो उसके लिए कड़ी मेहनत करते हैं।" लेकिन मैंने लोगों को उनकी परीक्षाओं के लिए दिन-रात एक करके मेहनत करते हुए देखा है, पर फिर भी वे सफल नहीं हो पाते। तो वहीं दूसरी ओर, कुछ लोग बस आधी मेहनत करके परीक्षा में सफलता प्राप्त करते हैं। तो, क्या वे किस्मत वाले हैं? नहीं मेरा मानना है, कि ऐसा इसलिए है क्योंकि वे सिर्फ कड़ी नहीं बल्कि कुशल तरीके से अपनी तैयारी करते हैं। इसी तरह आपको भी अपनी परीक्षाओं की तैयारी के लिए अपनी योजना बनानी चाहिए, ताकि आपकी भी सफलता की संभावना बढ़ सके। तो तैयार हो जाइये EduGorilla के साथ अपनी परीक्षा में चयन होने की संभावना को 16 गुना बढ़ाने के लिए।

EduGorilla आपको न केवल कड़ी मेहनत करने में मदद करता है, बल्कि एक स्मार्ट और योजनाबद्ध तरीके से तैयारी करने में भी सहायता प्रदान करता है। EduGorilla की तैयारी पैकेज के साथ आप अपने परीक्षा में चयन होने के रास्ते को सहज और मनोरंजक बना सकते हैं। अपनी तैयारी के लिए सही रास्ता खोजना मुश्किल हो सकता है, यदि आप ये नहीं जानते कि आपको किस दिशा में जाना है। चिंता न करें हम आपके साथ खड़े हैं! EduGorilla आपकी सफलता में आपका मार्गदर्शक बनेगा। हमारे तैयारी पैकेज के साथ आप रणनीतिक रूप से तैयारी कर, अपनी परीक्षा में सिर्फ एक ही प्रयास में सफल हो सकते हैं।

EduGorilla के तैयारी पैकेज में शामिल हैं-

• टेस्ट सीरीज़　　　　　　　• किताबें

हमारे तैयारी पैकेज को सभी तरह के नये बदलवों, विशेषज्ञों की राय एवं छात्रों के प्रतिक्रिया के अनुसार तैयार किया गया है। जो आपको परीक्षा के प्रत्येक चरण की चयन प्रक्रिया को पार करने के योग्य बनाता है।

हमारी किताबें शिक्षकों और विशेषज्ञों द्वारा आपकी परीक्षा के लिए तैयार की गई हैं, 150+ वर्षों के अनुभव के साथ; ताकि आपको आसान, कुशल और प्रभावी शिक्षण प्रदान किया जा सके। हमारी स्मार्ट किताबें न सिर्फ आपको प्रश्नों के उत्तर देने की समझ देती हैं, अपितु आपके अभ्यास के लिए समान रूप के प्रश्न भी प्रदान करती हैं।

EduGorilla की सक्षम टेस्ट सीरीज आपको वास्तविक अनुभव और आत्मविश्वास प्रदान करती हैं, जिसके माध्यम से आप केवल एक प्रयास में अपनी ऑफलाइन अथवा ऑनलाइन परीक्षा पास कर सकते हैं। वर्तमान में हम 83,000+ मॉक टेस्ट्स और 1,440+ प्रतियोगी एवं शैक्षणिक परीक्षाओं की तैयारी कराते हैं।

अर्थात, EduGorilla आपकी तैयारी में आपकी सहायता करने का कोई भी मौका नहीं छोड़ता है और परीक्षा के सभी चरणों को कवर करता है, ताकि परीक्षा की तैयारी के लिए आपको कहीं और भटकना ना पड़े।

हम आपको डिफेन्स, बैंकिंग, टीचिंग और अन्य राष्ट्रीय एवं राज्य स्तरीय परीक्षाओं के लिए सम्पूर्ण तैयारी पैकेज प्रदान करते हैं। अत: इससे कोई फर्क नहीं पड़ता कि आप किस परीक्षा के लिए तैयारी कर रहे हैं, क्योंकि आप सफलता हासिल करेंगे।

आपको परीक्षा की शुभकामनाएं!

रोहित मांगलिक,
संस्थापक और मुख्य कार्यकारी अधिकारी, EduGorilla

# प्रस्तावना

EduGorilla छात्रों को उनकी परीक्षा में सफल होने के लिए मार्गदर्शन प्रदान करता है। जिसको ध्यान में रखते हुए हमारे कुल 150+ वर्षों का अनुभव रखने वाले प्रतिष्ठित विशेषज्ञों ने कड़े प्रयासों के द्वारा "मध्य प्रदेश पुलिस : कांस्टेबल (पेपर - I) परीक्षा" को तैयार किया है। इस किताब के प्रश्नों को हाल ही में परीक्षा के पाठ्यक्रम और पैटर्न में हुए सभी बदलावों को ध्यान में रखकर बनाया गया है। वो प्रश्न जिनकी मध्य प्रदेश पुलिस कांस्टेबल परीक्षा में आने कि संभवना काफी प्रबल है, उनको इस किताब मे रखा गया है। आप EduGorilla की "मध्य प्रदेश पुलिस : कांस्टेबल (पेपर - I) परीक्षा" के माध्यम से अपनी सफलता की संभावना को 16 गुना बढ़ा सकते हैं।

EduGorilla ये अपनी संपूर्ण तैयारी पैकेज के माध्यम से साकार करता है। इस किट में आपको प्रश्न अच्छी तरह अवधारित एवं संरचित रूप मे मिलेंगे जिन्हे आपकी जरूरतों के अनुसार बनाया गया है। इसके माध्यम से आपको स्मार्ट तरीके से परीक्षा के लिए अभ्यास करने में मदद मिलेगी। साथ ही आपको सहायक, समाधान और स्मार्ट उत्तर पत्रिका भी प्रदान की जायेंगी। जिससे आप अपना मूल्यांकन स्वयं कर सकते हैं। आप स्वयं की समीक्षा कर, उन सभी बिन्दुओं पर खुद को बेहतर तरीके से तैयार कर सकते हैं।

EduGorilla आपको अपनी परीक्षा में सफलता दिलाने और आपके लक्ष्य को हासिल करने में आपकी सहायता करने का वादा करता हैं। हम अपने प्रतिभागियों पर पूरा भरोसा करते हैं और उन्हें मेरिट सूची के शीर्ष पर देखते हैं। शीर्ष स्थान की ओर आपका पहला कदम है हमारे साथ तैयारी शुरू करना। EduGorilla की "मध्य प्रदेश पुलिस : कांस्टेबल (पेपर - I) परीक्षा" की विशेषताएं कुछ इस प्रकार हैं।

➤ अच्छी तरह से शोध किया हुआ पाठ्यक्रम

➤ उच्च गुणवत्ता

➤ विस्तृत उत्तर और विश्लेषण

➤ स्मार्ट उत्तर पत्रिका

➤ परीक्षा सुसंगत प्रश्न

इस प्रकार EduGorilla आपकी तैयारी को मजबूत और आपको परीक्षा में सफल होने के योग्य बनाता है।

मध्य प्रदेश पुलिस कांस्टेबल
परीक्षा की योग्यता, परीक्षा पैटर्न, विषय को जानने
के लिए QR कोड को स्कैन करें।

Book ID: 0720

# विषय-सूची

## General & Logical Knowledge

**Q.1** फ्रायड के सिद्धांत के अनुसार लोग संघर्ष के कारण होने वाली चिंता को दूर करने के लिए जिस मौलिक तकनीक का उपयोग करते हैं:

**A.** प्रक्षेपण      **B.** प्रतिक्रिया गठन

**C.** दमन      **D.** वापसी

**Q.2** राज्यों के वित्त (आय) पर भारतीय रिज़र्व बैंक द्वारा किए गए नवीनतम अध्ययन के अनुसार पूँजीगत खर्च किस पर अधिकतम है?

*[Indian Military Academy (IMA), 2018], [Officers Training Academy (OTA), 2018]*

**A.** ग्रामीण विकास

**B.** जल आपूर्ति और स्वच्छता

**C.** शहरी विकास

**D.** शिक्षा

**Q.3** कौन- सा संवैधानिक प्रावधान भारतीय संविधान द्वारा ऑस्ट्रेलियाई संविधान से नहीं लिया गया था?

**A.** राज्य के नीति निदेशक सिद्धांत

**B.** समवर्ती सूची का प्रावधान

**C.** केंद्र एवं राज्य के बीच संबंध तथा शक्तियों का विभाजन

**D.** व्यापार और वाणिज्य की स्वतंत्रता

**Q.4** विल्हेम कॉनराड रॉंटजन ने किसकी खोज की थी?

**A.** विद्युत आवेश का संरक्षण

**B.** बिजली के बल्ब

**C.** एक्स-रे

**D.** ऊष्मप्रवैगिकी

**Q.5** भारत के परमाणु ऊर्जा निगम की स्थापना निम्नलिखित में से किस वर्ष में की गई थी?

**A.** 1955      **B.** 1987      **C.** 1992      **D.** 2001

**Q.6** विंध्य और सतपुड़ा पर्वतमाला को जोड़ने वाली इनमें से कौन-सी कड़ी है?

**A.** राजपीपला पर्वतमाला      **B.** महादेव पर्वतमाला

**C.** मैकल पर्वतमाला      **D.** कैमूर पर्वतमाला

**Q.7** महात्मा बुद्ध ने अपना पहला 'धर्मचक्रप्रवर्तन' किस स्थान पर दिया था?

**A.** राजगृह    **B.** पाटलिपुत्र    **C.** बोध गया    **D.** सारनाथ

**Q.8** निम्नलिखित में से किस महिला ने मुगल काल के दौरान एक ऐतिहासिक वृत्तांत लिखा था?

**A.** गुलबदन बेगम      **B.** नूरजहाँ बेगम

**C.** जहाँआरा बेगम      **D.** ज़ेबुन-निसा बेगम

**Q.9** बोब्बिली वीणा, जिसे सरस्वती वीणा या एकंदा वीणा के नाम से भी जाना जाता है, कर्नाटक संगीत में इस्तेमाल किया जाने वाला एक बड़ा वाद्य यंत्र है। यह निम्नलिखित में से किस पेड़ से बनाया गया है?

**A.** चंदन    **B.** जैकवुड    **C.** बांस    **D.** रोज़वुड

**Q.10** अपनी विद्वता के लिए प्रसिद्ध क्षिप्रा नदी के तट पर कौन सा प्राचीन भारतीय शहर मध्य प्रदेश में पाया जाता है?

**A.** रतलाम    **B.** इंदौर    **C.** उज्जैन    **D.** विदिशा

**Q.11** कौन सा भारतीय राज्य चीन के साथ सीमा साझा करता है?

**A.** लद्दाख      **B.** अरुणाचल प्रदेश

**C.** उत्तराखंड      **D.** उपरोक्त सभी

**Q.12** कालिदास सम्मान एक प्रतिष्ठित कला पुरस्कार है जिसे _____ की सरकार द्वारा प्रतिवर्ष प्रदान किया जाता है।

**A.** महाराष्ट्र      **B.** मध्य प्रदेश

**C.** उत्तर प्रदेश      **D.** गुजरात

**Q.13 निर्देश:** निम्न प्रश्न में दो कथन और उसके बाद I और II से अंकित दो निष्कर्ष दिए गये हैं। आपको दिए गये कथन को सत्य मानना है, भले ही वे ज्ञात तथ्यों से अलग प्रतीत होते हों। सभी निष्कर्षों को पढ़िए और फिर निर्णय कीजिए कि दिया गया कौन सा निष्कर्ष ज्ञात तथ्यों को नजरंदाज करने पर कथनों का तार्किक रूप से अनुसरण करता है।

**कथन:**

कुछ फाइलें डाटा हैं।

सभी डॉक्यूमेंट डाटा हैं।

**निष्कर्ष:**

I. कुछ फाइलें डॉक्यूमेंट हैं।

II. कुछ डाटा डॉक्यूमेंट हैं।

**A.** कोई भी निष्कर्ष अनुसरण नहीं करता है।

**B.** केवल निष्कर्ष I अनुसरण करता है।

**C.** केवल निष्कर्ष II अनुसरण करता है।

**D.** दोनों निष्कर्ष अनुसरण करते हैं।

**Q.14** एक लड़की का परिचय कराते हुए अंजलि कहती है, "वह मेरी माँ के बेटे की इकलौती बहन की बेटी है।" वह लड़की अंजलि से कैसे संबंधित है?

**A.** चचेरी बहन      **B.** बेटी

**C.** ननद      **D.** भांजी

**Q.15 निर्देश:** निम्नलिखित जानकारी को ध्यानपूर्वक पढ़िए और प्रश्न का उत्तर दीजिये जो इस प्रकार हैं:

बिंदु P, बिंदु Q के पश्चिम में 10 मी की दूरी पर है। बिंदु S, बिंदु R के उत्तर में 6 मी की दूरी पर है। बिंदु P और बिंदु Q के ठीक बीच में बिंदु R है। बिंदु V, बिंदु Q के पूर्व में 4 मी दूर पर है। बिंदु U, बिंदु Q के दक्षिण में 6 मी है। बिंदु Q और बिंदु U के ठीक बीच में बिंदु T है।

यदि कोई व्यक्ति बिंदु S से पूर्व की ओर 9 मी चलता है, दाएं मुड़ जाता है और 6 मी तक चलता है, वह निम्नलिखित में से किस बिंदु पर पहुंचेगा?

**A.** R      **B.** Q      **C.** T      **D.** V

**Q.16** निम्नलिखित में से कौन यूएनओ से संबद्ध नहीं है?

**A.** ILO      **B.** WHO

**C.** ASEAN      **D.** ऊपर के सभी

**Q.17** 'अंतर्राष्ट्रीय श्रम संगठन' का मुख्यालय _____ में स्थित है।

**A.** लंदन    **B.** जिनेवा    **C.** बर्लिन    **D.** वाशिंगटन

**Q.18** भोपाल गैस त्रासदी किस वर्ष में हुई थी ?

**A.** 1926    **B.** 1984    **C.** 1978    **D.** 1981

**Q.19** मध्यप्रदेश का चरणपादुका नरसंहार कब हुआ था?

**A.** 14 जनवरी, 1930      **B.** 14 जनवरी, 1931

**C.** 15 जनवरी, 1932      **D.** 14 जनवरी, 1929

**Q.20** किंग खालिद अंतरराष्ट्रीय हवाई अड्डा किस देश में है?

**A.** सीरिया      **B.** इराक
**C.** बहरीन      **D.** सऊदी अरब

**Q.21** निम्नलिखित प्रश्न में उस विकल्प का पता लगाएं जो प्रश्नवाचक चिन्ह को प्रतिस्थापित करेगा।

पेन : कागज़ :: चाक : ?

**A.** पेंट      **B.** लकड़ी      **C.** ब्लैकबोर्ड      **D.** पत्थर

**Q.22** एक निश्चित कूट में FIRE को DGPC के रूप में कूटबद्ध किया गया है! SHOT के कूटबद्ध शब्द का अंतिम अक्षर क्या है?

**A.** R      **B.** S      **C.** P      **D.** Q

**Q.23** यदि TOUR को 1234, CLEAR को 56784 और SPARE को 90847 के रूप में एक निश्चित कोड में लिखा जाता है, तो उसी कोड में SCULPTURE के लिए 5 वां अंक क्या होगा ?

**A.** 3      **B.** 4      **C.** 6      **D.** 0

**Q.24** वह संख्या चुनें, जो नीचे दिए गए सहसंबंध को पूरा करेगी।

7: 64 : : 8: ?

**A.** 81      **B.** 80      **C.** 79      **D.** 82

**Q.25** दिए गए विकल्पों में से संबंधित संख्या को चुनिए।

182: 11 : : 685: ?

**A.** 19      **B.** 22      **C.** 15      **D.** 23

**Q.26** अंतर्राष्ट्रीय खुशी दिवस पूरे विश्व में कब मनाया जाता है?

**A.** 20 मार्च      **B.** 21 मार्च      **C.** 22 मार्च      **D.** 23 मार्च

**Q.27 निर्देश:** निम्नलिखित जानकारी का अध्ययन करें और निम्नलिखित प्रश्न के उत्तर दें।

छह व्यक्ति - राहुल, राधा, राम, सीता, अमित और नेहा दक्षिण दिशा के सम्मुख एक सीधी रेखा में बैठे हैं, लेकिन जरूरी नहीं कि इसी क्रम में हों। सीता और राम अमित के पड़ोसी हैं। नेहा राम के बाएं से दूसरे स्थान पर बैठी है। राधा पंक्ति के बाएं छोर पर बैठी है।

राहुल और राधा के बीच में कौन बैठा है?

**A.** सीता      **B.** 28      **C.** 30      **D.** 37

**Q.28** निम्नलिखित में से विषम को चुनिए:

**A.** CFJ      **B.** EJO      **C.** FLR      **D.** GNU

**Q.29** कलिंग युद्ध कौन से वर्ष में लड़ा गया था?

**A.** 269 ईसा पूर्व      **B.** 263 ईसा पूर्व
**C.** 260 ईसा पूर्व      **D.** 261 ईसा पूर्व

**Q.30 निर्देश:** इस प्रश्न में कुछ कथनों के बाद कुछ निष्कर्ष दिए गए हैं। आपको दिए गए कथनों को सत्य मानना है, भले ही वे सामान्य रूप से ज्ञात तथ्यों से भिन्न प्रतीत होते हों और फिर तय करें कि कौन सा निष्कर्ष दिए गए कथनों का तार्किक रूप से अनुसरण करता है।

**कथन:**

श्री वर्मा को सेब पसंद हैं।

सेब की कीमत बहुत ज्यादा होती है।

कुछ महंगे दाम की चीजें मीठी होती हैं।

**निष्कर्ष:**

I. कुछ अत्यधिक कीमत वाली चीजें श्री वर्मा द्वारा पसंद की जाती हैं।

II. कुछ सेब मीठे हैं।

**A.** केवल निष्कर्ष I अनुसरण करता है
**B.** केवल निष्कर्ष II अनुसरण करता है
**C.** निष्कर्ष I और निष्कर्ष II दोनों अनुसरण करते हैं
**D.** न तो निष्कर्ष I और न ही निष्कर्ष II अनुसरण करता है

**Q.31** दशम ग्रंथ किस गुरु से संबंधित है?

**A.** गुरु नानक देव जी      **B.** गुरु अर्जन देव जी
**C.** गुरु गोविंद सिंह जी      **D.** गुरु तेग बहादुर जी

**Q.32** नीचे दिए गए शब्दों को अर्थपूर्ण क्रम में व्यवस्थित करें।

1. चाभी
2. द्वार
3. ताला
4. कमरा
5. स्विच ऑन

**A.** 5, 1, 2, 4, 3      **B.** 4, 2, 1, 5, 3
**C.** 1, 3, 2, 4, 5      **D.** 1, 2, 3, 5, 4

**Q.33** नीचे दिए गए शब्दों को अर्थपूर्ण क्रम में व्यवस्थित करें।

1. शब्द
2. परिच्छेद
3. वाक्य
4. अक्षर
5. वाक्यांश

**A.** 4, 1, 5, 2, 3      **B.** 4, 1, 3, 5, 2
**C.** 4, 2, 5, 1, 3      **D.** 4, 1, 5, 3, 2

**Q.34** इनमें से कौन मध्यप्रदेश का हॉकी खिलाडी था?

*[Madhya Pradesh Public Service Commission (MPPSC), 2017]*

**A.** समीर दाद      **B.** कीर्ति पटेल
**C.** माइकल नाथ      **D.** अमित बनर्जी

**Q.35** साँची का स्तूप किसने बनवाया था?

**A.** बिंदुसार      **B.** दशरथ मौर्य
**C.** अशोक      **D.** इनमें से कोई नहीं

**Q.36** दिए गए शब्दों को वर्णमाला क्रम में व्यवस्थित करें और पहले आने वाले को चुनें।

Science, Scripture, Script, Scramble

**A.** Science      **B.** Scramble
**C.** Scripture      **D.** Script

**Q.37** विश्व का एकमात्र तैरता हुआ राष्ट्रीय उद्यान किसे माना जाता है?

**A.** किश्तवाड़ राष्ट्रीय उद्यान
**B.** कंचनजंगा राष्ट्रीय उद्यान
**C.** केयबुल लामजाओ राष्ट्रीय उद्यान
**D.** खिरगंगा राष्ट्रीय उद्यान

**Q.38 निर्देश:** तीसरे अक्षर-समूह से संबंधित विकल्प का चयन उसी तरह से करें जैसे दूसरा अक्षर-समूह पहले अक्षर-समूह से संबंधित है।

DAM : HBZ :: CAB : ?

**A.** GBF      **B.** FBG      **C.** GBD      **D.** FBD

**Q.39 निर्देश:** निम्नलिखित प्रश्न में, संख्या श्रृंखला के विभिन्न पद एक शब्द के साथ दिए गए हैं, जैसा कि (?) द्वारा दिखाया गया है। दिए गए विकल्पों में से लापता शब्द चुनें।

8, 27, 125, ?, 1331, 2197

**A.** 216      **B.** 343      **C.** 1000      **D.** 729

**Q.40** रानी लक्ष्मीबाई पुरस्कार हरियाणा सरकार द्वारा किस क्षेत्र में दिया जाता है?

**A.** खेल      **B.** रक्षा      **C.** नृत्य      **D.** साहित्य

# Mental Ability & Mental Aptitude

**Q.41** रमेश बस, कार और बाइक द्वारा $12$ किमी की समान दूरी तय करता है। बस, कार और बाइक की गति का अनुपात क्रमशः $4:2:1$ है। यदि कुल यात्रा में $7$ घंटे लगते हैं, तो कार द्वारा लिया गया समय क्या है?

**A.** 3 घंटे **B.** 2 घंटे **C.** 1 घंटे **D.** 4 घंटे

**Q.42** कार द्वारा $2$ घंटे में $333$ किमी की दूरी तय करने के लिए, कार की औसत गति मीटर/सेकंड में क्या होनी चाहिए?

**A.** 166.5 **B.** 46.25 **C.** 83.25 **D.** 92.5

**Q.43** विकल्पों में से विषम आकृति का चयन कीजिये:

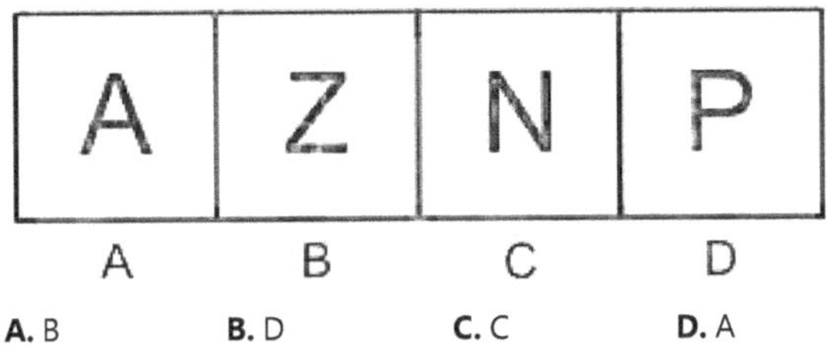


**A.** B **B.** D **C.** C **D.** A

**Q.44 निर्देश**: निम्नलिखित आकृतियों में, चार आकृतियों (A), (B), (C) और (D) में से तीन एक निश्चित तरीके से समान हैं, लेकिन एक आकृति अन्य तीन से भिन्न है। उस आकृति का चयन कीजिए जो अन्य से भिन्न है।

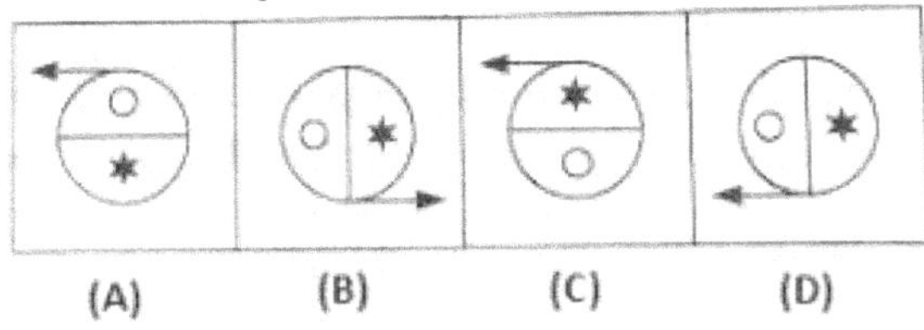


**A.** (A) **B.** (B) **C.** (C) **D.** (D)

**Q.45** निम्नलिखित श्रृंखला में विकल्पों में से कौन सा अक्षर प्रश्न चिह्न (?) को प्रतिस्थापित करेगा?

P, T, N, R, L, P, J, ?

**A.** K **B.** N **C.** M **D.** I

**Q.46** एक बेईमान दुकानदार अपने माल को क्रय मूल्य पर बेचने का दावा करता है, परन्तु खराब मानकों का उपयोग करता है। उसके $1$ किग्रा वजन में केवल $950$ ग्राम होते हैं। उसका लाभ प्रतिशत ज्ञात कीजिये।

**A.** $7\frac{3}{19}\%$ **B.** $5\frac{7}{19}\%$ **C.** $5\frac{5}{19}\%$ **D.** $4\frac{5}{19}\%$

**Q.47** विवाह के समय एक पति और उसकी पत्नी की औसत आयु 25 वर्ष थी। 7 वर्ष के बाद, पति, पत्नी और उनके बेटे की औसत आयु 22 वर्ष है। उस समय बेटे की आयु क्या है?

**A.** 5 **B.** 4 **C.** 3 **D.** 2

**Q.48** चार विकल्प दिए गए हैं, जिनमें से तीन किसी प्रकार से समान हैं, जबकि एक भिन्न है। भिन्न का चयन कीजिये।

**A.** 97 **B.** 135 **C.** 167 **D.** 199

**Q.49** निम्नलिखित में से कौन सा चित्र महिलाओं, माताओं और इंजीनियरों के बीच सबसे अच्छे संबंध को दर्शाता है?

**A.**  **B.** 

**C.**  **D.** 

**Q.50** यदि, ' $+$ ' को ' $-$ ' के रूप में कोडित किया जाता है, ' $\div$ ' को ' $+$ ' के रूप में कोडित किया जाता है, ' $\times$ ' को ' $\div$ ' के रूप में कोडित किया जाता है और ' $-$ ' को ' $\times$ ' के रूप में कोडित किया जाता है तो इसका मान होगा:

$$12 + 7 \div 9 - 10 \times 5$$

**A.** 27 **B.** 22 **C.** 30 **D.** 23

**Q.51** $16$ सेमी के समबाहु त्रिभुज का क्षेत्रफल कितना है?

**A.** $48\sqrt{3}$ सेमी $^2$ **B.** $4128\sqrt{3}$ सेमी $^2$
**C.** $9.6\sqrt{3}$ सेमी $^2$ **D.** $64\sqrt{3}$ सेमी $^2$

**Q.52** यदि एक त्रिभुज की भुजाएँ $26$ सेमी, $24$ सेमी और $10$ सेमी हैं, तो इसका क्षेत्रफल क्या है?

**A.** 120 सेमी $^2$ **B.** 130 सेमी $^2$
**C.** 312 सेमी $^2$ **D.** 315 सेमी $^2$

**Q.53** दो समान बर्तनों को क्रमशः $2:3$ और $5:4$ के अनुपात में जल और ग्लिसरीन के मिश्रण से भरा जाता है, यदि मिश्रण को तीसरे बर्तन में डाला जाता है, तो तीसरे बर्तन में जल और ग्लिसरीन का अनुपात क्या होगा?

**A.** 53:45 **B.** 20:21 **C.** 15:17 **D.** 43:47

**Q.54** यदि एक संख्या $X$ को 14 से विभाजित किया जाता है, शेषफल 10 है, जब $2X$ को 7 से विभाजित किया जाता हे, तो शेषफल है:

**A.** 6 **B.** 5 **C.** 4 **D.** 1

**Q.55** यदि ' $<$ ' का अर्थ ' $-$ ' है, ' $>$ ' का अर्थ ' $+$ ' है, और ' $\$$ ' का अर्थ ' $\div$ ' है, तो $27 > 81\$9 < 6$ का मान क्या होगा?

**A.** 60 **B.** 33
**C.** 36 **D.** इनमें से कोई नहीं

**Q.56** दो संख्याओं का म.स. और ल.स. क्रमशः $120$ और $3600$ है। यदि पहली संख्या $600$ है, तो दूसरी संख्या ज्ञात कीजिए।

**A.** 720 **B.** 540 **C.** 900 **D.** 960

**Q.57** एक डिब्बे में सिर्फ एक रुपये एवं पचास पैसों के $210$ सिक्के है। उनके क्रमशः मानों का अनुपात $13:11$ है। एक-रुपये के सिक्कों की संख्या क्या है?

**A.** 65 **B.** 66 **C.** 77 **D.** 78

**Q.58** निम्न में से कौन सा विकल्प दी गई अभिव्यक्ति में अन्तराल को पूर्ण करेगा?

$$8700 \text{ का } __ \% = 261$$

**A.** 3 **B.** 5 **C.** 4 **D.** 8

**Q.59** चार विकल्पों में से एक उपयुक्त आकृति चुनें जो आकृति मैट्रिक्स को पूरा करेगी।

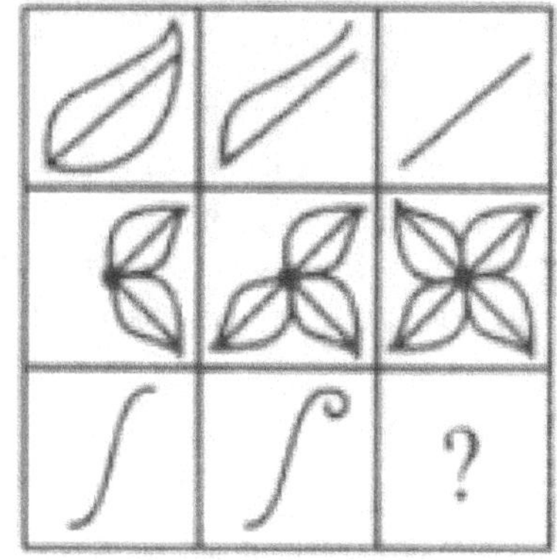

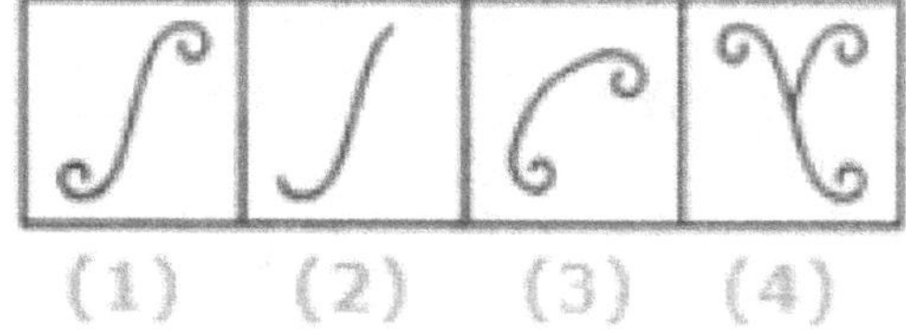

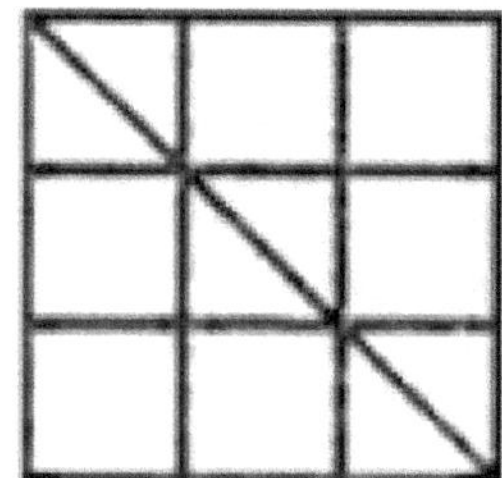

**A.** 1     **B.** 2     **C.** 3     **D.** 4

**Q.60** निम्नलिखित में से एक विषम ज्ञात करे:

**A.** लालची    **B.** लोभी    **C.** भ्रमकारी    **D.** कामुक

**Q.61** दी गई आकृति में कितने वर्ग हैं?

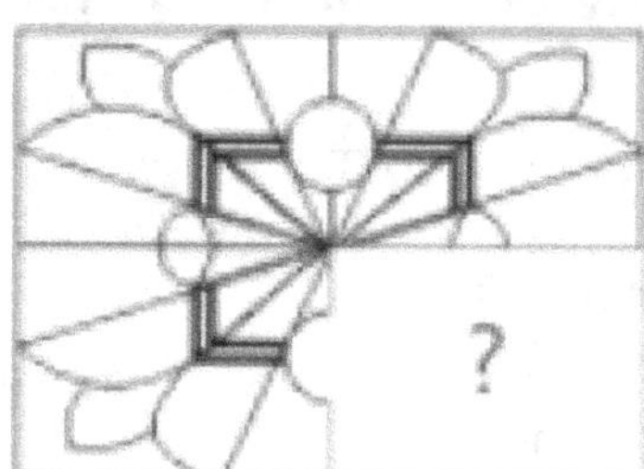

**A.** 12     **B.** 15     **C.** 18     **D.** 14

**Q.62** $A$, 15 दिनों में और $B$, 20 दिनों में किसी कार्य को कर सकते है। यदि वे 4 दिनों के लिए इस पर एक साथ काम करते हैं, तो बचा हुआ कार्य है:

**A.** $\frac{1}{4}$     **B.** $\frac{1}{10}$     **C.** $\frac{7}{15}$     **D.** $\frac{8}{15}$

**Q.63** पांच संख्याओं का औसत 27 है। यदि उनमें से एक संख्या निकाल दी जाती है, तो औसत 25 हो जाता है। निकाली गई संख्या क्या है?

**A.** 25     **B.** 27     **C.** 30     **D.** 35

**Q.64** दुर्घटना से पहले और दुर्घटना के बाद ट्रेन की गति का अनुपात 3 : 2 है। दुर्घटना के बाद ट्रेन 5 घंटे में 400 किमी की दूरी तय करती है। दुर्घटना से पहले ट्रेन की वास्तविक गति ज्ञात कीजिये।

**A.** 40 किमी/घंटे     **B.** 80 किमी/घंटे

**C.** 120 किमी/घंटे     **D.** 160 किमी/घंटे

**Q.65 निर्देश:** चित्र में कौन सा उत्तर चित्र पैटर्न को पूरा करेगा?

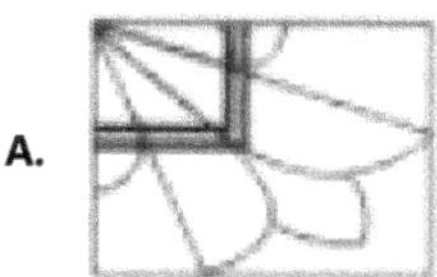

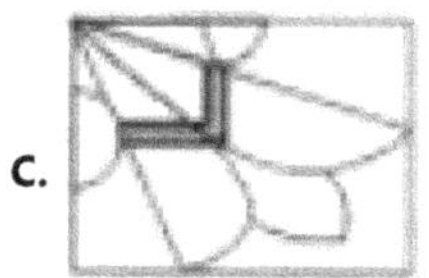

**Q.66** एक सीमेंट ब्लॉक घनाभ के आकार में है, घनाभ का आकार 117 सेमी × 72 सेमी × 45 सेमी है, 9 सेमी के कितने घन एक घनाभ से काटे जा सकते हैं और एक घन का कुल पृष्ठीय क्षेत्रफल ज्ञात कीजिये।

**A.** 420,489 सेमी $^2$     **B.** 520,494 सेमी $^2$

**C.** 620,482 सेमी $^2$     **D.** 520,486 सेमी $^2$

**Q.67 निर्देश:** निम्न प्रश्न में, उत्तर आकृतियों (a, b, c और d) में से कौन सी आव्यूह आकृति को पूरा करेगी।

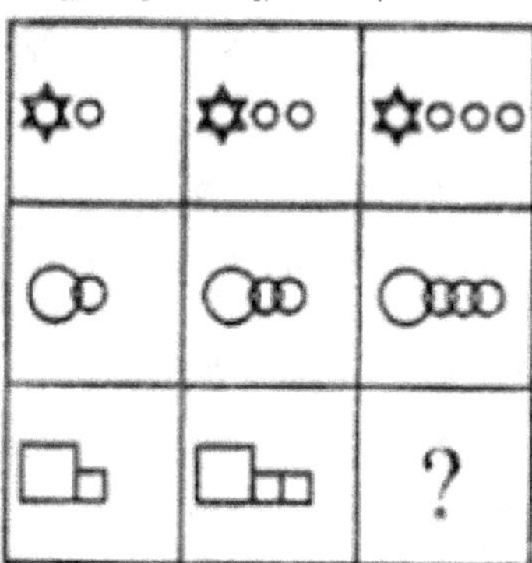

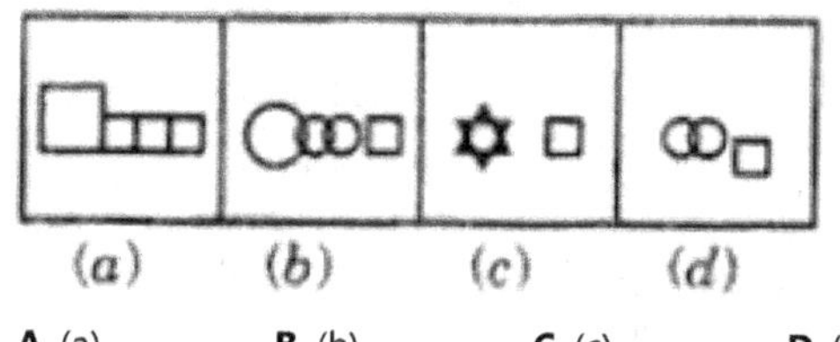

**A.** (a)     **B.** (b)     **C.** (c)     **D.** (d)

**Q.68 निर्देश:** निम्न प्रश्न में, चार विकल्पों में से एक आकृति चुनिए जो आकृति (x) के रिक्त स्थान में रखे जाने पर पैटर्न को पूरा करेगी।

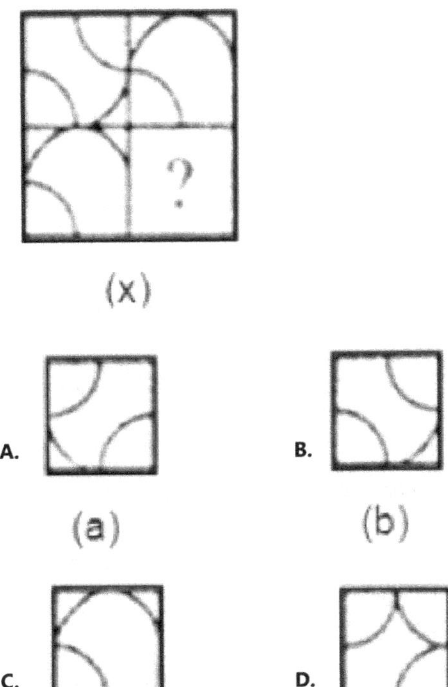

(x)

A. <br>(a)

B. <br>(b)

C. <br>(c)

D. <br>(d)

**Q.69** कागज़ के एक टुकड़े को मोड़ा गया है और प्रश्न आकृति में नीचे दिखाये अनुसार काटा गया है। दी गयी उत्तर आकृतियों से, यह पता लगाएँ कि जब इसे खोला जाएगा तो यह कैसे दिखाई देगा?

प्रश्न आकृति

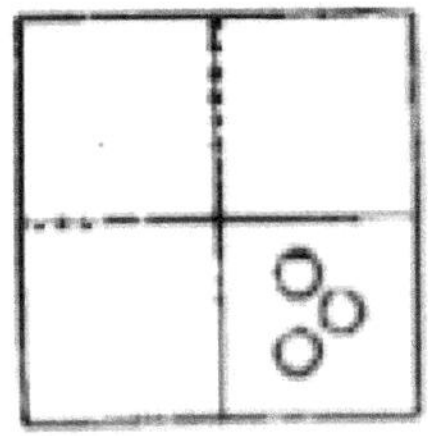

उत्तर आकृति

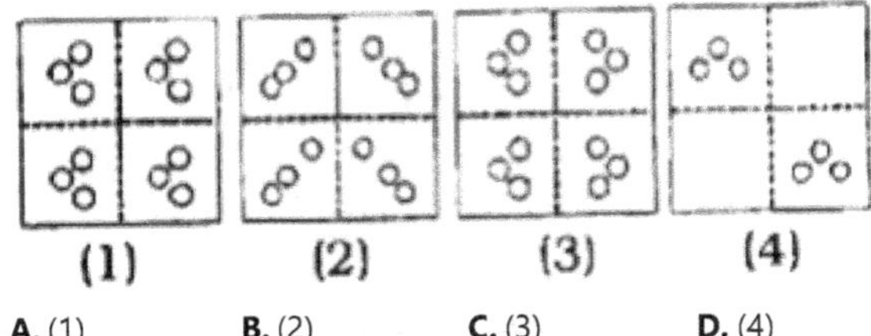

(1)    (2)    (3)    (4)

**A.** (1)    **B.** (2)    **C.** (3)    **D.** (4)

**Q.70** जब दी गई आकृति को मोड़कर एक पासा बनाया जाता है, तो 3 बिंदुओं वाले फलक के विपरीत कितने बिंदु होते हैं?

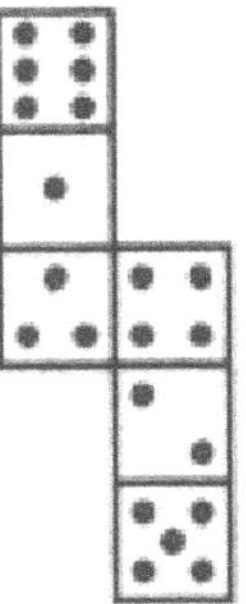

**A.** 2    **B.** 4    **C.** 5    **D.** 6

# Science & Simple Arithmetic

**Q.71** चलती ट्रेन में एक यात्री एक सिक्का उछालता है जो उसके पीछे गिर जाता है। इसका मतलब है कि ट्रेन की गति है:

**A.** त्वरित    **B.** एकसमान    **C.** मंद    **D.** घूर्णन गति

**Q.72** गतिज ऊर्जा के आयाम:

**A.** $[M^2L^2T]$    **B.** $[ML^2T]$

**C.** $[ML^2T^{-2}]$    **D.** $[ML^2T^{-1}]$

**Q.73** निम्नलिखित में से कौन सा भौतिक परिवर्तन है?

*[MP Jail Prahari, 2018]*

**A.** बर्फ का पिघलना    **B.** दूध से दही बनना
**C.** फलों का पकना    **D.** अंगूरों का किण्वन होना

**Q.74** $CsOH$ है

**A.** प्रबल क्षारकीय    **B.** कमजोर क्षारकीय
**C.** थोड़ा अम्लीय    **D.** एम्फोटेरिक

**Q.75** ऑर्थो और पैरा-नाइट्रोफेनोल्स के 1: 1 मिश्रण को अलग करने की सबसे उपयुक्त विधि है:

**A.** क्रोमैटोग्राफी    **B.** क्रिस्टलीकरण
**C.** भाप आसवन    **D.** ऊर्ध्वपातन

**Q.76** $+2$ ऑक्सीकरण स्थिति को दिखाने के लिए समूह 14 तत्वों की प्रवृत्ति बढ़ती है:

**A.** $C < Si < Sn < Pb < Ge$
**B.** $C < Si < Ge < Sn < Pb$
**C.** $Ge < Sn < Pb < C < Si$
**D.** $Pb < Sn < Ge < C < Si$

**Q.77** निम्नलिखित में से कौन पाचन तंत्र का हिस्सा नहीं है?

**A.** छोटी आंत    **B.** मलाशय    **C.** ग्रसनी    **D.** प्लीहा

**Q.78** निम्नलिखित में से किस विटामिन को टोकोफेरॉल के नाम से भी जाना जाता है?

**A.** विटामिन D    **B.** विटामिन E
**C.** विटामिन K    **D.** विटामिन B

**Q.79** पानी के तापमान का अधिकतम घनत्व है:

**A.** 8 डिग्री    **B.** 4 डिग्री    **C.** 9 डिग्री    **D.** 12 डिग्री

**Q.80** सोलेनोइड के साथ श्रृंखला में जुड़ा एक बल्ब एक AC स्रोत द्वारा जलाया जाता है। यदि सोलेनोइड में एक नरम लोहे का कोर लगाया जाता है तो:

**A.** बल्ब तेज चमकेगा
**B.** बल्ब धीमा चमकेगा

**C.** बल्ब द्वारा उत्पादित प्रकाश पर कोई प्रभाव नहीं पड़ेगा
**D.** बल्ब अधिक चमकीला या धुंधला हो सकता है

**Q.81 निर्देश:** प्रश्न चिह्न के स्थान पर क्या अनुमानित मूल्य आना चाहिए।

$$2831.994 \div 23.998 + 11.99^2 \div 5.991 = ?^2$$

**A.** 144    **B.** 12    **C.** 28    **D.** 30

**Q.82 निर्देश:** निम्नलिखित प्रश्न में प्रश्नवाचक चिन्ह '?' के स्थान पर क्या आएगा?

$$8888 \div 22 \times 4 - 316 = ?^2 + 400$$

**A.** 900    **B.** 30    **C.** 35    **D.** 800

**Q.83** समुद्र में मौजूद विशाल मात्रा में समुद्री शैवाल ______ का एक अंतहीन स्रोत उत्पन्न कर सकता है।
**A.** मीथेन
**B.** महासागरीय तापीय ऊर्जा
**C.** समुद्र की लहर ऊर्जा
**D.** नाभिकीय ऊर्जा

**Q.84** "परमाणुओं को न तो बनाया जा सकता है और न ही नष्ट किया जा सकता है।" यह सिद्धांत दिया गया था:
**A.** एवोगेड्रो    **B.** डाल्टन
**C.** रदरफोर्ड    **D.** नील्स बोहर

**Q.85** निम्नलिखित में से कौन "जीवित जीवाश्म" है?
**A.** मकड़ी    **B.** शलभ    **C.** लिमुलस    **D.** बिच्छू

**Q.86** निम्नलिखित जानवरों में से कोन-सा गंभीर रूप से लुप्तप्राय नहीं है?
**A.** घड़ियाल    **B.** पैगी हॉग
**C.** टेरपिन    **D.** भारतीय गौर

**Q.87** $\dfrac{(0.3)^3 + (1.7)^3}{0.3 \times 0.3 - 0.51 + 1.7 \times 1.7}$ का मान ज्ञात कीजिए।
**A.** 1.4    **B.** 3    **C.** 2    **D.** 2.5

**Q.88 निर्देश:** दिए गए व्यंजक को सरल कीजिए।

$$\left\{ 18 \times \frac{8}{15} + 624 \text{ का } 10\% \right\}/? = 4$$

**A.** 16    **B.** 18    **C.** 22    **D.** 24

**Q.89** $3\frac{1}{4}$ किग्रा चीनी से $\frac{1}{16}$ किग्रा चीनी के कितने पैकेट बनाए जा सकते हैं?

*[CTET Paper - 1, 2018]*

**A.** 52    **B.** 48    **C.** 12    **D.** 64

**Q.90** यदि $\cos(A + B) = \frac{1}{2}$ और $\tan(A - B) = \frac{1}{\sqrt{3}}$, तो $\sin(A + 3B)$ का मान ज्ञात कीजिए।
**A.** 1    **B.** $\frac{1}{2}$    **C.** $\frac{\sqrt{3}}{2}$    **D.** 0

**Q.91** सैम ने अपने मित्र से प्रतिवर्ष $6\%$ की साधारण ब्याज पर कुछ पैसे उधार लिए। उसने अपने दोस्त को $15600$ रुपये लौटा दिए। कितने समय बाद सैम ने पैसे वापस किए यदि उसने $12000$ रुपये लिए थे?
**A.** 8 वर्ष    **B.** 2.5 वर्ष    **C.** 5 वर्ष    **D.** 3.5 वर्ष

**Q.92** दिल्ली, पुणे और मुंबई से एक प्रतियोगी परीक्षा के लिए क्रमशः $1000, 2000$ और $3000$ उम्मीदवार हैं और उत्तीर्ण प्रतिशत $60\%, 75\%$ और $70\%$ है। कुल उत्तीर्ण प्रतिशत ज्ञात कीजिए।

**A.** 12%    **B.** 16%    **C.** 29%    **D.** 70%

**Q.93** $10\%$ प्रति वर्ष की दर से तिमाही के लिए $1$ वर्ष के लिए $64000$ रु पर चक्रवृद्धि ब्याज ज्ञात कीजिए।
**A.** 6644.03 रु    **B.** 12211 रु
**C.** 3242 रु    **D.** 5473 रु

**Q.94** 4 वर्ष के अंतराल में पैदा हुए 4 बच्चों की आयु का योगफल 48 है। सबसे छोटे बच्चे की आयु ज्ञात कीजिए।
**A.** 4 वर्ष    **B.** 5 वर्ष    **C.** 6 वर्ष    **D.** 7 वर्ष

**Q.95** किस दशक में पहला ट्रान्साटलांटिक रेडियो प्रसारण हुआ?
**A.** 1850    **B.** 1860    **C.** 1870    **D.** 1901

**Q.96** एक ठोस गेंद को पिघलाकर क्रमशः 1 सेमी, 6 सेमी, 8 सेमी की तीन ठोस गेंदें बनाई गयी है। मूल गेंद की त्रिज्या का ज्ञात करें?
**A.** 9 सेमी    **B.** 7.5 सेमी    **C.** 5 सेमी    **D.** 6 सेमी

**Ques (97-100): निर्देश:** निम्नलिखित तालिका का अध्ययन करें और दिए गए प्रश्न का उत्तर दें।

वर्ष 2015 से 2019 तक छः अलग-अलग देशों से तेल आयात (मिलियन टन) के आंकड़ों को नीचे तालिका में दर्शाया गया है।

| वर्ष-अनुसार देश से आयात तेल (मिलियन टन में) | | | | | | |
|---|---|---|---|---|---|---|
| वर्ष ↓ | देश → | सऊदी अरब | ईरान | इराक | नाइजीरिया | कुवैत | वेनेजुएला |
| 2015 | | 28.8 | 20.5 | 15.8 | 11.6 | 13.9 | 7.2 |
| 2016 | | 29.9 | 21.8 | 14.4 | 10.5 | 14.8 | 7.6 |
| 2017 | | 27.2 | 21.2 | 15 | 13.2 | 11.8 | 7.3 |
| 2018 | | 27.4 | 18.5 | 17.2 | 15.9 | 11.5 | 10.3 |
| 2019 | | 32.6 | 17.5 | 24.6 | 14.2 | 17.8 | 9.6 |

**Q.97** यदि $P$ और $Q$ सभी देशों से क्रमशः वर्ष 2019 और 2017 में औसत तेल आयात हैं, तो $P - Q$ लगभग किसके बराबर है?
**A.** 3.43 मिलियन टन    **B.** 3.34 मिलियन टन
**C.** 2.43 मिलियन टन    **D.** 2.34 मिलियन टन

**Q.98** कुवैत से तेल आयात में वृद्धि/कमी का औसत अनुमानित प्रतिशत अपने पिछले वर्ष की तुलना में दी गई अवधि के लिए क्या है?
**A.** 9.61%    **B.** 5%    **C.** 15%    **D.** 21%

**Q.99** वर्ष 2017 में ईरान से आयात तेल से सभी वर्षों को मिलाकर ईरान से आयात कुल तेल का प्रतिशत अनुपात लगभग कितना है?
**A.** 20%    **B.** 23%    **C.** 21%    **D.** 25%

**Q.100** सभी वर्षों को मिलाकर इराक से आयात तेल और वेनेजुएला से आयात तेल के औसत का अनुपात क्या है?
**A.** 14:29    **B.** 29:14    **C.** 39:23    **D.** 23:39

# // स्मार्ट उत्तर पुस्तिका //

| सही उत्तर | उन छात्रों के प्रतिशत को इंगित करता है जिन्होंने प्रश्नों का सही उत्तर दिया था। |
|---|---|
| छोड़ दिया | उन छात्रों के प्रतिशत को इंगित करता है जिन्होंने प्रश्नों को छोड़ दिया था। |

| प्रश्न संख्या | उत्तर | सही उत्तर / छोड़ दिया | प्रश्न संख्या | उत्तर | सही उत्तर / छोड़ दिया | प्रश्न संख्या | उत्तर | सही उत्तर / छोड़ दिया | प्रश्न संख्या | उत्तर | सही उत्तर / छोड़ दिया | प्रश्न संख्या | उत्तर | सही उत्तर / छोड़ दिया |
|---|---|---|---|---|---|---|---|---|---|---|---|---|---|---|
| 1 | C | 16.67 % / 14.7 % | 17 | B | 36.27 % / 15.69 % | 33 | D | 19.61 % / 14.7 % | 49 | A | 35.29 % / 24.51 % | 65 | C | 39.22 % / 29.41 % |
| 2 | A | 23.53 % / 17.65 % | 18 | B | 64.71 % / 3.92 % | 34 | A | 23.53 % / 17.65 % | 50 | D | 38.24 % / 24.51 % | 66 | D | 5.88 % / 29.41 % |
| 3 | A | 23.53 % / 13.72 % | 19 | B | 38.24 % / 13.72 % | 35 | C | 61.76 % / 13.73 % | 51 | D | 23.53 % / 25.49 % | 67 | A | 51.96 % / 29.41 % |
| 4 | C | 33.33 % / 16.67 % | 20 | D | 45.1 % / 16.66 % | 36 | A | 39.22 % / 12.74 % | 52 | A | 33.33 % / 26.47 % | 68 | B | 40.2 % / 29.41 % |
| 5 | B | 35.29 % / 14.71 % | 21 | C | 75.49 % / 13.73 % | 37 | C | 33.33 % / 14.71 % | 53 | D | 14.71 % / 27.45 % | 69 | C | 41.18 % / 29.41 % |
| 6 | C | 44.12 % / 2.94 % | 22 | A | 52.94 % / 17.65 % | 38 | D | 34.31 % / 7.85 % | 54 | A | 13.73 % / 28.43 % | 70 | D | 28.43 % / 26.47 % |
| 7 | D | 33.33 % / 13.73 % | 23 | D | 54.9 % / 13.73 % | 39 | B | 42.16 % / 14.7 % | 55 | D | 35.29 % / 28.44 % | 71 | A | 27.45 % / 32.35 % |
| 8 | A | 36.27 % / 17.65 % | 24 | A | 54.9 % / 9.81 % | 40 | A | 21.57 % / 13.72 % | 56 | A | 28.43 % / 28.43 % | 72 | C | 21.57 % / 26.47 % |
| 9 | B | 33.33 % / 17.65 % | 25 | A | 34.31 % / 13.73 % | 41 | B | 37.25 % / 16.67 % | 57 | D | 8.82 % / 28.43 % | 73 | A | 30.39 % / 27.45 % |
| 10 | C | 59.8 % / 17.65 % | 26 | A | 30.39 % / 5.88 % | 42 | B | 23.53 % / 20.59 % | 58 | A | 42.16 % / 28.43 % | 74 | A | 21.57 % / 31.37 % |
| 11 | D | 34.31 % / 13.73 % | 27 | D | 31.37 % / 13.73 % | 43 | B | 19.61 % / 20.59 % | 59 | A | 40.2 % / 28.43 % | 75 | C | 10.78 % / 31.38 % |
| 12 | B | 68.63 % / 7.84 % | 28 | A | 39.22 % / 11.76 % | 44 | D | 37.25 % / 21.57 % | 60 | C | 31.37 % / 29.41 % | 76 | B | 26.47 % / 24.51 % |
| 13 | C | 31.37 % / 10.79 % | 29 | D | 26.47 % / 14.71 % | 45 | B | 36.27 % / 22.55 % | 61 | D | 19.61 % / 29.41 % | 77 | D | 22.55 % / 31.37 % |
| 14 | B | 58.82 % / 3.93 % | 30 | A | 20.59 % / 15.68 % | 46 | C | 39.22 % / 23.53 % | 62 | D | 20.59 % / 29.41 % | 78 | B | 21.57 % / 26.47 % |
| 15 | D | 22.55 % / 13.72 % | 31 | C | 37.25 % / 13.73 % | 47 | D | 9.8 % / 24.51 % | 63 | D | 19.61 % / 29.41 % | 79 | B | 21.57 % / 31.37 % |
| 16 | C | 24.51 % / 0.98 % | 32 | C | 50.0 % / 17.65 % | 48 | B | 22.55 % / 24.51 % | 64 | C | 27.45 % / 28.43 % | 80 | B | 6.86 % / 26.47 % |

| प्रश्न संख्या | उत्तर | सही उत्तर / छोड़ दिया | | प्रश्न संख्या | उत्तर | सही उत्तर / छोड़ दिया | | प्रश्न संख्या | उत्तर | सही उत्तर / छोड़ दिया | | प्रश्न संख्या | उत्तर | सही उत्तर / छोड़ दिया | | प्रश्न संख्या | उत्तर | सही उत्तर / छोड़ दिया |
|---|---|---|---|---|---|---|---|---|---|---|---|---|---|---|---|---|---|---|
| 81 | B | 22.55 %<br>32.35 % | | 85 | C | 21.57 %<br>32.35 % | | 89 | A | 20.59 %<br>31.37 % | | 93 | A | 19.61 %<br>28.43 % | | 97 | A | 16.67 %<br>32.35 % |
| 82 | B | 18.63 %<br>26.47 % | | 86 | D | 12.75 %<br>27.45 % | | 90 | A | 5.88 %<br>33.34 % | | 94 | C | 25.49 %<br>26.47 % | | 98 | A | 18.63 %<br>32.35 % |
| 83 | A | 9.8 %<br>31.38 % | | 87 | C | 17.65 %<br>32.35 % | | 91 | C | 18.63 %<br>31.37 % | | 95 | D | 4.9 %<br>32.35 % | | 99 | C | 3.92 %<br>32.35 % |
| 84 | B | 18.63 %<br>29.41 % | | 88 | B | 19.61 %<br>33.33 % | | 92 | D | 18.63 %<br>31.37 % | | 96 | A | 9.8 %<br>31.38 % | | 100 | B | 22.55 %<br>32.35 % |

| कार्य विश्लेषण | |
|---|---|
| औसत अंक ( % ) | 31.0% |
| टॉपर्स स्कोर ( % ) | 80.0% |
| आपका स्कोर | |

# //संकेत और समाधान//

**1.** फ्रायड के सिद्धांत के अनुसार लोग दमन के संघर्षों के कारण होने वाली चिंता को दूर करने के लिए जिस मौलिक तकनीक का उपयोग करते हैं।

फ्रायड के अनुसार, अधिकांश मानव व्यवहार चिंता से निपटने या उससे बचने के प्रयास को दर्शाता है। इस प्रकार, अहंकार चिंता से कैसे निपटता है, यह काफी हद तक यह निर्धारित करता है कि लोग कैसे व्यवहार करते हैं। फ्रायड का मानना था कि लोग मुख्य रूप से रक्षा तंत्र विकसित करके चिंता से बचते हैं जो सहज जरूरतों के बारे में जागरूकता के खिलाफ अहंकार की रक्षा करने का प्रयास करते हैं। इस प्रकार, एक रक्षा तंत्र वास्तविकता को विकृत करके चिंता को कम करने का एक तरीका है। सबसे महत्वपूर्ण दमन है, जिसमें अचेतन द्वारा चिंता-उत्तेजक व्यवहार या विचार पूरी तरह से समाप्त हो जाते हैं। जब लोग किसी भावना या इच्छा का दमन करते हैं, तो वे उस इच्छा या इच्छा से पूरी तरह अनजान हो जाते हैं।
अतः विकल्प (C) सही है।

**2.** राज्य के वित्त पर भारतीय रिजर्व बैंक के नवीनतम अध्ययन के अनुसार, ग्रामीण विकास पर पूंजीगत व्यय अधिकतम है।

जुलाई 2018 को प्रकाशित की गई राज्य अर्थ नीति - एक अध्ययन बजट की पर RBI के किए गए विष्लेषण के अनुसार ग्रामीण विकास पर अधिकतम पूंजी व्यय की गई है।

अतः विकल्प (A) सही है।

**3.** राज्य के नीति निदेशक सिद्धांत ऑस्ट्रेलिया के नहीं बल्कि आयरलैंड के संविधान से लिया गया है।

- भारत के संविधान के भाग IV (अनुच्छेद 36-51) में राज्य के नीति निदेशक सिद्धांत (DPSP) शामिल हैं।
- भारतीय संविधान का अनुच्छेद 37 निदेशक सिद्धांतों के कार्यों के बारे में अवगत करता है।
- इन सिद्धांतों का उद्देश्य लोगों के लिये सामाजिक-आर्थिक न्याय सुनिश्चित करना और भारत को एक कल्याणकारी राज्य के रूप में स्थापित करना है।

अत: विकल्प (A) सही है।

**4.** विल्हेम कॉनराड रॉटजन ने एक्स-रे की खोज की थी।

- विल्हेम कॉनराड रॉटजन एक जर्मन मैकेनिकल इंजीनियर और भौतिक विज्ञानी थे, जिनका जन्म 27 मार्च 1845 को हुआ था।
- 1901 में, एक्स-रे की खोज के लिए उनको भौतिकी का पहला नोबेल पुरस्कार दिया गया।
- यह एक्स-रे ट्यूब इस खोज के बाद चिकित्सा में अक्सर इस्तेमाल किया जाने वाला साधन बन गया।

अतः विकल्प (C) सही है।

**5.** भारत के परमाणु संयंत्रों को न्यूक्लियर पावर कॉर्पोरेशन ऑफ इंडिया (एनपीसीआईएल) द्वारा नियंत्रित किया जाता है, जो एक राज्य के स्वामित्व वाला निगम है, जिसे 1987 में स्थापित किया गया था। न्यूक्लियर पावर कॉर्पोरेशन ऑफ इंडिया भारत सरकार के परमाणु ऊर्जा विभाग (डीएई) के प्रशासनिक नियंत्रण के तहत एक सार्वजनिक क्षेत्र का उपक्रम है।

अतः विकल्प (B) सही है।

**6.** विंध्य और सतपुड़ा पर्वतमाला को जोड़ने वाली कड़ी मैकल पर्वतमाला है। मैकल पर्वतमाला भारत के छत्तीसगढ़ में स्थित हैं। यह छत्तीसगढ़ व मध्यप्रदेश की सीमा में उपस्थित सतपुड़ा पर्वत श्रेणी का पूर्वी विस्तार है। यह जल विभाजक के रूप में महानदी अपवाह तंत्र तथा नर्मदा अपवाह तंत्र को अलग करता है।

अतः विकल्प (C) सही है।

**7.** बौद्ध परंपरा के अनुसार, 'धर्मचक्रप्रवर्तन' सुत्त सारनाथ में ज्ञान प्राप्त करने के बाद बुद्ध द्वारा दिया गया पहला उपदेश है। इस सूत्र का मुख्य विषय फोर नोबल टुथ है, जो एक औपचारिक अभिव्यक्ति में बौद्ध धर्म के मूल अभिविन्यास को संदर्भित करता है और व्यक्त करता है।

अत: विकल्प (D) सही है।

**8.** गुलबदन बेगम (1523-1603) एक फारस-तुर्क राजकुमारी थी, जो सम्राट बाबर की बेटी थी। वह सबसे अधिक हुमायूँ नामा की लेखिका के रूप में जानी जाती हैं, जो उनके भाई, हुमायूँ के जीवन का लेखा-जोखा है।

अत: विकल्प (A) सही है।

**9.** बोब्बिली वीणा, जिसे सरस्वती वीणा या एकंदा वीणा के नाम से भी जाना जाता है, कर्नाटक संगीत में इस्तेमाल किया जाने वाला एक बड़ा वाद्य यंत्र है। इसे जैकवुड के एक टुकड़े से तराशा गया है। जैकवुड एक वर्षावन वृक्ष है।

अत: विकल्प (B) सही है।

**10.** अपनी विद्वता के लिए प्रसिद्ध क्षिप्रा नदी के तट पर बसा उज्जैन शहर मध्य प्रदेश में पाया जाता है।

उज्जैन शहर क्षिप्रा नदी के पूर्वी तट पर स्थित है। यह मालवा पठार पर क्षिप्रा नदी के पूर्व में स्थित है, जो चंबल नदी की एक सहायक नदी है। उज्जैन सात पवित्र हिंदू शहरों में से एक है। इसका नाम संस्कृत शब्द 'जय' से लिया गया है।

अत: विकल्प (C) सही है।

**11.** भारतीय राज्य लद्दाख, हिमाचल प्रदेश, सिक्किम, उत्तराखंड और अरुणाचल प्रदेश चीन के साथ सीमा साझा करते हैं। साथ ही, चीन का स्वतंत्र क्षेत्र तिब्बत भारत की सीमा को स्पर्श करता हैं।

अत: विकल्प (D) सही है।

**12.** कालिदास सम्मान भारत में मध्य प्रदेश सरकार द्वारा प्रतिवर्ष प्रस्तुत एक प्रतिष्ठित कला पुरस्कार है। यह पुरस्कार प्राचीन भारत के प्रसिद्ध शास्त्रीय संस्कृत लेखक कालीदास के नाम पर है।

अत: विकल्प (B) सही है।

**13.** दिए गए डेटा से,

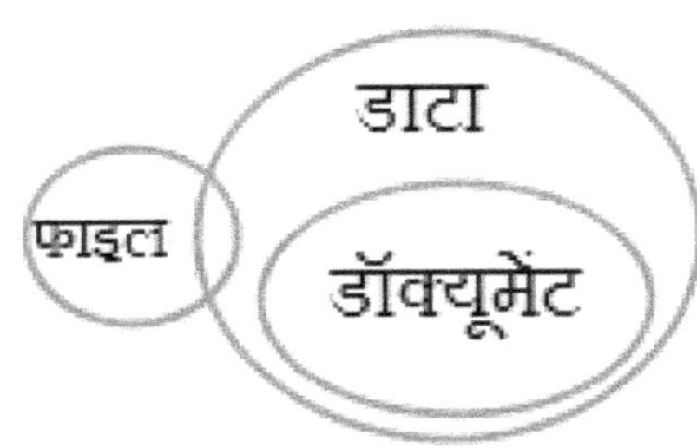


I. कुछ फाइलें डॉक्यूमेंट हैं → असत्य (क्योंकि यह संभव है परन्तु निश्चित नहीं है)

II. कुछ डाटा डॉक्यूमेंट है → सत्य (सभी डॉक्यूमेंट डाटा हैं जिससे यह अंतर्निहित होता है कि कुछ डाटा निश्चित रूप से डॉक्यूमेंट है।)

इस प्रकार, केवल निष्कर्ष II अनुसरण करता है।

अत: विकल्प (C) सही है।

**14.** उपरोक्त जानकारी से, हम निम्नलिखित आरेख बना सकते हैं:

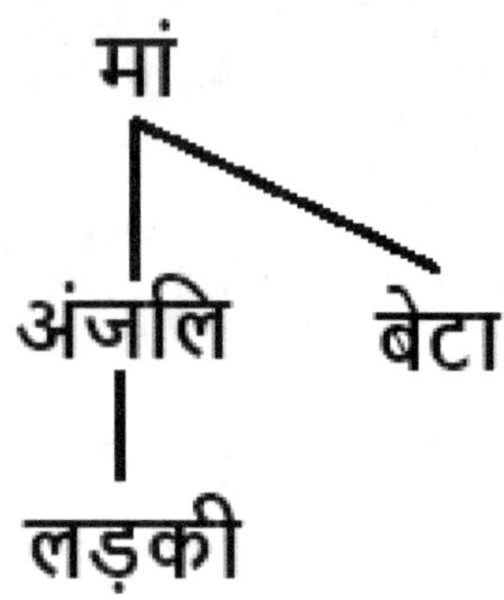


आरेख से हम देख सकते हैं कि अंजलि की मां के दो बच्चे हैं: अंजलि और एक बेटा। अंजलि दिए गए बयान में उल्लेखित बेटे की एकमात्र बहन है।

इसलिए, अंजलि उस लड़की की मां है जिसका वह परिचय दे रही है।

अतः विकल्प (B) सही है।

**15.** हमने प्रश्न में दी गई जानकारी के अनुसार आकृति तैयार किया है,

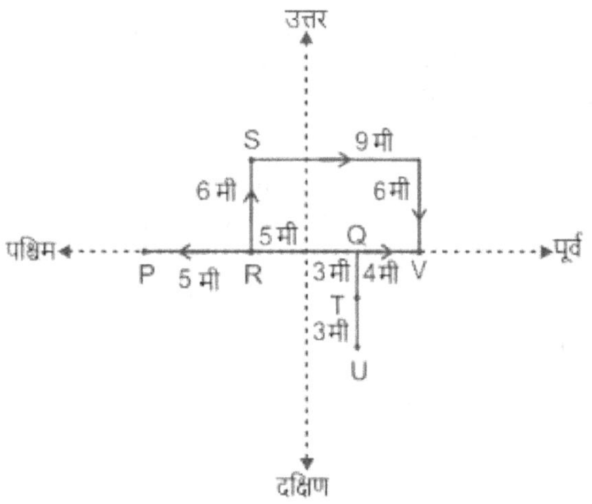


उपरोक्त आरेख से, व्यक्ति बिंदु V तक पहुंच जाएगा।

अतः विकल्प (D) सही है।

**16.** दक्षिण पूर्व एशियाई देशों का संघ एक आर्थिक संघ है जिसमें दक्षिण पूर्व एशिया के 10 सदस्य राष्ट्र शामिल हैं। आसियान संयुक्त राष्ट्र संघ से संबद्ध नहीं है।

अतः विकल्प (C) सही है।

**17.** 'अंतर्राष्ट्रीय श्रम संगठन' का मुख्यालय जिनेवा में स्थित है।

अंतर्राष्ट्रीय श्रम संगठन का गठन 22 अप्रैल 1919 को हुआ था और इसके वर्तमान महानिदेशक गाय राइडर हैं। अंतर्राष्ट्रीय श्रम संगठन एक संयुक्त राष्ट्र एजेंसी है जिसका जनादेश अंतर्राष्ट्रीय श्रम मानकों को स्थापित करके सामाजिक और आर्थिक न्याय को आगे बढ़ाना है। राष्ट्र संघ के तहत अक्टूबर 1919 में स्थापित, यह संयुक्त राष्ट्र की पहली और सबसे पुरानी विशेष एजेंसी है।

अतः विकल्प (B) सही है।

**18.** भोपाल आपदा, जिसे भोपाल गैस त्रासदी भी कहा जाता है, 2-3 दिसंबर 1984 की रात को भोपाल, मध्य प्रदेश, भारत में यूनियन कार्बाइड इंडिया लिमिटेड कीटनाशक संयंत्र में गैस रिसाव की घटना थी।

अतः विकल्प (B) सही है।

**19.** 14 जनवरी 1931 को मध्य प्रदेश का चरणपादुका नरसंहार हुआ था।

14 जनवरी 1931 को मकर संक्रांति के दिन छतरपुर रियासत में उर्मिल नदी के किनारे चरण पादुका नामक स्थान पर हो रही स्वतंत्रता सेनानियों की सभा में बिना पूर्व चेतावनी दिए अंग्रेज कर्नल फिशर के हुक्म से अंधाधुंध गोलियां चला दी गई। चरण पादुका नरसंहार को मध्य प्रदेश का जलियांवाला बाग हत्याकांड कहा जाता है।

अतः विकल्प (B) सही है।

**20.** किंग खालिद अंतर्राष्ट्रीय हवाई अड्डा रियाद (सऊदी अरब) में स्थित है। सऊदी अरब के क्राउन प्रिंस मोहम्मद बिन सलमान हैं। सऊदी अरब की राजधानी रियाद और मुद्रा रियाल है।

अत: सही विकल्प (D) है।

**21.** पेन का उपयोग कागज़ पर लिखने के लिए किया जाता है।

इसी तरह,

चाक का उपयोग ब्लैकबोर्ड पर लिखने के लिए किया जाता है।

अतः विकल्प (C) सही है।

**22.** यहाँ अनुसारित तर्क निम्नानुसार है:

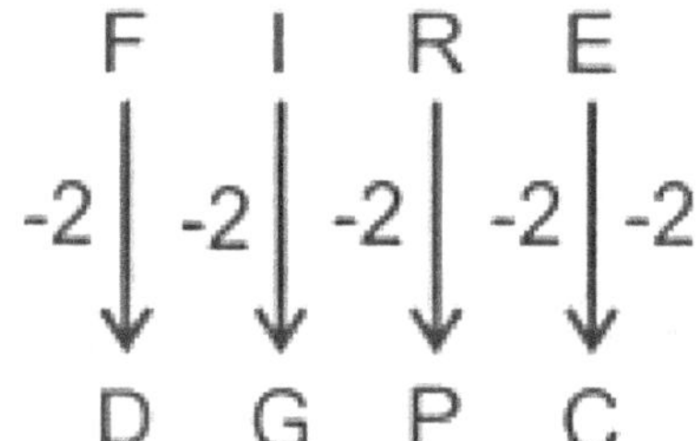


इसी प्रकार;

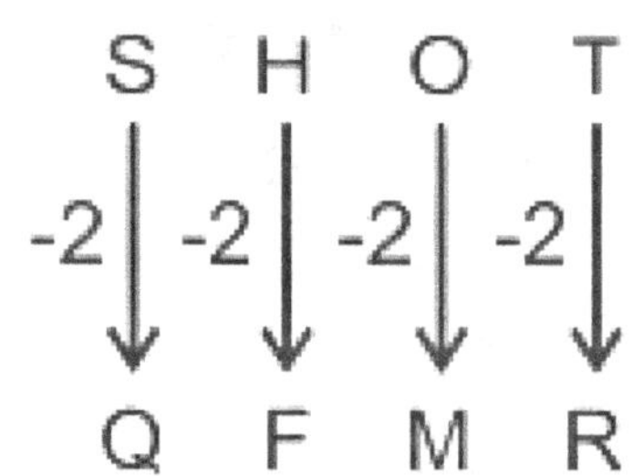


कूटबद्ध शब्द QFMR है।

कूटबद्ध शब्द का अंतिम अक्षर R है।

अतः विकल्प (A) सही है।

**23.** यहाँ अनुसरित तर्क है:

जैसा कि 'TOUR' को '1234' के रूप में, 'CLEAR' को '56784' के रूप में और 'SPARE' को '90847' के रूप में लिखा जाता है।

उपरोक्त जानकारी का उपयोग कर कूट चार्ट:

| अक्षर | कोड |
| --- | --- |

| T | 1 |
|---|---|
| O | 2 |
| U | 3 |
| R | 4 |

| अक्षर | कोड |
|---|---|
| C | 5 |
| L | 6 |
| E | 7 |
| A | 8 |
| R | 4 |

| अक्षर | कोड |
|---|---|
| S | 9 |
| P | 0 |
| A | 8 |
| R | 4 |
| E | 7 |

दिए गए अक्षर से संबंधित प्रतीकों को निर्दिष्ट करने पर:

| अक्षर | कोड |
|---|---|
| S | 9 |
| C | 5 |
| U | 3 |
| L | 6 |
| P | 0 |
| T | 1 |
| U | 3 |
| R | 4 |
| E | 7 |

शब्द SCULPTURE का पाँचवाँ अक्षर P है।

इस प्रकार SCULPTURE में 5 वें अक्षर का कोड 0 है।

अतः विकल्प (D) सही है।

**24.** यहाँ अनुसरण किया गया प्रारूप निम्न प्रकार है :

$$\Rightarrow 7:64 = (7 + 1)^2$$

(क्रमिक संख्या का वर्ग)

उसी प्रकार,

$$\Rightarrow 8:81 = (8 + 1)^2$$

(क्रमिक संख्या का वर्ग)

अतः विकल्प (A) सही है।

**25.** यहाँ अनुसरण किया गया स्वरूप इस प्रकार है:

$$\Rightarrow 182 = 1 + 8 + 2 = 11$$

समान रूप से,

$$\Rightarrow 685 = 6 + 8 + 5 = 19$$

अतः विकल्प (A) सही है।

**26.** पूरी दुनिया में 20 मार्च को अंतर्राष्ट्रीय खुशी का दिन मनाया जाता है। संयुक्त राष्ट्र की महासभा ने 20 मार्च 2012 को अंतर्राष्ट्रीय खुशी का दिन घोषित किया।

यह दिन मानव के जीवन में सार्वभौमिक लक्ष्य के रूप में खुशी की प्रासंगिकता को उजागर करने और सार्वजनिक नीति के उद्देश्यों में इसे प्रतिबिंबित करने के लिए मनाया जाता है। संयुक्त राष्ट्र के संकल्प की शुरुआत भूटान ने की थी, जिस देश ने सकल राष्ट्रीय उत्पाद पर सकल राष्ट्रीय खुशी का लक्ष्य अपनाया था।

अतः विकल्प (A) सही है।

**27.** व्यक्ति: राहुल, राधा, राम, सीता, अमित और नेहा।

1) सीता और राम अमित के पड़ोसी हैं।

2) नेहा राम के बाएं से दूसरे स्थान पर बैठी है।

3) राधा पंक्ति के बाएं छोर पर बैठी है।

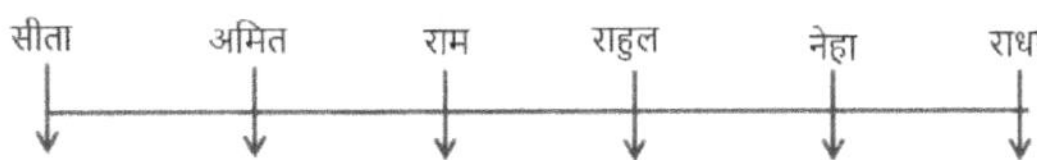


अतः विकल्प (D) सही है।

**28.** वर्णमाला के सभी अक्षरों को संख्याएँ निर्दिष्ट करने पर: $A = 1, B = 2 \dots Y = 25, Z = 26$

$CFJ = 3,6,10$ (ये किसी संख्या के गुणज नहीं हैं)

$EJO = 5,10,15$ ( 5 के गुणज)

$FLR = 6,12,18$ ( 6 के गुणज)

$GNU = 7,14,21$ ( 7 के गुणज)

अतः विकल्प (A) सही है।

**29.** कलिंग युद्ध 261 ईसा पूर्व में मौर्य साम्राज्य और कलिंग साम्राज्य के बीच लड़ा गया था।

यह युद्ध इतिहास का सबसे बड़ा और सबसे खूनी युद्ध था। इस युद्ध में भारी हताहत ने अशोक को युद्ध छोड़ने और बौद्ध धर्म अपनाने के लिए प्रेरित किया।

अतः विकल्प (D) सही है।

**30.**

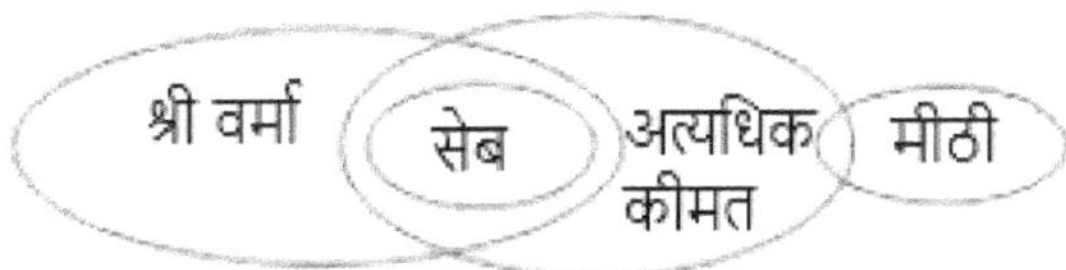


इसलिए, केवल निष्कर्ष I अनुसरण करता है।

अतः विकल्प (A) सही है।

**31.** दशम ग्रंथ गुरु गोविंद सिंह जी से संबंधित है।

दशम ग्रंथ, सिखों के दसवें और अंतिम आध्यात्मिक गुरु, गुरु गोविंद सिंह जी के लेखन का संग्रह है। यह भजन, दार्शनिक लेखन, हिंदू पौराणिक कथाओं, आत्मकथा, ब्रज भाषा, हिंदी, फ़ारसी और पंजाबी में लिखित संकलन है।

अतः विकल्प (C) सही है।

**32.** सही क्रम 1, 3, 2, 4, 5 है।

चाभी - 1

द्वार - 3

ताला - 2

कमरा - 4

स्विच ऑन - 5

अतः विकल्प (C) सही है।

**33.** सही क्रम है: 4, 1, 5, 3, 2

अक्षर(4) < शब्द(1) < वाक्यांश(5) < वाक्य(3) < परिच्छेद(2)

अतः विकल्प (D) सही है।

**34.** समीर दाद ने भारतीय टीम के लिए हॉकी खेली। वे मध्यप्रदेश के हॉकी खिलाडी थे।

वह 1999 में मलेशिया में पुरुष हॉकी एशिया कप में भारत की टीम का हिस्सा थे और सिडनी, ऑस्ट्रेलिया में 2000 के ग्रीष्मकालीन ओलंपिक में भारत का प्रतिनिधित्व किया, जहां भारत सातवें स्थान पर रहा।

अतः विकल्प (A) सही है।

**35.** साँची का स्तूप तीसरी शताब्दी में अशोक द्वारा बनवाया गया था।

अशोक विश्वप्रसिद्ध एवं शक्तिशाली भारतीय मौर्य राजवंश के महान सम्राट थे। सम्राट अशोक का साम्राज्य आज का सम्पूर्ण भारत, पाकिस्तान, अफ्गानिस्तान, नेपाल, बांग्लादेश, भूटान और म्यान्मार के अधिकांश भू-भाग पर था। यह विशाल साम्राज्य उस समय तक से आज तक का सबसे बड़ा भारतीय साम्राज्य रहा है।

अतः विकल्प (C) सही है।

**36.** शब्दों का सही वर्णमाला क्रम है:

Science, Scramble, Script, Scripture

पहले जो शब्द आयेगा वह है Science

अतः विकल्प (A) सही है।

**37.** केयबुल लामजाओ राष्ट्रीय उद्यान भारत में मणिपुर राज्य के बिष्णुपुर जिले में एक राष्ट्रीय उद्यान है। राष्ट्रीय उद्यान को कई अस्थायी विघटित संयंत्र सामग्रियों की विशेषता है जिन्हें स्थानीय रूप से फुमदीस कहा जाता है। पार्क जो शुरू में 1966 में एक अभयारण्य घोषित किया गया था, बाद में एक गजट अधिसूचना के माध्यम से 1977 में एक राष्ट्रीय उद्यान घोषित किया गया था। किश्तवार राष्ट्रीय उद्यान भारत के जम्मू और कश्मीर के किश्तवाड़ जिले में स्थित एक राष्ट्रीय उद्यान है। खंगचेंद्ज़ॉन्गा राष्ट्रीय उद्यान भी कंचनजंगा बायोस्फीयर रिजर्व एक राष्ट्रीय उद्यान और भारत के सिक्किम में स्थित एक बायोस्फीयर रिज़र्व है। खिरगंगा राष्ट्रीय उद्यान हिमाचल प्रदेश का एक राष्ट्रीय उद्यान है, जिसे 2010 में स्थापित किया गया था। जिम कॉर्बेट राष्ट्रीय उद्यान उत्तरी भारत के उत्तराखंड राज्य में एक जंगली वन्यजीव अभयारण्य है।

अतः विकल्प (C) सही है।

**38.** यहाँ तर्क निम्नानुसार है:

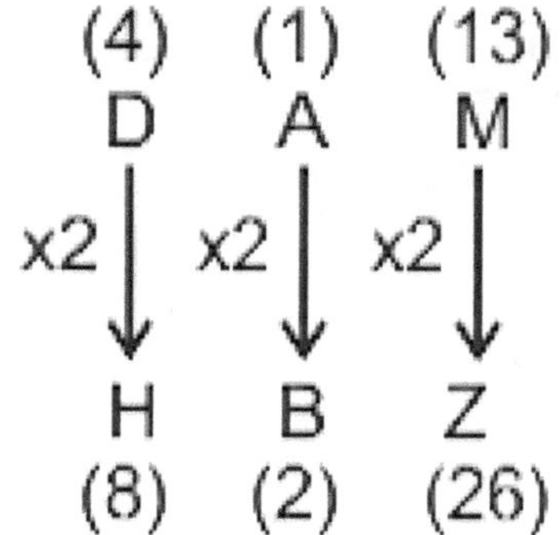

इसी तरह,

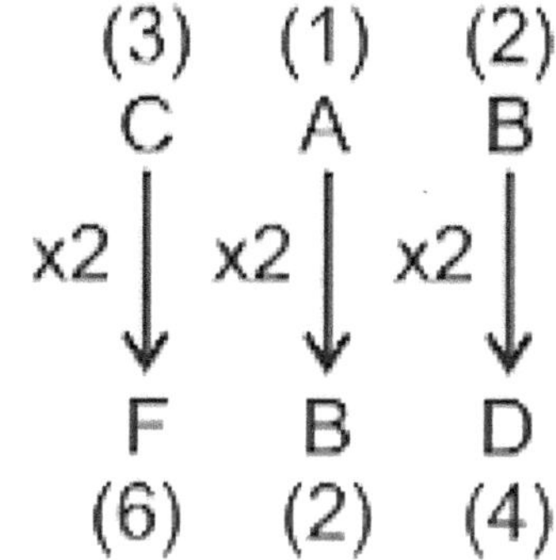

इसलिए, सही उत्तर FBD है।

अतः विकल्प (D) सही है।

**39.** 2 से शुरू होने वाली अभाज्य संख्याओं के घन की एक श्रृंखला इस प्रकार है:

$2^3 = 8$

$\Rightarrow 3^3 = 27$

$\Rightarrow 5^3 = 125$

$\Rightarrow 7^3 = 343$

$\Rightarrow 11^3 = 1331$

$\Rightarrow 13^3 = 2197$

अतः विकल्प (B) सही है।

**40.** रानी लक्ष्मीबाई पुरस्कार हरियाणा सरकार द्वारा खेल के क्षेत्र में दिया जाता है। रानी लक्ष्मी बाई पुरस्कार हरियाणा सरकार के खेल और युवा मामलों के विभाग द्वारा आयोजित किया जाता है। यह पुरस्कार हरियाणा में खिलाड़ियों के आजीवन योगदान का सम्मान करने के लिए है। राष्ट्रीय/अंतर्राष्ट्रीय मान्यता प्राप्त खिलाड़ियों को 2,00,000 रुपये का नकद पुरस्कार और अन्य पुरस्कार दिए जाएंगे।

अतः विकल्प (A) सही है।

**41.** दिया गया है:

बस द्वारा तय की गई दूरी = कार द्वारा तय की गई दूरी = बाइक द्वारा तय की गई दूरी = 12 किमी

बस, कार और बाइक की गति का अनुपात 4: 2: 1 है।

यात्रा की कुल अवधि = 7 घंटे

हम जानते है कि,

गति = दूरी/समय

माना कि बस, कार और बाइक की गति क्रमशः $4y, 2y, y$ है।

कुल समय = बस द्वारा लिया गया समय + कार द्वारा लिया गया समय + बाइक द्वारा लिया गया समय

$$7 = \left(\frac{12}{4y}\right) + \left(\frac{12}{2y}\right) + \left(\frac{12}{y}\right)$$

$$\Rightarrow 7 = \left(\frac{3}{y}\right) + \left(\frac{6}{y}\right) + \left(\frac{12}{y}\right)$$

$$\Rightarrow 7 = \frac{21}{y}$$

$$\Rightarrow y = \frac{21}{7}$$

$$\Rightarrow y = 3$$

कार द्वारा लिया गया समय $= \frac{12}{2y}$

$$= \frac{6}{y}$$

$$= \frac{6}{3}$$

$$= 2 \text{ घंटे}$$

∴ कार द्वारा लिया गया समय 2 घंटे है।

अतः विकल्प (B) सही है।

**42.** हम जानते हैं कि,

1 किमी = 1000 मीटर

1 घंटा = $60 \times 60$ सेकंड

प्रश्नानुसार,

दूरी = 333 किमी = $333 \times 1000$ मीटर

समय = 2 घंटे = $2 \times 60 \times 60$ सेकंड

हम जानते हैं कि,

चाल = दूरी/समय

तो,

$$= \frac{(333 \times 1000)}{(2 \times 60 \times 60)}$$

$$= 46.25 \text{ मीटर/सेकंड}$$

अतः विकल्प (B) सही है।

**43.** अनुसरण किया गया अनुरूप है:

आकृति A, Z, N को खींचने के लिए आवश्यक सीधी रेखाओं की न्यूनतम संख्या 3 है।

जहाँ तक,

चित्र P को 1 सीधी रेखा और 1 वक्र रेखा की आवश्यकता है। इसलिए, यह बाकी से अलग है।

अतः विकल्प (B) सही है।

**44.**

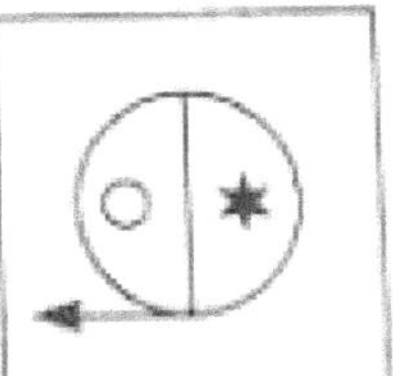

आकृति (D) को छोड़कर सभी में वृत्त के अन्दर की दोनो डिजाइन $90°$ घड़ी के विपरीत घूम रही है। जबकि तीर $180°$ घड़ी के विपरीत घूम रही है।

अतः विकल्प (D) सही है।

**45.** दी गई श्रृंखला है: P, T, N, R, L, P, J, ?

यहाँ अनुसरण किया गया अनुरूप है:

P + 4 = T

T - 6 = N

N + 4 = R

R - 6 = L

L + 4 = P

P - 6 = J

J + 4 = N

'N' अक्षर प्रश्न चिह्न (?) को प्रतिस्थापित करेगा।

अतः विकल्प (B) सही है।

**46.** मान लीजिये कि 1 ग्राम चीनी का मूल्य 1 रु. है।

मान लीजिये कि वह 1000 ग्राम चीनी बेचता है।

चूंकि वह झूठे वजन का उपयोग करता है, तो वह वास्तव में केवल 950 ग्राम चीनी बेचता है।

इसलिए, उसके लिए वास्तविक लागत मूल्य 950 रु. है।

विक्रय मूल्य = 1000 रु.

लाभ प्रतिशत $= \frac{(1000-950)}{950} \times 100$

$$= \frac{100}{19}\%$$

$$= 5\frac{5}{19}\%$$

अतः विकल्प (C) सही है।

**47.** दिया गया है: विवाह के समय एक पति और उसकी पत्नी की औसत आयु 25 वर्ष थी। 7 वर्ष के बाद, पति, पत्नी और उनके बेटे की औसत आयु 22 वर्ष है।

हम जानते है,

औसत = पदों का योग/पदों की संख्या

माना कि बेटे की वर्तमान आयु 'x' वर्ष है

$\Rightarrow$ 7 वर्ष पहले पति और पत्नी की आयु का योग $= 25 \times 2 = 50$ वर्ष

$\Rightarrow$ वर्तमान में पहले पति और पत्नी की आयु का योग $= 50 + 7 + 7 = 64$ वर्ष

$\Rightarrow 22 \times 3 = 64 + x$

$\Rightarrow x = 2$ वर्ष

$\therefore$ बेटे की आवश्यक वर्तमान आयु $= 2$ वर्ष

अतः विकल्प (D) सही है।

**48.** यहाँ $135$ केवल $3$ से विभाज्य है और अन्य सभी विकल्प $3$ से विभाज्य नहीं हैं।

इसलिए, $135$ भिन्न है।

अतः विकल्प (B) सही है।

**49.** अवलोकन से, हमें निम्नलिखित संबंध छवि मिलती है,

$\therefore$ सभी माताएँ महिलाएँ हैं और कुछ माँएँ और कुछ महिलाएँ इंजीनियर हो सकती हैं।

अतः विकल्प (A) सही है।

**50.** सबसे पहले, हम वास्तविक चिन्हों का उपयोग करके चिन्हों को प्रतिस्थापित करते हैं,

$12 - 7 + 9 \times 10 \div 5$

यह BODMAS के नियम से हल किया जाएगा।

$= 12 - 7 + (9 \times 2)$

$= 12 - 7 + 18$

$= 23$

अतः विकल्प (D) सही है।

**51.** दिया गया है:

$a = 16,$

हम जानते हैं कि,

एक समबाहु त्रिभुज का क्षेत्रफल $= \frac{\sqrt{3}}{4} a^2$

$= \frac{\sqrt{3}}{4} \times 16 \times 16$

$= 64\sqrt{3}$ सेमी $^2$

अतः विकल्प (D) सही है।

**52.** $26$ सेमी, $24$ सेमी और $10$ सेमी भुजाओं वाला त्रिभुज एक समकोण त्रिभुज है, जिसका कर्ण $26$ सेमी है।

हम जानते है कि,

त्रिभुज का क्षेत्रफल $= \frac{1}{2} \times$ आधार $\times$ ऊंचाई

$= \frac{1}{2} \times 24 \times 10$

$= 120$ सेमी $^2$

अतः विकल्प (A) सही है।

**53.** दिया है:

दो समान बर्तनों को क्रमशः $2:3$ और $5:4$ के अनुपात में जल और ग्लिसरीन के मिश्रण से भरा जाता है।

माना दोनों मिश्रणों की प्रारंभिक मात्रा है:

$[(2+3), (5+4)]$ का लघुत्तम समापवर्त्य $= 45$ लीटर

तो, पहले बर्तन में पानी की मात्रा $= \left(\frac{2}{5}\right) \times 45 = 18$ लीटर

पहले बर्तन में ग्लिसरीन की मात्रा $= \left(\frac{3}{5}\right) \times 45 = 27$ लीटर

तो, दूसरे बर्तन में पानी की मात्रा $= \left(\frac{5}{9}\right) \times 45 = 25$ लीटर

दूसरे बर्तन में ग्लिसरीन की मात्रा $= \left(\frac{4}{9}\right) \times 45 = 20$ लीटर

जब दो मिश्रणों को एक साथ मिलाया जाता है,

पानी की परिणामी मात्रा $= 18 + 25 = 43$ लीटर

ग्लिसरीन की परिणामी मात्रा $= 27 + 20 = 47$ लीटर

$\therefore$ पानी और ग्लिसरीन का परिणामी अनुपात $43:47$ है।

अतः विकल्प (D) सही है।

**54.** $X$, $14$ से विभाजित है, शेषफल $10$ है।

मान लीजिए कि संख्या $X$, $24$ है।

जैसे, जब हम $24$ को $14$ से विभाजित करते हैं तो हमें शेषफल के रूप में $10$ मिलता है।

अब, $2X = 2 \times 24 = 48$

और, जब $48$ को $7$ से विभाजित किया जाता है, तो शेषफल $6$ होता है।

$\therefore$ जब $2X$ को $7$ से विभाजित किया जाता है, तो शेषफल $6$ होता है।

अतः विकल्प (A) सही है।

**55.** दिया है:

$27 > 81\$9 < 6$

संकेतों को अंतर्विनिमय करने के बाद, हम प्राप्त करते हैं,

$= 27 + 81 \div 9 - 6$

$= 27 + 9 - 6$

$= 36 - 6$

$= 30$

अतः विकल्प (D) सही है।

**56.** यह दिया गया है कि, दो संख्याओं का म.स. और ल.स. क्रमशः $120$ और $3600$ है और पहली संख्या $600$ है।

हम जानते हैं, किन्ही दो संख्याओं के लिए,

ल.स. $\times$ म.स. $=$ दोनों संख्याओं का गुणनफल

माना कि, दूसरी संख्या $x$ है।

इसलिए, प्रश्नानुसार,

$$120 \times 3600 = 600 \times x$$

$$\Rightarrow x = \frac{(120 \times 3600)}{600}$$

$$\Rightarrow x = 720$$

अतः विकल्प (A) सही है।

**57.** दिया है:

उनके मानों का अनुपात $= 13:11$

एक रुपये एवं पचास पैसों के सिक्के सिक्कों का अनुपात $= 13(1):11(2) = 13:22$ [$\because 1$ रुपये $= 2 \times 50$]

माना कि पैसे के सिक्कों का अनुपातिक स्थिरांक ' $x$' है।

एक रूपये के सिक्के $= 13x$

पचास पैसे के सिक्के $= 22x$

$$\Rightarrow 13x + 22x = 210$$

$$\Rightarrow 35x = 210$$

$$\Rightarrow x = 6$$

एक रुपये के सिक्कों की संख्या $= 13(6) = 78$

अतः विकल्प (D) सही है।

**58.** माना की रिक्त स्थान x है

$$\Rightarrow 8700 \text{ का } x\% = 261$$

$$\Rightarrow \frac{x}{100} \times 8700 = 261$$

$$\Rightarrow x = \frac{261 \times 100}{8700}$$

$$\Rightarrow x = 3$$

अतः विकल्प (A) सही है।

**59.** प्रत्येक पंक्ति में घटकों की संख्या या तो बाएं से दाएं बढ़ती या घटती है। तीसरी पंक्ति में, यह बढ़ जाता है।

अतः विकल्प (A) सही है।

**60.** लालची, लोभी और कामुक पर्यायवाची हैं - तीनों शब्दों का मतलब एक से अधिक जरूरतों और योग्यताओं से है। भ्रमकारी का मतलब बेईमानी है या धोखा देने का इरादा है।

अतः विकल्प (C) सही है।

**61.** दी गई आकृति में वर्गों की संख्या नीचे दर्शाई गई है:

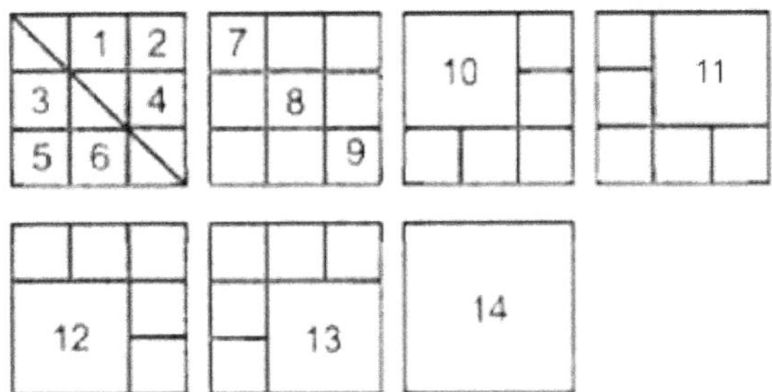

इस प्रकार, दी गई आकृति में 14 वर्ग हैं।

अतः विकल्प (D) सही है।

**62.** माना की कुल कार्य $1$ इकाई है।

तो,

$A$ का $1$ दिन का काम $= \frac{1}{15}$

$B$ का $1$ दिन का काम $= \frac{1}{20}$

$(A+B)$ का $1$ दिन का काम $= \left(\frac{1}{15} + \frac{1}{20}\right) = \frac{7}{60}$

$(A+B)$ का $4$ दिन का काम $= \left(\frac{7}{60} \times 4\right) = \frac{7}{15}$

इसलिए, शेष कार्य $= \left(1 - \frac{7}{15}\right) = \frac{8}{15}$

अतः विकल्प (D) सही है।

**63.** यह दिया गया है कि पाँच संख्याओं का औसत 27 है।

और एक संख्या को निकाल कर नया औसत = 25

हम जानते है,

संख्याओं का औसत = संख्याओं का योग/कुल संख्याएं

अब, प्रथम 4 संख्याओं का औसत 25 है,

चार संख्याओं का योग $= 25 \times 4 = 100$

इसलिए, पांच संख्याओं का औसत = (चार संख्याओं का योग + पांचवीं संख्या)/5

$\therefore$ पांचवीं संख्या $= 27 \times 5 - 100$

$$= 135 - 100$$

$$= 35$$

अतः विकल्प (D) सही है।

**64.** दिया गया है:

दुर्घटना से पहले और दुर्घटना के बाद ट्रेन की गति का अनुपात $= 3:2$

दुर्घटना के बाद तय की गयी दूरी $= 400$ किमी

हम जानते हैं,

गति $=$ दूरी/समय

दुर्घटना के बाद ट्रेन की गति $= \dfrac{400}{5} = 80$ किमी/घंटे

$\Rightarrow 2x = 80$ किमी/घंटे

$\Rightarrow x = 40$ किमी/घंटे

$\Rightarrow 3x = 40 \times 3 = 120$ किमी/घंटे

$\therefore$ ट्रेन की वास्तविक गति $120$ किमी/घंटे है।

अतः विकल्प (C) सही है।

**65.** करीब से देखने पर, हम पाते हैं कि विकल्प (C) पैटर्न को पूरा करेगा जब प्रश्न आकृति के रिक्त स्थान में रखा जाएगा जैसा कि नीचे दिखाया गया है,

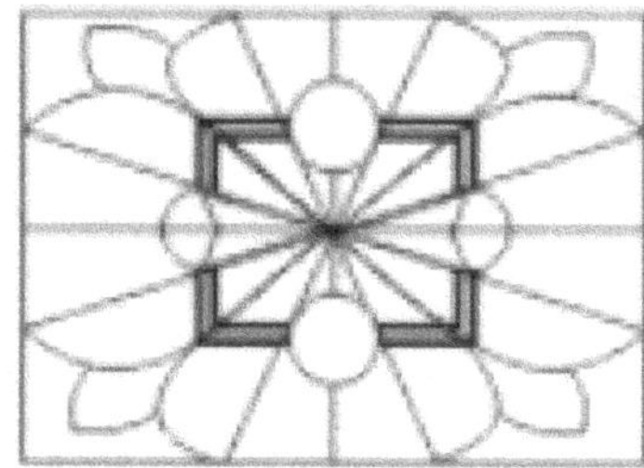

अतः विकल्प (C) सही है।

**66.** दिया गया है:

घनाभ की विमाएं $= 117$ सेमी $\times 72$ सेमी $\times 45$ सेमी

घन की भुजा $= 9$ सेमी

घनाभ का आयतन $= (l \times b \times h)$

घन का आयतन $=$ भुजा$^3$

माना घन की संख्या $n$ है।

घनाभ का आयतन $= n \times$ घन का आयतन

$117 \times 72 \times 45 = n \times (9)^3$

$\Rightarrow n = 13 \times 8 \times 5$

$\Rightarrow n = 520$

एक घन का कुल पृष्ठीय क्षेत्रफल,

$= 6 \times$ भुजा$^2$

$= 6 \times (9)^2 = 486$ सेमी$^2$

$\therefore$ घन की संख्या और एक घन का कुल पृष्ठीय क्षेत्रफल $520$ और $486$ सेमी$^2$ है।

अतः विकल्प (D) सही है।

**67.** स्पष्ट रूप से, आकृति (a) खाली स्थान में रखे जाने पर पैटर्न को पूरा करेगी। (X) आकृति में जैसा कि नीचे दिखाया गया है:

अतः विकल्प (A) सही है।

**68.** सही उत्तर (b) है क्योंकि तिरछे विकर्ण के रूप में बनाए गए पैटर्न सामान हैं।

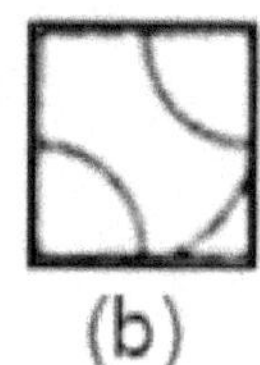


अतः विकल्प (B) सही है।

**69.** कागज को मोड़ने और खोलने के बाद यह आकृति (3) की भाँति दिखाई पड़ेगा।

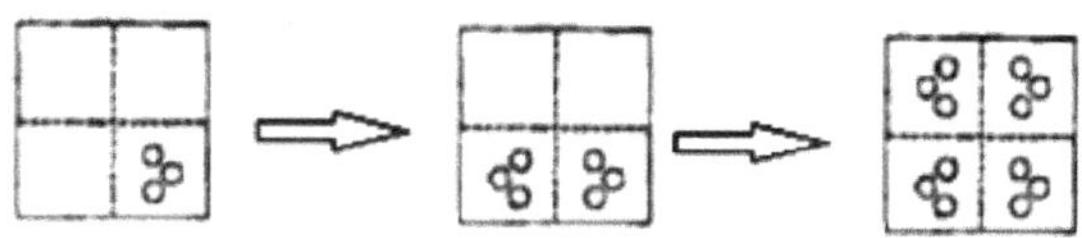

अतः विकल्प (C) सही है।

**70.** दी गयी आकृति है:

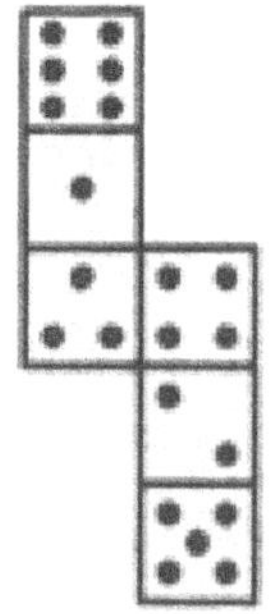

एक खुले पासे में एकान्तर फलक हमेशा एक दूसरे के विपरीत होते हैं।

$4$ और $5$ एक दूसरे के विपरीत हैं।

$6$ और $3$ एक दूसरे के विपरीत हैं।

$1$ और $2$ एक दूसरे के विपरीत हैं।

$3$ बिंदुओं वाले फलक के विपरीत $6$ बिंदु होते हैं।

अतः विकल्प (D) सही है।

**71.** यदि सिक्का यात्री के पीछे गिर जाता है इसका मतलब है कि ट्रेन गतिमान (त्वरित) है। जब सिक्का उछाला जाता है तो उसका वेग ट्रेन के वेग के समान होता है लेकिन हवा में रहने के दौरान इसका वेग ट्रेन के वेग से कम हो जाता है (क्योंकि ट्रेन की गति तेज होती है), इसलिए यह यात्री के पीछे गिर जाता है।

अतः विकल्प (A) सही है।

**72.** गतिज ऊर्जा का सूत्र निम्नानुसार है:

गतिज ऊर्जा $= \frac{1}{2}mv^2$

$= [M][LT^{-1}]^2$

$= [ML^2T^{-2}]$

अतः विकल्प (C) सही है।

**73.** बर्फ का पिघलना एक भौतिक परिवर्तन है।

किसी पदार्थ की रासायनिक संरचना में परिवर्तन का नेतृत्व नहीं करने वाले परिवर्तन को भौतिक परिवर्तन कहा जाता है। भौतिक परिवर्तनों से भौतिक गुणों में परिवर्तन होता है और प्रायः प्रकृति में प्रतिवर्ती होते हैं।

भौतिक परिवर्तनों के उदाहरण हैं: बर्फ का पिघलना, गैस में संक्रमण, बनावट संबंधी परिवर्तन, आकार, रचना, रंग आदि में परिवर्तन।

अतः विकल्प (A) सही है।

**74.** सीज़ियम हाइड्रॉक्साइड या सीज़ियम हाइड्रॉक्साइड ( $CsOH$) एक रासायनिक यौगिक है जिसमें सीज़ियम आयन और हाइड्रॉक्साइड आयन होते हैं। यह एक मजबूत आधार ( $pK_b = -1.76$) है, यह अन्य क्षार धातु हाइड्रॉक्साइड जैसे सोडियम हाइड्रॉक्साइड और पोटेशियम हाइड्रॉक्साइड की तरह है।

अतः विकल्प (A) सही है।

**75.** o- और p-नाइट्रोफेनोल्स को भाप आसवन द्वारा अलग किया जाता है क्योंकि o-आइसोमर इंट्रामोल्युलर H-बॉन्डिंग के कारण वाष्प वाष्पशील होता है जबकि p-आइसोमर इंटरमॉलिक्युलर H-बॉन्डिंग द्वारा अणुओं के जुड़ाव के कारण वाष्प वाष्पशील नहीं होता है।

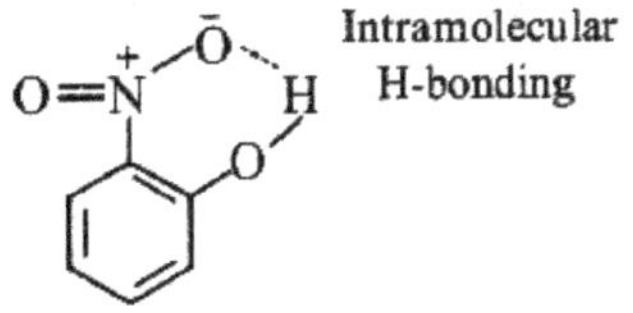

Intramolecular
H-bonding

(o-Nitrophenol)

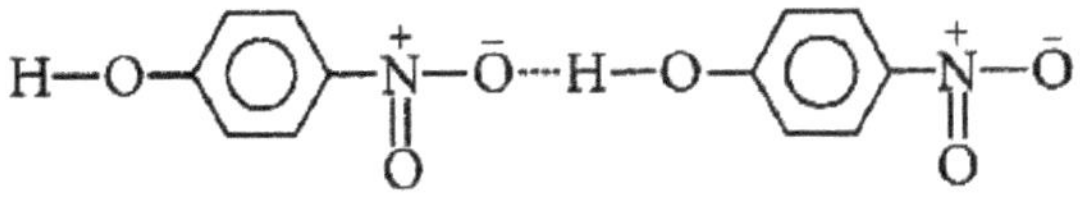

Intermolecular
H-bonding
(p-Nitrophenol)

अतः विकल्प (C) सही है।

**76.** जैसे ही हम समूह से नीचे जाते हैं, $+2$ ऑक्सीकरण स्थिति दिखाने की प्रवृत्ति बढ़ जाती है। यह अक्रिय जोड़ी प्रभाव के कारण होता है जो संबंध में $ns^2$ इलेक्ट्रॉनों की वैलेंस शेल की अक्षमता का कारण बनता है।

इस प्रकार, तत्वों की स्थिरता $+2$ जब हम समूह को क्रम में नीचे ले जाते हैं तो ऑक्सीकरण अवस्था बढ़ जाती है $C < Si < Ge < Sn < Pb$

अतः विकल्प (B) सही है।

**77.** प्लीहा शरीर में कई सहायक भूमिका निभाता है। यह प्रतिरक्षा प्रणाली के हिस्से के रूप में रक्त के लिए एक फिल्टर के रूप में कार्य करता है। प्लीहा पाचन तंत्र का हिस्सा नहीं है, हालांकि पेट और अग्न्याशय दोनों की रक्त वाहिकाओं से जुड़ा हुआ है।

अतः विकल्प (D) सही है।

**78.** विटामिन E को टोकोफेरॉल के नाम से भी जाना जाता है।

विटामिन E विभिन्न मिथाइलयुक्त फिनोल से युक्त कार्बनिक यौगिकों की एक श्रृंखला है। क्योंकि पहली बार 1936 में चूहों में आहार संबंधी प्रजनन क्षमता के कारण विटामिन की पहचान की गई थी, इसलिए इसे "टोकोफेरॉल" या जन्म देने वाला विटामिन नाम दिया गया।

अतः विकल्प (B) सही है।

**79.** पानी के तापमान का अधिकतम घनत्व 4 डिग्री है।

पानी का अधिकतम घनत्व 4 डिग्री पर होता है क्योंकि, इस तापमान पर, दो विपरीत प्रभाव संतुलन में होते हैं। जब कमरे के तापमान पर ठंडा किया जाता है तो तरल पानी अन्य पदार्थों की तरह सघन हो जाता है, लेकिन लगभग 4 डिग्री पर, शुद्ध पानी अपने अधिकतम घनत्व तक पहुँच जाता है।

अतः विकल्प (B) सही है।

**80.** बल्ब धीमा चमकेगा क्योंकि जब सोलेनोइड में एक नरम लोहे की कोर को लगाया जाता है, तो इसका प्रेरणिक प्रतिघात $(X_L = \omega L)$ बढ़ जाएगा, जिसके परिणामस्वरूप बल्ब में प्रवाहित धारा कम हो जाती है।

अतः विकल्प (B) सही है।

**81.** दिया गया है: $2831.994 \div 23.998 + 11.99^2 \div 5.991 = ?^2$

$\Rightarrow \left(\frac{2832}{24}\right) + \left(\frac{12^2}{6}\right) = ?^2$

$\Rightarrow 118 + 24 = 144 = ?^2$

$\Rightarrow ? = \pm 12$

अतः विकल्प (B) सही है।

**82.** दिया गया है:

$8888 \div 22 \times 4 - 316 = ?^2 + 400$

$\Rightarrow 404 \times 4 - 316 = ?^2 + 400$

$\Rightarrow 1616 - 316 - 400 = ?^2$

$\Rightarrow 900 = ?^2$

$\Rightarrow ? = 30$

$\therefore$ प्रश्न चिन्ह ('?') के स्थान पर $30$ आएगा।

अतः विकल्प (B) सही है।

**83.** समुद्र में मौजूद विशाल मात्रा में समुद्री शैवाल मीथेन का एक अंतहीन स्रोत उत्पन्न कर सकता है।

समुद्री शैवाल समुद्री और मीठे पानी की प्रणाली में बहु-कोशिकीय जीव हैं। इसे मैक्रोलेगा के रूप में भी जाना जाता है और इसमें लाल, हरे और भूरे रंग के शैवाल शामिल हैं। यह एक पौधे जैसा जीव है और समुद्री पारिस्थितिकी तंत्र में एक महत्वपूर्ण पारिस्थितिक भूमिका निभाता है। यह भविष्य की मांगों के लिए एक आशाजनक पूर्वग्रह है। ये पानी में घुले वायुमंडलीय कार्बन को ठीक करने के लिए प्रकाश का उपयोग करते हैं।

मीथेन का उत्पादन समुद्री शैवाल के अवायवीय पाचन द्वारा किया जा सकता है। यह मवेशियों के चारे में शामिल होने पर मवेशियों में मीथेन के उत्सर्जन को कम करता है। यह कृषि में उपयोग होने पर मिट्टी की गुणवत्ता में वृद्धि करके ग्रीनहाउस गैस उत्सर्जन को कम करने में भी मदद करता है।

अतः विकल्प (A) सही है।

**84.** दिया गया सिद्धांत 1803 में जॉन डाल्टन(डाल्टन) द्वारा दिए गए डाल्टन के परमाणु सिद्धांत के अभिधारणाओं में से एक है।

डाल्टन के परमाणु सिद्धांत की अभिधारणाएँ इस प्रकार हैं:

- तत्वों में अविभाज्य छोटे कण (परमाणु) होते हैं।
- एक ही तत्व के सभी परमाणु समान होते हैं; विभिन्न तत्वों में विभिन्न प्रकार के परमाणु होते हैं।
- परमाणु को न तो बनाया जा सकता है और न ही नष्ट किया जा सकता है।
- 'यौगिक तत्व' (अर्थात यौगिक) तब बनते हैं जब विभिन्न तत्वों के परमाणु सरल अनुपात में जुड़कर 'यौगिक परमाणु' (अर्थात अणु) बनाते हैं।

अतः विकल्प (B) सही है।

**85.** लिमुलस एक ''जीवित जीवाश्म'' है।

लिमुलस को किंग क्रेब या हॉर्सशू क्रैब भी कहा जाता है, यह संघ 'आर्थ्रोपोडा' के अंतर्गत आता है। यह पिछले 190 मिलियन के लिए अपरिवर्तित रहा है क्योंकि इसे जीवित जीवाश्म माना जाता है।

अतः विकल्प (C) सही है।

**86.** भारतीय गौर अपने निवास स्थान के कारण खतरे की अनुभूति के अनुसार अतिसंवेदनशील श्रेणी में सूचीबद्ध है। यह वन्यजीव संरक्षण अधिनियम, 1972 में सूचीबद्ध है। वाइल्ड लाइफ प्रोटेक्शन एक्ट (WPA), 1972 में 6 अनुसूची सूचियाँ शामिल हैं, जो सुरक्षा की अलग-अलग डिग्री प्रदान करती हैं। अनुसूची 1 से अनुसूची 4 में सूचीबद्ध जानवरों के अवैध शिकार, तस्करी और अवैध व्यापार पर प्रतिबंध लगा दिया गया है।

अतः विकल्प (D) सही है।

**87.** हम जानते है कि,

$$a^3 + b^3 = (a + b)(a^2 - ab + b^2)$$

$$\Rightarrow \frac{a^3+b^3}{a^2-ab+b^2} = (a + b)$$

कथन के साथ तुलना करने पर, हमें प्राप्त होता है,

$a = 0.3$ और $b = 1.7$

$$= \frac{(0.3)^3+(1.7)^3}{0.3\times0.3-0.51+1.7\times1.7}$$

$$= 0.3 + 1.7$$

$$= 2$$

अतः विकल्प (C) सही है।

**88.** दिया गया:

$$\{ 18 \times \frac{8}{15} + 624\ \text{का}\ 10\% \}/? = 4$$

$$\Rightarrow 6 \times \frac{8}{5} + 624 \times \frac{10}{100} = 4 \times?$$

$$\Rightarrow 6 \times \frac{8}{5} + 62.4 = 4 \times?$$

$$\Rightarrow 6 \times 1.6 + 62.4 = 4 \times?$$

$$\Rightarrow 9.6 + 62.4 = 4 \times?$$

$$\Rightarrow 72 = 4 \times?$$

$$\Rightarrow? = \frac{72}{4}$$

$$\Rightarrow? = 18$$

अतः विकल्प (B) सही है।

**89.** दिया गया है:

चीनी की कुल मात्रा $= 3\frac{1}{4}$ किग्रा

प्रत्येक पैकेट का आकार $= \frac{1}{16}$ किग्रा

जैसा कि हम जानते हैं,

पैकेटों की कुल संख्या = चीनी की कुल मात्रा / प्रत्येक पैकेट का आकार

पैकेटों की कुल संख्या $= \frac{3\frac{1}{4}}{\frac{1}{16}}$

$$= \frac{13\times16}{4}$$

$$= 52$$

∴ पैकेटों की कुल संख्या 52 है।

अतः विकल्प (A) सही है।

**90.** दिया है: $\cos(A + B) = \frac{1}{2}$

$\Rightarrow \cos(A + B) = \cos60°$ (क्योंकि, $\cos60° = \frac{1}{2}$)

$\Rightarrow A + B = 60°$ -------(1)

और, $\tan(A - B) = \frac{1}{\sqrt{3}}$

$\Rightarrow \tan(A - B) = \tan30°$ (क्योंकि, $\tan30° = \frac{1}{\sqrt{3}}$)

$\Rightarrow (A - B) = 30°$ -------(2)

समीकरण (1) और (2) से

$A = 45°$ and $B = 15°$

$\Rightarrow \sin(A + 3B) = \sin(45° + 3 \times 15°)$

$\Rightarrow \sin90° = 1$

अतः विकल्प (A) सही है।

**91.** दिया गया है:

मूल राशि $(P) = 12,000$ रुपये

दर $(R) = 6$ रुपये

समय $(T) =?$

राशि $(A) = 15600$

राशि = मूलधन $+$ साधारण ब्याज

∴ साधारण ब्याज $= 15600 - 12000 = 3600$ रुपये

साधारण ब्याज $= \dfrac{PRT}{100}$

जहां $P =$ मूलधन, $R =$ ब्याज की दर और $T =$ समय सीमा

$\therefore 3600 = \dfrac{12000 \times 6 \times T}{100}$

$\therefore T = 5$ वर्ष

अतः विकल्प (C) सही है।

**92.** दिया है:

दिल्ली के उम्मीदवार $= 1,000$

पुणे के उम्मीदवार $= 2,000$

मुंबई के उम्मीदवार $= 3,000$

दिल्ली, पुणे और मुंबई से उत्तीर्ण प्रतिशत $= 60\%, 75\%$ और $70\%$

अब,

दिल्ली से उत्तीर्ण उम्मीदवारों की संख्या $= 1000$ का $60\% = 600$

पुणे से उत्तीर्ण उम्मीदवारों की संख्या $= 2000$ का $75\% = 1500$

मुंबई से उत्तीर्ण उम्मीदवारों की संख्या $= 3000$ का $70\% = 2100$

उत्तीर्ण उम्मीदवार की कुल संख्या $= 4200$

कुल उत्तीर्ण प्रतिशत $= \left(\dfrac{4200}{6000}\right) \times 100 = 70\%$

$\therefore$ कुल उत्तीर्ण प्रतिशत $70\%$ है।

अतः विकल्प (D) सही है।

**93.** दिया गया है:

मूल राशि $(P) = 64000$ रु

दर $(R) = 10\% = \dfrac{10}{4}$ (तिमाही के लिए)

समय $(n) = 1$ साल $= 1 \times 4 = 4$ (एक साल में तिमाही के लिए)

सूत्र का उपयोग करके,

$A = P\left(1 + \dfrac{R}{100}\right)^{n}$

$= 64000\left(1 + \dfrac{10}{400}\right)^{4}$

$= 64000\left(\dfrac{410}{400}\right)^{4}$

$= 70644.03$ रु

$\therefore$ चक्रवृद्धि ब्याज $= A - P$

$= 70644.03 - 64000$

$= 6644.03$ रु

अतः विकल्प (A) सही है।

**94.** माना कि सबसे छोटे बच्चे की आयु $x$ है।

इसलिए, प्रश्नानुसार,

$x + x + 4 + x + 8 + x + 12 = 48$

$\Rightarrow 4x + 24 = 48$

$\Rightarrow 4x = 48 - 24$

$\Rightarrow x = \dfrac{24}{4}$

$\Rightarrow x = 6$

$\therefore$ सबसे छोटे बच्चे की आयु 6 वर्ष है।

अतः विकल्प (C) सही है।

**95.** 12 दिसंबर, 1901 को, गुग्लिल्मो मार्कोनी द्वारा प्राप्त एक रेडियो प्रसारण के परिणामस्वरूप पोल्धु, कॉर्नवाल से, सेंट जॉर्स, न्यूफ़ाउंडलैंड तक एक ट्रान्साटलांटिक वायरलेस सिग्नल (मोर्स कोड) का पहला प्रसारण हुआ।

अतः विकल्प (D) सही है।

**96.** माना, मूल गेंद की त्रिज्या r हैं।

ठोस गेंद का आयतन $= \dfrac{4}{3}\pi r^3$

पहली ठोस गेंद का आयतन $= \dfrac{4}{3}\pi(1)^3$

दूसरी ठोस गेंद का आयतन $= \dfrac{4}{3}\pi(6)^3$

तीसरी ठोस गेंद का आयतन $= \dfrac{4}{3}\pi(8)^3$ चूँकि एक ठोस गेंद को पिघलाकर तीन ठोस गेंद बनाये गये हैं। मूल गेंद का आयतन = तीन छोटे ठोस गेंदों का आयतन

$\dfrac{4}{3}\pi r^3 = \dfrac{4}{3}\pi(1)^3 + \dfrac{4}{3}\pi(6)^3 + \dfrac{4}{3}\pi(8)^3$

$\Rightarrow r^3 = 1^3 + 6^3 + 8^3$

$\Rightarrow r^3 = 729$

$\Rightarrow r = 9$ सेमी

$\therefore$ मूल गेंद की त्रिज्या (r) 9 सेमी है।

अतः विकल्प (A) सही है।

**97.** हम जानते है,

औसत = सभी संख्याओं का योग/ कुल संख्या

2019 में सभी देशों से आयात कुल तेल का योग $= 32.6 + 17.5 + 24.6 + 14.2 + 17.8 + 9.6 = 116.3$

2019 में सभी देशों से आयात कुल तेल का औसत $(P) = \dfrac{116.3}{6} = 19.38$

2017 में सभी देशों से आयात कुल तेल का योग $= 27.2 + 21.2 + 15 + 13.2 + 11.8 + 7.3 = 95.7$

2017 में सभी देशों से आयात कुल तेल का औसत $(Q) = \dfrac{95.6}{6} = 15.95$

अब, $P - Q = 19.38 - 15.95 = 3.43$

$\therefore$ $P - Q$ का अभीष्ट मान लगभग $3.43$ मिलियन टन है।

अतः विकल्प (A) सही है।

**98.** हम जानते है,

औसत = सभी संख्याओं का योग/कुल संख्या

और प्रतिशत परिवर्तन = [(अंतिम मान - प्रारंभिक मान) × 100]/प्रारंभिक मान

इसलिए, प्रश्नानुसार,

वर्ष 2015-16 में प्रतिशत परिवर्तन $= \frac{(14.8-13.9)\times100}{13.9} = +6.475\%$

वर्ष 2016-17 में प्रतिशत परिवर्तन $= \frac{(11.8-14.8)\times100}{14.8} = -20.27\%$

वर्ष 2017-18 में प्रतिशत परिवर्तन $= \frac{(11.5-11.8)\times100}{11.8} = -2.54\%$

वर्ष 2018-19 में प्रतिशत परिवर्तन $= \frac{(17.8-11.5)\times100}{11.5} = 54.78\%$

$\therefore$ प्रतिशत में औसत परिवर्तन $= \frac{(+6.475\%-20.27\%-2.54\%+54.78\%)}{4} = 9.61\%$

$\therefore$ अभीष्ट प्रतिशत $9.61\%$ है।

अतः विकल्प (A) सही है।

**99.** सूत्र का प्रयोग करने पर:

प्रतिशत = (2017 में आयात तेल/सभी वर्षों को मिलाकर आयात तेल) $\times 100$

प्रश्न के अनुसार,

2017 में ईरान से आयात तेल = $21.2$

सभी वर्षों को मिलाकर ईरान से आयात कुल तेल $= 20.5 + 21.8 + 21.2 + 18.5 + 17.5 = 99.5$

अब, प्रतिशत $= \frac{21.2}{99.5} \times 100 = 21.3\% \approx 21\%$

$\therefore$ अभीष्ट प्रतिशत $21\%$ है।

अतः विकल्प (C) सही है।

**100.** हम जानते हैं,

औसत = सभी अंकों की संख्या/ कुल अंकों की संख्या

अब, सभी वर्षों में इराक से आयात सभी तेल का योग $= 15.8 + 14.4 + 15 + 17.2 + 24.6 = 87$

सभी वर्षों में इराक से आयात कुल तेल का औसत $= \frac{87}{5} = 17.4$

अब, सभी वर्षों में वेनेजुएला से आयात कुल तेल का योग $= 7.2 + 7.6 + 7.3 + 10.3 + 9.6 = 42$

सभी वर्षों में वेनेजुएला से आयात कुल तेल का योग $= \frac{42}{5} = 8.4$

अनुपात $= \frac{17.4}{8.4} = \frac{29}{14}$

$\therefore$ अभीष्ट अनुपात $29:14$ है।

अतः विकल्प (B) सही है।

# General Knowledge and Logical Knowledge

**Q.1** महिला और बाल विकास मंत्रालय ने पीएम केयर्स फॉर चिल्ड्न योजना को 28 _________ तक बढ़ा दिया था।

**A.** फरवरी 2022

**B.** मार्च 2022

**C.** फरवरी 2022

**D.** दिसंबर 2022

**Q.2** 2022 लॉरियस स्पोर्ट्समैन ऑफ द ईयर किसे चुना गया है?

*[Delhi Forest Guard, 2021]*

**A.** मार्सेल ह्यूगो

**B.** मैक्स वर्स्टपिन

**C.** राफेल नडाल

**D.** रॉबर्ट लेवानडॉस्की

**Q.3** अगस्त 2022 में किस देश ने रूसी राज्य द्वारा संचालित परमाणु ऊर्जा कंपनी 'एएसई' के साथ 2.25 बिलियन डॉलर का समझौता किया है?

*[RBI Assistant, 2020], [UPSSSC Rajasva Lekhpal, 2015]*

**A.** भारत

**B.** चीन

**C.** जापान

**D.** दक्षिण कोरिया

**Q.4** निम्नलिखित में से कौन सी परियोजना मध्य प्रदेश सरकार और उत्तर प्रदेश सरकार के बीच बिजली के बंटवारे के लिए अंतर-राज्यीय परियोजना है?

**A.** राजघाट

**B.** मातातीला

**C.** बाणसागर

**D.** माड़ीखेड़ा

**Q.5** संयुक्त राष्ट्र की 75वीं वर्षगांठ पर किस देश ने स्मारक डाक टिकट जारी किया था?

**A.** संयुक्त राज्य अमेरिका

**B.** भारत

**C.** रूस

**D.** चीन

**Q.6** इंडिया एनर्जी फोरम के 4वें संस्करण का उद्घाटन किसने किया था?

**A.** नरेंद्र मोदी

**B.** अमित शाह

**C.** नितिन गडकरी

**D.** स्मृति ईरानी

**Q.7** निम्नलिखित में से किसको "भारत का पारिस्थितिक तप्त स्थल" कहा जाता है?

**A.** पश्चिमी घाट

**B.** पूर्वी घाट

**C.** पश्चिमी हिमालय

**D.** पूर्वी हिमालय

**Q.8** इंडियन स्कूल ऑफ माइन्स कहाँ स्थित है?

**A.** धनबाद

**B.** आसनसोल

**C.** टाटानगर

**D.** राउरकेला

**Q.9** संयुक्त राष्ट्र का मुख्यालय कहाँ स्थित है?

**A.** न्यूयॉर्क, यूएसए

**B.** हेग (नीदरलैंड)

**C.** जिनेवा

**D.** पेरिस

**Q.10** गिद्धों को बचाने के लिए कितने राज्यों में संरक्षण केंद्र स्थापित किए जाएंगे?

**A.** 3

**B.** 4

**C.** 5

**D.** 9

**Q.11** भारत की सबसे लंबी नदी कौनसी है?

**A.** कृष्णा

**B.** गोदावरी

**C.** गंगा

**D.** यमुना

**Q.12** ICICI बैंक ने ICICI लोम्बार्ड जनरल इंश्योरेंस कंपनी लिमिटेड से कितने रुपये प्रत्येक के फेस वैल्यू के 18,000,000 इक्विटी शेयरों को वापस ले लिया है?

**A.** 5

**B.** 10

**C.** 15

**D.** 20

**Q.13** महामहम त्यौहार भारत के किस राज्य में मनाया जाता है?

**A.** तमिलनाडु

**B.** ओडिशा

**C.** त्रिपुरा

**D.** नागालैंड

**Q.14** प्रशांत महासागर के किस द्वीप को रेडियोधर्मी पदार्थों के लिए "कॉफिन" कहा गया है?

**A.** ताहिती

**B.** मार्शल द्वीप

**C.** फ्रेंच पोलिनेशिया

**D.** वानुअतु

**Q.15** भारत में पनडुब्बी में जलयात्रा करने वाले पहले राष्ट्रपति कौन थे?

**A.** के. आर. नारायणन

**B.** डॉ. ए. पी. जे. अब्दुल कलाम

**C.** वी. वी. गिरी

**D.** एन. संजीव रेड्डी

**Q.16** "ग्रैंड ओल्ड मैन ऑफ इंडिया" के नाम से किसे जाना जाता था?

**A.** बाल गंगाधर तिलक

**B.** दादाभाई नौरोजी

**C.** गोपाल कृष्ण गोखले

**D.** महात्मा गांधी

**Q.17** तेल और प्राकृतिक गैस आयोग का मुख्यालय कहाँ है?

**A.** देहरादून

**B.** वड़ोदरा

**C.** डिगबोई

**D.** मुंबई

**Q.18** 'लाला हरदौल' की कहानी मध्यप्रदेश के किस स्थान के लिए प्रसिद्ध है?

**A.** खजुराहो

**B.** ओरछा

**C.** महेश्वर

**D.** उज्जैन

**Q.19** 'बीना तेल रिफाइनरी' मध्य प्रदेश के किस जिले में स्थित है?

**A.** सागर

**B.** दमोह

**C.** अशोकनगर

**D.** शिवपुरी

**Q.20** विश्व बैंक ने छह भारतीय राज्यों (हिमाचल, केरल, मध्य प्रदेश, महाराष्ट्र, ओडिशा और राजस्थान) में स्कूली शिक्षा की गुणवत्ता और शासन में सुधार के लिए कितना ऋण स्वीकृत किया है?

**A.** $1000 मिलियन

**B.** $500 मिलियन

**C.** $1500 मिलियन

**D.** $750 मिलियन

**Q.21** प्रश्न चिह्न (?) के स्थान पर क्या आएगा।

अस्थमा: फेफड़े :: कंजाक्तिविटिस:?

**A.** हड्डियों

**B.** दांत

**C.** आँख

**D.** रक्त

**Q.22** प्रश्न चिह्न (?) के स्थान पर क्या आएगा।

घबराहट : खुशी : : साथ रहना :?

**A.** खेद

**B.** नज़रअंदाज़ करना

**C.** नगण्य

**D.** खराब

**Q.23** प्रश्न चिह्न (?) के स्थान पर क्या आएगा।

10,100,200,310, ?

**A.** 430

**B.** 420

**C.** 410

**D.** 400

**Q.24 निर्देश:** निम्नलिखित प्रश्न में दो कथन दिए गए हैं और इन कथनों के बाद दो निष्कर्ष (1) और (2) दिए गए हैं। आपको दिए गए दो कथनों को

सत्य मानना है, भले ही वे सामान्यतः ज्ञात तथ्यों से भिन्न प्रतीत होते हों। जवाब दो:

**कथन:**

सभी कप किताबें हैं।

सभी किताबें शर्ट हैं।

**निष्कर्ष:**

कुछ कप शर्ट नहीं हैं।

कुछ शर्ट कप हैं।

A. केवल निष्कर्ष (1) अनुसरण करता है

B. केवल निष्कर्ष (2) अनुसरण करता है

C. या तो (1) या (2) अनुसरण करता है

D. न तो (1) और न ही (2) अनुसरण करता है

**Q.25 निर्देश:** निम्नलिखित प्रश्न में दो कथन दिए गए हैं और इन कथनों के बाद दो निष्कर्ष (1) और (2) दिए गए हैं। आपको दिए गए दो कथनों को सत्य मानना है, भले ही वे सामान्यतः ज्ञात तथ्यों से भिन्न प्रतीत होते हों। जवाब दो:

**कथन:**

कुछ गायें कौवे हैं।

कुछ कौवे हाथी हैं।

**निष्कर्ष:**

कुछ गाय हाथी हैं।

सभी कौवे हाथी हैं।

A. केवल निष्कर्ष (1) अनुसरण करता है

B. केवल निष्कर्ष (2) अनुसरण करता है

C. या तो (1) या (2) अनुसरण करता है

D. न तो (1) और न ही (2) अनुसरण करता है

**Q.26** मध्य प्रदेश के किस स्थान को 'नर्तकी महोत्सव' के लिए जाना जाता है?

A. ओरछा    B. चंदेरी    C. खजुराहो    D. भोपाल

**Q.27** मध्य प्रदेश के पूर्व में कौन सा राज्य है?

A. छत्तीसगढ़    B. केरल    C. हरियाणा    D. पंजाब

**Q.28** हड़प्पा सभ्यता के दौरान कांस्य प्रतिमाएँ बनाने के लिए निम्न में से किस तकनीक का उपयोग किया गया था?

A. लॉस्ट वैक्स कास्टिंग    B. स्टोन कार्विंग

C. वुड कार्विंग    D. आइवरी कार्विंग

**Q.29** मेल टोरसो की पत्थर की मूर्ति निम्नलिखित में से किस पुरातात्विक स्थल में पाई गई थी?

A. मोहनजोदड़ो    B. लोथल

C. हड़प्पा    D. धोलावीरा

**Q.30** उस नृत्य का नाम बताइए जिसे वल्लथोल ने पुनर्जीवित किया था।

A. ओडिसी    B. कथकली

C. मणिपुरी    D. भरतनाट्यम

**Q.31** वह शब्द चुनें, जो दूसरों से अलग हो।

A. दही    B. मक्खन    C. तेल    D. पनीर

**Q.32** विषम शब्द का चयन करें।

A. पुस्तक    B. सूची    C. शब्दकोष    D. अध्याय

**Q.33** यदि 'CENTRAL' शब्द में, सभी स्वरों को पहले वर्णानुक्रम में व्यवस्थित किया जाता है और फिर सभी व्यंजन वर्णानुक्रम में व्यवस्थित किए जाते हैं और फिर सभी स्वरों को अगले अक्षरों से बदल दिया जाता है और व्यंजन को अंग्रेजी वर्णमाला के पिछले अक्षरों से बदल दिया जाता है, तो कौन सा अक्षर दाहिने ओर से चौथा होगा?

A. K    B. S    C. Z    D. D

**Q.34** 18वीं शताब्दी में होलकर रानी अहिल्या बाई की प्रतिभा से निम्नलिखित में से कौन सा कला रूप प्रेरित था?

A. माहेश्वरी साड़ी    B. चंदेरी साड़ी

C. टेराकोटा की मूर्तियाँ    D. टसर कपड़ा

**Q.35 निर्देश:** निम्नलिखित प्रश्न में चार संभावित उत्तर दिए गए हैं। उत्तर के रूप में सबसे उपयुक्त विकल्प का चयन करें।

स्कूटर पर जाते समय, आप पाते हैं कि किसी को आपके वाहन से चोट लगी है, तो आप

A. तुरंत मौके से भागने की कोशिश करें

B. अपना वाहन रोकें और कहें 'मुझे क्षमा करें'

C. उसे डॉक्टर के पास ले जाएं और उसकी चिकित्सा सहायता की व्यवस्था करें

D. चोट के लिए मुआवजे का भुगतान करें और इस तरह से मामले को निपटाने की कोशिश करें

**Q.36** मध्य प्रदेश के अलावा, बेतवा भी बहती है:

A. गुजरात    B. उत्तर प्रदेश

C. छत्तीसगढ    D. महाराष्ट्र

**Q.37** प्राचीन काल में, किस शहर को अवंती के नाम से जाना जाता था?

A. मालवा    B. वैशाली    C. उज्जैन    D. गया

**Q.38 निर्देश:** निम्नलिखित जानकारी को ध्यान से पढ़ें और नीचे दिए गए प्रश्न का उत्तर दें।

1. रोहंश आर्यन के पिता की बहन का बेटा है।

2. सोमित दिशा का बेटा है जो आरव की मां और आर्यन की दादी है।

3. ललित, अनन्या के पिता और रोहंश के दादा हैं।

4. दिशा ललित की पत्नी हैं।

आरव की पत्नी अनन्या से कैसे संबंधित है?

A. भांजी    B. माँ    C. बहन    D. भाभी

**Q.39** आयुष अपने पिता की शादी के दो साल बाद पैदा हुआ था। उसकी मां उसके पिता से पांच साल छोटी हैं लेकिन आयुष से 20 साल बड़ी हैं जो 10 साल का है। पिता की शादी किस उम्र में हुई?

A. 23 वर्ष    B. 25 वर्ष    C. 33 वर्ष    D. 35 वर्ष

**Q.40** मध्य प्रदेश में नागाजी का मेला किस स्थान पर लगता है?

A. अशोकनगर    B. शाजापुर

C. गुना    D. मुरैना

# Mental Ability and Mental Aptitude

**Q.41** एक आकृति चुनें जो आकृति (Z) के समान रूप से सबसे निकट से मिलता जुलता हो।

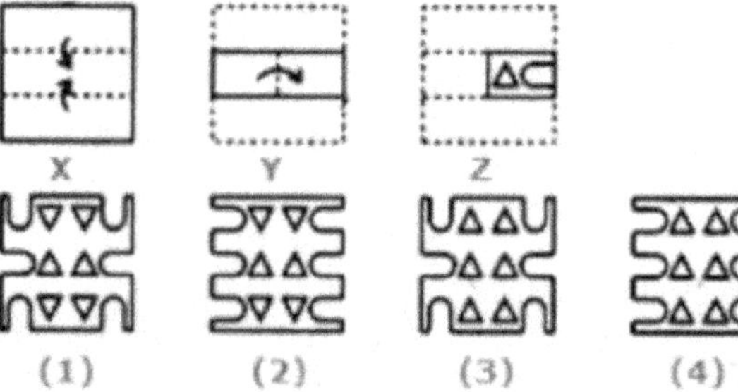

**A.** (1)    **B.** (2)    **C.** (3)    **D.** (4)

**Q.42** एक आकृति चुनें जो आकृति (Z) के समान रूप से सबसे निकट से मिलता जुलता हो।

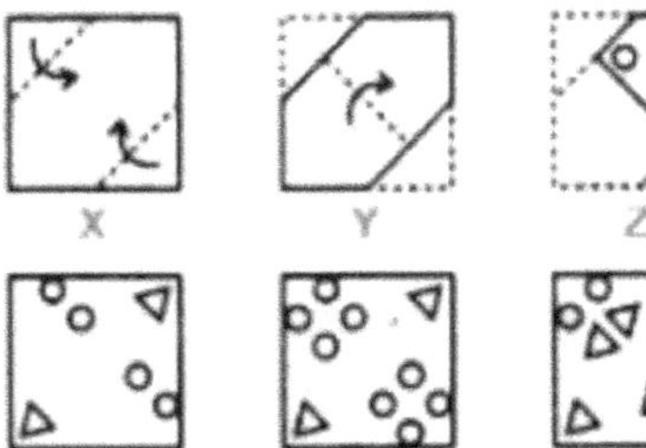

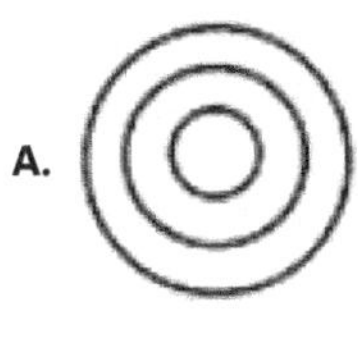

**A.** (1)    **B.** (2)    **C.** (3)    **D.** (4)

**Q.43** निम्नलिखित में से चुनें कि कौन सा आरेख बहुत तार्किक तरीके से दिए गए तत्वों के बीच संबंध का प्रतिनिधित्व करता है।

छात्र, लड़के, लड़कियां

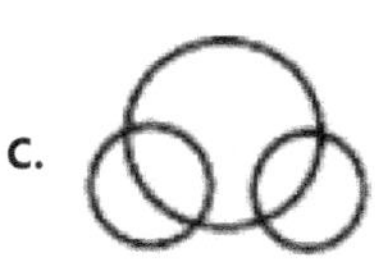

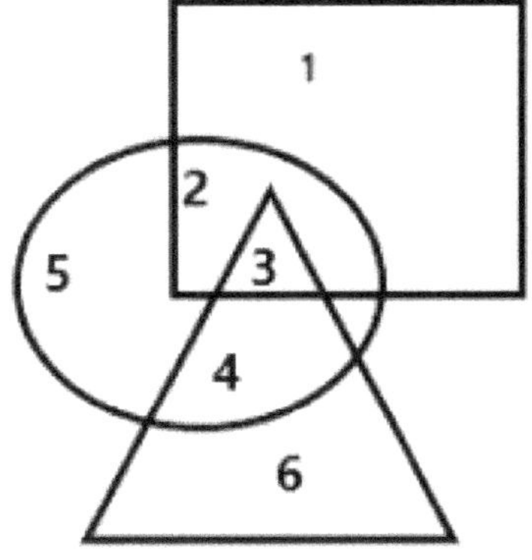

**A.** 5    **B.** 3    **C.** 4    **D.** 6

**Q.47** एक परीक्षा में 15% छात्र अनुत्तीर्ण हो गए। यदि परीक्षा में 1500 छात्र बैठे थे, तो कितने उत्तीर्ण हुए?

**A.** 1250    **B.** 1375    **C.** 1275    **D.** 1150

**Q.48** यदि कोई व्यापारी वस्तु पर क्रय मूल्य से 60% अधिक अंकित करता है,और वस्तु को 30% की छूट पर बेचता है, तो उसका लाभ प्रतिशत ज्ञात कीजिए।

**A.** 12%    **B.** 15%    **C.** 10%    **D.** 20%

**Q.49** 60 रु/ लीटर का मिश्रण प्राप्त करने के लिए दो प्रकार के तरल पदार्थों जिनकी लागत 52 रु/लीटर और 65 रु/लीटर है, को किस अनुपात में मिलाया जाना चाहिए?

**A.** 8 : 13    **B.** 5 : 8    **C.** 13 : 5    **D.** 8 : 5

**Q.50** सबसे छोटी संख्या ज्ञात कीजिए जिसे दिए गए व्यंजक में इसे एक पूर्ण वर्ग बनाने के लिए जोड़ा जाना चाहिए?

789211 × 789215

**A.** 4    **B.** 2    **C.** 16    **D.** 6

**Q.51** एक दूधवाला गाय का दूध 55 रुपये की दर से बेचता है, जिसमें लाभ 12 प्रतिशत है। वह भैंस के दूध को 20% के लाभ सहित 36 रुपये प्रति लीटर की दर से बेचता है। यदि वह प्रति दिन 8 लीटर गाय का दूध और 10 लीटर भैंस का दूध बेचता है, तो वह पांच दिनों में कितना लाभ कमाएगा?

**A.**  632 रुपये    **B.**  624 रुपये
**C.**  646 रुपये    **D.**  553.71 रुपये

**Q.44** उस वैकल्पिक आकृति का पता लगाएं जिसमें उसके भाग के रूप में आकृति (X) हो।

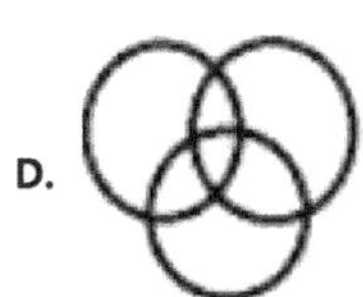

**A.** (1)    **B.** (2)    **C.** (3)    **D.** (4)

**Q.45** उस वैकल्पिक आकृति का पता लगाएं जिसमें उसके भाग के रूप में आकृति (X) हो।

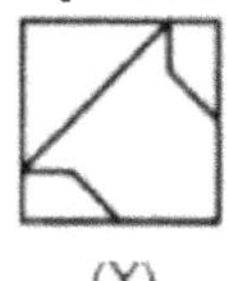

**A.** (1)    **B.** (2)    **C.** (3)    **D.** (4)

**Q.46** निम्नलिखित में से कौन सी संख्या केवल वृत्त और त्रिकोण में उपस्थित है?

**Q.52** यदि वार्षिक छमाही ब्याज दिया जाता है, तो 2 वर्ष में प्रति वर्ष 20 प्रतिशत की दर से चक्रवृद्धि ब्याज 10000 रुपये की राशि पर अर्जित किया जाएगा?

**A.**  4400 रुपये    **B.**  4600 रुपये
**C.**  4641 रुपये    **D.**  4680 रुपये

**Q.53** कमलेश ने 125 किमी की अपनी यात्रा 25 किमी/घंटा और शेष दूरी 40 किमी/घंटा पर दूरी तय की। यदि कुल यात्रा 325 किमी की है, तो पूरी यात्रा के लिए उसकी औसत गति क्या है?

**A.** 33.5 किमी/घंटा    **B.** 32.5 किमी/घंटा
**C.** 35.6 किमी/घंटा    **D.** 36.7 किमी/घंटा

**Q.54** 2,850 रुपये में साइकिल बेचकर एक दुकानदार को 14% लाभ होता है। यदि लाभ 8% तक कम हो जाता है, तो विक्रय मूल्य होगा:

**A.** 2600 रुपये    **B.** 2700 रुपये
**C.** 2800 रुपये    **D.** 3000 रुपये


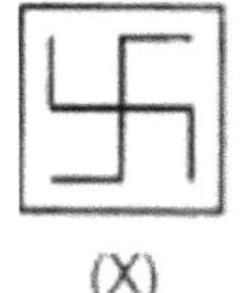

**Q.55** एक संस्थान में, 60% छात्र लड़के हैं और बाकी लड़कियां हैं। आगे 15% लड़कों और 7.5% लड़कियों को शुल्क माफी मिल रही है। यदि शुल्क माफी पाने वालों की संख्या 90 है, 50% रियायत प्राप्त करने वाले छात्रों की कुल संख्या ज्ञात कीजिए। अगर यह दिया जाता है कि फीस माफी नहीं पाने वाले 50% लोग आधी फीस रियायत पाने के पात्र हैं?

**A.** 360    **B.** 280    **C.** 320    **D.** 330

**Q.56** दो व्यक्तियों P और Q की आय 5 : 6 के अनुपात में है। यदि उनमें से प्रत्येक प्रति माह 200 रुपये की बचत करता है, उनके व्यय का अनुपात 3 : 4 है। Q की आय ज्ञात कीजिए।

**A.** 740 रुपये    **B.** 800 रुपये    **C.** 750 रुपये    **D.** 600 रुपये

**Q.57** 2 दादा-दादी की औसत आयु 75 है, 3 माता-पिता की 45 है और 4 पोते-पोतियों की 25 है। तो पूरे परिवार की कुल आयु ज्ञात कीजिये।

**A.** 375 वर्ष    **B.** 385 वर्ष    **C.** 395 वर्ष    **D.** 365 वर्ष

**Q.58** राम ने 10% लाभ पर सोहन को एक कुर्सी बेची। सोहन ने इसे 20% लाभ पर अशोक को बेच दिया। यदि अशोक ने इसे 660 में खरीदा है। राम ने कुर्सी किस मूल्य पर खरीदी है?

**A.** 120    **B.** 500    **C.** 180    **D.** 300

**Q.59** पता करें कि कौन सी आकृति (1), (2), (3) और (4) आकृति (X) में दिए गए टुकड़ों से बन सकते हैं।

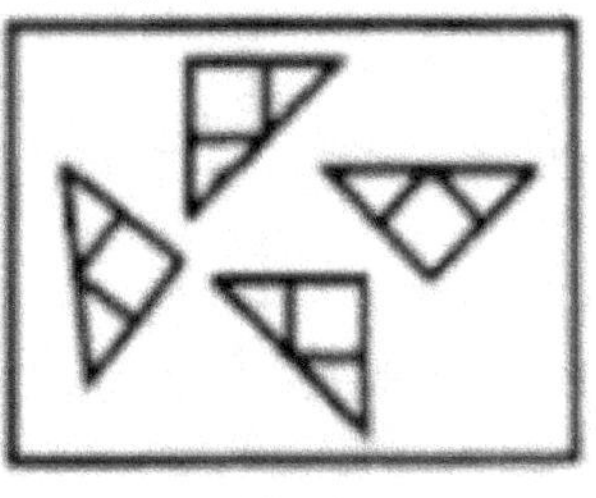

(X)

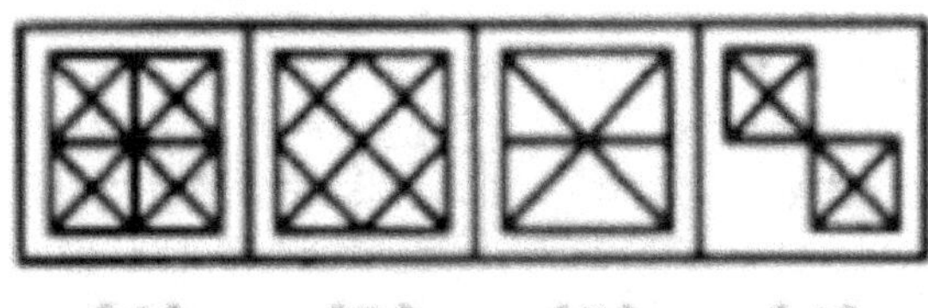

(1)    (2)    (3)    (4)

**A.** (1)    **B.** (2)    **C.** (3)    **D.** (4)

**Q.60** पता करें कि कौन सी आकृति (1), (2), (3) और (4) आकृति (X) में दिए गए टुकड़ों से बन सकती हैं।

(X)

(1)    (2)    (3)    (4)

**A.** (1)    **B.** (2)    **C.** (3)    **D.** (4)

**Q.61** अनानास की कीमत 7 रुपये है। तरबूज की कीमत 5 रुपये है। $X$, 38 रुपये इन फलों पर खर्च करता है। अनानास की संख्या है-

**A.** 2    **B.** 3    **C.** 4    **D.** डेटा अपर्याप्त है

**Q.62** एक महिला कहती है, "यदि आप मेरी उम्र को उलट देते हैं, तो आंकड़े मेरे पति की उम्र बताते हैं। वह निश्चित रूप से मुझसे बड़े हैं और हमारी उम्र के बीच का अंतर उनके कुल योग का $\frac{1}{11}$ है।" महिला की उम्र है:

**A.** 23 वर्ष    **B.** 34 वर्ष    **C.** 45 वर्ष    **D.** इनमें से कोई नहीं

**Q.63** 25 बैग का औसत वजन 55 किग्रा है। एक बैग का वजन 56 की जगह 65 पढ़ लिया गया था। सही औसत मान ज्ञात कीजिये।

**A.** 55.25    **B.** 54.64    **C.** 55.36    **D.** 55.65

**Q.64** एक आदमी के पास एक रुपये के नोटों के मूल्यवर्ग में 480 रुपये, पांच रुपये के नोट और दस रुपये के नोट हैं। प्रत्येक संप्रदाय के लिए नोटों की संख्या बराबर है। उसके पास कुल कितने नोट हैं?

**A.** 45    **B.** 60    **C.** 75    **D.** 90

**Q.65** $\dfrac{(0.96)^3 - (0.1)^3}{(0.96)^2 + 0.096 + (0.1)^2}$ का मान है:

**A.** 0.86    **B.** 0.95    **C.** 0.97    **D.** 1.06

**Q.66** $\dfrac{0.1 \times 0.1 \times 0.1 + 0.02 \times 0.02 \times 0.02}{0.2 \times 0.2 \times 0.2 + 0.04 \times 0.04 \times 0.04}$ का मान है:

*[Delhi Forest Guard, 2021]*

**A.** 0.0125    **B.** 0.125    **C.** 0.25    **D.** 0.5

**Q.67** छह घंटियाँ क्रमशः 2, 4, 6, 8, 10 और 12 सेकंड के अंतराल पर एक साथ टोल देना शुरू करती हैं। 30 मिनट में, वे कितनी बार एक साथ टोल देते हैं?

**A.** 4 बार    **B.** 10 बार    **C.** 15 बार    **D.** 16 बार

**Q.68** बता दें कि $N$ सबसे बड़ी संख्या है, जो 1305, 4665 और 6905 को विभाजित करेगा, जो प्रत्येक स्थिति में समान शेष रहेगा। फिर $N$ में अंकों का योग है:

**A.** 4    **B.** 5    **C.** 6    **D.** 8

**Q.69** एक कक्षा में 44% छात्र महिलाएं हैं और पुरुष छात्रों की संख्या 42 है। एक कक्षा में छात्रों की कुल संख्या ज्ञात कीजिए।

**A.** 70     **B.** 65     **C.** 75     **D.** 45

**Q.70** एक त्रिभुज की तीन भुजाएँ क्रमशः 10 सेमी, 7 सेमी और 6 सेमी हैं, तो त्रिभुज है:

**A.** न्यून कोण त्रिभुज     **B.** समबाहु त्रिभुज
**C.** अधिक कोण त्रिभुज     **D.** समकोण त्रिभुज

# Science and Simple Arithmetic

**Q.71** पुराने तेल-चित्रों का रंग सुधारने के लिए निम्नलिखित में किसका प्रयोग किया जाता हैं?

**A.** ओजोन     **B.** हाइड्रोजन पेरोक्साइड
**C.** बेरियम पेरोक्साइड     **D.** सोडियम पेरोक्साइड

**Q.72** गन धातु की संरचना क्या है?

**A.** तांबा (70%) + जस्ता (30%)
**B.** तांबा (88%) + (8-10%) टिन + (2-4%) जस्ता
**C.** तांबा (90%) + टिन (10%)
**D.** तांबा (60%) + जस्ता (40%)

**Q.73** दो वस्तुओं के बीच गुरुत्वाकर्षण बल क्या है?

**A.** केवल बड़ी दूरी पर आकर्षक
**B.** केवल छोटी दूरी पर आकर्षक
**C.** सभी दूरी पर आकर्षक
**D.** बड़ी दूरी पर आकर्षक लेकिन छोटी दूरी पर प्रतिकारक

**Q.74** निम्नलिखित में से कौन सा यौगिक आमतौर पर माउथवॉश और टूथपेस्ट में एंटीसेप्टिक के रूप में उपयोग किया जाता है?

**A.** बोरेक्स     **B.** साल्टपीटर
**C.** हाइड्रोजन पेरोक्साइड     **D.** सोडियम क्लोराइड

**Q.75** एल्युमिनियम का सबसे महत्वपूर्ण अयस्क है:

**A.** बॉक्साइट    **B.** कैलेमाइन    **C.** कैल्साइट    **D.** गैलेना

**Q.76** समुद्र मील (Knot) किसका माप है?

**A.** सौर विकिरण
**B.** गोलाकार वस्तुओं की वक्रता
**C.** जहाज की गति
**D.** भूकंप की तीव्रता

**Q.77** मायोपिया और हाइपरमेट्रोपिया को सही किया जाता है:

**A.** अवतल और प्लेनो-उत्तल लेंस
**B.** अवतल और उत्तल लेंस
**C.** उत्तल और अवतल लेंस
**D.** दोनों दोषों से प्लेनो-अवतल लेंस द्वारा ठीक किया जा सकता है।

**Q.78** द्वि-फोकल लेंस _____ को सही करने के लिए आवश्यक है।

**A.** दृष्टिवैषम्य     **B.** कोमा
**C.** मायोपिया     **D.** प्रेस्बायोपिया

**Q.79** पोटेशियम परमैंगनेट का उपयोग पीने के पानी को शुद्ध करने के लिए किया जाता है, क्योंकि:

**A.** यह एक स्टरलाइज़िंग एजेंट है।
**B.** यह पानी की अशुद्धियों को घोलता है।
**C.** यह कम करने वाला एजेंट है।
**D.** यह एक ऑक्सीकरण एजेंट है।

**Q.80** एक वास्तविक वस्तु के लिए, निम्नलिखित में से कौन वास्तविक छवि का उत्पादन कर सकता है?

**A.** समतल दर्पण     **B.** अवतल दर्पण
**C.** अवतल लेंस     **D.** उत्तल दर्पण

**Q.81** अनुकूल परिस्थितियों के दौरान, अमीबा द्वारा पुन: पेश किया जाता है:

**A.** कई विखंडन     **B.** बाइनरी विखंडन
**C.** नवोदित     **D.** विखंडन

**Q.82** विटामिन D की कमी का कारण:

**A.** सूखा रोग     **B.** रतौंधी
**C.** घेंघा     **D.** इनमे से कोई भी नहीं

**Q.83** निम्नलिखित में से कौन कोशिकाओं में राइबोसोम द्वारा निभाई गई सबसे महत्वपूर्ण भूमिका है?

**A.** RNA का संश्लेषण
**B.** DNA का संश्लेषण
**C.** प्रोटीन का संश्लेषण
**D.** कार्बोहाइड्रेट का उपापचय

**Q.84** कम से कम जेनेटिक पावर मानव शरीर की निम्नलिखित कोशिकाओं में से किसकी एक विशेषता है?

**A.** मस्तिष्क    **B.** हड्डियों    **C.** त्वचा    **D.** जिगर

**Q.85** एम्प्लोरा एक आनुवंशिक रूप से संशोधित _____ है।

**A.** गुलाब    **B.** आलू    **C.** कमल    **D.** टमाटर

**Q.86** निम्नलिखित में से कौन एक बहुपदीय नहीं है?

**A.** $4a^2 + 2a - 1$     **B.** $a^3 - 1$
**C.** $b + \dfrac{4}{y}$     **D.** $x^2 + 5x + 1$

**Q.87** प्रत्येक 3 वर्ष के अंतराल पर जन्म लेने वाले 5 बच्चों की आयु का योग 50 वर्ष है। सबसे बड़े बच्चे की आयु ज्ञात कीजिए?

**A.** 16 वर्ष    **B.** 12 वर्ष    **C.** 10 वर्ष    **D.** 8 वर्ष

**Q.88** $2\sin^2\theta + 3\cos^2\theta$ का न्यूनतम मूल्य:

**A.** 0    **B.** 3    **C.** 2    **D.** 1

**Q.89** 2 साल की अवधि के बाद 10% की दर से 7790 रुपये की मूल राशि पर एकत्रित चक्रवृद्धि ब्याज क्या होगा?

**A.** 3,332.78 रुपये     **B.** 3,335.35 रुपये
**C.** 3,333.27 रुपये     **D.** इनमे से कोई नहीं

**Q.90** एक आयत का विकर्ण और लंबाई क्रमशः 15 सेमी और 12 सेमी है। आयत का क्षेत्रफल होगा?

**A.** 210 सेमी²    **B.** 102 सेमी²    **C.** 36 सेमी²    **D.** 108 सेमी²

**Q.91** मूलधन 16,500 रुपये को 4 वर्ष के लिए 16% प्रति वार्षिक के दर से साधारण ब्याज पर उधार दिया जाता है | साधारण ब्याज की राशि कितनी होगी?

**A.** 11,560 रुपये     **B.** 10,250 रुपये
**C.** 12,500 रुपये     **D.** इनमें से कोई नहीं

**Q.92** एक मूलधन से 6 वर्ष में 9% प्रति वर्ष की दर से 4819.50 रुपये का कुल साधारण ब्याज अर्जित होता है। तो वह मूलधन ज्ञात कीजिये।

**A.** 4462.5 रुपये     **B.** 8032.50 रुपये
**C.** 8900 रुपये     **D.** 8925 रुपये

**Q.93** समलम्ब चतुर्भुज PQRS में, PQ // SR, ∠P = (x + 2)°, ∠Q = (y + 5)°, ∠R = (2y + 10)° और ∠S = (2x – 32)°, यदि x और y त्रिभुज के दो कोण हैं, तो तीसरे कोण का मान क्या है?

**A.** 65°　　　**B.** 50°　　　**C.** 55°　　　**D.** 55°

**Q.94** प्रत्येक मानव कोशिका में कितने जोड़े गुणसूत्र होते हैं?

**A.** 10　　　**B.** 23　　　**C.** 29　　　**D.** 46

**Q.95** एक वृत्त की जीवा की लम्बाई 12 सेमी है, यदि वृत्त की त्रिज्या एक पूर्णांक है, तो यह जीवा वृत्त के केंद्र से कितनी दूर स्थित हो सकती है?

**A.** 6　　　　　　　　**B.** 8

**C.** 10　　　　　　　　**D.** इनमें से कोई नहीं

**Q.96** किसी लेख की क्रय मूल्य $C$ है और उसी लेख का विक्रय मूल्य $S$ है, जहाँ $Z$ लाभ या हानि प्रतिशत है। यदि क्रय मूल्यऔर विक्रय मूल्य दोनों को एक ही राशि से बढ़ाया जाता है तो निम्नलिखित में से कौन सा सही है:

**A.** $z$ बढ़ता है　　　　　　　**B.** स्थिर रहता है

**C.** $z$ घटता है　　　　　　　**D.** इनमें से कोई नहीं

**Ques (97-98):निर्देश:** निम्नलिखित पाई-चार्ट में एक पुस्तक प्रकाशित करने के खर्च के प्रतिशत वितरण का पता चलता है। पाइ चार्ट का अध्ययन करें और उसके आधार पर दिए गए सवालों का जवाब दें। एक पुस्तक प्रकाशित करने में हुए विभिन्न व्यय (प्रतिशत में):

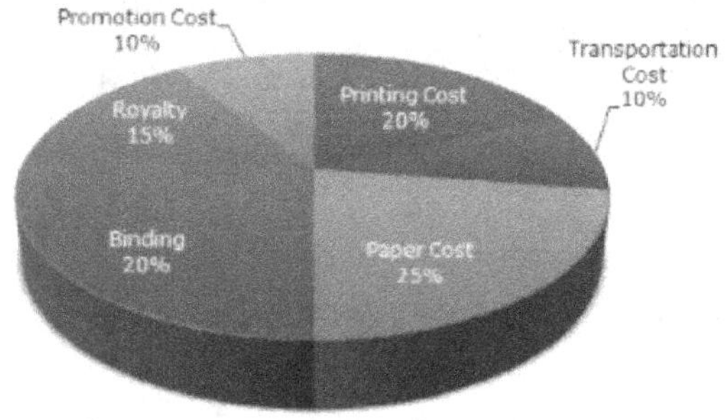


**Q.97** अगर कुछ निश्चित पुस्तकों के लिए, प्रकाशक को रुपये का भुगतान करना पड़ता है 30,600 मुद्रण लागत के रूप में, तो इन पुस्तकों के लिए रॉयल्टी का भुगतान कितना होगा?

**A.** 19,450 रुपये　　　　　　**B.** 21,200 रुपये

**C.** 22,950 रुपये　　　　　　**D.** 26,150 रुपये

**Q.98**

रॉयल्टी पर किए गए व्यय के अनुरूप क्षेत्र का केंद्रीय कोण क्या है?

**A.** 15°　　　**B.** 24°　　　**C.** 54°　　　**D.** 48°

**Q.99** एक रेफ्रिजरेटर में बर्फ का डिब्बा 27 सेमी गहरा, 6 सेमी ऊँचा और 9 सेमी चौड़ा होता है। इसमें कितने बर्फ के टुकड़े होंगे, यदि प्रत्येक घन का किनारा 3 सेमी है?

**A.** 16　　　**B.** 54　　　**C.** 24　　　**D.** 12

**Q.100** दो घनों के आयतन 27 : 64 के अनुपात में हैं। उनके सतही क्षेत्रफलों का अनुपात है?

**A.** 3 : 4　　　**B.** 4 : 3　　　**C.** 16 : 9　　　**D.** 9 : 16

# // स्मार्ट उत्तर पुस्तिका //

| सही उत्तर | उन छात्रों के प्रतिशत को इंगित करता है जिन्होंने प्रश्नों का सही उत्तर दिया था। |

| छोड़ दिया | उन छात्रों के प्रतिशत को इंगित करता है जिन्होंने प्रश्नों को छोड़ दिया था। |

| प्रश्न संख्या | उत्तर | सही उत्तर | छोड़ दिया |
|---|---|---|---|
| 1 | A | 57.95 % | 1.01 % |
| 2 | C | 64.66 % | 1.65 % |
| 3 | D | 79.64 % | 0.0 % |
| 4 | A | 53.27 % | 1.68 % |
| 5 | B | 30.19 % | 4.09 % |
| 6 | A | 11.59 % | 4.11 % |
| 7 | A | 64.92 % | 1.27 % |
| 8 | A | 11.13 % | 3.93 % |
| 9 | A | 41.83 % | 1.78 % |
| 10 | C | 51.78 % | 1.5 % |
| 11 | C | 88.1 % | 0.0 % |
| 12 | B | 21.15 % | 3.49 % |
| 13 | A | 76.34 % | 0.0 % |
| 14 | B | 48.21 % | 1.57 % |
| 15 | B | 40.22 % | 1.7 % |
| 16 | B | 89.21 % | 0.0 % |

| प्रश्न संख्या | उत्तर | सही उत्तर | छोड़ दिया |
|---|---|---|---|
| 17 | A | 44.75 % | 1.65 % |
| 18 | B | 67.78 % | 1.46 % |
| 19 | A | 54.52 % | 1.75 % |
| 20 | B | 51.7 % | 1.14 % |
| 21 | C | 87.36 % | 0.0 % |
| 22 | B | 88.23 % | 0.0 % |
| 23 | A | 83.7 % | 0.0 % |
| 24 | B | 54.4 % | 1.76 % |
| 25 | D | 40.71 % | 1.57 % |
| 26 | C | 81.28 % | 0.0 % |
| 27 | A | 58.14 % | 1.24 % |
| 28 | A | 82.92 % | 0.0 % |
| 29 | C | 84.37 % | 0.0 % |
| 30 | B | 79.12 % | 0.0 % |
| 31 | C | 89.3 % | 0.0 % |
| 32 | A | 76.93 % | 0.0 % |

| प्रश्न संख्या | उत्तर | सही उत्तर | छोड़ दिया |
|---|---|---|---|
| 33 | A | 59.99 % | 1.57 % |
| 34 | A | 63.54 % | 1.81 % |
| 35 | C | 60.76 % | 1.9 % |
| 36 | B | 89.36 % | 0.0 % |
| 37 | C | 63.25 % | 1.26 % |
| 38 | D | 55.97 % | 1.5 % |
| 39 | A | 23.87 % | 4.62 % |
| 40 | D | 69.05 % | 1.76 % |
| 41 | B | 45.86 % | 1.65 % |
| 42 | B | 54.59 % | 1.91 % |
| 43 | C | 53.27 % | 1.64 % |
| 44 | D | 60.68 % | 1.3 % |
| 45 | C | 60.49 % | 1.31 % |
| 46 | C | 44.92 % | 1.51 % |
| 47 | C | 62.47 % | 1.34 % |
| 48 | A | 66.06 % | 1.81 % |

| प्रश्न संख्या | उत्तर | सही उत्तर | छोड़ दिया |
|---|---|---|---|
| 49 | B | 56.48 % | 1.25 % |
| 50 | A | 64.26 % | 1.89 % |
| 51 | D | 45.79 % | 1.02 % |
| 52 | C | 51.48 % | 1.62 % |
| 53 | B | 46.09 % | 1.11 % |
| 54 | B | 65.8 % | 1.57 % |
| 55 | D | 61.24 % | 1.65 % |
| 56 | D | 40.58 % | 1.99 % |
| 57 | B | 81.69 % | 0.0 % |
| 58 | B | 42.2 % | 1.63 % |
| 59 | B | 40.76 % | 1.03 % |
| 60 | B | 59.66 % | 1.2 % |
| 61 | C | 46.55 % | 1.35 % |
| 62 | C | 40.67 % | 1.78 % |
| 63 | B | 68.58 % | 1.22 % |
| 64 | D | 13.8 % | 3.26 % |

| प्रश्न संख्या | उत्तर | सही उत्तर | छोड़ दिया |
|---|---|---|---|
| 65 | A | 42.68 % | 1.55 % |
| 66 | B | 67.34 % | 1.75 % |
| 67 | D | 21.08 % | 3.94 % |
| 68 | A | 44.42 % | 1.16 % |
| 69 | C | 57.22 % | 1.4 % |
| 70 | C | 25.24 % | 3.02 % |
| 71 | B | 86.27 % | 0.0 % |
| 72 | B | 58.58 % | 1.84 % |
| 73 | C | 32.54 % | 4.22 % |
| 74 | D | 78.58 % | 0.0 % |
| 75 | A | 76.84 % | 0.0 % |
| 76 | C | 84.67 % | 0.0 % |
| 77 | B | 82.78 % | 0.0 % |
| 78 | D | 46.13 % | 1.29 % |
| 79 | D | 79.08 % | 0.0 % |
| 80 | B | 54.44 % | 1.68 % |

| प्रश्न संख्या | उत्तर | सही उत्तर / छोड़ दिया |
|---|---|---|
| 81 | B | 25.55 % |
| | | 3.32 % |
| 82 | A | 86.21 % |
| | | 0.0 % |
| 83 | C | 52.31 % |
| | | 1.58 % |
| 84 | A | 32.53 % |
| | | 4.82 % |

| प्रश्न संख्या | उत्तर | सही उत्तर / छोड़ दिया |
|---|---|---|
| 85 | B | 19.88 % |
| | | 4.85 % |
| 86 | C | 50.61 % |
| | | 1.17 % |
| 87 | A | 32.05 % |
| | | 3.19 % |
| 88 | C | 55.55 % |
| | | 1.19 % |

| प्रश्न संख्या | उत्तर | सही उत्तर / छोड़ दिया |
|---|---|---|
| 89 | D | 65.33 % |
| | | 1.25 % |
| 90 | D | 63.25 % |
| | | 1.67 % |
| 91 | D | 53.16 % |
| | | 1.89 % |
| 92 | D | 54.11 % |
| | | 1.3 % |

| प्रश्न संख्या | उत्तर | सही उत्तर / छोड़ दिया |
|---|---|---|
| 93 | C | 48.72 % |
| | | 1.07 % |
| 94 | B | 53.65 % |
| | | 1.6 % |
| 95 | B | 46.05 % |
| | | 1.99 % |
| 96 | C | 19.21 % |
| | | 3.36 % |

| प्रश्न संख्या | उत्तर | सही उत्तर / छोड़ दिया |
|---|---|---|
| 97 | C | 67.23 % |
| | | 1.2 % |
| 98 | C | 16.32 % |
| | | 4.77 % |
| 99 | B | 40.03 % |
| | | 1.7 % |
| 100 | D | 52.22 % |
| | | 1.24 % |

| कार्य विश्लेषण | |
|---|---|
| औसत अंक ( % ) | 51.0% |
| टॉपर्स स्कोर ( % ) | 69.0% |
| आपका स्कोर | |

# //संकेत और समाधान//

1. महिला और बाल विकास मंत्रालय ने 28 फरवरी 2022 तक पीएम केयर्स फॉर चिल्ड्रन योजना को बढ़ा दिया था। पहले यह योजना 31 दिसंबर 2021 तक वैध थी। यह योजना उन सभी बच्चों को कवर करती है, जिन्होंने 11 मार्च 2020 से कोविड- 19 महामारी के कारण माता-पिता, जीवित माता-पिता, या कानूनी अभिभावक/दत्तक माता-पिता/एकल दत्तक माता-पिता दोनों को खो दिया है।

अतः विकल्प (A) सही है।

2. एफ 1 चैंपियन मैक्स वेरस्टैपेन को 2022 लॉरियस स्पोर्ट्समैन ऑफ द ईयर चुना गया है।

जमैका ओलंपिक स्प्रिंटर एलेन थॉम्पसन-हेरा को स्पोर्ट्सवुमेन ऑफ द ईयर चुना गया है।

अतः विकल्प (C) सही है।

3. दक्षिण कोरिया ने अगस्त 2022 में एक रूसी राज्य द्वारा संचालित परमाणु ऊर्जा कंपनी 'एएसई' के साथ 2.25 अरब डॉलर के समझौते पर हस्ताक्षर किए हैं।

- मिस्र के पहले परमाणु ऊर्जा संयंत्र के लिए घटक प्रदान करने के लिए इस पर हस्ताक्षर किए गए हैं।
- एएसई एक सरकारी स्वामित्व वाले रूसी परमाणु समूह रोसाटॉम की सहायक कंपनी है।
- दक्षिण कोरिया ने संयुक्त अरब अमीरात में परमाणु ऊर्जा रिएक्टर बनाने के लिए 20 अरब डॉलर के अनुबंध पर भी हस्ताक्षर किए हैं।

अतः विकल्प (D) सही है।

4. राजघाट बांध मध्य प्रदेश और उत्तर प्रदेश की सरकारों की एक अंतर-राज्यीय बांध परियोजना है, जो मध्य प्रदेश के चंदेरी से लगभग 14 किमी और उत्तर प्रदेश के ललितपुर से 22 किमी दूर बेतवा नदी पर निर्माणाधीन है।

अतः विकल्प (A) सही है।

5. भारत सरकार ने संयुक्त राष्ट्र की 75वीं वर्षगांठ पर एक स्मारक डाक टिकट जारी किया था। इस समारोह में विदेश मंत्री एस. जयशंकर, मुख्य अतिथि थे। विदेश मंत्री ने कहा, भारत संयुक्त राष्ट्र के एक संस्थापक सदस्य के रूप में दिल और आत्मा के साथ निवेशित है एवं भारत संयुक्त राष्ट्र चार्टर के सिद्धांतों के प्रारूपण से लेकर अपनी शांति बनाए रखने में सबसे आगे है।

अतः विकल्प (B) सही है।

6. पीएम नरेंद्र मोदी ने इंडिया एनर्जी फोरम मार्किट द्वारा आयोजित 4वें इंडिया एनर्जी फोरम का उद्घाटन CERAWeek द्वारा किया था। इस संस्करण का विषय "परिवर्तन की दुनिया में भारत का ऊर्जा भविष्य" है। भारत घरेलू विमानन के मामले में तीसरा सबसे बड़ा और सबसे तेजी से विकसित होने वाला विमानन बाजार है और भारतीय विमानवाहक पोत अपने बेड़े का आकार 600 से बढ़ाकर 2024 तक 1200 करने का अनुमान है।

अतः विकल्प (A) सही है।

7. पश्चिमी घाट (सह्याद्री) को "भारत का पारिस्थितिक तप्त स्थल" कहा जाता है।

पश्चिमी घाट 1600 किमी लंबी पर्वत श्रृंखला है जो भारत के पश्चिमी तट के समानांतर है। जैव विविधता संरक्षण प्रयासों के लिए उनके महत्व के संदर्भ में दुनिया के आठ "सबसे गर्म" हॉटस्पॉट में से एक है।

जैव विविधता तप्त स्थल को जैव विविधता के महत्वपूर्ण स्तर वाले क्षेत्र के रूप में परिभाषित किया जा सकता है जिसे पारिस्थितिकी के लिए मानव खतरे के कारण संरक्षित किया गया है। विश्व स्तर पर लगभग 34 जैव विविधता वाले तप्त स्थल हैं। भारत जैव विविधता के मामले में दुनिया के सबसे धनी देशों में से एक है। भारत उनमें से 3 को होस्ट करता है जिसमें पश्चिमी घाट, हिमालय और इंडो-बर्मा क्षेत्र शामिल हैं।

अतः विकल्प (A) सही है।

8. भारतीय प्रौद्योगिकी संस्थान (भारतीय खान स्कूल) धनबाद (संक्षिप्त भारतीय प्रौद्योगिकी संस्थान (ISM) धनबाद या IIT (ISM) धनबाद) एक सार्वजनिक तकनीकी और अनुसंधान विश्वविद्यालय है जो भारत के धनबाद में स्थित है। यह राष्ट्रीय महत्व का संस्थान है। IIT (ISM) में इंजीनियरिंग, एप्लाइड साइंसेज, मानविकी और सामाजिक विज्ञान और प्रबंधन कार्यक्रमों को कवर करने वाले 18 शैक्षणिक विभाग। यह पहले भारतीय प्रौद्योगिकी संस्थान (IIT) में परिवर्तित होने से पहले भारतीय खान स्कूल के रूप में जाना जाता था।

अतः विकल्प (A) सही है।

9. संयुक्त राष्ट्र का मुख्यालय न्यूयॉर्क शहर (यूएसए) में एक विशिष्ट परिसर है। संयुक्त राष्ट्र के तीन अतिरिक्त, सहायक, क्षेत्रीय मुख्यालय जिले हैं। ये जिनेवा (स्विट्जरलैंड), वियना (ऑस्ट्रिया), और नैरोबी (केन्या) में स्थित हैं।

अतः विकल्प (A) सही है।

10. उत्तर प्रदेश, त्रिपुरा, महाराष्ट्र, कर्नाटक और तमिलनाडु में गिद्ध संरक्षण और प्रजनन केंद्र प्रत्येक को मिलेगा, गिद्ध संरक्षण 2020-2025 की कार्य योजना के अनुसार, योजना ने यह भी सुझाव दिया है कि नए पशु चिकित्सा नॉन-स्टेरायडल एंटी-इंफ्लेमेटरी दवाओं (एनएसएआईडीएस) को उनके वाणिज्यिक रिलीज से पहले गिद्धों पर परीक्षण किया जाना चाहिए। एनएसएआईडीएस अक्सर मवेशियों को जहर देते हैं जिनके शवों पर पक्षी प्रार्थना करते हैं। एक्शन प्लान को नेशनल बोर्ड फॉर वाइल्डलाइफ ने 5 अक्टूबर, 2020 को मंजूरी दी थी।

अतः विकल्प (C) सही है।

11. गंगा, सबसे लंबी और साथ ही भारत की सबसे बड़ी नदी (2525 किमी) है। यह भारत में हिंदुओं के लिए सबसे पवित्र नदी भी है। इसका उद्गम स्थल उत्तराखंड में गंगोत्री ग्लेशियर है और यह देवप्रयाग, उत्तराखंड में भागीरथी और अलकनंदा नदियों के संगम पर शुरू होता है।

अतः विकल्प (C) सही है।

12. ICICI बैंक ने ICICI लोम्बार्ड जनरल इंश्योरेंस कंपनी लिमिटेड के 10 रुपये में से प्रत्येक के फेस वैल्यू के 18,000,000 बराबर शेयरों को विभाजित किया है। यह 31 मार्च, 2020 को शेयर बाजार में रुपये 2,250 करोड़ ICICI लोम्बार्ड जनरल इंश्योरेंस कंपनी लिमिटेड में ICICI बैंक की हिस्सेदारी अब लगभग 51.9% है।

अतः विकल्प (B) सही है।

13. महामहम त्यौहार बारह वर्षों में एक बार मनाया जाता है, आखिरी महामहम 22 फरवरी 2016 को तंजावुर जिले, तमिलनाडु में कुंभकोणम में मनाया गया था। यहां, हजारों श्रद्धालु महामहम के पवित्र दिन महामहम टैंक में पवित्र डुबकी लगाते हैं।

अतः विकल्प (A) सही है।

14. प्रशांत महासागर में स्थित मार्शल द्वीप को रेडियोधर्मी सामग्री के लिए एक तरह का "कॉफिन" कहा गया है।

मार्शल हवाई द्वीप और फिलीपींस के बीच मध्य प्रशांत महासागर में ज्वालामुखी द्वीपों और कोरल एटोल की एक विशाल श्रृंखला है।

मार्शल द्वीप को 1970 के दशक में रेडियोधर्मी कचरे के लिए एक डंपिंग ग्राउंड के रूप में बनाया गया था।

अतः विकल्प (B) सही है।

15. 13 फरवरी 2006 को, पूर्वी नौसेना कमान के तहत विशाखापत्तनम में पनडुब्बी की तैनाती के दौरान, राष्ट्रपति डॉ. ए.पी.जे. अब्दुल कलाम एक

पनदुब्बी में जलयात्रा करने वाले पहले भारतीय राष्ट्राध्यक्ष और सशस्त्र बलों के सर्वोच्च कमांडर बने।

अतः विकल्प (B) सही है।

**16.** दादाभाई नौरोजी (4 सितंबर 1825 - 30 जून 1917), जिन्हें "ग्रैंड ओल्ड मैन ऑफ इंडिया" के रूप में जाना जाता है, एक पारसी बौद्धिक, शिक्षक, कपास व्यापारी और एक प्रारंभिक भारतीय राजनीतिक और सामाजिक नेता थे।

अतः विकल्प (B) सही है।

**17.** तेल और प्राकृतिक गैस निगम (ONGC) एक भारतीय बहुराष्ट्रीय तेल और गैस कंपनी है जिसका मुख्यालय देहरादून, उत्तराखंड, भारत में है। निगम के रूप में, यह पंजीकृत कार्यालय अब दीनदयाल उर्जा भवन, वसंत कुंज, नई दिल्ली 110070 भारत में है।

अतः विकल्प (A) सही है।

**18.** 'लाला हरदौल' टीकमगढ़ जिले के ओरछा शहर के लोकप्रिय राजकुमार थे। ओरछा अपने मंदिरों के लिए प्रसिद्ध है।

मध्य प्रदेश के टीकमगढ़ जिले का ओरछा कस्बा बुंदेलखंड में धार्मिक प्रदेश के तौर पर जाना जाता है। यहां के महाराजा वीर सिंह के सबसे छोटे बेटे 'हरदौल' की वीरता और ब्रह्मचर्य के किस्से हर बुंदेली की जुबां पर हैं। महाराजा वीर सिंह के आठ पुत्र थे, जिनमें सबसे बड़े का नाम जुझार सिंह व सबसे छोटे हरदौल थे।

अतः विकल्प (B) सही है।

**19.** 'बीना तेल रिफाइनरी' मध्य प्रदेश राज्य के जिला सागर के बीना में स्थित एक तेल रिफाइनरी है। रिफाइनरी भारत ओमान रिफाइनरीज लिमिटेड (BORL) के स्वामित्व और संचालित है। BORL का प्रचार भारत पेट्रोलियम कॉर्पोरेशन लिमिटेड (BPCL) द्वारा किया जाता है, जो भारत की प्रमुख तेल कंपनियों में से एक है, जो कि ओमान ऑयल कंपनी S.A.O.C (OOC) की इक्विटी भागीदारी के साथ 500 कंपनी के रूप में सूचीबद्ध है।

अतः विकल्प (A) सही है।

**20.** विश्व बैंक ने छह भारतीय राज्यों में स्कूली शिक्षा की गुणवत्ता और शासन में सुधार के लिए $500 मिलियन के ऋण को मंजूरी दी है। स्वीकृति कार्यकारी निदेशक मंडल द्वारा दी गई है। बोर्ड ने राज्यों के कार्यक्रम के लिए टीचिंग-लर्निंग और परिणाम को मजबूत करने के लिए एक ऋण को मंजूरी दी।

अतः विकल्प (B) सही है।

**21.** जैसे अस्थमा फेफड़ों की एक बीमारी है उसी तरह से कंजाक्तिविटिस आँखों की बीमारी है।

अतः विकल्प (C) सही है।

**22.** घबराहट, खुशी एक-दूसरे के विपरीत हैं उसी तरह साथ रहना और नज़रअंदाज़ करना भी एक-दूसरे के विपरीत हैं।

अतः विकल्प (B) सही है।

**23.** पहला पद: $10$

दूसरा पद: $10 + 90 = 100$

तीसरा पद : $100 + 100 = 200$

चौथा पद : $200 + 110 = 310$

पांचवा पद : $310 + 120 = 430$

अतः विकल्प (A) सही है।

**24.**

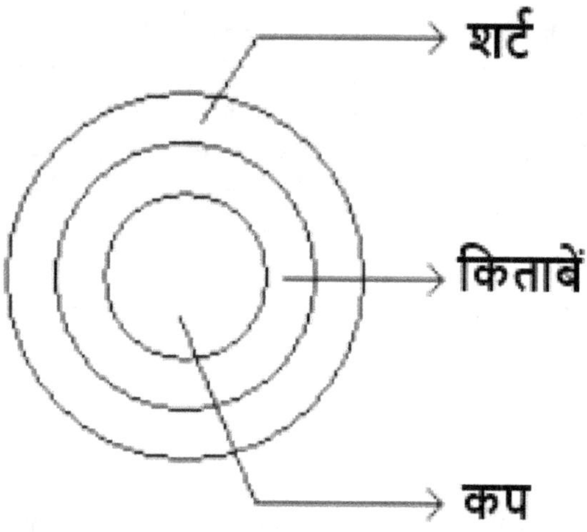


अतः विकल्प (B) सही है।

**25.**

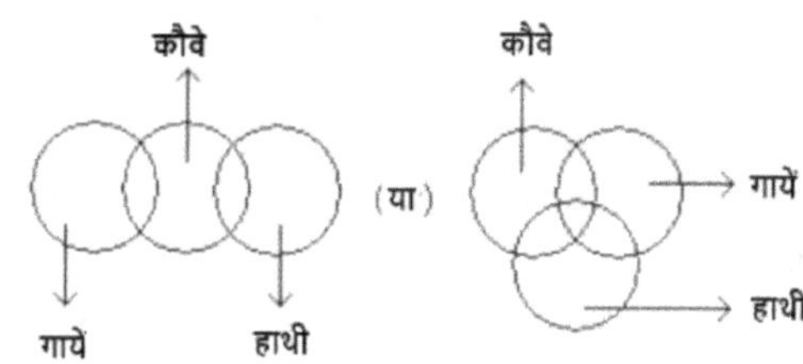


अतः विकल्प (D) सही है।

**26.** मध्यप्रदेश कला परिषद द्वारा खजुराहो 'नर्तकी महोत्सव' (IAST: खजुराहो नृत्य समरोह), मध्य भारत में मध्य प्रदेश राज्य के छतरपुर जिले में खजुराहो मंदिरों के पास प्रतिवर्ष आयोजित शास्त्रीय नृत्यों का एक सप्ताह का उत्सव है।

अतः विकल्प (C) सही है।

**27.** 3,08,245 वर्ग किमी के क्षेत्र के साथ मध्य प्रदेश भारत में दूसरा सबसे बड़ा राज्य है। यह मध्य भारत में स्थित है। यह राज्य उत्तर में उत्तर प्रदेश, पूर्व में छत्तीसगढ़, दक्षिण में महाराष्ट्र और पश्चिम में गुजरात और राजस्थान से घिरा हुआ है।

अतः विकल्प (A) सही है।

**28.** लॉस्ट वैक्स कास्टिंग को हड़प्पा सभ्यता के दौरान कांस्य प्रतिमायों को बनाने के लिए जाना जाता था और डांसिंग गर्ल प्रतिमा एक प्रसिद्ध उदाहरण है और यह दुनिया में संभवत: पहली तांबे की प्रतिमा है।

अतः विकल्प (A) सही है।

**29.** मेल टोरसो को हड़प्पा (केवल हड़प्पा में पाया जाने वाला एक प्रमुख कला तत्व) और रेड सैंडस्टोन से बनाया गया था।

अतः विकल्प (C) सही है।

**30.** वल्लथोल द्वारा पुनर्जीवित किया जाने वाला नृत्य कथकली है। कथकली शास्त्रीय भारतीय नृत्य का एक प्रमुख रूप है। यह एक "नाट्य कथा" शैली की कला है, लेकिन पुरुष अभिनेता-नर्तकों के पहनने वाले रंगीन मेकअप, वेशभूषा और चेहरे के मुखौटे से यह अलग दिखते हैं। कथकली केरल के मलयालम भाषी दक्षिण-पश्चिमी क्षेत्र में एक हिंदू प्रदर्शन कला है।

अतः विकल्प (B) सही है।

**31.** तेल को छोड़कर सभी दूध से प्राप्त उत्पाद हैं।

अतः विकल्प (C) सही है।

**32.** सूची, शब्दकोष और अध्याय एक पुस्तक के सभी भाग हैं। इन सारे भागों से मिलकर ही पुस्तक पूरी होती है।

अतः विकल्प (A) सही है।

**33.** शब्द है: C E N T R A L

स्वर और फिर व्यंजन वर्णानुक्रम में व्यवस्थित करने पर: A E C L N R T

स्वर को अगले अक्षर से तथा व्यंजन को पिछले अक्षर से बदलने पर: B F B K M Q S

यहाँ दायें ओर से चौथा अक्षर K है।

अतः विकल्प (A) सही है।

**34.** माहेश्वरी साड़ी मध्य प्रदेश में उत्पादित सबसे लोकप्रिय साड़ियों में से एक है।

माहेश्वरी साड़ी मध्य प्रदेश के खरगोन जिले के शहर महेश्वर में सबसे प्रसिद्ध है।

यह पहली बार महेश्वर शहर में बनाया और उत्पादित किया गया था।

18वीं शताब्दी में रानी अहिल्याबाई होल्कर के शासनकाल के दौरान माहेश्वरी साड़ी की उत्पत्ति हुई थी।

माहेश्वरी साड़ियों को शाही रिश्तेदारों और महल में आने वाले मेहमानों के लिए एक विशेष उपहार माना जाता था।

माहेश्वरी साड़ी राष्ट्रीय और अंतर्राष्ट्रीय दोनों बाजारों में सर्वश्रेष्ठ विक्रेताओं में से एक है।

माहेश्वरी साड़ी मूल रूप से शाही स्थिति की महिलाओं द्वारा पहना जाता था और यह शुद्ध रेशम से बनी होती थी।

अतः विकल्प (A) सही है।

**35.** इस स्थिति में सबसे उपयुक्त प्रतिक्रिया उसे डॉक्टर के पास ले जाना और उसकी चिकित्सा सहायता की व्यवस्था करना होगा।

अतः विकल्प (C) सही है।

**36.** मध्य प्रदेश के अलावा , बेतवा नदी भी उत्तर प्रदेश से होकर बहती है।

यह मध्य प्रदेश में रायसेन जिले के विंध्याचल पर्वतमाला से निकलती है। बेतवा यमुना नदी की महत्वपूर्ण सहायक नदी है।

अतः विकल्प (B) सही है।

**37.** उज्जैन मध्य प्रदेश राज्य का एक शहर है।

प्राचीन काल में उज्जैन को 'अवंतिका' के नाम से जाना जाता था।

उज्जैन जनसंख्या के हिसाब से मध्य प्रदेश का पांचवा सबसे बड़ा शहर है।

उज्जयिनी अवंती साम्राज्य की राजधानी थी।

अतः विकल्प (C) सही है।

**38.** अनन्या ललित की बेटी है, आरव दिशा का बेटा है और ललित दिशा का पति है।

तो, आरव अनन्या का भाई है और उसकी पत्नी अनन्या की भाभी है।

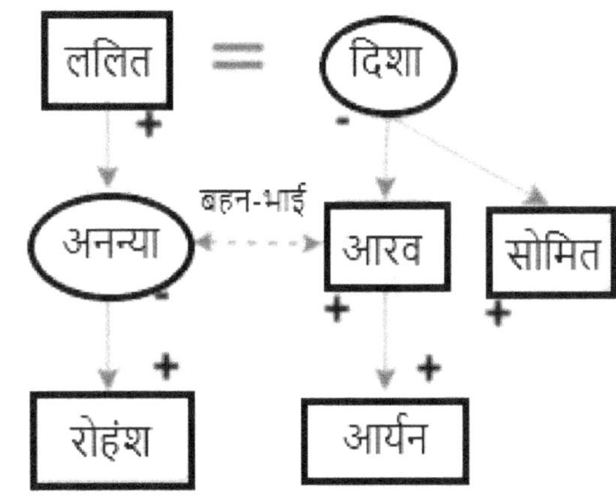


अतः विकल्प (D) सही है।

**39.** आयुष की वर्तमान उम्र $= 10$ वर्ष

उनकी माँ की वर्तमान उम्र है $= (10 + 20)$ वर्ष

$= 30$ वर्ष

आयुष के पिता की वर्तमान उम्र $= (30 + 5)$ वर्ष

$= 35$ वर्ष

आयुष के जन्म के समय आयुष के पिता की उम्र $= (35 - 10)$ वर्ष

$= 25$ वर्ष

इसलिए, शादी के समय आयुष के पिता की उम्र $= (25 - 2)$ वर्ष

$= 23$ वर्ष

अतः विकल्प (A) सही है।

**40.** मध्य प्रदेश के मुरैना जिले के पोरसा में नागाजी का मेला लगता है।

यह मेला हर वर्ष मुगल सम्राट अकबर के समय से आयोजित किया जा रहा है। इसका आयोजन संत नागाजी की याद में किया जाता है। इससे पहले, यह बंदरों के व्यापार के लिए जाना जाता था। यह अगहन के महीने में आयोजित किया जाता है।

अतः विकल्प (D) सही है।

**41.**

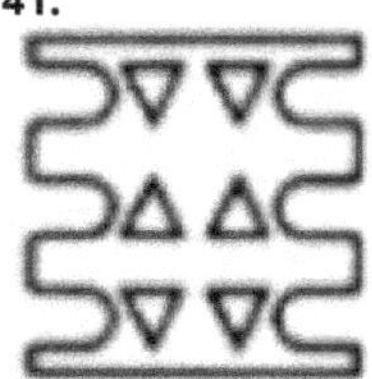

आकृति (2), आकृति (Z) के समान रूप से सबसे निकट से मिलता जुलता है।

अतः विकल्प (B) सही है।

**42.**

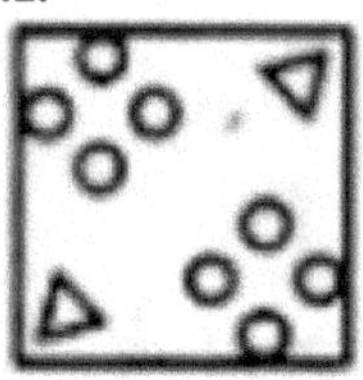

आकृति (2), आकृति (Z) के समान रूप से सबसे निकट से मिलता जुलता है।

अतः विकल्प (B) सही है।

**43.** कुछ छात्र लड़कियां हो सकती हैं और कुछ लड़के हो सकते हैं।

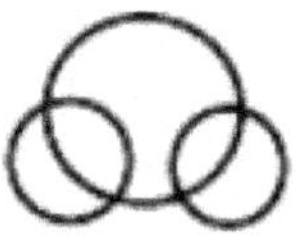

अतः विकल्प (C) सही है।

**44.**

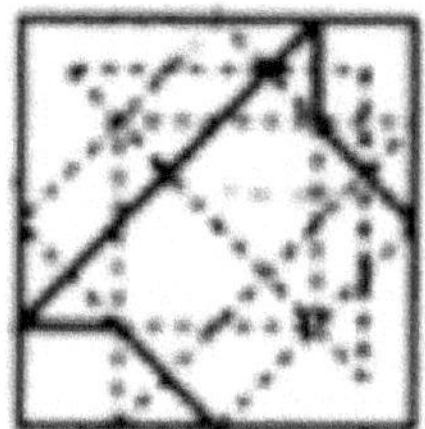

अतः विकल्प (D) सही है।

**45.**

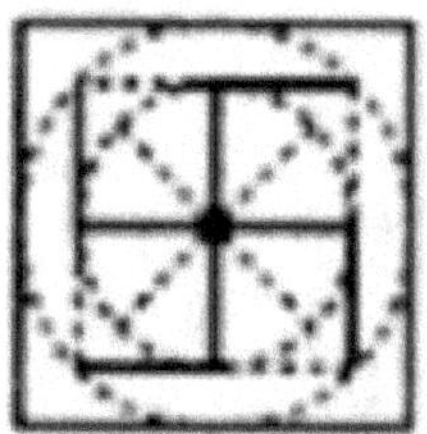

अतः विकल्प (C) सही है।

**46.** आकृति से यह स्पष्ट है कि अन्य सभी संख्याएँ वर्ग, त्रिकोण, वृत्त में, वृत्त और वर्ग में या तीनों में निहित हैं और केवल संख्या 4 वृत्त और त्रिकोण दोनों में निहित है।

अतः विकल्प (C) सही है।

**47.** दिया है,

एक परीक्षा में 15% छात्र अनुत्तीर्ण हुए

परीक्षा में उपस्थित कुछ छात्र = 1500

परीक्षा में उत्तीर्ण छात्र = 85%

परीक्षा में उत्तीर्ण छात्रों की संख्या $= \left(\frac{85}{100}\right) \times 1500 = 1275$

∴ परीक्षा में उत्तीर्ण छात्रों की संख्या 1275 है।

अतः विकल्प (C) सही है।

**48.** दिया है,

वस्तु का अंकित मूल्य, लागत मूल्य से अधिक है = 60%

छूट प्रतिशत = 30%

विक्रय मूल्य = अंकित मूल्य × (100 - छूट%)/100

माना वस्तु का क्रय मूल्य 100x रुपए है,

वस्तु का अंकित मूल्य = 100x $\times \frac{160}{100} = 160x$ रुपये

वस्तु का विक्रय मूल्य = 160x $\times \frac{70}{100} = 112x$ रुपये

लाभ = 112x - 100x = 12x रुपये

∴ लाभ% $= \frac{12x}{100x} \times 100 = 12\%$

अतः विकल्प (A) सही है।

**49.** माना 1 लीटर का मिश्रण बनाने के लिए x लीटर जिसकी लागत 52 रु/लीटर है को (1 - x) लीटर के साथ मिलाया जाता है जिसकी लागत 65 रु/लीटर है।

नवीन तरल पदार्थ की लागत = (x) × 52 + (1 - x) × 65

= 65 - 13x

मिश्रण की लागत = 60 रु/लीटर

⇒ 65 - 13x = 60

⇒ 13x = 5

⇒ x $= \frac{5}{13}$

⇒ (1 - x) = 1 - $\frac{5}{13} = \frac{8}{13}$

वह अनुपात जिसमें तरल पदार्थों को मिलाया जाना चाहिए $= \frac{x}{(1-x)}$

$= \frac{\left(\frac{5}{13}\right)}{\left(\frac{8}{13}\right)}$

$= \frac{5}{8}$

=5 : 8

अतः विकल्प (B) सही है।

**50.** दिया है,

789211 × 789215

$a^2 - b^2$ = (a - b)(a + b)

माना 789213 का मान x है, तब

789211 = (a - 2) है और

789215 = (a + 2)

अब,

789211 × 789215 = (a - 2)(a + 2)

$\Rightarrow a^2 - 4$

∴ पूर्ण वर्ग बनाने के लिए हमें इस व्यंजक में 4 जोड़ना है।

अतः विकल्प (A) सही है।

**51.** पांच दिनों में कुल गाय का दूध बेचा गया

$= 5 \times 8$

$= 40$ लीटर

पांच दिनों में कुल भैंस का दूध बेचा गया

$= 5 \times 10$

$= 50$ लीटर

इसलिए, 40 लीटर गाय के दूध की विक्रय मूल्य

$= 40 \times 55$

$= 2200$ रुपये

इसलिए, गाय के दूध पर लाभ

$= \dfrac{2200 \times 12}{112}$

$= 235.71$ रुपये

भैंस के दूध पर लाभ

$= \dfrac{50 \times 36 \times 20}{120}$

$= 300$ रुपये

इस प्रकार, कुल लाभ

$= 235.71 + 300$

$= 535.71$ रुपये

अतः विकल्प (D) सही है।

**52.** $P = 10000$ रुपये

$R = 20\%$ प्रति वर्ष

$= 10\%$ प्रति अर्द्धवार्षिक

$T = 2$ वर्ष $= 4$ अर्द्धवार्षिक

राशि

$A = P(1 + rt)$

$= \left[ 10000 \times \left(1 + \dfrac{10}{100}\right)^4 \right]$ रुपये

$= \left( 10000 \times \dfrac{11}{10} \times \dfrac{11}{10} \times \dfrac{11}{10} \times \dfrac{11}{10} \right)$ रुपये

$= 14641$ रुपये

$\therefore$ चक्रवृद्धि ब्याज $= (14641 - 10000)$ रुपये

$= 4641$ रुपये

अतः विकल्प (C) सही है।

**53.** दिया है,

कुल यात्रा $= 325$ किमी

पहले 125 किमी के लिए गति $= 25$ किमी/घंटा

अगले 200 किमी के लिए गति $= 40$ किमी/घंटा

औसत गति = (कुल दूरी तय)/(कुल समय लिया गया)

$\because$ दूरियां अलग हैं।

इसलिए, 125 किलोमीटर की दूरी तय करने में समय लगता है, $t_1 = \dfrac{125}{25}$

$= 5$ घंटे

200 किलोमीटर की दूरी तय करने में समय लगता है, $t_2 = \dfrac{200}{40}$

$= 5$ घंटे

कुल दूरी $= 325$ km

कुल लिया गया समय $= (5 + 5)$ घंटे

$= 10$ घंटे

$\therefore$ औसत गति $= \dfrac{325}{10}$

$= 32.5$ किमी/घंटा

अतः विकल्प (B) सही है।

**54.** मान लीजिए कि क्रय मूल्य $x$ था।

$x + x$ का $14\% = 2850$

$\Rightarrow x + \dfrac{14x}{100} = 2850$

$\Rightarrow x + 0.14x = 2850$

$\Rightarrow 1.14x = 2850$

$\Rightarrow x = 2500$

तो, क्रय मूल्य $= 2500$ रुपये

अब, विक्रय मूल्य जब लाभ $8\%$ पर रहता है,

$= 2500 + 2500$ का $8\%$

$= 2700$ रुपये

अतः विकल्प (B) सही है।

**55.** मान लीजिए संस्थान में 100 छात्र हैं।

फिर, लड़कों की संख्या $= 60$

और, लड़कियों की संख्या $= 40$

इसके अलावा, $15\%$ लड़कों को शुल्क रियायत मिलती हैं $= 9$ लड़के

$7.5\%$ लड़कियों को फीस माफी मिलती हैं $= 3$ लड़कियां

कुल $= 12$ छात्र जो शुल्क रियायत मिलती है।

लेकिन, यहां दिए गए 90 छात्रों को शुल्क रियायत मिल रही है।

इसलिए हम तुलना करते हैं,

$12 = 90$

तो, $1 = \dfrac{90}{12}$

= 7.5

अब ऐसे छात्रों की संख्या जो शुल्क रियायत नहीं पा रहे हैं = 51 लड़के और 37 लड़कियां

50% रियायत = 25.5 लड़के और 18.5 लड़कियां (यानी कुल 44)

इसलिए, आवश्यक छात्र = 44 × 7.5

= 330

अतः विकल्प (D) सही है।

**56.** दिया है,

P और Q की आय अनुपात = 5 : 6

P और Q की व्यक्तिगत बचत = 200 रुपये

व्यय अनुपात = 3 : 4

लाभ = निवेश × समय अवधि

माना P की आय 5x है

माना Q की आय 6x है

$$\frac{(5x-200)}{(6x-200)} = \frac{3}{4}$$

⇒ 20x – 800 = 18x – 600

⇒ 20x – 18x = 800 – 600

⇒ 2x = 200

⇒ x = 100

P की आय = 100 × 5

= 500

Q की आय = 100 × 6

= 600

∴ Q की आय 600 है।

अतः विकल्प (D) सही है।

**57.** दिया है,

2 दादा-दादी की औसत आयु = 75

3 माता-पिता की औसत आयु = 45

4 पोते-पोतियों की औसत आयु = 25

आयु का योग = औसत आयु × व्यक्तियों की संख्या

2 दादा-दादी की आयु का योग = (75 × 2) वर्ष

= 150 वर्ष

3 माता-पिता की आयु का योग = (45 × 3) वर्ष

= 135 वर्ष

4 पोते-पोतियों की आयु का योग = (25 × 4) वर्ष

= 100 वर्ष

परिवार की कुल आयु = (150 + 135 + 100) वर्ष

= 385 वर्ष

∴ परिवार की कुल आयु 385 वर्ष है।

अतः विकल्प (B) सही है।

**58.** दिया है,

राम ने सोहन को 10% लाभ पर कुर्सी बेची।

माना राम का क्रय मूल्य x है।

⇒ राम का विक्रय मूल्य = सोहन का क्रय मूल्य = 1.1x

⇒ सोहन का विक्रय मूल्य = अशोक का क्रय मूल्य = 1.32x = 660

⇒ x = 500

⇒ A ने इसे खरीदा = 500

∴ अभीष्ट परिणाम 500 होगा।

अतः विकल्प (B) सही है।

**59.**

आकृति (2) आकृति (X) में दिए गए टुकड़ों से बन सकता है।

अतः विकल्प (B) सही है।

**60.**

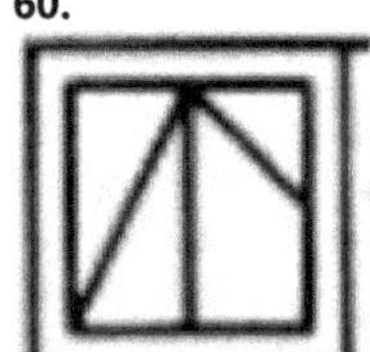

आकृति (2) आकृति (X) में दिए गए टुकड़ों से बन सकती है।

अतः विकल्प (B) सही है।

**61.** दिया है,

अनानास की कीमत = 7 रुपये

तरबूज की कीमत = 5 रुपये

माना क्रमशः अनानास और तरबूज की संख्या $x$ और $y$ है।

फिर, $7x + 5y = 38$

या, $5y = (38 - 7x)$

या, $y = \frac{38 - 7x}{5}$

स्पष्ट रूप से, $y$ एक पूर्ण संख्या है, केवल जब $(38 - 7x)$ 5 से विभाज्य होता है।

ऐसा तब होता है, जब $x = 4$

अतः विकल्प (C) सही है।

**62.** दिया है,

महिला और उसके पति की उम्र के बीच का अंतर उनके कुल योग का $\frac{1}{11}$ है।

माना कि $x$ और $y$ महिला के उम्र में क्रमशः दहाई और इकाई के अंक हैं।

फिर, महिला की उम्र $= (10x + y)$ वर्ष

पति की उम्र $= (10y + x)$ वर्ष

इसलिए $(10y + x) - (10x + y) = \left(\frac{1}{11}\right)(10y + x + 10x + y)$

$9y - 9x = \frac{1}{11}(11y + 11x)$

$\Rightarrow 9y - 9x = y + x$

$\Rightarrow 9y - y = 9x + x$

$\Rightarrow 8y = 10x$

स्पष्ट रूप से, $y$ को $5$ का एक-अंक वाला गुणक होना चाहिए, जो $5$

तो, $x = 4, y = 5$

इसलिए, महिला की उम्र $= 10x + y$

$= 45$ वर्ष

अतः विकल्प (C) सही है।

**63.** दिया गया है:

$25$ बैग का औसत वजन $= 55$

$25$ बैग के वजन का योग $= 55 \times 25 = 1375$

$25$ बैग का सही योग $= 1375 - 65 + 56 = 1366$

$25$ बैग का सही औसत $= \frac{1366}{25} = 54.64$

अतः विकल्प (B) सही है।

**64.** दिया है,

आदमी के पास कुल मिलाकर नोट $= 480$ रुपये

माना प्रत्येक तरह के नोटों की संख्या $x$ हो।

फिर, $x + 5x + 10x = 480$

$\Rightarrow 16x = 480$

$\Rightarrow x = 30$

इसलिये, नोटों की कुल संख्या:

$3x = 90$

अतः विकल्प (D) सही है।

**65.** दिया है,

$$\frac{(0.96)^3 - (0.1)^3}{(0.96)^2 + (0.96 \times 0.1) + (0.1)^2}$$

जैसा की हम जानते है,

$a^3 - b^3 = (a - b)(a^2 + ab + b^2)$

$(a - b) = \frac{a^3 - b^3}{(a^2 + ab + b^2)}$

$\Rightarrow (a - b)$

$\Rightarrow (0.96 - 0.1)$

$\Rightarrow 0.86$

अतः विकल्प (A) सही है।

**66.** दिया है,

$$\frac{0.1 \times 0.1 \times 0.1 + 0.02 \times 0.02 \times 0.02}{0.2 \times 0.2 \times 0.2 + 0.04 \times 0.04 \times 0.04}$$

$$= \frac{(0.1)^3 + (0.02)^3}{(0.2)^3 + (0.04)^3}$$

$$= \frac{(0.1)^3 + (0.02)^3}{(0.2)^3 + (0.02 \times 2)^3}$$

$$= \frac{1}{2^3} \times \frac{(0.1)^3 + (0.02)^3}{(0.1)^3 + (0.02)^3}$$

$$= \frac{1}{8}$$

$$= 0.125$$

अतः विकल्प (B) सही है।

**67.** $2 = 2^1$

$4 = 2^2$

$6 = 2^1 \times 3^1$

$8 = 2^3$

$10 = 2^1 \times 5^1$

$12 = 2^2 \times 3^1$

$(2,4,6,8,10,12)$ का ल.स

$= 2^3 \times 3^1 \times 5^1$

$= 120$

$2,4,6,8,10,12$ का ल.स $120$ है।

तो, घंटी हर $120$ सेकंड ($2$ मिनट) के बाद एक साथ टोल देगी।

$30$ मिनट में, वे एक साथ टोल देंगे

$$= \frac{30}{2} + 1$$

$$= 16 \text{ बार}$$

अतः विकल्प (D) सही है।

**68.** $N = (4665 - 1305), (6905 - 4665)$ और $(6905 - 1305)$ का म.स. $= 1120$

$1120 \times 3 = 3360$

$1120 \times 2 = 2240$

$1120 \times 5 = 5600$

सभी 3 संख्याओं के लिए उच्चतम सामान्य भाज्य संख्या 1120 है।

$N$ में अंकों का योग $= (1 + 1 + 2 + 0)$

$= 4$

अतः विकल्प (A) सही है।

**69.** दिया है,

44% छात्र महिलाएँ हैं।

पुरुष की संख्या 42 है।

एक कक्षा में कुल छात्रों की संख्या = 100%

महिला = 44%

⇒ पुरुष = 100% – 44%

⇒ पुरुष = 56%

⇒ 56% = 42

⇒ 1% = $\dfrac{42}{56}$

⇒ 100% = $\dfrac{42}{56} \times 100$

⇒ 100% = 0.75 × 100

⇒ 100% = 75

∴ एक कक्षा में कुल छात्रों की संख्या 75 है।

अतः विकल्प (C) सही है।

**70.** दिया है,

त्रिभुज की तीन भुजाएँ क्रमशः 10 सेमी, 7 सेमी और 6 सेमी हैं।

यदि त्रिभुज की तीन भुजाओं में से एक का वर्ग त्रिभुज की अन्य दो भुजाओं के वर्ग से अधिक है, तो हम कह सकते हैं कि त्रिभुज एक अधिक कोण त्रिभुज है।

प्रश्न के अनुसार,

$10^2 > 7^2 + 6^2$

⇒ $100 > 49 + 36$

⇒ $100 > 85$

यहाँ, $c^2 > a^2 + b^2$

इसलिए, दिया गया त्रिभुज एक अधिक कोण त्रिभुज है।

अतः विकल्प (C) सही है।

**71.** पुराने तेल चित्रों में सफेद तेल कला PbS के गठन से आती है। यह सफेद रंग हाइड्रोजन पेरोक्साइड की मदद से सुधार किया जाता है।

अतः विकल्प (B) सही है।

**72.** गन धातु, जिसे संयुक्त राज्य में लाल पीतल के रूप में भी जाना जाता है, एक प्रकार का कांस्य है - तांबा, टिन और जस्ता का एक मिश्र धातु। अनुपात सन्निकटन द्वारा बढ़ता है लेकिन 88% तांबा, 8-10% टिन, और 2-4% जस्ता एक सन्निकटन है। बंदूकें बनाने के लिए मुख्य रूप से उपयोग किया जाता है। इसे बड़े पैमाने पर स्टील द्वारा प्रतिस्थापित किया गया है।

अतः विकल्प (B) सही है।

**73.** गुरुत्वाकर्षण बल सभी दूरी पर आकर्षक दो वस्तुओं के बीच है क्योंकि दो वस्तुओं के बीच गुरुत्वाकर्षण बल उनके द्रव्यमान के अनुपात और उनके केंद्रों के बीच की दूरी के वर्ग के व्युत्क्रमानुपाती होता है।

अतः विकल्प (C) सही है।

**74.** सोडियम क्लोराइड, एक सामान्य क्लीन्ज़र के रूप में उपयोग किया जाता है। इसका उपयोग एंटीसेप्टिक माउथवॉश के रूप में भी किया जाता है। एंटीसेप्टिक्स रोगाणुरोधी पदार्थ होते हैं जो संक्रमण, सेप्सिस या सड़न की संभावना को कम करने के लिए जीवित ऊतक / त्वचा पर लगाए जाते हैं।

अतः विकल्प (D) सही है।

**75.** बॉक्साइट एल्यूमीनियम का सबसे महत्वपूर्ण अयस्क है जिसमें केवल 30-54% एल्यूमिना, $Al_2O_3$ होता है। शेष में सिलिका विभिन्न लौह ऑक्साइड और टाइटेनियम डाइऑक्साइड का मिश्रण है जिसमें जस्ता, फॉस्फोरस, निकल, वैनेडियम, आदि की मात्रा होती है।

अतः विकल्प (A) सही है।

**76.** समुद्री मील (Knot) जहाज की गति का माप है।

1 समुद्री मील (Knot) = 1.15 मील प्रति घंटे

17 वीं शताब्दी से समुद्री मील (Knot), जब नाविकों ने एक "सामान्य लॉग" नामक एक उपकरण का उपयोग करके अपने जहाज की गति को मापा।

अतः विकल्प (C) सही है।

**77.** अवतल लेंस की उपयुक्त शक्ति का उपयोग करके मायोपिया को ठीक किया जाता है जबकि उत्तल लेंस द्वारा हाइपरमेट्रोपिया को ठीक किया जाता है।

अतः विकल्प (B) सही है।

**78.** प्रेस्बायोपिया को ठीक करने के लिए द्वि-फोकल लेंस की आवश्यकता होती है। द्वि-फोकल लेंस के ऊपरी बिंदु में दूर की दृष्टि के लिए उपयोग किए जाने वाले अवतल लेंस होते हैं जबकि निचले बिंदु में उत्तल लेंस होते हैं जो निकट दृष्टि की सुविधा देते हैं।

अतः विकल्प (D) सही है।

**79.** पोटेशियम परमैंगनेट एक बिंदु-उपचार प्रविष्टि विधि है जो भंग किए गए लोहे, मैंगनीज और हाइड्रोजन सल्फाइड को ठोस कणों में जोड़ती है जो पानी से बाहर फ़िल्टर किए जाते हैं। कुओं में लोहे के बैक्टीरिया के विकास को नियंत्रित करने के लिए भी इसका उपयोग किया जा सकता है।

अतः विकल्प (D) सही है।

**80.** केवल अवतल दर्पण अपने फोकस और अनंत के बीच वस्तु की किसी भी स्थिति के लिए एक वास्तविक छवि का निर्माण कर सकता है।

अतः विकल्प (B) सही है।

**81.** अनुकूल परिस्थितियों के दौरान, अमीबा द्वारा पुन: बाइनरी विखंडन पेश किया जाता है। अनुकूल परिस्थितियों के दौरान, अमीबा बाइनरी विखंडन द्वारा पुन: उत्पन्न करता है। बाइनरी विखंडन, अलैंगिक प्रजनन शरीर के दो नए निकायों में अलग होने से। बाइनरी विखंडन की प्रक्रिया में, एक जीव अपने आनुवंशिक पदार्थ, या डीऑक्सीराइबोन्यूक्लिक एसिड (डीएनए) की नकल करता है, और फिर दो भागों में विभाजित होता है (साइटोकाइनेसिस), प्रत्येक नए जीव में डीएनए की एक प्रति प्राप्त होती है।

अतः विकल्प (B) सही है।

**82.** विटामिन D की कमी से हड्डियों के घनत्व में कमी हो सकती है, जिसके परिणामस्वरूप ऑस्टियोपोरोसिस और फ्रैक्चर (टूटी हुई हड्डियां) हो सकते हैं। बच्चों में विटामिन D की कमी से सूखा रोग होता है।

अतः विकल्प (A) सही है।

**83.** कोशिकाओं में राइबोसोम द्वारा निभाई जाने वाली सबसे महत्वपूर्ण कार्बोहाइड्रेट का उपापचय भूमिका प्रोटीन का संश्लेषण है। राइबोसोम विशेष प्रोटीन और न्यूक्लिक एसिड से बने होते हैं।

अतः विकल्प (C) सही है।

**84.** मानव मस्तिष्क मानव तंत्रिका तंत्र का केंद्रीय अंग है, और रीढ़ की हड्डी के साथ केंद्रीय तंत्रिका तंत्र बनाता है। इसमें कम से कम जनरेटिव पावर माना जाता है।

अतः विकल्प (A) सही है।

**85.** एम्फ्लोरा जिसे EH92-527-1 के रूप में भी जाना जाता है, BASF प्लांट साइंस द्वारा विकसित एक आनुवंशिक रूप से संशोधित आलू की खेती है। यह औद्योगिक अनुप्रयोगों के लिए आवश्यक एक विशिष्ट प्राकृतिक स्टार्च (एमाइलोपेक्टिन) का उत्पादन करने के लिए विकसित किया गया है।

अतः विकल्प (B) सही है।

**86.** एक बहुपदीय एक बीजगणितीय व्यंजकहै जिसमें चर में पूर्ण संख्या के रूप में घात होती हैं।

$b + \dfrac{4}{y}$ को $b + 4y^{-1}$ के रूप में लिखा जा सकता है।

जैसा कि हम देखते हैं कि y की घात पूर्ण संख्या नहीं है क्योंकि यह ऋणात्मक अर्थात -1 है।

$\therefore b + \dfrac{4}{y}$ बहुपदीय नहीं है।

अतः विकल्प (C) सही है।

**87.** माना सबसे छोटे बच्चे की आयु x वर्ष है।

x + (x+3) + (x+6) + (x+9) + (x+12) = 50

$\Rightarrow$ 5x = 50 - 30 = 20

$\Rightarrow$ 5x = 20

$\Rightarrow$ x = 4

सबसे बड़े बच्चे की उम्र $= 4 + 12$

=16 वर्ष

अतः विकल्प (A) सही है।

**88.** माना x = 2sin²θ + 3cos²θ

$\Rightarrow$ x = 2sin²θ + 2cos²θ + cos²θ

$\Rightarrow$ x = 2(sin²θ + cos²θ) + cos²θ

$\Rightarrow$ x = 2 + cos²θ   [∵ sin²θ + cos²θ = 1]

इसलिए x न्यूनतम होगा जब cosθ = 0

अर्थात x का न्यूनतम मान 2 होगा।

अतः विकल्प (C) सही है।

**89.** दिया है,

मूलधन, P $= 7790$ रुपये

दर, R $= 10\%$

समय, T $= 2$ साल

$$\text{चक्रवृद्धि ब्याज} = P\left[\left(1 + \frac{R}{100}\right)^{T} - 1\right]$$

$$= 7790\left[\left(1 + \frac{10}{100}\right)^{2} - 1\right]$$

$$= 7790\left(\frac{121}{100} - 1\right)$$

$$= \frac{7790 \times 21}{100}$$

$$= 1635.9 \text{ रुपये}$$

अतः विकल्प (D) सही है।

**90.** दिया है,

आयत का विकर्ण, d = 15 सेमी

आयत की लंबाई, l = 12 सेमी

आयत की चौड़ाई, b = ?

आयत का क्षेत्रफल = lb

(विकर्ण)² = (लंबाई)² + (चौड़ाई)²

प्रश्नानुसार,

15² = 12² + b²

$\Rightarrow$ 225 = 144 + b²

$\Rightarrow$ b² = 225 − 144

$\Rightarrow$ b² = 81

$\Rightarrow$ b = 9

∴ आयत का क्षेत्रफल = l × b

$\Rightarrow$ 12 × 9 = 108 सेमी²

अतः विकल्प (D) सही है।

**91.** दिया है,

मूलधन, P $= 16,500$ रुपये

समय, T $= 4$ वर्ष

दर, R $= 16\%$

साधारण ब्याज = (मूलधन × समय × दर) / 100

$$= \frac{16500 \times 4 \times 16}{100}$$

$$= 10,560 \text{ रुपये}$$

अतः विकल्प (D) सही है।

**92.** दिया है,

साधारण ब्याज, $= 4819.50$ रुपये

समय, $t = 6$ वर्ष

दर, $r = 9$ प्रति वर्ष

माना, मूलधन $= P$

हम जानते हैं कि,

साधारण ब्याज $=$ मूलधन $\times$ समय $\times$ दर $/\ 100$

$\therefore 4819.50 =$ मूलधन $\times$ समय $\times$ दर $/\ 100$

$\Rightarrow 481950 =$ मूलधन $\times 9 \times 6$

$\Rightarrow$ मूलधन $= 8925$ रुपये

अत: विकल्प (D) सही है।

**93.** दिया है,

PQ // RS, $\angle P = (x + 2)°$, $\angle Q = (y + 5)°$, $\angle R = (2y + 10)°$ और $\angle S = (2x - 32)°$

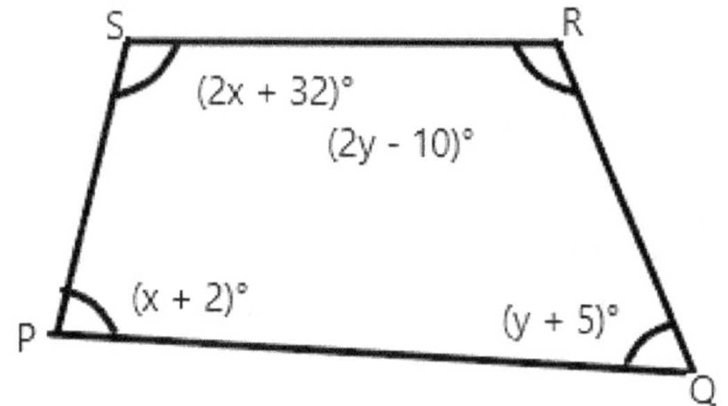


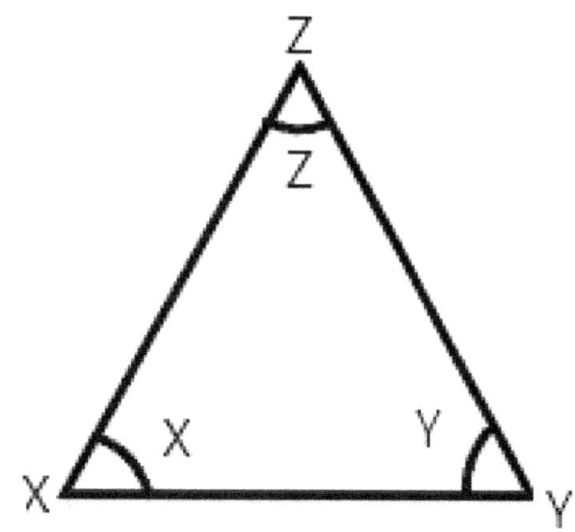


$\angle P + \angle S = \angle Q + \angle R = 180°$

$\Rightarrow x + y + z = 180°$

$\Rightarrow \angle P + \angle S = 180°$

$\Rightarrow x + 2 + 2x - 32 = 180°$

$\Rightarrow 3x = 210°$

$\Rightarrow x = 70°$

इसी प्रकार, $\angle Q + \angle R = 180°$

$\Rightarrow y + 5° + 2y + 10° = 180°$

$\Rightarrow 3y = 165°$

$\Rightarrow y = 55°$

यदि x और y दो कोण हैं और माना तीसरा कोण z है।

$\Rightarrow 70° + 55° + z = 180°$

$\Rightarrow 125° + z = 180°$

$\Rightarrow z = 180° - 125°$

$\Rightarrow z = 55°$

अत: विकल्प (C) सही है।

**94.** प्रत्येक मानव कोशिका में 23 जोड़े गुणसूत्र होते हैं, जिसका अर्थ 46 गुणसूत्र है।

गुणसूत्र एक तंतुमय संरचना है जो आनुवंशिक जानकारी को वहन करता है, वे DNA से बने होते हैं।

प्रत्येक मानव में 22 समान जोड़े गुणसूत्र होते हैं और 23वां जोड़ा लिंग का निर्धारण करता है और सेक्स क्रोमोसोम के रूप में जाना जाता है।

अत: विकल्प (B) सही है।

**95.**

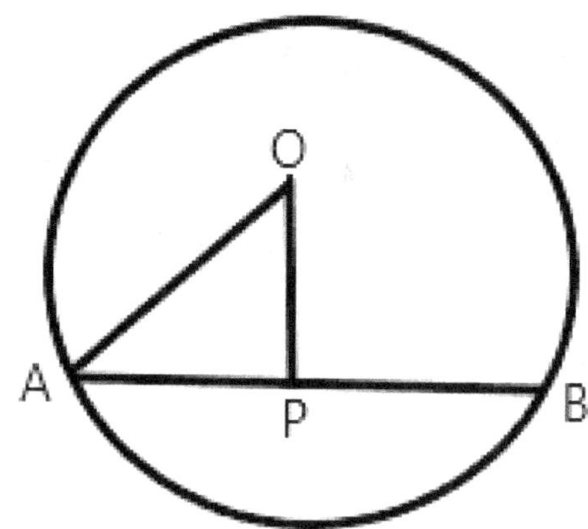


$\Rightarrow$ O वृत्त का केंद्र है तथा OP, जीवा AB पर डाला गया लम्ब है जिसकी लम्बाई 12 सेमी है।

$\therefore AP = PB = \dfrac{12}{2} = 6$ सेमी

$\Rightarrow AP^2 + OP^2 = OA^2$

$\Rightarrow$ इन तीनों को पाइथागोरस त्रिक इस प्रकार होना चाहिए कि त्रिक भुजाओं में से एक 6 सेमी हो।

$\Rightarrow$ पाइथागोरस त्रिक में 6 शामिल है (6, 8, 10)

$\Rightarrow$ अत:, वृत की त्रिज्या 10 (केवल पूर्णांक मान) होना चाहिए और वह दूरी जिस पर जीवा स्थित है वह 8 है।

अत: विकल्प (B) सही है।

**96.** लाभ $=$ विक्रय मूल्य $-$ क्रय मूल्य

यदि विक्रय मूल्य और क्रय मूल्य दोनों एक ही राशि में बढ़ जाते हैं तो लाभ समान होगा।

जैसा कि हम जानते हैं कि लाभ $\%$ $=$ वास्तविक लाभ $/$ क्रय मूल्य

इसलिए यदि क्रय मूल्य लाभ बढ़ाता है तो $\%$ नीचे चला जाएगा क्योंकि वास्तविक लाभ में कोई परिवर्तन नहीं है।

अत: विकल्प (C) सही है।

**97.** इन पुस्तकों के लिए भुगतान की जाने वाली रॉयल्टी की राशि r रुपये है।

तब, 20 : 15 = 30600 : r

$$\Rightarrow r = \left(\frac{30600 \times 15}{20}\right)$$

= 22,950 रुपये

अत: विकल्प (C) सही है।

**98.** रॉयल्टी के अनुरूप केंद्रीय कोण =(15% का 360)°

$$= \left(\frac{15}{100} \times 360\right)^{\circ}$$

= 54°

अत: विकल्प (C) सही है।

**99.** दी गई जानकारी के अनुसार,

माना गहराई l = 27 सेमी, ऊँचाई h = 6 सेमी एवं चौड़ाई b = 9 सेमी

घनाभ का आयतन = लंबाई × चौड़ाई × ऊँचाई = 7 × 6 × 9 घन सेमी

यह भी दिया गया है कि प्रत्येक बर्फ के टुकड़े (घन) का किनारा 3 सेमी का है

प्रत्येक टुकड़े (घन) का आयतन = l3

= 33

= 27 घन सेमी

∴ बर्फ के टुकड़ों की संख्या = घनाभ का आयतन/प्रत्येक टुकड़े (घन) का

आयतन = $\dfrac{(27 \times 6 \times 9)}{27}$

= 54

अत: विकल्प (B) सही है।

**100.** एक घन का आयतन = भुजा³

घन का सतह क्षेत्रफल = 6 × भुजा²

दिया गया है, घनों के आयतनों का अनुपात 27:64 है।

$$\text{भुजाओं का अनुपात} = \left(\frac{27}{64}\right)^{\frac{1}{3}} = 3:4$$

सतह क्षेत्रफल का अनुपात = (भुजाओं का अनुपात)²

⇒ सतह क्षेत्रफल का अनुपात = 9 : 16

अतः विकल्प (D) सही है।

# General Knowledge and Logical Knowledge

**Q.1** सोज-ए-वतन किसके द्वारा लिखी गई पुस्तक है?

*[Uttarakhand Public Service Commission (UKPSC), 2011]*

A. महादेवी वर्मा

B. प्रेमचंद

C. सुमित्रा नंदन पंत

D. सूर्यकांत त्रिपाठी 'निराला'

**Q.2** निम्नलिखित में से किसने "द फिलॉसफी ऑफ द बम" लिखा था?

*[Indian Military Academy (IMA), 2020], [Officers Training Academy (OTA), 2020]*

A. सुखदेव

B. चन्द्र शेखर आज़ाद

C. भगवती चरण वोहरा

D. भगत सिंह

**Q.3** प्रसिद्ध दिलवाड़ा मंदिर कहाँ स्थित हैं?

A. उत्तर प्रदेश

B. राजस्थान

C. महाराष्ट्र

D. मध्य प्रदेश

**Q.4** बीजापुर को इसके लिए जाना जाता है:

A. गंभीर सूखे की स्थिति

B. गोल गुम्बज

C. भारी वर्षा

D. गोमतेश्वर की मूर्ति

**Q.5** पृथ्वी की आंतरिक सतह के भीतर की हलचल का अध्ययन निम्नलिखित में से किसके द्वारा किया जाता है?

A. भूगर्भशास्त्र

B. भूकंप विज्ञान

C. थाली की वस्तुकला

D. किसी भी नाप का नक्शा इत्यादि खींचने का यंत्र

**Q.6** निम्नलिखित में से कौन जीवाश्मों का अध्ययन है?

A. आचारविज्ञान

B. हेतुविज्ञान

C. मनुष्य जाति का विज्ञान

D. जीवाश्म विज्ञान

**Q.7** 'विश्व पर्यावरण दिवस' कब मनाया जाता है?

A. 5 जून

B. 7 अप्रैल

C. 24 अक्टूबर

D. इनमे से कोई भी नहीं

**Q.8** किस दिन को प्रत्येक वर्ष संयुक्त राष्ट्र दिवस के रुप में मनाया जाता है?

A. 7 अप्रैल

B. 24 अक्टूबर

C. 14 नवंबर

D. 27 दिसंबर

**Q.9** होलकर क्रिकेट स्टेडियम कहाँ स्थित है?

A. इंदौर

B. ग्वालियर

C. भोपाल

D. रीवा

**Q.10** होलकर राजवंश किसके द्वारा स्थापित किया गया था:

A. माधव राव होलकर

B. मल्हार राव होलकर

C. माले राव होलकर

D. इनमे से कोई भी नहीं

**Q.11** भोपाल राज्य की पहली महिला शासक थी:

A. सुल्तान जहाँ बेगम

B. कुदसिया बेगम

C. सिकंदर जहाँ बेगम

D. शाहजहाँ बेगम

**Q.12** "मोहिनी अट्टम" का नृत्य कहाँ विकसित हुआ?

A. मणिपुर

B. केरल

C. कर्नाटक

D. तमिलनाडु

**Q.13** राष्ट्रीय विज्ञान केंद्र कहाँ स्थित है?

A. बैंगलोर

B. बॉम्बे

C. कोलकाता

D. दिल्ली

**Q.14** किस शहर को 'भारत के इलेक्ट्रॉनिक शहर' के रूप में जाना जाता है?

A. मुंबई

B. हैदराबाद

C. गुरुग्राम

D. बैंगलोर

**Q.15** निम्नलिखित में से कौन एक प्रसिद्ध भारतीय चित्रकार थे?

A. बालामुरलीकृष्ण

B. यामिनी कृष्णमूर्ति

C. मकबूल फ़िदा हुसैन

D. रवि शंकर

**Q.16** निम्नलिखित में से कौन भरतनाट्यम नर्तकी नहीं है?

A. लीला सैमसन

B. सोनल मानसिंह

C. सितारा देवी

D. गीता रामचंद्रन

**Q.17** दिए गए विकल्पों में से विषम संख्या को चुनिए?

A. 46

B. 64

C. 33

D. 55

**Q.18** झरिया (झारखंड) ___ के लिए प्रसिद्ध है।

A. खेल के सामान

B. तांबे की खदानें

C. कोयला की खदानें

D. सोने की खदानें

**Q.19** दिए गए विकल्पों में से विषम अक्षर ज्ञात कीजिए?

A. PQSU

B. BCQN

C. ABDF

D. MNPR

**Q.20** किस राज्य में धार्मिक त्यौहार गणेश चतुर्थी उत्साह के साथ मनाया जाता है?

A. राजस्थान

B. गुजरात

C. महाराष्ट्र

D. मध्य प्रदेश

**Q.21** निम्नलिखित में से किस संगठन ने 2 अक्टूबर को अंतर्राष्ट्रीय अहिंसा दिवस के रूप में घोषित किया?

A. यू.एन. महासभा

B. विश्व शांति मंच

C. गांधी शांति प्रतिष्ठान

D. यूनेस्को

**Q.22** इंटरनेशनल कोर्ट ऑफ जस्टिस का मुख्यालय स्थित है:

A. पेरिस, (फ्रांस)

B. जिनेवा, (स्विट्जरलैंड)

C. न्यूयॉर्क (यूएसए)

D. हेग (नीदरलैंड)

**Q.23** कावेरी नदी निम्नलिखित में से किस राज्य से निकलती है?

A. आंध्र प्रदेश

B. तमिलनाडु

C. कर्नाटक

D. मध्य प्रदेश

**Q.24** गुवाहाटी नदी के किनारे स्थित है:

A. तीस्ता

B. ब्रह्मपुत्र

C. हुगली

D. सोन

**Q.25** मिड डे मील योजना की शुरुआत की गई:

A. 15 अगस्त, 2000

B. 15 अगस्त 1992

C. 15 अगस्त, 1995

D. 15 अगस्त 2001

**Q.26** मजदूरों पर पहला राष्ट्रीय आयोग गठित किया गया था:

A. 24 दिसंबर, 1966

B. 24 दिसंबर, 1967

C. 24 नवंबर, 1966

D. 24 नवंबर, 1967

**Q.27** यदि MIND, KGLB और ARGUE, YPESC हो जाता है, तो उस कोड में DIAGRAM क्या होगा?

A. BGYEPYK      B. BGYPYEK
C. GLPEYKB      D. LKBGYPK

**Q.28** एक कोडिंग भाषा में, अंग्रेजी वर्णमाला के अक्षरों को इस तरह से व्यवस्थित किया जाता है कि सभी स्वरों को अंत में डाल दिया जाता है और शेष अक्षरों को पहले अक्षर से व्यवस्थित किया जाता है। पुनर्व्यवस्थित वर्णमाला का उपयोग मूल वर्णमाला में अक्षरों द्वारा धारित की गई स्थिति को दर्शाने के लिए किया जाता है। META का कोड क्या है?

A. TEAM      B. PWLV      C. LWPV      D. QGYB

**Q.29** मोना की ओर इशारा करते हुए, स्वरूप कहता हैं, "वह मेरे दादा के इकलौते बच्चे की बेटी है"। मोना स्वरूप से कैसे सम्बन्धित है?
A. चाची      B. चचेरा भाई
C. डेटा अपर्याप्त है      D. बहन

**Ques (30-31):निर्देश:** उपयुक्त युग्म चुनें जिसका एक ही अर्थ हो:

**Q.30** गुच्छा: चाबी::
A. हाउंड: पैक
B. टीम: प्रतियोगिता
C. मधुमक्खी का छत्ता : मधुमक्खी
D. गुलदस्ता: फूल

**Q.31** सुरक्षित : सुरक्षा करना :: रक्षक : ?
A. ताला      B. ज़रूर      C. रक्षा करना      D. संरक्षण

**Q.32** यदि दक्षिण-पूर्व उत्तर हो जाता है और दक्षिण उत्तर-पूर्व बन जाता है और शेष सभी दिशाओं को एक ही तरीके से बदल दिया जाता है, तो पश्चिम की दिशा क्या होगी?
A. उत्तरी- पूर्व      B. उत्तर-पश्चिम
C. दक्षिण-पूर्व      D. दक्षिण-पश्चिम

**Q.33** A दक्षिण की ओर सीधा चलने लगा। 5 मी चलने के बाद वह बाईं ओर मुड़ा और 3 मी चला। इसके बाद, वह दाईं ओर मुड़ा और 5 मी चला। अब A किस दिशा की ओर है?
A. उत्तर-पूर्व      B. दक्षिण
C. उत्तर      D. दक्षिण-पश्चिम

**Ques (34-37):निर्देश:** लुप्त संख्या/अक्षर/शब्द ज्ञात कीजिए।

**Q.34** 6,11, 21, 36, 56, ?
A. 91      B. 51      C. 81      D. 42

**Q.35** 6, 13, 28, 59, ?, 249
A. 124      B. 122      C. 120      D. 180

**Q.36**

| 4C | 2B | 3A |
|----|----|----|
| 28A | ? | 45B |
| 7C | 5A | 15B |

A. 10 C      B. 12 C      C. 13 C      D. 7 C

**Q.37**

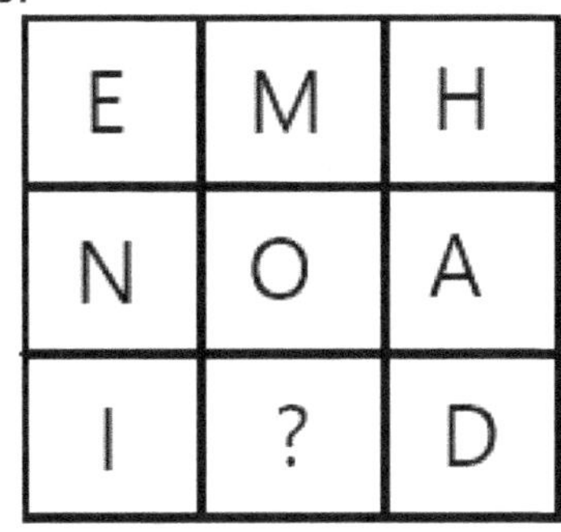



A. N      B. P      C. M      D. R

**Q.38** 'हिंडोला महल' को 'स्विंगिंग पैलेस' भी कहा जाता है जो मध्य प्रदेश के किस जिले में स्थित है?
A. धार      B. छतरपुर
C. अलीराजपुर      D. झाबुआ

**Q.39** मध्य प्रदेश का सबसे बड़ा राष्ट्रीय उद्यान कौन सा है ?
A. माधव राष्ट्रीय उद्यान      B. सतपुड़ा राष्ट्रीय उद्यान
C. बांधवगढ़ राष्ट्रीय उद्यान      D. कान्हा राष्ट्रीय उद्यान

**Q.40** फीफा फुटबॉल के सर्वश्रेष्ठ गोलकीपर को निम्न में से कौन-सा पुरस्कार दिया जाता है?

*[Rajasthan Police Constable, 2020]*

A. गोल्डन बूट      B. गोल्डन बॉल
C. गोल्डन गोलपोस्ट      D. गोल्डन ग्लव्स

# Mental Ability and Mental Aptitude

**Q.41** 4000 रुपये पर दो वर्षों में चक्रवृद्धि ब्याज क्या होगा। जब ब्याज की दर 5% प्रति वर्ष है?
A. 425 रु      B. 446 रु      C. 410 रु      D. 557 रु

**Q.42** रोहित ने 8000 रु 15% प्रति वर्ष के ब्याज पर 3 वर्ष के लिए वित्त कंपनी के साथ जमा किए। 3 वर्ष के बाद रोहित को क्या चक्रवृद्धि ब्याज मिलता है?
A. 4167 रु      B. 1328 रु      C. 1344 रु      D. 1642 रु

**Q.43** यदि दो पाइप टैंक को 24 और 20 मिनट में भर सकते हैं और दूसरा पाइप उस टैंक से 3 गैलन प्रति मिनट की दर से पानी खाली कर सकता है। जब तीनों पाइप एक साथ काम कर रहे होते हैं, तो टैंक को भरने में 15 मिनट लगते हैं। टैंक की क्षमता क्या है?
A. 100 गैलन      B. 150 गैलन      C. 125 गैलन      D. 120 गैलन

**Q.44** दो पाइप $A$ और $B$ एक साथ 6 मिनट में एक टैंक को भरते हैं। टैंक को भरने में $A$ को $B$ से 5 मिनट कम समय लगता है, तो B द्वारा अकेले टैंक को भरने में लगने वाला समय क्या होगा?
A. 10 मिनट      B. 15 मिनट      C. 20 मिनट      D. 25 मिनट

**Q.45** सुरेश का वार्षिक वेतन 1800000 रु से 2200000 बढ़ गया। प्रतिशत वृद्धि ज्ञात करें।
A. 22.22%      B. 24.22%      C. 23.32%      D. 32.22%

**Q.46** अनुपात $7:13$ के प्रत्येक संख्या में क्या जोड़ा जाना चाहिए ताकि अनुपात $2:3$ हो जाए?

**A.** 4　　**B.** 5　　**C.** 8　　**D.** 2

**Ques (47-48):निर्देश:** दिए गए उत्तर आकृतियों से प्रश्न आकृति की सही पानी की छवि चुनें, (मान लें कि पानी XY के साथ है):

**Q.47**

प्रश्न आकृति

उत्तर आकृतयां

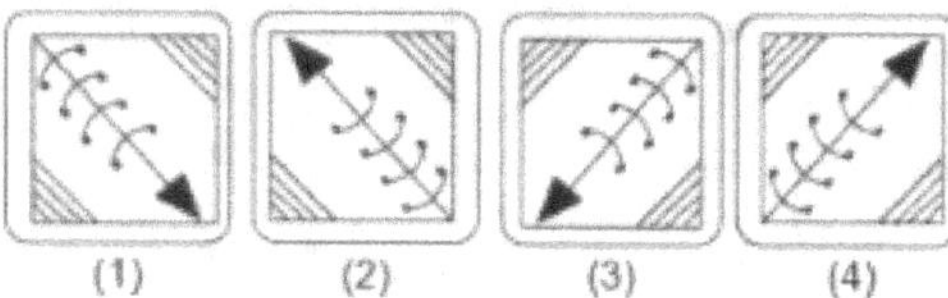



*[UP Police Sub Inspector, 2021]*

**A.** 1　　**B.** 2　　**C.** 3　　**D.** 4

**Q.48**

प्रश्न आकृति

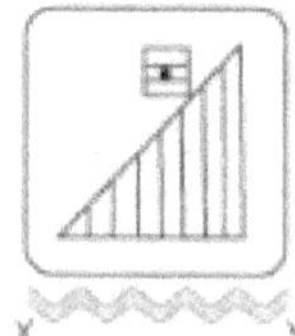

उत्तर आकृति

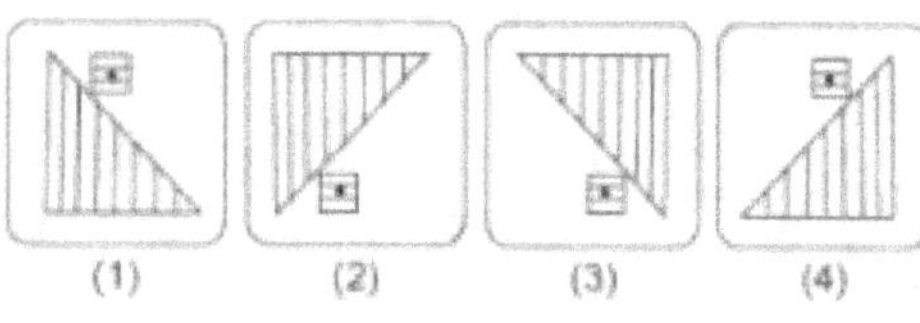



*[Telangana Police Constable, 2015]*

**A.** 1　　**B.** 2　　**C.** 3　　**D.** 4

**Q.49** तीन संख्याएं $2:3:5$ के अनुपात में हैं और उन संख्याओं का योग $800$ है। संख्याओं को ज्ञात करें।

**A.** 160,240,400
**B.** 180,320,420
**C.** 110,250,415
**D.** 170,450,630

**Q.50** धारा के साथ एक नाव की गति $12$ किमी/घंटा है और धारा के विपरीत $8$ किमी/घंटा है। नाव द्वारा शांत पानी में $24$ किमी की दूरी तय करने में लगने वाला समय है?

**A.** 2 घंटा　　**B.** 3 घंटा　　**C.** 2.4 घंटा　　**D.** 1.2 घंटा

**Q.51** शान्त पानी में एक मोटरबोट $36$ किमी / घंटा की गति से यात्रा करती है। यह $1$ घंटे $45$ मिनट में $56$ किमी / घंटा धारा के विपरीत जाती है। धारा के साथ समान दूरी तय करने के लिए इसके द्वारा लिया गया समय होगा:

**A.** 1 घंटे 24 मिनट
**B.** 2 घंटे 21 मिनट
**C.** 2 घंटे 25 मिनट
**D.** 3 घंटे

**Q.52** एक मिश्र धातु में जस्ता, तांबा और टिन $2:3:1$ के अनुपात में है और दूसरे मिश्र धातु में तांबा, टिन और लेड $5:4:3$ के अनुपात में है। यदि दोनों मिश्र धातुओं के बराबर वजन को एक साथ मिला कर तीसरा मिश्र धातु बनाया जाता है, तो तीसरे मिश्र धातु में प्रति किलो लेड का वजन होगा-

**A.** $\frac{1}{2}$　　**B.** $\frac{1}{8}$　　**C.** $\frac{3}{14}$　　**D.** $\frac{7}{9}$

**Q.53** दो संख्याओं का योग 27 है और गुणनफल 182 है। संख्याएँ हैं :

**A.** 12 और 13
**B.** 13 और 14
**C.** 12 और 15
**D.** 13 और 24

**Q.54** शुद्ध दूध की लागत मूल्य पर दूध का नमूना बेचने पर $10\%$ लाभ प्राप्त करने के लिए, $50$ किलो शुद्ध दूध के साथ मिश्रित पानी की मात्रा:

**A.** 2.5 किलो　　**B.** 5 किलो　　**C.** 7.5 किलो　　**D.** 10 किलो

**Q.55** एक व्यक्ति के वेतन मे $10\%$ की वृद्धि होती है। यदि उसका वेतन $50000$ रु. था, तो नया वेतन होगा:

**A.** 55000 रु.
**B.** 60000 रु.
**C.** 45000 रु.
**D.** 65000 रु.

**Q.56** बुधवार, गुरुवार और शुक्रवार के लिए औसत तापमान $40°C$ था। गुरुवार, शुक्रवार और शनिवार के लिए औसत $41°C$ था। यदि शनिवार को तापमान $42°C$ था, तो बुधवार को तापमान क्या था?

**A.** $39°C$　　**B.** $44°C$　　**C.** $38°C$　　**D.** $41°C$

**Q.57** निम्नलिखित आरेख में आयत पुरुषों का प्रतिनिधित्व करती है, त्रिभुज शिक्षित का प्रतिनिधित्व करता है, सर्कल शहरी का प्रतिनिधित्व करता है, और वर्ग सरकारी कर्मचारियों का प्रतिनिधित्व करता है।

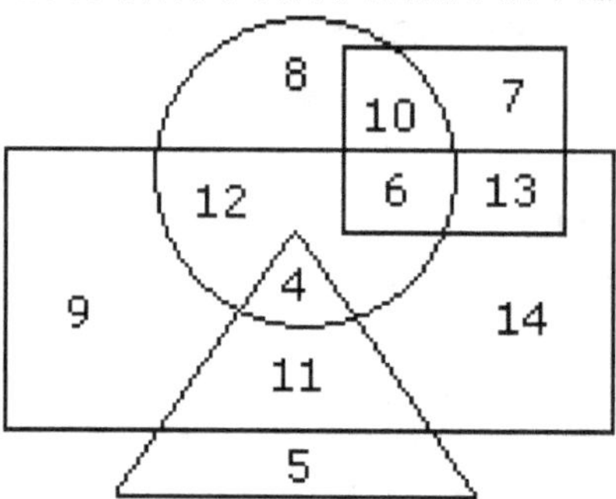



निम्नलिखित में से कौन एक महिला का प्रतिनिधित्व करता है, जो शहरी होने के साथ-साथ सरकारी कर्मचारी भी है?

**A.** 7　　**B.** 13　　**C.** 10　　**D.** 6

**Q.58** एक ट्रेन $20$ किमी प्रति घंटा की गति से पहले $16$ किमी और दूसरे $20$ किमी को $40$ किमी प्रति घंटा और अंतिम $10$ किमी $15$ किमी प्रति घंटा की रफ्तार से तय करती है। पूरी यात्रा के लिए औसत गति ज्ञात कीजिए।

**A.** 24 किमी　　**B.** 26 किमी　　**C.** 21 किमी　　**D.** $23\frac{23}{59}$

**Q.59** एक वस्तु की लागत कीमत $15500$ रु. है और $500$ रु. इसकी मरम्मत पर खर्च किये जाते है। यदि इसे $15$ % के लाभ पर बेचा जाता है तो इसकी बिक्री मूल्य होगी-

**A.** 16400 रु.
**B.** 17400 रु.
**C.** 18400 रु.
**D.** 19400 रु.

**Q.60** यदि $10$ % छूट के बाद एक कलम की कीमत $50$ रु. है तब कलम की वास्तविक कीमत या बाजार कीमत क्या होगी ?

**A.** 55.55
**B.** 65.55
**C.** 54.55
**D.** 52.55

**Q.61 निर्देशः** उस आकृति का चयन करें जो आकृति (Z) के खुले हुए रुप से सबसे निकटता से सम्बन्धित है।

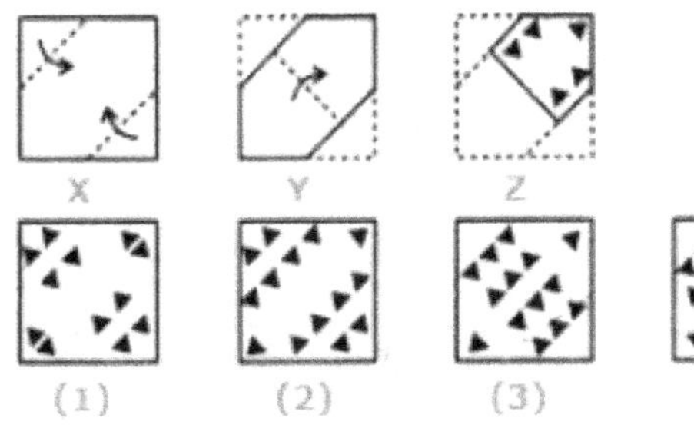

**A.** 1
**B.** 2
**C.** 3
**D.** 4

**Q.62 निर्देशः** दी गई उत्तर आकृतियों में से उसको चुने जिसमें प्रश्न आकृति समाहित है।

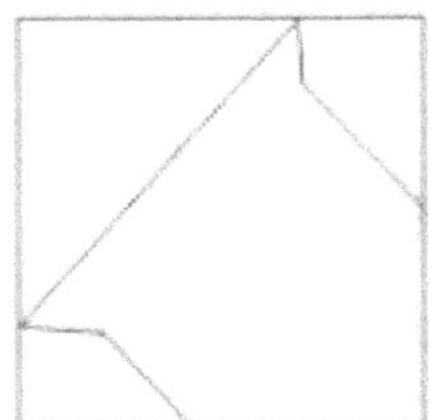

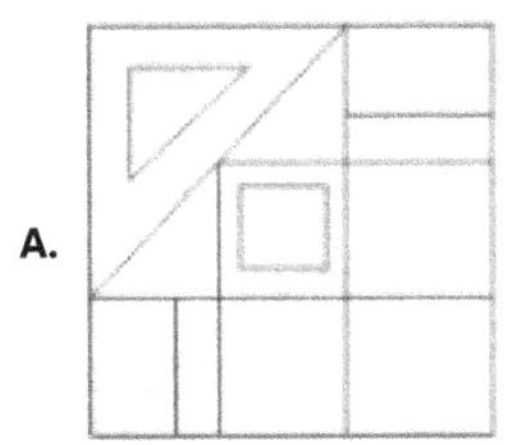

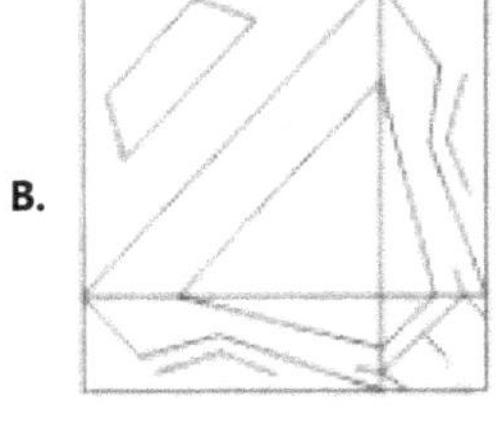

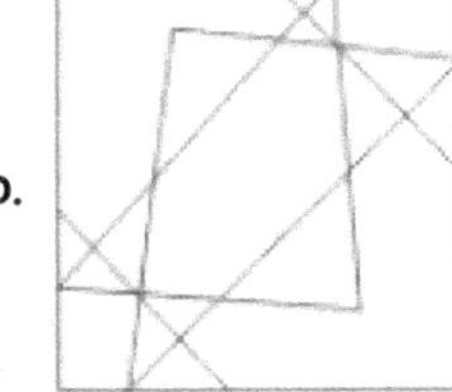

**Q.63** दी गई आकृति में चतुर्भुज की संख्या ज्ञात कीजिए।

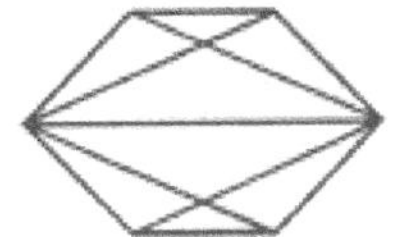

**A.** 6
**B.** 7
**C.** 9
**D.** 11

**Q.64 निर्देशः** दी गई उत्तर आकृतियों में से उसको चुने जिसमें प्रश्न आकृति समाहित है।

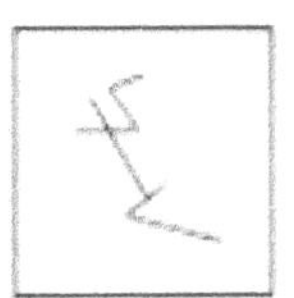

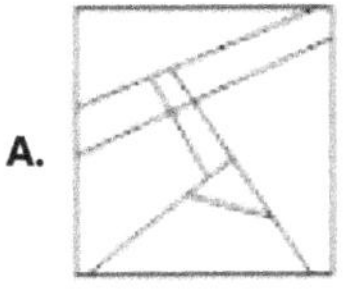
**A.**

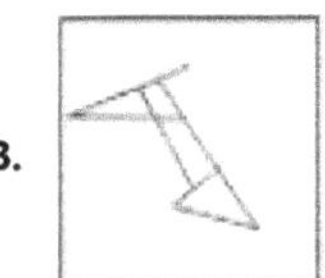
**B.**

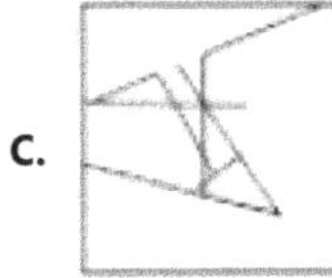
**C.**

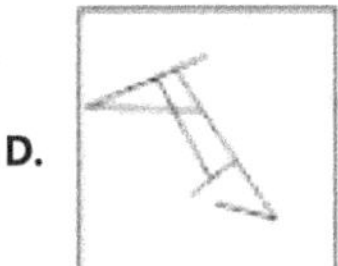
**D.**

**Q.65 निर्देशः** उस आकृति का चयन करें जो आकृति (Z) के खुले हुए रुप से सबसे निकटता से सम्बन्धित है।

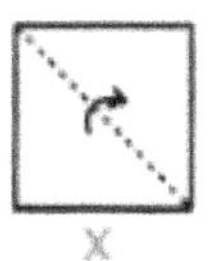 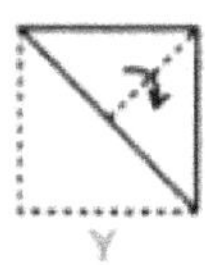 

  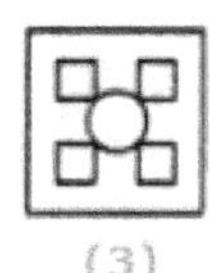 

**A.** 1
**B.** 2
**C.** 3
**D.** 4

**Q.66** एक आकृति का चयन कीजिए जो दी गई आकृति मैट्रिक्स को पूरा करती है।

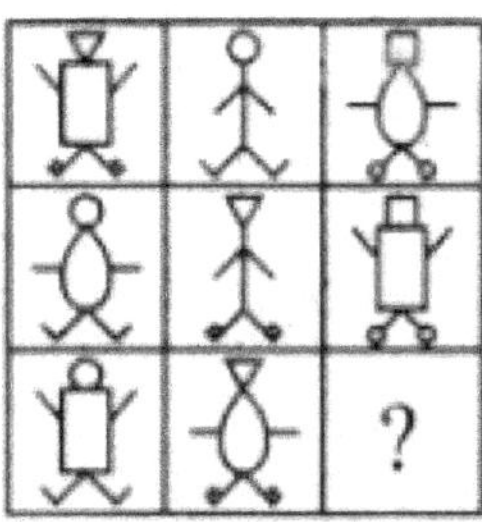

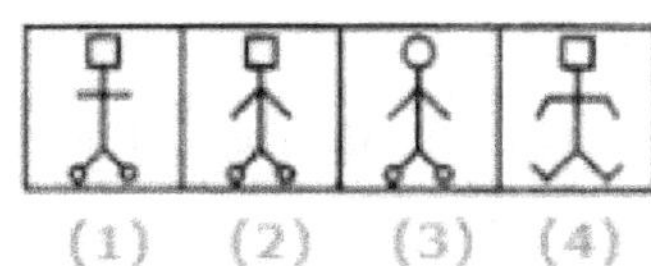

**A.** 1
**B.** 2
**C.** 3
**D.** 4

**Q.67 निर्देशः** दिए गए विकल्पों में से उस उचित आकृति का चयन करें जो दिए गए शब्दों का सही प्रतिनिधित्व करता है।
पर्यावरण, हाइड्रोजन, ऑक्सीजन

A.

B.

C.

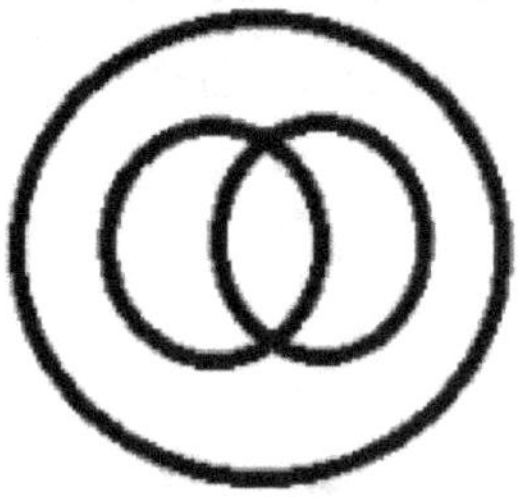

D.

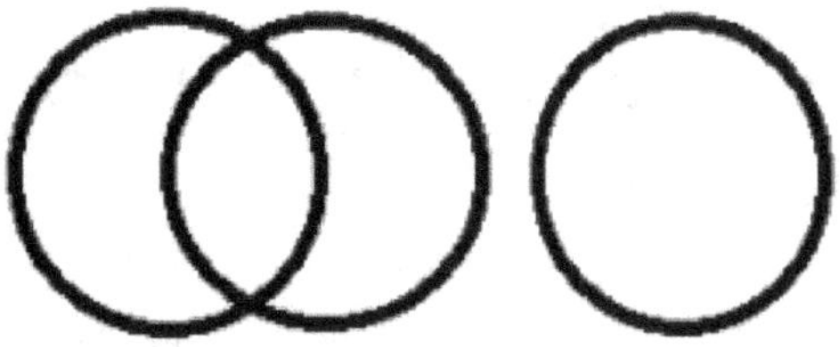

A.

B.

C.

D.

**Q.68** एक घन के 6 किनारो पर 6 अलग - अलग चिन्ह प्रदर्शित किए गए हैं। चिन्ह बिन्दु, वृत्त, त्रिभुज, वर्ग, गुणा और तीर का है। X, Y, और Z में घन की तीन विभिन्न स्थितियाँ दिखायी गई हैं। कौन सा चिन्ह तीर के विपरीत है?

(X)    (Y)    (Z)

**A.** वृत्त       **B.** त्रिभुज       **C.** बिन्दु       **D.** गुणा

**Q.69 निर्देश:** दिए गए विकल्पों में से वह सही आकृति चुनिए जो दिए गए शब्दों का सबसे अच्छा प्रतिनिधित्व करता हो।
चाय, कॉफी, पेय पदार्थ

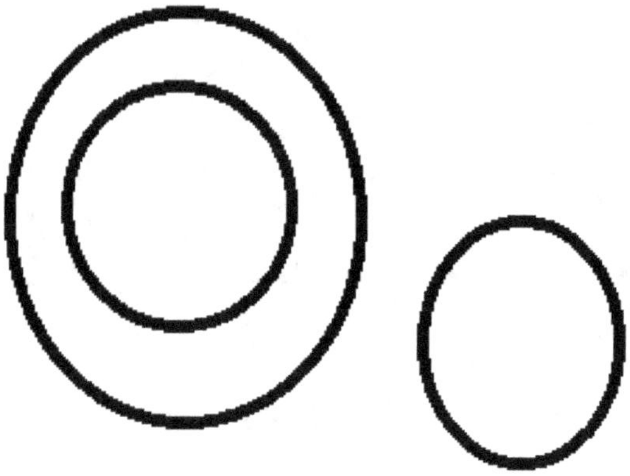

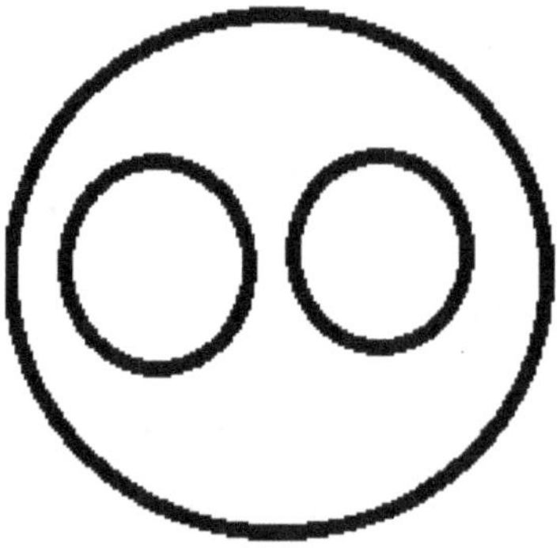

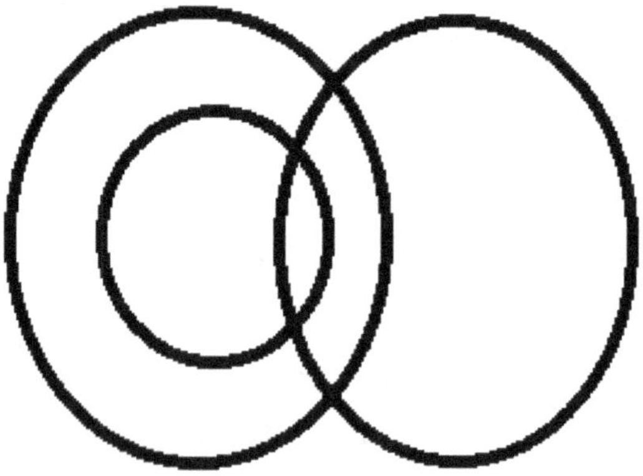

**Q.70** एक कागज की शीट को नीचे दिए गए चित्र के अनुसार मोड़ा गया है। आपको चार उत्तर चित्र से पता लगाना होगा कि खोले जाने पर यह कैसा दिखाई देगा।

प्रश्न आकृति

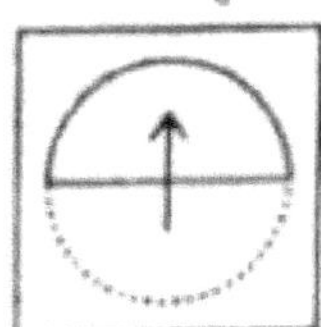 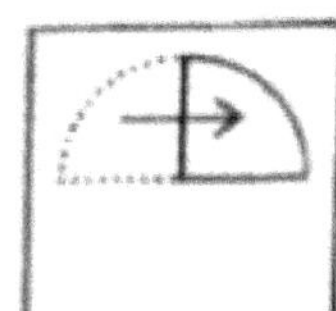 

उत्तर आंकड़ा

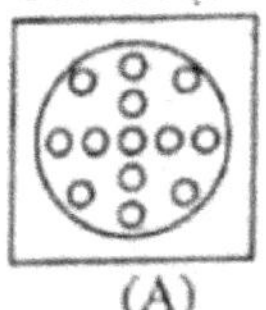 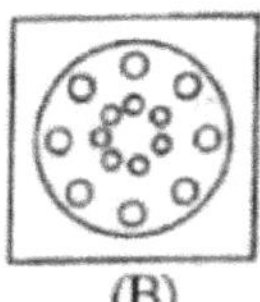 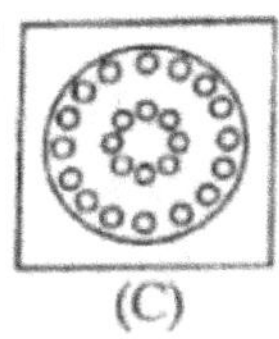 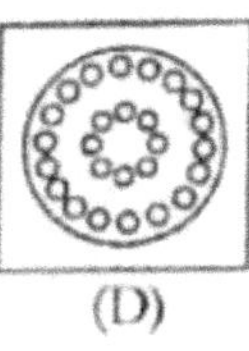

(A)    (B)    (C)    (D)

**A.** A    **B.** B    **C.** C    **D.** D

# Science and Simple Arithmetic

**Q.71** $\left(\dfrac{32}{243}\right)^{-\frac{4}{5}}$ का मान है?

**A.** $\dfrac{4}{9}$    **B.** $\dfrac{9}{4}$    **C.** $\dfrac{16}{81}$    **D.** $\dfrac{81}{16}$

**Q.72** 'बार' किसकी इकाई है?

**A.** तापमान      **B.** ताप

**C.** वायुमंडलीय दबाव      **D.** धारा

**Q.73** यदि किसी वस्तु का विस्थापन समय के वर्ग के समानुपाती होता है, तो वस्तु के साथ चलती है:

**A.** समान वेग      **B.** समान त्वरण

**C.** बढ़ता हुआ त्वरण      **D.** घटता हुआ त्वरण

**Q.74** चलती वस्तु के लिए दूरी के विस्थापन का संख्यात्मक अनुपात है:

**A.** हमेशा 1 से कम      **B.** हमेशा 1 के बराबर

**C.** हमेशा 1 से अधिक      **D.** बराबर या 1 से कम

**Q.75** बंदूक से दागी गई गोली किसके कारण किसी लक्ष्य को भेद सकती है:

**A.** ऊष्मा ऊर्जा      **B.** यांत्रिक ऊर्जा

**C.** त्वरण      **D.** गतिज ऊर्जा

**Q.76** एक माली $20$ मी की दूरी से एक लॉन रोलर को धक्का लगाता है। यदि वह जमीन से $60$ डिग्री की दिशा में $20$ किग्रा का बल लगाता है। तब उसके द्वारा किया गया कार्य है? ($g = 9.8$ मी/सेकंड$^2$)

**A.** 400 जूल      **B.** 1960 जूल

**C.** 250 जूल      **D.** 2519 जूल

**Q.77** निम्नलिखित में से कौन सी धातु हवा के साथ प्रतिक्रिया में आग पकड़ती है?

**A.** मैगनीशियम      **B.** मैंगनीज

**C.** पोटैशियम      **D.** कैल्शियम

**Q.78** धातु $Al$ तथा $Zn$ को छोड़कर, ऑक्सीजन के साथ प्रतिक्रिया करके _____ आक्साइड बनाते हैं।

**A.** अम्लीय    **B.** उदासीन    **C.** उभयधर्मी    **D.** क्षारीय

**Q.79** निम्नलिखित में से कौन सा आधुनिक आवर्त सारणी का आधार है?

**A.** परमाणु भार      **B.** परमाणु संख्या

**C.** न्यूक्लिऑन की संख्या      **D.** इनमे से सभी

**Q.80** आवधिक तालिका में बाएं से दाएं जाने वाले तत्वों के विद्युत-धनात्मक विशेषता का क्या होता है?

**A.** बढ़ना      **B.** घटता

**C.** पहले बढ़े फिर घटे      **D.** पहले घटे फिर बढ़े

**Q.81** कटियन तब बनता है जब:

**A.** परमाणु इलेक्ट्रॉनों को प्राप्त करता है

**B.** परमाणु इलेक्ट्रॉन खो देता है

**C.** प्रोटॉन परमाणु से खो जाता है

**D.** परमाणु इलेक्ट्रॉनों को साझा करता है

**Q.82** दीर्घ-श्रृंखला यौगिक बनाने के लिए समान परमाणुओं के बीच स्व-लिंकेज की संपत्ति को निम्न रूप से जाना जाता है:

**A.** कैटेनेशन      **B.** आइसोमराइज़ेशन

**C.** सुपरपोजिशन      **D.** हैलोजनीकरण

**Q.83** कौन सा बायोमोलेक्यूल एक सेल में अधिक व्यापक रूप से वितरित किया जाता है?

**A.** क्लोरोप्लास्ट      **B.** आरएनए

**C.** डीएनए      **D.** स्फेरोसोम

**Q.84** प्रोटीन की सबसे सामान्य प्रकार की माध्यमिक संरचनाएं हैं?

**A.** $\alpha$ - हेलिक्स और $\beta$ -लिक्स संरचनाएं

**B.** $\alpha$ - हेलिक्स और $\beta$ -प्लीटेड संरचनाएं

**C.** दाएं और बाएं हाथ की मुड़ी हुई संरचनाएं

**D.** ग्लोबुलर और रेशेदार संरचनाएं

**Q.85** पृथ्वी पर सबसे प्रचुर मात्रा में बायोमोलेक्यूल _____ द्वारा उत्पादित किए जाते हैं।

**A.** कुछ बैक्टीरिया, शैवाल, और हरे पौधे की कोशिकाएं

**B.** सभी बैक्टीरिया, कवक और शैवाल

**C.** कवक, शैवाल, और हरे पौधों की कोशिकाएँ

**D.** वायरस, कवक और बैक्टीरिया

**Q.86** निम्नलिखित में से कौन सा सबसे सरल अमीनो एसिड है?

**A.** एल्कलाइन      **B.** ऐस्पेराजीन

**C.** ग्लाइसिन      **D.** टायरोसिन

**Q.87** ABCD एक चक्रीय चतुर्भुज है और AB वृत्त की व्यास है। यदि $\angle CAB = 48°$, तो $\angle ADC$ को मान (डिग्री में) क्या होगा?

**A.** 52°    **B.** 77°    **C.** 138°    **D.** 142°

**Q.88** नीचे दी गई आकृति में, $POS$ एक रेखा है, $x$ खोजें?

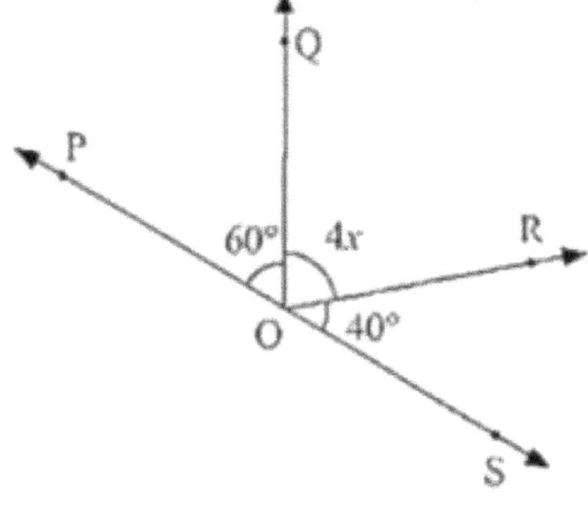


**A.** 20    **B.** 10    **C.** 15    **D.** 25

**Q.89** यदि $AB \parallel CD$, $\angle APQ = 50°$ और $\angle PRD = 130°$, तब $\angle QPR$ है:

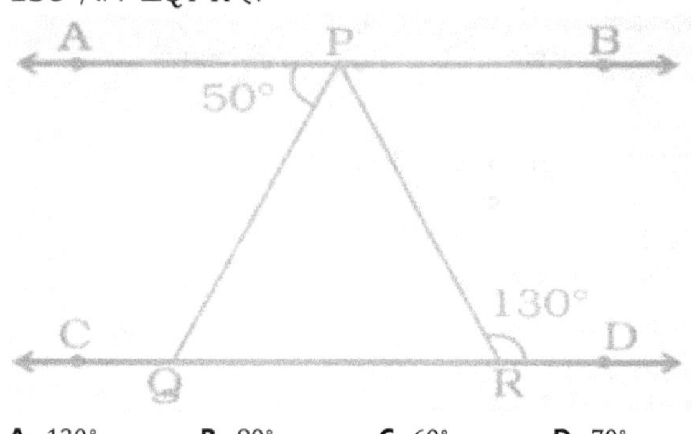


**A.** 130°　　**B.** 80°　　**C.** 60°　　**D.** 70°

**Q.90** एक हॉल 15 मी. लंबा और 12 मी. चौड़ा है। यदि फर्श और छत के क्षेत्रफल का योग चार दीवारों के क्षेत्रफल के योग के बराबर है, तो हॉल का आयतन निम्न है:

**A.** 0720 मी $^3$ 　　　　**B.** 0900 मी $^3$

**C.** (01200) मी $^3$ 　　**D.** 01800 मी $^3$

**Q.91** एक दाएँ गोलाकार शंकु की तिरछी ऊँचाई 10 मी. है और इसकी ऊँचाई 8 मी है। इसकी घुमावदार सतह का क्षेत्रफल ज्ञात कीजिए।

**A.** $30\pi$ मी $^2$ 　　**B.** $40\pi$ मी $^2$ 　　**C.** $60\pi$ मी $^2$ 　　**D.** $80\pi$ मी $^2$

**Q.92** एक समचतुर्भुज का क्षेत्रफल 240 सेमी $^2$ है और उनमें से एक विकर्ण 16 सेमी है तो दूसरा विकर्ण ज्ञात करें।

**A.** 16 सेमी　　**B.** 20 सेमी　　**C.** 30 सेमी　　**D.** 36 सेमी

**Q.93** यदि x+y=15, तो $(x - 10)^3 + (y - 5)^3$ है:

**A.** 25　　**B.** 125　　**C.** 625　　**D.** 0

**Q.94** यदि $x^2 - 3x + 1 = 0$, तो $x^2 + x + \dfrac{1}{x} + \dfrac{1}{x^2}$ का मान होगा:

**A.** 10　　**B.** 2　　**C.** 6　　**D.** 8

**Q.95** अगर $x = \sqrt{3} - \dfrac{1}{\sqrt{3}}$ है तथा $y = \sqrt{3} + \dfrac{1}{\sqrt{3}}$ है तो $\dfrac{x^2}{y} + \dfrac{y^2}{x}$ का मान है?

**A.** $\sqrt{3}$　　**B.** $3\sqrt{3}$　　**C.** $16\sqrt{3}$　　**D.** $2\sqrt{3}$

**Ques (96-100):निर्देश:** निम्नलिखित ग्राफ का ध्यानपूर्वक अध्ययन करें और नीचे दिए गए प्रश्नों के उत्तर दें:

छात्रवृत्ति परीक्षा में विभिन्न स्कूलों से उपस्थित और उत्तीर्ण छात्रों की कुल संख्या।

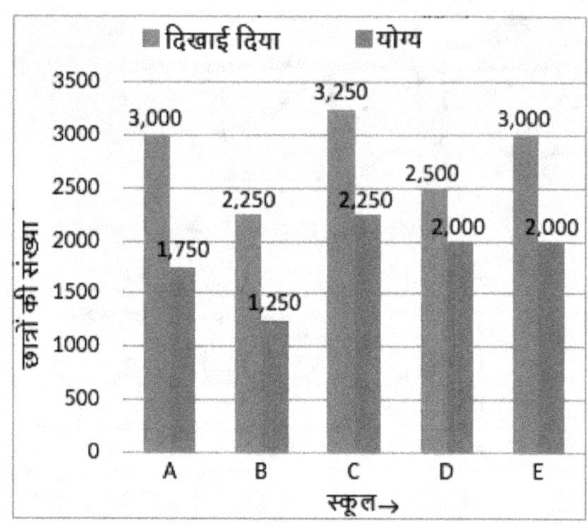


**Q.96** स्कूल C से छात्रवृत्ति परीक्षा में उत्तीर्ण हुए छात्रों की संख्या से छात्रों की संख्या का अनुपात कितना है?

**A.** 7 : 12 　　　　　**B.** 6 : 5

**C.** 9 : 13 　　　　　**D.** इनमें से कोई नहीं

**Q.97** सभी दिए गए स्कूलों से छात्रवृत्ति परीक्षा में बैठने वाले छात्रों की औसत संख्या और सभी स्कूलों से मिलाकर उत्तीर्ण छात्रों की औसत संख्या के बीच का अंतर कितना है?

**A.** 950　　**B.** 1100　　**C.** 990　　**D.** 1020

**Q.98** स्कूल A से छात्रवृत्ति परीक्षा में उत्तीर्ण छात्रों की संख्या और स्कूल B से परीक्षा में उत्तीर्ण छात्रों की संख्या का अनुपात कितना है?

**A.** 8 : 3　　**B.** 5 : 7　　**C.** 7 : 3　　**D.** 7 : 5

**Q.99** स्कूल C और D से परीक्षा में उत्तीर्ण छात्रों की औसत संख्या समान स्कूल से परीक्षा में बैठने वाले छात्रों की औसत संख्या का कितना प्रतिशत है? (दशमलव के बाद 2 अंकों तक पूर्णांकित करें)।

**A.** 58.62%　　**B.** 73.91%　　**C.** 62.58%　　**D.** 58.96%

**Q.100** स्कूल D से छात्रवृत्ति परीक्षा में बैठने वाले छात्रों की संख्या, सभी स्कूलों से मिलाकर परीक्षा में बैठने वाले छात्रों की कुल संख्या का लगभग कितना प्रतिशत है?

**A.** 12%　　**B.** 24%　　**C.** 29%　　**D.** 18%

# // स्मार्ट उत्तर पुस्तिका //

**सही उत्तर** — उन छात्रों के प्रतिशत को इंगित करता है जिन्होंने प्रश्नों का सही उत्तर दिया था।

**छोड़ दिया** — उन छात्रों के प्रतिशत को इंगित करता है जिन्होंने प्रश्नों को छोड़ दिया था।

| प्रश्न संख्या | उत्तर | सही उत्तर / छोड़ दिया | प्रश्न संख्या | उत्तर | सही उत्तर / छोड़ दिया | प्रश्न संख्या | उत्तर | सही उत्तर / छोड़ दिया | प्रश्न संख्या | उत्तर | सही उत्तर / छोड़ दिया | प्रश्न संख्या | उत्तर | सही उत्तर / छोड़ दिया |
|---|---|---|---|---|---|---|---|---|---|---|---|---|---|---|
| 1 | B | 86.6 % / 0.0 % | 17 | C | 79.54 % / 0.0 % | 33 | B | 67.54 % / 1.23 % | 49 | A | 60.63 % / 1.22 % | 65 | C | 55.36 % / 1.46 % |
| 2 | C | 88.17 % / 0.0 % | 18 | C | 84.11 % / 0.0 % | 34 | C | 84.48 % / 0.0 % | 50 | C | 76.36 % / 0.0 % | 66 | B | 81.88 % / 0.0 % |
| 3 | B | 77.04 % / 0.0 % | 19 | B | 58.79 % / 1.6 % | 35 | B | 56.85 % / 1.51 % | 51 | A | 41.03 % / 1.29 % | 67 | B | 78.61 % / 0.0 % |
| 4 | B | 81.17 % / 0.0 % | 20 | C | 43.47 % / 1.13 % | 36 | A | 45.79 % / 1.65 % | 52 | B | 15.91 % / 3.42 % | 68 | B | 56.9 % / 1.81 % |
| 5 | B | 29.76 % / 4.85 % | 21 | A | 57.75 % / 1.8 % | 37 | C | 82.07 % / 0.0 % | 53 | B | 82.41 % / 0.0 % | 69 | C | 62.16 % / 1.29 % |
| 6 | D | 81.34 % / 0.0 % | 22 | D | 58.38 % / 1.85 % | 38 | A | 64.93 % / 1.37 % | 54 | B | 62.33 % / 1.78 % | 70 | C | 54.76 % / 1.25 % |
| 7 | A | 89.5 % / 0.0 % | 23 | C | 80.55 % / 0.0 % | 39 | D | 80.73 % / 0.0 % | 55 | A | 87.39 % / 0.0 % | 71 | D | 85.43 % / 0.0 % |
| 8 | B | 61.1 % / 1.74 % | 24 | B | 78.7 % / 0.0 % | 40 | D | 54.97 % / 1.54 % | 56 | A | 26.26 % / 3.81 % | 72 | C | 49.95 % / 1.98 % |
| 9 | A | 54.86 % / 1.09 % | 25 | C | 69.37 % / 1.62 % | 41 | C | 66.6 % / 1.69 % | 57 | C | 41.71 % / 1.87 % | 73 | B | 58.51 % / 1.15 % |
| 10 | B | 61.85 % / 1.61 % | 26 | A | 51.7 % / 1.24 % | 42 | A | 68.51 % / 1.62 % | 58 | D | 48.93 % / 1.86 % | 74 | D | 58.71 % / 1.88 % |
| 11 | B | 58.51 % / 1.26 % | 27 | A | 46.09 % / 1.56 % | 43 | D | 40.35 % / 1.66 % | 59 | C | 58.13 % / 1.97 % | 75 | D | 46.41 % / 1.35 % |
| 12 | B | 81.72 % / 0.0 % | 28 | D | 67.13 % / 1.87 % | 44 | B | 46.77 % / 1.89 % | 60 | A | 83.27 % / 0.0 % | 76 | B | 65.28 % / 1.17 % |
| 13 | D | 58.39 % / 1.87 % | 29 | D | 46.37 % / 1.89 % | 45 | A | 86.12 % / 0.0 % | 61 | B | 14.01 % / 3.1 % | 77 | C | 49.72 % / 1.93 % |
| 14 | D | 63.11 % / 1.96 % | 30 | D | 86.26 % / 0.0 % | 46 | B | 52.61 % / 1.31 % | 62 | D | 10.56 % / 3.27 % | 78 | D | 57.82 % / 1.5 % |
| 15 | C | 88.2 % / 0.0 % | 31 | C | 82.94 % / 0.0 % | 47 | A | 69.36 % / 1.61 % | 63 | D | 64.85 % / 1.34 % | 79 | B | 69.3 % / 1.57 % |
| 16 | C | 69.41 % / 1.28 % | 32 | C | 47.99 % / 1.85 % | 48 | C | 54.06 % / 1.94 % | 64 | B | 27.87 % / 3.78 % | 80 | B | 49.51 % / 1.55 % |

| प्रश्न संख्या | उत्तर | सही उत्तर / छोड़ दिया |
|---|---|---|
| 81 | B | 69.77 % |
| | | 1.32 % |
| 82 | A | 65.75 % |
| | | 1.29 % |
| 83 | B | 67.62 % |
| | | 1.35 % |
| 84 | B | 58.08 % |
| | | 1.89 % |

| प्रश्न संख्या | उत्तर | सही उत्तर / छोड़ दिया |
|---|---|---|
| 85 | A | 50.5 % |
| | | 1.26 % |
| 86 | C | 42.7 % |
| | | 1.28 % |
| 87 | C | 44.25 % |
| | | 1.34 % |
| 88 | A | 40.31 % |
| | | 1.02 % |

| प्रश्न संख्या | उत्तर | सही उत्तर / छोड़ दिया |
|---|---|---|
| 89 | B | 66.62 % |
| | | 1.97 % |
| 90 | C | 40.01 % |
| | | 1.77 % |
| 91 | C | 67.88 % |
| | | 1.71 % |
| 92 | C | 41.97 % |
| | | 1.47 % |

| प्रश्न संख्या | उत्तर | सही उत्तर / छोड़ दिया |
|---|---|---|
| 93 | D | 50.85 % |
| | | 1.74 % |
| 94 | A | 58.79 % |
| | | 1.61 % |
| 95 | B | 21.56 % |
| | | 3.45 % |
| 96 | D | 50.21 % |
| | | 1.8 % |

| प्रश्न संख्या | उत्तर | सही उत्तर / छोड़ दिया |
|---|---|---|
| 97 | A | 63.37 % |
| | | 1.2 % |
| 98 | D | 89.08 % |
| | | 0.0 % |
| 99 | B | 25.14 % |
| | | 3.21 % |
| 100 | D | 48.24 % |
| | | 1.81 % |

| कार्य विश्लेषण | |
|---|---|
| औसत अंक ( % ) | 55.0% |
| टॉपर्स स्कोर ( % ) | 58.0% |
| आपका स्कोर | |

## //संकेत और समाधान//

**1.** सोज़-ए-वतन प्रेमचंद द्वारा लिखी गई पुस्तक है।

धनपत राय श्रीवास्तव, जिन्हें उनके उपनाम प्रेमचंद से बेहतर जाना जाता है, एक भारतीय लेखक थे जो अपने आधुनिक हिंदुस्तानी साहित्य के लिए प्रसिद्ध थे। प्रेमचंद हिंदी और उर्दू सामाजिक कथा साहित्य के अग्रदूत थे। वह 1880 के दशक के अंत में समाज में प्रचलित जाति पदानुक्रम और महिलाओं और मजदूरों की दुर्दशा के बारे में लिखने वाले पहले लेखकों में से एक थे। वह भारतीय उपमहाद्वीप के सबसे प्रसिद्ध लेखकों में से एक हैं, और उन्हें बीसवीं शताब्दी की शुरुआत के प्रमुख हिंदी लेखकों में से एक माना जाता है। उन्होंने 1907 में सोज़-ए-वतन नामक पुस्तक में पांच लघु कथाओं का अपना पहला संग्रह प्रकाशित किया।

अत: विकल्प (B) सही है।

**2.** भगवती चरण वोहरा ने "द फिलॉसफी ऑफ़ द बम" लिखा था।

क्रांतिकारी स्वतंत्रता सेनानी भगवती चरण वोहरा की मृत्यु 28 मई, 1930 को एक बम का परीक्षण करते समय विस्फोट के परिणामस्वरूप हुई थी। वोहरा, द फिलॉसफी ऑफ बॉम्ब नामक प्रसिद्ध लेख के लेखक थे।

अत: विकल्प (C) सही है।

**3.** प्रसिद्ध दिलवाड़ा मंदिर राजस्थान राज्य के माउंट आबू में स्थित हैं। ये प्रसिद्ध जैन मंदिर हैं जो 11 वीं और 13 वीं शताब्दी ईस्वी के बीच, वास्तुपाल-तेजपाल, जैन आम लोगों द्वारा बनाए गए थे।। ये मंदिर संगमरमर के पत्थर से बने हैं।

अत: विकल्प (B) सही है।

**4.** कर्नाटक में बीजापुर को गोल गुम्बज के लिए जाना जाता है जो मोहम्मद आदिल शाह का मकबरा है। यह 1656 में डबुल के वास्तुकार यकूत द्वारा पूरा किया गया था। मकबरे के पास दुनिया के सबसे बड़े एकल कक्ष में से एक है।

अत: विकल्प (B) सही है।

**5.** वैज्ञानिक भूकंप विज्ञान की मदद से पृथ्वी के आंतरिक भाग को समझने में सक्षम हैं। भूकंप विज्ञान में भूकंपीय तरंगों का अध्ययन शामिल है जो पृथ्वी के माध्यम से यात्रा करते हैं। भूकंप के दौरान भूकंपीय तरंगें पृथ्वी के माध्यम से भेजी जाती हैं। इसके विपरीत, प्लेट टेक्टोनिक्स पृथ्वी की पपड़ी के आंदोलन का अध्ययन है, जो मुख्य रूप से पृथ्वी के आंतरिक भाग की पपड़ी और ऊपरी मैंटल में बलों के कारण होता है।

अत: विकल्प (B) सही है।

**6.** जीवाश्म विज्ञान विलुप्त जानवरों ,पौधों की संरचना ,विकास, रॉक स्ट्रैटा के चित्रण की आयु और स्थितियों का निर्धारण करने के लिए जीवाश्मों का अध्ययन है जिसमें वे पाए जाते हैं। शारीरिक जीवाश्म और ट्रेस जीवाश्म प्राचीन जीवन के बारे में मुख्य प्रकार के साक्ष्य हैं।

अत: विकल्प (D) सही है।

**7.** विश्व पर्यावरण दिवस 5 जून को मनाया जाता है। यह दिवस जागरूकता और पर्यावरण संरक्षण को प्रोत्साहित करने के लिए मनाया जाता है। संयुक्त राष्ट्र के अनुसार, "इस दिन का उत्सव हमें पर्यावरण के संरक्षण और बढ़ाने में व्यक्तियों, उद्यमों और समुदायों द्वारा एक प्रबुद्ध राय और जिम्मेदार आचरण के लिए आधार को व्यापक बनाने का अवसर प्रदान करता है।"

अत: विकल्प (A) सही है।

**8.** संयुक्त राष्ट्र दिवस हर साल 24 अक्टूबर को मनाया जाता है। यह 1945 में संयुक्त राष्ट्र की आधिकारिक स्थापना का प्रतीक है। इस दिन, संयुक्त राष्ट्र चार्टर को सुरक्षा परिषद के पांच स्थायी सदस्यों सहित हस्ताक्षरकर्ताओं के बहुमत से पुष्टि की गई थी, और इसके कारण संयुक्त राष्ट्र की आधिकारिक स्थापना हुई। पहली बार 1948 में दिवस मनाया गया था।

अत: विकल्प (B) सही है।

**9.** होलकर क्रिकेट स्टेडियम इंदौर, भारत में स्थित है। इसे पहले महारानी उषाराजे ट्रस्ट क्रिकेट ग्राउंड के नाम से जाना जाता था। लेकिन 2010 में, इंदौर राज्य पर शासन करने वाले मराठों के होलकर राजवंश के बाद मध्य प्रदेश क्रिकेट एसोसिएशन ने इसका नाम बदल दिया।

अत: विकल्प (A) सही है।

**10.** होलकर राजवंश भारत में इंदौर के मराठा शासक थे। होलकर राजवंश के संस्थापक मल्हार राव होलकर का उदय अपनी क्षमता से किसान मूल से हुआ था। 1724 में मराठा राज्य के पेशवा (प्रधान मंत्री) बाजी राव ने उन्हें 500 घोड़ों की कमान दी और वे जल्द ही महेश्वर और इंदौर में मुख्यालय के साथ मालवा में पेशवा के प्रमुख सेनापति बन गए।

अत: विकल्प (B) सही है।

**11.** भोपाल के इतिहास में एक दिलचस्प मोड़ आया जब 1819 में, 18 वर्षीय कुदसिया बेगम (जिसे गोहर बेगम के नाम से भी जाना जाता है) ने अपने पति की हत्या के बाद बागडोर संभाली। वह भोपाल की पहली महिला शासक थीं। हालाँकि वह अनपढ़ थी, लेकिन वह बहादुर थी और उसने पुरदाह परंपरा का पालन करने से इनकार कर दिया था।

अत: विकल्प (B) सही है।

**12.** मोहिनीअट्टम, भारत के प्रसिद्ध शास्त्रीय नृत्यों में से एक है जो केरल राज्य में विकसित और लोकप्रिय रहा। कथकली केरल का एक और शास्त्रीय नृत्य है।

अत: विकल्प (B) सही है।

**13.** 1992 में स्थापित राष्ट्रीय विज्ञान केंद्र, दिल्ली, भारत में एक विज्ञान संग्रहालय है। यह नेशनल काउंसिल ऑफ साइंस म्यूजियम (एनसीएसएम) का हिस्सा है, जो भारत के संस्कृति मंत्रालय के अधीन एक स्वायत्त निकाय है। यह पुराण किला के सामने प्रगति मैदान के गेट नंबर 1 के करीब है।

अत: विकल्प (D) सही है।

**14.** इलेक्ट्रॉनिक सिटी, बैंगलोर में एक सूचना प्रौद्योगिकी केंद्र है, जो अनेकाल तालुक में स्थित है। यह भारत के सबसे बड़े इलेक्ट्रॉनिक / आईटी औद्योगिक पार्कों में से एक है, जो बैंगलोर में कोंप्पना अग्रहारा और डोड्डाथोगुर गांवों में 800 एकड़ (3.2 किमी²) में फैला हुआ है।

अत: विकल्प (D) सही है।

**15.** मकबूल फ़िदा हुसैन अंतर्राष्ट्रीय प्रशंसा के एक आधुनिक भारतीय चित्रकार थे। अक्सर "भारत के पिकासो" के रूप में संदर्भित, मकबूल फ़िदा हुसैन 20 वीं सदी के सबसे प्रतिष्ठित और अंतरराष्ट्रीय स्तर पर मान्यता प्राप्त भारतीय कलाकार थे। उन्हें एक प्रिंटमेकर, फोटोग्राफर और फिल्म निर्माता के रूप में भी जाना जाता था।

अत: विकल्प (C) सही है।

**16.** सितारा देवी शास्त्रीय कथक शैली की नृत्य की प्रख्यात भारतीय नर्तकी थीं। रवींद्रनाथ टैगोर ने उनके प्रदर्शन को देखने के बाद उन्हें नृत्या समरागिनी ( नृत्य की महारानी ) के रूप में वर्णित किया, जब वह सिर्फ 16 साल की थीं। वह आज भी कथक रानी के रूप में वर्णित है।

अत: विकल्प (C) सही है।

**17.** 4 + 6 = 10

6 + 4 = 10

3 + 3 = 9

5 + 5 = 10

तो विषम संख्या 33 है।

अतः विकल्प (C) सही है।

**18.** झरिया (झारखंड) कोयला खदानों के लिए प्रसिद्ध है। झरिया अपने समृद्ध कोयला संसाधनों के लिए प्रसिद्ध है, जिसका इस्तेमाल कोक बनाने के लिए किया जाता है। झरिया धनबाद शहर की अर्थव्यवस्था और विकास में बहुत महत्वपूर्ण भूमिका निभाता है और इसे धनबाद शहर का एक हिस्सा माना जा सकता है।

अतः विकल्प (C) सही है।

**19.** $P \xrightarrow{+1} Q \xrightarrow{+2} S \xrightarrow{+2} U$

$B \xrightarrow{+1} C \xrightarrow{+14} Q \xrightarrow{-3} N$

$A \xrightarrow{+1} B \xrightarrow{+2} D \xrightarrow{+2} F$

$M \xrightarrow{+1} N \xrightarrow{+2} P \xrightarrow{+2} R$

अतः विकल्प (B) सही है।

**20.** 'गणेश चतुर्थी भगवान शिव और पार्वती के पुत्र भगवान गणेश के जन्मदिन (पुनर्जन्म) पर मनाया जाने वाला हिंदू त्योहार है। पूरे भारत में मनाया जाता है, यह महाराष्ट्र, गोवा, आंध्र प्रदेश, कर्नाटक, उड़ीसा और छत्तीसगढ़ में सबसे विस्तृत है।

अतः विकल्प (C) सही है।

**21.** 15 जून 2007 को, संयुक्त राष्ट्र महासभा ने 2 अक्टूबर को अंतर्राष्ट्रीय अहिंसा दिवस के रूप में स्थापित करने के लिए मतदान किया। महासभा द्वारा संकल्प संयुक्त राष्ट्र प्रणाली के सभी सदस्यों को 2 अक्टूबर को "उचित तरीके से और शिक्षा और सार्वजनिक जागरूकता सहित अहिंसा के संदेश का प्रसार करने के लिए" कहने के लिए कहता है।

अतः विकल्प (A) सही है।

**22.** अंतर्राष्ट्रीय न्यायालय, जो संयुक्त राष्ट्र का प्राथमिक न्यायिक अंग है, नीदरलैंड के हेग में पीस पैलेस में स्थित है। इसके मुख्य कार्य राज्यों द्वारा प्रस्तुत कानूनी विवादों का निपटान करना और विधिवत अधिकृत अंतर्राष्ट्रीय अंगों, एजेंसियों और संयुक्त राष्ट्र महासभा द्वारा इसे प्रस्तुत कानूनी प्रश्नों पर सलाहकार राय प्रदान करना है।

अतः विकल्प (D) सही है।

**23.** कावेरी नदी कर्नाटक से निकलती है। तालकवेरी, वह स्थान जहाँ कावेरी नदी का उद्गम होता है, कूर्ग जिले के मध्य में कर्नाटक के पश्चिमी घाट में घने जंगल के आवरण वाली ब्रह्मगिरी नामक पहाड़ी पर स्थित है।

अतः विकल्प (C) सही है।

**24.** गुवाहाटी एक महत्वपूर्ण शहर है जो शिलांग पठार की तलहटी में स्थित है। यह असम में ब्रह्मपुत्र नदी के तट पर स्थित है। गुवाहाटी ने गंगा नदी की डॉल्फिन को अपना शहर पशु घोषित किया है।

अतः विकल्प (B) सही है।

**25.** स्कूलों में मिड डे मील का राष्ट्रीय कार्यक्रम नामांकन, उपस्थिति, प्रतिधारण को बढ़ाने और एक साथ बच्चों के पोषण की स्थिति में सुधार करने के उद्देश्य से शुरू किया गया था। एक केंद्र प्रायोजित योजना 'राष्ट्रीय पोषण सहायता का प्राथमिक कार्यक्रम (एनपी-एनएसपीई)' 15 अगस्त 1995 को लॉन्च किया गया।

अतः विकल्प (C) सही है।

**26.** श्रम पर पहला राष्ट्रीय आयोग 24 दिसंबर 1966 को न्यायमूर्ति पी. बी. गजेन्द्रगडकर की अध्यक्षता में स्थापित किया गया था। अगस्त 1969 में संगठित और असंगठित दोनों क्षेत्रों में श्रम समस्याओं के सभी पहलुओं की विस्तृत जाँच के बाद आयोग ने अपनी रिपोर्ट प्रस्तुत की।

अतः विकल्प (A) सही है।

**27.** MIND = KGLB कोड के संबंधित अक्षर को प्राप्त करने के लिए शब्द के प्रत्येक अक्षर को दो स्थान पीछे ले जाया जाता है तो, DIAGRAM = BGYEPYK हो जाएगा।

अतः विकल्प (A) सही है।

**28.** मूल अक्षर अनुक्रम निम्न प्रकार प्रदर्शित किए गए हैं-

A B C D E F G H I J K L M N O P Q R S T U V W X Y Z

पुनर्व्यवस्थित अक्षर अनुक्रम निम्न प्रकार प्रदर्शित किए गए हैं-

B C D F G H J K L M N P Q R S T V W X Y Z A E I O U

प्रश्न के अनुसार दोनो श्रृंखलाओं की तुलना करने पर

META के लिए कोड QGYB है।

अतः विकल्प (D) सही है।

**29.**

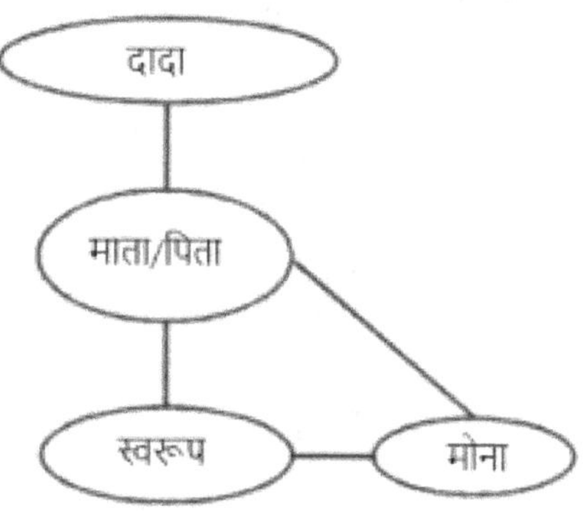


चित्र से, मोना स्वरूप की बहन है।

अतः विकल्प (D) सही है।

**30.** गुच्छा चाबियों का एक समूह है और गुलदस्ता फूलों का एक समूह है।

अतः विकल्प (D) सही है।

**31.** जैसे सुरक्षित और सुरक्षा करना का एक ही अर्थ है, उसी तरह रक्षा करना और रक्षक का भी एक ही अर्थ है।

अतः विकल्प (C) सही है।

**32.** यदि दक्षिण-पूर्व उत्तर और उत्तर-पूर्व पश्चिम हो जाता है, इसलिए, पूरा आंकड़ा 135 डिग्री से गुजरता है। इसलिए, पश्चिम दक्षिण-पूर्व होगा।

वास्तविक आंकड़ा 135 डिग्री एंटीक्लॉकवाइज घूम रहा है।

तो, पश्चिम को एक ही डिग्री एंटीक्लॉकवाइज द्वारा घुमाया जाएगा। यह दक्षिण-पूर्व की जगह का आयोजन करेगा।

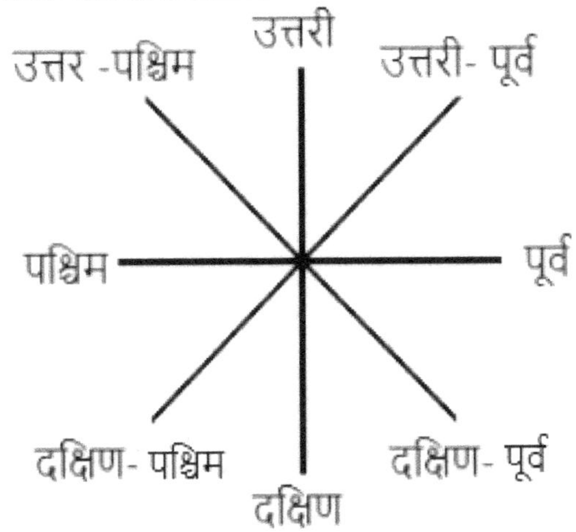


अतः विकल्प (C) सही है।

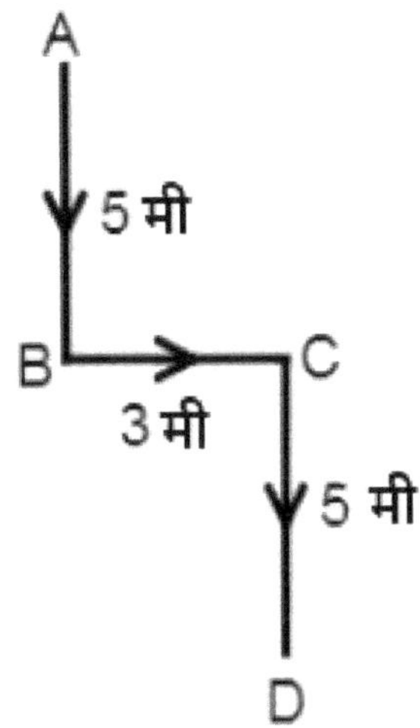


**33.**

फिर, अंत मे A दक्षिण की ओर मुँह करेगा।

अतः विकल्प (B) सही है।

**34.** यदि हम प्रत्येक संख्या में 5 का गुणक जोड़ते हैं तो हमें संख्या मिलती है,

6+5 = 11

11+10 = 21

21+15 = 36

36+20 = 56

56+25 = 81

अतः विकल्प (C) सही है।

**35.** पहला पद = 6

दूसरा पद = (6 × 2 + 1) = 13

तीसरा पद = (13 × 2 + 2) = 28

चौथा पद = (28 × 2 + 3) = 59

पांचवां पद = (59 × 2 + 4) = 122

छठा पद = (122 × 2 + 5) = 249

इसलिए, लुप्त पद = 122 है

अतः विकल्प (B) सही है।

**36.** प्रत्येक रो में, A, B और C इनमें से प्रत्येक को एक बार दिखाई देना चाहिए।

पहला कॉलम ⇒ 4 × 7 = 28

तीसरा कॉलम ⇒ 3 × 15 = 45

दूसरा कॉलम ⇒ 2 × 5 = 10

इसलिए,

लुप्त अक्षर ⇒ 10 C

अतः विकल्प (A) सही है।

**37.** तर्क (पंक्ति-वार),

लेफ्ट-हैंड लेटर + राइट हैंड लेटर = सेंट्रल लेटर

कोडिंग, A = 1, B = 2, C = 3, D = 4, E = 5 ..., I = 9 ...., M = 13, ..... Y = 25, Z = 26

E + H = 5 + 8 = 13 = M

N + A = 14 + 1 = 15 = O

इसलिए,

I + D = 9 + 4 = 13 = M

अतः विकल्प (C) सही है।

**38.** हिंडोला महल जो कि 'टी' आकार की इमारत है, होशंग शाह द्वारा 1425 ईसवी में निर्मित दरबार हॉल या मांडू में मीटिंग हॉल के रूप में बनाया गया है। हिंडोला महल, बाज बहादुर का महल, होशंग शाह का मकबरा और जाहज महल धार जिले के मांडू शहर में स्थित कुछ प्रसिद्ध स्थल हैं।

अतः विकल्प (A) सही है।

**39.** कान्हा टाइगर रिज़र्व, जिसे कान्हा-किसली राष्ट्रीय उद्यान के रूप में भी जाना जाता है, भारत के बाघ अभयारण्यों में से एक है और मध्य प्रदेश राज्य का सबसे बड़ा राष्ट्रीय उद्यान है। वर्तमान में कान्हा राष्ट्रीय उद्यान के क्षेत्र को दो संरक्षित क्षेत्रों में विभाजित किया गया है, हॉलोन और बंजार जोकि 250 और 300 किमी², में है।कान्हा राष्ट्रीय उद्यान 1 जून 1955 को बनाया गया था और 1973 में एक बाघ आरक्षित नामित किया गया था।

अतः विकल्प (D) सही है।

**40.** फीफा विश्व कप के फाइनल में सबसे शानदार गोलकीपर को 'गोल्डन ग्लव्स पुरस्कार' प्रदान किया जाता है। 1930 में पहले विश्व कप के बाद से सर्वश्रेष्ठ गोलकीपर को पुरस्कार दिया जाता है। गोल्डन ग्लव अवार्ड जिसे पहले 1994 से 2006 तक "लेव यशिन अवार्ड" के रूप में जाना जाता था सर्वश्रेष्ठ गोलकीपर के लिए, जिसे पहली बार 1994 में सम्मानित किया गया था। पुरस्कार विजेता का फैसला फीफा तकनीकी अध्ययन समूह द्वारा किया जाता है।

अतः विकल्प (D) सही है।

**41.** दिए गए विवरण हैं,

मूलधन $(P) = 4000$ रु

दर $(R) = 5\%$

समय $(n) = 2$ वर्ष

सूत्र का उपयोग करके,

$$A = P \left(1 + \frac{R}{100}\right)^n$$

$$= 4000 \left(1 + \frac{5}{100}\right)^2$$

$$= 4000 \left(\frac{105}{100}\right)^2$$

$$= 4410 \text{ रु}$$

$$\therefore \text{चक्रवृद्धि ब्याज} = A - P$$

$$= 4410 \text{ रु} - 4000 \text{ रु} = 410 \text{ रु}$$

अतः विकल्प (C) सही है।

**42.** दिए गए विवरण हैं, मूलधन $(P) = 8000$ रु

दर $(R) = 15\%$

समय $(n) = 3$ वर्ष

सूत्र का उपयोग करके,

$$A = P \left(1 + \frac{R}{100}\right)^n$$

$$= 8000 \left(1 + \frac{15}{100}\right)^3$$

$$= 8000 \left(\frac{115}{100}\right)^3$$

$$= 12167 \text{ रु}$$

$$\therefore \text{चक्रवृद्धि ब्याज} = A - P$$

$$= 12167 \text{ रु} - 8000 \text{ रु} = 4167 \text{ रु}$$

अतः विकल्प (A) सही है।

**43.** जब तीनों पाइप $1$ मिनट के लिए एक साथ खोले जाते हैं तो टैंक का भरने वाला हिस्सा $= \frac{1}{15}$

जब टैंक को भरने वाले दो पाइप $1$ मिनट के लिए एक साथ खोले जाते हैं तो टैंक का भरने वाला हिस्सा $= \frac{1}{20} + \frac{1}{24} = \frac{6+5}{120} = \frac{11}{120}$

तीसरे पाइप द्वारा $1$ मिनट में खाली किया गया हिस्सा $= \frac{11}{120} - \frac{1}{15} = \frac{1}{40}$

टैंक के $\frac{1}{40}$ भाग की क्षमता $= 3$ गैलन

टैंक की क्षमता $= 40 \times 3$ गैलन $= 120$ गैलन

अतः विकल्प (D) सही है।

**44.** माना कि टैंक को भरने के लिए पाइप $A$ द्वारा लिया गया समय $x$ मिनट है।

टैंक को भरने के लिए पाइप $B$ द्वारा लिया गया समय है $= x + 5$ मिनट

इसलिए, $\frac{1}{x} + \frac{1}{(x+5)} = \frac{1}{6}$

$$\Rightarrow x = 10$$

इस प्रकार, $B$ द्वारा अकेले टैंक को भरने के लिए लिया गया समय $10 + 5$, यानी $15$ मिनट है।

अतः विकल्प (B) सही है।

**45.** मूल वेतन $= 18,00,000$ रु

बढ़ा हुआ वेतन $= 22,00,000$ रु

वेतन में वृद्धि $= 22,00,000$ रु $- 18,00,000$ रु

$$= 4,00,000 \text{ रु.}$$

इस प्रकार, वेतन में प्रतिशत वृद्धि $=$ (वेतन में वृद्धि / मूल वेतन) $\times 100$

$$= \left(\frac{4,00,000}{18,00,000}\right) \times 100 = 22.22\%$$

अतः विकल्प (A) सही है।

**46.** माना कि, जोड़ी जाने वाली संख्या $x$ है।

फिर, $\frac{(7+x)}{(13+x)} = \left(\frac{2}{3}\right)$

$$(7 + x)3 = 2(13 + x)$$

$$21 + 3x = 26 + 2x$$

$$3x - 2x = 26 - 21$$

$$x = 5$$

इस प्रकार, आवश्यक संख्या $5$ है।

अतः विकल्प (B) सही है।

**47.**

प्रश्न आकृति

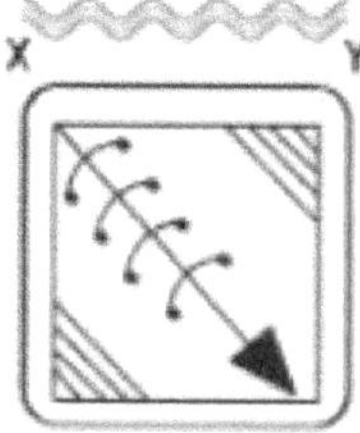

उत्तर आकृति

पानी की छवि में,

- वस्तु का ऊपरी भाग नीचे हो जाता है
- वस्तु का निचला भाग सबसे ऊपर होता है
- वस्तु के बाएँ और दाएँ पक्ष अपरिवर्तित रहते हैं

अत: विकल्प (A) सही है।

**48.**

पानी की छवि में,

- वस्तु का ऊपरी भाग नीचे हो जाता है
- वस्तु का निचला भाग सबसे ऊपर होता है
- ऑब्जेक्ट के बाएँ और दाएँ पक्ष अपरिवर्तित रहते हैं

अत: विकल्प (C) सही है।

**49.** दिया गया है कि तीन संख्याएँ $2:3:5$ के अनुपात में हैं और उनका योग $800$ है।

इसलिए, पदों के अनुपात का योग $= 2 + 3 + 5 = 10$

पहली संख्या $= \left(\frac{2}{10}\right) \times 800$

$= 2 \times 80$

$= 160$

दूसरी संख्या $= \left(\frac{3}{10}\right) \times 800 = 3 \times 80$

$= 240$

तीसरी संख्या $= \left(\frac{5}{10}\right) \times 800$

$= 5 \times 80$

$= 400$

तीन संख्याएँ हैं $160, 240$ और $400$

अत: विकल्प (A) सही है।

**50.** धारा के साथ गति $D = 12$ किमी/घंटा

धारा के विपरीत गति $U = 8$ किमी/घंटा

स्थिर पानी में नाव की गति $= \frac{D+U}{2}$

$= \frac{20}{2}$

$= 10$ किमी/घंटा

स्थिर पानी में नाव द्वारा लिया गया समय

$= \frac{24}{10}$

$= 2.4$ घंटा

अतः विकल्प (C) सही है।

**51.** प्रवाह के विपरीत दिशा में $= \left(\frac{56}{1\frac{3}{4}}\right)$ किमी / घंटा

$= \left(56 \times \frac{4}{7}\right)$ किमी / घंटा

$= 32$ किमी / घंटा

माना कि प्रवाह की दिशा में $x$ किमी / घंटा है

पानी में नाव की गति $= \frac{1}{2}(x + 32)$ किमी / घंटा

$\therefore \frac{1}{2}(x + 32) = 36 \Rightarrow x = 40$

इसलिए, आवश्यक समय $= \left(\frac{50}{40}\right)$ घंटे

$= 1\frac{2}{5}$ घंटे

$= 1$ घंटे $24$ मिनट

अतः विकल्प (A) सही है।

**52.** दिया है-

प्रथम मिश्र धातु में जस्ता, तांबा और टिन का अनुपात $Z:C:T = 2:3:1$

माना कि पहला मिश्र धातु $12$ किलो का है ( $4$ किलो जस्ता, $6$ किलो तांबा और $2$ किलो लेड)

दूसरे मिश्र धातु में तांबा, टिन और लेड का अनुपात $C:T:L = 5:4:3$

माना कि दूसरा मिश्र धातु भी $12$ किलो का है ( $5$ किलो तांबा, $4$ किलो टिन और $3$ किलो लेड)

दोनों मिश्र धातुओं के बराबर वजन को एक साथ मिला कर तीसरा मिश्र धातु बनाया जाता है,

फिर इसमें सामग्री का अनुपात $Z:C:T:L = 4:(6+5):(2+4):3$

$Z:C:T:L = 4:11:6:3$

तीसरे मिश्र धातु का वजन $= 24$ किलो

तो, तीसरे मिश्र धातु प्रति किलो लेड का वजन $= \frac{3}{24} = \frac{1}{8}$

अत: विकल्प (B) सही है।

**53.** $x$ एक संख्या है

एक और संख्या $= 27 - x$

दो संख्याओं का गुणनफल = 182

x (27 - x) = 182

$\Rightarrow$ x2 - 27 x + 182 = 0

$\Rightarrow$ x2 - 13 x- 14 x + 182 = 0

$\Rightarrow$ x (x - 13) - 14 (x-13) = 0

$\Rightarrow$ (x-13) (x-14) = 0

$\Rightarrow$ x = 13 या x = 14

अत: विकल्प (B) सही है।

**54.** माना कि पानी की मात्रा मिश्रित हो $x$ किलो

माना, 1 किलो शुद्ध दूध की लागत कीमत $= 1$ रु है

इसलिये,

% लाभ $= x \times \frac{100}{50}$

$10 = \frac{100x}{50}$

या, $2x = 10$

या, $x = 5$ किलो

अत: विकल्प (B) सही है।

**55.** पिछली वेतन $= 50000$ रु.

$50000$ रु. का $10\%$

$= \frac{10}{100} \times 50000$

$= 5000$ रु.

नया वेतन $= 50000$ रु. $+ 5000$ रु.

$= 55000$ रु.

अत: विकल्प (A) सही है।

**56.** बुधवार, गुरुवार और शुक्रवार के लिए औसत तापमान $= 40°C$

कुल तापमान $= 3 \times 40 = 120°C$

गुरुवार, शुक्रवार और शनिवार के लिए औसत तापमान $= 41°C$

कुल तापमान $= 41 \times 3 = 123°C$

शनिवार को तापमान $= 42°C$

अब, (गुरुवार + शुक्रवार + शनिवार) - (बुधवार + गुरुवार + शुक्रवार) ) $=$ $123 - 120$

शनिवार $-$ बुधवार $= 3$

बुधवार $= 42 - 3 = 39°C$

अतः विकल्प (A) सही है।

**57.** [महिला और शहरी और सरकार कर्मचारी]

शर्तें: आयत (महिला) और सर्कल (शहरी) और स्कायर (सरकारी कर्मचारी) के बाहर।

दिए गए आरेख से हम पा सकते हैं कि मान 10 उपरोक्त शर्तों को पूरा करता है।

अत: विकल्प (C) सही है।

**58.** कुल दूरी $= 16 + 20 + 10$

$= 46$ किमी

कुल लिया गया समय $= \frac{16}{20} + \frac{20}{40} + \frac{10}{15}$

$= \frac{4}{5} + \frac{1}{2} + \frac{2}{3}$

$= \frac{24+15+20}{30}$

$= \frac{59}{30}$

औसत गति $=$ कुल दूरी / कुल समय

$= \frac{46 \times 30}{59}$

$= 23\frac{23}{59}$ किमी / घंटा

अतः विकल्प (D) सही है।

**59.** कुल लागत $= 15500 + 500 = 16000$

लाभ $\%$ $=$ लाभ / लागत मूल्य $\times 100$

लाभ $=$ लाभ $\%$ $\times$ लागत मूल्य / $100$

लाभ $= \frac{(15 \times 16000)}{190} = 2400$

विक्रय मूल्य $=$ लाभ $+$ लागत मूल्य

$= 2400 + 16000 = 18400$ रु.

अत: विकल्प (C) सही है।

**60.** $MP =?$

$CP =$ रु. $50$

छूट $= 10\%$

$\Rightarrow MP \times \frac{(100-10)}{100} = 50$

$\Rightarrow MP \times \left(\frac{90}{100}\right) = 50$

$\Rightarrow MP = \frac{50 \times 100}{90}$

$\Rightarrow MP = 55.55$ रु.

अत: विकल्प (A) सही है।

**61.** आकृति (Z) को खोलने के पश्चात वह निम्न आकृति द्वारा निकटता से सम्बन्ध रखती है।

अतः विकल्प (B) सही है।

**62.** निकटता से देखने के बाद यह ज्ञात होता है कि प्रश्न आकृति विकल्प (D) में समाहित है जैसा कि नीचे दिखाया गया है:

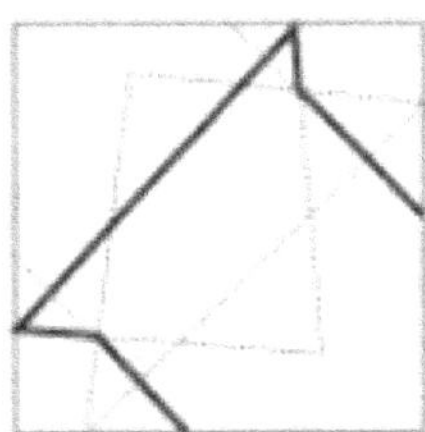

अतः विकल्प (D) सही है।

**63.** चित्र के अनुसार लेबल किया जा सकता है।

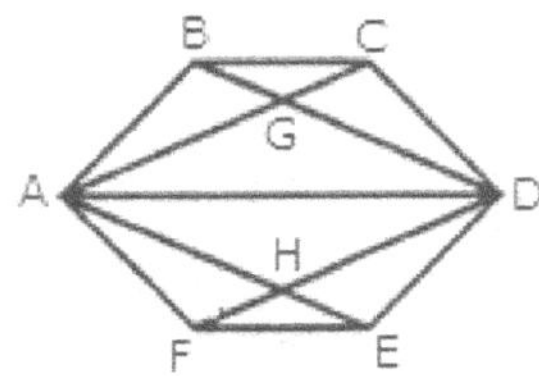

आकृति में चतुर्भुज ABCD, ABDE, ABDF, ABDH, CDHA, CDEA, CDFA, DEAG, DEFA, FAGD, और AGDH हैं।

चित्र में चतुर्भुजों की संख्या 11 है।

अत: विकल्प (D) सही है।

**64.** निकटता से देखने के बाद यह ज्ञात होता है कि प्रश्न आकृति विकल्प (B) में समाहित है जैसा कि नीचे दिखाया गया है:

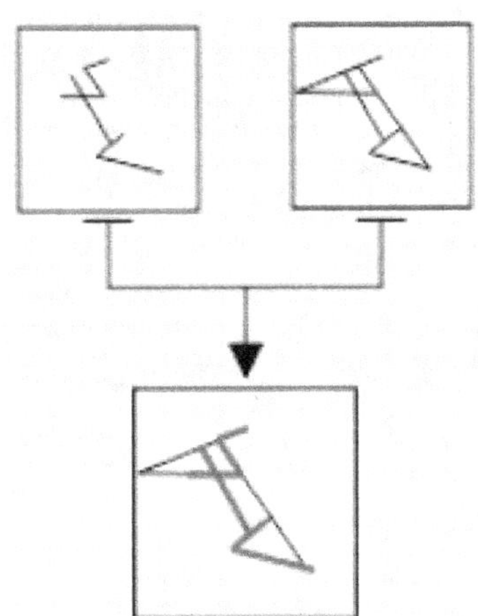

अतः विकल्प (B) सही है।

**65.** आकृति (Z) को खोलने के पश्चात वह निम्न आकृति द्वारा निकटता से सम्बन्ध रखता है।

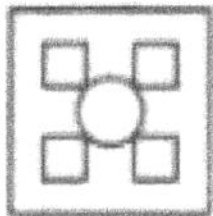

अतः विकल्प (C) सही है।

**66.** दी गई आकृति मैट्रिक्स में प्रत्येक काॅलम में एक निश्चित क्रम का अनुसरण हो रहा है। जिसके आधार पर आकृति 2 इस पैटर्न को पूरा करेंगी।

अतः विकल्प (B) सही है।

**67.** हाइड्रोजन और आक्सीजन एक दूसरे से बिल्कुल अलग है। लेकिन दोनो पर्यावरण के भाग हैं।

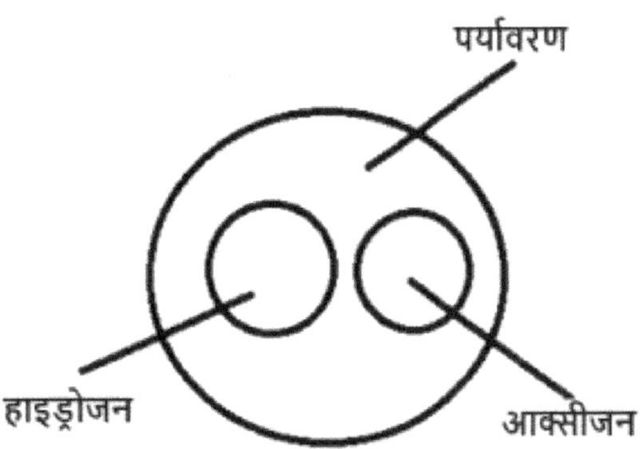


अतः विकल्प (B) सही है।

**68.** आकृति X और Y से हम यह निष्कर्ष निकाल सकते हैं कि बिन्दु, वृत्त, वर्ग और गुणा त्रिभुज के आसन्न हैं। इसलिए तीर का चिन्ह अवश्य त्रिभुज के विपरीत होना चाहिए।

अतः विकल्प (B) सही है।

**69.** चाय और कॉफी दो अलग-अलग असंबंधित वस्तुएं हैं। लेकिन, ये दोनों पेय पदार्थ हैं।

अतः विकल्प (C) सही है।

**70.**

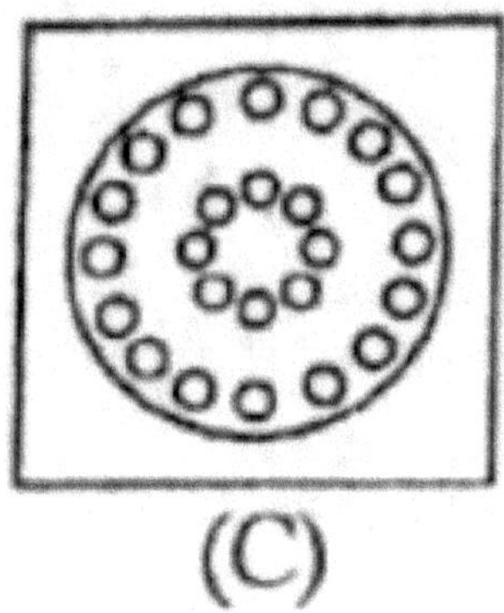


अत: विकल्प (C) सही है।

**71.** $\left(\dfrac{32}{243}\right)^{-\frac{4}{5}}$

$= \left\{\left(\dfrac{2}{3}\right)^5\right\}^{-\frac{4}{5}}$

$= \left(\dfrac{2}{3}\right)^{5 \times \frac{(-4)}{5}}$

$= \left(\dfrac{2}{3}\right)^{(-4)}$

$= \left(\dfrac{3}{2}\right)^4$

$= \dfrac{3^4}{2^4}$

$= \dfrac{81}{16}$

अत: सही विकल्प (D) है।

**72.** बार (प्रतीक बार) का उपयोग कई देशों में दबाव की इकाई के रूप में व्यापक रूप से किया जाता है। यह एक SI इकाई नहीं है, न ही यह एक cgs इकाई है, लेकिन इसे NIST द्वारा SI इकाइयों के साथ उपयोग के लिए स्वीकार किया जाता है।

अत: विकल्प (C) सही है।

**73.** वेग को दूरी / सेकंड में मापा जाता है और त्वरण दूरी / सेकंड² में मापा जाता है। इस प्रकार, समान त्वरण सही उत्तर है।

अत: विकल्प (B) सही है।

**74.** प्रारंभिक और समापन बिंदु के बीच की सबसे छोटी दूरी को विस्थापन कहा जाता है। दूरी कुल पथ लंबाई है।

विस्थापन वेक्टर है और यह सकारात्मक या नकारात्मक हो सकता है जबकि दूरी अदिश है और यह कभी भी नकारात्मक नहीं हो सकती है।

दूरी विस्थापन से बराबर या अधिक हो सकती है जिसका अर्थ है कि दूरी के लिए विस्थापन का अनुपात हमेशा 1 के बराबर या उससे कम होता है।

अत: विकल्प (D) सही है।

**75.** किसी पिंड की गति के आधार पर उत्पन्न ऊर्जा को गतिज ऊर्जा के रूप में जाना जाता है। कोई भी गतिमान वस्तु कार्य कर सकती है। इस प्रकार, जब एक गोली जिसे बंदूक से दागा जाता है, वह अपनी गतिज ऊर्जा के कारण किसी लक्ष्य को भेद सकती है।

अत: विकल्प (D) सही है।

**76.** दिया गया है,

$F = 20$ किग्रा $= 20 \times 9.8 N$

$s = 20$ मी

और $\theta = 60°$

$W = Fs\cos\theta$

$= 20 \times 9.8 \times 20 \times \cos 60°$

इसलिए, $W = 1960$ जूल

अत: विकल्प (B) सही है।

**77.** सोडियम और पोटैशियम दोनों ही बेहद प्रतिक्रियाशील होते हैं और हवा के साथ-साथ पानी के साथ तीव्र प्रतिक्रिया करते हैं। प्रतिक्रियाएं बहुत अधिक हैं और इसलिए, हाइड्रोजन गैस एक बायप्रोडक्ट के रूप में विकसित हुई है जो आग लगाती है।

अत: विकल्प (C) सही है।

**78.** धातुओं के अधिकांश धातु ऑक्साइड बनाने के लिए ऑक्सीजन के साथ प्रतिक्रिया करते हैं।

उदाहरण के लिए, मैग्नीशियम, ऑक्सीजन के साथ प्रतिक्रिया करके मैग्नीशियम ऑक्साइड बनाता है। इसमें शामिल प्रतिक्रिया है:

$$2Mg(s) + O_2(g) \rightarrow 2MgO(s)$$

पानी में घुलने पर धातु ऑक्साइड एक क्षार विलयन बनाता है। यह घोल लाल लिटमस पेपर को नीला कर देता है। इसलिए, ये धातु ऑक्साइड प्रकृति में क्षारीय हैं।

अत: विकल्प (D) सही है।

**79.** आधुनिक आवर्त सारणी तत्वों की परमाणु संख्या पर आधारित है क्योंकि आधुनिक आवर्त नियम के अनुसार तत्वों के गुण उनके परमाणु संख्या का आवर्तिक कार्य हैं।

अत: विकल्प (B) सही है।

**80.** एक तत्व का विद्युत-धनात्मक विशेषता इलेक्ट्रॉनों को खोने और सकारात्मक आयन बनाने की अपनी क्षमता है। अब, जैसा कि आवर्त सारणी की अवधि में बाएं से दाएं की ओर बढ़ते हुए, प्रोटॉन की संख्या में क्रमिक वृद्धि के कारण परमाणु आवेश बढ़ता है, इसलिए नाभिक द्वारा वैलेंस इलेक्ट्रॉनों को अधिक मजबूती से खींचा जाता है। इस प्रकार, परमाणुओं के लिए इलेक्ट्रॉनों को खोना अधिक कठिन हो जाता है, जो आवधिक तालिका में बाएं से दाएं जाने वाले तत्वों के विद्युत-धनात्मक विशेषता में कमी का कारण बनता है।

अत: विकल्प (B) सही है।

**81.** किसी तत्व के परमाणु से इलेक्ट्रॉनों को खोने के कारण एक कटियन बनता है जो इलेक्ट्रॉनों की तुलना में अधिक से अधिक प्रोटॉन की उपस्थिति के कारण सकारात्मक चार्ज प्राप्त करता है।

अत: विकल्प (B) सही है।

**82.** कैटेनेशन एक तत्व के स्वयं-लिंकिंग की संपत्ति है जिसके द्वारा एक परमाणु एक ही तत्व के अन्य परमाणुओं के साथ मिलकर लंबी श्रृंखला बनाता है।

अत: विकल्प (A) सही है।

**83.** डीएनए और आरएनए दो प्रकार के न्यूक्लिक एसिड हैं। डीएनए प्रतिलेखन की प्रक्रिया द्वारा आरएनए में परिवर्तित हो जाता है। एम-आरएनए, टी-

आरएनए, और आरआरएनए तीन प्रकार के आरएनए हैं जो कोशिका में व्यापक रूप से वितरित होते हैं। प्रतिलेखन में एम-आरएनए महत्वपूर्ण भूमिका निभाता है। टी-आरएनए एमआरएनए के न्यूक्लियोटाइड दृश्यों के भीतर संदेश को विशिष्ट अमीनो एसिड अनुक्रमों में अनुवाद करता है। यह एक व्यापक रूप से वितरित नाभिक, न्यूक्लियोप्लाज्म और साइटोप्लाज्म है।

अतः विकल्प (B) सही है।

**84.** माध्यमिक संरचनाओं के सबसे आम प्रकार हैं $\alpha$-हेलिक्स और $\beta$-प्लीटेड शीट। दोनों संरचनाएं हाइड्रोजन बांड द्वारा आकार में धारण की जाती हैं, जो एक एमीनो एसिड के कार्बोनिल $O$ और दूसरे के एमिनो $H$ के बीच बनती हैं।

अतः विकल्प (B) सही है।

**85.** प्रकाश संश्लेषण हरे पौधों और अन्य जीवों के लिए भोजन बनाने की प्रक्रिया है। इसमें एटीपी के रूप में रासायनिक ऊर्जा में, सामान्य रूप से प्रकाश ऊर्जा का रूपांतरण शामिल है। यह रासायनिक ऊर्जा कार्बोहाइड्रेट के अणुओं, जैसे कि शर्करा में संग्रहीत होती है, जो कार्बन डाइऑक्साइड और पानी से संश्लेषित होती हैं। ज्यादातर मामलों में, ऑक्सीजन को अपशिष्ट उत्पाद के रूप में भी जारी किया जाता है।

अधिकांश पौधे, शैवाल, और साइनोबैक्टीरिया प्रकाश संश्लेषण करते हैं। ऐसे जीवों को फोटोआटोट्रोफ्स कहा जाता है।

अतः विकल्प (A) सही है।

**86.** ग्लाइसिन सबसे सरल अमीनो एसिड है। इसकी पार्श्व-श्रृंखला के रूप में हाइड्रोजन प्रतिस्थापक के साथ, ग्लाइसिन आम तौर पर प्रोटीन में पाए जाने वाले 20 अमीनो एसिड में से सबसे छोटा है और वास्तव में सबसे छोटा संभव है। ग्लाइसिन रंगहीन होती है। यह प्रोटीनोजेनिक अमीनो एसिड के बीच अद्वितीय है क्योंकि यह चिरल नहीं है।

अतः विकल्प (C) सही है।

**87.**

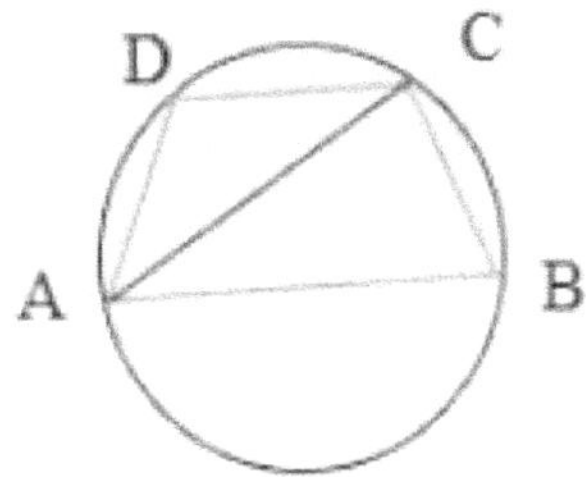

दिया हुआ: $AB$ एक व्यास है

इसलिए, $\angle ACB = 90°$

साथ ही, यह देखते हुए, $\angle CAB = 48°$

$\angle ABC = 180° - (90° + 48°)$

$= 42°$

$ABCD$ एक चक्रीय चतुर्भुज है

$\angle ADC = 180° - \angle ABC$

$= 180° - 42°$

$= 138°$

अतः विकल्प (C) सही है।

**88.** क्योंकि $\angle POQ$ and $\angle QOS$ रैखिक जोड़ी है,

$\angle POQ + \angle QOS = 180°$

$\angle POQ + \angle QOR + \angle SOR = 180°$

$60 + 4x + 40 = 180$

$4x = 180 - 100$

$4x = 80$

$x = 20$

तो, $x$ का मान $20$ है।

अतः विकल्प (A) सही है।

**89.** हम जानते हैं कि, $\angle APR = \angle PRD$ .....[आंतरिक वैकल्पिक कोण]

$\angle APQ + \angle QPR = 130°$

$50° + \angle QPR = 130°$

$\angle QPR = 130° - 50°$

$\angle QPR = 80°$

अतः विकल्प (B) सही है।

**90.** दिया गया: $l = 15$ मी.

$b = 12$ मी

$\Rightarrow 2(l + b) \times h$

$2(15 + 12) \times h = 2(15 \times 12)$

$\Rightarrow h = \frac{180}{27}$ मी $= \frac{20}{3}$ मी

आयतन $= (l \times b \times h)$

$\therefore$ आयतन $= \left(15 \times 12 \times \frac{20}{3}\right)$ मी $^3$

$= 1200$ मी $^3$

अतः विकल्प (C) सही है।

**91.** $l = 10$ मी

$h = 8$ मी

इसलिए, $r = \sqrt{l^2 - h^2} = \sqrt{(10)^2 - 8^2} = 6$ मी

$\therefore$ घुमावदार सतह क्षेत्र

$\pi r l = (\pi \times 6 \times 10)$ मी $^2$

$= 60\pi$ मी $^2$

अतः विकल्प (C) सही है।

**92.** क्षेत्रफल $= 240$ सेमी $^2$

$d_1 = 16$ सेमी

समचतुर्भुज का क्षेत्रफल $= \frac{1}{2} \times d_1 \times d_2$

$240 = \frac{1}{2} \times 16 \times d_2$

$d_2 = \frac{480}{16} = 30$ सेमी

अत: विकल्प (C) सही है।

**93.** दिया गया है, $x + y = 15$

$\therefore (x - 10)^3 + (y - 5)^3$

हम इसे इस रुप में व्यक्त कर सकते हैं

$a^3 + b^3 = (a + b)^3 - 3ab(a + b)$

$(x - 10)^3 + (y - 5)^3 = (x - 10 + y - 5)^3 - 3(x - 10)(y - 5)(x - 10 + y - 5)$

$\Rightarrow (x + y - 15)^3 - 3(x - 10)(y - 5)(x + y - 15) = 0$

$x + y$ का मान रखने पर हमें प्राप्त होता हैt

$\Rightarrow (15 - 15)^3 - 3(x - 10)(y - 5)(15 - 15)$

$\Rightarrow (0)^3 - 3(x - 10)(y - 5)(0) = 0$

अत: विकल्प (D) सही है।

**94.** $x^2 - 3x + 1 = 0$

$\Rightarrow x^2 + 1 = 3x$

$\Rightarrow x + \frac{1}{x} = 3$

दो पक्षों का वर्ग करने पर

$\Rightarrow x^2 + \frac{1}{x^2} + 2 = 9$

$\Rightarrow x^2 + \frac{1}{x^2} = 7$

$\therefore x^2 + x + \frac{1}{x} + \frac{1}{x^2}$

$\Rightarrow x^2 + \frac{1}{x^2} + x + \frac{1}{x}$

$\Rightarrow 7 + 3$

$\Rightarrow 10$

अत: विकल्प (A) सही है।

**95.** $x = \sqrt{3} - \frac{1}{\sqrt{3}}$ and $y = \sqrt{3} + \frac{1}{\sqrt{3}}$

$\Rightarrow \frac{x^2}{y} + \frac{y^2}{x}$

$= \frac{x^3 + y^3}{xy}$

$= \frac{(x+y)(x^2 - xy + y^2)}{xy}$

$\therefore x + y$

$= \sqrt{3} - \frac{1}{\sqrt{3}} + \sqrt{3} + \frac{1}{\sqrt{3}}$

$= 2\sqrt{3}$

$\therefore xy$

$= \sqrt{3} - \frac{1}{\sqrt{3}} \times \sqrt{3} + \frac{1}{\sqrt{3}}$

$= \frac{8}{3}$

$\Rightarrow \frac{(x+y)(x^2 + y^2 + 2xy - 2xy - xy)}{xy}$

$\Rightarrow \frac{(x+y)((x+y)^2 - 3xy)}{xy}$

$\Rightarrow \frac{2\sqrt{3}\left((2\sqrt{3})^2 - 3 \times \frac{8}{3}\right)}{\frac{8}{3}}$

$\Rightarrow \frac{2\sqrt{3}(12 - 8)}{\frac{8}{3}}$

$\Rightarrow \frac{2 \times 3\sqrt{3}(4)}{8}$

$\Rightarrow 3\sqrt{3}$

अत: विकल्प (B) सही है।

**96.** C से उपस्थित छात्रों की संख्या = 3250

C से उत्तीर्ण छात्रों की संख्या = 2250

C से उपस्थित छात्रों की संख्या : C से उत्तीर्ण छात्रों की संख्या

$= \frac{3250}{2250}$

$= \frac{13}{9}$

$= 13 : 9$

अत: विकल्प (D) सही है।

**97.** सभी स्कूलों से उपस्थित छात्रों की औसत संख्या $= \frac{1}{5}(3000 + 2250 + 3250 + 2500 + 3000)$

$= \frac{14000}{5}$

$= 2800$

सभी स्कूलों से उत्तीर्ण छात्रों की औसत संख्या $= \frac{1}{5}(1750 + 1250 + 2250 + 2000 + 2000)$

$= \frac{9250}{5}$

$= 1850$

आवश्यक अंतर $= 2800 - 1850$

$= 950$

अत: विकल्प (A) सही है।

**98.** (A से उत्तीर्ण छात्रों की संख्या) : (B से उत्तीर्ण छात्रों की संख्या)

$= \dfrac{1750}{1250}$

$= \dfrac{7}{5}$

$= 7 : 5$

अत: विकल्प (D) सही है।

**99.** $C$ तथा $D$ से उत्तीर्ण छात्रों की औसत संख्या

$= \dfrac{1}{2}(2250 + 2000)$

$= \dfrac{4250}{2}$

$= 2125$

$C$ तथा $D$ से उपस्थित होने वाले छात्रों की औसत संख्या

$= \dfrac{1}{2}(3250 + 2500)$

$= \dfrac{5750}{2}$

$= 2875$

$\therefore$ आवश्यक %

$= \left(\dfrac{2125}{2875} \times 100\right)\%$

$= \left(\dfrac{85}{115} \times 100\right)\%$

$= \dfrac{1700}{23}\%$

$= 73.91\%$

अत: विकल्प (B) सही है।

**100.** अपेकित $\% = \left(\dfrac{2500}{3000+2250+3250+2500+3000} \times 100\right)\%$

$= \left(\dfrac{2500}{14000} \times 100\right)\%$

$= \dfrac{125}{7}\%$

$\approx 18\%$

अत: विकल्प (D) सही है।

## General Knowledge and Logical Knowledge

**Q.1** शिकायतों, योजनाओं, कार्यक्रमों और नीतियों की निगरानी के लिए किस राज्य के ऊर्जा विभाग ने 'संभव' प्लेटफॉर्म / पोर्टल लॉन्च किया है?

A. राजस्थान
B. उत्तर प्रदेश
C. मध्य प्रदेश
D. बिहार

**Q.2** निम्नलिखित में से किस क्षेत्र में नोबेल पुरस्कार, 2018 की घोषणा नहीं की गई?

*[Super TET Paper - I, 2019]*

A. चिकित्सा
B. साहित्य
C. भौतिक विज्ञान
D. रसायन विज्ञान

**Q.3** अगस्त 2017 में फिल्म प्रमाणन बोर्ड का नया अध्यक्ष किसे नियुक्त किया गया?

*[Super TET Paper - I, 2018]*

A. अनुपम खेर
B. शेखर कपूर
C. जावेद अख्तर
D. प्रसून जोशी

**Q.4** भारतीय कैंसर अनुसंधान संस्थान स्थित है:

A. नई दिल्ली
B. कलकत्ता
C. चेन्नई
D. मुंबई

**Q.5** केंद्रीय औषधि अनुसंधान संस्थान कहाँ स्थित है?

A. त्रिसूर
B. नागपुर
C. मैसूर
D. लखनऊ

**Q.6** महात्मा गांधी की 150वीं जयंती की पूर्व संध्या पर उपयोग किए गए प्लास्टिक कचरे से बने भारत के सबसे बड़े 'चरखे' का कहाँ उद्घाटन हुआ?

A. पुणे
B. नोएडा
C. भावनगर
D. तिरुपति

**Q.7** देश और राजधानी की सही युग्म चुनें।

A. लातविया - बेरूत
B. लेबनान - मसेरू
C. लीबिया - त्रिपोली
D. लेसोथो - रीगा

**Q.8** प्रसिद्ध दिलवाड़ा मंदिर कहाँ स्थित है:

A. उत्तर प्रदेश
B. राजस्थान
C. महाराष्ट्र
D. मध्य प्रदेश

**Q.9** दक्षिण भारत की सबसे ऊँची चोटी कौन सी है?

A. डोड्डाबेट्टा
B. अनामुडी
C. नंगा पर्वत
D. नामचा बरवा

**Q.10** पारम्परिक लोक नृत्य 'घूमर' भारत के किस राज्य में विकसित हुआ?

A. हरियाणा
B. मध्यप्रदेश
C. पंजाब
D. राजस्थान

**Q.11** महर्षि बादरायण व्यास सम्मान पुरस्कार _____ के लिए है:

A. अरबी के विद्वान
B. पाली के विद्वान
C. कन्नड़ के विद्वान
D. ऊपर के सभी

**Q.12** किस प्रसिद्ध खिलाड़ी का जन्मदिन भारत में हर साल राष्ट्रीय खेल दिवस के रूप में मनाया जाता है?

A. मेजर ध्यानचंद सिंह
B. पीटी उषा
C. सचिन तेंदुलकर
D. इनमे से कोई भी नहीं

**Q.13** इंडिया कूलिंग एक्शन प्लान (ICAP) के अनुसार, सभी व्यावसायिक इमारतें के लिए आंतरिक तापमान दिशा निर्देश क्या हैं?

A. 24-25 डिग्री सेल्सियस के बीच
B. 22-24 डिग्री सेल्सियस के बीच
C. 26-28 डिग्री सेल्सियस के बीच
D. 20-22 डिग्री सेल्सियस के बीच

**Q.14** किसने भारत पर सत्रह बार आक्रमण किया, जिसमें सोमनाथ की लूट शामिल है?

A. मुहम्मद गौरी
B. मुहम्मद गजनी
C. तैमूर
D. अहमद शाह अब्दाली

**Q.15** वैशाली शहर किसकी राजधानी थी?

A. कोलिय
B. शाक्य
C. लिच्छवि
D. कुरु

**Q.16** अंतर्राष्ट्रीय नर्स दिवस किस समाज सुधारक की जयंती है?

A. मदर टेरेसा
B. क्लारा बार्टन
C. फ्लोरेंस नाइटिंगेल
D. मैरी क्यूरी

**Q.17** केंद्रीय सड़क परिवहन और राजमार्ग मंत्री नितिन गडकरी ने पंजाब राज्य सरकार की उस मांग को स्वीकार कर लिया जिसमें एक एक्सप्रेसवे परियोजना में किस शहर को दिल्ली और कटरा, जम्मू और कश्मीर को जोड़ा जाएगा?

A. अमृतसर
B. जालंधर
C. पटियाला
D. बठिंडा

**Q.18** COVID-19 और पर्यटन के अनुसार: UNCTAD द्वारा प्रकाशित आर्थिक परिणामों का आकलन करने से विश्व पर्यटन क्षेत्र कितना पैसा खो सकता है?

A. 1.2 ट्रिलियन अमरीकी डालर
B. 2.2 ट्रिलियन अमरीकी डालर
C. 3.2 ट्रिलियन अमरीकी डालर
D. 4.2 ट्रिलियन अमरीकी डालर

**Q.19** पानीपत की दूसरी लड़ाई किसके बीच लड़ी गई थी?

A. अकबर और हेमचंद्र विक्रमादित्य
B. राजपूत और मुगल
C. बाबर और इब्राहिम लोदी
D. सिकंदर और आदिलशाह

**Q.20** अक्टूबर 2020 में, केंद्रीय मंत्रिमंडल ने किस वर्ष के जम्मू और कश्मीर पंचायती राज अधिनियम के अनुकूलन को मंजूरी दी है?

A. 1975
B. 1981
C. 1989
D. 1993

**Q.21** एक आदमी उत्तर की ओर 2 किमी चलता है। फिर वह पूर्व की ओर मुड़ता है और 10 किमी चलता है। इसके बाद वह उत्तर की ओर मुड़ता है और 3 किमी चलता है। पुनः वह पूर्व की ओर मुड़ता है और 2 किमी चलता है। वह शुरुआती बिंदु से कितनी दूर है?

A. 10 किमी
B. 13 किमी
C. 15 किमी
D. इनमें से कोई नहीं

**Q.22** Y, X के पूर्व में है, जो Z के उत्तर में है, यदि P, Z के दक्षिण में है, तो P, Y के संबंध में किस दिशा में है?

A. उत्तर
B. दक्षिण
C. दक्षिण-पूर्व
D. इनमें से कोई नहीं

**Q.23** प्रश्न चिह्न के स्थान पर क्या आएगा?

1, 9, 25, 49, ?, 121

**A.** 100     **B.** 91     **C.** 64     **D.** 81

**Q.24 निर्देश:** निम्नलिखित प्रश्न में दो कथन दिए गए हैं और इन कथनों के बाद दो निष्कर्ष (1) और (2) दिए गए हैं। आपको दिए गए दो कथनों को सत्य मानना है, भले ही वे सामान्यतः ज्ञात तथ्यों से भिन्न प्रतीत होते हों। जवाब दो:

**कथन:**
कुछ अभिनेता गायक हैं।
सभी गायक नर्तक हैं।

**निष्कर्ष:**
(1) कुछ कलाकार नर्तक हैं।
(2) कोई भी गायक अभिनेता नहीं हैं।

**A.** निष्कर्ष (1) अनुसरण करता है
**B.** निष्कर्ष (2) अनुसरण करता है
**C.** या तो (1) या (2) अनुसरण करता है
**D.** न तो (1) और न ही (2) अनुसरण करता है

**Q.25 निर्देश:** दिए गए विकल्पों में से वह सही शब्द चुनिए जिसका तीसरे शब्द से वही संबंध है जो पहले और दूसरे शब्द का है।

कपड़ा : कारखाना :: अखबार : ?

**A.** संपादक     **B.** पाठक     **C.** कागज़     **D.** प्रेस

**Q.26 निर्देश:** निम्नलिखित प्रश्न में दो कथन दिए गए हैं और इन कथनों के बाद दो निष्कर्ष (1) और (2) दिए गए हैं। आपको दिए गए दो कथनों को सत्य मानना है, भले ही वे सामान्यतः ज्ञात तथ्यों से भिन्न प्रतीत होते हों। सही विकल्प चुनिए:

**कथन:**
कुछ आम पीले होते हैं।
कुछ टिक्सो आम हैं।

**निष्कर्ष:**
(1) कुछ आम हरे हैं।
(2) टिक्सो पीला है।

**A.** केवल निष्कर्ष (1) अनुसरण करता है
**B.** केवल निष्कर्ष (2) अनुसरण करता है
**C.** या तो (1) या (2) अनुसरण करता है
**D.** न तो (1) और न ही (2) अनुसरण करता है

**Q.27** वह जोड़ी चुनें जो शब्दों की मूल जोड़ी में व्यक्त किए गए समान संबंध का सबसे अच्छा प्रतिनिधित्व करती है।

कंडक्टर : आर्केस्ट्रा

**A.** जॉकी : माउंट
**B.** थ्रेशर : हे
**C.** स्किपर : क्रू
**D.** ड्राइवर : ट्रैक्टर

**Q.28 निर्देश:** निम्नलिखित प्रश्न में दो कथन दिए गए हैं और इन कथनों के बाद दो निष्कर्ष (1) और (2) दिए गए हैं। आपको दिए गए दो कथनों को सत्य मानना है, भले ही वे सामान्यतः ज्ञात तथ्यों से भिन्न प्रतीत होते हों। जवाब दो:

**कथन:**
कुछ चींटियां तोते हैं।
सभी तोते सेब हैं।

**निष्कर्ष:**
(1) सभी सेब तोते हैं।
(2) कुछ चींटियाँ सेब हैं।

**A.** केवल निष्कर्ष (1) अनुसरण करता है
**B.** केवल निष्कर्ष (2) अनुसरण करता है
**C.** या तो (1) या (2) अनुसरण करता है
**D.** न तो (1) और न ही (2) अनुसरण करता है

**Q.29** A, B और C बहनें हैं। D, E का भाई है और E, B की पुत्री है। A, D से किस प्रकार संबंधित है?

**A.** बहन     **B.** चचेरा भाई     **C.** भांजी     **D.** मौसी

**Q.30** अनुक्रम पूरा करें:

WYB, XUD, YQF, ____?

**A.** HZM
**B.** HCZ
**C.** ZMH
**D.** इनमें से कोई नहीं

**Q.31** एक परिवार छुट्टी मनाने गया। दुर्भाग्य से, जब वे वहां थे तब 13 दिनों तक रोजाना बारिश हुई। लेकिन जब सुबह बारिश हुई थी तो दोपहर को मौसम साफ़ रहता था। और इस के प्रतिकूल भी होता है इन सब में, उन्होंने 11 सुबह और 12 दोपहर का आनंद लिया। कुल कितने दिनों तक वे वहाँ रुके थे?

**A.** 15     **B.** 18     **C.** 20     **D.** 25

**Q.32** दिए गए विकल्पों में से देश - राजधानी का सही युग्म चुनिए।

**A.** चिली - बोगोटा
**B.** कोस्टा रिका - मोरोनी
**C.** क्यूबा - हवाना
**D.** कोलम्बिया - सैंटियागो

**Q.33** निम्नलिखित प्रश्न निम्नलिखित वर्णमाला श्रृंखला पर आधारित है।

A B C D E F G H I J K L M
N O P Q R S T U V W X Y Z

यदि अंग्रेजी वर्णमाला के B से शुरू होने वाले प्रत्येक एकांतर अक्षर को छोटे रूप में लिखा जाता है, बाकी सभी अक्षरों को बड़े रूप में लिखा जाता है, तो 'September' को रूप में कैसे लिखा जाए:

**A.** SeptEMbEr
**B.** SEpTeMBEr
**C.** SeptembeR
**D.** SEptEMbEr

**Q.34** एक बच्चा अपने पिता की तलाश में पूर्व में 90 मीटर गया, फिर वह दाएं मुड़ गया और 20 मीटर चला गया। इसके बाद वह दायीं ओर मुड़ा और 30 मीटर चलने के बाद अपने चाचा के घर पहुंचा। उसके पिता वहां नहीं थे। वहाँ से वह 100 मीटर उत्तर की ओर गया और अपने पिता से मिला। वह अपने पिता से आरंभिक बिंदु से कितनी दूर मिला?

**A.** 80 मीटर     **B.** 100 मीटर     **C.** 140 मीटर     **D.** 260 मीटर

**Q.35 निर्देश:** दिए गए प्रश्न में लुप्त संख्या ज्ञात कीजिए।

| 7 | 22 | 5 |
|---|----|---|
| 5 | 9 | 11 |
| 9 | 11 | 15 |
| 38 | 77 | ? |

**A.** 160     **B.** 120     **C.** 83     **D.** 55

**Q.36** मध्यप्रदेश के क्षेत्र पर अंग्रेजों ने किस लड़ाई पर नियंत्रण किया?

**A.** पानीपत की लड़ाई
**B.** एंग्लो-मराठा युद्ध
**C.** मार्था युद्ध
**D.** इनमें से कोई नहीं

**Q.37** मध्य प्रदेश में कितने राष्ट्रीय उद्यान हैं?

**A.** 9      **B.** 11      **C.** 12      **D.** 7

**Q.38** कौन सी नदी मध्य प्रदेश की "गंगा" के रूप में जानी जाती है?

**A.** नर्मदा नदी    **B.** बिहड़ नदी    **C.** सोन    **D.** बेतवा

**Q.39** मध्य प्रदेश सरकार का प्रसिद्ध कालिदास सम्मान 'निम्नलिखित में से किस क्षेत्र में नहीं दिया गया है?

**A.** शास्त्रीय संगीत      **B.** शास्त्रीय नृत्य

**C.** साहित्यकार      **D.** नृत्यशाला

**Q.40** भगोरिया 'मध्य प्रदेश की किस जनजाति के लिए एक लोक नृत्य है?

**A.** भील      **B.** मुंडा

**C.** साकार      **D.** इनमे से कोई भी नहीं

# Mental Ability and Mental Aptitude

**Q.41** किसी संख्या के दो अंकों का योग 10 है। यदि संख्या को उसके अंकों को उलट कर प्राप्त संख्या से घटाया जाता है, तो परिणाम 54 होता है। संख्या का पता लगाएं?

**A.** 34      **B.** 28      **C.** 12      **D.** 17

**Q.42** निम्न में से कौन सा चित्र सही ढंग से दर्शाता है:

हाथी, भेड़िया, जानवर

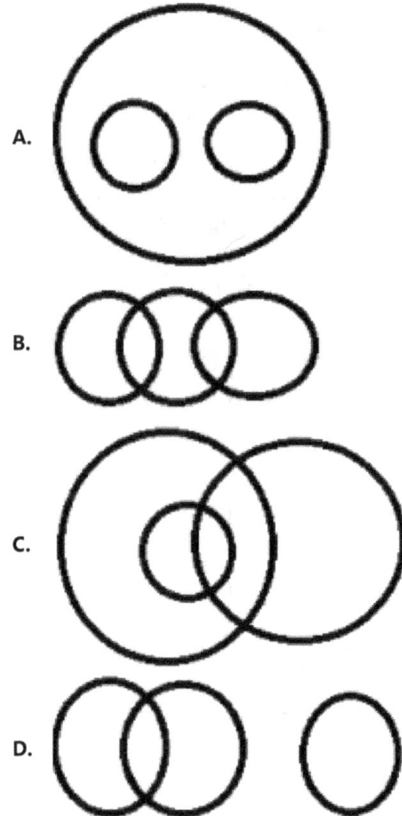

**Q.43** निम्नलिखित प्रश्न में तीन आंकड़े X, Y और Z का एक सेट दिया गया है, जो कागज के तह का क्रम दिखाता है। चित्र (Z) उस तरीके को दिखाता है जिसमें मुड़ा हुआ कागज काट दिया गया है। इन तीन आंकड़ों के बाद चार उत्तर आंकड़े दिए गए हैं, जिसमें से आपको एक आंकड़ा चुनना है, जो सबसे ज्यादा फिगर (Z) के खुले रूप से मिलती जुलती होगी।

उस आकृति को चुनें जो चित्र (Z) के खुले हुये रूप से सबसे अधिक मिलती जुलती है।

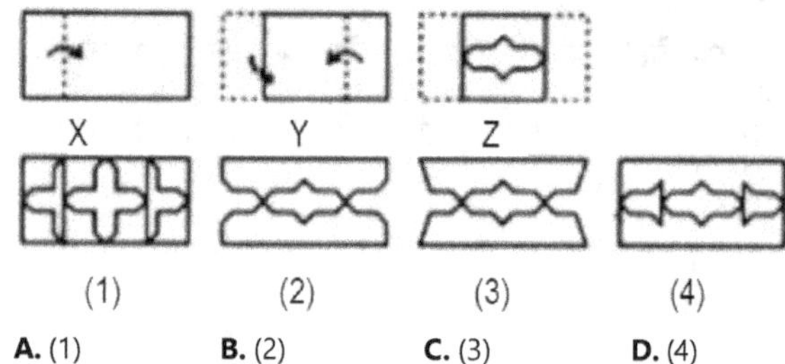

**A.** (1)      **B.** (2)      **C.** (3)      **D.** (4)

**Q.44** उस वैकल्पिक आकृति का पता लगाएं जिसमें उसके भाग के रूप में आकृति (X) हो।

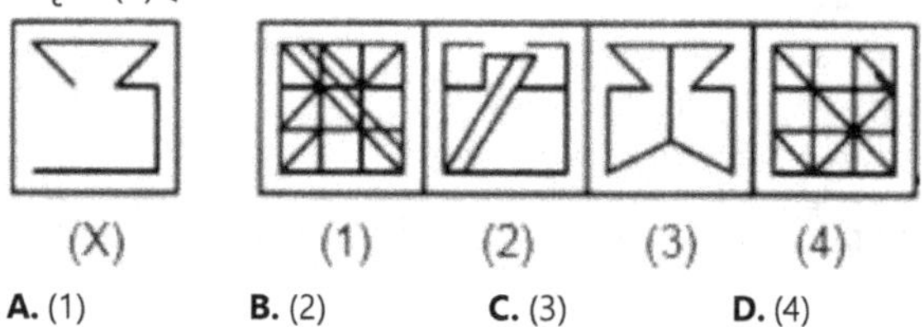

**A.** (1)      **B.** (2)      **C.** (3)      **D.** (4)

**Q.45** 10 साल पहले पिता की उम्र उनके बेटे की उम्र तिगुनी थी। दस साल बाद पिता की उम्र उसके बेटे की उम्र से दोगुनी होगी। उनकी वर्तमान उम्र का अनुपात है:

**A.** 5 : 2      **B.** 7 : 3      **C.** 9 : 2      **D.** 13 : 4

**Q.46** चार विकल्पों में से यह पता करें कि बिंदीदार रेखा पर पारदर्शी शीट को मोड़ने पर पैटर्न कैसे दिखाई देगा।

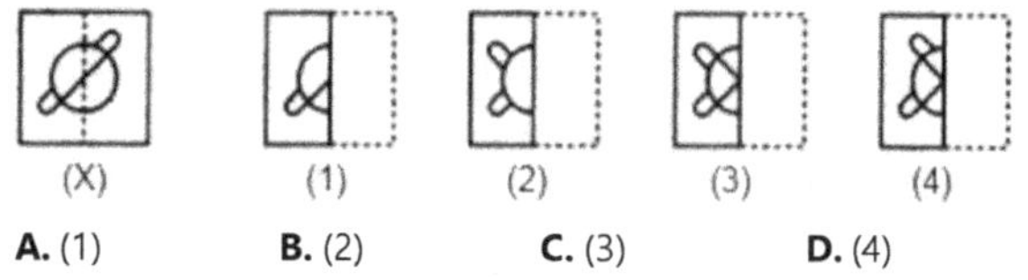

**A.** (1)      **B.** (2)      **C.** (3)      **D.** (4)

**Q.47** एक कारखाने में 40% कर्मचारी श्रमिक हैं। शेष सभी कर्मचारी कार्यकारी हैं। प्रत्येक श्रमिक की वार्षिक आय 390 रुपये है। प्रत्येक कार्यकारी की वार्षिक आय 420 रुपये है। कारखाने में सभी कर्मचारियों की औसत वार्षिक आय क्या है?

**A.** 390      **B.** 405      **C.** 408      **D.** 415

**Q.48** एक बेईमान दूधवाला अपने दूध को क्रय मूल्य पर बेचने का दावा करता है, लेकिन वह इसे पानी में मिला देता है और इससे 25% लाभ होता है। मिश्रण में पानी का प्रतिशत है:

**A.** 4%      **B.** $6\frac{1}{4}$%      **C.** 20%      **D.** 25%

**Q.49** 9 रुपये प्रति किलोग्राम लागत वाली कितनी चीनी को 7 रुपये प्रति किलोग्राम की लागत वाली 27 किलोग्राम चीनी के साथ मिलाना चाहिए, ताकि 9.24 रुपये प्रति किलोग्राम के हिसाब से मिश्रण बेचकर 10% का लाभ हो सके?

**A.** 36 किलोग्राम      **B.** 42 किलोग्राम

**C.** 54 किलोग्राम      **D.** 63 किलोग्राम

**Q.50** उस बॉक्स को चुनें जो दी गई शीट (X) से बने बॉक्स के समान है।

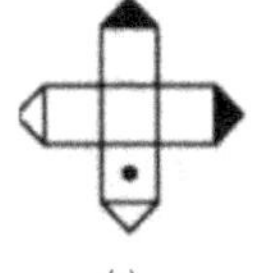    

(x)      (1)      (2)      (3)      (4)

**A.** केवल (1) और (2)  **B.** केवल (2) और (4)
**C.** केवल (2) और (3)  **D.** केवल (1) और (4)

**Q.51** प्रश्न चिह्न (?) का मान ज्ञात कीजिए।

$$(25)^{7.5} \times (5)^{2.5} \div (125)^{1.5} = 5^?$$

**A.** 8.5  **B.** 13  **C.** 16  **D.** 17.5

**Q.52** उस विकल्प का चयन करें जो पाँच वैकल्पिक आकृतियों में से उन तीन का प्रतिनिधित्व करता है जो एक दूसरे में फिट होने पर एक पूर्ण वर्ग बनाते हैं।

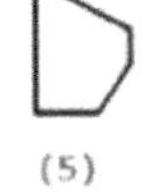

(1)  (2)  (3)  (4)  (5)

**A.** (1), (4), (5)  **B.** (2), (4), (5)
**C.** (1), (2), (3)  **D.** (2), (3), (4)

**Q.53** 10 महिलाएं 7 दिनों में एक काम पूरा कर सकती हैं और 10 बच्चों को काम पूरा करने में 14 दिन लगते हैं। 5 महिलाओं और 10 बच्चों को काम पूरा करने में कितने दिन लगेंगे?

**A.** 3  **B.** 4
**C.** 7  **D.** इनमें से कोई नहीं

**Q.54** वह विकल्प चुनें जो दिए गए संयोजन की जल-छवि के समान है।

NUCLEAR
(1) ЯAЄⅬⅭUN  (2) И�*Uⵑⵏⵡⵏⵏ
(3) ИUⵑⵗⵏⵏ  (4) Иⵏⵏⵗⵏ

**A.** (1)  **B.** (2)  **C.** (3)  **D.** (4)

**Q.55** नेहा और नीशू एक कार्य को क्रमशः 3 दिनों और 2 दिनों में पूरा कर सकती हैं। वे दोनों मिलकर 150 रूपए में कार्य को पूरा करते हैं। नेहा का हिस्सा क्या है?

**A.** 80 रूपए  **B.** 50 रूपए  **C.** 60 रूपए  **D.** 90 रूपए

**Q.56** निर्देशः ज्ञात करें कि (1), (2), (3) और (4) में से कौन सी आकृति, आकृति (X) में दिए गए टुकड़ों से बन सकती है।

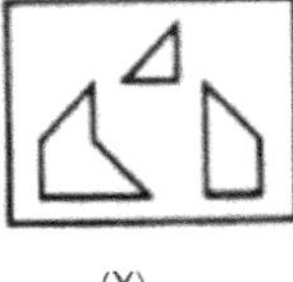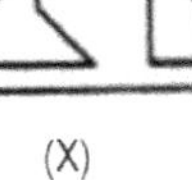

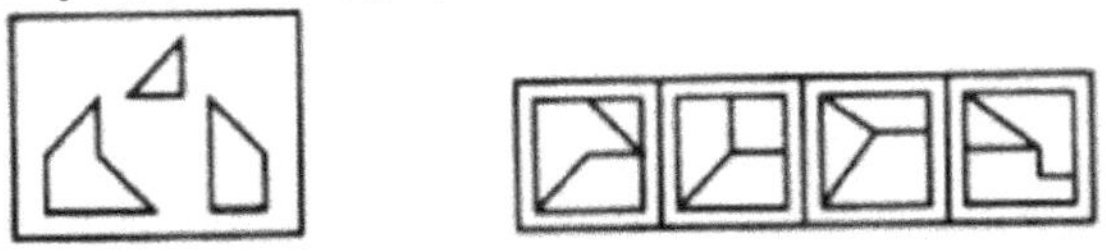

(X)  (1)  (2)  (3)  (4)

**A.** (1)  **B.** (2)  **C.** (3)  **D.** (4)

**Q.57** एक राशि 5 वर्ष में एक निश्चित साधारण ब्याज दर पर अपनी $\frac{11}{7}$ गुना हो जाती है। ब्याज दर ज्ञात कीजिये?

**A.** $12\frac{5}{7}\%$  **B.** 14  **C.** $11\frac{3}{7}$  **D.** $9\frac{8}{7}\%$

**Q.58** वह राशि ज्ञात कीजिए जो दो वर्ष बाद 10 की चक्रवृद्धि ब्याज दर पर 2420 रुपये हो जाएगी।

**A.** 2000 रुपये  **B.** 1000 रुपये
**C.** 2500 रुपये  **D.** 1500 रुपये

**Q.59** दो संख्याएँ 3:4 के अनुपात में हैं, यदि उनका म.स.प. 4 है, तो उनका ल.स.प. होगा?

**A.** 48  **B.** 42  **C.** 36  **D.** 24

**Q.60** एक संस्थान ने एक छात्र-मेला का आयोजन किया और लड़कियों के $\frac{1}{8}$ और लड़कों के $\frac{1}{5}$ ने भाग लिया। अगर संस्थान में 80 लड़कियां और 70 लड़के है तो छात्र-मेला में भाग लेने वाले कुल छात्रों की संख्या ज्ञात करें?

**A.** 18  **B.** 36  **C.** 24  **D.** 50

**Q.61** वह छोटी से छोटी संख्या जिसे 2497 में जोड़ा जाना चाहिए ताकि दी गई राशि 5,6,4 और 3 से पूर्णतः विभाजित हो जाए:

**A.** 3  **B.** 13  **C.** 23  **D.** 33

**Q.62** 50 संख्याओं का औसत 30 है। यदि दो संख्याओं, 35 और 40 को छोड़ दिया जाए, तो शेष संख्याओं का औसत लगभग है:

**A.** 28.32  **B.** 29.68  **C.** 28.78  **D.** 29.27

**Q.63** निर्देशः उस वैकल्पिक आकृति को ज्ञात करें जिसमें उसके भाग के रूप में आकृति (X) निहित हो।

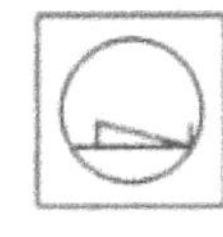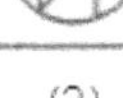

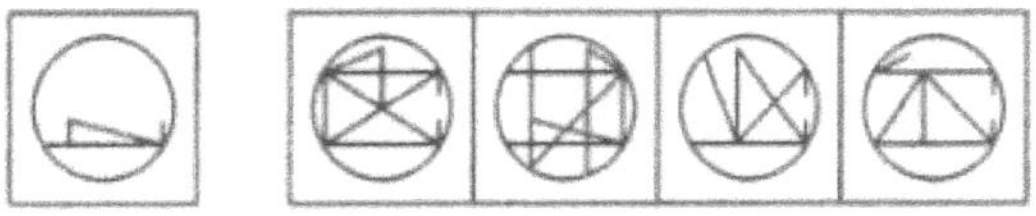

(X)  (1)  (2)  (3)  (4)

**A.** (1)  **B.** (2)  **C.** (3)  **D.** (4)

**Q.64** एक नाव स्थिर पानी में 13 किमी / घंटा की गति से यात्रा कर सकती है। यदि धारा की गति 4 किमी / घंटा है, तो नाव से 68 किमी धारा की दिशा जाने का समय निकालें।

**A.** 2 घंटे  **B.** 3 घंटे  **C.** 4 घंटे  **D.** 5 घंटे

**Q.65** धारा के साथ एक आदमी की गति 15 किमी / घंटा है और धारा की गति 2.5 किमी / घंटा है। धारा के विपरीत आदमी की गति है:

**A.** 8.5 किमी / घंटा  **B.** 9 किमी / घंटा
**C.** 10 किमी / घंटा  **D.** 12.5 किमी / घंटा

**Q.66** मान ज्ञात करें : $\dfrac{(2.39)^2 - (1.61)^2}{2.39 - 1.61}$

**A.** 2  **B.** 4  **C.** 6  **D.** 8

**Q.67** एक सेकंड, एक घंटे का कौन सा भाग है?

**A.** 0.0025  **B.** 0.0256
**C.** 0.00027  **D.** 0.000126

**Q.68** 312 रुपए का $66\frac{2}{3}\%$, 200 रुपए से कितना अधिक है?

**A.** 96  **B.** 4  **C.** 8  **D.** 104

**Q.69** यदि एक घर के $\frac{2}{7}$ प्रतिशत की कीमत 2800 रुपए है तो घर की कीमत है (रुपए में):

**A.** 800000  **B.** 980000  **C.** 1000000  **D.** 1200000

**Q.70** एक आदमी अपनी दो महीने की आय को तीन महीने के समय में खर्च करता है, यदि उसकी मासिक आय 6000 है, तो उसकी वार्षिक बचत क्या है?

**A.** 18000  **B.** 24000  **C.** 12000  **D.** 36000

## Science and Simple Arithmetic

**Q.71** दाब का SI मात्रक क्या है?

**A.** न्यूटन  **B.** वेबर  **C.** हेनरी  **D.** पास्कल

**Q.72** जंतुओं द्वारा ग्रीष्म नींद की घटना कहलाती है:
A. शीतनिद्रा  
B. पुष्पदलविन्यास  
C. आलस्य  
D. सुस्ती

**Q.73** संख्या 100 के घन के अंत में शून्यों की संख्या है:
A. 1  B. 2  C. 4  D. 6

**Q.74** समान न्यूट्रॉन रखने वाले नुक्लिड्स को ______ कहा जाता है।
A. आइसोबार  
B. आइसोटोप्स  
C. आइसोटोन्स  
D. कोई विकल्प सही नहीं है

**Q.75** घर्षण किसी वस्तु की गति की दिशा की ____ दिशा में कार्य करता है।
A. समान  B. नीचे की  C. लम्बवत्  D. विपरीत

**Q.76** बल आघूर्ण किसका मापन करता है:
A. किसी भी अक्ष के सापेक्ष निकाय का जड़त्वाघूर्ण  
B. एक धुरी के सापेक्ष निकाय की घूर्णन की प्रवृत्ति  
C. निकाय पर बल द्वारा किया गया कार्य  
D. इनमें से कोई नहीं

**Q.77** बैटरी के संचालन में मौलिक वैज्ञानिक सिद्धांत है:
A. अम्ल आधारित अंतरक्रिया  
B. अपोहन (डायलाइसिस)  
C. इलेक्ट्रोलाइट्स का अपघटन  
D. उपापचयन

**Q.78** ऊनी कपड़ें शरीर को गर्म रखते हैं, क्योंकि:
A. ऊन से शरीर का तापमान बढ़ जाता है  
B. ऊन ऊष्मा की कुचालक होती है  
C. ऊन बाह्य पदार्थों से ऊष्मा का अवशोषण कर लेती है  
D. ऊन बाह्य पदार्थों से ऊष्मा ग्रहण नहीं करती है

**Q.79** फॉर्मिक एसिड________ निर्मित होता है।
A. सफेद चींटियों से  
B. तिलचट्टे से  
C. लाल चींटियों से  
D. मच्छरों से

**Q.80** प्रकाश श्वसन का सब्सट्रेट क्या है:
A. पायरूविक अम्ल  
B. ग्लूकोस  
C. फ्रक्टोस  
D. ग्लाइकोलेट

**Q.81** पाचन तंत्र के वर्मीफॉर्म एपेंडिक्स की सूजन के कारण होने वाले रोगों को कहा जाता है:
A. परिशिष्ट  
B. पथरी  
C. आंत का कैंसर  
D. अमीबी पेचिश

**Q.82** आयुर्वेद में, बीमारी जिसे विशूचिका कहा जाता है:
A. छोटी चेचक  
B. चेचक  
C. हैजा  
D. डिप्थीरिया

**Q.83** विब्रियो कोलेरी एक मोटिव बैक्टीरिया है, जिसके समूह से संबंधित है:
A. लोफोट्रिचस  
B. विदग्ध  
C. नीरस  
D. उभयचर

**Q.84** निम्नलिखित में से कौन एक गैर-धातु खनिज नहीं है?
A. अभ्रक  B. चूना पत्थर  C. ग्रेनाइट  D. सिलिका

**Q.85** निम्नलिखित में से कौन सा "मदर-ऑफ-पर्ल" को सही ढंग से परिभाषित करता है?

A. एक सीप जो मोती पैदा करती है  
B. जापान में पाया जाने वाला एक विशेष बड़े आकार का मोती  
C. एक कठोर रंग-बिरंगा पदार्थ जो शैल की भीतरी परत का निर्माण करता है  
D. गोलाकार मोलस्क की कुछ महिला प्रजातियां

**Q.86** अगर $xy + yz + zx = 0$, तब फिर $\left(\dfrac{1}{x^2-yz} + \dfrac{1}{y^2-zx} + \dfrac{1}{z^2-xy}\right)(x, y, z \neq 0) = ?$

A. 3  B. 1  C. $x + y + z$  D. 0

**Q.87** अगर $\dfrac{a}{b} + \dfrac{b}{a} = 1$, तो $a^3 + b^3$ का मान होगा?

A. 1  B. 0  C. -1  D. 2

**Q.88** तीन संख्याओं का अनुपात $x, y, z$ में हैं $2, 3, 5$ क्रमशः और का योग $x, y, z$ है 80. यदि संख्या $z$ समीकरण द्वारा दिया गया है $z = ax - 8$, तब फिर $a$ है?

A. 6  B. $\dfrac{3}{2}$  C. 3  D. $\dfrac{5}{2}$

**Q.89** दी गई आकृति में, x का मान क्या है, यदि 4x= 5y:

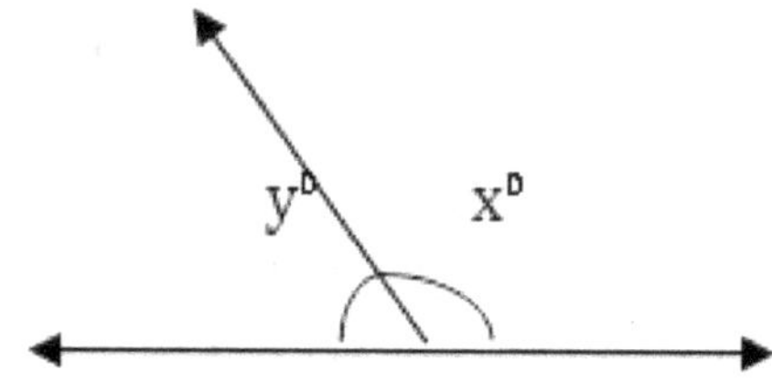

A. 100°  B. 105°  C. 110°  D. 115°

**Q.90** यदि दिए गए चित्र में OE, AOD का समद्विभाजक है, तो X और y का मान क्रमश है:

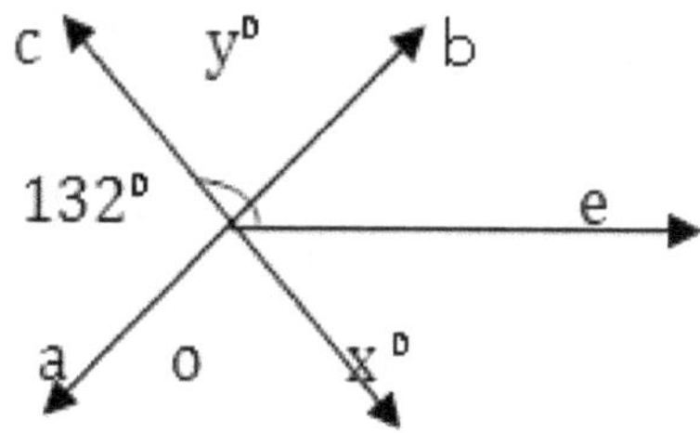

A. 45°, 45°  B. 66°, 48°  C. 48°, 66°  D. 30°, 60°

**Q.91** दी गई आकृति में, एक वृत्त की जीवाएँ AB और CD बाह्य रूप से P पर प्रतिच्छेद करती हैं। यदि AB = 6 सेमी, CD = 3 सेमी, और PD = 5 सेमी है, तो PB = ?

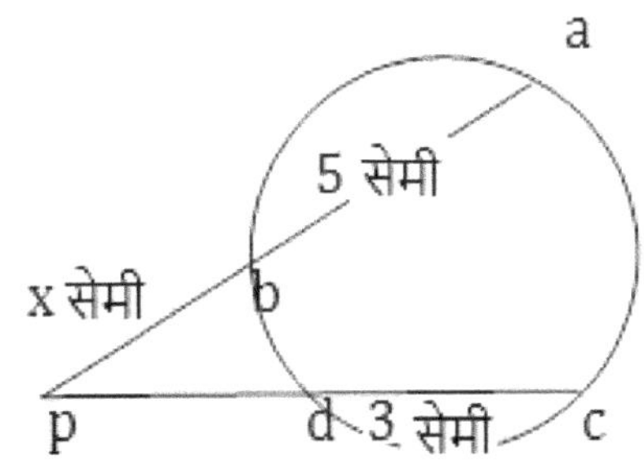


**A.** 5 सेमी    **B.** 6.25 सेमी    **C.** 6 सेमी    **D.** 4 सेमी

**Q.92** एक कमरे का आयाम 25 फीट × 15 फीट × 12 फीट है। कमरे की चार दीवारी की सफेदी कराने में कितना खर्चा आता है रु. 5 प्रति वर्ग फीट यदि आयाम का एक दरवाजा 6 फीट × 3 फीट और आयाम की तीन खिड़कियां 4 फीट × 3 फीट प्रत्येक है?

**A.** 4800 रुपये    **B.** 3600 रुपये
**C.** 3560 रुपये    **D.** 4530 रुपये

**Q.93**

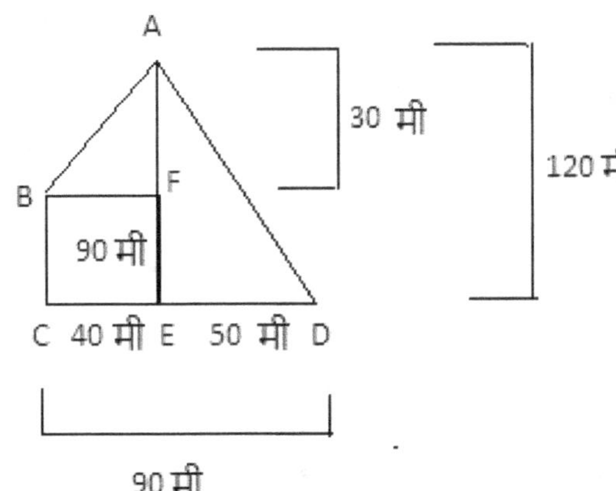


एक प्लॉट ABCD जैसा कि चित्र में दिखाया गया है, जहाँ AF = 30 मी, CE = 40 मी, ED = 50 मी, AE = 120 मी प्लॉट ABCD का क्षेत्रफल ज्ञात कीजिए?

**A.** 1800 वर्ग मी    22:9    **B.** 2400 वर्ग मी    11:8
**C.** 3600 वर्ग मी    25:18    **D.** 7200 वर्ग मी    27:16

**Q.94** एक आयत की लंबाई और चौड़ाई का अनुपात 4:3 है और आयत का क्षेत्रफल 6912 वर्ग सेमी है। आयत की चौड़ाई और क्षेत्रफल का अनुपात ज्ञात कीजिए?

**A.** 1: 96    **B.** 1: 48    **C.** 1: 84    **D.** 1: 68

**Q.95** $\dfrac{2}{\sqrt{7}+\sqrt{5}} + \dfrac{7}{\sqrt{12}-\sqrt{5}} - \dfrac{5}{\sqrt{12}-\sqrt{7}}$ का सरलीकृत रूप है =?

**A.** 5    **B.** 2    **C.** 1    **D.** 0

**Ques (96-99):निर्देश:** निम्नलिखित तालिका का ध्यानपूर्वक अध्ययन करें और नीचे दिए गए प्रश्न का उत्तर दें:

छह अलग-अलग शहरों से प्रवेश परीक्षा में बैठने वाले कई उम्मीदवार (लाखों में)।

| शहर | A | B | C | D | E | F |
|---|---|---|---|---|---|---|
| उम्मीदवारो की संख्या | 1.25 | 3.14 | 1.08 | 2.27 | 1.85 | 2.73 |

शहर में सफल और असफल उम्मीदवारों का अनुपात

| शहर | सफल और असफल का अनुपात |
|---|---|
| A | 7 : 3 |
| B | 5 : 3 |
| C | 4 : 5 |
| D | 1 : 3 |
| E | 3 : 2 |
| F | 7 : 5 |

**Q.96** शहर C से परीक्षा में बैठने वाले उम्मीदवारों की संख्या, शहर B से परीक्षा में बैठने वाले उम्मीदवारों की संख्या का कितना प्रतिशत है? (निकटतम पूर्णांक तक गोल):

**A.** 27%    **B.** 34%    **C.** 42%    **D.** 21%

**Q.97** शहर E से परीक्षा उत्तीर्ण करने वाले उम्मीदवारों की संख्या कितनी है?

**A.** 13000    **B.** 1110000
**C.** 113000    **D.** इनमें से कोई नहीं

**Q.98** शहर F से परीक्षा उत्तीर्ण करने वाले उम्मीदवारों की संख्या सभी शहरों से मिलाकर परीक्षा देने वाले उम्मीदवारों की कुल संख्या का कितना प्रतिशत है? (दशमलव के बाद दो अंकों तक पूर्णांकित):

**A.** 12.93%    **B.** 14.46%    **C.** 10.84%    **D.** 11.37%

**Q.99** शहर D से परीक्षा में अनुत्तीर्ण होने वाले उम्मीदवारों की संख्या का शहर A से परीक्षा में अनुत्तीर्ण होने वालों की संख्या से अनुपात कितना है?

**A.** 289 : 42    **B.** 42 : 289    **C.** 227 : 50    **D.** 50 : 227

**Q.100** किरण प्रकाशिकी वैध है जब विशेषता आयाम__________ है।

**A.** प्रकाश की तरंग दैर्ध्य की तुलना में बहुत छोटा
**B.** प्रकाश की तरंग दैर्ध्य की तुलना में बहुत बड़ा
**C.** प्रकाश के तरंग दैर्ध्य के रूप में एक ही आदेश की
**D.** एक मिलीमीटर के क्रम का

# // स्मार्ट उत्तर पुस्तिका //

**सही उत्तर** उन छात्रों के प्रतिशत को इंगित करता है जिन्होंने प्रश्नों का सही उत्तर दिया था।

**छोड़ दिया** उन छात्रों के प्रतिशत को इंगित करता है जिन्होंने प्रश्नों को छोड़ दिया था।

| प्रश्न संख्या | उत्तर | सही उत्तर / छोड़ दिया | प्रश्न संख्या | उत्तर | सही उत्तर / छोड़ दिया | प्रश्न संख्या | उत्तर | सही उत्तर / छोड़ दिया | प्रश्न संख्या | उत्तर | सही उत्तर / छोड़ दिया | प्रश्न संख्या | उत्तर | सही उत्तर / छोड़ दिया |
|---|---|---|---|---|---|---|---|---|---|---|---|---|---|---|
| 1 | B | 24.52 % / 3.33 % | 17 | A | 40.55 % / 1.43 % | 33 | D | 69.46 % / 1.46 % | 49 | D | 21.1 % / 4.21 % | 65 | C | 50.67 % / 1.99 % |
| 2 | B | 68.01 % / 1.91 % | 18 | A | 44.21 % / 1.14 % | 34 | B | 42.84 % / 1.18 % | 50 | C | 10.94 % / 3.55 % | 66 | B | 78.36 % / 0.0 % |
| 3 | D | 69.05 % / 1.96 % | 19 | A | 53.69 % / 1.68 % | 35 | A | 60.83 % / 1.5 % | 51 | B | 51.44 % / 1.56 % | 67 | C | 77.58 % / 0.0 % |
| 4 | D | 79.29 % / 0.0 % | 20 | C | 62.13 % / 1.49 % | 36 | B | 86.29 % / 0.0 % | 52 | B | 32.97 % / 4.95 % | 68 | C | 82.43 % / 0.0 % |
| 5 | D | 82.86 % / 0.0 % | 21 | B | 57.52 % / 1.8 % | 37 | A | 46.49 % / 1.14 % | 53 | C | 89.77 % / 0.0 % | 69 | B | 81.96 % / 0.0 % |
| 6 | B | 84.85 % / 0.0 % | 22 | D | 62.21 % / 1.79 % | 38 | D | 49.55 % / 1.8 % | 54 | D | 82.34 % / 0.0 % | 70 | B | 69.03 % / 1.68 % |
| 7 | C | 12.51 % / 4.96 % | 23 | D | 42.56 % / 1.08 % | 39 | C | 46.56 % / 1.32 % | 55 | C | 84.54 % / 0.0 % | 71 | D | 82.0 % / 0.0 % |
| 8 | B | 58.47 % / 1.14 % | 24 | A | 61.96 % / 1.52 % | 40 | A | 49.3 % / 1.78 % | 56 | A | 64.22 % / 1.78 % | 72 | B | 40.48 % / 1.8 % |
| 9 | B | 89.04 % / 0.0 % | 25 | D | 82.75 % / 0.0 % | 41 | B | 67.67 % / 1.07 % | 57 | C | 52.62 % / 1.06 % | 73 | D | 61.7 % / 1.97 % |
| 10 | D | 81.31 % / 0.0 % | 26 | D | 19.55 % / 4.19 % | 42 | A | 87.83 % / 0.0 % | 58 | A | 55.89 % / 1.04 % | 74 | C | 62.88 % / 1.46 % |
| 11 | D | 12.22 % / 3.43 % | 27 | C | 57.79 % / 1.28 % | 43 | B | 47.88 % / 1.62 % | 59 | A | 53.73 % / 1.95 % | 75 | D | 59.37 % / 1.29 % |
| 12 | A | 76.87 % / 0.0 % | 28 | B | 65.74 % / 1.77 % | 44 | A | 79.93 % / 0.0 % | 60 | C | 31.09 % / 3.06 % | 76 | B | 40.61 % / 1.74 % |
| 13 | A | 30.35 % / 4.78 % | 29 | D | 55.15 % / 1.34 % | 45 | B | 60.49 % / 1.71 % | 61 | C | 77.05 % / 0.0 % | 77 | C | 42.9 % / 1.64 % |
| 14 | B | 87.88 % / 0.0 % | 30 | C | 44.83 % / 1.5 % | 46 | D | 66.7 % / 1.21 % | 62 | B | 76.86 % / 0.0 % | 78 | B | 76.66 % / 0.0 % |
| 15 | C | 47.28 % / 1.46 % | 31 | B | 67.72 % / 1.32 % | 47 | C | 48.68 % / 1.32 % | 63 | B | 49.51 % / 1.77 % | 79 | C | 52.4 % / 1.87 % |
| 16 | C | 56.42 % / 1.7 % | 32 | C | 14.39 % / 4.16 % | 48 | C | 15.85 % / 4.18 % | 64 | C | 13.7 % / 3.19 % | 80 | D | 63.81 % / 1.61 % |

| प्रश्न संख्या | उत्तर | सही उत्तर / छोड़ दिया |
|---|---|---|
| 81 | B | 63.32 %<br>1.16 % |
| 82 | C | 78.69 %<br>0.0 % |
| 83 | C | 49.95 %<br>1.24 % |
| 84 | B | 47.1 %<br>1.99 % |

| प्रश्न संख्या | उत्तर | सही उत्तर / छोड़ दिया |
|---|---|---|
| 85 | C | 12.79 %<br>3.25 % |
| 86 | D | 49.66 %<br>1.76 % |
| 87 | B | 83.74 %<br>0.0 % |
| 88 | C | 25.56 %<br>4.72 % |

| प्रश्न संख्या | उत्तर | सही उत्तर / छोड़ दिया |
|---|---|---|
| 89 | A | 88.14 %<br>0.0 % |
| 90 | B | 48.37 %<br>1.95 % |
| 91 | D | 64.93 %<br>1.76 % |
| 92 | D | 51.5 %<br>1.87 % |

| प्रश्न संख्या | उत्तर | सही उत्तर / छोड़ दिया |
|---|---|---|
| 93 | D | 32.9 %<br>3.73 % |
| 94 | A | 54.58 %<br>1.85 % |
| 95 | D | 62.18 %<br>1.84 % |
| 96 | B | 40.11 %<br>1.79 % |

| प्रश्न संख्या | उत्तर | सही उत्तर / छोड़ दिया |
|---|---|---|
| 97 | B | 69.28 %<br>1.7 % |
| 98 | A | 60.99 %<br>1.89 % |
| 99 | C | 60.23 %<br>1.39 % |
| 100 | B | 45.22 %<br>1.9 % |

| कार्य विश्लेषण | |
|---|---|
| औसत अंक ( % ) | 60.0% |
| टॉपर्स स्कोर ( % ) | 61.0% |
| आपका स्कोर | |

## //संकेत और समाधान//

**1.** ऊर्जा और शहरी विकास मंत्री अरविंद शर्मा ने उत्तर प्रदेश में दो विभागों के सार्वजनिक शिकायतों और निगरानी कार्यक्रमों और योजनाओं के निपटान के लिए संभव (सिस्टमिक एडमिनिस्ट्रेशन मैकेनिज्म फॉर ब्रिंगिंग हैप्पीनेस एंड वैल्यू) पोर्टल लॉन्च किया है।

अतः विकल्प (B) सही है।

**2.** साहित्य क्षेत्र में नोबेल पुरस्कार, 2018 की घोषणा नहीं की गई।

स्वीडिश अकादमी ने कहा है कि #MeToo घोटाले के कारण 70 वर्षों में पहली बार 2018 में साहित्य के लिए कोई नोबेल पुरस्कार नहीं दिया जाएगा।

पोलिश उपन्यासकार ओल्गा टोकार्शुक और ऑस्ट्रियाई लेखक पीटर हैंडके, दो लेखक जिनके काम यूरोप की धार्मिक, जातीय और सामाजिक गलत रेखा में गहराई से जुड़े हुए हैं, ने क्रमशः साहित्य के लिए 2018 और 2019 के नोबेल पुरस्कार जीते।

अतः विकल्प (B) सही है।

**3.** अगस्त 2017 में फिल्म प्रमाणन बोर्ड का नया अध्यक्ष किसे नियुक्त किया गया?

- केंद्रीय सूचना और प्रसारण मंत्रालय ने प्रसून जोशी को नियुक्त किया है। उन्होंने पहलाज निहलानी की जगह ली और उनका कार्यकाल तीन साल का होगा।
- केंद्रीय फिल्म प्रमाणन बोर्ड फिल्म रेटिंग सिस्टम को सेंसर बोर्ड के नाम से भी जाना जाता है।
- यह भारत सरकार के सूचना और प्रसारण मंत्रालय के तहत एक सांविधिक सेंसरशिप और वर्गीकरण निकाय है।
- इसे सिनेमाटोग्राफी अधिनियम 1952 के प्रावधानों के तहत फिल्मों के विनियमन और सार्वजनिक प्रदर्शनी के साथ स्थापित किया गया है।

अतः विकल्प (D) सही है।

**4.** कैंसर उपचार, अनुसंधान एवं शिक्षा का प्रगत केंद्र (एसीटीआरईसी) की उत्पत्ति स्वास्थ मंत्रालय भारत सरकार के अधीन भारतीय कैंसर अनुसंधान केंद्र (आईसीआरसी) में निहित हैं, जो 1952 में परेल, मुंबई में स्थापित किया गया था।

अतः विकल्प (D) सही है।

**5.** केंद्रीय औषधि अनुसंधान लखनऊ, भारत में एक बहु-विषयक अनुसंधान प्रयोगशाला है, जिसमें जैव चिकित्सा विज्ञान के विभिन्न क्षेत्रों के वैज्ञानिक कर्मियों को रोजगार मिलता है। प्रसिद्ध शिक्षाविद और विज्ञान और प्रौद्योगिकी पुरस्कार के लिए प्रतिष्ठित शांति स्वरूप भटनागर पुरस्कार प्राप्त करने वाले प्रो. तापस कुमार कुंडू, केंद्रीय औषधि अनुसंधान संस्थान के प्रमुख निदेशक हैं।

अतः विकल्प (D) सही है।

**6.** उपयोग किए गए प्लास्टिक कचरे से बने भारत के सबसे बड़े 'चरखे' का उद्घाटन महात्मा गांधी की 150वीं जयंती की पूर्व संध्या पर नोएडा में किया गया। 1,650 किग्रा चरखा का उद्घाटन केंद्रीय मंत्री स्मृति ईरानी ने किया। 'चरखा', जो गांधी के स्वदेशी के सपने का प्रतीक है, 14 फीट, 20 फीट और 8 फीट के माप का है और यह 1,250 किलोग्राम उपयोग किए गए प्लास्टिक से बना है।

अतः विकल्प (B) सही है।

**7.** देश और राजधानी का सही युग्म हैं:

लीबिया - त्रिपोली

लातविया - रीगा

लेबनान - बेरूत

लेसोथो - मासेरु

अतः विकल्प (C) सही है।

**8.** दिलवाड़ा मंदिर राजस्थान में स्थित है। दिलवाड़ा मंदिर जैन समुदाय के लोगों के लिए एक महत्वपूर्ण तीर्थ स्थल है। वे 11 वीं और 13 वीं शताब्दी ईस्वी के बीच की अवधि में बने थे और संगमरमर से बने हैं।

अतः विकल्प (B) सही है।

**9.** अनामुडी भारत के केरल राज्य में स्थित एक पर्वत है। यह 2,695 मीटर की ऊंचाई के साथ पश्चिमी घाट और दक्षिण भारत की सबसे ऊंची चोटी है।

अतः विकल्प (B) सही है।

**10.** घूमर पारंपरिक रूप से राजस्थान की भील जनजाति द्वारा विकसित एक नृत्य है। बाद में राजस्थान के अन्य समुदायों ने इसे अपनाया और राज्य के लोक नृत्य की स्थिति को ग्रहण किया। महिलाओं द्वारा अनिवार्य रूप से प्रदर्शन किया जाता है, यह नृत्य शुरू में केवल महिलाओं की सभाओं के लिए था, जहाँ रंग-बिरंगे परिधानों में घूमती महिलाएँ पुरुषों और महिलाओं दोनों द्वारा गाए गए तालबद्ध धुनों पर नृत्य करती थीं।

अतः विकल्प (D) सही है।

**11.** यह पुरस्कार राष्ट्रपति द्वारा वर्ष में एक बार स्वतंत्रता दिवस पर दिया जाता है। महर्षि बादरायण व्यास सम्मान व्यक्तियों को संस्कृत, फ़ारसी, अरबी, पाली, प्राकृत, शास्त्रीय ओडिया, शास्त्रीय कन्नड़, शास्त्रीय तेलुगु और शास्त्रीय मलयालम के क्षेत्र में उनके महत्वपूर्ण योगदान के लिए जाना जाता है।

अतः विकल्प (D) सही है।

**12.** 29 अगस्त को ध्यानचंद का जन्मदिन मनाया जाता है। यह राष्ट्रीय खेल दिवस भी है। इस दिन खिलाड़ियों को भारत के राष्ट्रपति द्वारा खेल रत्न, द्रोणाचार्य और अर्जुन पुरस्कार से सम्मानित किया जाता है।

अतः विकल्प (A) सही है।

**13.** इंडिया कूलिंग एक्शन प्लान (ICAP) ने विभिन्न हस्तक्षेपों को सूचीबद्ध किया है, जिसमें स्वैच्छिक आधार पर 24-25 डिग्री सेल्सियस के बीच आंतरिक तापमान बनाए रखने के लिए दिशानिर्देशों को शामिल किया गया है और इमारतों में विभिन्न निष्क्रिय उपायों को कम करने के लिए कहा गया है।

अतः विकल्प (A) सही है।

**14.** महमूद गजनी, गजनी का राजा था जिसने 971 से 1030 ईस्वी तक शासन किया था। वह सुबुक्तगीन का पुत्र था। भारत के धन से आकर्षित होकर, गजनी ने भारत पर कई बार हमला किया। वास्तव में, गजनी ने भारत पर 17 बार हमला किया। उनके हमलों का मुख्य उद्देश्य संपत्ति को लूटना था। वह उस समय 27 वर्ष के थे और "सुल्तान" की उपाधि से सम्मानित होने वाले पहले शासक थे, जिसका अर्थ है अधिकार, जिससे उसकी शक्ति और बढ़ती है।

अतः विकल्प (B) सही है।

**15.** वैशाली लिच्छवि की राजधानी और शक्तिशाली वारिजियाई संघ के राजनीतिक मुख्यालय की राजधानी थी। वैशाली गंगा नदी के उत्तर में 25 मील और राजगृह से 38 मील की दूरी पर स्थित थी।

अतः विकल्प (C) सही है।

**16.** अंतर्राष्ट्रीय नर्स दिवस नर्सिंग अग्रणी फ्लोरेंस नाइटिंगेल की जयंती का प्रतीक है, जिनका जन्म 12 मई 1820 को हुआ था।

फ्लोरेंस नाइटिंगेल एक अंग्रेजी समाज सुधारक, सांख्यिकीविद् और आधुनिक नर्सिंग की संस्थापक थीं। क्रीमियन युद्ध के दौरान नर्सों के प्रबंधक और प्रशिक्षक के रूप में सेवा करते हुए नाइटिंगेल प्रमुखता से आईं, जिसमें उन्होंने कॉन्स्टेंटिनोपल में घायल सैनिकों की देखभाल का प्रबन्ध किया।

अत: विकल्प (C) सही है।

**17.** केंद्रीय सड़क परिवहन और राजमार्ग मंत्री नितिन गडकरी ने एक एक्सप्रेसवे परियोजना में अमृतसर को शामिल करने के लिए पंजाब राज्य सरकार की मांग को स्वीकार किया, जो दिल्ली और कटरा, जम्मू और कश्मीर को जोड़ेगी। इस संबंध में, एक ग्रीनफील्ड कनेक्टिविटी दिल्ली-अमृतसर-कटरा एक्सप्रेसवे के पंजाब खिंचाव में जालंधर (पंजाब) से अमृतसर शहर के लिए सुल्तानपुर लोधी, गोइंदवाल साहिब, खड़ेर साहिब और तरनतारन के पांच ऐतिहासिक शहरों के माध्यम से विकसित की जाएगी।

अत: विकल्प (A) सही है।

**18.** वैश्विक महामारी की स्थिति में 4 महीने के लॉकडाउन के कारण व्यापार और विकास पर संयुक्त राष्ट्र सम्मेलन (UNCTAD) ने COVID-19 के आर्थिक परिणामों का आकलन करते हुए लगभग 1.2 ट्रिलियन अमरीकी डॉलर या वैश्विक सकल घरेलू उत्पाद (GDP) का 1.5% हिस्सा खोने का संकेत देते हुए एक रिपोर्ट प्रकाशित की।

अत: विकल्प (A) सही है।

**19.** पानीपत की दूसरी लड़ाई सम्राट हेमचंद्र विक्रमादित्य और अकबर के बीच , 5 नवंबर 1556 को लड़ी गई थी, जिन्हें लोकप्रिय हेमू कहा जाता था। यह अकबर के सेनापतियों खान ज़मान और बैरम खान के लिए एक निर्णायक जीत थी।

अत: विकल्प (A) सही है।

**20.** 21 अक्टूबर, 2020 को केंद्रीय मंत्रिमंडल ने जम्मू और कश्मीर पंचायती राज अधिनियम, 1989 को अनुकूलन की मंजूरी दे दी, जो केंद्रशासित प्रदेश में स्थानीय निकाय चुनावों का मार्ग प्रशस्त करता है। यह जानकारी केंद्रीय सूचना और प्रसारण मंत्री प्रकाश जावड़ेकर ने एक कैबिनेट ब्रीफिंग के दौरान साझा की। जम्मू और कश्मीर पंचायत राज अधिनियम के कार्यान्वयन का उद्देश्य केंद्र शासित प्रदेश में लोगों को सशक्त बनाना और उन्हें अपने स्वयं के प्रतिनिधियों का चुनाव करने में सक्षम बनाना है, जो जिले के विकास की योजना बनाएंगे और कल्याणकारी उपायों को लागू करेंगे।

अत: विकल्प (C) सही है।

**21.**

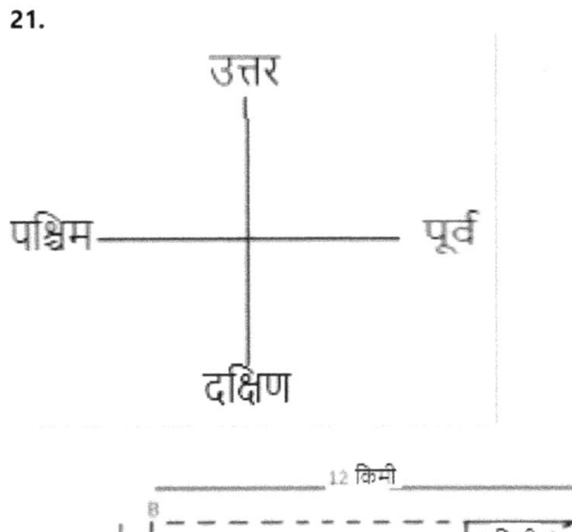


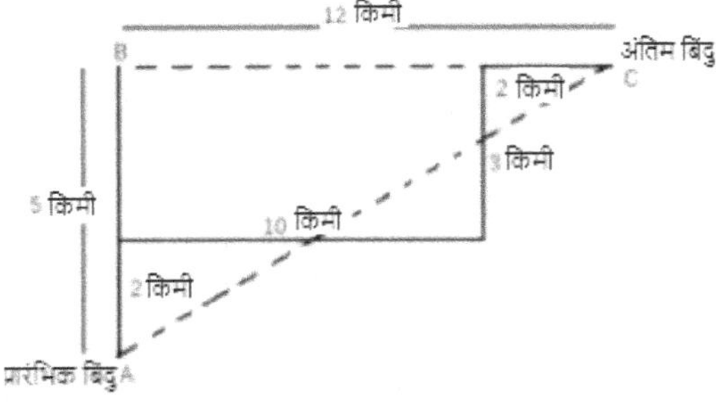


ABC एक समकोण त्रिभुज है,

जहाँ , AC$^2$ = AB$^2$ + BC$^2$

AC$^2$ = 5$^2$ + 12$^2$

= 25 +144

=169

AC = 13 किमी

अत: विकल्प (B) सही है।

**22.**

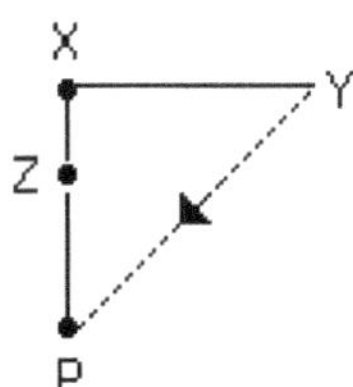


P, Y के दक्षिण-पश्चिम में है।

अत: विकल्प (D) सही है।

**23.** उपरोक्त प्रश्न के अनुसार,

1$^2$ = 1

3$^2$ = 9

5$^2$ = 25

7$^2$ = 49

9$^2$ = 81

11$^2$ = 121

अत: सही विकल्प (D) है।

**24.**

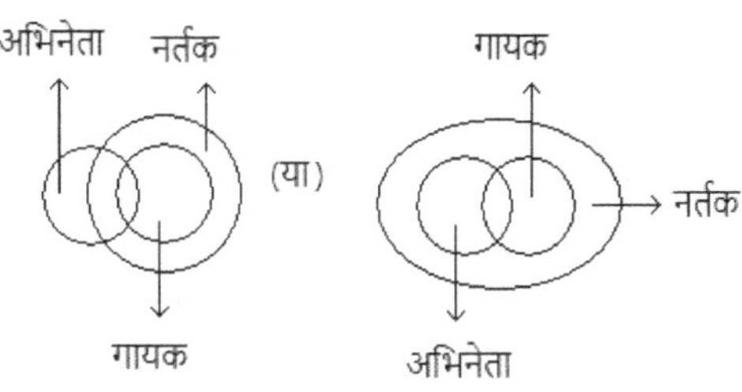


अत: विकल्प (A) सही है।

**25.** जिस प्रकार कारखाने में कपड़ा बनता है, उसी प्रकार प्रेस में अखबार छपता है।

अत: विकल्प (D) सही है।

**26.**

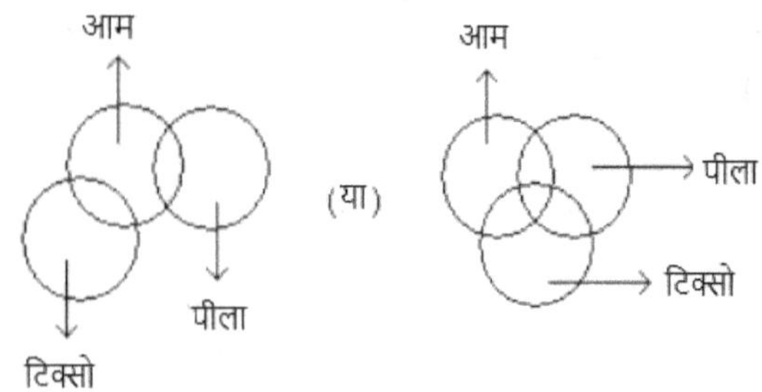

अतः विकल्प (D) सही है।

**27.** एक कंडक्टर एक ऑर्केस्ट्रा का नेतृत्व करता है, एक स्किपर एक क्रू का नेतृत्व करता है।

अत: विकल्प (C) सही है।

**28.**

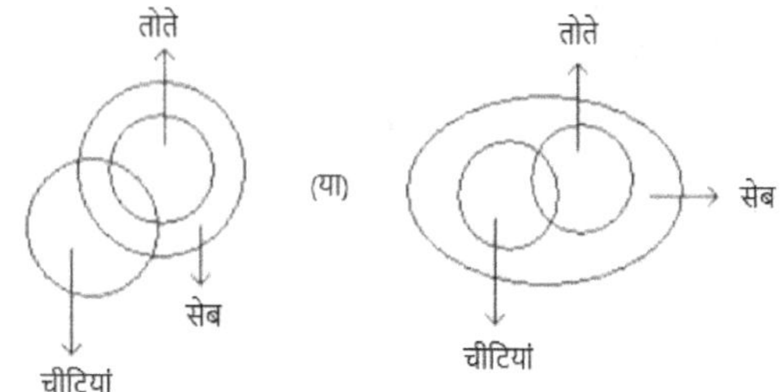

अतः विकल्प (B) सही है।

**29.** E, B की पुत्री है और D, E का भाई है। इसलिए, D, B का पुत्र है। साथ ही, A, B की बहन है। इस प्रकार, A, D की मौसी है।

अत: विकल्प (D) सही है।

**30.** श्रेणी के प्रत्येक अक्षर को इस तरह से विभाजित करें:

W X Y Z _______ बिना किसी अंतर के बढ़ते हुए क्रम में।

Y U Q M _______ तीन के अंतर से घटते हुए क्रम में।

B D F H _______ एक के अंतर से बढ़ते हुए क्रम में।

तो तदनुसार, हम श्रृंखला में अगले पद के रूप में 'ZMH' लिखेंगे।

अत: विकल्प (C) सही है।

**31.** स्पष्ट रूप से 11 सुबह और 12 दोपहर = 23 आधे दिन

13 दिन से बारिश का अर्थ हुआ 13 आधे दिन।

तो 23 − 13 = 10 आधे दिन (बारिश से प्रभावित नहीं)

इसलिए 10 आधे दिन = पूरे 5 दिन

कुल दिनो की संख्या = 13 + 5 = 18 दिन

अत: विकल्प (B) सही है।

**32.** देश - राजधानी की सही जोड़ी है:

क्यूबा - हवाना

चिली - सैंटियागो

कोस्टा रिका - सैन जोस

कोलम्बिया - बोगोटा

कोमोरोस - मोरोनी

अत: विकल्प (C) सही है।

**33.** दिए गए प्रश्न के अनुसार नई वर्णमाला श्रृंखला:

A b C d E f G h I j K l M

n O p Q r S t U v W x Y z

तो, 'September' को 'SEptEMbEr' के रूप में लिखा जा सकता है।

अत: विकल्प (D) सही है।

**34.**

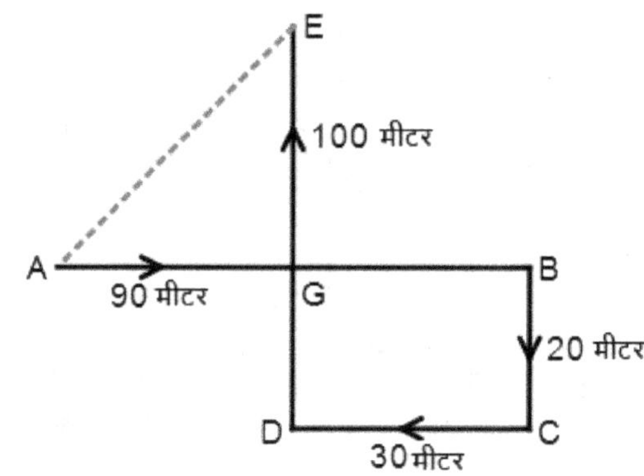


आवश्यक दूरी

$$= AE$$

$$= \sqrt{(AG^2 + EG^2)}$$

$$= \sqrt{\{(90 - 30)^2 + (100 - 20)^2\}}$$

$$= \sqrt{\{(60)^2 + (80)^2\}}$$

$$= \sqrt{(3600 + 6400)}$$

$$= \sqrt{10000}$$

$$= 100 \text{ मीटर}$$

अत: विकल्प (B) सही है।

**35.** पहले कॉलम में, (9×5) -7 = 38

दूसरे कॉलम में, (11×9) - 22= 77

इसी प्रकार तीसरे कॉलम में, (11×15) - 5 = 160

अत: विकल्प (A) सही है।

**36.** तीसरे एंग्लो-मराठा युद्ध के बाद, अंग्रेजों ने पूरे क्षेत्र पर नियंत्रण कर लिया। मध्य भारत एजेंसी द्वारा शासित इस क्षेत्र के सभी संप्रभु राज्य ब्रिटिश भारत की रियासतें बन गए। महाकोशल क्षेत्र एक ब्रिटिश प्रांत बन गया: सौगोर और नेरबुड्डा क्षेत्र। 1861 में, अंग्रेज़ों ने मध्य प्रांत बनाने के लिए नागपुर प्रांत को सौगोर और नेरबुड्डा प्रदेशों के साथ मिला दिया।

अत: विकल्प (B) सही है।

**37.** मध्य प्रदेश जोकि विविधता की भूमि है भारत में सबसे रोमांचक वन्यजीव स्थलों में से एक है। प्रकृति प्रेमियों के लिए यहाँ 9 राष्ट्रीय उद्यान, 6 टाइगर रिज़र्व और 25 वन्यजीव अभयारण्य हैं। भारत का हृदय मध्य प्रदेश प्रकृति का बहुरूपदर्शक है।

अतः विकल्प (A) सही है।

**38.** बेतवा नदी को मध्य प्रदेश की गंगा के रूप में जाना जाता है। यह मध्य प्रदेश के होशंगाबाद जिले के विंध्य श्रेणी से निकलती है और मालवा से होकर गुजरती है और बाद में उत्तर प्रदेश के हमीरपुर जिले के पास यमुना से मिलती है।

अत: विकल्प (D) सही है।

**39.** कालिदास सम्मान भारत में मध्य प्रदेश सरकार द्वारा प्रतिवर्ष प्रस्तुत एक प्रतिष्ठित कला पुरस्कार है। कालिदास सम्मान की स्थापना वर्ष 1980-81 में हुई थी। इस पुरस्कार में, रु. 2,00,000 और एक उद्धरण शास्त्रीय संगीत, शास्त्रीय नृत्य, थिएटर और दृश्य कला के क्षेत्र में प्रस्तुत किया गया है।

अत: विकल्प (C) सही है।

**40.** भगोरिया मध्य प्रदेश में झाबुआ जिले की एक बड़ी जनजाति, भील का एक प्रसिद्ध नृत्य है। नृत्य भगोरिया नामक एक त्योहार और भगोरिया हाट नामक मेले से जुड़ा हुआ है।

अतः विकल्प (A) सही है।

**41.** किसी भी दो अंकों की संख्या (10P + Q) के रूप में लिखी जा सकती है, जहां P 10 वें स्थान पर अंक है और इकाइयों स्थान में Q अंक है।

P + Q = 10 ----- (i)

(10Q + P) - (10P + Q) = 54

9 (Q - P) = 54

(Q - P) = 6 ----- (ii)

समीकरण (i) और (ii) को हल करने पर,

P = 2 और Q = 8

आवश्यक संख्या = 28

अतः विकल्प (B) सही है।

**42.** हाथियों और भेड़ियों का एक दूसरे से कोई संबंध नहीं है। लेकिन, ये दोनों ही जानवर हैं।

अतः विकल्प (A) सही है।

**43.**

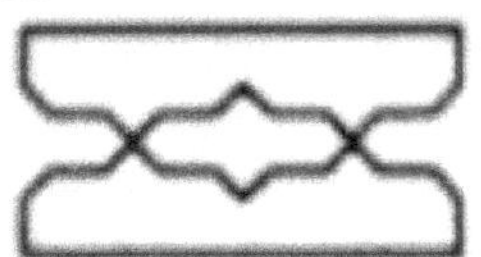

आकृति Z को खोलने पर हम एक समान पैटर्न प्राप्त करते हैं जैसा कि आकृति (2) में प्रदान किया गया है।

अतः विकल्प (B) सही है।

**44.**

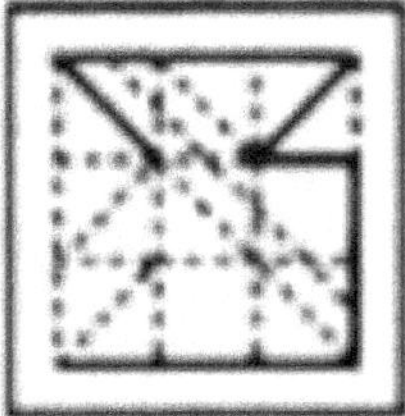

आकृति (X) को एक हाइलाइट किए गए भाग के रूप में आकृति (1) में दिखाया गया है।

अतः विकल्प (A) सही है।

**45.** मान लीजिए कि 10 वर्ष पहले पिता और पुत्र की आयु क्रमशः $3x$ और $x$ वर्ष थी।

फिर,

$$(3x + 10) + 10 = 2[(x + 10) + 10]$$

$$3x + 20 = 2x + 40$$

$$\Rightarrow x = 20$$

$$आवश्यक अनुपात = (3x + 10) : (x + 10) = 70 : 30$$

$$= 7 : 3$$

अतः विकल्प (B) सही है।

**46.**

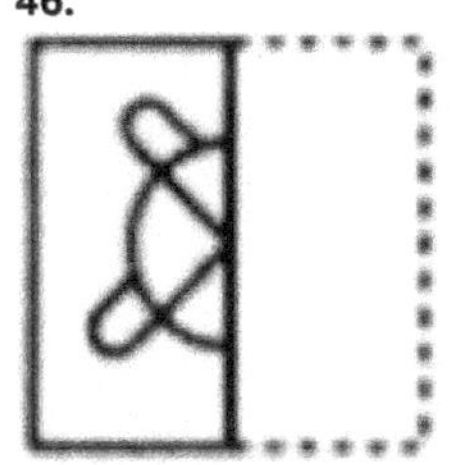

पारदर्शी शीट को बिंदीदार रेखा पर मोड़ा जाता है और हमें आकृति (4) मिलती है।

अतः विकल्प (D) सही है।

**47.** मान कि $x$ कर्मचारियों की संख्या है।

हमें दिया गया है कि कुल कर्मचारियों में से $40\%$ श्रमिक हैं।

अब, $x$ का $40\%$ = $\frac{40}{100} \times x = 0.4x$

इसलिए, श्रमिकों की संख्या $\frac{2x}{5}$ है।

शेष सभी कर्मचारी कार्यकारी हैं, इसलिए कार्यकारियों की संख्या बराबर है,

(कर्मचारियों की संख्या) — (श्रमिकों की संख्या)

$$= x - \frac{2x}{5}$$

$$= \frac{3x}{5}$$

प्रत्येक श्रमिक की वार्षिक आय $390$ रुपये है।

इसलिए, एक साथ सभी श्रमिकों की कुल वार्षिक आय $= \frac{2x}{5} \times 390 = 156x$

साथ ही, प्रत्येक कार्यकारी की वार्षिक आय $420$ रुपये है।

इसलिए, सभी कार्यकारियों की कुल आय है,

$$= \frac{3x}{5} \times 420$$

$$= 252x$$

इसलिए, कर्मचारियों की कुल आय है,

$$= 156x + 252x$$

$$= 408x$$

औसत $= \frac{408}{x}$

$$= 408$$

अतः विकल्प (C) सही है।

**48.** मान लीजिए $1$ लीटर दूध की लागत मूल्य $1$ रुपये हो।

फिर, $1$ लीटर मिश्रण की विक्रय मूल्य $= 1$ रुपये, लाभ $= 25\%$

$1$ लीटर मिश्रण की क्रय मूल्य $= \left(\frac{100}{125} \times 1\right)$ रुपये

$$= \frac{4}{5}$$

मिश्रण के नियम के अनुसार, हम प्राप्त करते है

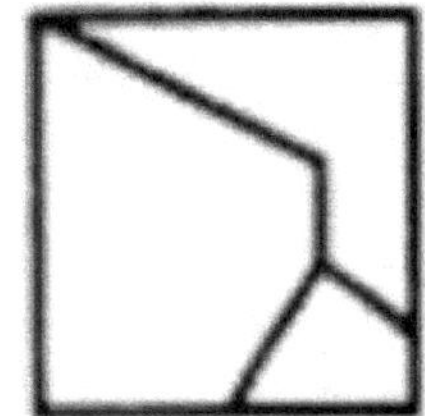


∴ पानी में दूध का अनुपात $= \frac{4}{5} : \frac{1}{5} = 4:1$

इसलिए, मिश्रण में पानी का प्रतिशत $= \left(\frac{1}{5} \times 100\right)\% = 20\%$

अतः विकल्प (C) सही है।

**49.** $10\%$ लाभ पर $1$ किग्रा मिश्रण का विक्रय मूल्य $= 9.24$ रुपये

∴मिश्रण के $1$ किलो का क्रय मूल्य $= \left(\frac{100}{110} \times 9.24\right)$ रुपये $= 8.40$ रुपये

मिश्रण के नियम से, हम प्राप्त करते हैं

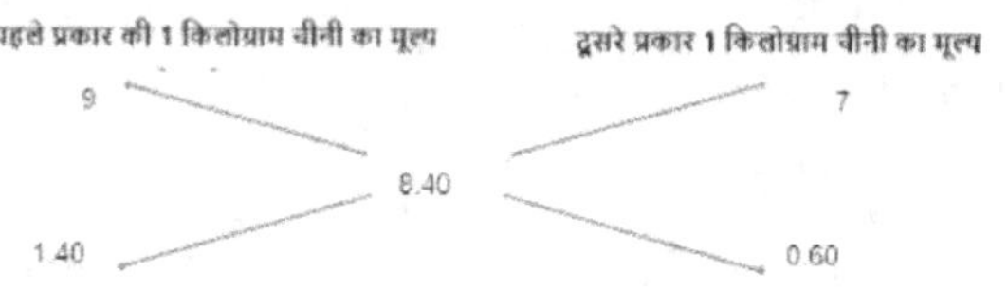


∴ पहले और दूसरे प्रकार की मात्राओं का अनुपात $= 14:6 = 7:3$.

मान लीजिए $9$ रुपये प्रति किलोग्राम लागत वाली $x$ किलोग्राम चीनी को $7$ रुपये प्रति किलोग्राम की लागत वाली $27$ किलोग्राम के साथ मिश्रित किया गया।

फिर, $7:3 = x:27$

$$\Rightarrow x = \left(\frac{7 \times 27}{3}\right) = 63 \text{ किलोग्राम}$$

अतः विकल्प (D) सही है।

**50.** आकृति (X) में दर्शाई गई शीट को मोड़कर एक घन बनाया जाता है फिर घन के सतहों में से एक है। हालांकि, आकृति (1) के घन में दो ऐसे सतह हैं,और आकृति (4) में एक सतह है जो पूरी तरह से छायांकित है। इसलिए, इन दो घनो का गठन नहीं किया जा सकता है। केवल आकृति (2) और (3) के घनो का गठन किया जा सकता है।

अतः विकल्प (C) सही है।

**51.** मानाकि $(25)^{7.5} \times (5)^{2.5} \div (125)^{1.5} = 5^x$

फिर, $\frac{(5^2)^{7.5} \times (5)^{2.5}}{(5^3)^{1.5}} = 5^x$

$$\Rightarrow \frac{5^{(2 \times 7.5)} \times 5^{2.5}}{5^{(3 \times 1.5)}} = 5^x$$

$$\Rightarrow \frac{5^{15} \times 5^{2.5}}{5^{4.5}} = 5^x$$

$$\Rightarrow 5^x = 5^{(15 + 2.5 - 4.5)}$$

$$\Rightarrow 5^x = 5^{13}$$

$$\therefore x = 13$$

अतः विकल्प (B) सही है।

**52.**

जब आकृतियों (2), (4), (5) को एक दूसरे में फिट होते हैं, तो एक पूर्ण वर्ग बनता है।

अतः विकल्प (B) सही है।

**53.** 1 महिला का 1 दिन का काम $= \frac{1}{70}$

1 बच्चे का 1 दिन का काम $= \frac{1}{140}$

( 5 महिलाएं + 10 बच्चे) का 1 दिन का काम $= \left(\frac{5}{70} + \frac{10}{140}\right)$

$= \left(\frac{1}{14} + \frac{1}{14}\right) = \frac{1}{7}$

$\therefore$ 5 महिलाएं और 10 बच्चे 7 दिनों में काम पूरा करेंगे।

अतः विकल्प (C) सही है।

**54.**

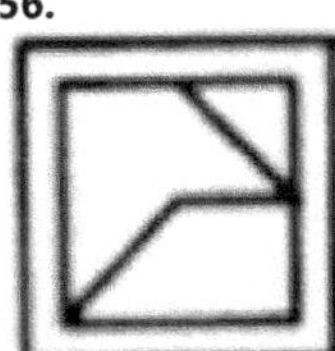


उपरोक्त सभी विकल्पों में दिया गया विकल्प (4), दिए गए संयोजन की जल-छवि जैसा दिखता है।

अतः विकल्प (D) सही है।

**55.** माना कि कुल कार्य $= 12$ इकाई

नेहा की कार्यक्षमता $= \frac{12}{3} = 4$ इकाई/दिन

नीशू की कार्यक्षमता $= \frac{12}{2} = 6$ इकाई/दिन

प्रश्न के अनुसार,

हम जानते हैं कि मजदूरी, किए गए कार्य के समानुपाती होती है।

और किया गया कार्य $\propto$ कार्यक्षमता

अधिक कार्यक्षमता होने पर काम अधिक होगा और उतनी ही अधिक कमाई होगी।

नेहा और नीशू द्वारा किया गया कुल कार्य $= 4 + 6 = 10$ इकाई

$\therefore$ नेहा का हिस्सा $= \frac{4}{10} \times 150 = 60$ रूपए

अतः विकल्प (C) सही है।

**56.**

आकृति (1) सही है जो आकृति (X) में दिए गए टुकड़ों से बनी है।

अतः विकल्प (A) सही है।

**57.** माना मूलधन $7x$.

मिश्रधन $= 11x$

साधारण ब्याज $= 11x - 7x = 4x$

प्रश्नानुसार,

साधारण ब्याज = (मूलधन × दर × समय)/100

$4x = \frac{7x \times 5 \times R}{100}$

दर $= \frac{400}{35}$

$= 11\frac{3}{7}\%$

अतः विकल्प (C) सही है।

**58.** हम जानते हैं कि,

$A = P\left(1 + \frac{R}{100}\right)^T$

दिया है,

$A = 2420,$

ब्याज की दर $= 10\%$

$2420 = P\left(1 + \frac{10}{100}\right)^2 = P\left(\frac{11}{10}\right)^2$

$\Rightarrow P = \frac{2420 \times 10 \times 10}{11 \times 11} = 2000$ रुपये

अतः विकल्प (A) सही है।

**59.** माना संख्याएँ $= x, y$

$x : y = 3 : 4$ (दिया गया है)

म.स.प. $= 4$

$\therefore$ संख्याएँ है $= x = 4 \times 3 = 12$

$y = 4 \times 4 = 16$

12, 16 का ल.स.प.

$= 4 \times 3 \times 4$

$= 48$

अतः सही विकल्प (A) है।

**60.** संस्थान में लड़कियों की कुल संख्या $= 80$

छात्र-मेला में लड़कियों ने भाग लिया $= 80 \times \frac{1}{8} = 10$

संस्थान में लड़कों की कुल संख्या $= 70$

छात्र-मेला में लड़कों ने भाग लिया $= 70 \times \frac{1}{5} = 14$

कुल छात्रों ने छात्र-मेला में भाग लिया

$= 10 + 14$

$= 24$

अतः विकल्प (C) सही है।

**61.** 5, 6, 4 और 3 का ल.स.प. $= 60$

2497 को 60 से विभाजित करने पर शेषफल 37 प्राप्त होता है।

$\therefore$ जोड़ी जाने वाली संख्या $= (60 - 37) = 23$

अतः विकल्प (C) सही है।

**62.** 48 संख्याओं का कुल औसत,

$= (50 \times 30) - (35 + 40)$

$= 1500 - 75$

$= 1425$

औसत $= \dfrac{1425}{48}$

$= 29.68$

अतः सही विकल्प (B) है।

**63.**

अतः विकल्प (B) सही है।

**64.** हम जानते है :

पृथ्वी के संबंध में नाव की गति $= 13$ किमी / घंटा

पृथ्वी के संबंध में धारा की गति $= 4$ किमी / घंटा

हमें दिया गया है कि नाव धारा के साथ जाती है, इसलिए नाव की नई गति होती है

$13$ किमी / घंटा $+ 4$ किमी / घंटा $= 17$ किमी / घंटा

इस गति के साथ $68$ किमी यात्रा में लगा समय

$t = \dfrac{68}{17}$

$= 4$ घंटे

अतः विकल्प (C) सही है।

**65.** स्थिर पानी में आदमी की गति

$= (15 - 2.5)$ किमी / घंटा

$= 12.5$ किमी / घंटा

धारा के विपरीत मनुष्य की गति

$= (12.5 - 2.5)$ किमी / घंटा

$= 10$ किमी / घंटा

अतः विकल्प (C) सही है।

**66.** माना $a = 2.39$ तथा $b = 1.61$
दिया है:
$= \dfrac{a^2 - b^2}{a - b}$
$= \dfrac{(a+b)(a-b)}{a-b}$
$= a + b$
$= 2.39 + 1.61$
$= 4$

अतः विकल्प (B) सही है।

**67.** $1$ घंटा $= 60$ मिनट

$1$ मिनट $= 60$ सेकंड

इसलिए $1$ घंटा $= 60 \times 60$ सेकंड $= 3600$ सेकंड

$1$ सेकंड $= frac13600$

$= 0.000277777$

अतः विकल्प (C) सही है।

**68.** माना $312$ रुपए का $66\dfrac{2}{3}\%$, $200$ से $x$ रु अधिक है

प्रश्न के अनुसार,

आवश्यक अन्तर

$x = \left(312 \times \dfrac{200}{3}\% - 200\right)$ रुपए

$x = \left(312 \times \dfrac{200}{3 \times 100} - 200\right)$ रुपए

$x = \left(312 \times \dfrac{200}{300} - 200\right)$ रुपए

$x = (208 - 200)$ रुपए

$x = 8$ रुपए

अतः विकल्प (C) सही है।

**69.** माना घर की कुल कीमत $x$ रुपए है

तो, $x$ का $\dfrac{2}{7}\% = 28000$

$\Rightarrow \left(\dfrac{2}{7} \times \dfrac{1}{100} \times x\right) = 2800$

$\Rightarrow x = \left(\dfrac{2800 \times 100 \times 7}{2}\right)$

$\Rightarrow x = 980000$

अतः विकल्प (B) सही है।

**70.** यदि वह दो महीने की आय तीन महीने में खर्च करता है। इसका मतलब है कि वह तीसरे महीने की आय तीन महीने में बचाता है।

वह प्रत्येक 3 महीने में 6000 रुपए बचाता है

तो एक वर्ष में वह बचाएगा $4 \times 6000 = 24000$ रुपए

अतः विकल्प (B) सही है।

**71.** दाब का SI मात्रक पास्कल है, जो एक न्यूटन प्रति वर्ग मीटर के बराबर है। पास्कल का नियम ब्लेज़ पास्कल द्वारा द्रव यांत्रिकी में दिया गया एक सिद्धांत है जिसमें कहा गया है कि एक सीमित अपरिमेय द्रव में किसी एक बिंदु पर दाब परिवर्तन पूरे तरल पदार्थ में हो रहे समान दाब परिवर्तन को दिखाता है।

अतः विकल्प (D) सही है।

**72.** सौंदर्यीकरण गर्मी की नींद है। घोंघे जैसे कई जीव गर्मियों में इसे सहज नहीं पाते हैं। वे निष्क्रियता की स्थिति में कम बीएमआर (बेसिक मेटाबोलिक रेट) के साथ पीछे हटते हैं और जीवन जीते हैं।

अतः विकल्प (B) सही है।

**73.** संख्या 100 के अंत में शून्यों की संख्या $= 2$

इसके घन के अंत में कई शून्य

$= 3 \times 2$

= 6

अतः विकल्प (D) सही है।

**74.** समान न्यूट्रॉन रखने वाले नुक्लिड्स को आइसोटोन्स कहते है।

उदहारण: $B^{12}$ और $C^{13}$ के पास 7 न्यूट्रांस है। इसीलिये, ये आइसोटोन्स है।

अतः विकल्प (C) सही है।

**75.** घर्षण अपनी गति का विरोध करने वाले लागू बल को प्रतिरोध प्रदान करता है। इस प्रकार, यह हमेशा गति में वस्तु के विपरीत दिशा में कार्य करता है। यदि बल बाईं ओर लगाया जाता है, तो घर्षण दाईं ओर कार्य करता है।

अतः विकल्प (D) सही है।

**76.** बल आघूर्ण किसी भी धुरी के सापेक्ष निकाय के घूर्णन की प्रवृत्ति को मापता है, या तो वह निकाय का केन्द्रक अक्ष हो, या बाहरी अक्ष में से कोई भी हो। युग्म आघूर्ण दो बलों द्वारा निर्मित होता है, एक बल द्वारा नहीं। कुल किया गया कार्य, बल और दूरी का डॉट उत्पाद होता है, क्रॉस नहीं होता है।

अतः विकल्प (B) सही है।

**77.** बैटरी के प्रचालन का मूल सिद्धांत इलेक्ट्रोलाइट्स का अपघटन है। इलेक्ट्रोलाइट्स के अपघटन के बाद, आयन विपरीत चार्ज के इलेक्ट्रोड की ओर बढ़ते हैं और धारा प्रवाहित होती है।

अत: विकल्प (C) सही है।

**78.** ऊनी कपड़ें शरीर को गर्म रखते हैं, क्योंकि ऊन ऊष्मा की कुचालक होती है।यह शरीर से ऊष्मा को बाहर जाने की अनुमति नहीं देती है। इसलिए, शरीर गर्म रहता है।

अतः विकल्प (B) सही है।

**79.** फॉर्मिक एसिड (HCOOH) लाल चीटियों द्वारा निर्मित होता है। चीटियों द्वारा उत्पादित एसिड को फॉर्मिक एसिड कहा जाता है। ये नाम चींटी के लिए लैटिन शब्द से आया है, जिसे "फॉर्मिका" कहा जाता है। रासायनिक रूप से, यह एक सरल कार्बोक्जिलिक एसिड है। संयुक्त राज्य अमेरिका में काली चींटी की सबसे आम प्रजाति ब्लैक कारपेंटर चींटी है, जो काटने के दौरान अपने जबड़े के माध्यम से फार्मिक एसिड की थोड़ी मात्रा वितरित करती है। चुभने वाले जालों और अन्य कीड़ों के काटने और डंक मारने में फॉर्मिक एसिड भी पाया जाता है।

अतः विकल्प (C) सही है।

**80.** C3 पौधों को प्रकाश संश्लेषक एंजाइम रूबिस्को द्वारा निश्चित कार्बन डाइऑक्साइड से नुकसान की संभावना है। प्रकाश श्वसन के दौरान, यह एंजाइम पहले उत्पाद के रूप में फॉस्फोग्लाइकोलेट का उत्पादन करने के लिए 1,5 बिस्फोस्फेट से कार्बन डाइऑक्साइड के बजाय ऑक्सीजन के साथ प्रतिक्रिया करता है। फॉस्फोग्लाइकोलेट को ग्लाइकोलेट बनाने के लिए डिफॉस्फोरिलेट किया जाता है, जो प्रकाश संश्लेषण का वास्तविक सब्सट्रेट है।

अत: सही विकल्प (D) है।

**81.** एपेंडिसाइटिस एपेंडिक्स की एक सूजन है, एक उंगली के आकार का पाउच है जो आपके पेट के निचले दाएं तरफ आपके कोलन से प्रोजेक्ट करता है।

अतः विकल्प (B) सही है।

**82.** हैजा को आयुर्वेदिक पार्लियामेंट में विशुचिका के रूप में जाना जाता है जो विब्रियो कोलेरी नामक एक जलजनित जीव है, जो नदियों और कुओं को दूषित करता है।

अतः विकल्प (C) सही है।

**83.** अंत में एकल फ्लैगेला वाले बैक्टीरिया को नीरस के रूप में जाना जाता है। उदाहरण के लिए विब्रियो कोलेरा।

अतः विकल्प (C) सही है।

**84.** चूना पत्थर एक तलछटी चट्टान (एक कार्बनिक तलछटी चट्टान) है। यह कैल्शियम कार्बोनेट और मैग्नीशियम या इन दोनों के मिश्रण से बना है। दिए गए विकल्पों में से चूना पत्थर एक गैर-धातु खनिज नहीं है।

अतः विकल्प (B) सही है।

**85.** नैक्रे जिसे 'मदर-ऑफ-पर्ल' के रूप में भी जाना जाता है, एक कार्बनिक-अकार्बिनक मिश्रित सामग्री है, जो एक आंतरिक आवरण परत के रूप में कुछ मोलस्क द्वारा निर्मित होता है। यह वही है जो मोती के बाहरी परत को बनाता है। यह मजबूत, लचीला और रंग-बिरंगा होता है।

अतः विकल्प (C) सही है।

**86.** $xy + yz + zx = 0$

$$\therefore xy + zx = -yz$$

$$\Rightarrow xy + yz = -zx$$

$$\Rightarrow yz + zx = -xy$$

$$\therefore \frac{1}{x^2-yz} + \frac{1}{y^2-zx} + \frac{1}{z^2-xy}$$

$-yz, -zx, -xy$ का ऊपर से मान रखने पर

$$\Rightarrow \frac{1}{x^2+(xy+zx)} + \frac{1}{y^2+(xy+yz)} + \frac{1}{z^2+(yz+zx)}$$

$$\Rightarrow \frac{1}{x(x+y+z)} + \frac{1}{y(x+y+z)} + \frac{1}{z(x+y+z)}$$

$$\Rightarrow \frac{1}{(x+y+z)}\left(\frac{1}{x} + \frac{1}{y} + \frac{1}{z}\right)$$

$$\Rightarrow \frac{1}{(x+y+z)}\left(\frac{zy+xz+xy}{xyz}\right)$$

$$\Rightarrow \frac{1}{x+y+z} \times 0$$

$$\Rightarrow 0$$

अतः विकल्प (D) सही है।

**87.** $a^2 + b^2 = ab \dots\dots (i)$

$$a^2 + b^2 - ab = 0$$

$$\therefore a^3 + b^3 = (a+b)(a^2 + b^2 - ab) \dots\dots (ii)$$

समीकरण (i) और (ii) से,

$$\Rightarrow a^3 + b^3 = (a+b)(0)$$

$$\Rightarrow a^3 + b^3 = 0$$

अतः विकल्प (B) सही है।

**88.** मान लीजिए कि संख्याएँ हैं:

$$x = 2r, y = 3r, z = 5r$$

योग, $x + y + z = 2r + 3r + 5r$

$$\Rightarrow x + y + z = 10r$$

$$\Rightarrow x + y + z = 80$$

$r = 8, x = 16, y = 24, z = 40$

फिर, $z = ax - 8$

$\Rightarrow 40 = a \times 16 - 8$

$\Rightarrow a = 3$

अतः विकल्प (C) सही है।

**89.** $x + y = 180$

$\Rightarrow x + \frac{4}{5}x = 180$

$\Rightarrow 5x + 4x = 900$

$\Rightarrow 9x = 900$

$\Rightarrow x = 100$

अतः विकल्प (A) सही है।

**90.** $\angle AOC$ एक सीधा कोण है

$\therefore 132° + y° = 180° \Rightarrow y = (180 - 132) = 48°$

$\angle AOC = \angle BOC$ (लंबवत विपरीत $\angle S$) $= 132°$

$\therefore x = \frac{1}{2}\angle AOD = \frac{1}{2} \times 132° = 66°$

$\therefore x = 66$ और $y = 48$

अतः विकल्प (B) सही है।

**91.** PA × PB + PC × PD

$\Rightarrow$ (x+6) × x = 8 × 5

$\Rightarrow x^2 + 6x - 40 = 0$

$\Rightarrow$ (x+10) (x-4) = 0

$\Rightarrow$ x = 4

$\therefore$ PB = 4 सेमी

अतः विकल्प (D) सही है।

**92.** चारों दीवारों का क्षेत्रफल = 2h(l + b)

चूंकि दरवाजे और खिड़कियां हैं, दीवारों का क्षेत्रफल

= 2 × 12 (15 + 25) - (6 × 3) - 3 (4 × 3)

= 906 वर्ग फुट

कुल लागत = 906 × 5

= 4530 रुपये

अतः विकल्प (D) सही है।

**93.**

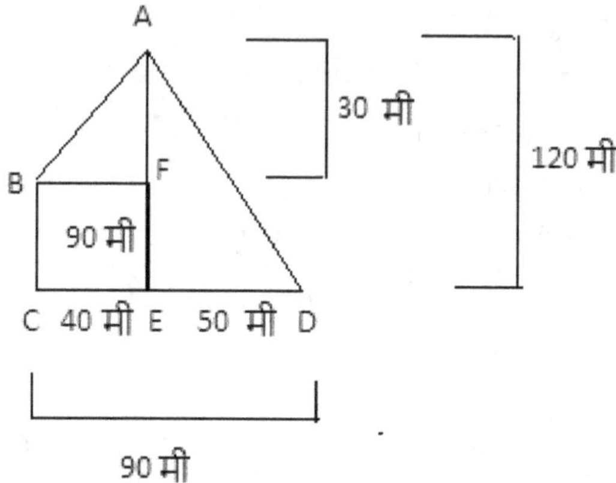


भूखंड का क्षेत्रफल ABCD = ADE का क्षेत्रफल + AFB का क्षेत्रफल + BCEF का क्षेत्रफल

$= \frac{1}{2} \times 50 \times 120 + \frac{1}{2} \times 40 \times 30 + 40 \times 90$

$= 3000 + 600 + 3600$

$= 7200$ वर्ग मी

अतः विकल्प (D) सही है।

**94.** माना आयत की लंबाई और चौड़ाई क्रमश 4x सेमी और 3x है।

(4x)(3x) = 6912

12x$^2$ = 6912

x$^2$ = 576 = 4 × 144 = 2$^2$ × 12$^2$ (x> 0)

= x = 2 × 12 = 24

चौड़ाई और क्षेत्रफल का अनुपात

= 3x : 12x$^2$ = 1 : 4x = 1 : 96

अतः विकल्प (A) सही है।

**95.** $\frac{2}{\sqrt{7}+\sqrt{5}} + \frac{7}{\sqrt{12}-\sqrt{5}} - \frac{5}{\sqrt{12}-\sqrt{7}}$

$= \frac{2}{\sqrt{7}+\sqrt{5}} \times \frac{\sqrt{7}-\sqrt{5}}{\sqrt{7}-\sqrt{5}} + \frac{7}{\sqrt{12}-\sqrt{5}} \times \frac{\sqrt{12}+\sqrt{5}}{\sqrt{12}+\sqrt{5}} - \left(\frac{5}{\sqrt{12}-\sqrt{7}} \times \frac{\sqrt{12}+\sqrt{7}}{\sqrt{12}+\sqrt{7}}\right)$

$= \frac{2(\sqrt{7}-\sqrt{5})}{2} + \frac{7(\sqrt{12}+\sqrt{5})}{7} - \frac{5(\sqrt{12}+\sqrt{7})}{5}$

$= \sqrt{7} - \sqrt{5} + \sqrt{12} + \sqrt{5} - \sqrt{12} - \sqrt{7}$

$= 0$

अतः विकल्प (D) सही है।

**96.** शहर से उम्मीदवारों की संख्या $C$

$= 1.08 \times 100000$

$= 108000$

शहर से उम्मीदवारों की संख्या $B$

$= 3.14 \times 100000$

$= 314000$

$\therefore$ आवश्यक प्रतिशत $= \left(\frac{108000}{314000} \times 100\right)\%$

$= \left(\frac{108}{314} \times 100\right)\%$

$= \left(\frac{54}{157} \times 100\right)\%$

$= \frac{5400}{157}\%$

$= 34.39\%$

$\approx 34\%$

अतः विकल्प (B) सही है।

**97.** सिटी E से परीक्षा उत्तीर्ण करने वाले कई उम्मीदवार।

$= 1.85 \times 100000 \times \frac{3}{5}$

$= 185000 \times \frac{3}{5}$

$= 37000 \times 3$

$= 111000$

अतः विकल्प (B) सही है।

**98.** सभी 5 शहरों से उम्मीदवारों की कुल संख्या

$= \{(1.25 + 3.14 + 1.08 + 2.27 + 1.85 + 2.73) \times 100000\}$

$= 12.32 \times 100000$

$= 1232000$

शहर से परीक्षा उत्तीर्ण करने वाले उम्मीदवारों की संख्या $F$

$= \frac{7}{12} \times 2.73 \times 100000$

$= \frac{7 \times 273 \times 1000}{12}$

$= 7 \times 91 \times 250$

$= 159250$

$\therefore$ आवश्यक प्रतिशत

$= \left(\frac{159250}{1232000} \times 100\right)\%$

$= \frac{15925}{1232}\%$

$= 12.926\%$

$\approx 12.93\%$

अतः विकल्प (A) सही है।

**99.** शहर D से अनुत्तीर्ण होने वाले उम्मीदवारों की संख्या

$= \frac{3}{4} \times 2.27 \times 100000$

$= \frac{3}{4} \times \frac{227}{100} \times 100000$

$= 227 \times 750$

शहर से अनुत्तीर्ण होने वाले उम्मीदवारों की संख्या $A =$

$\frac{3}{10} \times 1.25 \times 100000$

$= \frac{3}{10} \times \frac{125}{100} \times 100000$

$= 300 \times 125$

$\therefore$ आवश्यक अनुपात $= \frac{227 \times 750}{300 \times 125}$

$= \frac{227}{50}$

$= 227 : 50$

अतः विकल्प (C) सही है।

**100.** किरण प्रकाशिकी वैध है जब विशेषता आयाम प्रकाश की तरंग दैर्ध्य की तुलना में बहुत बड़े होते हैं। अवरोध का आकार प्रकाश की तरंग दैर्ध्य की तुलना में बहुत बड़ा होना चाहिए। यदि तरंग दैर्ध्य वस्तु के आकार के बराबर है, तो विवर्तन हो सकता है, लेकिन इसे किरण प्रकाशिकी का उपयोग करके नहीं समझाया जा सकता है, इसके लिए प्रकाश के तरंग सिद्धांत की आवश्यकता होगी।

अतः विकल्प (B) सही है।

# General Knowledge and Logical Knowledge

**Q.1** प्रकाशित अंग्रेजी उपन्यास लिखने वाले पहले भारतीय कौन हैं?

**A.** बंकिम चंद्र चट्टोपाध्याय
**B.** झुम्पा लाहिड़ी
**C.** अमिताव घोष
**D.** रबीन्द्रनाथ टैगोर

**Q.2** सोलहवीं शताब्दी (CE) के दौरान रचित 'चंडीमंगला' को निम्नलिखित में से किस भाषा में लिखा गया था?

*[Officers Training Academy (OTA), 2019], [Indian Military Academy (IMA), 2019]*

**A.** संस्कृत
**B.** तमिल
**C.** बांग्ला (बंगाली)
**D.** उड़िया (ओडिया)

**Q.3** ऑर्लियन्स मास्टर्स 2022 में भारतीय शटलर मिथुन मंजूनाथ ने कौन सा पदक जीता है?

**A.** रजत पदक
**B.** कांस्य पदक
**C.** स्वर्ण पदक
**D.** इन सभी

**Q.4** नेशनल इंस्टीट्यूट ऑफ रूरल डेवलपमेंट एंड पंचायती राज (NIRDPR) ने हाल ही में किस वैश्विक संगठन के साथ 'कम्युनिकेशन रिसोर्स यूनिट' की स्थापना के लिए साझेदारी की है?

**A.** विश्व बैंक
**B.** यूनिसेफ
**C.** यूनेस्को
**D.** अंतर्राष्ट्रीय मुद्रा कोष

**Q.5** गोदावरी नदी को अक्सर वृद्ध गंगा के रूप में क्यों जाना जाता है?

**A.** यह भारत की प्राचीनतम नदी है।
**B.** प्रायद्वीपीय नदियों के बीच इसके बड़े आकार और सीमा के कारण।
**C.** इसके तट पर काफी संख्या में तीर्थस्थल स्थित हैं।
**D.** इसकी लंबाई लगभग गंगा नदी के समान है।

**Q.6** मध्य प्रदेश का पहला विधानसभा अध्यक्ष कौन था?

**A.** कुंजिलाल दुबे
**B.** तेजलाल टेंभरे
**C.** गुलशेर अहमद
**D.** श्रीनिवास तिवारी

**Q.7** 'डांडिया' मुख्य रूप से किस राज्य से संबंधित है?

**A.** राजस्थान
**B.** गुजरात
**C.** महाराष्ट्र
**D.** पश्चिम बंगाल

**Q.8** निम्न में से कौन सा नृत्य केरल से संबंधित है ?

**A.** कुचिपुड़ी
**B.** भरतनाट्यम
**C.** कथक
**D.** कथकली

**Q.9** तवा नहर निम्नलिखित में से किस जिले में मौजूद है?

**A.** होशंगाबाद
**B.** भोपाल
**C.** गुना
**D.** दतिया

**Q.10** निम्नलिखित में से कौन सा स्थान मध्य प्रदेश में स्थित नहीं है?

**A.** असीरगढ़ का किला
**B.** गिन्नौरगढ़ का किला
**C.** मांगी-तुंगी
**D.** गढ़ कुंडार

**Q.11** मध्य प्रदेश की सबसे लंबी नदी कौन सी है?

**A.** नर्मदा नदी
**B.** गंगा नदी
**C.** सोन नदी
**D.** बेतवा नदी

**Q.12** नुआखाई त्योहार मुख्य रूप से किस राज्य में मनाया जाता है?

**A.** उत्तर प्रदेश
**B.** ओडिशा
**C.** कर्नाटक
**D.** सिक्किम

**Q.13** नटराज कांस्य चित्र किस काल के दौरान विकसित किये गए थे?

**A.** चंदेल
**B.** चोल
**C.** पल्लव
**D.** राष्ट्रकूट

**Q.14** महात्मा गांधी ने 1918 में ___ के समर्थन करने के लिए गुजरात में खेड़ा सत्याग्रह शुरू किया था।

**A.** मिल मालिक
**B.** भूमि स्वामी
**C.** किसान
**D.** कोल विद्रोह

**Q.15** निम्नलिखित में से कौन सी काल्पनिक रेखा भारत को लगभग दो समान भागों में विभाजित करती है?

**A.** भूमध्य रेखा
**B.** कर्क रेखा
**C.** मकर रेखा
**D.** आर्कटिक वृत्त

**Q.16** भारतीय संविधान का कौन सा अनुच्छेद मौलिक अधिकारों के प्रवर्तन के संबंध में सर्वोच्च न्यायालय को एक व्यापक मूल अधिकार क्षेत्र देता है?

**A.** अनुच्छेद 22
**B.** अनुच्छेद 32
**C.** अनुच्छेद 35
**D.** अनुच्छेद 37

**Q.17** भारत के राष्ट्रपति को हटाने की शक्ति किसके पास है?

**A.** संसद
**B.** लोकसभा
**C.** राज्यसभा
**D.** भारत के मुख्य न्यायाधीश

**Q.18** निम्नलिखित में से कौन सा सही सुमेलित है?

**A.** इंद्रावती राष्ट्रीय उद्यान - छत्तीसगढ़
**B.** पिन वैली नेशनल पार्क - हरियाणा
**C.** गोविंद वन्यजीव अभयारण्य - पश्चिम बंगाल
**D.** कलेसर नेशनल पार्क - हिमाचल प्रदेश

**Q.19** ___ राष्ट्रीय उद्यान कर्नाटक में स्थित है।

**A.** नागरहोल राष्ट्रीय उद्यान
**B.** बेतला नेशनल पार्क
**C.** महात्मा राष्ट्रीय उद्यान
**D.** इनमें से कोई नहीं

**Q.20** निम्नलिखित में से किसने प्रसिद्ध पेंटिंग गुएर्निका को चित्रित किया ?

**A.** विन्सेंट वॉन गॉग
**B.** रेम्ब्रांट
**C.** राफेल
**D.** पब्लो पिकासो

**Q.21** गोलकुंडा किला भारत में कहाँ स्थित है?

**A.** तेलंगाना
**B.** राजस्थान
**C.** दिल्ली
**D.** पंजाब

**Q.22** बुर्ज अल अरब किस देश में स्थित है?

**A.** बेल्जियम
**B.** कुवैत
**C.** संयुक्त अरब अमीरात
**D.** स्वीडन

**Q.23** निर्देशः दिए गए विकल्पों में से विषम शब्द चुनिए।

**A.** दिसपुर
**B.** बांग्लादेश
**C.** चीन
**D.** पाकिस्तान

**Q.24** निर्देश: दिए गए विकल्प में से विषम शब्द ज्ञात कीजिए।

**A.** चाय
**B.** कुनैन
**C.** रबर
**D.** चाक

**Q.25** एक महिला की तरफ इशारा करते हुए साइमन ने कहा, "वह मेरे पिता की एक मात्र बहन की पुत्री है"। महिला का साइमन से क्या रिश्ता है?

**A.** माँ
**B.** चाची
**C.** बहन
**D.** चचेरी बहन

**Q.26** निम्नलिखित शब्दों को एक तार्किक क्रम में व्यवस्थित करें।

1) बोना
2) पकाना
3) सब्जियां
4) बीज
5) भोजन करना
6) पौधा

**A.** 6,1,4,3,2,5     **B.** 4,1,6,5,2,3
**C.** 4,1,6,3,2,5     **D.** 4,2,6,3,1,5

**Q.27 निर्देश:** दिए गए विकल्प में से विषम शब्द ज्ञात कीजिए।

**A.** सेमिनार     **B.** सेमीकोलन
**C.** सेमीफाइनल     **D.** सेमीटोन

**Q.28 निर्देश:** निम्नलिखित प्रश्न का ध्यानपूर्वक अध्ययन करें और सही उत्तर चुनें।

**कथन:**
कोई कोक स्प्राइट नहीं है।
कोई पेप्सी कोक नहीं है

**निष्कर्ष:**
(I) कोई स्प्राइट पेप्सी नहीं है।
(II) सभी पेप्सी स्प्राइट हैं।

**A.** यदि केवल निष्कर्ष I अनुसरण करता है
**B.** यदि केवल निष्कर्ष II अनुसरण करता है
**C.** न तो निष्कर्ष I या निष्कर्ष II अनुसरण करता है
**D.** यदि या तो निष्कर्ष I या II अनुसरण करता है

**Q.29** यदि एक निश्चित कोड भाषा में, RELIGION को SFGILIPO के रूप में लिखा जाता है, तो उस भाषा में 'SHOULDER' कैसे लिखा जाता है?

**A.** TILDOUFS     **B.** TLIOOUDS
**C.** TILOUDSF     **D.** LITUUOOS

**Q.30 निर्देश:** निम्नलिखित प्रश्न का ध्यानपूर्वक अध्ययन करें और सही उत्तर चुनें

**कथन:**
सभी सोफे बेड हैं।
कुछ बेड टेबल हैं।

**निष्कर्ष:**
I. कुछ सोफा टेबल हैं।
II. कुछ टेबल बेड हैं।

**A.** यदि केवल निष्कर्ष I अनुसरण करता है
**B.** यदि केवल निष्कर्ष II अनुसरण करता है
**C.** यदि दोनों निष्कर्ष I और II अनुसरण करते हैं
**D.** यदि या तो निष्कर्ष I या II अनुसरण करता है

**Q.31 निर्देश:** निम्नलिखित श्रृंखला में कौन सा अक्षर प्रश्न चिह्न (?) का स्थान लेगा?

31, 29, 24, 22, 17,?

**A.** 15     **B.** 14     **C.** 13     **D.** 12

**Q.32 निर्देश:** एक श्रृंखला दी गई है जिसमें से एक पद लुप्त है। दिए गए विकल्पों में से वह सही विकल्प चुनिए, जो अनुक्रम को पूरा करे।

11, 13, 17, 19, 23, ?, 31

**A.** 39     **B.** 35     **C.** 41     **D.** 29

**Q.33** गोलू अपने घर से उत्तर की ओर जाने लगा। 8 किमी की दूरी तय करने के बाद वह बाईं ओर मुड़ गया और 6 किमी की दूरी तय की। अब उसके घर से सबसे छोटी दूरी क्या है?

**A.** 10 किमी     **B.** 16 किमी     **C.** 14 किमी     **D.** 2 किमी

**Q.34** X सीधे दक्षिण की ओर चलने लगा। 5 मीटर चलने के बाद वह बाईं ओर मुड़ा और 3 मीटर चला। इसके बाद वह दाईं ओर मुड़ा और 5 मीटर चला। अब X किस दिशा की ओर है?

**A.** उत्तर-पूर्व     **B.** दक्षिण
**C.** उत्तर     **D.** दक्षिण पश्चिम

**Q.35** निम्नलिखित में से कौन सी देश-राजधानी की जोड़ी सही सुमेलित नहीं है?

**A.** ईरान - तेहरान     **B.** इज़राइल - अम्मान
**C.** इराक - बगदाद     **D.** लेबनान - बेरूत

**Q.36** एक आदमी की ओर इशारा करते हुए, एक महिला ने कहा, "उसकी माँ मेरी माँ की एकमात्र बेटी है।" स्त्री पुरुष से किस प्रकार संबंधित है?

**A.** माँ     **B.** दादी     **C.** बहन     **D.** बेटी

**Q.37 निर्देश:** दिए गये विकल्पों में से संबंधित संख्या चुनिए।

8 : ? :: 5 : 24

**A.** 34     **B.** 28     **C.** 33     **D.** 24

**Q.38 निर्देश:** दिए गए विकल्पों में से संबंधित शब्द का चयन करें।

तोता: पिंजरा:: आदमी:?

**A.** घर     **B.** जिंदगी
**C.** कारागार     **D.** इनमें से कोई नहीं

**Q.39** A, B, C, D और E एक बेंच पर बैठे हैं। A, B के बगल में बैठा है, C, D के बगल में बैठा है, D, E के साथ नहीं बैठा है, जो बेंच के बाएं छोर पर है। C दाएं से दूसरे स्थान पर है। A, B के दाईं ओर है और A और C एक साथ बैठे हैं। A किस स्थिति में बैठा है?

**A.** B और D के बीच     **B.** B और C के बीच
**C.** E और D के बीच     **D.** C और E के बीच

**Q.40** पद्म भूषण पुरस्कार प्राप्त करने वाले पहले पैरा-एथलीट कौन बने हैं?

**A.** मरियप्पन थंगावेलु     **B.** सुमित अंतिल
**C.** सुंदर सिंह गुर्जर     **D.** देवेंद्र झाझरिया

# Mental Ability and Mental Aptitude

**Q.41** यदि $A:B = 1:2, B:C = 3:4, C:D = 6:9$ तथा $D:E = 12:16$ हो, तो $A:B:C:D:E$ बराबर होगा:

**A.** 1:3:6:12:16     **B.** 2:4:6:9:16
**C.** 3:4:8:12:16     **D.** 3:6:8:12:16

**Q.42** 3 कक्षाओं में छात्रों की संख्या 2:3:4 के अनुपात में है। यदि प्रत्येक कक्षा में 12 छात्रों की वृद्धि की जाती है तो यह 8:11:14 के अनुपात में बदल जाता है। शुरुआत में तीनों कक्षाओं में छात्रों की कुल संख्या थी:

**A.** 162     **B.** 108     **C.** 96     **D.** 54

**Q.43** यदि a: b: c = 3: 4: 7 है, तो अनुपात (a + b + c): c के बराबर है:

**A.** 2 : 1     **B.** 14 : 3     **C.** 7 : 2     **D.** 1 : 2

**Q.44 निर्देश:** निम्न प्रश्न में एक कथन दिया गया है और उससे सम्बन्धित कुछ तर्क दिए गए हैं। इन्हे ध्यान से पढ़े और उसके अनुसार दिए गए विकल्पों में से अपना उत्तर चुनें।

**कथन:**

क्या ऐसे माता-पिता को दंडित करने का कानून होना चाहिए जो अपने नाबालिग बच्चों की शादी करवाते हैं?

**तर्क:**

I. हाँ, एक नाबालिग लड़की शारीरिक रूप से एक बच्चे को गर्भ धारण करने के लिए तैयार नहीं है।

II. नहीं, यह कई शताब्दियों से प्रचलित है।

A. यदि केवल तर्क I मजबूत है।

B. यदि केवल तर्क II मजबूत है।

C. यदि या तो I या II मजबूत है।

D. यदि न तो I और न ही II मजबूत है।

**Q.45** यदि सफेद को नीला कहा जाता है, नीले को लाल कहा जाता है, लाल को पीला कहा जाता है, पीले को हरा कहा जाता है, हरे को काला कहा जाता है, काले को बैंगनी कहा जाता है, और बैंगनी को नारंगी कहा जाता है, मानव रक्त का रंग क्या होगा?

A. लाल

B. हरा

C. पीला

D. इनमें से कोई नहीं

**Q.46** एक पार्किंग में 160 वाहन शामिल हैं। प्रत्येक वाहन या तो एक कार या ट्रक है, और प्रत्येक वाहन या तो लाल या हरा है। 70 वाहन लाल हैं, और 120 वाहन कारें हैं। यदि 18 हरे ट्रक हैं, तो कितनी लाल कारें हैं?

A. 54

B. 50

C. 48

D. 45

**Q.47** राजेश के पास एक कंटेनर है जिसमें वाइन और पानी का मिश्रण है। वाइन और पानी 4 : 1 अनुपात में हैं। राजेश ने मिश्रण में से कुछ मिश्रण को दुर्घटनावश गिरा दिया। वह फिर समान गिरी हुई मात्रा को पानी की समान मात्रा के साथ बदल देता है। लेकिन अब वाइन से पानी का अनुपात 3 : 2 हो गया। राजेश ने कितना पानी मिलाया?

A. $\frac{3}{5}$

B. $\frac{1}{2}$

C. $\frac{1}{4}$

D. $\frac{2}{7}$

**Q.48** एक दूधवाला दूध को पानी के साथ मिलाकर 20 प्रतिशत लाभ के साथ 9 रुपये प्रति लीटर की दर से बेचता हैं। यदि प्रतिलीटर शुद्ध दूध का मूल्य 10 रुपये हो तो दूध एवं पानी का मिश्रण में अनुपात ज्ञात कीजिये?

A. 3 : 1

B. 4 : 1

C. 3 : 2

D. 4 : 3

**Q.49** विराट को 10 घंटे में मुम्बई पहुँचना है जो कि 500 किमी दूर है। 3 घंटे के लिए उसकी शुरुआती गति 60 किमी / घंटा थी। अगले 200 किमी के लिए, उसकी गति 50 किमी / घंटा थी। 10 घंटे के निश्चित समय में मुंबई पहुंचने के लिए उसे किस गति से यात्रा करनी चाहिए?

A. 40 किमी / घंटा

B. 50 किमी / घंटा

C. 60 किमी / घंटा

D. 20 किमी / घंटा

**Q.50** अनिल, बिनी और छाया की आयु ज्ञात कीजिये यदि अनिल और बिनी की औसत आयु 20 वर्ष है और यदि अनिल को छाया से प्रतिस्थापित कर दिया जाता है, तो औसत आयु 19 वर्ष हो जाती है तथा छाया और अनिल की औसत आयु 21 वर्ष है।

A. 20, 18, 22

B. 18, 22, 20

C. 22, 18, 20

D. 18, 20, 22

**Q.51** 60 किमी / घंटा की गति से चलने वाली ट्रेन एक ध्रुव को पार करता है 9 सेकंड मे। ट्रेन की लंबाई कितनी है?

A. 120 मीटर

B. 180 मीटर

C. 324 मीटर

D. 150 मीटर

**Q.52** रीता की वर्तमान उम्र, उनकी बेटी की वर्तमान उम्र का चार गुना और उसकी मां की वर्तमान उम्र का दो-तिहाई है। उन सभी के वर्तमान उम्र की कुल संख्या 154 वर्ष है। रीता और उसकी मां की वर्तमान उम्र में कितना अंतर है?

A. 28 वर्ष

B. 34 वर्ष

C. 32 वर्ष

D. निर्धारित नहीं किया जा सकता है

**Q.53** 5 लोग 6 दिनों में प्रति दिन 6 घंटे काम करते हुए 10 खिलौने तैयार कर सकते हैं। कितने दिनों में 12 लोग प्रति दिन 8 घंटे काम करके 16 खिलौने तैयार कर सकते हैं?

A. 2 दिन

B. 4 दिन

C. 3 दिन

D. 1 दिन

**Q.54** A कार्यकुशलता में B से तिगुना कुशल है और इसीलिए A किसी कार्य को पूरा करने मे B से 60 दिन का समय कम लेता है। एक साथ कार्य करते हुए वे इस कार्य को कितने समय में पूरा करेंगे?

A. 20 दिन

B. $22\frac{1}{2}$ दिन

C. 25 दिन

D. 30 दिन

**Q.55** चार अंकों की सबसे बड़ी संख्या जो 15, 25, 40 और 75 से विभाज्य है:

A. 9000

B. 9400

C. 9600

D. 9800

**Q.56** यदि 4% के लिये 6 वर्ष और 5% के लिये 4 वर्ष में एक निश्चित राशि पर साधारण ब्याज के बीच का अंतर 48 रु है। राशि ज्ञात करें:

A. 800 रु

B. 1200 रु

C. 1600 रु

D. 1000 रु

**Q.57** दो वर्षों में अर्जित चक्रवृद्धि ब्याज 8 प्रति वर्ष की दर से और तीन वर्षों में अर्जित साधारण ब्याज 16 प्रति वर्ष की दर का अनुपात क्या है, जब दोनों की गणना एक ही राशि पर की जाती है ?

A. 12 : 25

B. 26 : 75

C. 18 : 25

D. 31 : 75

**Q.58** एक व्यवसायी की आय का 20% किराए के रूप में खर्च जाता है, 60% उसके रहने का खर्च है और 10% उसकी बचत है। यदि वह अपने बच्चों की शिक्षा पर शेष 90 रुपये खर्च करता है, तो उसकी आय का पता लगाएं?

A. 900

B. 300

C. 1800

D. 450

**Q.59** दो संख्याओं के बीच का अंतर 1365 है। छोटी संख्या द्वारा बड़ी संख्या को विभाजित करने पर, हमें 6 भागफल और 15 शेष के रूप में मिलता है। छोटी संख्या क्या है?

A. 240

B. 270

C. 295

D. 360

**Q.60** निम्नलिखित समीकरण को सही बनाने के लिए किन दो संख्याओ को आपस में प्रतिस्थापित करना चाहिए?

12 × 2 + 8 - 48 ÷ 6 = 20

A. 12 और 48

B. 6 और 8

C. 8 और 12

D. 2 और 6

**Q.61** अगर कोई व्यक्ति 10 किमी/घंटा के जगह 14 किमी/घंटा की गति से चलता है, तो वह 20 किमी अधिक चलता है। उसके द्वारा तय की गयी यात्रा की वास्तविक दूरी है ?

A. 50 किमी

B. 56 किमी

C. 70 किमी

D. 80 किमी

**Q.62** यदि "S" का अर्थ "गुणा" है, "V" का अर्थ "घटाना" है, "M" का अर्थ "जोड़" है और "L" का अर्थ "भाग" है, तो

96 L 8 S 4 V 16 M 9 = ?

A. 32

B. 37

C. 41

D. 48

**Q.63** यदि $(2) \# * 4 = 2$ और $(4) \#164 = 16$, तो $A(6)\# = A = 18$ में $A$ का मान क्या है?

A. 12

B. 14

C. 16

D. 20

**Q.64 निर्देश:** उस वैकल्पिक आकृति को ज्ञात करें जिसमें उसके भाग के रूप में आकृति (X) निहित हो।

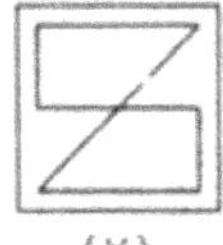
(X)

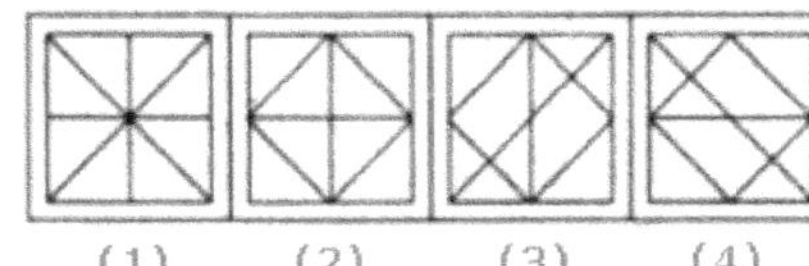
(1)　(2)　(3)　(4)

**A.** 1　　**B.** 2　　**C.** 3　　**D.** 4

**Q.65 निर्देश:** चार विकल्पों में से दी गई आकृति (X) की सही दर्पण छवि चुनें।

(X)

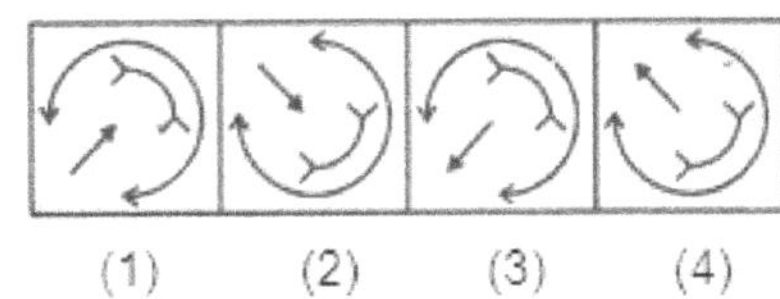
(1)　(2)　(3)　(4)

**A.** 1　　**B.** 2　　**C.** 3　　**D.** 4

**Q.66** ज्ञात करें कि आकृति (X) में दिए गए टुकड़ों से आकृति (1), (2), (3), और (4) में से कौन सी बन सकती हैं।

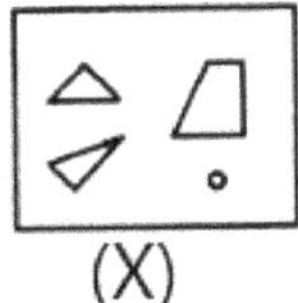
(X)

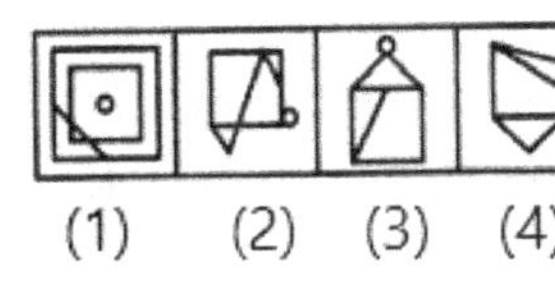
(1)　(2)　(3)　(4)

**A.** 1　　**B.** 2　　**C.** 3　　**D.** 4

**Q.67** चार विकल्पों में से एक आकृति का चयन करें, जिसे जब आकृति (X) के खाली स्थान में रखा जाता है तो वह पैटर्न को पूरा करती है।

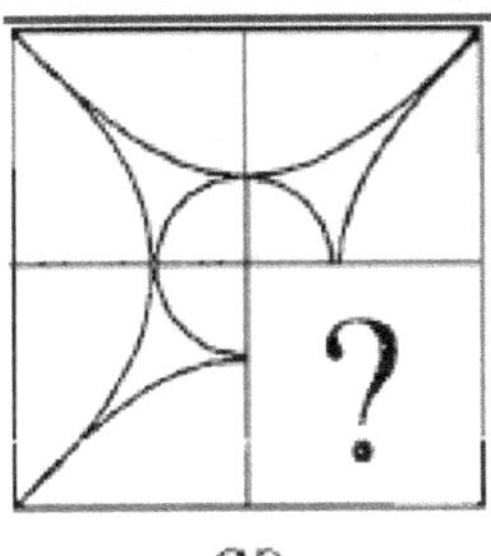
(X)

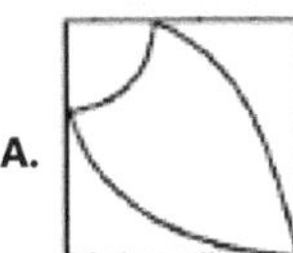
A.

B.

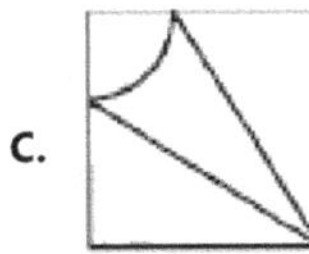
C.

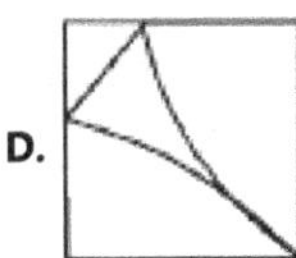
D.

**Q.68** कागज के एक टुकड़े को चित्र में दिखाए अनुसार मोड़ा और छेद किया गया है| दी गयी उत्तर आकृतियों में से उसे चुनिए जो यह प्रदर्शित करती है कि यह खुलने पर कैसा दिखाई देगा?

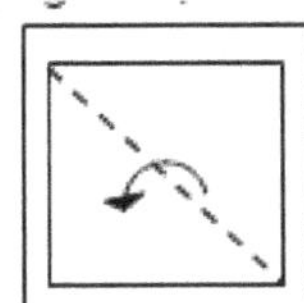
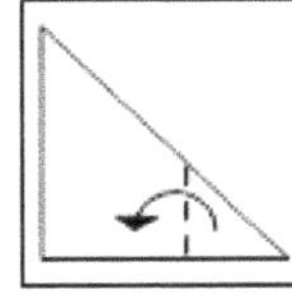
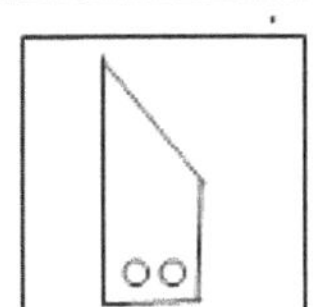

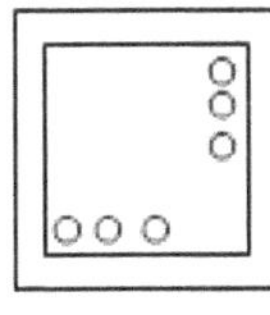
(A)

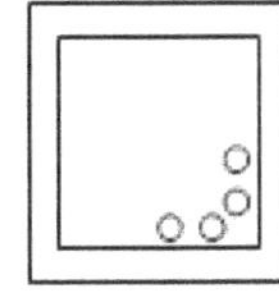
(B)

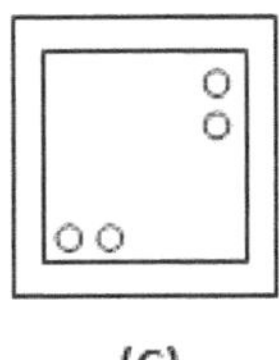
(C)

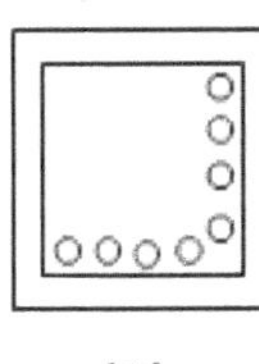
(D)

**A.** A　　**B.** B　　**C.** C　　**D.** D

**Q.69** नीचे के प्रश्न आकृतियों में दिखाए अनुसार कागज को मोड़कर छेदने तथा खोलने के बाद वह किस उत्तर आकृति जैसा दिखाई देगा?

प्रश्न आकृति

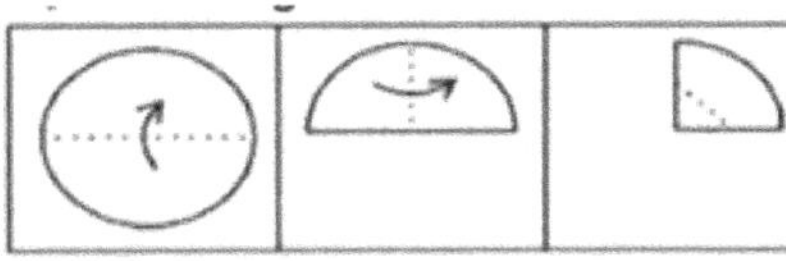

उत्तर आकृति

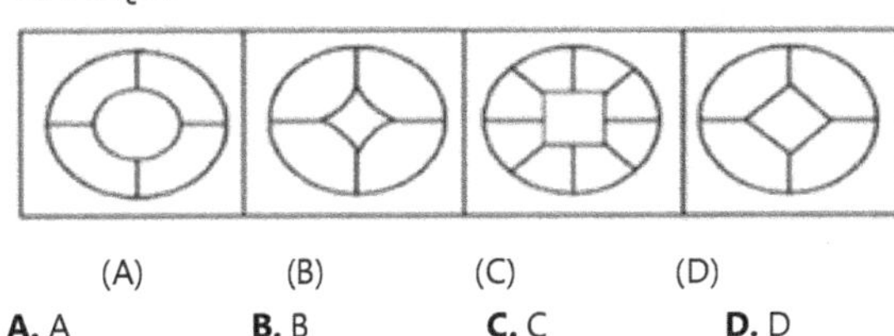
(A)　　(B)　　(C)　　(D)

**A.** A　　**B.** B　　**C.** C　　**D.** D

**Q.70** नीचे के प्रश्न आकृतियों में दिखाए अनुसार कागज को मोड़कर छेदने तथा खोलने के बाद वह किस उत्तर आकृति जैसा दिखाई देगा?

प्रश्न आकृति

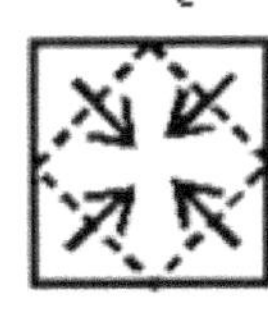

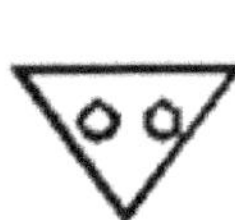

उत्तर आकृति

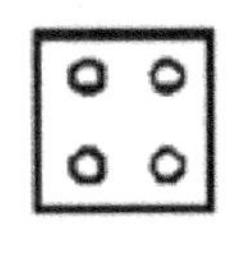
(A)

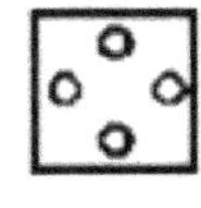
(B)

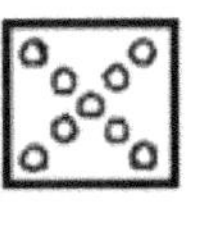
(C)

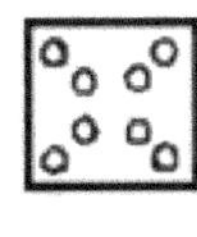
(D)

**A.** A　　**B.** B　　**C.** C　　**D.** D

## Science and Simple Arithmetic

**Q.71** अगर $a^{\frac{1}{3}} + b^{\frac{1}{3}} + c^{\frac{1}{3}} = 0$, फिर $a, b, c$ के मध्य सम्बन्ध होगा:

**A.** $a + b + c = 0$

**B.** $(a + b + c)^3 = 27abc$

**C.** $a + b + c = 3abc$

**D.** $a^3 + b^3 + c^3 = 0$

**Q.72** अगर $p \times q = p + q + \dfrac{p}{q}$, तो $8 \times 2$ का मान है?

**A.** 6    **B.** 10    **C.** 14    **D.** 16

**Q.73** अगर $t^2 - 4t + 1 = 0$, तो $t^3 + \dfrac{1}{t^3}$ का मान है?

**A.** 44    **B.** 48    **C.** 52    **D.** 64

**Q.74** नीचे दिए गए चित्र में, $MN$ केंद्र $O$ वाले वृत्त की एक स्पर्श रेखा है। यदि $\angle NPQ = 55°$ है, तो $\angle POQ$ का मान ज्ञात कीजिये।

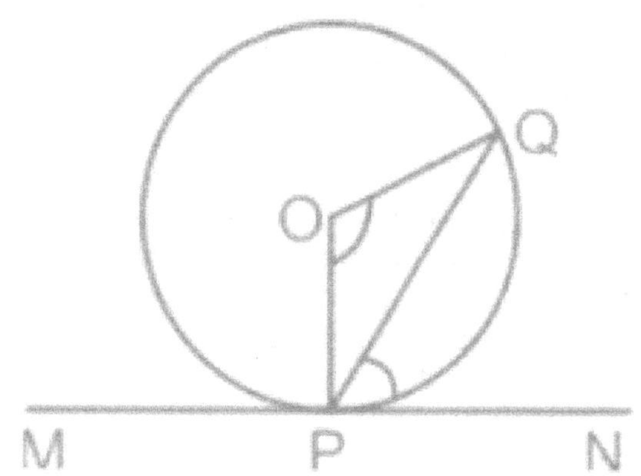


**A.** 70°    **B.** 90°    **C.** 110°    **D.** 130°

**Q.75** निम्नलिखित आकृति में $x$ का मान है:

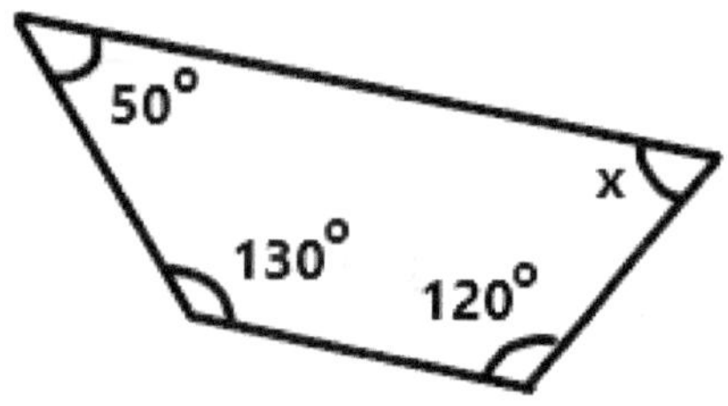


**A.** 120°    **B.** 60°    **C.** 90°    **D.** 80°

**Q.76** 8 भुजाओं वाले बहुभुज को कहा जाता है:

**A.** षट्भुज    **B.** नवभुज    **C.** दसभुज    **D.** अष्टभुज

**Q.77** 24 सेमी के आधार और 16 सेमी की ऊंचाई वाले एक समानांतर चतुर्भुज का क्षेत्रफल ज्ञात कीजिए।

**A.** 262 सेमी²    **B.** 384 सेमी²    **C.** 192 सेमी²    **D.** 131 सेमी²

**Q.78** (2sinθ + 3cos is) का अधिकतम मान है?

**A.** 2    **B.** $\sqrt{13}$    **C.** $\sqrt{12}$    **D.** 1

**Q.79** $\sin^4\theta + \cos^4\theta$ का अधिकतम मान होगा?

**A.** 2    **B.** 3    **C.** $\dfrac{1}{2}$    **D.** 1

**Q.80** 8 सेमी भुजा वाले एक वर्ग में बनाए जा सकने वाले वृत्त का क्षेत्रफल क्या होगा?

**A.** $36\pi$ सेमी ²    **B.** $16\pi$ सेमी ²

**C.** $12\pi$ सेमी ²    **D.** $9\pi$ सेमी ²

**Ques (81-85):निर्देश:** निम्न तालिका का अध्ययन करें और उसके आधार पर प्रश्न का उत्तर दें।

दिए गए वर्षों में एक कम्पनी का वार्षिक व्यय (लाख रुपए में)

| वर्ष | व्यय की मदें | | | | |
| --- | --- | --- | --- | --- | --- |
| | वेतन | ईंधन और यातायात | बोनस | ऋण पर ब्याज | कर |
| 1998 | 288 | 98 | 3.00 | 23.4 | 83 |
| 1999 | 342 | 112 | 2.52 | 32.5 | 108 |
| 2000 | 324 | 101 | 3.84 | 41.6 | 74 |
| 2001 | 336 | 133 | 3.68 | 36.4 | 88 |
| 2002 | 420 | 142 | 3.96 | 49.4 | 98 |

**Q.81** प्रति वर्ष ब्याज की औसत राशि क्या है जो कंपनी को इस अवधि के दौरान चुकानी पड़ी?

**A.** रु. 32.43 लाख    **B.** रु. 33.72 लाख

**C.** रु. 34.18 लाख    **D.** रु. 36.66 लाख

**Q.82** दी गई अवधि के दौरान कंपनी द्वारा दिए गए बोनस की कुल राशि, इस अवधि के दौरान दिए गए वेतन की कुल राशि का लगभग कितना प्रतिशत है?

**A.** 0.1%    **B.** 0.5%    **C.** 1%    **D.** 1.25%

**Q.83** 1998 में इन सभी वस्तुओं पर कुल व्यय 2002 में कुल व्यय का लगभग कितना प्रतिशत था?

**A.** 62%    **B.** 66%    **C.** 69%    **D.** 71%

**Q.84** वर्ष 2000 के दौरान इन मदों पर कंपनी का कुल व्यय है?

**A.** रु 544.44 लाख    **B.** रु 501.11 लाख

**C.** रु 446.46 लाख    **D.** रु 478.87 लाख

**Q.85** सभी वर्षों के लिए करों पर कुल व्यय और क्रमशः सभी वर्षों के लिए ईंधन और परिवहन पर कुल व्यय के बीच का अनुपात अनुमानित है?

**A.** 4: 7    **B.** 10:13    **C.** 15:18    **D.** 5: 8

**Q.86** इनमें से कौन सी धातु कमरे के तापमान पर तरल के रूप में विद्यमान रहती है?

**A.** सोडियम    **B.** पारा    **C.** गैलियम    **D.** सीज़ियम

**Q.87** आकाश किसके कारण नीला दिखाई देता है ?

**A.** प्रसार    **B.** अपवर्तन    **C.** प्रकीर्णन    **D.** प्रतिबिंब

**Q.88** निम्न में से कौन सा शहरो की रसोई में सबसे पसंदीदा ईंधन है?

**A.** लकड़ी    **B.** कण्डा    **C.** कोयला    **D.** एलपीजी

**Q.89** इनमें से कौन सा अजैव घटक का उदाहरण है?

**A.** कवक    **B.** मिट्टी    **C.** हरे पौधे    **D.** जानवर

**Q.90** रेटिना पर किस प्रकार की प्रतिबिम्ब बनती है?

**A.** वास्तविक और उल्टा    **B.** वास्तविक और सीधा

**C.** आभासी और उल्टा    **D.** आभासी और सीधा

**Q.91** _________ एक पत्ती है, जहां शाखाएं मध्य शिरा के साथ व्यवस्थित की जाती हैं।

**A.** छिद्रित संयुक्त पत्ती    **B.** हस्त रूप संयुक्त पत्ती

**C.** संयुक्त पत्ती    **D.** साधारण पत्ती

**Q.92** ऊँचाई वाले स्थानों पर रहने वाले लोगों में लाल रक्त कोशिकाओं की संख्या बढ़ जाती है क्योंकि _____

A. पर्वतों पर ऑक्सीजन की मात्रा कम होती है।
B. शरीर को गर्म करने के लिए अधिक ऊष्मा की आवश्यकता होती है।
C. पर्वतीय वायु में कीटाणु नहीं होते।
D. पर्वतों पर अधिक ऑक्सीजन प्राप्त होती है।

**Q.93** मृदा अपरदन को किससे रोका जा सकता है:
A. पक्षियों की संख्या में वृद्धि करके
B. वृक्षारोपण द्वारा
C. वनस्पति हटाकर
D. अतिचारण द्वारा

**Q.94** जब अल्कोहॉल हवा में जलती है, तो ऊर्जा किस रूप में मुक्त होती है?
A. ऊष्मा तथा प्रकाश
B. केवल ऊष्मा
C. केवल प्रकाश
D. प्रकाश तथा ध्वनि

**Q.95** किसी वस्तु मे ___ की मात्रा की माप भार होती होता है।
A. घनत्व
B. भार
C. पदार्थ
D. गुरुत्वाकर्षण

**Q.96** द्रव्यमान किसी वस्तु पर ______ के बल का मान है।
A. घनत्व
B. द्रव्यमान
C. पदार्थ
D. गुरुत्वाकर्षण

**Q.97** हाइड्रोजन आयन $H^+$, के समान है:
A. न्यूट्रॉन
B. इलेक्ट्रॉन
C. प्रोटॉन
D. हाइड्रॉक्साइड आयन

**Q.98** जो वस्तुएं स्वयं के प्रकाश का उत्सर्जन करती हैं, उन्हें ________ कहा जाता है।

*[MP Police (Constable), 2017]*

A. प्रदीप्त वस्तु
B. वस्तुओं को प्रतिबिंबित करना
C. अपारदर्शी वस्तुएँ
D. चमकदार वस्तुएँ

**Q.99** नाभिकीय ऊर्जा संयत्र के रिएक्टर में ऊर्जा किस प्रक्रिया से उत्पन्न होती है :
A. नाभिकीय अवशोषण
B. नाभिकीय विखंडन
C. नाभिकीय उत्सर्जन
D. नाभिकीय संलयन

**Q.100** यदि पोटेशियम परमैंगनेट के एक क्रिस्टल को बीकर युक्त पानी में रखा जाता है, तो पानी कुछ समय बाद गुलाबी हो जाता है। इस अवलोकन के माध्यम से पदार्थ की क्या विशेषता अनुमानित होती है?
A. दबाव पड़ने पर ठोस पदार्थ के कण आसानी से टूट जाते हैं।
B. पदार्थ के कणो के बीच में जगह होती है।
C. ठोस के कण कसकर बंधे होते हैं और वे कठोर होते हैं।
D. तरल के कण शिथिल होते हैं और वे प्रवाह कर सकते हैं।

# // स्मार्ट उत्तर पुस्तिका //

**सही उत्तर** — उन छात्रों के प्रतिशत को इंगित करता है जिन्होंने प्रश्नों का सही उत्तर दिया था।

**छोड़ दिया** — उन छात्रों के प्रतिशत को इंगित करता है जिन्होंने प्रश्नों को छोड़ दिया था।

| प्रश्न संख्या | उत्तर | सही उत्तर / छोड़ दिया | प्रश्न संख्या | उत्तर | सही उत्तर / छोड़ दिया | प्रश्न संख्या | उत्तर | सही उत्तर / छोड़ दिया | प्रश्न संख्या | उत्तर | सही उत्तर / छोड़ दिया | प्रश्न संख्या | उत्तर | सही उत्तर / छोड़ दिया |
|---|---|---|---|---|---|---|---|---|---|---|---|---|---|---|
| 1 | A | 49.37 % / 1.33 % | 17 | A | 81.23 % / 0.0 % | 33 | A | 84.54 % / 0.0 % | 49 | A | 65.2 % / 1.93 % | 65 | B | 54.48 % / 1.11 % |
| 2 | C | 64.26 % / 1.1 % | 18 | A | 61.71 % / 1.93 % | 34 | B | 84.56 % / 0.0 % | 50 | C | 61.05 % / 1.67 % | 66 | D | 58.95 % / 1.09 % |
| 3 | A | 11.23 % / 4.73 % | 19 | A | 79.75 % / 0.0 % | 35 | B | 76.19 % / 0.0 % | 51 | D | 45.97 % / 1.96 % | 67 | B | 66.16 % / 1.17 % |
| 4 | B | 47.2 % / 1.71 % | 20 | D | 49.25 % / 1.54 % | 36 | A | 85.4 % / 0.0 % | 52 | A | 62.01 % / 1.14 % | 68 | D | 17.41 % / 4.5 % |
| 5 | B | 78.02 % / 0.0 % | 21 | A | 84.23 % / 0.0 % | 37 | C | 43.4 % / 1.18 % | 53 | C | 64.28 % / 1.69 % | 69 | D | 56.74 % / 1.36 % |
| 6 | A | 86.54 % / 0.0 % | 22 | C | 88.04 % / 0.0 % | 38 | C | 46.47 % / 1.29 % | 54 | B | 49.79 % / 1.11 % | 70 | D | 19.52 % / 4.5 % |
| 7 | B | 85.12 % / 0.0 % | 23 | A | 76.76 % / 0.0 % | 39 | B | 58.78 % / 1.47 % | 55 | C | 89.77 % / 0.0 % | 71 | D | 11.3 % / 4.96 % |
| 8 | D | 78.55 % / 0.0 % | 24 | B | 48.34 % / 1.5 % | 40 | D | 54.16 % / 1.08 % | 56 | B | 87.82 % / 0.0 % | 72 | A | 80.28 % / 0.0 % |
| 9 | A | 78.59 % / 0.0 % | 25 | D | 76.33 % / 0.0 % | 41 | D | 76.39 % / 0.0 % | 57 | B | 52.1 % / 1.55 % | 73 | C | 16.97 % / 4.92 % |
| 10 | C | 60.44 % / 1.33 % | 26 | C | 59.17 % / 1.09 % | 42 | A | 69.91 % / 1.26 % | 58 | A | 81.91 % / 0.0 % | 74 | C | 58.4 % / 1.49 % |
| 11 | A | 80.19 % / 0.0 % | 27 | A | 47.41 % / 1.5 % | 43 | A | 61.13 % / 1.72 % | 59 | B | 54.37 % / 1.41 % | 75 | B | 80.96 % / 0.0 % |
| 12 | B | 22.88 % / 4.75 % | 28 | A | 79.95 % / 0.0 % | 44 | A | 64.67 % / 1.99 % | 60 | C | 61.97 % / 1.43 % | 76 | D | 85.89 % / 0.0 % |
| 13 | B | 48.55 % / 1.01 % | 29 | A | 13.85 % / 3.46 % | 45 | C | 41.36 % / 1.5 % | 61 | A | 23.16 % / 3.06 % | 77 | B | 87.72 % / 0.0 % |
| 14 | C | 62.59 % / 1.38 % | 30 | B | 67.13 % / 1.82 % | 46 | C | 54.82 % / 1.81 % | 62 | C | 64.86 % / 1.39 % | 78 | B | 52.98 % / 1.77 % |
| 15 | B | 80.58 % / 0.0 % | 31 | A | 87.29 % / 0.0 % | 47 | C | 31.34 % / 4.27 % | 63 | A | 49.0 % / 1.74 % | 79 | D | 46.85 % / 1.4 % |
| 16 | C | 63.15 % / 1.57 % | 32 | D | 47.15 % / 1.97 % | 48 | A | 51.2 % / 1.76 % | 64 | A | 54.25 % / 1.59 % | 80 | B | 45.22 % / 1.93 % |

| प्रश्न संख्या | उत्तर | सही उत्तर / छोड़ दिया |
|---|---|---|
| 81 | D | 40.65 % |
| | | 1.36 % |
| 82 | C | 66.75 % |
| | | 1.25 % |
| 83 | C | 68.11 % |
| | | 1.63 % |
| 84 | A | 44.97 % |
| | | 1.97 % |

| प्रश्न संख्या | उत्तर | सही उत्तर / छोड़ दिया |
|---|---|---|
| 85 | B | 55.48 % |
| | | 1.12 % |
| 86 | B | 67.83 % |
| | | 1.98 % |
| 87 | C | 82.54 % |
| | | 0.0 % |
| 88 | D | 44.72 % |
| | | 1.01 % |

| प्रश्न संख्या | उत्तर | सही उत्तर / छोड़ दिया |
|---|---|---|
| 89 | B | 49.1 % |
| | | 1.45 % |
| 90 | A | 46.26 % |
| | | 1.76 % |
| 91 | A | 53.22 % |
| | | 1.3 % |
| 92 | A | 44.23 % |
| | | 1.38 % |

| प्रश्न संख्या | उत्तर | सही उत्तर / छोड़ दिया |
|---|---|---|
| 93 | B | 57.76 % |
| | | 1.06 % |
| 94 | A | 87.95 % |
| | | 0.0 % |
| 95 | C | 86.8 % |
| | | 0.0 % |
| 96 | D | 77.42 % |
| | | 0.0 % |

| प्रश्न संख्या | उत्तर | सही उत्तर / छोड़ दिया |
|---|---|---|
| 97 | C | 65.6 % |
| | | 1.51 % |
| 98 | D | 51.04 % |
| | | 1.67 % |
| 99 | B | 60.29 % |
| | | 1.44 % |
| 100 | B | 68.08 % |
| | | 1.55 % |

## कार्य विश्लेषण

| कार्य विश्लेषण | |
|---|---|
| औसत अंक ( % ) | 32.0% |
| टॉपर्स स्कोर ( % ) | 55.0% |
| आपका स्कोर | |

# //संकेत और समाधान//

**1.** चट्टोपाध्याय का पहला उपन्यास एक अंग्रेजी, राजमोहन की पत्नी (1864) था और उन्होंने अपने धार्मिक और दार्शनिक निबंध भी अंग्रेजी में लिखना शुरू किया था। वन्दे मातरम् एक बंगाली कविता है जिसे बंकिम चंद्र चट्टोपाध्याय ने 1870 के दशक में लिखा था और पहली बार रवींद्रनाथ टैगोर द्वारा गाया गया था। यह कविता राजनीतिक सक्रियता और 1905 में स्वदेशी आंदोलन के लिए एक लोकप्रिय मार्चिंग गीत बन गई। बंकिम चंद्र चट्टोपाध्याय के अन्य उपन्यासों में (सभी भाषाएं) शामिल हैं - आनंदमठ, वंदे-मातरम, दुर्गेशानंदिनी, कपालकुंडला, देवी चौधरानी, आदि।

अतः विकल्प (A) सही है।

**2.** चंडीमंगल एक प्रकार का मंगलकाव्य है जो सोलहवीं शताब्दी में लिखा गया था और यह बंगाली साहित्य की एक महत्वपूर्ण संपत्ति है।

- कविकानन मुकुंदरम चक्रवर्ती का चंडीमंगल देवी चंडी की कहानियों का वर्णन करने वाला एक महाकाव्य है।

- पुस्तक में मनुष्य के बीच खुद को एक संप्रदाय के रूप में स्थापित करने हेतु उसके निरंतर संघर्ष का वर्णन है।

- काव्य की तीन पुस्तकें देवी चंडी की विभिन्न अभिव्यक्तियों को स्थापित करने का प्रयास करती हैं।

- साहित्यिक परंपरा लोक है और जो आज भी पूर्व आर्य संस्कारों के माध्यम से ग्रामीण महिलाओं के बीच प्रचलित है।

- इनमें पंचालियाँ शामिल हैं - देवता की महिमा का जश्न मनाने वाला एक लंबा आख्यान, और व्रत कथा - एक स्वर के प्रदर्शन पर तुकबंदी कीर्तन शामिल है।

अतः विकल्प (C) सही है।

**3.** भारतीय शटलर मिथुन मंजूनाथ ने बैडमिंटन टूर्नामेंट ऑरलियन्स मास्टर्स 2022 में पुरुष एकल में रजत पदक जीता है। 29 मार्च से 3 अप्रैल 2022 तक ऑरलियन्स, फ्रांस में आयोजित एक बैडमिंटन टूर्नामेंट। अपने पहले बीडब्ल्यूएफ फाइनल में खेलते हुए, 79वें रैंक के भारतीय शटलर को पैलेस डेस स्पोर्ट्स एरिना में दुनिया के 32वें नंबर के फ्रेंचमैन टोमा जूनियर पोपोव से 11-21, 19-21 से हार का सामना करना पड़ा।

अतः विकल्प (A) सही है।

**4.** केंद्रीय ग्रामीण विकास मंत्रालय के तहत एक स्वायत्त संगठन, नेशनल इंस्टीट्यूट ऑफ रूरल डेवलपमेंट एंड पंचायती राज (NIRDPR) ने हाल ही में 'कम्युनिकेशन रिसोर्स यूनिट' की स्थापना के लिए यूनिसेफ (संयुक्त राष्ट्र अंतर्राष्ट्रीय बाल आपातकालीन कोष) के साथ भागीदारी की है।

अतः विकल्प (B) सही है।

**5.** गोदावरी नदी, गंगा नदी के बाद भारत की दूसरी सबसे लंबी नदी और प्रायद्वीपीय नदियों में से सबसे बड़ी है। गोदावरी नदी को अक्सर प्रायद्वीपीय नदियों के बीच बड़े आकार और सीमा के कारण वृद्धा गंगा के रूप में जाना जाता है।

अतः विकल्प (B) सही है।

**6.** कुंजी लाल दुबे एक भारतीय स्वतंत्रता कार्यकर्ता, वकील, शिक्षाविद, और मध्य प्रदेश के राजनीतिज्ञ थे। वह रानी दुर्गावती विश्वविद्यालय के पहले कुलपति और नागपुर विश्वविद्यालय के कुलपति थे। उन्होंने मध्य प्रदेश विधानसभा के पहले अध्यक्ष के रूप में कार्य किया।

अतः विकल्प (A) सही है।

**7.** 'डांडिया' गुजरात का एक पारंपरिक लोक नृत्य है जो नवरात्रि के त्योहार के दौरान किया जाता है। नर्तक दुर्गा को देवत्व के स्त्री रूप का सम्मान देते हैं। हिंदू दृष्टिकोण के प्रतीक के रूप में समय का एक चक्र में प्रदर्शन किया जाता

है जो चक्रीय है - जन्म से लेकर जीवन तक, मृत्यु तक, और पुनर्जन्म तक, एकमात्र चीज जो निरंतर है वह देवी है।

अतः विकल्प (B) सही है।

**8.** कथकली न केवल केरल में बल्कि भारत में भी सबसे लोकप्रिय नृत्य रूपों में से एक है। इस 300 साल पुराने शास्त्रीय नृत्य की इसकी अनूठी नृत्य गतिविधियाँ, सारभूत मुद्राएं (हथेली और हाथ की गति), उल्लेखनीय वेशभूषा और भावों के माध्यम से मानवीय भावनाओं की शानदार प्रस्तुति होती है।

अतः विकल्प (D) सही है।

**9.** तवा नहर मध्य भारत में तवा नदी पर एक जलाशय है। यह मध्य प्रदेश राज्य के होशंगाबाद जिले के इटारसी में स्थित है। जलाशय का निर्माण तवा बांध के निर्माण से हुआ, जो 1958 में शुरू हुआ और 1978 में पूरा हुआ।

अतः विकल्प (A) सही है।

**10.** मांगी-तुंगी एक जुड़वां-शिखर वाली चोटी है, जो कि महाराष्ट्र के नासिक जिले में स्थित एक पठार के साथ है। असीरगढ़ का किला बुरहानपुर जिले में, रायसेन जिले में गिन्नौरगढ़ किला स्थित है जबकि गढ़ कुंडार टीकमगढ़ जिले में एक किला है।

अतः विकल्प (C) सही है।

**11.** मध्य प्रदेश में दस नदी घाटियाँ हैं क्योंकि राज्य से दस प्रमुख नदियाँ निकलती हैं। जैसा कि मध्य प्रदेश भारत के केंद्र में स्थित है, अधिकांश नदियाँ अंतरराज्यीय नदियाँ हैं।

इनमें से सबसे लम्बी नदी नर्मदा है। जो कि पश्चिम की ओर प्रवाहित होते हुए अरब सागर में गिरती है।

अतः विकल्प (A) सही है।

**12.** यह पश्चिमी ओडिशा का सबसे महत्वपूर्ण त्योहार है और यह ज्योतिषियों द्वारा निर्धारित शुभ दिन पर भद्रा के महीने के उज्ज्वल आधे भाग में होता है। हालांकि यह त्योहार साल के नए चावल खाने के लिए है, लेकिन इसे सामान्य त्योहार के रूप में मनाया जाता है। इस अवसर पर, नए चावल को दूध और चीनी (क्षीरी) के साथ पकाया जाता है और फिर देवी लक्ष्मी को भोग के रूप में चढ़ाया जाता है।

अतः विकल्प (B) सही है।

**13.** नटराज के रूप में शिव की प्रसिद्ध नृत्य आकृति विकसित हुई और पूरी तरह से चोल काल के दौरान विकसित हुई और तब से इस जटिल कांस्य छवि के कई रूपों को ढाला गया है। तमिलनाडु के तंजावुर (तंजौर) क्षेत्र में शिव प्रतिमा-विद्या की एक विस्तृत श्रृंखला विकसित की गई थी।

अतः विकल्प (B) सही है।

**14.** गांधी ने खेड़ा जिले के किसानों को समर्थन देने के लिए इस आंदोलन का आयोजन किया। खेड़ा के लोग फसल खराब होने और प्लेग की महामारी के कारण अंग्रेजों द्वारा लगाए गए उच्च करों का भुगतान करने में असमर्थ थे।

अतः विकल्प (C) सही है।

**15.** कर्क रेखा भारत को लगभग दो समान भागों में विभाजित करती है।

भूमध्य रेखा के उत्तर में कर्क रेखा 23d 26 '22' (23.4394 डिग्री) पर स्थित है और सबसे उत्तरतम अक्षांश को चिह्नित करती है, जिस पर सूर्य दोपहर के समय सीधे सिर के ऊपर दिखाई देता है।

अतः विकल्प (B) सही है।

**16.** अनुच्छेद 32 ने मौलिक अधिकारों के प्रवर्तन से संबंधित मामलों के लिए सर्वोच्च न्यायालय को मूल अधिकार क्षेत्र दिया है। सर्वोच्च न्यायालय को निर्देश, आदेश, या रिट जारी करने के लिए अधिकार दिया जाता है, जिसमें उन्हें लागू करने के लिए बंदी प्रत्यक्षीकरण, परमादेश, प्रतिषेध, अधिकारपृच्छा और उत्प्रेषण की प्रकृति में रिट शामिल है।

अतः विकल्प (C) सही है |

**17.** भारत के संविधान के अनुच्छेद 56 (1) (बी) के अनुसार, राष्ट्रपति को भारत के संविधान के उल्लंघन के लिए संसद द्वारा महाभियोग की प्रक्रिया से उसके कार्यालय से हटाया जा सकता है।

अतः विकल्प (A) सही है|

**18.** "इंद्रावती राष्ट्रीय उद्यान - छत्तीसगढ़" सही सुमेलित है।

अन्य दिए गए विकल्प का सही सुमेल है-

पिन वैली नेशनल पार्क - हिमाचल प्रदेश

गोविंद वन्यजीव अभयारण्य - उत्तराखंड

कलेसर नेशनल पार्क - हरियाणा

अतः विकल्प (A) सही है।

**19.** नागरहोल राष्ट्रीय उद्यान कर्नाटक में कोडागु जिले और मैसूर जिले में स्थित एक राष्ट्रीय उद्यान है। यह बांदीपुर टाइगर रिज़र्व और वायनाड वन्यजीव अभयारण्य के साथ भारत के प्रमुख टाइगर रिज़र्व में से एक है।

अतः विकल्प (A) सही है|

**20.** स्पैनिश अमूर्तवादी पाब्लो पिकासो ने सामाजिक समस्याओं पर तेजी से प्रतिक्रिया की, उनके कार्यों ने उनके विचारों को दर्शाया। उनकी सबसे प्रसिद्ध पेंटिंग में से एक गुएर्निका। यह चित्र कलाकार की विश्वदृष्टि को दर्शाता है, दुनिया की उसकी दृष्टि और उसके आसपास की घटनाओं के प्रति दृष्टिकोण को व्यक्त करता है।

अत: विकल्प (D) सही है।

**21.** गोलकोंडा किला एक किलेबंद गढ़ और कुतुब शाही वंश की एक प्रारंभिक राजधानी है, जो हैदराबाद, तेलंगाना में स्थित है।

अतः विकल्प (A) सही है।

**22.** बुर्ज अल अरब का टॉवर है जो दुबई, संयुक्त अरब अमीरात में स्थित है।

जुमेराह बीच से 280 मीटर दूर एक मानव निर्मित द्वीप पर स्थित, बुर्ज अल अरब एक शानदार होटल है जो दुनिया का चौथा सबसे लंबा होटल है। 321 मी के पैमाने के साथ यह होटल 1999 में खोला गया था और इसे जहाज के पाल से मिलता जुलता बनाया गया था।

अतः विकल्प (C) सही है।

**23.** दिसपुर को छोड़कर बाकी सभी देश हैं। दिसपुर भारतीय राज्य असम की राजधानी है।

अतः विकल्प (A) सही है।

**24.** चाक को छोड़कर सभी फसलों से प्राप्त किए जाते हैं।

अतः विकल्प (D) सही है।

**25.** दिए गए प्रश्न के अनुसार, साइमन के पिता की केवल बहन साइमन की चाची है, इसलिए महिला साइमन की चाची की बेटी है। इसका मतलब यह है कि महिला साइमन की चचेरी बहन है।

अतः विकल्प (D) सही है।

**26.** सब्जी उत्पादन करने की प्रक्रिया,

4) बीज

1) बोना

6) पौधा

3) सब्जियाँ

2) पकाना

5) भोजन करना

सही क्रम = 4,1,6,3,2,5

अतः विकल्प (C) सही है।

**27.** सेमिनार को छोड़कर, सभी में 'सेमी' 'अर्द्ध' को इंगित करता है।

अतः विकल्प (A) सही है।

**28.**

अतः विकल्प (A) सही है।

**29.** उपरोक्त कोडिंग के लिए पैटर्न निम्नानुसार है:

इसी तरह,

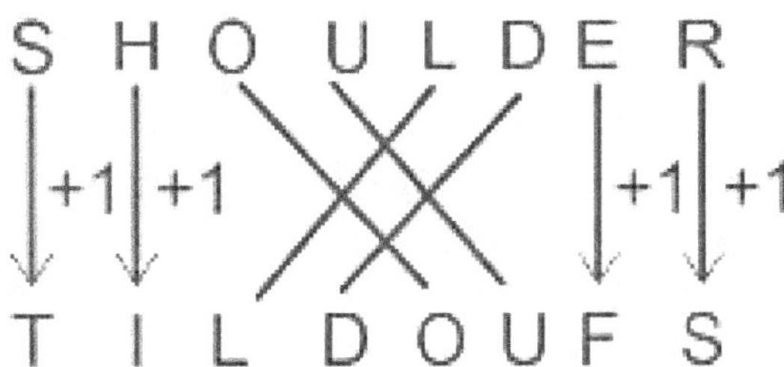


अतः विकल्प (A) सही है।

**30.**

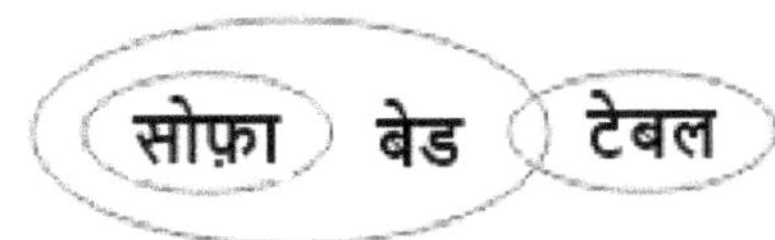


अतः विकल्प (B) सही है।

**31.** यह एक सरल वैकल्पिक घटने वाली श्रृंखला है, जिसमें एक बार 2 घट रहा है उसके बाद 5 घट रहा है।

31 - 2 = 29, 29 - 5 = 24, 24 - 2 = 22, 22 - 5 = 17, 17 - 2 = 15

अतः विकल्प (A) सही है।

**32.** दी गई श्रेणी अभाज्य संख्याओं के आरोही क्रम को दर्शाती है, अब हमें लुप्त हुई 29 प्राप्त होती है।

11, 13, 17, 19, 23, 29, 31

अतः विकल्प (D) सही है।

**33.**

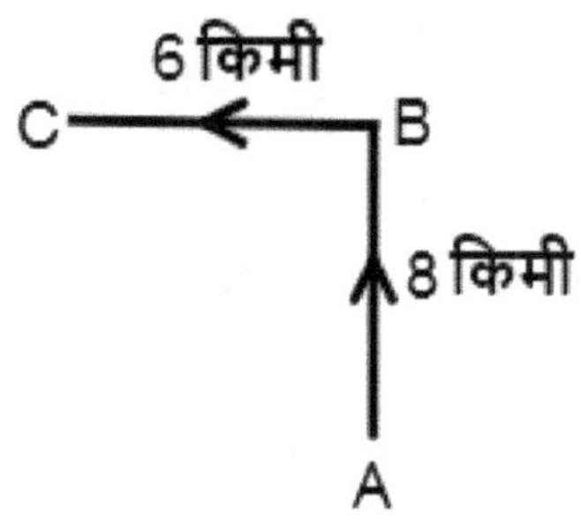



आवश्यक दूरी $= AC$

$= \sqrt{(8^2 + 6^2)}$

$= \sqrt{(64 + 36)}$

$= 10$ किमी

अतः विकल्प (A) सही है।

**34.**

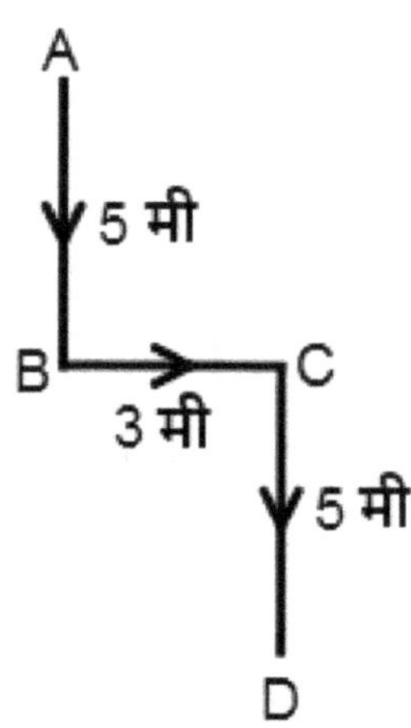



अब अंत में X का मुख दक्षिण दिशा की ओर होगा।

अतः विकल्प (B) सही है।

**35.** "इज़राइल - अम्मान" की जोड़ी सही सुमेलित नहीं है।

इज़राइल की राजधानी जेरूसलम है और अम्मान, जॉर्डन की राजधानी है।

अतः विकल्प (B) सही है।

**36.** मेरी माँ की इकलौती बेटी → खुद।

तो स्त्री पुरुष की मां है।

अतः विकल्प (A) सही है।

**37.** दायीं ओर की समरूपता में

$5 \times 3 + 9 = 24$

इसी प्रकार,

$8 \times 3 + 9 = 33$

अतः विकल्प (C) सही है।

**38.** जिस तरह तोता पिंजरे में कैद होता है उसी प्रकार मनुष्य जेल में कैद किया जाता है।

अतः विकल्प (C) सही है।

**39.**

इस प्रकार, A, B और C के बीच में बैठा है।

अतः विकल्प (B) सही है।

**40.** देवेंद्र झाझरिया देश के तीसरे सर्वोच्च नागरिक पुरस्कार पद्म भूषण प्राप्त करने वाले पहले पैरा-एथलीट बने। झाझरिया ने कई पैरालंपिक पदक जीते हैं, जिसमें एथेंस में 2004 पैरालिंपिक में उनका पहला स्वर्ण, 2016 रियो खेलों में उनका दूसरा स्वर्ण और 2020 टोक्यो ओलंपिक में एक रजत पदक शामिल है।

अतः विकल्प (D) सही है।

**41.** प्रश्न के अनुसार:

$A : B = 1 : 2, B : C = 3 : 4, C : D = 6 : 9, D : E = 12 : 16$

हम जानते हैं कि तीन या अधिक मात्राओं के बीच अनुपात के सूत्र के अनुसार

$A : B : C = 3 : 6 : 8$

$A : B : C : D = 9 : 18 : 24 : 36$

$A : B : C : D : E = 9 : 18 : 24 : 36 : 48$

$A : B : C : D : E = 3 : 6 : 8 : 12 : 16$

अतः विकल्प (D) सही है।

**42.** माना कक्षाओं में छात्रों की संख्या क्रमशः $2x, 3x$ और $4x$,

कुल छात्र $= 2x + 3x + 4x = 9x$

प्रश्न के अनुसार,

$\dfrac{2x+12}{3x+12} = \dfrac{8}{11}$

या, $24x + 96 = 22x + 132$

या, $2x = 132 - 96$

या, $x = \dfrac{36}{2} = 18$

इसलिए, छात्रों की मूल संख्या,

$9x = 9 \times 18$

$= 162$

अतः सही विकल्प (A) है।

**43.** दिया है,

$a : b : c = 3 : 4 : 7$

$\Rightarrow 3x + 4x + 7x = 14x$

$\therefore a + b + c = 14x$

$\Rightarrow c = 7x$

∴ (a + b + c) : c

= 14x : 7x

= 2 : 1

अतः विकल्प (A) सही है।

**44.** कथन I. ऐसे विवाह के खिलाफ जाने का एक वैध कारण बताता है क्योंकि किसी भी व्यक्ति के स्वास्थ्य को खतरे में डालने वाली किसी भी चीज को प्रोत्साहित करना गलत है। इसलिए, I एक मजबूत तर्क है।

कथन II. एक मान्य तर्क नहीं है क्योंकि लंबे समय से पालन किए जा रहे रिवाज जरूरी नहीं कि यह अच्छा हो। केवल तर्क I मजबूत है।

अतः सही विकल्प (A) है।

**45.** मानव रक्त का रंग 'लाल' है और जैसा कि दिया गया है, 'लाल' को 'पीला' कहा जाता है।

तो, मानव रक्त का रंग 'पीला' है।

अतः सही विकल्प (C) है।

**46.** वाहनों की कुल संख्या $= 160$

70 लाल वाहन हैं, इस प्रकार बाकी 90 हरे वाहन हैं,

जिनमें से 18 हरे ट्रक हैं तो हमें प्राप्त होता है,

हरी कारें $= 90 - 18 = 72$

दी गई कारों की संख्या $= 120$

फिर, लाल कारों की संख्या,

$= 120 - 72$

$= 48$ लाल कारें

अतः सही विकल्प (C) है।

**47.** माना मिश्रण 1 लीटर है

वाइन : पानी $= 4 : 1$

∴ वाइन $= \frac{4}{5}$ लीटर और पानी $= \frac{1}{5}$ लीटर

अब, माना 'A' लीटर गिर गया,

गिरी हुई वाइन $= \frac{4}{4+1} \times A = \frac{4A}{5}$

निकला हुआ पानी $= \frac{1}{4+1} \times A = \frac{A}{5}$

अब, 'A' लीटर पानी मिलाया जाता है, इसलिए पानी की मात्रा $= \frac{1}{5} - \frac{A}{5} + A = \frac{1+4A}{5}$

वाइन की मात्रा $= \frac{4}{5} - \frac{4A}{5} = \frac{4-4A}{5}$

तथा, $\frac{\frac{4-4A}{5}}{\frac{1+4A}{5}} = \frac{3}{2}$

∴ $8 - 8A = 3 + 12A$

∴ $A = \frac{1}{4} = $ पानी की मात्रा मिलायी गयी।

अतः विकल्प (C) सही है।

**48.** प्रश्न के अनुसार,

दूध और पानी के मिश्रण का विक्रय मूल्य = 9 रुपये

लाभ $= 20\%$

इसलिए,

दूध और पानी के मिश्रण का क्रय मूल्य $= 9 \times \frac{100}{120} = 7.5$ रुपये

अब हम आवंटन का उपयोग उस अनुपात को ज्ञात करने के लिए करते हैं जिसमें पानी और दूध मिलाया जाता है।

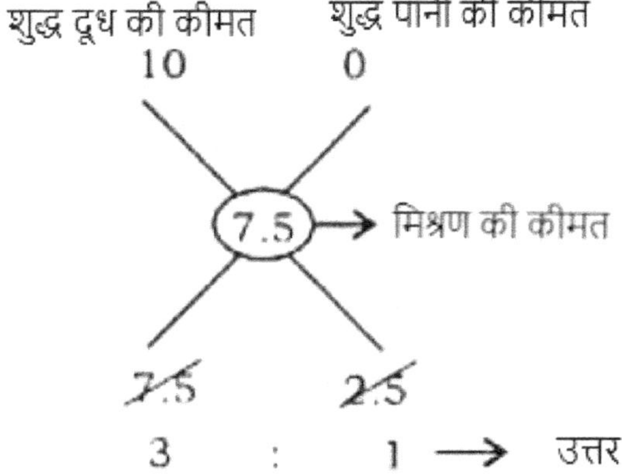


अतः विकल्प (A) सही है।

**49.** दूरी = गति × समय

पहले 3 घंटे में, 60 किमी / घंटा की गति से तय की दूरी $= 3 \times 60 = 180$ किमी

अगले 200 किमी के लिए 50 किमी / घंटा की गति से लिया गया समय = दूरी / समय

$= \frac{200}{50} = 4$ घंटे

कुल दूरी तय की = 180 + 200 = 380 किमी

दूरी शेष है = 500 - 380 = 120 किमी

तो, आवश्यक गति = शेष दूरी / शेष समय

∴ गति $= \frac{120}{3}$

= 40 किमी / घंटा

अतः सही विकल्प (A) है।

**50.** अनिल + बिनी = 2 × 20 = 40 वर्ष

बिनी + छाया = 2 × 19 = 38 वर्ष

छाया + अनिल = 2 × 21 = 42 वर्ष

तीनों को जोड़ने पर,

2 (अनिल + बिनी + छाया) = 40 + 38 + 42 = 120

अनिल + बिनी + छाया = 60

अनिल = (अनिल + बिनी + छाया) – (बिनी + छाया) = 60 – 38 = 22 वर्ष

इसी प्रकार,

बिनी = (अनिल + बिनी) – अनिल = 40 – 22 = 18 वर्ष

छाया = (छाया + अनिल) – अनिल = 42 – 22 = 20 वर्ष

अतः विकल्प (C) सही है।

**51.** किमी / घंटा को मीटर/सेकंड में बदलने के लिए $\frac{5}{18}$ से गुणा करते है।

स्पीड $= \left(60 \times \frac{5}{18}\right)$ मीटर/सेकंड $= \frac{50}{3}$ मीटर/सेकंड

ट्रन की लंबाई $=$ (गति $\times$ समय)

$\therefore$ टेन की लंबाई $= \left(\frac{50}{3} \times 9\right)$ मीटर $= 150$ मीटर

अतः विकल्प (D) सही है।

**52.** माना कि रीता की वर्तमान उम्र $x$ वर्ष है।

उसकी बेटी की उम्र $= \frac{x}{4}$ वर्ष

उनकी माँ की उम्र $= \frac{3x}{2}$ वर्ष

रीता की उम्र, उसकी बेटी और उसकी माँ की उम्र का कुल योग $= 154$

$x + \frac{x}{4} + \frac{3}{2}x = 154$

$\frac{4x + x + 6x}{4} = 154$

$11x = 154 \times 4$

$\mathbf{x} = 56$ वर्ष

रीता के माँ की उम्र $= \frac{3}{2} \times 56 = 84$ वर्ष

अंतर $= 84 - 56 = 28$ वर्ष

अतः विकलप (A) सही है।

**53.** हम जानते है कि,

$\frac{m_1 \times d_1 \times h_1}{w_1} = \frac{m_2 \times d_2 \times h_2}{w_2}$

$\frac{5 \times 6 \times 6}{10} = \frac{12 \times 8 \times d_2}{16}$

$d_2 = 3$ दिन

अतः विकल्प (C) सही है।

**54.** $A$ तथा $B$ द्वारा लिया गया समय का अनुपात $= 1:3$

समय का अंतर $(3 - 1) = 2$ दिन है जहाँ $B$ 3 दिन और $A$ 1 दिन लेता है।

यदि समय का अंतर 2 दिन है तो B 3 दिन लेता है।

यदि समय का अंतर 60 दिनों का है, $B\left(\frac{3}{2} \times 60\right) = 90$ दिन लेता है।

तो, $A$ को कार्य करने में 30 दिन लगते हैं।

1 दिन का काम $= \frac{1}{30}$

$B$ का 1 दिन का काम $= \frac{1}{90}$

$(A + B)$ का 1 दिन का काम $= \left(\frac{1}{30} + \frac{1}{90}\right) = \frac{4}{90}$

$= \frac{45}{2}$

$\therefore A$ तथा $B$ साथ में काम कर सकते है $= \frac{45}{2} = 22\frac{1}{2}$ दिन

अतः विकल्प (B) सही है।

**55.** 4-अंको की सबसे बड़ी संख्या 9999 है।

15, 25, 40 और 75 का लघुतम समापवर्त्य 600 है।

9999 को 600 से विभाजित करने पर, शेष 399 है।

आवश्यक संख्या

$= (9999 - 399)$

$= 9600$

अतः विकल्प (C) सही है।

**56.** दिया हुआ है: दर और वर्ष के दो मूल्यों के लिए योग के बीच अंतर $= 48$ रु

माना कि, राशि $x$ रु है।

साधारण ब्याज के लिए सूत्र है $= \frac{P \times R \times T}{100}$

$\therefore \frac{x \times 4 \times 6}{100} - \frac{x \times 5 \times 4}{100} = 48$

$\Rightarrow 4x = 4800$

$\Rightarrow x = 1200$ रु

अतः सही विकल्प (B) है।

**57.** मन की कुल राशि का योग है $= P$,

सरल और चक्रवृद्धि ब्याज के बीच आवश्यक अनुपात है,

$P\left[\left(1 + \frac{8}{100}\right)^2 - 1\right] : \frac{P \times 10 \times 3}{100}$

$\left[\left(\frac{27}{25}\right)^2 - 1\right] : \frac{48}{100} = \frac{729 - 625}{625} : \frac{48}{100}$

$\Rightarrow \frac{104}{625} : \frac{48}{100} = 26 : 75$

अतः सही विकल्प (B) है।

**58.** मान ले उसकी आय $x$ है,

यदि हम सभी खर्चों पर विचार करें $20\% + 60\% + 10\% = 90\%$

बचा हुआ $100\%$ वेतन से, $90\%$ अपने पर खर्च किया,

इसलिए बचा हुआ वेतन $= 100\% - 90\% = 10\%$

वह बचा हुआ 90 रुपये शिक्षा के लिए उपयोग करता है, और इसके समकक्ष है $10\%$ उसके कुल वेतन का $(x)$.

$\Rightarrow 10\%$ का $x = 90$

$\Rightarrow x \times \dfrac{10}{100} = 90$

हम पाते हैं, $x = 900$

अतः सही विकल्प (A) है।

**59.** माना छोटी संख्या x है,

फिर बड़ी संख्या = (x + 1365)

प्रश्न के अनुसार

$\therefore$ x + 1365 = 6x + 15

$\Rightarrow$ 5x = 1350

$\Rightarrow$ x = 270

$\therefore$ छोटी संख्या = 270

अतः विकल्प (B) सही है।

**60.** (A) 12 और 48

दिया गया व्यंजक : 12 × 2 + 8 - 48 ÷ 6 = 20

संख्याओं को प्रतिस्थापित करने के बाद हमें प्राप्त होता है:

बायाँ पक्ष = 48 × 2 + 8 - 12 ÷ 6

= 96 + 8 - 2

= 104 - 2

= 102 ≠ दायाँ पक्ष

(B) 6 और 8

दिया गया व्यंजक : 12 × 2 + 8 - 48 ÷ 6 = 20

संख्याओं को प्रतिस्थापित करने के बाद हमें प्राप्त होता है:

बायाँ पक्ष = 12 × 2 + 6 - 48 ÷ 8

= 24 + 6 - 6

= 30 - 6

= 24 ≠ दायाँ पक्ष

(C) 8 और 12

दिया गया व्यंजक : 12 × 2 + 8 - 48 ÷ 6 = 20

संख्याओं को प्रतिस्थापित करने के बाद हमें प्राप्त होता है:

बायाँ पक्ष = 12 × 6 + 8 - 48 ÷ 2

= 16 + 12 - 8

= 28 - 8

= 20 = दायाँ पक्ष

(D) 2 और 6

दिया गया व्यंजक : 12 × 2 + 8 - 48 ÷ 6 = 20

संख्याओं को प्रतिस्थापित करने के बाद हमें प्राप्त होता है:

बायाँ पक्ष = 12 × 6 + 8 - 48 ÷ 2

= 72 + 8 - 24

= 80 - 24

= 56 ≠ दायाँ पक्ष

इसलिए, '8' और '12' सही उत्तर है।

अतः विकल्प (C) सही है।

**61.** माना वास्तविक तय की गयी दूरी $x$ किमी,

हम जानते है की गति = दूरी / समय,

फिर, $\dfrac{x}{10} = \dfrac{x+20}{14}$

$\Rightarrow 14x = 10x + 200$

$\Rightarrow 4x = 200$

$\Rightarrow x = 50$ किमी

अतः सही विकल्प (A) है।

**62.** यहाँ,

| प्रतीक | पक्ष में |
|--------|----------|
| S | × |
| V | - |
| M | + |
| L | ÷ |

दिया गया व्यंजक है,

96 L 8 S 4 V 16 M 9

प्रतीक बदलने के बाद यह बन जाता है,

96 ÷ 8 × 4 – 16 + 9

BODMAS को लागू करने पर,

96 ÷ 8 × 4 – 16 + 9

= 12 × 4 – 16 + 9

= 48 – 16 + 9

= 57 - 16

= 41

अतः विकल्प (C) सही है।

**63.** प्रश्न के अनुसार

(2) # * 4 = 2 … … … (दिया)

$\Rightarrow 2^3 \div 4 = 2$

$\Rightarrow 8 \div 4 = 2$

(4) #164 = 16 … … …(दिया)

$\Rightarrow 4^3 \div 4 = 16$

$\Rightarrow 64 \div 4 = 16$

(6) #* $A = 18$

$\Rightarrow 6^3 \div A = 18$

$\Rightarrow \dfrac{216}{A} = 18$

$\therefore A = \dfrac{216}{18} = 12$

अतः सही विकल्प (A) है।

**64.** जब हम वैकल्पिक आकृतियों को देखते हैं तो स्पष्ट रूप से, आकृति (1) में आकृति (X) उसके भाग के रुप में निहित है।

अतः सही विकल्प (A) है।

**65.**

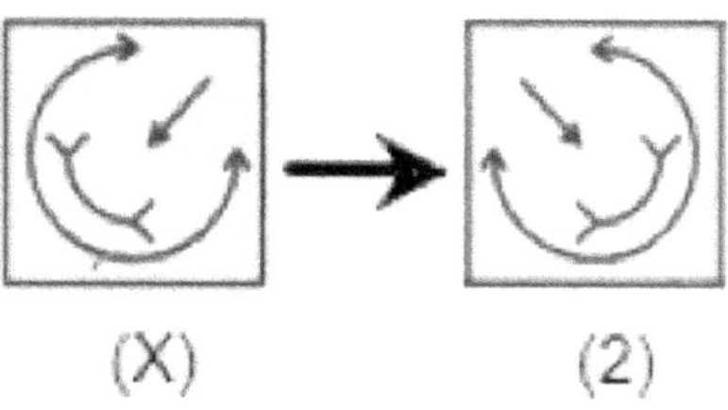

अतः सही विकल्प (B) है।

**66.** यदि हम वैकल्पिक आकृतियों को देखते हैं तो आकृति (X) में दिए गए टुकड़ो से आकृति (4) बनेगी।

अतः सही विकल्प (D) है।

**67.** स्पष्ट रूप से, आकृति (2) आकृति (X) में खाली स्थान पर रखे जाने पर पैटर्न को पूरा करेगा। जैसा कि नीचे दिखाया गया है:

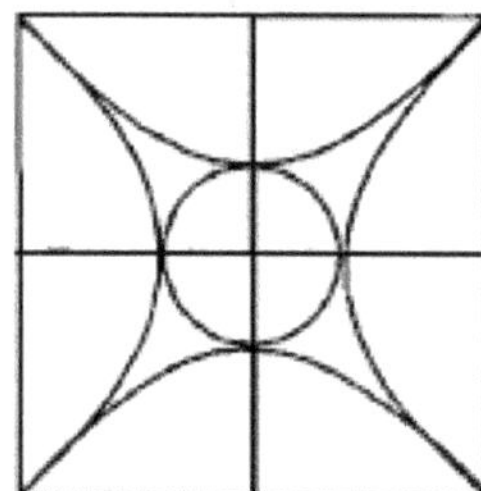

अतः सही विकल्प (B) है।

**68.** कागज को खोलने पर यह निम्न आकृति के जैसा दिखाई देगा-

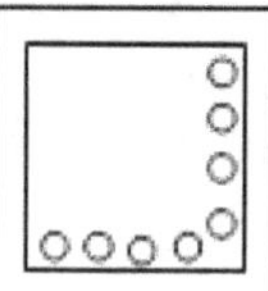

अतः सही विकल्प (D) है।

**69.** पेपर फोल्डिंग और कट खोलने के बाद हमें मिलता है:

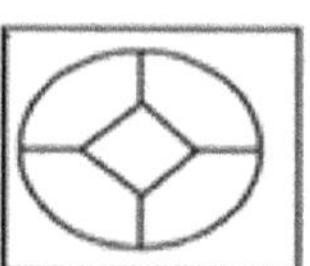

अतः सही विकल्प (D) है।

**70.** जब कागज के टुकड़े को खोला जाता है तो कागज़ का खुला रूप, आकृति (D) के रूप में दिखाई देती है।

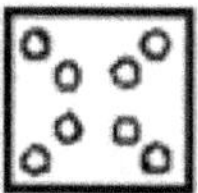

अतः सही विकल्प (D) है।

**71.** $a^{\frac{1}{3}} + b^{\frac{1}{3}} + c^{\frac{1}{3}} = 0$

$\Rightarrow a^{\frac{1}{3}} + b^{\frac{1}{3}} = -c^{\frac{1}{3}}$

दोनो पक्षो का घन करने पर

$\Rightarrow \left(a^{\frac{1}{3}} + b^{\frac{1}{3}}\right)^3 = \left(-c^{\frac{1}{3}}\right)^3$

$\Rightarrow a + b + 3a^{\frac{1}{3}}b^{\frac{1}{3}}\left(a^{\frac{1}{3}} + b^{\frac{1}{3}}\right) = -c$

$\Rightarrow a + b + 3a^{\frac{1}{3}}b^{\frac{1}{3}}\left(-c^{\frac{1}{3}}\right) = -c$

$\Rightarrow a + b + c = 3a^{\frac{1}{3}}b^{\frac{1}{3}}c^{\frac{1}{3}}$

पुनः घन करने पर

$\Rightarrow (a + b + c)^3 = 27abc$

अतः विकल्प (D) सही है।

**72.** $8 \times 2$

$= 8 + 2 + \dfrac{8}{2}$

$= 10 + 4$

$= 14$

अतः विकल्प (A) सही है।

**73.** $t^2 - 4t + 1 = 0$

$\Rightarrow t^2 + 1 = 4t$

$\Rightarrow \dfrac{t^2 + 1}{t} = \dfrac{4t}{t}$

$\Rightarrow t + \dfrac{1}{t} = 4$

[दोनों पक्षों का घन करने पर]

$\Rightarrow t^3 + \dfrac{1}{t^3} + 3 . t \cdot \dfrac{1}{t}\left(t + \dfrac{1}{t}\right) = 64$

$\Rightarrow t^3 + \dfrac{1}{t^3} + 3(4) = 64$

$\Rightarrow t^3 + \dfrac{1}{t^3} = 64 - 12$

$\Rightarrow t^3 + \dfrac{1}{t^3} = 52$

अत: विकल्प (C) सही है।

**74.** जैसा कि हम जानते हैं, वृत्त पर एक बिंदु पर स्पर्शरेखा त्रिज्या के समकोण होती है।

इसलिए,

$\angle OPN = 90°$

और,

$\angle OPQ = \angle OPN - \angle NPQ = 90° - 55° = 35°$

$\triangle OPQ$ में,

$\because OP = OQ = $ वृत्त की त्रिज्या

इसलिए,

$\Rightarrow \angle OQP = \angle OPQ = 35°$ [समान भुजाओं के सम्मुख कोण बराबर होते हैं]

$\therefore \angle POQ = 180° - (35° + 35°)$

$= 180° - 70°$

$= 110°$

अत: विकल्प (C) सही है।

**75.** हम जानते हैं कि, चतुर्भुज के चारो कोणों का योग $= 360°$

$\therefore 50° + 130° + 120° + x = 360°$

$\Rightarrow 300° + x = 360°$

$\Rightarrow x = 360° - 300°$

$\Rightarrow x = 60°$

अत: सही विकल्प (B) है।

**76.** बहुभुज के नाम प्राचीन ग्रीक संख्याओं के उपसर्गों से प्राप्त हुए हैं।

एक छह-भुजीय आकार एक षट्भुज है, एक सात-भुजीय आकार एक सप्तभुज है, जबकि एक अष्टभुज के आठ भुजाएँ होती हैं।

अत: सही विकल्प (D) है।

**77.** एक समांतर चतुर्भुज का क्षेत्रफल = आधार × ऊंचाई

$= 24 × 16$

$= 384$ सेमी²

अत: सही विकल्प (B) है।

**78.** $(2\sin\theta + 3\cos\theta)$ का अधिकतम मूल्य

$a\sin\theta + b\cos\theta$

$= \sqrt{a^2 + b^2}$

$= \sqrt{2^2 + 3^2}$

$= \sqrt{4 + 9}$

$= \sqrt{13}$

अत: सही विकल्प (B) है।

**79.** $\sin^2\theta + \cos^2\theta = 1$
दोनो पक्षो का वर्ग करने पर
$\sin^4\theta + \cos^4\theta + 2\sin^2\theta \cdot \cos^2\theta = 1$
$\sin^4\theta + \cos^4\theta = 1 - 2\sin^2\theta \cdot \cos^2\theta$
$Put\,\theta = 90°$
$= 1 - 2\sin^2 90° × \cos^2 90°$
$= 1 - 0$
$= 1$
अत: सही विकल्प (D) है।

**80.** वर्ग की भुजा $= 8$ सेमी

वृत्त का व्यास = वर्ग की भुजा $= 8$ सेमी

इसलिए, वृत्त की त्रिज्या $= 4$ सेमी

वृत्त का क्षेत्रफल

$= \pi(4)^2$

$= 16\pi$ सेमी $^2$

अत: विकल्प (B) सही है।

**81.** दी गई अवधि के दौरान कंपनी द्वारा दिए गए ब्याज की औसत राशि

$= $ रु. $\left[\dfrac{23.4 + 32.5 + 41.6 + 36.4 + 49.4}{5}\right]$ लाख

$= $ रु. $\left[\dfrac{183.3}{5}\right]$ लाख

$= $ रु. $36.66$ लाख

अत: सही विकल्प (D) है।

**82.** आवश्यक प्रतिशत $= \left[\dfrac{(3.00 + 2.52 + 3.84 + 3.68 + 3.96)}{(288 + 342 + 324 + 336 + 420)} × 100\right]\%$

$= \left[\dfrac{17}{1710} × 100\right]\%$

$\approx 1\%$

अत: सही विकल्प (C) है।

**83.** आवश्यक प्रतिशत $= \left[\dfrac{(288 + 98 + 3.00 + 23.4183)}{(420 + 142 + 3.96 + 49.4 + 98)} × 100\right]\%$

$= \left[\dfrac{495.4}{713.36} × 100\right]\%$

$\approx 69.45\%$

अतः सही विकल्प (C) है।

**84.** 2000 के दौरान कंपनी का कुल खर्च

= रु (324 + 101 + 3.84 + 41.6 + 74) लाख

= रु 544.44 लाख है।

अतः सही विकल्प (A) है।

**85.** आवश्यक अनुपात $= \left[\dfrac{(83+108+74+88+98)}{(98+112+101+133+142)}\right]$

$= \left[\dfrac{451}{586}\right]$

$= \dfrac{1}{13}$

$= \dfrac{10}{13}$

अतः सही विकल्प (B) है।

**86.** कमरे के तापमान पर तरल के रूप में विद्यमान धातु पारा है। केवल दो तत्व जो कमरे के तापमान और दबाव पर तरल होते हैं| वे पारा और ब्रोमिन होते हैं। पारा एक धातु है और ब्रोमीन एक गैर-धातु है।

अतः विकल्प (B) सही है।

**87.** पृथ्वी के वातावरण में गैसें और कण सभी दिशाओं में सूरज की रोशनी प्रकीर्णित करते हैं। नीली रोशनी अन्य रंगों की तुलना में अधिक प्रकीर्णित होती है क्योंकि यह छोटी - छोटी तरंगों के रूप में यात्रा करती है। यही कारण है कि हमें ज्यादातर समय आकाश नीला दिखाई देता है।

अतः विकल्प (C) सही है।

**88.** हालांकि केरोसीन और तरलीकृत पेट्रोलियम गैस (एलपीजी) जैसे आधुनिक ईंधन शहरी भारत में खाना पकाने के लिए ऊर्जा के प्रमुख स्रोत हैं, फिर भी लोगो का एक बड़ा हिस्सा जैवईंधन का उपयोग करता है जैसे कि जलाऊ लकड़ी, गोबर, फसल अवशेष और कोयला / लकड़ी का कोयला।

अतः विकल्प (D) सही है।

**89.** एक अजैविक कारक एक पारिस्थितिक तंत्र का एक गैर-जीवित हिस्सा है जो इसके पर्यावरण को आकार देता है। एक स्थलीय पारिस्थितिक तंत्र में, उदाहरण में तापमान, मिट्टी, प्रकाश, और पानी शामिल हो सकते हैं। एक समुद्री पारिस्थितिक तंत्र में, अजैविक कारकों में लवणता और महासागरीय धाराएँ शामिल होंगी।

अतः विकल्प (B) सही है।

**90.** एक प्रतिबिम्ब रेटिना पर प्रकाश किरणों के साथ बनाई जाती है जो कॉर्निया में लेंस में प्रवेश करने और बाहर निकलने पर सबसे अधिक परिवर्तित होती है। ऑब्जेक्ट के ऊपर और नीचे से किरणों का पता लगाया जाता है और रेटिना पर एक उल्टा वास्तविक प्रतिबिम्ब उत्पन्न करता है।

अतः विकल्प (A) सही है।

**91.** छिद्रित संयुक्त पत्ती एक पत्ती है, जहां शाखाएं मध्य शिरा के साथ व्यवस्थित होती हैं। एक छिद्रित संयुक्त पत्ती में, मध्य शिरा को मिडरिब कहा जाता है।

अतः विकल्प (A) सही है।

**92.** जब हम ऊंचाई वाले क्षेत्र जैसे की पर्वतो पर जाते हैं तो अचानक ऑक्सीजन की मात्रा में गिरावट की वजह से रेटिक्युलोएंडोथीलियल प्रणाली (RES) हमारे रक्त में लाल रक्त कोशिकाओं की संख्या को बढ़ा देता है।

अतः विकल्प (A) सही है।

**93.** वृक्षारोपण पेड़ लगाना है। पेड़ों की जड़ें मिट्टी के कणों को साथ बांधती हैं और उन्हें कसकर पकड़ती हैं, इस प्रकार मिट्टी के कटाव को रोकती हैं। मिट्टी का कटाव, या मिट्टी की आवाजाही, कई किसानों और घर के मालिकों के लिए एक आम बात है। हालांकि यह परिभाषा में सरल है किन्तु इसके परिणाम गंभीर हो सकते हैं। यद्यपि यह अक्सर एक प्राकृतिक प्रक्रिया होती है, लेकिन यह परिदृश्य में परिवर्तन से लेकर पारिस्थितिकी तंत्र विनाश तक कई मुद्दों का कारण बनती है।

अतः विकल्प (B) सही है।

**94.** जब इथेनॉल हवा में जलाया जाता है, तो यह ऑक्सीजन के साथ प्रतिक्रिया करता है और कार्बन डाइऑक्साइड, पानी वाष्प और गर्मी पैदा करता है। गर्मी और प्रकाश ऊर्जा के दो रूप हैं जो जलती हुई अल्कोहॉल से मुक्त होते हैं।

अतः विकल्प (A) सही है।

**95.** भार इस बात का मान है कि किसी वस्तु में कितना पदार्थ है। द्रव्यमान, भौतिकी में, जड़त्व का मात्रात्मक मान है, जो सभी पदार्थों का गुण है। यह वास्तव में, प्रतिरोध है जो कि पदार्थ का एक निकाय बल के अनुप्रयोग पर अपनी गति या स्थिति में परिवर्तन करने के लिए प्रदान करता है। एक पिंड का भार जितना अधिक होगा, एक लागू बल द्वारा उत्पन्न परिवर्तन उतना कम होगा।

अतः विकल्प (C) सही है।

**96.** द्रव्यमान किसी वस्तु पर गुरुत्वाकर्षण बल का मान है। किसी वस्तु का द्रव्यमान (या पदार्थ की मात्रा का द्रव्यमान ) स्थानीय गुरुत्वाकर्षण क्षेत्र द्वारा इस वस्तु पर लगाए गए बल की तीव्रता का मान है। हमें द्रव्यमान की परिभाषा से भ्रमित नहीं होना चाहिए क्योंकि भार और द्रव्यमान की अवधारणा में बहुत समरूपता है।

अतः विकल्प (D) सही है।

**97.** हाइड्रोजन आयन, H+, प्रोटॉन के समान है। एक H+ आयन, हाइड्रोजन में से एक इलेक्ट्रॉन कम, केवल एक प्रोटॉन है।  हाइड्रोजन नाभिक एक कण से बना है जो एक इकाई सकारात्मक विद्युत आवेश को ले जाता है, जिसे एक प्रोटॉन कहा जाता है।

अतः विकल्प (C) सही है।

**98.** चमकदार वस्तुएं वे वस्तुएं होती हैं जो स्वयं का प्रकाश उत्पन्न करती हैं। प्रबुद्ध वस्तुएं ऐसी वस्तुएं हैं जो हमारी आंखों की रोशनी को प्रतिबिंबित करने में सक्षम हैं। सूर्य एक चमकदार वस्तु का एक उदाहरण है, जबकि चंद्रमा एक प्रबुद्ध वस्तु है। दिन के दौरान, सूर्य पृथ्वी पर वस्तुओं को रोशन करने के लिए पर्याप्त प्रकाश उत्पन्न करता है।

अतः विकल्प (D) सही है।

**99.** परमाणु रिएक्टर नाभिकीय ऊर्जा संयंत्र का केंद्र है। परमाणु रिएक्टर में परमाणु श्रृंखला प्रतिक्रियाओं को नियंत्रित करते हैं जो विखंडन नामक एक भौतिक प्रक्रिया के माध्यम से ऊष्मा उत्पन्न करते हैं। उस ऊष्मा का उपयोग भाप बनाने के लिए किया जाता है जो बिजली बनाने के लिए एक टरबाइन को घुमाती है।

अतः विकल्प (B) सही है।

**100.** जब हम पानी से युक्त बीकर में पोटेशियम परमैंगनेट के कुछ क्रिस्टल डालते हैं, तो हम देखते हैं कि कुछ समय के बाद, पूरा पानी गुलाबी हो जाता है। यह डिफ्यूजन के कारण से है जो उस प्रक्रिया को संदर्भित करता है जिसके द्वारा विभिन्न कण अपनी गतिज ऊर्जा के परिणामस्वरूप एक दूसरे के साथ परस्पर क्रिया करते हैं।

अतः विकल्प (B) सही है।

# General Knowledge and Logical Knowledge

**Q.1** निम्नलिखित में से किसने 'इंडियाज बूमिंग गिग एंड प्लेटफॉर्म इकोनॉमी' शीर्षक से एक रिपोर्ट लॉन्च की?

**A.** नीति आयोग

**B.** भारतीय रिजर्व बैंक

**C.** भारतीय वाणिज्य और उद्योग मंडल महासंघ

**D.** नैसकॉम

**Q.2** बांग्लादेश की प्रधानमंत्री शेख हसीना ने सितंबर 2022 में नई दिल्ली में बंगबंधु शेख मुजीबुर रहमान छात्र छात्रवृत्ति प्रदान की। यह कक्षा 10 के कितने छात्रों को प्रदान की गई?

**A.** 50    **B.** 75    **C.** 100    **D.** 125

**Q.3** निम्नलिखित में से किसने फ्रांस का राष्ट्रपति चुनाव- 2017जीता है?

[UPPSC Staff Nurse, 2017]

**A.** मैरीन लि पेन    **B.** फ्रैन्कोइस ओलांन

**C.** एम्मानुएल मैक्रों    **D.** जीन-लुक मेलेन्कन

**Q.4** 2022 में संयुक्त राष्ट्र महिला कोर बजट में भारत का क्या योगदान है?

[Delhi Forest Guard, 2021], [HSSC Canal Patwari, 2021]

**A.** यूएसडी 10,000    **B.** यूएसडी 50,000

**C.** यूएसडी 100,000    **D.** यूएसडी 500,000

**Q.5** 'सेमीकॉन इंडिया कॉन्फ्रेंस-2022' का आयोजन कहाँ किया गया था ?

**A.** मुंबई    **B.** नई दिल्ली    **C.** चेन्नई    **D.** बेंगलुरू

**Q.6** वर्तमान में, UNO का महासचिव कौन है?

[Haryana Police Constable Commando Wing, 2021]

**A.** एन्टोनिओ गुटरेस    **B.** पॉल आर. मिल्ग्रोम

**C.** रॉबर्ट बी. विल्सन    **D.** इनमें से कोई नहीं

**Q.7** अगस्त 2020 की स्थिति अनुसार भारत सरकार के मुख्य आर्थिक सलाहकार कौन थे?

[SSC MTS, 2021]

**A.** कृष्णमूर्ति सुब्रमण्यन    **B.** अजय भूषण पांडेय

**C.** अतनु चक्रवर्ती    **D.** राजीव कुमार

**Q.8** MCA21 निम्नलिखित में से किस केंद्रीय मंत्रालय की एक ई-शासन पहल है?

**A.** विज्ञान और प्रौद्योगिकी मंत्रालय

**B.** मानव संसाधन और विकास मंत्रालय

**C.** वित्त मंत्रालय

**D.** कॉर्पोरेट मामलों का मंत्रालय

**Q.9** डायनामाइट का विस्फोटक विचार किसका और किसने पहले पेटेंट कराया था?

**A.** जे. आर. ग्लोबर    **B.** अल्फ्रेड नोबेल

**C.** जी. फॉक्स    **D.** डब्ल्यू. बर्कफोर्ड

**Q.10** नासा का अगला मिशन "आर्टेमिस" कार्यक्रम के लिए है:

**A.** चांद    **B.** मंगल ग्रह

**C.** बृहस्पति ग्रह    **D.** अल्टिमा थुले

**Q.11** निम्नलिखित में से किस मामले में, भारत के सर्वोच्च न्यायालय ने संविधान की मूल संरचना के सिद्धांत को प्रतिपादित किया?

**A.** गोपालन बनाम मद्रास राज्य

**B.** गोलक नाथ

**C.** केशवानंद भारती

**D.** मिनर्वा मिल्स

**Q.12** हाल ही में, मिशन "परसेवेरंस" मंगल गृह पर उतरा। यह किसके द्वारा लॉन्च किया गया था?

**A.** इसरो    **B.** नासा

**C.** जाक्सा    **D.** रॉसकॉर्समॉस

**Q.13** विश्व व्यापार संगठन का मुख्यालय कहाँ है?

**A.** न्यूयॉर्क    **B.** जिनेवा    **C.** मैड्रिड    **D.** पेरिस

**Q.14** संविधान के निम्नलिखित अनुच्छेद में से कौन सा "मनी बिल" परिभाषित करता है?

**A.** 110    **B.** 111    **C.** 112    **D.** 113

**Q.15** कृषि के अति विशिष्ट स्वरूप जिसमें कॉफी, चाय और रबड़ जैसी फसलों को खेती की जाती है, उसे कहा जाता है:

**A.** एकाधिक फ़सलें

**B.** रोपण कृषि

**C.** छत पर की जाने वाली खेती

**D.** विस्तृत खेती

**Q.16** हाल ही में किस वैश्विक दूरसंचार कंपनी की शाखा ने हाल ही में 'वन सर्च' नामक एक नया गोपनीयता-केंद्रित खोज इंजन लॉन्च किया है?

**A.** AT और T    **B.** वेरीज़ों

**C.** वोडाफोन    **D.** चीनी मोबाइल

**Q.17** उस जल निकाय का नाम बताइए जो श्रीलंका को भारत से अलग करता है?

**A.** पाल्क स्ट्रेट    **B.** संडा स्ट्रेट

**C.** मेसिना स्ट्रेट    **D.** कुक स्ट्रेट

**Q.18** भारतीय संविधान के किस भाग में मौलिक अधिकार प्रदान किए गए हैं?

**A.** भाग II    **B.** भाग III    **C.** भाग V    **D.** भाग IV

**Q.19** किस तकनीक प्रमुख ने उपभोक्ताओं के लिए एक वर्चुअल प्राइवेट नेटवर्क (वीपीएन) सेवा शुरू करने की घोषणा की है?

**A.** माइक्रोसॉफ्ट    **B.** गूगल

**C.** एप्पल    **D.** अमेज़न

**Q.20** प्रसिद्ध सांची स्तूप किस जिले में स्थित है?

**A.** उत्तर रायसेन    **B.** भोपाल

**C.** ग्वालियर    **D.** इंदौर

**Q.21** मध्य प्रदेश का राजकीय वृक्ष है:

**A.** अशोक    **B.** बरगद    **C.** देवदार    **D.** आम

**Q.22** मध्य प्रदेश का 'कुमार गंधर्व पुरस्कार' किससे संबंधित है?

**A.** नाटक    **B.** नृत्य    **C.** साहित्य    **D.** संगीत

**Q.23** दिए गए विकल्पों में, विषम को चुनिए।

**A.** ABCDF　　**B.** EFGHJ　　**C.** IJKLN　　**D.** WXYZB

**Q.24 निर्देश:** नीचे प्रश्न में कुछ कथन और उसके बाद कुछ निष्कर्ष दिए गए हैं। आपको दिए गए कथनों को सत्य मानना है, भले ही वे ज्ञात तथ्यों से अलग प्रतीत होते हों और फिर निर्णय कीजिए कि दिए गए निष्कर्षों में से कौनसा निष्कर्ष कथनों का तार्किक रूप से अनुसरण करता है।

**कथन:**

कोई छड़ी दरवाज़ा नहीं है।

सभी दरवाज़े पेन हैं।

कुछ पेन घर हैं।

**निष्कर्ष:**

I. कोई छड़ी घर नहीं है।

II. कुछ पेन दरवाज़े हैं।

*[MP Sub Inspector (MPSI), 2017]*

**A.** या निष्कर्ष I या फिर II अनुसरण करता है।

**B.** ना तो निष्कर्ष I और ना ही II अनुसरण करता है।

**C.** केवल I अनुसरण करता है।

**D.** केवल II अनुसरण करता है।

**Q.25** एक आदमी पूर्व में चलता है 1 किमी और फिर वह दक्षिण की ओर मुड़ता है और 5 किमी चलता है। फिर से वह पूर्व की ओर मुड़ता है और 2 किमी चलता है। इसके बाद वह उत्तर की ओर मुड़ता है और 9 किमी चलता है। अब, वह अपने शुरुआती बिंदु से कितनी दूर है?

**A.** 3 किमी　　**B.** 4 किमी　　**C.** 5 किमी　　**D.** 7 किमी

**Q.26** निम्नलिखित संख्या शृंखला में प्रश्न चिन्ह (?) के स्थान पर क्या आएगा?

$BDG, YWT, IKN, ?$

**A.** QSV　　**B.** PON　　**C.** SUQ　　**D.** RPM

**Q.27** एक निश्चित कोड भाषा में, **"AGRICULTURE"** **"ERUTLUCIRGA"** के रूप में कोडित है, उसी प्रकार, **"FLORICULTURE"** कैसे कोडित किया जाएगा:

**A.** ERUTLUCISOLE　　**B.** ERUTLUCIROLF

**C.** ERUTLUCIRMLE　　**D.** ERUTLUCIRGB

**Q.28 निर्देश:** नीचे प्रश्न में कुछ कथन और उसके बाद कुछ निष्कर्ष दिए गए हैं। आपको दिए गए कथनों को सत्य मानना है, भले ही वे ज्ञात तथ्यों से अलग प्रतीत होते हों और फिर निर्णय कीजिए कि दिए गए निष्कर्षों में से कौनसा निष्कर्ष कथनों का तार्किक रूप से अनुसरण करता है।

**कथन:**

कुछ ईंटें द्वार हैं।

कुछ द्वार छत हैं।

सभी टायर ईंटें हैं।

**निष्कर्ष:**

I. कुछ टायर द्वार हैं।

II. कोई द्वार टायर नहीं है।

*[MP Sub Inspector (MPSI), 2017]*

**A.** ना तो निष्कर्ष I और ना ही II अनुसरण करता है।

**B.** केवल निष्कर्ष II अनुसरण करता है।

**C.** केवल निष्कर्ष I अनुसरण करता है।

**D.** या निष्कर्ष I या फिर II अनुसरण करता है।

**Q.29** I. 'L × M' का अर्थ है 'L, M का पिता है'।

III. 'L - M' का अर्थ है 'L, M की बहन है'।

III. 'L+M' का अर्थ है 'L, M की माता है'।

IV. 'L ÷ M' का अर्थ है 'L,M का भाई है'।

अभिव्यक्ति N + O × P ÷ Q में, P, N से कैसे संबंधित है?

**A.** पोती　　**B.** पुत्र　　**C.** पोता　　**D.** भाई

**Q.30** निम्नलिखित आकृति में, आयत बावर्ची का प्रतिनिधित्व करता है, वृत्त दौड़ने वाले का प्रतिनिधित्व करता है, त्रिभुज जादूगर का प्रतिनिधित्व करता है और वर्ग गोल्फरों का प्रतिनिधित्व करता है। अक्षरों का कौन सा सेट दौड़ने वाले का प्रतिनिधित्व करता है जो जादूगर नहीं हैं?

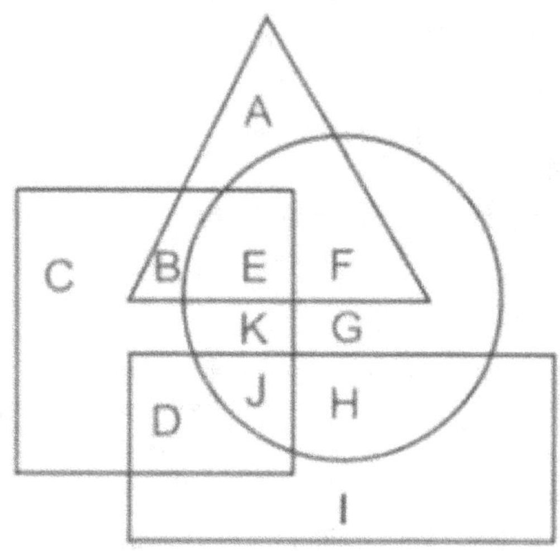


**A.** EF　　**B.** KGJH　　**C.** EFKG　　**D.** EKJ

**Q.31** निम्नलिखित संख्या श्रृंखला में प्रश्न चिह्न (?) के स्थान पर क्या आएगा?

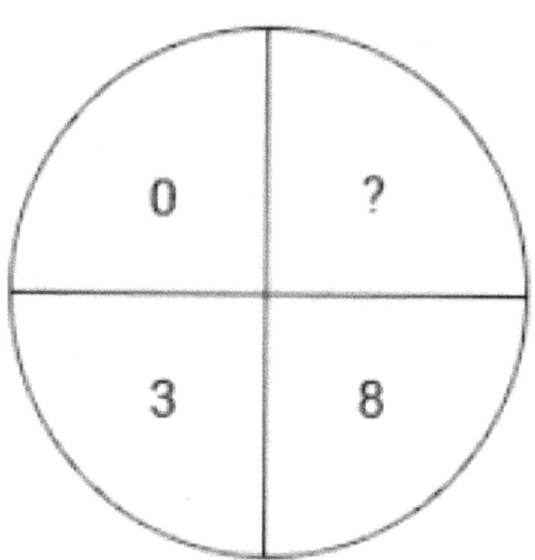


*[NCERT National Talent Search Exam, 2018]*

**A.** 27　　**B.** 15　　**C.** 30　　**D.** 63

**Q.32** सही विकल्प चुनें जो उसी पैटर्न को जारी रखेगा और दिए गए श्रृंखला में प्रश्न चिह्न (?) को बदल देगा।

120, 99, 80, 63, 48,?

**A.** 35　　**B.** 38　　**C.** 39　　**D.** 40

**Q.33** मध्य प्रदेश उर्जा विकास निगम की स्थापना किस वर्ष की गई थी?

*[MP Sub Inspector (MPSI), 2017]*

**A.** 1982 **B.** 1984 **C.** 1983 **D.** 1985

**Q.34** एक निश्चित कोड में, **TELEPHONE** को **ENOHPELET** के रूप में लिखा गया है। उस कोड में **ALIGATOR** कैसे लिखा जाता है?

**A.** ROTAGILA **B.** ROTAGAIL

**C.** ROTAGILE **D.** ROTEGILA

**Q.35** 1200 व्यक्तियों का एक समूह जिसमें कप्तान और सैनिक शामिल हैं, एक ट्रेन में यात्रा कर रहा है। प्रत्येक 15 सैनिकों के लिए, एक कप्तान होता है। समूह में कप्तानों की संख्या है

**A.** 70 **B.** 75 **C.** 80 **D.** 85

**Q.36** निम्नलिखित प्रश्न अक्षर श्रृंखला पर आधारित है। प्रश्न में कुछ अक्षर लुप्त हैं। प्रश्न के तहत दिए गए चार विकल्पों में से एक विकल्प के रूप में लुप्त अक्षर उचित क्रम में दिए गए हैं। सही विकल्प ज्ञात कीजिए।

ca_ba_c_bb_c

**A.** bcaa **B.** aacb **C.** abcc **D.** caba

**Q.37** भारतीय विज्ञान के बारे में किताब किताब-तहकीक पुस्तक किसके द्वारा लिखी गई थी?

**A.** अलबरूनी **B.** मिन्हाज-हम-सिराज

**C.** जियाउद्दीन बरनी **D.** फिरोज शाह

**Q.38** यदि P का अर्थ '÷' है, Q का अर्थ '×' है, R का अर्थ '+' है और S का अर्थ '-' है, तो निम्नलिखित प्रश्न का मान ज्ञात कीजिए।

18 Q 12 P 4 R 5 S 6

**A.** 53 **B.** 54 **C.** 57 **D.** 95

**Q.39** निम्नलिखित संख्या श्रृंखला में प्रश्नवाचक चिन्ह (?) के स्थान पर क्या आएगा?

यदि '+' का मतलब '×', '-' का मतलब '+', '×' का मतलब '÷' और '÷' का मतलब '-', तब दी गई जानकारी के अनुसार नीचे दिए गये प्रश्नों का जवाब दें:-

$$12 - 3 + 2 \div 16 \times 2$$

**A.** 7 **B.** 8 **C.** 9 **D.** 10

**Q.40 निर्देश:** नीचे दिए गए अभिकथन (A) और कारण (R) के लिए, निम्नलिखित में से सही विकल्प चुनें।

**अभिकथन (A):** मेगर का उपयोग केबलों के इन्सुलेशन प्रतिरोध की जांच के लिए किया जाता है।

**कारण (R - I):** यह प्रतिरोध ओहम्स और मेगोहम्स में लिखा जा सकता है।

**कारण (R - II):** प्रतिरोध आमतौर पर ओहम्स रेंज में पढ़ते हैं।

**A.** केवल I अभिकथन का कारण है।

**B.** केवल II ही अभिकथन का कारण है।

**C.** या तो I या II अभिकथन का कारण है।

**D.** न तो I और न ही II अभिकथन का कारण है।

# Mental Ability and Mental Aptitude

**Q.41** नीचे दिए गए आकृति में, ABC एक त्रिभुज है। BC, AE के समानांतर है। यदि BC = AC है, तो ∠CAE का मान क्या है?

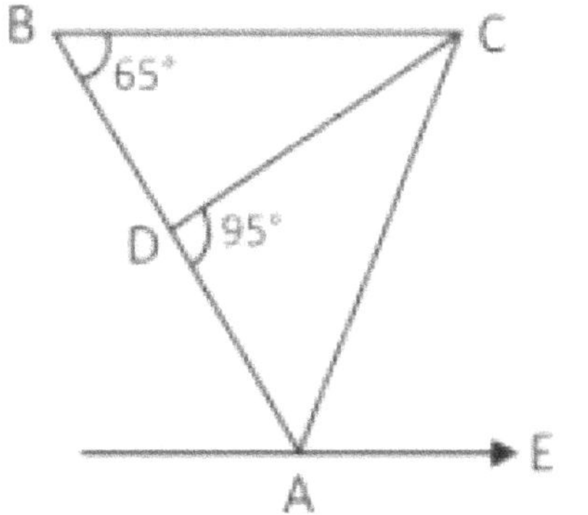


**A.** 20° **B.** 30° **C.** 40° **D.** 50°

**Q.42** चार विकल्पों में से एक उपयुक्त आकृति चुनें जो आकृति मैट्रिक्स को पूरा करेगी।

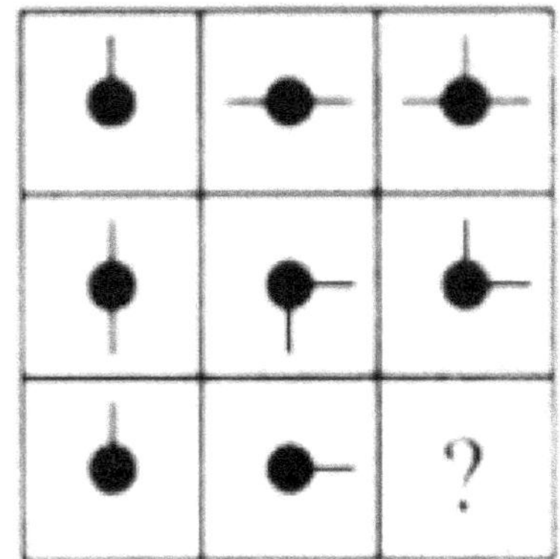

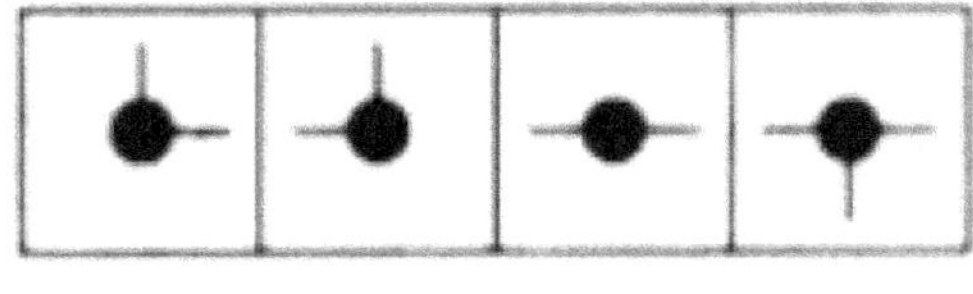

(1) (2) (3) (4)

**A.** (1) **B.** (2) **C.** (3) **D.** (4)

**Q.43 निर्देश:** एक पासे की चार स्थितियां नीचे दर्शाई गई हैं। जब ऊपरी फलक पर 2 है तो नीचे कौन सा अंक होगा?

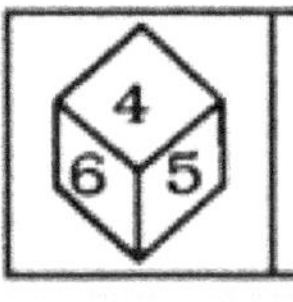

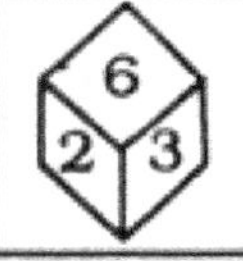

**A.** 3 **B.** 5 **C.** 4 **D.** 6

**Q.44** घन में अक्षर C के विपरीत कौन सा अक्षर है?

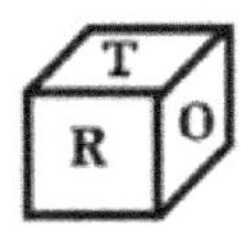

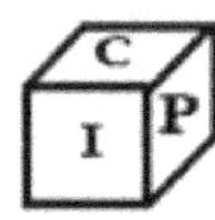

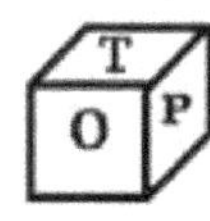

**A.** R  **B.** T  **C.** O  **D.** I

**Q.45** उस आकृति को पहचानें जो पैटर्न को पूरा करता है।

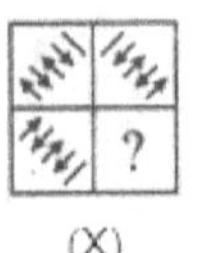
(X) (1) (2) (3) (4)

**A.** 1  **B.** 2  **C.** 3  **D.** 4

**Q.46** नीचे दिए गए आकृति में, AB, CD के समानांतर है। ∠ABC = 65°, ∠CDE = 15° और AB = AE है। ∠AEF का मान क्या है?

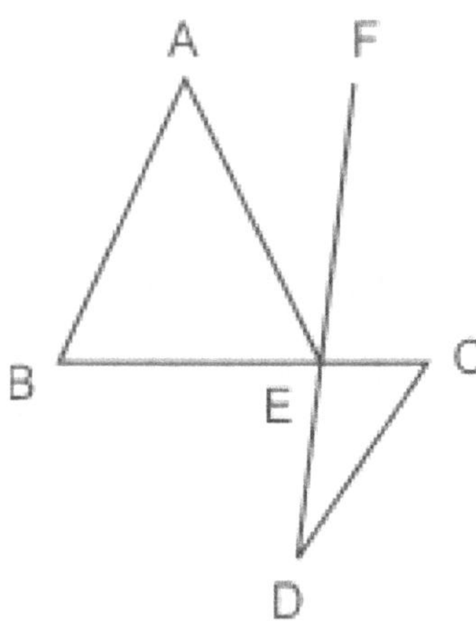

**A.** 30°  **B.** 35°  **C.** 40°  **D.** 45°

**Q.47** दी गई प्रश्न आकृति को घुमाने पर कौन सी उत्तर आकृति प्राप्त नहीं हो सकती?

**A.**    **B.**

**C.**    **D.**

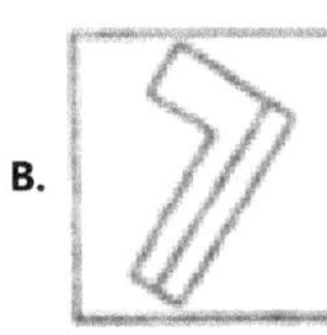

**Q.48 निर्देश:** नीचे दिए गए प्रश्न में तीन कथन दिए गए हैं जिनके बाद दो निष्कर्ष I और II दिए गए हैं। आपको दिए गए कथनों को सत्य मानना हैं, भले ही वे सामान्यतः ज्ञात तथ्यों के साथ विचरण करते हों। सभी निष्कर्षों को पढ़ें और फिर तय करें कि दिए गए कथनों में से कौन सा निष्कर्ष सामान्यतः ज्ञात तथ्यों की अवहेलना करते हुए दिए गए कथनों का तार्किक रूप से अनुसरण करता हैं।

**कथन:**

सभी चमगादड़ शेर हैं।

कुछ बिल्लियाँ शेर हैं।

कोई भी बिल्ली बाघ नहीं हैं।

**निष्कर्ष:**

I. कुछ बाघ चमगादड़ हो सकते हैं।

II. कोई भी बिल्ली चमगादड़ नहीं हैं।

**A.** केवल निष्कर्ष I अनुसरण करता हैं।

**B.** केवल निष्कर्ष II अनुसरण करता हैं।

**C.** या तो निष्कर्ष I या निष्कर्ष II अनुसरण करता हैं।

**D.** न तो निष्कर्ष I और न ही निष्कर्ष II अनुसरण करता हैं।

**Q.49** यदि एक दर्पण को MN को रखा जाये, तो दी गई उत्तर आकृतियों में से कौनसी आकृति प्रश्न आकृति की सही प्रतिबिम्ब होगी?

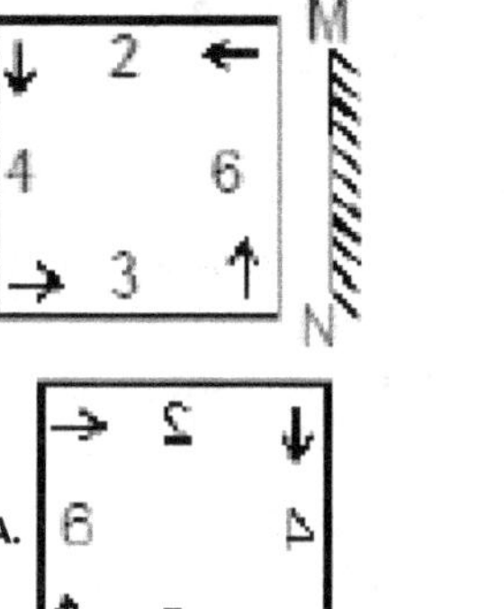

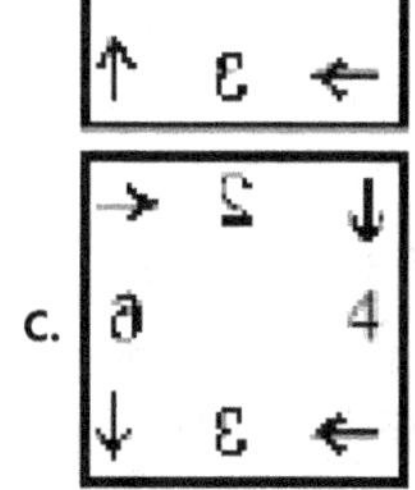

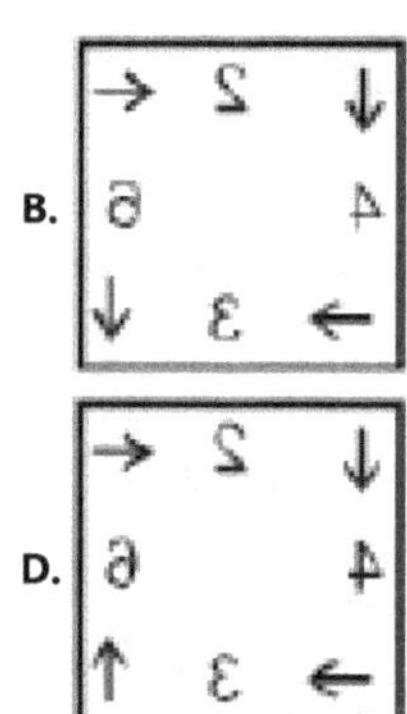

**Q.50** चार विकल्पों में से दी गई आकृति (X) की सही दर्पण छवि चुनें।

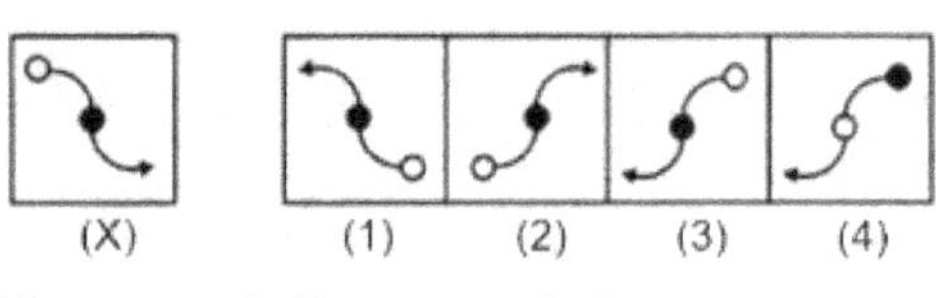
(X) (1) (2) (3) (4)

**A.** (1)  **B.** (2)  **C.** (3)  **D.** (4)

**Q.51 निर्देश:** निम्नलिखित प्रश्नों में, कुछ कथन प्रत्येक के बाद दो निष्कर्ष I और II दिए गए हैं। आपको बयानों को सत्य मानना है, भले ही वे आम तौर पर ज्ञात तथ्यों से भिन्न हों। आपको यह तय करना है कि दिए गए कथनों में से कौन सा निष्कर्ष, यदि कोई हैं, का अनुसरण करता हैं।

**कथन:**

I: कुछ पत्तियां पेड़ हैं।

II: सभी पेड़ शाखाएँ हैं।

**निष्कर्ष:**

I: कुछ शाखाएं पेड़ हैं।

II: कोई शाखा एक पेड़ नहीं हैं।

**A.** केवल निष्कर्ष I अनुसरण करता हैं।

**B.** केवल निष्कर्ष II अनुसरण करता हैं।

**C.** या तो निष्कर्ष I या निष्कर्ष II अनुसरण करता हैं।

**D.** दोनों निष्कर्ष I और II अनुसरण करते हैं।

**Q.52** दिए गए आंकड़ों को तीन वर्गों में समूहित करें, प्रत्येक आकृति का उपयोग केवल एक बार करें।

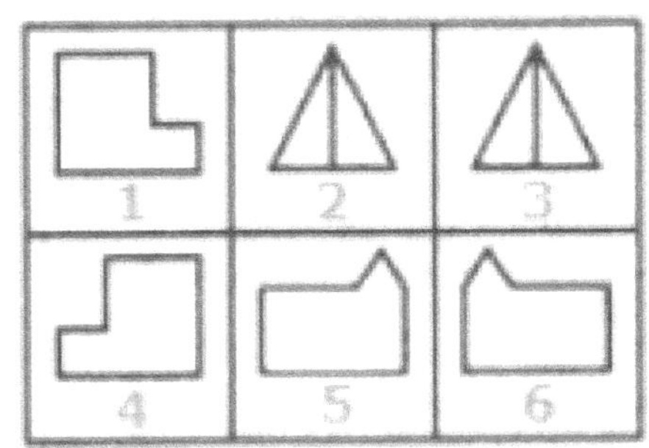

**A.** (1,4) (2,3) (5,6)  **B.** (1,5) (2,6) (4,3)
**C.** (1,6) (2,3) (4,5)  **D.** (1,2) (3,6) (4,5)

**Q.53** निम्नलिखित चार में से तीन एक निश्चित तरीके से सामान है और इसलिए एक समूह बनाते है। वह कौन सा है जो उस समूह से सम्बंधित नहीं है।

**A.** ज़ेबरा  **B.** शेर  **C.** बाघ  **D.** घोड़ा

**Q.54** निम्नलिखित प्रश्न में, पता लगाएं कि उत्तर की कौन सी आकृतियाँ (a), (b), (c) और (d) आकृति मैट्रिक्स को पूरा करती हैं?

प्रश्न आकृति:

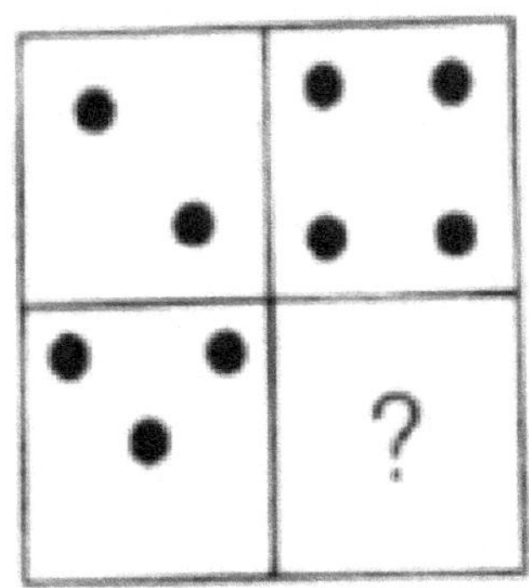

उत्तर आकृतियाँ:

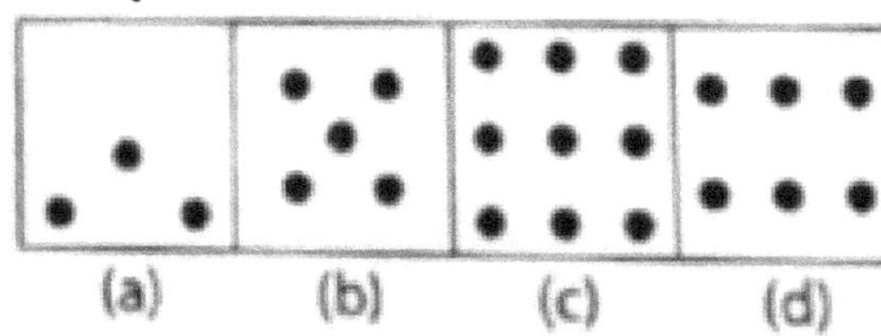

**A.** (a)  **B.** (b)  **C.** (c)  **D.** (d)

**Q.55** श्रृंखला में गलत संख्या ज्ञात करें।

3, 8, 15, 24, 34, 48, 63

**A.** 15  **B.** 24  **C.** 34  **D.** 48

**Q.56** दिए गए आकृति में त्रिभुजों की संख्या ज्ञात कीजिए।

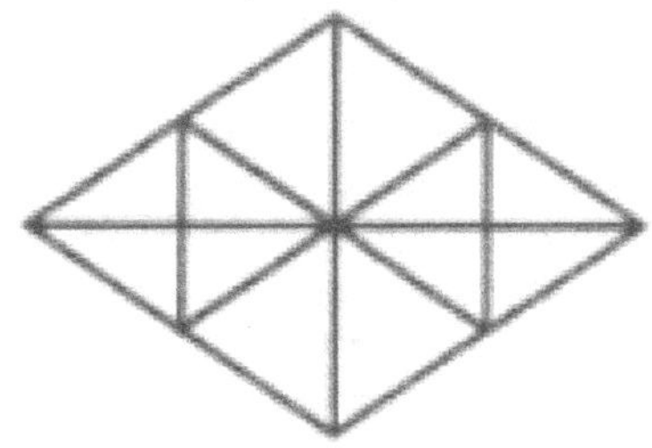

**A.** 16  **B.** 22  **C.** 28  **D.** 32

**Q.57** निम्नलिखित चार संख्याओं में से तीन एक निश्चित तरीके से समान हैं और एक अलग है। वह संख्या चुनें जो बाकियों से अलग हो।

**A.** 5138  **B.** 3128  **C.** 9178  **D.** 7158

**Q.58** श्रृंखला में गलत संख्या का पता लगाएं।

35 19 11 7 5 4.5 3.5

**A.** 4.5  **B.** 5  **C.** 11  **D.** 19

**Q.59** दस साल पहले, माँ की उम्र उनके बेटे की उम्र से तीन गुना थी। दस साल के बाद, माँ की उम्र उसके बेटे से दोगुनी होगी। उनके वर्तमान काल का अनुपात ज्ञात कीजिए।

**A.** 11:7  **B.** 9:5  **C.** 7:4  **D.** 7:3

**Q.60** सरल करें:

$$(8 - 10)^2 + (4 + 14)^2 = (?)^2 + 28$$

**A.** $10\sqrt{3}$  **B.** 4  **C.** $\sqrt{3}$  **D.** 6

**Q.61** 'DELHI' शब्द के सभी अक्षरों का उपयोग करके अर्थ के साथ या बिना अर्थ के साथ, प्रत्येक अक्षर का एक बार उपयोग करते हुए कितने शब्दों का निर्माण किया जा सकता है ?

**A.** 10  **B.** 25  **C.** 60  **D.** 120

**Q.62** यदि $p$ और $q$ $x^2 + px + q = 0$ का मूल है, तो निम्न में से कौन सा सही है?

**A.** $p = 0$ या 1  **B.** केवल $p = 1$
**C.** $p = -2$ या 0  **D.** केवल $p = -2$

**Q.63** निम्नलिखित को हल करें।

$$^{30}P_2$$

**A.** 270  **B.** 800  **C.** 870  **D.** 540

**Q.64** एक पासा के दो बार फेंकने से राशि 9 प्राप्त करने की संभावना क्या है?

**A.** $\frac{1}{6}$  **B.** $\frac{1}{8}$  **C.** $\frac{1}{9}$  **D.** $\frac{1}{2}$

**Q.65** एक टैंक को पाइप A द्वारा 2 घंटे और पाइप B द्वारा 6 घंटे में भरा जा सकता है। सुबह 10 बजे पाइप A खोला गया था। यदि पाइप B को सुबह 11 खोला जाता है, तो टैंक को कितने समय में भरा जाएगा?

**A.** 12.45 A.M.  **B.** 5 P.M.
**C.** 11.45 A.M.  **D.** 12 P.M.

**Q.66** एक सिलेंडर का पार्श्व सतह क्षेत्र $1056\ cm^2$ है और इसकी ऊंचाई $16\ cm$ है। इसका आयतन ज्ञात कीजिए।

**A.** $4545\ cm^3$  **B.** $4455\ cm^3$
**C.** $5445\ cm^3$  **D.** $5544\ cm^3$

**Q.67** दो संख्याओं के महत्तम समापवर्तक और लघुत्तम समापवर्तक क्रमशः 8 और 48 हैं। यदि संख्याओं में से एक 24 है, तो दूसरी संख्या है:

**A.** 48  **B.** 36  **C.** 24  **D.** 16

**Q.68** सरल करें:

$$3^{-2} \times 81^{\frac{3}{4}} \div (729)^{-\frac{1}{3}}$$

**A.** 9  **B.** 27  **C.** 81  **D.** 99

**Q.69** एक तार एक वृत्त के रूप में है। वृत्त की त्रिज्या 28 सेमी है। फिर तार को वर्ग के रूप में ढाला जाता है। वर्ग की भुजा ज्ञात कीजिये।

**A.** 44 सेमी　　**B.** 66 सेमी　　**C.** 22 सेमी　　**D.** 11 सेमी

**Q.70** लुप्त संख्या का पता लगाएं।

|   |    |    |
|---|----|----|
| 4 | 8  | 5  |
| 9 | 6  | 8  |
| 6 | 36 | 25 |
| 6 | 12 | ?  |

**A.** 18　　**B.** 15　　**C.** 14　　**D.** 10

# Science and Simple Arithmetic

**Q.71** निम्न में से किस तरल पदार्थ का घनत्व कम है?

**A.** ताज़ा पानी　　**B.** खारा पानी　　**C.** पेट्रोल　　**D.** पारा

**Q.72** साइकिल चलाते समय जब हम पेडलिंग करना बंद कर देते हैं तो साइकिल धीमी क्यों होने लगती है?

**A.** इस पर पृथ्वी का गुरुत्वाकर्षण बल कार्य करता है
**B.** यह त्वरित नहीं होती है
**C.** इस पर कोई असंतुलित बल कार्य नहीं करता है
**D.** इस पर घर्षण बल कार्य करता है

**Q.73** एथेनॉल के लिए क्वथनांक क्या है?

**A.** 100°C　　**B.** 78.3°C　　**C.** 62°C　　**D.** 46°C

**Q.74** ग्लोबल वार्मिंग के परिणामस्वरुप होने वाला है:

**A.** समुद्र के स्तर में वृद्धि　　**B.** फसल पैटर्न में बदलाव
**C.** तट रेखा में बदलाव　　**D.** ऊपर के सभी

**Q.75** हेपेटाइटिस-बी किस सूक्ष्म जीव के कारण होता है?

**A.** वायरस　　**B.** प्रोटोजोआ
**C.** जीवाणु　　**D.** इनमें से कोई नहीं

**Q.76** मेंडेलीव के आवर्त नियम के अनुसार, तत्वों के भौतिक और रासायनिक गुण उनके आवर्ती फलन हैं:

**A.** परमाणु क्रमांक　　**B.** परमाणु द्रव्यमान
**C.** परमाणु त्रिज्या　　**D.** आयनीकरण क्षमता

**Q.77** निम्नलिखित में से कौन बेकिंग सोडा के बारे में सही नहीं है?

**A.** इसका उपयोग सोडा एसिडअग्निशामक में किया जाता है
**B.** यह तेजी से खाना पकाने के लिए डाला जाता है
**C.** यह एक संक्षारक है
**D.** यह पेट में अतिरिक्त एसिड को बेअसर करता है

**Q.78** एक इलेक्ट्रॉनिक उपकरण का नाम बताइए जिसका उपयोग एम्पीयर में धारा को मापने के लिए किया जाता है?

**A.** अल्टीमीटर　　**B.** ऑडिओमीटर
**C.** अमीटर　　**D.** इनमें से कोई नहीं

**Q.79** ब्लॉटिंग पेपर द्वारा स्याही का अवशोषण शामिल है:

**A.** स्याही की चिपचिपाहट
**B.** केशिका क्रिया घटना
**C.** धब्बा के माध्यम से स्याही का विचलन
**D.** साइफन कार्रवाई

**Q.80** निकट-दृष्टि दोष वाले व्यक्तियों द्वारा किस प्रकार के लेंस का उपयोग किया जाता है?

**A.** उत्तल　　**B.** अवतल　　**C.** बेलनाकार　　**D.** यौगिक

**Q.81** एक कार 64,000 में बेचने पर श्री राव को 20% हानि हुई। तदनुसार, उस कार का लागत मूल्य कितना था?

**A.** 72,000 रुपये　　**B.** 67,800 रुपये
**C.** 80,000 रुपये　　**D.** 84,000 रुपये

**Q.82** $\sin(45° + \theta) - \cos(45° - \theta)$ का मान है:

**A.** 1　　**B.** 0　　**C.** $2\cos\theta$　　**D.** $2\sin\theta$

**Q.83** प्रति वर्ष किस प्रतिशत पर, धनराशि पर साधारण ब्याज 5 वर्षों में अपनी मूल राशि का $\frac{3}{4}$ होगा?

**A.** 5%　　**B.** 7.5%　　**C.** 10%　　**D.** 15%

**Q.84** 1000 रुपये की राशि कितने समय में 20% की वार्षिक दर से अर्ध वार्षिक संयोजित होने पर 1331 रुपये के बराबर हो जाएगी?

**A.** $\frac{3}{2}$ वर्ष　　**B.** 2 वर्ष　　**C.** 1 वर्ष　　**D.** $2\frac{1}{2}$ वर्ष

**Q.85** यदि मोबाइल की अंकित मूल्य 6000 रुपये अधिक है जितना पैसा राजेश के पास था, लेकिन दुकानदार क्रमशः दो 10% और 5% छूट प्रदान करता है। अब उसने अपने साथ 9370 रुपये छोड़ दिए। मोबाइल का अंकित मूल्य क्या है?

**A.** 106000 रुपये　　**B.** 108000 रुपये
**C.** 110000 रुपये　　**D.** 120000 रुपये

**Q.86** साधारण ब्याज और चक्रवृद्धि ब्याज के बीच का अंतर एक निश्चित राशि पर 2 वर्षों के लिए 4% प्रति वर्ष की दर से 20 रुपये है। राशि ज्ञात कीजिए।

**A.** 4000 रुपये　　**B.** 5200 रुपये
**C.** 4250 रुपये　　**D.** 12500 रुपये

**Q.87** यदि $(6y + 70)°$ और $(3y + 47)°$ संपूरक कोण हैं, तो $y$ का मान ज्ञात कीजिए।

**A.** 12°　　**B.** 15°　　**C.** 7°　　**D.** 10°

**Q.88** यदि $x + \frac{1}{x} = 4$ है तो $x^3 + \frac{1}{x^3}$ का मान है:

**A.** 52　　**B.** 60　　**C.** 51　　**D.** 55

**Q.89** यदि $3^4 \times 3^5 = 3^x$ है तो $x$ का मान ज्ञात कीजिए?

**A.** 8　　**B.** 1　　**C.** 9　　**D.** 7

**Q.90** $\left(\sqrt{3} - \frac{1}{\sqrt{3}}\right)^2$ का सरलीकरण है:

**A.** $\frac{3}{4}$　　**B.** $\frac{4}{\sqrt{3}}$
**C.** $\frac{4}{3}$　　**D.** इनमें से कोई नहीं

**Q.91** एक परीक्षा में दो छात्र उपस्थित हुए। उनमें से एक ने दूसरे से 9 अंक अधिक प्राप्त किए और उसके अंक उनके अंकों के योग का 56% थे। उनके द्वारा प्राप्त अंक हैं:

**A.** 39, 30　　**B.** 41, 32　　**C.** 42, 33　　**D.** 43, 34

**Q.92** यदि $3x + 15 = \frac{5x}{4} + \frac{137}{4}$ तो $x$ ज्ञात कीजिये।

**A.** 13　　**B.** 22　　**C.** 11　　**D.** 12

**Q.93** निम्नलिखित में से सबसे शक्तिशाली ग्रीनहाउस गैस _____ है।

**A.** कार्बन डाइऑक्साइड　　**B.** मीथेन
**C.** जल वाष्प　　**D.** ओजोन

**Q.94** 66 घन सेंटीमीटर चांदी को 1 मिमी व्यास के तार में खींचा जाता है। मीटर में तार की लंबाई होगी:

**A.** 84 मी    **B.** 90 मी    **C.** 168 मी    **D.** 336 मी

**Q.95** यदि 2 साल में एक राशि 5,248.80 रूपये प्रति वर्ष 8% चक्रवृद्धि ब्याज की दर से हो जाती है, तो उस राशि का निवेश किस प्रकार किया गया था?

**A.** 4,860 रूपये    **B.** 4,260 रूपये
**C.** 4,650 रूपये    **D.** 4,500 रूपये

**Q.96** दो उम्मीदवारों के बीच एक चुनाव में, विजेता को डाले गए कुल मतों का 65% प्राप्त हुआ और उसने 2748 मतों के बहुमत से चुनाव जीता। यदि कोई मत अवैध घोषित नहीं किया जाता है तो डाले गए मतों की कुल संख्या क्या है?

**A.** 8580    **B.** 8720    **C.** 9000    **D.** 9160

**Ques (97-99):निर्देश:** यहां दिया गया वृत्त-ग्राफ एक विशेष वर्ष के दौरान विभिन्न खेलों पर देश के खर्च को दर्शाता है। ग्राफ का ध्यानपूर्वक अध्ययन करें और उसके नीचे दिए गए प्रश्नों के उत्तर दें।

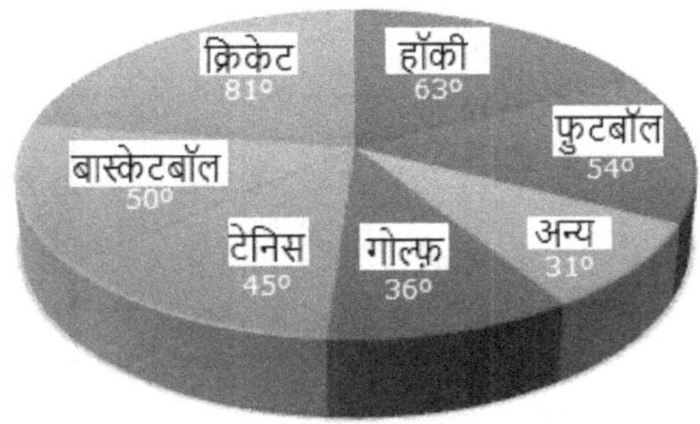


**Q.97** टेनिस पर कुल खर्च का कितना प्रतिशत खर्च किया जाता है?

**A.** $12\frac{1}{2}\%$    **B.** $22\frac{1}{2}\%$    **C.** 25%    **D.** 45%

**Q.98** गोल्फ की तुलना में हॉकी पर कितना प्रतिशत अधिक खर्च किया जाता है?

**A.** 27%    **B.** 35%    **C.** 37.5%    **D.** 75%

**Q.99** यदि वर्ष के दौरान खेलों पर खर्च की गई कुल राशि रु. 1,80,00,000, बास्केटबॉल पर खर्च की गई राशि टेनिस पर कितनी अधिक है:

**A.** रु. 2,50,000    **B.** रु. 3,60,000
**C.** रु. 3,75,000    **D.** रु. 4,10,000

**Q.100** एक बल्लेबाज ने 110 रन बनाए जिसमें 3 चौके और 8 छक्के शामिल हैं। उसने विकेटों के बीच दौड़कर अपने कुल रन का कितना प्रतिशत बनाया?

**A.** $45\frac{5}{11}\%$    **B.** $36\frac{2}{5}\%$    **C.** $7\frac{2}{11}\%$    **D.** $20\frac{3}{5}\%$

# // स्मार्ट उत्तर पुस्तिका //

**सही उत्तर** — उन छात्रों के प्रतिशत को इंगित करता है जिन्होंने प्रश्नों का सही उत्तर दिया था।

**छोड़ दिया** — उन छात्रों के प्रतिशत को इंगित करता है जिन्होंने प्रश्नों को छोड़ दिया था।

| प्रश्न संख्या | उत्तर | सही उत्तर / छोड़ दिया | प्रश्न संख्या | उत्तर | सही उत्तर / छोड़ दिया | प्रश्न संख्या | उत्तर | सही उत्तर / छोड़ दिया | प्रश्न संख्या | उत्तर | सही उत्तर / छोड़ दिया | प्रश्न संख्या | उत्तर | सही उत्तर / छोड़ दिया |
|---|---|---|---|---|---|---|---|---|---|---|---|---|---|---|
| 1 | A | 63.36 % / 1.98 % | 17 | A | 63.35 % / 1.18 % | 33 | A | 44.37 % / 1.44 % | 49 | D | 86.63 % / 0.0 % | 65 | C | 84.47 % / 0.0 % |
| 2 | C | 15.51 % / 4.31 % | 18 | B | 40.21 % / 1.96 % | 34 | A | 84.91 % / 0.0 % | 50 | C | 50.32 % / 1.52 % | 66 | D | 32.38 % / 4.85 % |
| 3 | C | 67.6 % / 1.67 % | 19 | B | 31.16 % / 3.85 % | 35 | B | 25.96 % / 3.67 % | 51 | A | 43.24 % / 1.81 % | 67 | D | 41.9 % / 1.82 % |
| 4 | D | 85.04 % / 0.0 % | 20 | A | 87.91 % / 0.0 % | 36 | A | 87.62 % / 0.0 % | 52 | A | 79.51 % / 0.0 % | 68 | B | 84.18 % / 0.0 % |
| 5 | D | 52.36 % / 1.51 % | 21 | B | 86.68 % / 0.0 % | 37 | A | 49.54 % / 1.21 % | 53 | D | 89.03 % / 0.0 % | 69 | A | 79.24 % / 0.0 % |
| 6 | A | 55.13 % / 1.13 % | 22 | D | 12.51 % / 4.71 % | 38 | A | 79.4 % / 0.0 % | 54 | D | 43.34 % / 1.27 % | 70 | D | 14.06 % / 4.34 % |
| 7 | A | 18.51 % / 3.58 % | 23 | D | 54.12 % / 1.29 % | 39 | D | 50.7 % / 1.07 % | 55 | C | 60.14 % / 1.58 % | 71 | C | 78.01 % / 0.0 % |
| 8 | D | 65.49 % / 1.84 % | 24 | D | 65.59 % / 1.03 % | 40 | A | 40.21 % / 1.55 % | 56 | C | 63.16 % / 1.91 % | 72 | D | 47.44 % / 1.95 % |
| 9 | B | 59.31 % / 1.42 % | 25 | C | 79.61 % / 0.0 % | 41 | D | 55.02 % / 1.88 % | 57 | B | 43.16 % / 1.8 % | 73 | B | 25.74 % / 4.86 % |
| 10 | A | 30.49 % / 4.69 % | 26 | D | 82.37 % / 0.0 % | 42 | A | 62.22 % / 1.13 % | 58 | A | 43.42 % / 1.72 % | 74 | D | 77.83 % / 0.0 % |
| 11 | C | 78.58 % / 0.0 % | 27 | B | 84.56 % / 0.0 % | 43 | B | 76.9 % / 0.0 % | 59 | D | 54.56 % / 1.9 % | 75 | A | 57.16 % / 1.86 % |
| 12 | B | 23.82 % / 4.25 % | 28 | D | 42.09 % / 1.29 % | 44 | C | 46.92 % / 1.77 % | 60 | A | 61.98 % / 1.88 % | 76 | B | 76.29 % / 0.0 % |
| 13 | B | 47.97 % / 1.64 % | 29 | C | 81.32 % / 0.0 % | 45 | A | 87.73 % / 0.0 % | 61 | D | 68.73 % / 1.05 % | 77 | C | 51.69 % / 1.97 % |
| 14 | A | 78.08 % / 0.0 % | 30 | B | 26.26 % / 4.42 % | 46 | B | 30.78 % / 3.56 % | 62 | B | 13.17 % / 4.47 % | 78 | C | 86.66 % / 0.0 % |
| 15 | B | 78.09 % / 0.0 % | 31 | B | 76.07 % / 0.0 % | 47 | C | 76.44 % / 0.0 % | 63 | C | 89.89 % / 0.0 % | 79 | B | 78.94 % / 0.0 % |
| 16 | B | 17.4 % / 4.23 % | 32 | A | 84.65 % / 0.0 % | 48 | A | 66.24 % / 1.56 % | 64 | C | 84.87 % / 0.0 % | 80 | B | 51.91 % / 1.8 % |

| प्रश्न संख्या | उत्तर | सही उत्तर / छोड़ दिया |
|---|---|---|
| 81 | C | 88.3 % |
|  |  | 0.0 % |
| 82 | B | 58.96 % |
|  |  | 1.22 % |
| 83 | D | 88.33 % |
|  |  | 0.0 % |
| 84 | A | 79.68 % |
|  |  | 0.0 % |

| प्रश्न संख्या | उत्तर | सही उत्तर / छोड़ दिया |
|---|---|---|
| 85 | A | 29.55 % |
|  |  | 3.81 % |
| 86 | D | 51.09 % |
|  |  | 1.46 % |
| 87 | C | 20.42 % |
|  |  | 3.79 % |
| 88 | A | 44.92 % |
|  |  | 1.9 % |

| प्रश्न संख्या | उत्तर | सही उत्तर / छोड़ दिया |
|---|---|---|
| 89 | C | 66.71 % |
|  |  | 1.59 % |
| 90 | C | 56.16 % |
|  |  | 1.21 % |
| 91 | C | 57.2 % |
|  |  | 1.66 % |
| 92 | C | 57.01 % |
|  |  | 1.41 % |

| प्रश्न संख्या | उत्तर | सही उत्तर / छोड़ दिया |
|---|---|---|
| 93 | C | 24.77 % |
|  |  | 3.0 % |
| 94 | A | 28.8 % |
|  |  | 4.89 % |
| 95 | D | 80.86 % |
|  |  | 0.0 % |
| 96 | D | 44.47 % |
|  |  | 1.93 % |

| प्रश्न संख्या | उत्तर | सही उत्तर / छोड़ दिया |
|---|---|---|
| 97 | A | 11.99 % |
|  |  | 4.5 % |
| 98 | D | 54.78 % |
|  |  | 1.65 % |
| 99 | A | 69.08 % |
|  |  | 1.69 % |
| 100 | A | 64.03 % |
|  |  | 1.71 % |

| कार्य विश्लेषण | |
|---|---|
| औसत अंक ( % ) | 35.0% |
| टॉपर्स स्कोर ( % ) | 59.0% |
| आपका स्कोर | |

# //संकेत और समाधान//

**1.** नीति आयोग ने 27 जून 2022 को 'इंडियाज बूमिंग गिग एंड प्लेटफॉर्म इकोनॉमी' शीर्षक से एक रिपोर्ट लॉन्च की।

यह अपनी तरह का पहला अध्ययन है जो भारत में गिग-प्लेटफॉर्म अर्थव्यवस्था पर व्यापक दृष्टिकोण और सिफारिशें प्रस्तुत करता है।

रिपोर्ट क्षेत्र के वर्तमान आकार और रोजगार सृजन क्षमता का अनुमान लगाने के लिए एक वैज्ञानिक पद्धति संबंधी दृष्टिकोण प्रदान करती है।

अतः विकल्प (A) सही है।

**2.** बांग्लादेश की प्रधानमंत्री शेख हसीना ने सितंबर 2022 में नई दिल्ली में बंगबंधु शेख मुजीबुर रहमान छात्र छात्रवृत्ति प्रदान की।

पहली बार दी गई यह छात्रवृत्ति 1971 के ऐतिहासिक मुक्ति संग्राम के दौरान शहीद या गंभीर रूप से घायल हुए सैनिकों के वंशजों, भारत के सशस्त्र बलों के अधिकारियों को प्रदान की गई। कक्षा 10 के 100 और कक्षा 12 के 100 छात्रों को छात्रवृत्ति प्रदान की गई।

अत: विकल्प (C) सही है।

**3.** एम्मानुएल मैक्रों ने फ्रांस का राष्ट्रपति चुनाव- 2017 जीता है।

7 मई 2017 को, मैक्रॉन को फ्रांस का राष्ट्रपति चुना गया था, जिसमें मरीन ले पेन के 33.9% की तुलना में 66.1% वोट मिले थे। चुनाव में 25.4% और 8% मतपत्र खाली या खराब हुए थे।

अत: विकल्प (C) सही है।

**4.** भारत ने अपने मुख्य बजट के लिए संयुक्त राष्ट्र महिला, लैंगिक समानता और महिला सशक्तिकरण के लिए संयुक्त राष्ट्र एजेंसी के लिए 500,000 अमरीकी डालर का योगदान दिया है।

संयुक्त राष्ट्र में भारत के स्थायी प्रतिनिधि टी.एस.तिरुमूर्ति ने घोषणा की कि भारत ने महिलाओं के नेतृत्व वाले विकास और लैंगिक समानता की अपनी साझेदारी की पुष्टि की है। संयुक्त राष्ट्र महिला कार्यकारी निदेशक, सीमा बहौस ने भारत को इसके योगदान के लिए धन्यवाद दिया।

अत: विकल्प (D) सही है।

**5.** प्रधान मंत्री नरेंद्र मोदी ने बेंगलुरु में सेमीकॉन इंडिया सम्मेलन-2022 का उद्घाटन किया।

भारत को सेमीकंडक्टर डिजाइन, निर्माण और प्रौद्योगिकी विकास के लिए एक वैश्विक केंद्र बनाने के लिए जो भारत सेमीकंडक्टर मिशन के दृष्टिकोण को आगे बढ़ाने में मदद करेगा।

अर्धचालक एक चालक और एक इन्सुलेटर के बीच गिरने वाले विद्युत चालकता मूल्यों वाले पदार्थ होते हैं।

अत: विकल्प (D) सही है।

**6.** संयुक्त राष्ट्र के नौवें महासचिव एंटोनियो गुटेरेस ने 1 जनवरी 2017 को पदभार ग्रहण किया।

एंटोनियो मैनुअल डी ओलिवेरा गुटेरेस एक पुर्तगाली राजनीतिज्ञ और राजनयिक हैं। 2017 से, उन्होंने संयुक्त राष्ट्र के महासचिव के रूप में कार्य किया है, जो इस उपाधि को धारण करने वाले नौवें व्यक्ति हैं। पुर्तगाली सोशलिस्ट पार्टी के सदस्य, गुटेरेस ने 1995 से 2002 तक पुर्तगाल के प्रधान मंत्री के रूप में कार्य किया। गुटेरेस ने 1992 से 2002 तक सोशलिस्ट पार्टी के महासचिव के रूप में कार्य किया। वह 1995 में प्रधान मंत्री चुने गए और 2002 में उनकी पार्टी के बाद इस्तीफा दे दिया। 2001 के पुर्तगाली स्थानीय चुनावों में हार गए थे।

अतः विकल्प (A) सही है।

**7.** अगस्त 2020 की स्थिति अनुसार भारत सरकार के मुख्य आर्थिक सलाहकार कृष्णमूर्ति सुब्रमण्यन थे।

भारत सरकार ने 7 दिसंबर 2018 को कृष्णमूर्ति सुब्रमण्यम को मुख्य आर्थिक सलाहकार (CEA) नियुक्त किया। वह भारत सरकार के 17वें मुख्य आर्थिक सलाहकार हैं। उनका कार्यकाल तीन साल का होगा। वह वर्तमान में इंडियन स्कूल ऑफ बिजनेस (ISB), हैदराबाद में एसोसिएट प्रोफेसर के रूप में कार्यरत हैं। वह बंधन बैंक, नेशनल इंस्टीट्यूट ऑफ बैंक मैनेजमेंट और RBI अकादमी के बोर्ड में भी कार्य करते है।

अतः विकल्प (A) सही है।

**8.** MCA21, भारत सरकार के कॉर्पोरेट कार्य मंत्रालय (MCA) की एक ई-शासन पहल है, जो भारत की कॉर्पोरेट संस्थाओं, पेशेवरों और नागरिकों को MCA सेवाओं की आसान और सुरक्षित पहुँच उपलब्ध कराता है।

अतः विकल्प (D) सही है।

**9.** 1876 में अल्फ्रेड नोबल ने डायनामाइट का पेटेंट कराया। नोबेल ने अपनी वसीयत में 9 मिलियन डॉलर का इस्तेमाल किया, जिन्हें उन लोगों के लिए पुरस्कार के रूप में इस्तेमाल किया जाना था, जिनके काम से मानवता को लाभ मिलता है - द नोबेल शांति पुरस्कार आदि।

अतः विकल्प (B) सही है।

**10.** नासा ने "आर्टेमिस" कार्यक्रम के लिए कैलेंडर का अनावरण किया जो पहली बार आधी शताब्दी में अंतरिक्ष यात्रियों को चंद्रमा पर लौटाएगा, जिसमें आठ अनुसूचित लॉन्च और 2024 तक चंद्र की कक्षा में एक मिनी-स्टेशन शामिल है। ARTEMIS त्वरण, पुन: प्राप्ति के लिए एक संक्षिप्त नाम है। टर्बुलेंस, और सूर्य के साथ चंद्रमा की बातचीत के इलेक्ट्रोडायनामिक्स है। यह चंद्रमा के लिए नासा का अगला मिशन है।

अतः विकल्प (A) सही है।

**11.** केशवानंद भारती मामले में, न्यायमूर्ति हंस राज खन्ना ने कहा कि भारत के संविधान में कुछ  मूल संरचना हैं, जिन्हें भारत की संसद द्वारा संशोधनों के माध्यम से परिवर्तित या नष्ट नहीं किया जा सकता है।

अतः विकल्प (C) सही है।

**12.** नासा ने "परसेवेरेंस" मिशन को बनाने और लॉन्च करने के लिए $ 2.4 बिलियन का निवेश किया, जिसकी लागत $ 300 मिलियन है, जो मंगल की सतह पर रोवर को उतारने और संचालित करने की उम्मीद करता है।

अतः विकल्प (B) सही है।

**13.** जिनेवा, स्विट्जरलैंड में विश्व व्यापार संगठन (WTO) का मुख्यालय है।

विश्व व्यापार संगठन की कई भूमिकाएँ हैं: यह व्यापार नियमों की एक वैश्विक प्रणाली को संचालित करता है, यह व्यापार समझौतों पर बातचीत के लिए एक मंच के रूप में कार्य करता है, यह अपने सदस्यों के बीच व्यापार विवादों का निपटारा करता है और यह विकासशील देशों की जरूरतों का समर्थन करता है।

अतः विकल्प (B) सही है।

**14.** संविधान का अनुच्छेद 110 "मनी बिल" को परिभाषित करता है, मनी बिल भारतीय संसद के निचले चैंबर (लोकसभा) में पेश किए गए एक बिल (ड्राफ्ट कानून) को संदर्भित करता है जो आम तौर पर रसीद जारी करना और धन के खर्च के मुद्दे से संबंधित है जैसे कर कानूनों, उधार लेने के नियम और सरकार का खर्च, काले धन की रोकथाम है।

अतः विकल्प (A) सही है।

**15.** रोपण कृषि व्यावसायिक खेती का एक रूप है जहां फसलों को लाभ के लिए उगाया जाता है। आमतौर पर, एक रोपण पर केवल एक प्रकार की फसल उगाई जाती है। सामान्य उदाहरणों में रबर, कॉफी, चाय, केला, गन्ना, ताड़ का तेल, कोको और तंबाकू शामिल हैं।

अतः विकल्प (B) सही है।

**16.** अंतर्राष्ट्रीय टेली कम्युनिकेशन कंपनी, वेरिज़ोन संचार की एक शाखा, वेरिज़ॉन मीडिया ने हाल ही में 'वन सर्च' नामक एक नया गोपनीयता-केंद्रित खोज इंजन लॉन्च किया है।

खोज इंजन का दावा है कि उपयोगकर्ताओं का खोज इतिहास संग्रहीत नहीं किया जाएगा और उपयोगकर्ताओं के स्वयं-विनाशकारी खोज डेटा को विज्ञापनदाताओं के साथ साझा नहीं किया जाएगा। नए खोज इंजन से निष्पक्ष और अनफ़िल्टर्ड परिणाम देने की भी उम्मीद है, जो केवल स्थानों के आधार पर व्यक्तिगत होंगे और उपयोगकर्ताओं और उनके खोज परिणामों से अलग-अलग आईपी पते होंगे।

अतः विकल्प (B) सही है।

**17.** श्रीलंका, पाल्क स्ट्रेट और मन्नार की खाड़ी द्वारा निर्मित समुद्र के एक संकीर्ण चैनल से भारत से अलग हुआ है।
अतः विकल्प (A) सही है।

**18.** अनुच्छेद 12 से 35 संविधान के भाग III मौलिक अधिकारों से संबंधित है। ये हैं: कानून के समक्ष समानता सहित समानता का अधिकार, धर्म, जाति, जाति, लिंग या जन्म स्थान के आधार पर भेदभाव का निषेध, और रोजगार के मामलों में अवसर की समानता।
अतः विकल्प (B) सही है।

**19.** अल्फाबेट इंक के गूगल ने हाल ही में घोषणा की है कि वह अपने उपभोक्ताओं के लिए एक वर्चुअल प्राइवेट नेटवर्क (वीपीएन) सेवा शुरू करने के लिए तैयार है।

वर्चुअल प्राइवेट नेटवर्क (वीपीएन) सेवा गूगल वन क्लाउड स्टोरेज सेवाओं के लिए उपलब्ध होगी। वर्चुअल प्राइवेट नेटवर्क (वीपीएन) का उपयोग उन देशों में व्यक्तियों द्वारा किया जाता है जहां कुछ साइटों और सेवाओं तक पहुंच को सरकारों द्वारा प्रतिबंधित कर दिया गया है।

अतः विकल्प (B) सही है।

**20.** सांची एक बौद्ध परिसर है, अपने महान स्तूप के लिए प्रसिद्ध है, जो मध्य प्रदेश राज्य के उत्तर रायसेन जिले के सांची शहर में एक पहाड़ी की चोटी पर स्थित है।
अतः विकल्प (A) सही है।

**21.** मध्य प्रदेश का राजकीय वृक्ष "भारत बरगद" (फिकस बेंगलेंसिस) है, जो भारतीय उपमहाद्वीप का एक बड़ा और विस्तृत वृक्ष है। फिकस बेंगलेंसिस प्रोपेगेटिंग जड़ों का उत्पादन करता है जो हवाई जड़ों के रूप में नीचे की ओर बढ़ते हैं।

अतः विकल्प (B) सही है।

**22.** 'कुमार गंधर्व पुरस्कार' की स्थापना वर्ष 1992-93 में युवाओं में संगीत के क्षेत्र में रचनात्मकता को प्रोत्साहित करने के लिए की गई थी। यह सम्मान शास्त्रीय स्वर और वाद्य के क्षेत्र में 25 से 45 वर्ष के युवा कलाकारों को दिया जाता है। पुरस्कार में 51,000 रुपये की पुरस्कार राशि और एक प्रशस्ति पत्र है।

अतः विकल्प (D) सही है।

**23.** अन्य सभी अक्षरो में, केवल एक स्वर है, लेकिन विकल्प में (D) कोई स्वर नहीं है।
अतः विकल्प (D) सही है।

**24.** दी गई जानकारी के लिए न्यूनतम संभावित वेन आरेख इस प्रकार है:

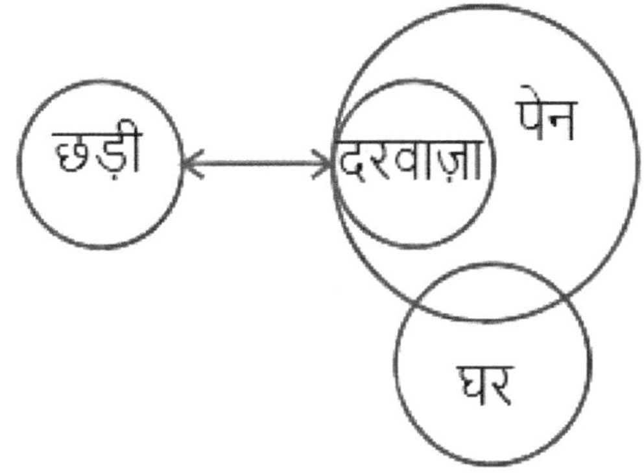


निष्कर्ष:

I. कोई छड़ी घर नहीं है → असत्य (यह संभव नहीं है क्योंकि "कोई छड़ी दरवाज़ा नहीं है" दिया गया है, जैसा कि छड़ी और घर के बीच कोई सीधा संबंध नहीं है। इस प्रकार यह एक संभावना है लेकिन निश्चित नहीं है।)

II. कुछ पेन दरवाज़े हैं → सत्य (जैसा कि "सभी दरवाज़े पेन हैं" दिया गया है इस प्रकार, कुछ पेन दरवाज़े हैं, इस प्रकार यह निश्चित है।)

अतः विकल्प (D) सही है।

**25.** मनुष्य का गति की दिशा:

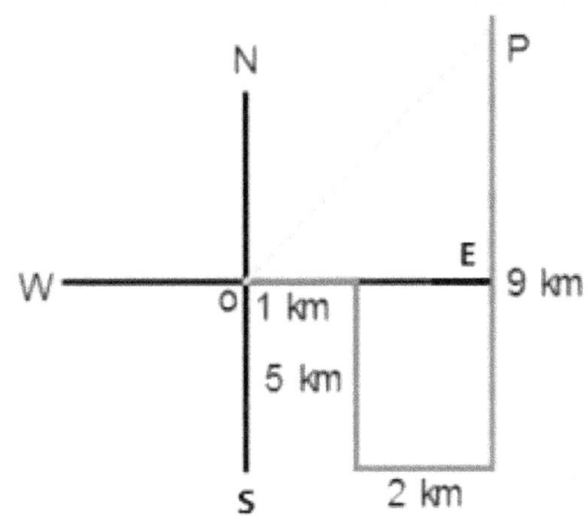


आदमी की अंतिम स्थिति $P$ है और $OEP$ एक समकोण त्रिभुज है जिसमें $EP = 9 - 5 = 4$ किमी और $OE = 3$ किमी

इस प्रकार, $OP = \sqrt{(3^2 + 4^2)}$

$\Rightarrow OP = \sqrt{25}$

$\Rightarrow OP = 5$ किमी

अतः विकल्प (C) सही है।

**26.** पैटर्न है-

$$B(+2) \rightarrow D(+3) \rightarrow G$$

$$Y(-2) \rightarrow W(-3) \rightarrow T$$

$$I(+2) \rightarrow K(+3) \rightarrow N$$

तो उपरोक्त पैटर्न के अनुसार केवल 'RPM' श्रंखला का सही समूह है जो श्रंखला को पूरा करता है।

$$R(-2) \rightarrow P(-3) \rightarrow M$$

अतः विकल्प (D) सही है।

**27.** इसमें अंतिम अक्षर पहला अक्षर बन जाता है और दूसरा अंतिम अक्षर दूसरा अक्षर बन जाता है और शेष इसी तरह बदलते हैं।

**"AGRICULTURE" "ERUTLUCIRGA"** के रूप में कोडित है।

उसी प्रकार, **"FLORICULTURE" "ERUTLUCIROLF"** के रूप में कोडित होगा।

अतः विकल्प (B) सही है।

**28.** दी गई जानकारी के लिए न्यूनतम संभावित वेन आरेख इस प्रकार है:

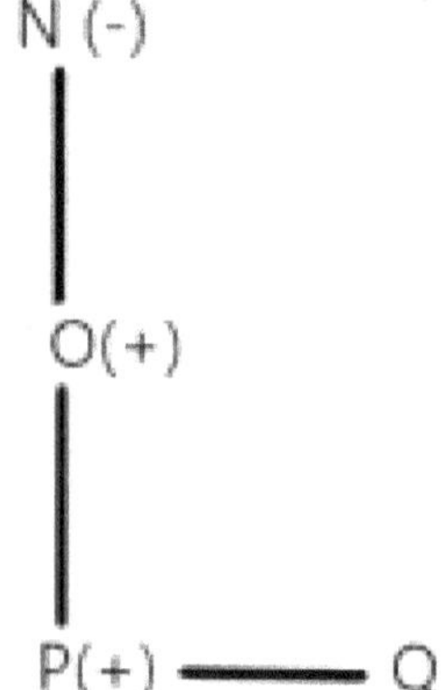

निष्कर्ष:

I. कुछ टायर द्वार हैं → असत्य (यह संभव है क्योंकि "सभी टायर ईंट हैं" और "कुछ ईंटें द्वार हैं" लेकिन टायर और द्वार के बीच कोई सीधा संबंध नहीं है इसलिए, गलत है)

II. द्वार टायर नहीं है → असत्य (यह संभव है क्योंकि "सभी टायर ईंटें हैं और कुछ ईंटें द्वार हैं" लेकिन टायर और द्वार के बीच कोई सीधा संबंध नहीं दिया गया है इसलिए, गलत है)

निष्कर्ष I. और II. पूरक जोड़ियाँ बनाएंगे।

अतः विकल्प (D) सही है।

**29.** N + O × P ÷ Q के लिए, निम्न परिवार आरेख प्राप्त होता है:

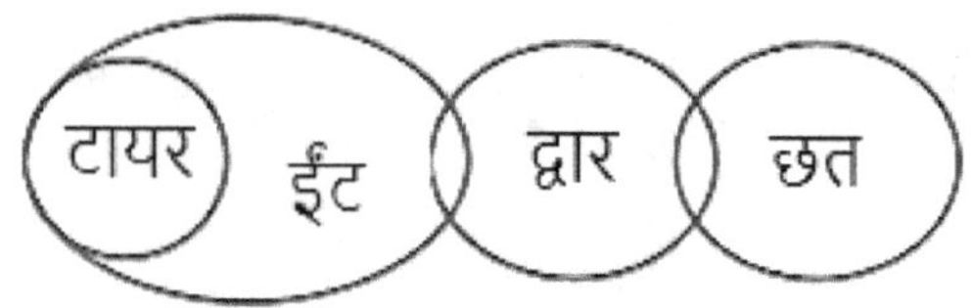

(+) = पुरुष

(-) = स्त्री

इसलिए, यह स्पष्ट है कि P, N का पोता है।

अतः विकल्प (C) सही है।

**30.**

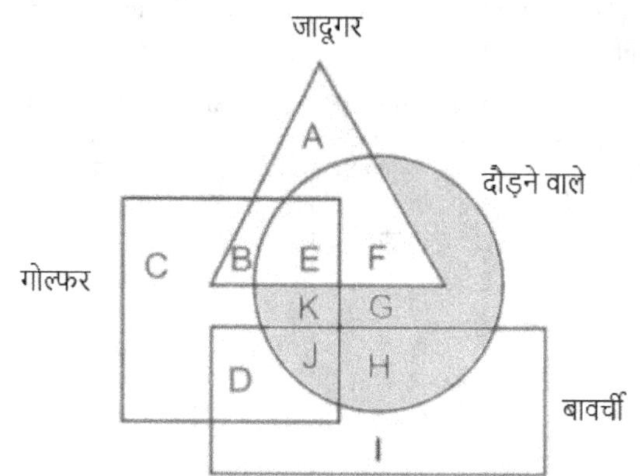



दौड़ने वाले जो जादूगर नहीं हैं उनका प्रतिनिधित्व द्वारा किया जाता है = KGJH

अतः विकल्प (B) सही है।

**31.** वामावर्त 0 से शुरू होकर, पद इस प्रकार हैं:

$1^2 - 1 = 0$

$2^2 - 1 = 3$

$3^2 - 1 = 8$

इसलिए, लुप्त संख्या = $4^2 - 1 = 15$

अतः विकल्प (B) सही है।

**32.** पैटर्न है:

120 - 21 = 99

99 - 19 = 80

80 - 17 = 63

63 - 15 = 48

इसी प्रकार, लुप्त पद = 48 - 13

= 35

अतः विकल्प (A) सही है।

**33.** मध्य प्रदेश उर्जा विकास निगम की स्थापना मध्य प्रदेश सरकार ने 1982 में की थी। यह नवीन और नवीकरणीय ऊर्जा विभाग, विद्युत मंत्रालय, मध्य प्रदेश सरकार के अधीन काम करता है। यह अक्षय ऊर्जा क्षेत्र के लिए भारत सरकार और राज्य सरकार के विभिन्न कार्यक्रमों और नीतियों को लागू करने के लिए एक नोडल एजेंसी है।

अतः विकल्प (A) सही है।

**34. TELEPHONE** को **ENOHPELET** के रूप में लिखा गया है।

शब्द के अक्षर उलटे हैं।

इस प्रकार, **ALIGATOR** को **ROTAGILA** के रूप में लिखा जाएगा।

अतः विकल्प (A) सही है।

**35.** जाहिर है, हर 16 व्यक्तियों में से एक कप्तान होता है।

तो, कप्तानों की संख्या $= \dfrac{1200}{16} = 75$

अतः विकल्प (B) सही है।

**36.** ca**b**/ba**c**/ca**b**/ba**c**

अक्षर श्रृंखला है - cab, bac, cab, bac

अतः विकल्प (A) सही है।

**37.** भारतीय विज्ञान के बारे में किताब-फाई-तहकीक पुस्तक अलबरूनी द्वारा लिखी गई थी। अबू रेहान अल-बिरूनी ईरान का एक विद्वान था। वह भौतिकी, गणित, खगोल विज्ञान और प्राकृतिक विज्ञान में पारंगत होने के साथ-साथ एक इतिहासकार, कालविज्ञानी और भाषाविद के रूप में भी प्रतिष्ठित थे।

अतः विकल्प (A) सही है।

**38.** दिया गया है,

18 Q 12 P 4 R 5 S 6

संकेतों को बदलने के बाद

$\Rightarrow 18 \times 12 \div 4 + 5 - 6$

$\Rightarrow 18 \times 3 + 5 - 6$

$\Rightarrow 59 - 6$

$\Rightarrow 53$

अतः विकल्प (A) सही है।

**39.** दिया गया है,

$$12 - 3 + 2 \div 16 \times 2$$

संकेतों को बदलने के बाद

$$12 + 3 \times 2 - 16 \div 2$$

$$\Rightarrow 12 + 3 \times 2 - 8$$

$$\Rightarrow 12 + 6 - 8$$

$$\Rightarrow 10$$

अतः विकल्प (D) सही है।

**40.** मेगर का उपयोग केबलों के इन्सुलेशन प्रतिरोध की जांच के लिए किया जाता है लेकिन प्रतिरोध आमतौर पर मेगोहम्स रेंज में पढ़ता है।
अतः विकल्प (A) सही है।

**41.** दिया है, BC || AE

$\angle$CBA + $\angle$EAB = 180°

$\Rightarrow \angle$EAB = 180° − 65° = 115°

$\because$ BC = AC

इसलिए, ∆ABC एक समद्विबाहु त्रिभुज है

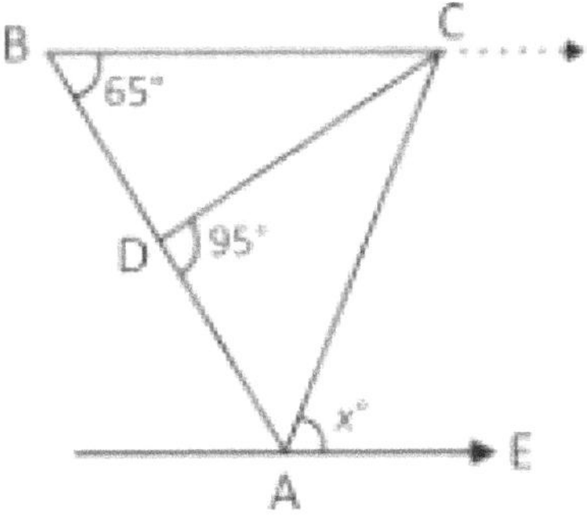

$\Rightarrow \angle$CBA = $\angle$CAB = 65°

अब, $\angle$EAB = $\angle$EAC + $\angle$CAB

$\Rightarrow$ 115° = x + 65°

$\Rightarrow$ x = 50°

अतः विकल्प (C) सही है।

**42.** प्रत्येक पंक्ति में, तीसरेआकृति में एक काला वृत्त और केवल उन पंक्ति खंड शामिल होते हैं जो पहले और दूसरे आकृति के लिए सामान्य नहीं हैं।

अतः विकल्प (A) सही है।

**43.** 2, 3, 4 और 5 के बगल में संख्या 6 है। इसलिए 6 के विपरीत संख्या 1 है।

अब, 4, 6, 3 और 1 के बगल में संख्या 5 है। इसलिए, 5 के विपरीत संख्या 2 है।

अतः विकल्प (B) सही है।

**44.** निम्न आकृति को ध्यान से देखने के बाद,

C, I, O और T के बगल में P है। इसलिए, P, R के सामने होगा।

T, R, I और P के बगल में O है। इसलिए, O, C के सामने होगा।

अतः विकल्प (C) सही है।

**45.**

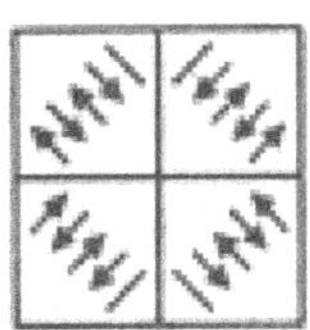

अतः विकल्प (A) सही है।

**46.** दिया है,

$\angle$ABC = 65° और $\angle$CDE = 15°

यहां, $\angle$ABC + $\angle$TCB = 180 ($\because$ AB || CD)

$\angle$TCB = 180° − $\angle$ABC

$\therefore \angle$TCB = 180° − 65° = 115°

$\because \angle$TCB + $\angle$DCB = 180 (रैखिक युग्म)

$\therefore \angle$DCB = 65°

अब, ∆CDE में

$\angle$CED = 180° − ($\angle$ECD + $\angle$EDC) ($\because \angle$ECD = $\angle$BCD)

= 180° − (− 65° + 15°) = 100°

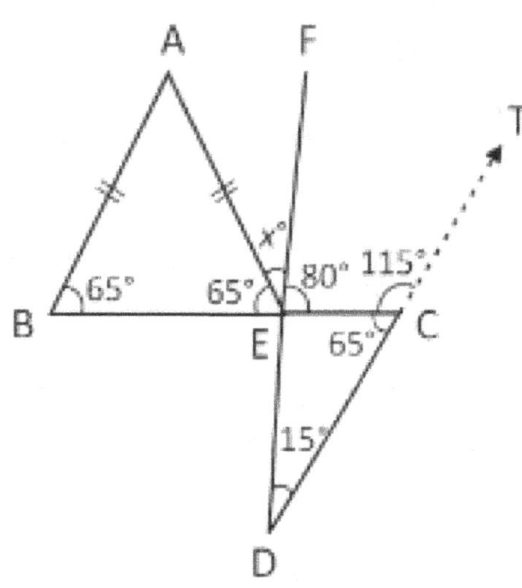

$\because \angle DEC + \angle FEC = 180°$

$\Rightarrow \angle FEC = 180° - 100° = 80°$

दिया है, AB = AE

ΔABE एक समद्विबाहु त्रिभुज

$\therefore \angle ABE = \angle AEB = 65°$

$\because \angle AEB + \angle AEF + \angle FEC = 180°$ (सरल रेखा)

$\Rightarrow 65° + x° + 80° = 180°$

$\therefore x° = 180° - 145° = 35°$

अतः विकल्प (B) सही है।

**47.** यदि आप दी गई आकृति को दक्षिणावर्त अथवा वामावर्त दिशा में घुमाएं तो आपको विकल्प C को छोड़कर सभी उत्तर ठीक लगेंगे।
अतः विकल्प (C) सही है।

**48.** इस प्रश्न का सबसे कम संभव आरेख इस प्रकार हैं,

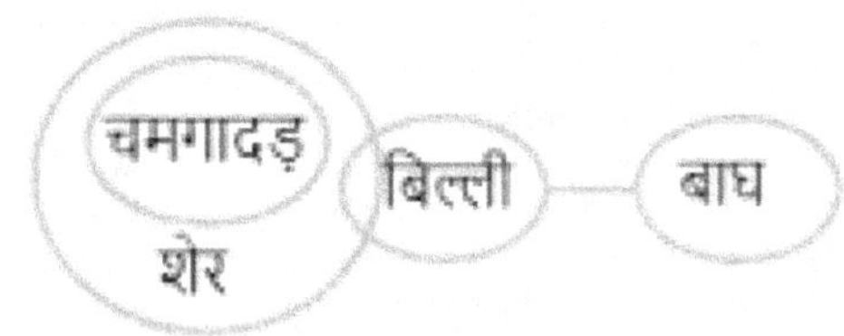

I. कुछ बाघ चमगादड़ हो सकते हैं - सच (संभावना सच हैं)

II. कोई बिल्ली बल्ले नहीं हैं - गलत (यह संभव है लेकिन निश्चित नहीं हैं)

इसलिए, एकमात्र निष्कर्ष। अनुसरण करता हैं।

अतः विकल्प (A) सही हैं।

**49.** दिए गए रेखाचित्र का ध्यान से निरीक्षण करने पर, दी गई आकृति की सही दर्पण प्रतिबिम्ब विकल्प D है।

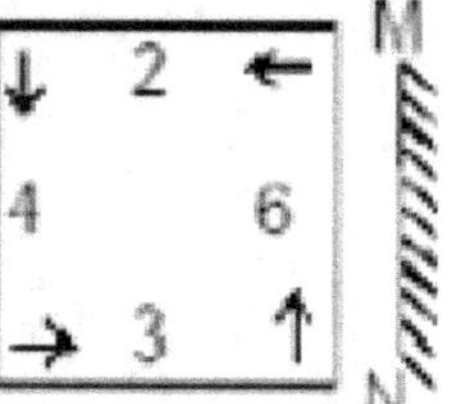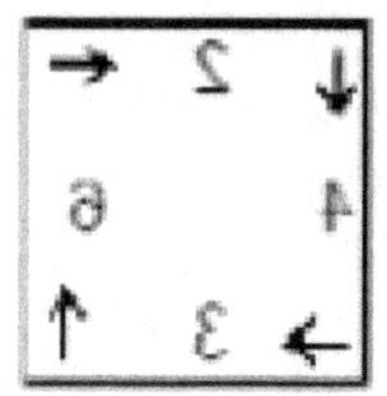

अतः विकल्प (D) सही है।

**50.**

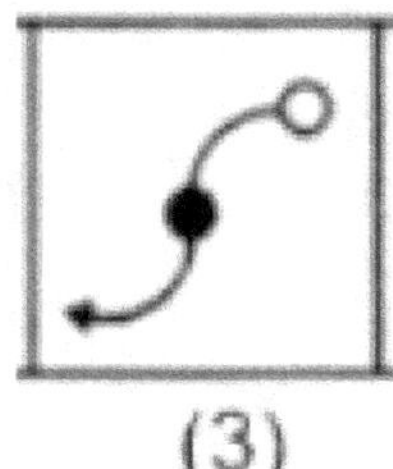

(3)

अतः विकल्प (C) सही है।

**51.** दिए गए कथन का उपयोग करके वेन आरेख को खींचा जाता हैं।

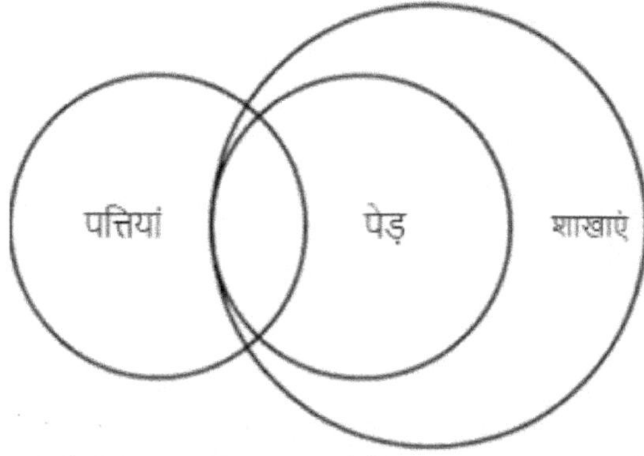


उपरोक्त वेन आरेख से, कुछ शाखाएं पेड़ हैं। इसलिए, निष्कर्ष। अनुसरण करता हैं।

निष्कर्ष II का पालन नहीं किया जाता है क्योंकि सभी पेड़ शाखाएं हैं।

अतः विकल्प (A) सही हैं।

**52.** (1, 4), (2, 3) और (5, 6) तीन अलग-अलग जोड़ियों के समान आकृति हैं।

अतः विकल्प (A) सही है।

**53.** यहाँ, घोड़े को छोड़कर सभी जंगली जानवर हैं, जबकि घोड़े को पालतू बनाया जा सकता है।
अतः विकल्प (D) सही है।

**54.** स्पष्ट रूप से, ऊपरी पंक्ति में, दूसरे में बिंदुओं की संख्या पहले आकृति में बिंदुओं की संख्या से दोगुनी है।

इसी तरह, निचली पंक्ति में, दूसरे आंकड़े में बिंदुओं की संख्या कम पहले आंकड़े में बिंदुओं की संख्या से दोगुनी होनी चाहिए।

इसलिए, लापता खंड में बिंदुओं की संख्या $= 2 \times 3 = 6$ है।

अतः विकल्प (D) सही है।

**55.** दी गई श्रृंखला की क्रमागत संख्या है:

$\Rightarrow 3 + 5 = 8$

$\Rightarrow 8 + 7 = 15$

$\Rightarrow 15 + 9 = 24$

$\Rightarrow 24 + 11 = 35$

$\Rightarrow 35 + 13 = 48$

$\Rightarrow 48 + 15 = 63$

इसलिए, 34 गलत संख्या है।

अतः विकल्प (C) सही है।

**56.** आकृति को दिखाए अनुसार लेबल किया जा सकता है।

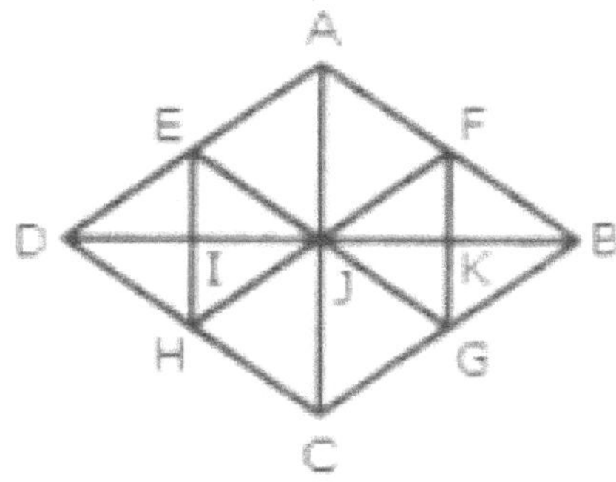

सबसे सरल त्रिभुज AFJ, FJK, FKB, BKG, JKG, JGC, HJC, HIJ, DIH, DEI, EIJ और AEJ अर्थात संख्या में 12 हैं।

प्रत्येक दो घटकों से बना त्रिभुज JFB, FBG, BJG, JFG, DEJ, EJH, DJH और DEH अर्थात संख्या में 8 हैं।

प्रत्येक तीन घटक से बने त्रिभुज AJB, JBC, DJC और ADJ अर्थात संख्या में 4 हैं।

छह घटकों में से प्रत्येक से बना त्रिभुज DAB, ABC, BCD और ADC अर्थात संख्या में 4 हैं।

इस प्रकार, आकृति में 12 + 8 + 4 + 4 = 28 त्रिभुज हैं।
अतः विकल्प (C) सही है।

**57.** यहाँ तर्क है

विकल्प (A): 38 + 13 = 51

विकल्प (B): 28 + 13 = 41

यहाँ 31 दिया गया है, इसलिए यह दूसरों से अलग है।

विकल्प (C): 78 + 13 = 91

विकल्प (D): 58 + 13 = 71
अतः विकल्प (B) सही है।

**58.** पैटर्न है:

35-19 = 16,

19-11 = 8,

11-7 = 4,

7-5 = 2,

5-4 = 1,

4-3.5 = 0.5

हर बार अंतर आधा किया जाता है। इस प्रकार गलत संख्या 4.5 है, यह 4 होनी चाहिए।

अतः विकल्प (A) सही है।

**59.** दिया हुआ:

10 साल पहले, मां की उम्र उनके बेटे की उम्र से तीन गुना थी। माना, बेटे की उम्र $x$ थी और मां की उम्र $3x$ थी।

वर्तमान में: माता की उम्र $(3x + 10)$ है और पुत्र की उम्र $(x + 10)$ है।

दस साल के बाद: माँ की उम्र $(3x + 10) + 10$ होगी और बेटे की उम्र $(x + 10) + 10$ होगी। यह दिया है कि, माँ की उम्र दस साल के बाद बेटे से दोगुनी है।

$$(3x + 10) + 10 = 2[(x + 10) + 10]$$

$$(3x + 20) = 2[x + 20]$$

समीकरण को हल करते हुए, हम प्राप्त करते हैं $x = 20$

$$(3x + 10):(x + 10) = 70:30 = 7:3$$

अतः विकल्प (D) सही है।

**60.** दिया है:

$$(8 - 10)^2 + (4 + 14)^2 = (?)^2 + 28$$

$$\Rightarrow (-2)^2 + (18)^2 = (?)^2 + 28$$

$$\Rightarrow 4 + 324 = (?)^2 + 28$$

$$\Rightarrow 328 - 28 = (?)^2$$

$$\Rightarrow 300 = (?)^2$$

$$\Rightarrow ? = \sqrt{300}$$

$$\Rightarrow ? = 10\sqrt{3}$$

अतः विकल्प (A) सही है।

**61.** 'DELHI' शब्द में 5 अलग-अलग अक्षर हैं।

आवश्यक शब्दों की संख्या = 5 अक्षरों की व्यवस्था की संख्या, सभी समय पर ली गई

$$^5P_5 = 5!$$

$$= 5 \times 4 \times 3 \times 2 \times 1$$

$$= 120$$

अतः विकल्प (D) सही है।

**62.** दिया गया:

$p$ और $q$ समीकरण का मूल है $x^2 + px + q = 0$

अर्थात $p + q = -p$

$$p \times q = q$$

अर्थात $p$ केवल $1$ है

$$\therefore\ 1 \times q = q$$

जो $11$ से विभाज्य है।

अतः विकल्प (B) सही है।

**63.** $^{30}P_2 = \dfrac{30!}{(30-2)!}$

$$= \dfrac{30 \times 29 \times 28!}{28!}$$

$$= 30 \times 29$$

$$= 870$$

अतः विकल्प (C) सही है।

**64.** एक पासा के दो बार फेंकने से, $n(S) = (6 \times 6) = 36$

माना $n(E) = $ राशि मिलने की घटना $=$
$\{(3,6), (4,5), (5,4), (6,3)\} = 4$

$$\therefore\ P(E) = \dfrac{n(E)}{n(S)} = \dfrac{4}{36} = \dfrac{1}{9}$$

अतः विकल्प (C) सही है।

**65.** A द्वारा $1$ घंटे में भरा गया भाग (अर्थात $11$ A.M.) तक $= \dfrac{1}{2}$

A और B द्वारा भरा हुआ भाग $1$ घंटे ( $60$ मिनट) में $= \dfrac{1}{2} + \dfrac{1}{6} = \dfrac{3+1}{6} = \dfrac{2}{3}$

A और B द्वारा $\dfrac{1}{2}$ भाग भरने में लगने वाला समय

$$= \dfrac{60 \times 3}{2} \times \dfrac{1}{2}$$

$$= 45\ \text{मिनट}$$

$\therefore$ टैंक $11.45$ A.M. में भर जाएगा।

अतः विकल्प (C) सही है।

**66.** माना त्रिज्या $= r\ cm, h = 16\ cm$

$$2\pi r h = 1056$$

$$2 \times \dfrac{22}{7} \times r \times 16 = 1056$$

$$r = \dfrac{21}{2}\ cm$$

आयतन $= \pi r^2 h = \dfrac{22}{7} \times \dfrac{21}{2} \times \dfrac{21}{2} \times 16 = 5544\ cm^3$

अतः विकल्प (D) सही है।

**67.** दिया है:

पहली संख्या $= 24$

दूसरी संख्या $= x$ (मान लीजिए)

संख्याओं का महत्तम समापवर्तक (H.C.F.) $= 8$

संख्याओं का लघुत्तम समापवर्तक (L.C.M.) $= 48$

जैसा कि हम जानते हैं:

ल.स $\times$ म.स . $=$ संख्याओं का गुणनफल

इसलिये,

$$48 \times 8 = 24 \times x$$

$$x = 16$$

अतः विकल्प (D) सही है।

**68.** दिया है:

$$3^{-2} \times 81^{\frac{3}{4}} \div (729)^{-\frac{1}{3}}$$

$$\Rightarrow \dfrac{1}{9} \times (3^4)^{\frac{3}{4}} \div [(9)^3]^{-\frac{1}{3}}$$

$$\Rightarrow \dfrac{1}{9} \times 27 \div (9)^{-1}$$

$$\Rightarrow \dfrac{1}{9} \times 27 \times 9$$

$$\Rightarrow 27$$

अतः विकल्प (B) सही है।

**69.** दिया है:

वृत की त्रिज्या $(r) = 28$ सेमी

तार की लंबाई (परिधि) $= 2\pi r = 2\pi \times 28 = 176$ सेमी

माना वर्ग की भुजा '$a$' सेमी है।

वर्ग की परिमाप $(4a) = $ वृत्त की परिधि $= 176$ सेमी

या, $4a = 176$ सेमी

या, $a = 44$ सेमी

इस प्रकार, वर्ग की भुजा $44$ सेमी है।

अतः विकल्प (A) सही है।

**70.** $\sqrt[3]{4 \times 9 \times 6} = \sqrt[3]{216} = 6$

$\sqrt[3]{8 \times 6 \times 36} = \sqrt[3]{1728} = 12$

$\sqrt[3]{5 \times 8 \times 25} = \sqrt[3]{1000} = 10$

अतः विकल्प (D) सही है।

**71.** पेट्रोल एक पारदर्शी, पेट्रोलियम-व्युत्पन्न तरल है जो मुख्य रूप से आंतरिक दहन इंजन में ईंधन के रूप में उपयोग किया जाता है। यह ज्यादातर कार्बनिक यौगिकों के होते हैं जो कि पेट्रोलियम के आंशिक आसवन द्वारा प्राप्त होते हैं, विभिन्न प्रकार के एडिटिव्स के साथ बढ़ाया जाता है। पेट्रोल का घनत्व सबसे कम होता है।

अतः विकल्प (C) सही है।

**72.** साइकिल के टायरों पर आरोपित घर्षण बल के कारण साइकिल धीमी हो जाती है। जब यह घर्षण बल पैडलिंग द्वारा लगाए गए बल को पार कर जाता है, तो साइकिल रुक जाती है।

अतः विकल्प (D) सही है।

**73.** सामान्य वायुमंडलीय स्थिति में जिस स्थिर तापमान पर एक तरल वाष्प अवस्था में बदलता है उसे क्वथनांक कहा जाता है। इथेनॉल के लिए

क्वथनांक 78.3°C है।
अतः विकल्प (B) सही है।

**74.** ग्लोबल वार्मिंग मूल रूप से कार्बन डाइऑक्साइड, जल वाष्प जैसी ग्रीनहाउस गैसों की सांद्रता में वृद्धि के कारण पृथ्वी के वायुमंडल के ताप को संदर्भित करता है। यह बर्फ के पिघलने के कारण समुद्र के स्तर में वृद्धि का कारण बन सकता है, जिसके कारण फसल के पैटर्न पर भी प्रभाव पड़ सकता है।
अतः विकल्प (D) सही है।

**75.** हेपेटाइटिस-बी दुनिया में सबसे आम गंभीर लीवर संक्रमण है। यह हेपेटाइटिस बी वायरस (एचबीवी) के कारण होता है, जो यकृत कोशिकाओं पर हमला करता है और अगर इसका पता नहीं चला और इसका प्रबंधन नहीं किया गया तो सिरोसिस, यकृत कैंसर या यकृत विफलता हो सकती है। वायरस संक्रमित रक्त और शारीरिक तरल पदार्थ के संपर्क में होता है जिसमें रक्त होता है।
अतः विकल्प (A) सही है।

**76.** मेंडेलीव के आवर्त नियम के अनुसार, तत्वों के भौतिक और रासायनिक गुण उनके परमाणु द्रव्यमानों के आवर्ती फलन हैं। मेंडेलीव ने उस समय परमाणु द्रव्यमान के बढ़ते क्रम में ज्ञात सभी तत्वों की व्यवस्था की है और यह व्यवस्था आवर्त सारणी बनाती है।
अतः विकल्प (B) सही है।

**77.** सोडियम बाइकार्बोनेट, जिसे आमतौर पर बेकिंग सोडा के रूप में जाना जाता है, सूत्र $NaHCO_3$ के साथ एक रासायनिक यौगिक है।

सोडियम बाइकार्बोनेट गर्म होने पर कार्बन डाइऑक्साइड छोड़ता है इसलिए इसका उपयोग सोडा-एसिड अग्निशामक में किया जाता है।

खाना पकाने में, बेकिंग सोडा को मुख्य रूप से बेकिंग एजेंट के रूप में पकाने में उपयोग किया जाता है। यह तेजी से पकाने में मदद कर सकता है।

सोडियम बाइकार्बोनेट अम्ल के साथ सहज प्रतिक्रिया करता है, जिससे उन्हें बेअसर किया जाता है और एक प्रतिक्रिया उत्पाद के रूप में $CO_2$ गैस निकलती है।

यह संक्षारक नहीं है।

अतः विकल्प (C) सही है।

**78.** अमीटर (एम्पीयर मीटर) एक मापने वाला उपकरण है जिसका उपयोग परिपथ में धारा को मापने के लिए किया जाता है। इलेक्ट्रिक धाराओं को एम्पीयर (A) में मापा जाता है। अमीटर आमतौर पर श्रृंखला में परिपथ के साथ जुड़ा होता है जिसमें धारा को मापना होता है।
अतः विकल्प (C) सही है।

**79.** ब्लॉटिंग पेपर द्वारा स्याही के अवशोषण में केशिका क्रिया की घटना शामिल होती है क्योंकि ब्लॉटिंग पेपर एक पतला और एक चिकना पेपर होता है जो स्याही जैसी थोड़ी मोटी तरल पदार्थ को अवशोषित करने की अनुमति देता है।
अतः विकल्प (B) सही है।

**80.** अदूरदर्शिता को एक अवतल (घुमावदार अंदर की ओर) लेंस का उपयोग करके ठीक किया जाता है जिसे एक मायोपिक आंख के सामने रखा जाता है, छवि को वापस रेटिना में ले जाकर इसे स्पष्ट बनाता है। उत्तल (बाहर की ओर उन्मुख) लेंस का उपयोग करके दूरदर्शिता को ठीक किया जाता है।

अतः विकल्प (B) सही है।

**81.** माना लागत मूल्य $x$ है।

प्रश्न के अनुसार

लागत मूल्य $-$ हानि $=$ विक्रय मूल्य
$$\Rightarrow x - \frac{20x}{100} = 64,000$$

$\Rightarrow x = 80,000$ रुपये
अतः विकल्प (C) सही है।

**82.** $\sin(45° + \theta) - \cos(45° - \theta)$

$\Rightarrow \sin\{90° - (45° - \theta)\} - \cos(45° - \theta)$

$\Rightarrow \cos(45° - \theta) - \cos(45° - \theta) \ \{\because \sin(90° - A) = \cos A\}$

$\Rightarrow 0$

अतः विकल्प (B) सही है।

**83.** माना ब्याज की अभीष्ट दर R है।

माना मूलधन P है।

तब ब्याज की दर $= \frac{3P}{4}$

समय $= 5$ वर्ष

साधारण ब्याज $= \frac{P \times R \times T}{100}$

$\Rightarrow \frac{3P}{4} = \frac{P \times R \times 5}{100}$

$\Rightarrow R = \frac{300}{4 \times 5} = 15\%$

अतः विकल्प (D) सही है।

**84.** माना अभीष्ट समय $= t$ वर्ष

ब्याज की गणना अर्द्धवार्षिक होगी।

$\therefore t$ समय $= 2t$ अर्ध-वर्ष और दर $= \frac{20}{2} = 10\%$

हम जानते हैं:

$\because A = P\left(1 + \frac{r}{n}\right)^t$

$\therefore 1000\left(1 + \frac{10}{100}\right)^{2t} = 1331$

$\Rightarrow \left(\frac{11}{10}\right)^{2t} = \frac{1331}{1000}$

$\Rightarrow \left(\frac{11}{10}\right)^{2t} = \left(\frac{11}{10}\right)^3$

$\Rightarrow 2t = 3$

$\therefore t = \frac{3}{2}$ वर्ष

अतः विकल्प (A) सही है।

**85.** माना की राजेश के पास है $= x$ रुपये

मोबाइल का अंकित मूल्य $= x + 6000$

$\Rightarrow (x + 6000) \times \frac{90}{100} \times \frac{95}{100} + 9370 = x$

$\Rightarrow 0.855x + 5130 + 9370 = x$

$\Rightarrow 0.145x = 14500$

$\Rightarrow 145x = 14500000$

$\Rightarrow x = 100000$ रुपये

मोबाइल का अंकित मूल्य $= 100000 + 6000 = 106000$

अतः विकल्प (A) सही है।

**86.** माना $P$ मूलधन है।

फिर साधारण ब्याज $= \dfrac{P \times 2 \times 4}{100} = \dfrac{2P}{25}$ .....(1)

2 वर्षों के बाद 4% की दर से मिश्रित राशि $= P\left(1 + \dfrac{4}{100}\right)^2 = P\left(\dfrac{26}{25}\right)^2$

इस प्रकार, चक्रवृद्धि ब्याज $= P\left(\dfrac{26}{25}\right)^2 - P = P\left[\left(\dfrac{26}{25}\right)^2 - 1\right]$ ...(2)

साधारण ब्याज और चक्रवृद्धि ब्याज के बीच अंतर $= P\left[\left(\dfrac{26}{25}\right)^2 - 1\right] - \dfrac{2P}{25}$

यह देखते हुए कि साधारण ब्याज और चक्रवृद्धि ब्याज के बीच का अंतर 20 रुपये है

समीकरणों (1) और (2) से, हमारे पास है,

$\Rightarrow P\left[\left(\dfrac{26}{25}\right)^2 - 1\right] - \dfrac{2P}{25} = 20$

$\Rightarrow P\left[\dfrac{676 - 625}{625}\right] - \dfrac{2P \times 25}{625} = 20$

$\Rightarrow 51P - 50P = 20 \times 625$

$\Rightarrow P = 12500$

इस प्रकार, धन का योग 12500 रुपये है।

अतः विकल्प (D) सही है।

**87.** दिया है:

कोण $(6y + 70)°$ और $(3y + 47)°$ है

संख्याएँ पूरक हैं।

प्रयुक्त अवधारणा:

अधिक कोण: कोणों का योग $180°$ है

$\Rightarrow (6y + 70)° + (3y + 47)° = 180$

$\Rightarrow 9y + 117 = 180$

$\Rightarrow 9y = 63$

$\Rightarrow y = \dfrac{63}{9} = 7$

$\therefore y$ का मान $7°$ है।

अतः विकल्प (C) सही है।

**88.** दिया गया है:

$x + \dfrac{1}{x} = 4$

प्रयुक्त सूत्र:

$(a + b)^3 = a^3 + b^3 + 3ab(a + b)$

जैसा कि, $x + \dfrac{1}{x} = 4$

समीकरण का घनमूल लेने पर

$\Rightarrow x^3 + \dfrac{1}{x^3} + 3 \times x \times \dfrac{1}{x}\left(x + \dfrac{1}{x}\right) = 64$

$\Rightarrow x^3 + \dfrac{1}{x^3} + 3 \times 4 = 64$

$\Rightarrow x^3 + \dfrac{1}{x^3} = 64 - 12 = 52$

$\therefore x^3 + \dfrac{1}{x^3}$ का मान है 52

अतः विकल्प (A) सही है।

**89.** दिया है:

$3^4 \times 3^5 = 3^x$

प्रयुक्त अवधारणा:

$a^m \times a^n = a^{m+n}$

$3^4 \times 3^5 = 3^x$

$\Rightarrow 3^{4+5} = 3^x$

$\Rightarrow 3^9 = 3^x$

$\Rightarrow x = 9$

$\therefore x$ का मान 9 है।

अतः विकल्प (C) सही है।

**90.** दिया है,

$\left(\sqrt{3} - \dfrac{1}{\sqrt{3}}\right)^2$

$\Rightarrow \left(\sqrt{3}\right)^2 + \left(\dfrac{1}{\sqrt{3}}\right)^2 - 2 \times \sqrt{3} \times \dfrac{1}{\sqrt{3}}$

$\Rightarrow 3 + \dfrac{1}{3} - 2$

$\Rightarrow 1 + \dfrac{1}{3}$

$\Rightarrow \dfrac{4}{3}$

अतः विकल्प (C) सही है।

**91.** छात्रों में से एक को x अंक प्राप्त करने दें।

फिर, दूसरा छात्र $(x + 9)$ अंक हासिल करता है।

दी गई शर्त से, हमारे पास है

$(x + 9) = 56\%$ का $(x + x + 9) = \dfrac{56}{100} \times (2x + 9)$

$\Rightarrow 100x + 900 = 112x + 504$

$\Rightarrow 12x = 900 - 504 = 396$

$\Rightarrow x = \dfrac{396}{12} = 33$

इसलिए, अन्य छात्र द्वारा प्राप्त अंक $x + 9 = 33 + 9 = 42$।

दोनों छात्रों द्वारा प्राप्त अंक 33 और 42 हैं।

अतः विकल्प (C) सही है।

**92.** दिया है:

$3x + 15 = \dfrac{5x}{4} + \dfrac{137}{4}$

$\Rightarrow 3x + 15 = \dfrac{(5x+137)}{4}$

$\Rightarrow (3x + 15) \times 4 = 5x + 137$

$\Rightarrow 12x + 60 = 5x + 137$

$\Rightarrow 7x = 137 - 60$

$\Rightarrow 7x = 77$

$\Rightarrow x = 11$

अतः विकल्प (C) सही है।

**93.** सबसे शक्तिशाली ग्रीनहाउस गैस जल वाष्प है, जो लगभग 36-70% ग्रीनहाउस प्रभाव का कारण बनती है। कार्बन डाइऑक्साइड (9-26%), मीथेन (4-9%) और ओजोन (3-7%) अन्य प्रमुख ग्रीनहाउस गैसें हैं।

अतः विकल्प (C) सही है।

**94.** माना तार की लंबाई $h$ है

त्रिज्या $= \dfrac{1}{2}$ मिमी $= \dfrac{1}{20}$ सेमी

फिर,

$\Rightarrow \dfrac{22}{7} \times \dfrac{1}{20} \times \dfrac{1}{20} \times h = 66$

$\Rightarrow h = \dfrac{66 \times 20 \times 20 \times 7}{22}$

$= 8400$ सेमी

$= 84$ मी

अतः विकल्प (A) सही है।

**95.** माना $P$ रूपये निवेश की राशि हो

$\Rightarrow 5{,}248.80 = P\left(1 + \dfrac{8}{100}\right)^2$

$\Rightarrow 5{,}248.80 = P \times 1.08 \times 1.08$

$\Rightarrow P = \dfrac{5248.80}{1.08 \times 1.08} = 4{,}500$

निवेश की गयी राशि $= 4{,}500$ रुपये

अतः विकल्प (D) सही है।

**96.** यह दिया गया है कि, विजेता को डाले गए कुल मतों का 65% प्राप्त हुआ।

अर्थात विजेता को वैध मतों का 65% और हारने वाले को 35% मत प्राप्त होते हैं।

मतों में अंतर = 2748

$\Rightarrow (65 - 35)\% = 2748$

$\Rightarrow 30\% = 2748$

इसलिए, मतों की कुल संख्या $= \dfrac{2748 \times 100}{30}$

$= 9160$

अतः विकल्प (D) सही है।

**97.** टेनिस पर खर्च किए गए पैसे का प्रतिशत $= \left(\dfrac{45}{360} \times 100\right)\%$

$= 12\dfrac{1}{2}\%$

अतः विकल्प (A) सही है।

**98.** माना खेलों पर कुल खर्च रु. $x$ है। फिर,

गोल्फ पर खर्च की गई राशि $=$ रु. $\left(\dfrac{36}{360} \times x\right)$

$=$ रु. $\dfrac{x}{10}$

हॉकी पर खर्च की गई राशि $=$ रु. $\left(\dfrac{63}{360} \times x\right)$

$=$ रु. $\dfrac{7x}{40}$

अंतर $=$ रु. $\left(\dfrac{7x}{40} - \dfrac{x}{10}\right)$

$=$ रु. $\dfrac{3x}{40}$

$\therefore$ अभीष्ट प्रतिशत $=$ रु. $\left[\left(\dfrac{\frac{3x}{4}}{\frac{x}{10}}\right) \times 100\right]\%$

$= 75\%$

अतः विकल्प (D) सही है।

**99.** बास्केटबॉल पर खर्च की गई राशि टेनिस पर खर्च की गई राशि से कितनी अधिक है:

रु. $\left[\dfrac{(50-45)}{360} \times 1{,}80{,}00{,}000\right]$

$=$ रु. $2{,}50{,}000$

अतः विकल्प (A) सही है।

**100.** प्रश्नानुसार,

बल्लेबाज द्वारा बनाए गए कुल रन = 110 रन

चौकों की संख्या = 3

चौकों से कुल रन = 3 × 4 = 12

छक्कों की संख्या = 8

छक्कों से कुल रन = 8 × 6 = 48

∴ चौकों और छक्कों से कुल रन = 48 + 12 = 60 रन

∴ बल्लेबाज द्वारा बनाए गए कुल रन = कुल रन - चौकों और छक्कों से रन

= 110 - 60

= 50

∴ विकेटों के बीच दौड़कर बनाए गए उसके रनों का प्रतिशत $=$

$$\left[\frac{50}{110} \times 100\right]\%$$

$$= \frac{500}{11}\%$$

$$= 45\frac{5}{11}\%$$

∴ उसने विकेटों के बीच दौड़कर अपने कुल रन का $45\frac{5}{11}\%$ बनाया।

अत: विकल्प (A) सही है।

# General Knowledge and Logical Knowledge

**Q.1** भारत सरकार के वार्षिक बजट दस्तावेजों में 'प्राथमिक घाटा' का संदर्भ है:

**A.** वर्तमान वित्तीय वर्ष के बजटीय घाटे और पूंजीगत घाटे के बीच अंतर

**B.** चालू वर्ष के राजस्व घाटे और पूंजी निर्माण के लिए अनुदान के बीच अंतर

**C.** चालू वर्ष के राजकोषीय घाटे और पिछले उधारों पर ब्याज भुगतान के बीच अंतर

**D.** वर्तमान वित्तीय वर्ष के राजस्व घाटे और राज्यों एवं स्थानीय निकायों को अनुदान के बीच अंतर

**Q.2** निम्नलिखित कथनों पर विचार करें:

(1) हेडलाइन मुद्रास्फीति एक अर्थव्यवस्था के भीतर कुल मुद्रास्फीति का एक उपाय है।

(2) हेडलाइन मुद्रास्फीति बाजार के उन क्षेत्रों से प्रभावित होती है, जो भोजन, सब्जियों या ऊर्जा जैसे अचानक मुद्रास्फीतिकारी क्षणिक परिवर्तन का अनुभव कर सकते हैं।

ऊपर दिए गए कथनों में से कौन-सा/से सही है/हैं?

**A.** केवल 1      **B.** केवल 2

**C.** दोनों 1 और 2      **D.** न तो 1 और न ही 2

**Q.3** निम्नलिखित में से किसने सबसे पहले तरलता जाल (लिक्विडिटी ट्रैप) का विचार रखा था?

**A.** अल्फ्रेड मार्शल      **B.** जॉन मेनार्ड कीन्स

**C.** मिल्टन फ्राइडमैन      **D.** एडम स्मिथ

**Q.4** भारत में प्रत्यक्ष विदेशी निवेश के संदर्भ में, निम्नलिखित में से किसे इसकी प्रमुख विशेषता माना जाता है?

*[UPSC Prelims, 2020]*

**A.** यह एक सूचीबद्ध कंपनी में अनिवार्य रूप से पूंजी उपकरणों के माध्यम से निवेश है।

**B.** यह बड़े पैमाने पर गैर-ऋण पूंजी प्रवाह है।

**C.** यह निवेश है जिसमें ऋण-सेवा शामिल है।

**D.** यह विदेशी संस्थागत निवेशकों द्वारा सरकारी प्रतिभूतियों में किया गया निवेश है।

**Q.5** मध्य प्रदेश के राज्य पशु का नाम क्या है?

**A.** सिंह      **B.** हिरण      **C.** बारासिंघा      **D.** बाघ

**Q.6** विश्व प्रसिद्ध 'खजुराहो' की मूर्तियाँ स्थित हैं:

**A.** गुजरात      **B.** मध्य प्रदेश      **C.** ओडिशा      **D.** महाराष्ट्र

**Q.7** किसी प्रदेश में समान भाषा वाले स्थानों को वर्गीकृत करने वाली सीमा रेखा क्या कहलाती है?

**A.** आइसोपाइक्निक      **B.** आइसोनिफ

**C.** कंटूर      **D.** आइसोग्लॉस

**Q.8** जिम कॉर्बेट राष्ट्रीय उद्यान किस उत्तरी राज्य में स्थित है?

**A.** उत्तर प्रदेश      **B.** उत्तराखंड

**C.** हिमाचल प्रदेश      **D.** हरियाणा

**Q.9** मध्य प्रदेश स्थापना दिवस कब मनाया जाता है?

**A.** 01 अप्रैल      **B.** 01 नवंबर      **C.** 01 अगस्त      **D.** 01 दिसंबर

**Q.10** मध्य प्रदेश में 'बलराम ताल' योजना किस वर्ष शुरू की गई थी?

**A.** 1992      **B.** 1975      **C.** 1980      **D.** 2007

**Q.11** करमा नाच किस राज्य का नृत्य रूप है?

**A.** उत्तर प्रदेश      **B.** मध्य प्रदेश

**C.** हिमाचल प्रदेश      **D.** अरुणाचल प्रदेश

**Q.12** नाइजीरिया की राजधानी क्या है?

**A.** अबुजा      **B.** अक्करा      **C.** विक्टोरिया      **D.** लवासा

**Q.13** किस भारतीय हिल स्टेशन को 'पहाड़ियों की रानी' के रूप में जाना जाता है?

**A.** मसूरी      **B.** दार्जिलिंग      **C.** शिमला      **D.** शिलांग

**Q.14** बिहु त्योहार हर साल किस राज्य में मनाया जाता है?

**A.** मणिपुर      **B.** नागालैंड      **C.** राजस्थान      **D.** असम

**Q.15** संदीप दास किस वाद्य यंत्र से संबंधित हैं?

**A.** तबला      **B.** सितार      **C.** गिटार      **D.** वायोलिन

**Q.16** अरविंद पारिख किस वाद्य यंत्र से जुड़े हैं?

**A.** पखावज      **B.** सितार      **C.** वायोलिन      **D.** तबला

**Q.17** भारत में किस क्षेत्र में वन का प्रतिशत सबसे अधिक है?

**A.** उष्णकटिबंधीय पर्णपाती वन

**B.** भूमध्यवर्ती सदाबहार वन

**C.** उष्णकटिबंधीय वर्षवन

**D.** इनमें से कोई नहीं

**Q.18** यूनेस्को (संयुक्त राष्ट्र शैक्षिक, वैज्ञानिक और सांस्कृतिक संगठन) का मुख्यालय कहाँ स्थित है?

**A.** जिनेवा      **B.** लंदन      **C.** न्यूयॉर्क      **D.** पेरिस

**Q.19** निम्नलिखित प्रश्न में लुप्त शब्द ज्ञात कीजिए?

| 2 | 2 | 2 |
|---|---|---|
| 4 | 7 | 7 |
| 3 | 5 | 4 |
| 16 | ? | 32 |

**A.** 36      **B.** 37      **C.** 39      **D.** 24

**Q.20 निर्देश:** निम्नलिखित जानकारी का अध्ययन करें और नीचे दिए गए प्रश्न का उत्तर दें:

'X + Y' का अर्थ है 'X, Y का पिता है।'

'X ÷ Y' का अर्थ है 'X, Y का भाई है।'

'X × Y' का अर्थ है 'X, Y का पति है।'

'X – Y' का अर्थ है 'X, Y की बहन है।'

अभिव्यक्ति: L + A × P – Y ÷ E में Y, A से कैसे संबंधित है?

**A.** बहनोई      **B.** भाभी      **C.** भतीजा      **D.** भाई

**Q.21 निर्देश:** नीचे दिए गए प्रश्न में, कथन (A) और कारण (R) के रूप में दो कथन दिए गए हैं। नीचे दिए गए कोड के अनुसार अपना उत्तर अंकित करें:

**अभिकथन (A):** बांग्लादेश भारत से जूट का आयात करता है।

**कारण (R):** बांग्लादेश में अधिकांश जूट मिलें हैं।

**A.** (A) और (R) दोनों सत्य हैं और R, (A) की सही व्याख्या है

**B.** (A) और (R) दोनों सत्य हैं लेकिन (R), (A) की सही व्याख्या नहीं है

**C.** (A) सत्य है लेकिन (R) असत्य है

**D.** (A) और (R) दोनों असत्य हैं

**Q.22 निर्देश:** निम्नलिखित जानकारी का सावधानीपूर्वक अध्ययन कीजिये और प्रश्न का उत्तर दीजिये:

G, S की डोटर-इन-लॉ है जिसके केवल एक बच्चा है। D, B का पिता है। B Z का ब्रदर इन लॉ है, जो S का पुत्र है। W के केवल दो बच्चे हैं एक बेटा और एक बेटी। W, B की मां है। F और E, S का ग्रैंडसन है। W के संबंध में E का क्या संबंध है?

**A.** अंकल          **B.** पिता          **C.** बेटा          **D.** ग्रैंडसन

**Ques (23-24):निर्देश:** निम्नलिखित प्रश्न में, दिए गए प्रश्न में तीन कथनों की जानकारी दी गई है। आपको उस डेटा को तय करना होगा जिसमें कथन का उत्तर देने के लिए पर्याप्त है और तदनुसार अपने उत्तर को चिह्नित करें।

**Q.23** छह व्यक्ति अंतरा, बवानी, मीनल, मन्नत, दीप्ति, मोना उत्तर की ओर एक सीधी रेखा में बैठे हैं। चरम दाहिने छोर पर कौन बैठा है?

I. दीप्ति और मोना के बीच चार लोग बैठे हैं। मोना अंतरा के दाहिने दूसरे स्थान पर बैठी है।

II. मोना एक कोने में बैठी है। दीप्ति अंतरा के दाहिने दूसरे स्थान पर बैठी हैं।

III. मीनल एक कोने में बैठी हैं और मीनल और मन्नत के बीच 2 लोग बैठे हैं।

**A.** केवल II और III पर्याप्त हैं

**B.** केवल I और III पर्याप्त हैं

**C.** केवल I और II पर्याप्त हैं

**D.** केवल I ही प्रश्न का उत्तर देने के लिए पर्याप्त है

**Q.24** विक्रम, निधि, वरुण, विनय और सत्यम में से कौन पहला लेक्चर/व्याख्यान लेने वाला है?

I. विक्रम विन्या और निधि से पहले लेक्चर लेता है लेकिन सत्यम से पहले नहीं।

II. वरुण व्याख्यान देने वाले पहले व्यक्ति नहीं हैं।

III. विनय व्याख्यान लेने के लिए अंतिम नहीं है।

**A.** केवल I और या तो II या III

**B.** केवल कथन I

**C.** केवल कथन III

**D.** दोनों कथन I और II

**Q.25 निर्देश:** निम्नलिखित जानकारी को ध्यान से पढ़ें और नीचे दिए गए प्रश्न का उत्तर दें-

Q, 6, Z, N, W, U, @, X, 5, E, *, %, 1, $ , 2, A, P, H, J, &, G, F, I, +, C, K, L, 3, /, M, O, !, B, #, R, Y, 4, 8, =, D

निम्नलिखित में से कौन सा वर्ण बाएं छोर से बीस के दाईं ओर नौवां है?

**A.** M          **B.** /          **C.** O          **D.** 3

**Q.26** आन्ध्र प्रदेश की गोंड जनजाति का प्रसिद्ध नृत्य कौन-सा है?

**A.** गुसादी          **B.** आम्र नृत्य          **C.** मोर नृत्य          **D.** बिहू नृत्य

**Q.27** संगमरमर की चट्टान के शहर के पास स्थित है:

**A.** खजुराहो          **B.** जबलपुर          **C.** देवास          **D.** ग्वालियर

**Q.28 निर्देश:** निम्नलिखित प्रश्न में चार संभावित उत्तर दिए गए हैं। उत्तर के रूप में सबसे उपयुक्त विकल्प का चयन करें।

ट्रेन में यात्रा करते समय, कुछ कॉलेज के छात्र अपने इच्छित बिंदु पर नीचे उतरने के लिए बस अलार्म चेन खींच रहे हैं, तो आप कहेंगे-

**A.** अन्य यात्रियों की मदद से उन्हें ऐसा करने से रोकें

**B.** उन्हें चेन खींचने दें, लेकिन उन्हें रोकने से रोकें

**C.** ट्रेन के रुकते ही गार्ड को सूचित करें

**D.** चुप रहें और कुछ न करें

**Q.29 निर्देश:** प्रश्न में, एक कथन के बाद चार संभावित उत्तर दिए गए हैं। इन चार संभावित उत्तरों में से एक कथन की सत्यता की पुष्टि करता है।

**कथन:**

कल, मैंने एक आइस क्यूब देखा, जो पहले से ही एक भट्टी की गर्मी के कारण पिघल गया था-

**A.** हमेशा          **B.** कभी कभी          **C.** कभी नही          **D.** अक्सर

**Q.30** निम्नलिखित में लुप्त पद ज्ञात कीजिए:

| 11 | 6 | 8 |
|----|----|----|
| 17 | 12 | ? |
| 25 | 34 | 19 |
| 19 | 28 | 11 |

**A.** 13          **B.** 15          **C.** 16          **D.** 19

**Q.31 निर्देश:** निम्नलिखित जानकारी को ध्यान से पढ़ें और नीचे दिए गए प्रश्न का उत्तर दें-

रमेश 33 छात्रों की कक्षा में 13 वें स्थान पर है। सुरेश के नीचे रैंक वाइज 5 छात्र हैं। रमेश और सुरेश के बीच कितने छात्र हैं?

**A.** 12          **B.** 14          **C.** 15          **D.** 16

**Q.32 निर्देश:** निम्नलिखित जानकारी का ध्यानपूर्वक अध्ययन करें और नीचे दिए गए प्रश्न का उत्तर दें:

नीचे दिए गए प्रत्येक प्रश्न में, दो निष्कर्षों के बाद पाँच कथन दिए गए हैं। आपको उन कथनों का सही समूह चुनना है जो दिए गए निष्कर्षों को तार्किक रूप से संतुष्ट करते हैं।

**निष्कर्ष:**

I. कुछ S, R हैं।

II. कुछ P, T नहीं हैं।

**कथन :**

I. कुछ P, R हैं। कुछ R, S हैं। कोई S, T नहीं है

II. कुछ P, R हैं। सभी R, S हैं। कोई S, T नहीं हैं।

III. सभी P, R हैं। सभी R, S हैं। कुछ S, T हैं।

IV. सभी P, R हैं। कुछ R, S हैं। कोई S, T नहीं हैं।

V. कुछ P, R हैं। कुछ R, S नहीं हैं। कोई R, T नहीं हैं।

**A.** दोनों कथन I और III          **B.** केवल कथन III

**C.** केवल कथन II          **D.** दोनों कथन II और V

**Q.33 निर्देश :** निम्नलिखित जानकारी का ध्यानपूर्वक अध्ययन करें और नीचे दिए गए प्रश्न का उत्तर दें:

नीचे दिए गए प्रत्येक प्रश्न में, दो निष्कर्षों के बाद पाँच कथन दिए गए हैं। आपको उन कथनों का सही समूह चुनना है जो दिए गए निष्कर्षों को तार्किक रूप से संतुष्ट करते हैं।

**निष्कर्ष:**

I. कुछ A, B नहीं हैं।

II. कुछ C, D हो सकते हैं।

**कथन :**

I. सभी B, D हैं। कुछ A, C हैं। कुछ C, B हैं।

II. कुछ C, B हैं। सभी A, C हैं। कुछ D, C हैं।

III. सभी A, B हैं। कुछ B, D हैं। कुछ C, D हैं।

IV. कुछ D, A हैं। सभी C, A हैं। कोई B, C नहीं हैं।

V. सभी D, B हैं। कोई A, C नहीं हैं। कुछ C, D हैं।

**A.** दोनों कथन I और III          **B.** केवल कथन III

**C.** केवल कथन IV          **D.** दोनों कथन II और V

**Q.34 निर्देश:** नीचे दिए गए प्रश्न में एक प्रश्न और दो कथन। I और II दिए गए हैं। आपको यह तय करना होगा कि कथन में दिए गए डेटा प्रश्न का उत्तर देने के लिए पर्याप्त हैं या नहीं। दोनों कथनों को पढ़ें और उत्तर दें।

**प्रश्न:**
राहुल का जन्म किस वर्ष में हुआ था?

**कथन:**
I. वर्तमान में राहुल अपनी माँ से 25 साल छोटा है।

II. राहुल का भाई, जो 1964 में पैदा हुआ था, अपनी माँ से 35 साल छोटा है।

**A.** I अकेला पर्याप्त है जबकि II अकेला पर्याप्त नहीं है

**B.** II अकेला पर्याप्त है जबकि I अकेला पर्याप्त नहीं है

**C.** या तो I या II पर्याप्त है

**D.** I और II दोनों पर्याप्त हैं

**Q.35 निर्देश:** निम्नलिखित जानकारी का ध्यानपूर्वक अध्ययन करें और नीचे दिए गए प्रश्न का उत्तर दें:

एक निश्चित कूट भाषा में -

"Turn About Phone Fine" को "15$V 14$O 18%M 15%G" लिखा गया है।

"Suspicious Story Take Fully" को "12%B 11$V 15%B 19%H" लिखा गया है।

"House Over Wealth Rule" को "5$I 21%V 12$V 1$S" लिखा गया है।

"Story" शब्द के लिए कौनसा कोड है?

**A.** 19%H  **B.** 15%B  **C.** 14$B  **D.** 12$V

**Q.36** निम्नलिखित प्रश्न में, चार शब्द दिए गए हैं, जिनमें से तीन किसी तरह से समान हैं। वह शब्द चुनें, जो बाकियों से अलग हो।

**A.** चिकन  **B.** साँप  **C.** हंस  **D.** मगरमच्छ

**Q.37** एक दिन, रविराज ने दक्षिण की ओर 20 किलोमीटर साइकिल चलायी फिर वह दाएं मुड़ा और 10 किमी साइकिल चलायी और फिर से वह दाएं मुड़ा, 20 किलोमीटर की साइकिल चलायी। और फिर वह बाएं मुड़ा और 20 किलोमीटर की साइकिल चलायी। अपने घर तक पहुंचने के लिए उसे कितने किलोमीटर साइकिल चलाना पड़ेगा?

**A.** 50 किमी  **B.** 30 किमी  **C.** 40 किमी  **D.** 60 किमी

**Q.38** गौरव उत्तर की ओर 20 मी चलता है। वह फिर बाएं मुड़ता है और 40 मी चलता है। वह फिर से बाएं मुड़ता है और 20 मी चलता है। इसके अलावा, वह दाईं ओर मुड़कर 20 मी चलता है। वह अपने मूल स्थान से कितनी दूरी पर है?

**A.** 40 मी  **B.** 50 मी  **C.** 60 मी  **D.** 70 मी

**Q.39 निर्देश:** निम्नलिखित जानकारी का ध्यानपूर्वक अध्ययन करें और नीचे दिए गए प्रश्न का उत्तर दें:

एक निश्चित कूट भाषा में -

"Turn About Phone Fine" को "15$V 14$O 18%M 15%G" लिखा गया है।

"Suspicious Story Take Fully" को "12%B 11$V 15%B 19%H" लिखा गया है।

"House Over Wealth Rule" को "5$I 21%V 12$V 1$S" लिखा गया है।

कोड "15$V" कौन से शब्द को प्रदर्शित करता है?

**A.** Fully  **B.** Fine  **C.** Turn  **D.** Phone

**Q.40** फरवरी 2022 में केलिफोर्निया में आयोजित स्क्रीन एक्टर गिल्ड अवार्ड्स में किसने आउटस्टेंडिंग परफॉर्मेंस बाय अ फीमेल एक्टर इन अ लीडिंग रोल का पुरस्कार जीता?

**A.** जेसिका चैस्टेन  **B.** ब्राइस डलास हॉवर्ड

**C.** डायने क्रूगर  **D.** मैकेंजी फॉय

# Mental Ability and Mental Aptitude

**Q.41** दो संख्याओं का ल. स. 2376 है जबकि उनका म. स. 33 है। यदि पहली संख्या 297 है, तो दूसरी संख्या है:

**A.** 216  **B.** 264  **C.** 642  **D.** 792

**Q.42** नीचे दी गयी आकृति का अध्ययन करिये और त्रिभुजों की संख्या ज्ञात बताईये।

**A.** 10  **B.** 11  **C.** 13  **D.** 14

**Q.43** दी गई आकृति बनाने के लिए आवश्यक सीधी रेखाओं की न्यूनतम संख्या ज्ञात कीजिए।

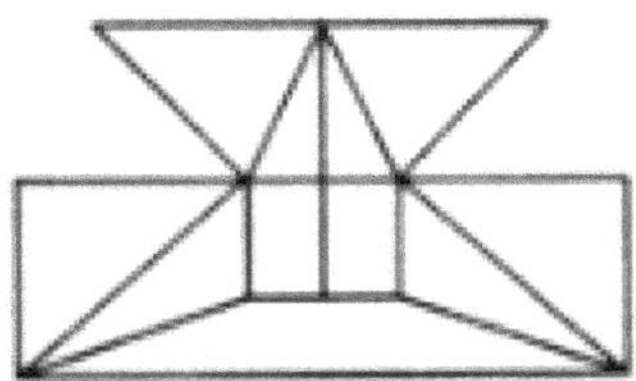

*[Intelligence Bureau Security Assistant, 2017]*

**A.** 16  **B.** 17  **C.** 18  **D.** 19

**Q.44** दी गई आकृति में त्रिकोणों की संख्या ज्ञात कीजिए।

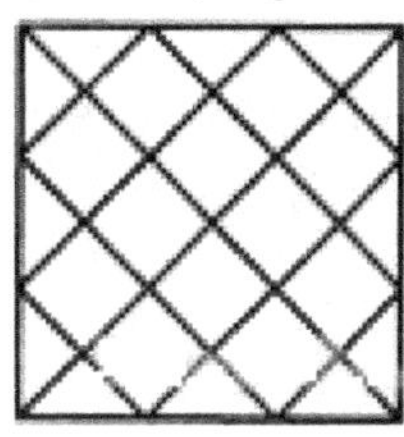

**A.** 28  **B.** 32  **C.** 36  **D.** 40

**Q.45** पासे में 3 बिंदुओं वाली सतह के विपरीत की सतह पर कितने बिंदु आएंगे?

   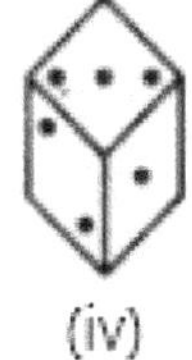


**A.** 2  **B.** 4  **C.** 5  **D.** 6

**Ques (46-47):निर्देश:** निम्नलिखित प्रश्न में, पता लगाइये कि कौन सी आकृति (A), (B), (C) और (D) प्रश्न आकृतियों में दिए गए टुकड़ों से बन सकती है।

**Q.46**

प्रश्न आकृति

उत्तर आकृति

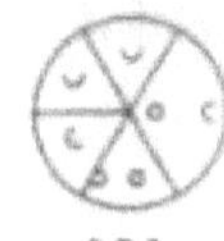  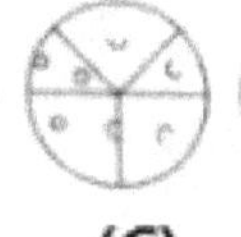 

(A)　　(B)　　(C)　　(D)

*[Jawahar Navodaya Entrance Class VI, 2018]*

**A.** (A)　　**B.** (B)　　**C.** (C)　　**D.** (D)

**Q.47**

प्रश्न आकृति

उत्तर आकृति

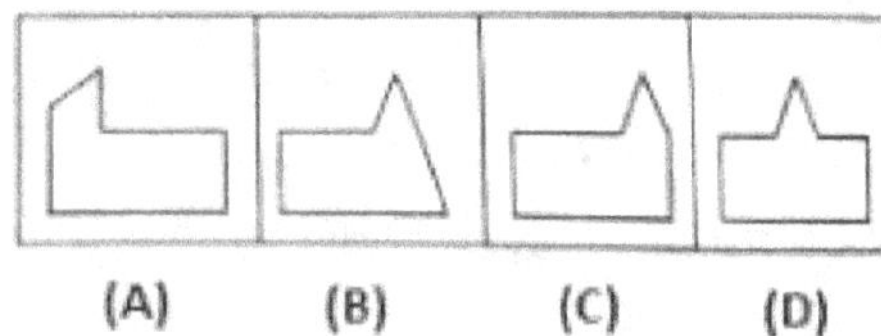

(A)　　(B)　　(C)　　(D)

*[Jawahar Navodaya Entrance Class VI, 2019]*

**A.** (A)　　**B.** (B)　　**C.** (C)　　**D.** (D)

**Q.48** सरल कीजिये: $200$ का $120\% + \dfrac{16^2 - 12^2}{2} - 15 = ?$

**A.** 312　　**B.** 281　　**C.** 408　　**D.** 292

**Q.49 निर्देश:** आकृतियों की एक श्रृंखला दी गई है, जिन्हें समूहों में वर्गीकृत किया जा सकता है। उस समूह का चयन कीजिए जिसमें आकृतियाँ वर्गीकृत की जा सकती हैं।

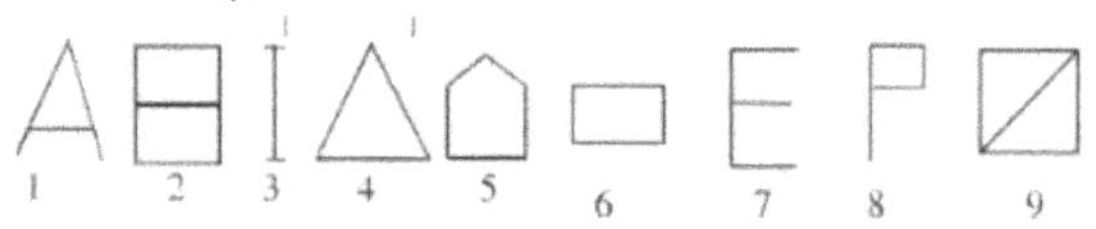

**A.** 1,3,4　2,5,9　6,7,8　　**B.** 1,2,3　4,5,6　7,8,9

**C.** 1,5,9　2,4,7　3,6,8　　**D.** 3,7,8　1,6,5　4,2,9

**Q.50** सरल कीजिये: $\dfrac{56}{7 \times 2} \times \sqrt{441} - \sqrt{729} = \sqrt{?}$

**A.** 3025　　**B.** 3249　　**C.** 3136　　**D.** 3364

**Q.51** किसी संख्या का $\dfrac{1}{6}$ भाग उसी के $\dfrac{1}{8}$ भाग से 10 अधिक है। तो संख्या का दोगुना बताइये :

**A.** 240　　**B.** 480　　**C.** 120　　**D.** 40

**Q.52** 4 : 5 के अनुपात में 2 संख्याएँ हैं। यदि दोनों संख्याओं में से 4 घटा दिया जाए तो अनुपात 3 : 4 हो जाता है। यदि दोनों संख्याओं में 4 जोड़ दिया जाए तो अनुपात क्या होगा?

**A.** 1 : 2　　**B.** 2 : 3　　**C.** 5 : 6　　**D.** 1 : 4

**Q.53** 13 मीटर लंबे और 9 मीटर चौड़े एक कमरे को 75 सेमी चौड़े कालीन के साथ 12.40 रुपए प्रति मीटर की दर से कालीन बिछाने का खर्च ज्ञात कीजिए।

**A.** 1934.40 रुपए　　**B.** 1265.43 रुपए

**C.** 1374.40 रुपए　　**D.** 1005.21 रुपए

**Ques (54-55):निर्देश:** निम्नलिखित प्रश्न में, आपको एक आकृति (X) दी गयी है, उसके बाद चार वैकल्पिक आकृतियाँ (1), (2), (3) और (4) ऐसी होती हैं, जिनमें से एक में आकृति (X) अंकित होती है। उस वैकल्पिक आकृति का पता लगाएं जिसमें उसके भाग के रूप में आकृति (X) हो।

**Q.54**

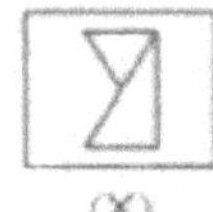 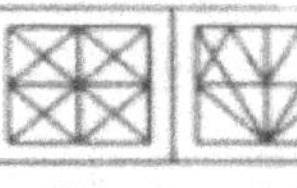 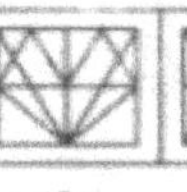 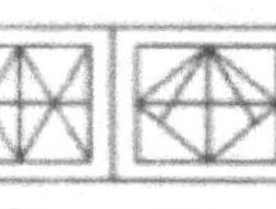

(X)　　(1)　　(2)　　(3)　　(4)

*[Telangana Police Constable, 2015]*

**A.** (1)　　**B.** (2)　　**C.** (3)　　**D.** (4)

**Q.55**

 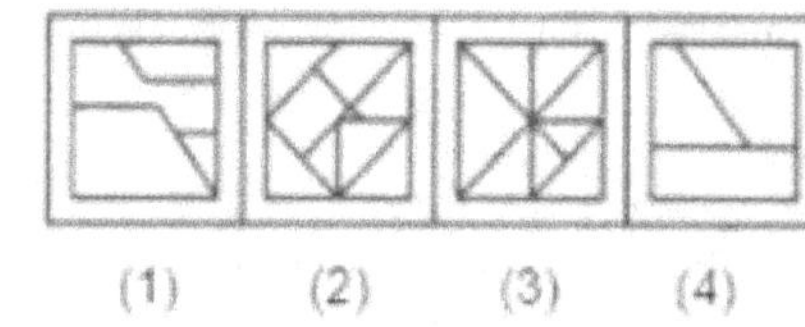

(X)　　(1)　　(2)　　(3)　　(4)

*[SSC Sub Inspector (CPO), 2020]*

**A.** (1)　　**B.** (2)　　**C.** (3)　　**D.** (4)

**Ques (56-57):निर्देश:** निम्नलिखित प्रश्न में, चार विकल्पों में से एक आकृति का चयन करें, जो कि आकृति के खाली स्थान (X) में रखे जाने पर पैटर्न को पूरा करेगी:

**Q.56**

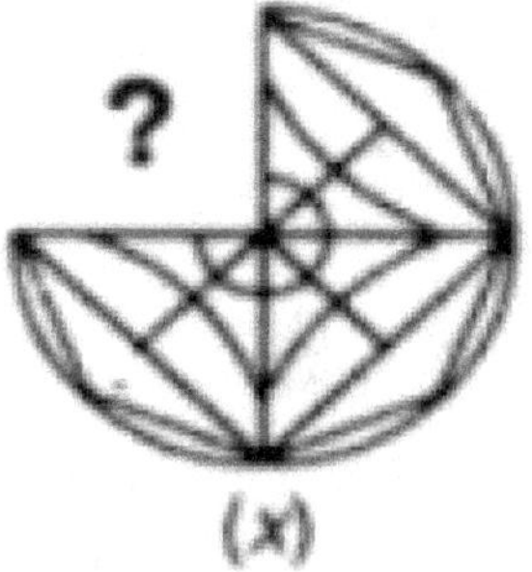



*[Jawahar Navodaya Entrance Class VI, 2022], [AFCAT, 2021], [UP Police Sub Inspector, 2021]*

**A.** 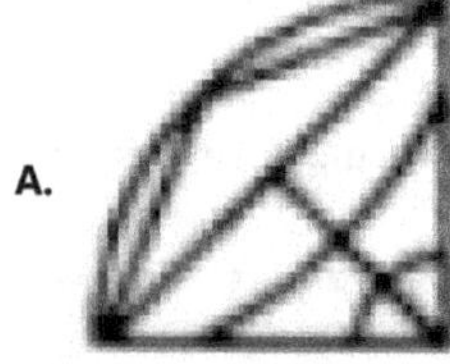　　**B.** 

C. 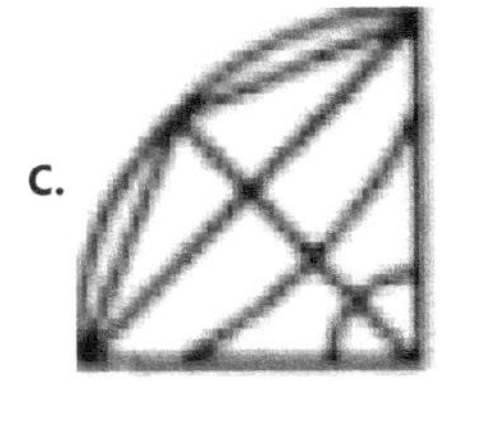     D.

**Q.57**

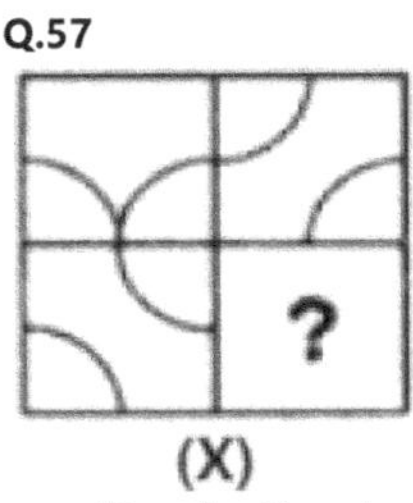

(X)

*[Jawahar Navodaya Entrance Class VI, 2022], [AFCAT, 2021], [UP Police Sub Inspector, 2021]*

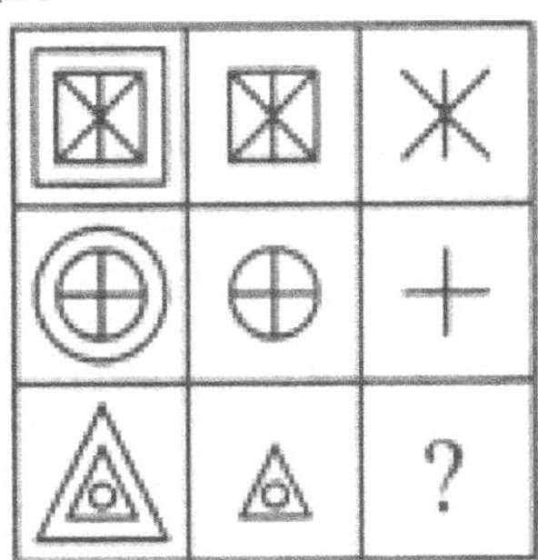

A. 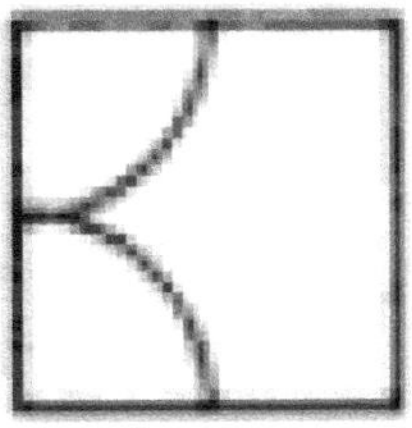     B.

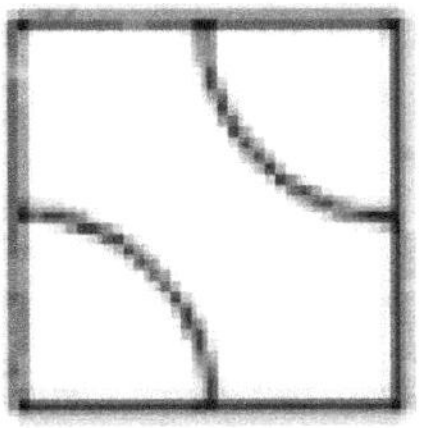

C. 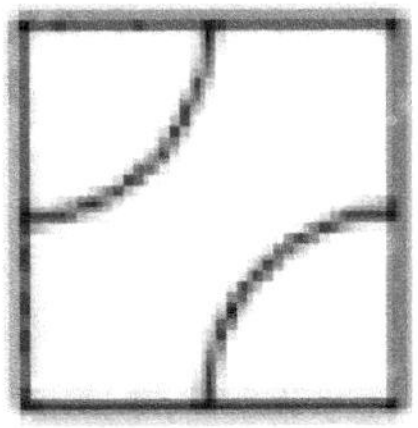     D.

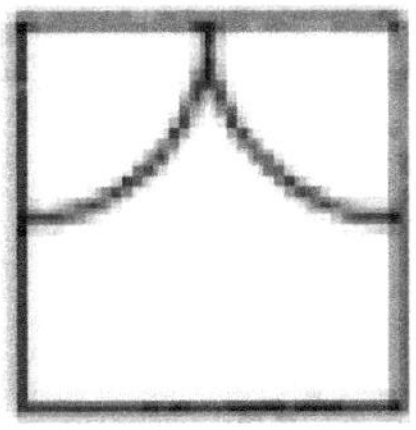

**Ques (58-59):निर्देश:** निम्नलिखित प्रश्न में, पता लगाएं कि उत्तर की कौन सी आकृति (1), (2), (3) और (4) आकृति मैट्रिक्स को पूरा करती हैं?

**Q.58**

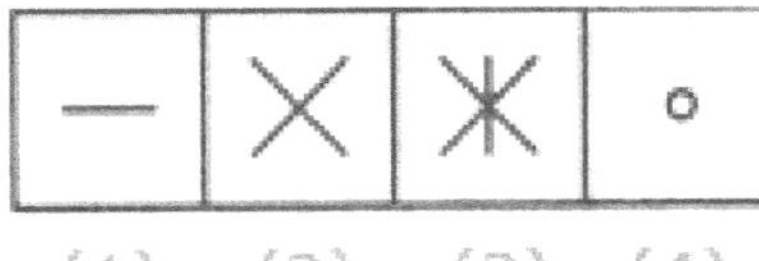

(1)     (2)     (3)     (4)

*[SSC Sub Inspector (CPO), 2020]*

**A.** (1)     **B.** (2)     **C.** (3)     **D.** (4)

**Q.59**

(1) ▢▢▢▢▢▢     (3) ▢▢▢▢▢▢▢▢
(2) ▢▢▢▢▢▢     (4) ▢▢▢▢▢▢▢▢▢▢

*[Telangana Police Constable, 2015]*

**A.** (1)     **B.** (2)     **C.** (3)     **D.** (4)

**Q.60 निर्देश:** निम्नलिखित प्रश्न में, आपको पानी में शब्द की छवि को देखना होगा। पानी का स्रोत शब्द के नीचे है। विकल्पों में से पानी की छवि चुनिये।

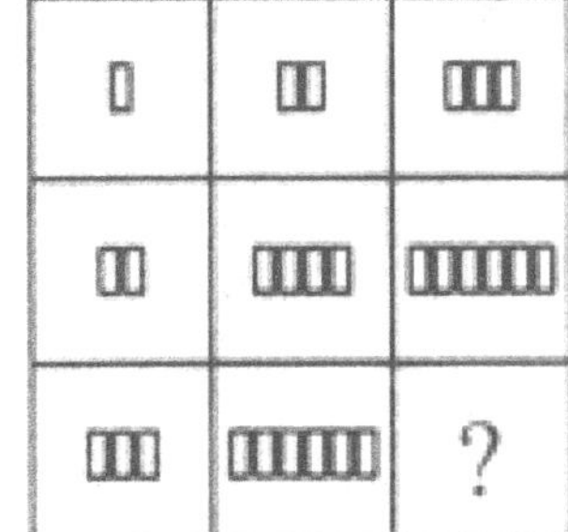

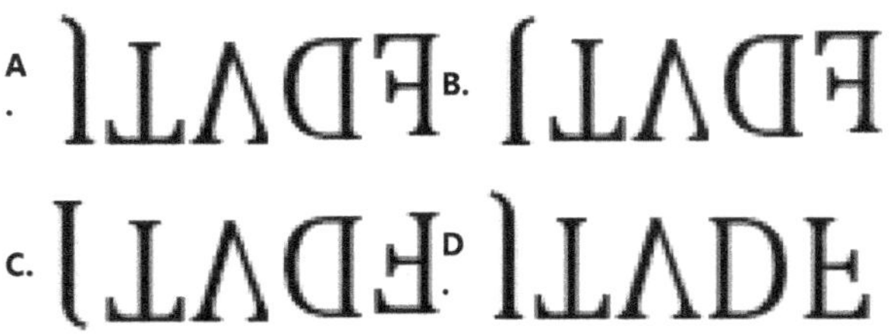

**Q.61** एक आयत का क्षेत्रफल एक वृत्त के क्षेत्रफल के बराबर है जिसकी त्रिज्या 14 सेमी है। यदि आयत की चौड़ाई 22 सेमी है, तो इसकी लंबाई क्या है?

**A.** 24 सेमी     **B.** 28 सेमी     **C.** 20 सेमी     **D.** 26 सेमी

**Q.62 निर्देश:** निम्नलिखित प्रश्न में, आकृति (X) की सही जल-छवि चुनें। जो दिए गए चार विकल्पों (A), (B), (C)और (D) में से एक है।

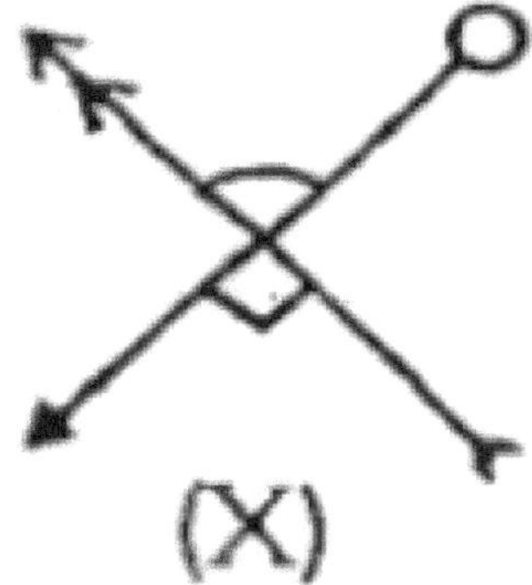

(X)

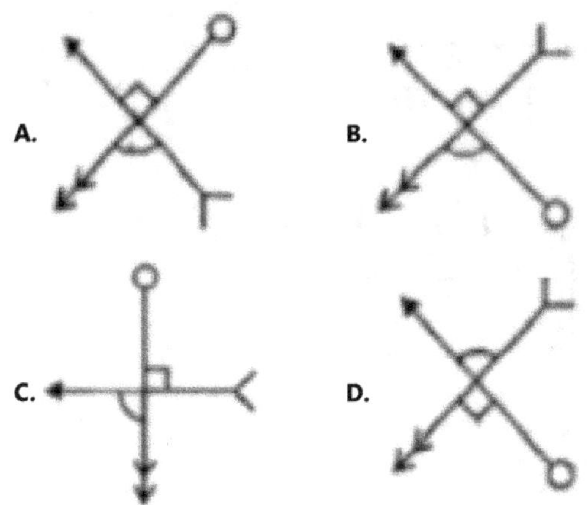

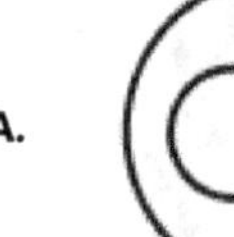

**Q.63** निम्नलिखित में से कौन सा आरेख डॉक्टरों, वकीलों और पेशेवरों के बीच संबंधों को सबसे अच्छा दर्शाता है?

A.

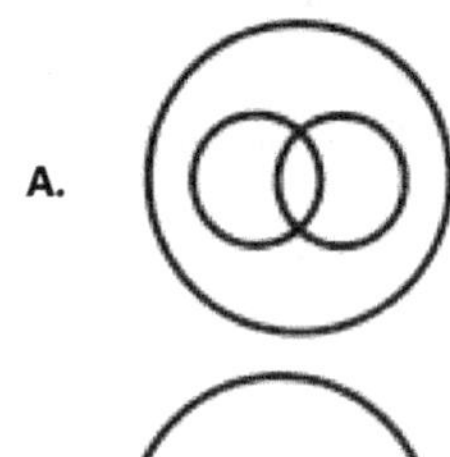

B.

C.

D.

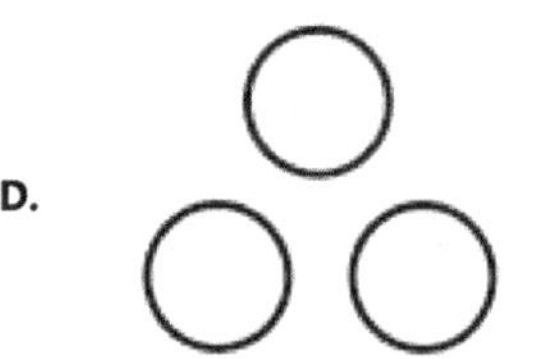

**Q.64 निर्देश:** प्रश्न में, बाएं हाथ की तरफ दिए गए चित्र (X) में दिखाए गए कागज की शीट को एक बॉक्स बनाने के लिए मोड़ दिया जाता है। विकल्पों में से चुनें (1), (2), (3) और (4), जो बॉक्स बनेंगे, उनके समान हैं।

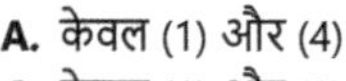

**A.** केवल (1) और (4)  **B.** केवल (3) और (4)
**C.** केवल (1) और (2)  **D.** केवल (2) और (3)

**Q.65** निम्नलिखित में से कौन सा आरेख जल, वायुमंडल और हाइड्रोजन के बीच संबंध को सबसे अच्छा दर्शाता है?

**Q.66** संकेतों का कौन सा आदान-प्रदान निम्नलिखित समीकरण को सही करेगा?

$(8 - 8) + 8 \times 32 = 64$

**A.** ×, +, −  **B.** −, ÷, +  **C.** +, ÷, +  **D.** +, ÷,×

**Q.67** निम्नलिखित में से कौन सा चिह्न का आदान-प्रदान दिए गए समीकरण को सही बना देगा?

$64 - 8 \times 9 \div 8 = 64$

**A.** + और −  **B.** ÷ और ×  **C.** + और ÷  **D.** − और ÷

**Q.68** प्रश्नवाचक चिन्ह (?) के स्थान पर क्या आयेगा?

A. 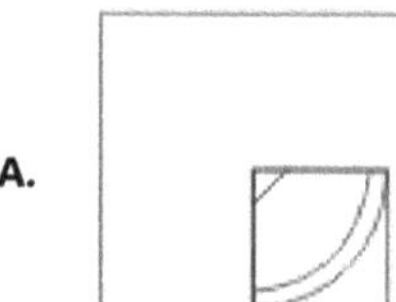  B. 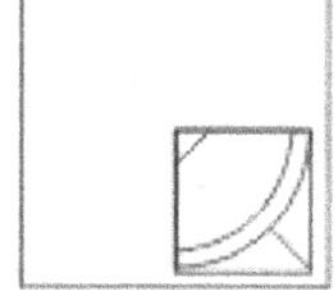

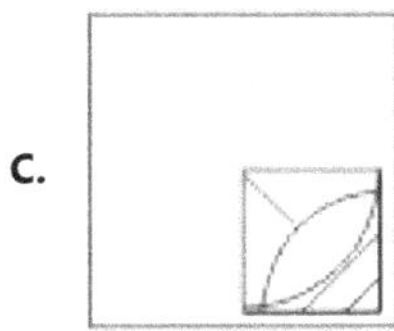

C.

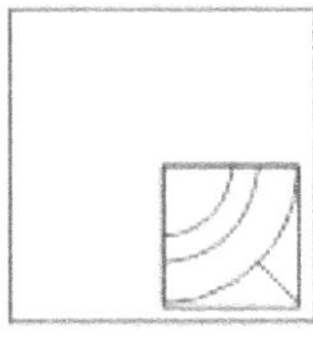

D.

| शहर | जनसंख्या | पुरुष : महिलाएं |
|---|---|---|
| भोपाल | 1089 | 5 : 4 |
| जबलपुर | 968 | 3 : 1 |
| सतना | 1210 | 3 : 2 |
| रीवा | 1815 | 8 : 7 |
| ग्वालियर | 1547 | 4 : 3 |

भोपाल और रीवा के पुरुषों की संख्या में कितना अंतर है?

**A.** 263    **B.** 4633    **C.** 363    **D.** 383

**Q.69** निम्नलिखित शब्द की दर्पण छवि का पता लगाएं।

BRISK

**A.** BRISK   **B.** KSIRB   **C.** KSIRB   **D.** KSIRB

**Q.70** वह विकल्प चुनें जो दिए गए शब्द की दर्पण छवि से सबसे अधिक समानता रखता है।

JUDGEMENT

**A.** TNEMEGDUJ    **B.** TNEMEGDUL

**C.** TNEMEGDUL    **D.** JUDGEMENT

# Science and Simple Arithmetic

**Q.71** 45 सेमी तिरछी ऊंचाई की एक बाल्टी के शीर्ष और निचले तल की त्रिज्या क्रमशः 28 सेमी और 7 सेमी हैं। बाल्टी के वक्र भाग की सतह का क्षेत्रफल ज्ञात कीजिए।

**A.** 4950 सेमी$^2$    **B.** 4951 सेमी$^2$

**C.** 4952 सेमी$^2$    **D.** 4953 सेमी$^2$

**Q.72** श्यानता तरल पदार्थ का गुण है:

**A.** तरल अपनी परतो की सापेक्ष गति का विरोध करता है

**B.** तरल पड़ोसी अणुओं को धक्का देता है

**C.** तरल अन्य अणुओं को आकर्षित करता है

**D.** तरल आचरण होता है

**Q.73** निर्देश: निम्नलिखित तालिका चार्ट का ध्यानपूर्वक अध्ययन करें और नीचे दिए गए प्रश्न का उत्तर दें।

| शहर | जनसंख्या | पुरुष : महिलाएं |
|---|---|---|
| भोपाल | 1089 | 5 : 4 |
| जबलपुर | 968 | 3 : 1 |
| सतना | 1210 | 3 : 2 |
| रीवा | 1815 | 8 : 7 |
| ग्वालियर | 1547 | 4 : 3 |

एक साथ सभी शहरों की औसत जनसंख्या कितनी है?

**A.** 1225.6    **B.** 1325.8    **C.** 1350    **D.** 1270.8

**Q.74** प्रश्न (?) चिह्न के स्थान पर क्या आएगा?

38.6×3+24.4−26.2=?+41.6+42.4

**A.** 20    **B.** 30    **C.** 25    **D.** 40

**Q.75** भौतिक राशियाँ हैं:

**A.** डिग्री, रेडियन और स्टेरेडियन जैसी राशियाँ

**B.** लंबाई, द्रव्यमान, समय, विद्युत प्रवाह, थर्मोडायनामिक तापमान, पदार्थ की मात्रा और चमकदार तीव्रता जैसी राशियाँ

**C.** पाउंड, डॉलर और रुपये जैसी राशियाँ

**D.** किलो, पाउंड और गैलन राशियाँ

**Q.76** निर्देश: निम्नलिखित तालिका चार्ट का ध्यानपूर्वक अध्ययन करें और नीचे दिए गए प्रश्न का उत्तर दें।

**Q.77** एक 50 किलोग्राम का आदमी जिसके सिर पर 20 किलोग्राम का भार है, वह प्रत्येक के 0.25 मीटर ऊंचाई के 20 कदम तक चढ़ता है। चढ़ाई में किया जाने वाला कार्य है:

**A.** 5 जूल    **B.** 350 जूल

**C.** 100 जूल    **D.** 34030 जूल

**Q.78** निर्देश: निम्नलिखित तालिका चार्ट का ध्यानपूर्वक अध्ययन करें और नीचे दिए गए प्रश्न का उत्तर दें।

| शहर | जनसंख्या | पुरुष : महिलाएं |
|---|---|---|
| भोपाल | 1089 | 5 : 4 |
| जबलपुर | 968 | 3 : 1 |
| सतना | 1210 | 3 : 2 |
| रीवा | 1815 | 8 : 7 |
| ग्वालियर | 1547 | 4 : 3 |

जबलपुर, सतना और ग्वालियर में मिलाकर पुरुषों की संख्या और जबलपुर, सतना और ग्वालियर में मिलाकर महिलाओं की संख्या में कितना अंतर है?

**A.** 957    **B.** 827    **C.** 837    **D.** 947

**Q.79** छह समान गेंदों को क्षैतिज घर्षण रहित सतह पर बने एक सीधे खांचे में जोड़ा जाता है जैसा कि दिखाया गया है। दो समान गेंदें जो प्रत्येक v वेग से चलती हैं, बाईं ओर से 6 गेंदों की पंक्ति के साथ समान रूप से टकराती हैं। क्या होगा?

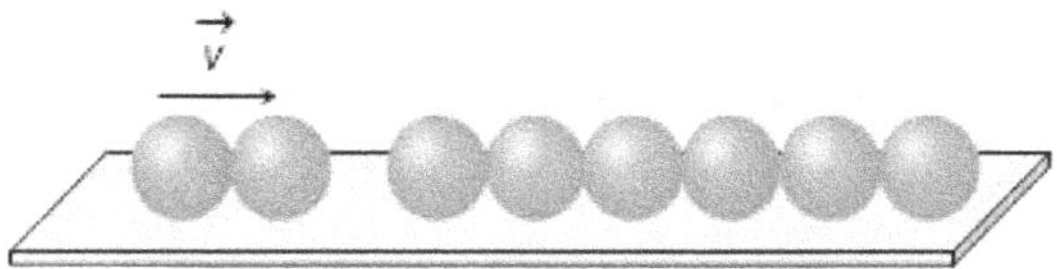


**A.** दाएं से एक गेंद 2v वेग से बाहर जाती है और शेष गेंदें स्थिर रहेंगी

**B.** दाईं ओर से, दो गेंदों को v वेग से लुढ़केगी और शेष गेंदें स्थिर रहेंगी

**C.** पंक्ति की सभी छह गेंदें प्रत्येक 6v वेग से लुढ़केगी और दो टकराने वाली गेंदें विरामावस्था में आ जाएगी

**D.** टकराने वाली गेंदें विरामावस्था में आ जाएगी और कोई भी गेंद दाई ओर से नहीं लुढ़केगी

**Q.80** एक वृत्ताकार मैदान में 180 मीटर लम्बा और 120 मीटर चौड़ा एक आयताकार टैंक है, यदि मैदान में भूमि का क्षेत्रफल 40000 मीटर$^2$ है, तो मैदान की त्रिज्या क्या है?

**A.** 130 मीटर    **B.** 140 मीटर    **C.** 150 मीटर    **D.** 160 मीटर

**Q.81** प्रश्न चिह्न (?) के स्थान पर कौन सी संख्या आयेगी?

$$769.002 \text{ का } \frac{98}{3}\% + 160.89 \text{ का } 24\% - 67.9900 = ?$$

**A.** 220    **B.** 225    **C.** 224    **D.** 226

**Q.82** निम्न में से कौन सा हार्मोन तनाव की स्थितियों के तहत उत्पन्न होता है जो मानव के जिगर में ग्लाइकोजेनोलिसिस को उत्तेजित करता है?

**A.** थायरोक्सिन    **B.** इंसुलिन

**C.** एड्रेनालाईन      **D.** एस्ट्राडियोल

**Q.83** सरल कीजिये:

$$\cos^2\theta\left\{\sqrt{\frac{(1+\sin\theta)}{(1-\sin\theta)}} + \sqrt{\frac{(1-\sin\theta)}{(1+\sin\theta)}}\right\}$$

**A.** $\cos\theta$    **B.** $\frac{\cos\theta}{2}$    **C.** $2\cos\theta$    **D.** $\sqrt{2}\cos\theta$

**Q.84** कौन सा रोग अधिवृक्क वल्कुट के अल्पस्राव के कारण होता है?

**A.** बंध्यता      **B.** वामनता
**C.** कुशिंग रोग      **D.** एडिसन रोग

**Q.85** नीचे दी गई कौन नॉन रेड्यूसिंग शर्करा है?

**A.** ग्लुकोज़    **B.** सुक्रोज    **C.** माल्टोज    **D.** लैक्टोज

**Q.86** एक ___ CNS से कंकाल पेशियों तक आवेगों का संचरण करता है:

**A.** कायिक तंत्रिका तंत्र      **B.** स्वायत्त तंत्रिका तंत्र
**C.** केंद्रीय तंत्रिका तंत्र      **D.** कशेरुक तंत्र

**Q.87** यदि $\sin 21° = \frac{x}{y}$, तो $\sec 21° - \sin 69°$ बराबर है:

**A.** $\frac{x^2}{y\sqrt{(y^2-x^2)}}$      **B.** $\frac{y^2}{y}\sqrt{(y^2-x^2)}$
**C.** $\frac{x^2}{y}\sqrt{(x^2-y^2)}$      **D.** $\frac{y}{x}\sqrt{(x^2-y^2)}$

**Q.88** $6^{333} \times 7^{222} \times 8^{111}$ में अभाज्य गुणनखंडों की संख्या:

**A.** 1221    **B.** 1225    **C.** 1111    **D.** 1211

**Q.89** निम्नलिखित में से कौन सा फ्लोराइड संभव नहीं है?

**A.** $NF_5$    **B.** $PF_5$    **C.** $AsF_5$    **D.** $SbF_5$

**Q.90** नीचे दिया गया चित्र एक समांतर चतुर्भुज है जिसके दो कोण $x$ के पदों में दिए गए हैं। $x$ का मान ज्ञात कीजिए।

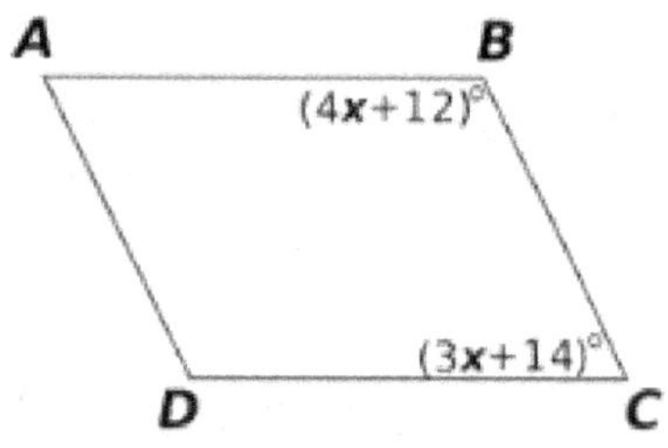


**A.** 9    **B.** 10    **C.** 20    **D.** 22

**Q.91** साधारण ब्याज पर 3 साल में 815 रुपये और 4 साल में 854 रुपये तक की राशि मिलती है। राशि है:

**A.** 650 रुपये    **B.** 690 रुपये    **C.** 698 रुपये    **D.** 700 रुपये

**Q.92** थॉमस ने 13900 रुपये की राशि को क्रमशः 14% प्रति वर्ष और 11% प्रति वर्ष की ब्याज दर पर दो अलग-अलग योजनाओं $A$ और $B$ पर निवेश की। यदि 2 वर्षों में अर्जित साधारण ब्याज की कुल राशि 3508 रुपये है तो योजना $B$ पर निवेश की गई राशि क्या थी?

**A.** 6400 रुपये      **B.** 6500 रुपये
**C.** 7200 रुपये      **D.** 7500 रुपये

**Q.93** निम्नलिखित आकृति में $x$ (कोण का माप) ज्ञात कीजिए:

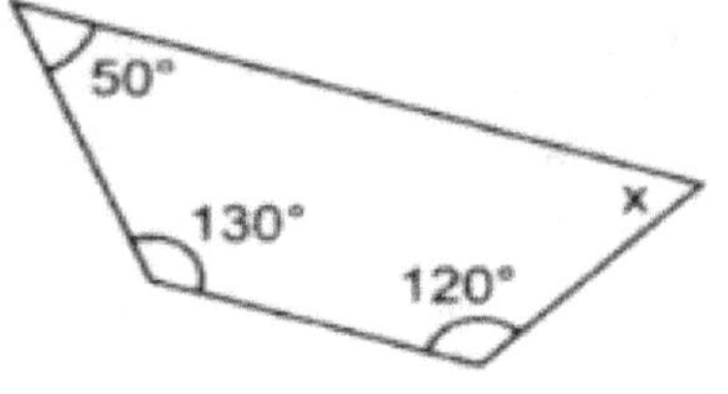


**A.** 60°    **B.** 90°    **C.** 30°    **D.** 100°

**Q.94** नाइट्रोजन के निम्नलिखित में से कौन सा ऑक्साइड पैरामैग्नेटिक है?

**A.** $NO_2$    **B.** $N_2O_3$    **C.** $N_2O$    **D.** $N_2O$

**Q.95** दो गोले के आयतन $64:27$ के अनुपात में हैं। उनके पृष्ठ क्षेत्रफलों का अनुपात है:

**A.** $3:4$    **B.** $4:3$    **C.** $9:16$    **D.** $16:9$

**Q.96** हरा मफलर किस के लिए विशिष्ट है?

**A.** अपचायक धुंध      **B.** ध्वनिरोधन
**C.** धुंध निर्माण को रोकना      **D.** भू तुषार को कम करना

**Q.97** अल्फ्रेड 4700 रुपये में एक पुराना स्कूटर खरीदता है और इसकी मरम्मत पर 800 रुपये खर्च करता है। यदि वह स्कूटर को 5800 रुपये में बेचता है, तो उसका लाभ प्रतिशत क्या है?

**A.** $4\frac{4}{7}\%$    **B.** $5\frac{5}{11}\%$    **C.** 10%    **D.** 12%

**Q.98** 20 लेखों की क्रय मूल्य $x$ लेखों के विक्रय मूल्य के समान है यदि लाभ 25% है, तो $x$ का मूल्य है:

**A.** 15    **B.** 16    **C.** 18    **D.** 25

**Q.99** अजीत के पास 9 पारियों के लिए एक निश्चित औसत है। दसवीं पारी में, उन्होंने 100 रन बनाए, जिससे उनका औसत 8 रन बढ़ गया। उनका नया औसत है:

**A.** 20    **B.** 21    **C.** 28    **D.** 32

**Q.100** निम्नलिखित में से किसके द्वारा एंजाइमों की प्रतिक्रिया अवरोधक प्रभावित होती है:

**A.** एंजाइम
**B.** सब्स्ट्रेट
**C.** अंतिम उत्पाद
**D.** माध्यमिक अंतिम उत्पाद

## // स्मार्ट उत्तर पुस्तिका //

**सही उत्तर** — उन छात्रों के प्रतिशत को इंगित करता है जिन्होंने प्रश्नों का सही उत्तर दिया था।

**छोड़ दिया** — उन छात्रों के प्रतिशत को इंगित करता है जिन्होंने प्रश्नों को छोड़ दिया था।

| प्रश्न संख्या | उत्तर | सही उत्तर / छोड़ दिया | प्रश्न संख्या | उत्तर | सही उत्तर / छोड़ दिया | प्रश्न संख्या | उत्तर | सही उत्तर / छोड़ दिया | प्रश्न संख्या | उत्तर | सही उत्तर / छोड़ दिया | प्रश्न संख्या | उत्तर | सही उत्तर / छोड़ दिया |
|---|---|---|---|---|---|---|---|---|---|---|---|---|---|---|
| 1 | C | 55.49 % / 1.72 % | 17 | A | 20.61 % / 3.73 % | 33 | C | 66.91 % / 1.65 % | 49 | A | 44.51 % / 1.36 % | 65 | D | 23.46 % / 4.06 % |
| 2 | C | 54.83 % / 1.89 % | 18 | D | 67.4 % / 1.75 % | 34 | D | 69.37 % / 1.68 % | 50 | B | 41.46 % / 1.47 % | 66 | D | 46.9 % / 1.33 % |
| 3 | B | 67.73 % / 1.36 % | 19 | C | 10.1 % / 4.53 % | 35 | B | 60.61 % / 1.42 % | 51 | B | 58.47 % / 1.08 % | 67 | D | 63.39 % / 1.79 % |
| 4 | B | 69.66 % / 1.28 % | 20 | A | 68.1 % / 1.73 % | 36 | A | 79.01 % / 0.0 % | 52 | C | 63.07 % / 1.38 % | 68 | B | 53.03 % / 1.5 % |
| 5 | C | 83.65 % / 0.0 % | 21 | D | 65.74 % / 1.87 % | 37 | B | 64.41 % / 1.06 % | 53 | A | 53.58 % / 1.96 % | 69 | D | 86.72 % / 0.0 % |
| 6 | B | 46.33 % / 1.16 % | 22 | D | 30.92 % / 4.54 % | 38 | C | 42.36 % / 1.89 % | 54 | C | 16.77 % / 3.31 % | 70 | C | 40.78 % / 1.75 % |
| 7 | D | 29.02 % / 3.18 % | 23 | D | 41.79 % / 1.16 % | 39 | D | 21.15 % / 4.86 % | 55 | D | 52.48 % / 2.0 % | 71 | A | 54.52 % / 1.74 % |
| 8 | B | 51.57 % / 1.21 % | 24 | D | 48.06 % / 1.72 % | 40 | A | 56.99 % / 1.07 % | 56 | A | 13.35 % / 4.38 % | 72 | A | 81.04 % / 0.0 % |
| 9 | B | 68.98 % / 1.72 % | 25 | B | 88.36 % / 0.0 % | 41 | B | 42.89 % / 1.11 % | 57 | A | 20.31 % / 3.98 % | 73 | B | 17.09 % / 3.28 % |
| 10 | D | 41.38 % / 1.04 % | 26 | A | 58.55 % / 1.95 % | 42 | B | 63.64 % / 1.5 % | 58 | D | 15.84 % / 3.33 % | 74 | B | 48.95 % / 1.76 % |
| 11 | B | 55.02 % / 1.89 % | 27 | B | 42.91 % / 1.83 % | 43 | B | 50.66 % / 1.05 % | 59 | C | 21.68 % / 4.97 % | 75 | B | 48.98 % / 1.04 % |
| 12 | A | 58.86 % / 1.24 % | 28 | A | 61.66 % / 1.19 % | 44 | C | 62.47 % / 1.32 % | 60 | D | 47.46 % / 1.19 % | 76 | C | 58.23 % / 1.12 % |
| 13 | A | 68.09 % / 1.93 % | 29 | C | 53.16 % / 1.18 % | 45 | C | 54.78 % / 1.42 % | 61 | B | 54.07 % / 1.08 % | 77 | D | 57.69 % / 1.42 % |
| 14 | D | 50.2 % / 1.39 % | 30 | C | 28.57 % / 3.0 % | 46 | A | 44.14 % / 1.69 % | 62 | B | 61.6 % / 1.45 % | 78 | D | 42.62 % / 1.46 % |
| 15 | A | 44.06 % / 1.2 % | 31 | B | 66.91 % / 1.22 % | 47 | B | 60.89 % / 1.28 % | 63 | B | 26.35 % / 4.29 % | 79 | B | 63.13 % / 1.36 % |
| 16 | B | 55.7 % / 1.27 % | 32 | C | 63.12 % / 1.51 % | 48 | B | 54.83 % / 1.12 % | 64 | A | 46.84 % / 1.83 % | 80 | D | 10.96 % / 4.02 % |

| प्रश्न संख्या | उत्तर | सही उत्तर / छोड़ दिया |
|---|---|---|
| 81 | D | 85.26 % / 0.0 % |
| 82 | C | 53.76 % / 1.89 % |
| 83 | C | 66.55 % / 1.12 % |
| 84 | D | 12.82 % / 3.21 % |

| प्रश्न संख्या | उत्तर | सही उत्तर / छोड़ दिया |
|---|---|---|
| 85 | B | 44.71 % / 1.22 % |
| 86 | A | 18.26 % / 4.69 % |
| 87 | A | 59.16 % / 1.51 % |
| 88 | A | 46.77 % / 1.48 % |

| प्रश्न संख्या | उत्तर | सही उत्तर / छोड़ दिया |
|---|---|---|
| 89 | A | 60.76 % / 1.54 % |
| 90 | D | 52.76 % / 1.18 % |
| 91 | C | 46.52 % / 1.37 % |
| 92 | A | 60.01 % / 1.67 % |

| प्रश्न संख्या | उत्तर | सही उत्तर / छोड़ दिया |
|---|---|---|
| 93 | A | 42.76 % / 1.7 % |
| 94 | A | 61.17 % / 1.43 % |
| 95 | D | 16.29 % / 4.77 % |
| 96 | B | 52.21 % / 1.36 % |

| प्रश्न संख्या | उत्तर | सही उत्तर / छोड़ दिया |
|---|---|---|
| 97 | B | 42.09 % / 1.15 % |
| 98 | B | 59.99 % / 1.87 % |
| 99 | C | 52.42 % / 1.37 % |
| 100 | A | 68.2 % / 1.64 % |

| कार्य विश्लेषण | |
|---|---|
| औसत अंक ( % ) | 41.0% |
| टॉपर्स स्कोर ( % ) | 63.0% |
| आपका स्कोर | |

# //संकेत और समाधान//

**1.** प्राथमिक घाटा चालू वर्ष के राजकोषीय घाटे और पिछले उधारों पर ब्याज भुगतान के बीच के अंतर को दर्शाता है। यह ब्याज को छोड़कर, सरकार की उधार आवश्यकताओं को इंगित करता है। यह यह भी दर्शाता है कि ब्याज भुगतान के अलावा सरकार का कितना खर्च उधार के जरिए पूरा किया जा सकता है। प्राथमिक घाटा उधार की राशि को इंगित करता है जिसकी सरकार को ब्याज घटक को छोड़कर आवश्यकता होती है। राजकोषीय घाटा, सरकार के कुल व्यय और कुल आय के बीच का अंतर है। दूसरे शब्दों में, प्राथमिक घाटा सरकार के आय-व्यय के अंतर और पिछले उधारों पर उसके ब्याज भुगतान के बीच का अंतर है।

अत: विकल्प (C) सही है।

**2.** हेडलाइन मुद्रास्फीति सभी वस्तुओं को शामिल करती है और अर्थव्यवस्था में कुल मुद्रास्फीति का एक उपाय है। इस उपाय में खाद्य या ऊर्जा जैसी वस्तुएं भी शामिल हैं जो अन्य वस्तुओं की तुलना में बहुत अधिक अस्थिर हैं और मुद्रास्फीतिकारी क्षणिक परिवर्तन प्रदर्शित करती हैं। हेडलाइन मुद्रास्फीति को आमतौर पर सीपीआई के रूप में जाना जाता है और इसमें अधिक अस्थिर खाद्य और ऊर्जा मूल्य डेटा शामिल होता है, जबकि मूल मुद्रास्फीति सूचकांक इसे बाहर करता है।

अतः विकल्प (C) सही है।

**3.** जॉन मेनार्ड कीन्स ने सबसे पहले तरलता जाल(लिक्विडिटी ट्रैप) का विचार रखा था।

एक तरलता जाल एक विरोधाभासी आर्थिक स्थिति है जिसमें ब्याज दरें बहुत कम होती हैं और बचत दरें अधिक होती हैं, जिससे मौद्रिक नीति अप्रभावी हो जाती है। इसका वर्णन सबसे पहले अर्थशास्त्री जॉन मेनार्ड कीन्स ने किया था। एक तरलता जाल तब होता है जब मौद्रिक नीति उन उपभोक्ताओं के साथ बहुत कम ब्याज दरों के कारण अप्रभावी हो जाती है जो उच्च-उपज वाले बॉन्ड या अन्य निवेशों में निवेश करने के बजाय बचत करना पसंद करते हैं।

अत: विकल्प (B) सही है।

**4.** भारत में प्रत्यक्ष विदेशी निवेश के संदर्भ में, 'यह बड़े पैमाने पर गैर-ऋण पूंजी प्रवाह है।' को इसकी प्रमुख विशेषता माना जाता है।

विदेशी प्रत्यक्ष निवेश (एफडीआई) एक गैर-निवासी संस्था / व्यक्ति द्वारा भारत के बाहर किसी विदेशी कंपनी के प्रबंधन में विदेशी मुद्रा प्रबंधन (भारत के बाहर निवासी व्यक्ति द्वारा ट्रांसफर या इशू जारी करना) द्वारा किया गया निवेश है।

एफडीआई दीर्घकालिक निवेश हैं।यह गैर-ऋण पूंजी प्रवाह है क्योंकि इसमें निवासियों के लिए कोई प्रत्यक्ष पुनर्भुगतान नहीं है।

अत: विकल्प (B) सही है।

**5.** मध्य प्रदेश का राजकीय पशु हार्ड ग्राउंड दलदली हिरन (बारासिंघा या रूसर्वस डुवुसेलिई) लंबे समय से विलुप्त होने के बाद कान्हा नेशनल पार्क और टाइगर रिजर्व (केएनपीटीआर) में पुनः प्रवर्तन में देखा जा रहा है। पांच दशक तक लगातार संरक्षण कार्य के बाद अब यह प्रजाति 800 की संख्या में है।

अत: विकल्प (C) सही है।

**6.** 'खजुराहो' की मूर्तियाँ भारतीय राज्य मध्य प्रदेश में, नई दिल्ली से लगभग 620 किलोमीटर (385 मील) दक्षिण-पूर्व में, छतरपुर जिले में स्थित हैं। मंदिर जो लगभग 24,481 लोगों की आबादी (2011 की जनगणना) के साथ एक छोटे से शहर के पास स्थित हैं, उनको भी खजुराहो के रूप में जाना जाता है।

अत: विकल्प (B) सही है।

**7.** किसी प्रदेश में समान भाषा वाले स्थानों को वर्गीकृत करने वाली सीमा रेखा आइसोग्लॉस कहलाती है।

समान जन घनत्व को मिलाने वाली रेखा "आइसोपाइक्निक" कहलाती है।

"आइसोनिफ रेखा" समान हिमपात वाले स्थानों को प्रदर्शित करती हैं।

"कंटूर रेखा" समुद्र तल से बराबर ऊंचाई वाले स्थानों को मिलाती हैं।

अत: विकल्प (D) सही है।

**8.** जिम कॉर्बेट नेशनल पार्क भारत का सबसे पुराना राष्ट्रीय उद्यान है। इसकी स्थापना 1936 में हैली नेशनल पार्क के रूप में की गई थी। मुख्य उद्देश्य लुप्तप्राय बंगाल बाघ की रक्षा करना है। यह उत्तराखंड के नैनीताल जिले में स्थित है।

अत: विकल्प (B) सही है।

**9.** 1861 में, अंग्रेज़ों ने मध्य प्रांत बनाने के लिए नागपुर प्रांत को सौगोर और नेरबुड्डा प्रदेशों के साथ मिला दिया। 1 नवंबर 1956 को, मध्य भारत, विंध्य प्रदेश और भोपाल के राज्यों को मध्य प्रदेश में मिला दिया गया था, और मराठी भाषी दक्षिणी क्षेत्र विदर्भ, जिसमें नागपुर भी शामिल था। इस प्रकार मध्य प्रदेश स्थापना दिवस हर साल 1 नवंबर को मनाया जाता है।

अत: विकल्प (B) सही है।

**10.** मध्य प्रदेश सरकार ने वर्ष 2007 में 'बलराम ताल' योजना शुरू की थी, जिसका उद्देश्य इस क्षेत्र में वर्षा जल के संरक्षण द्वारा स्थायी आधार पर कृषि गतिविधियों का समर्थन करना था। वर्ष 2007 से 31 मार्च 2010 के बीच, 7518 लाभार्थियों को योजना के तहत सहायता प्रदान की गई है।

अत: विकल्प (D) सही है।

**11.** मध्य प्रदेश के मंडला जिले से करमा नाच ने गिनीज वर्ल्ड रिकॉर्ड्स में अपनी जगह बनाई है। यह छत्तीसगढ़, झारखंड, मध्य प्रदेश, ओडिशा और पश्चिम बंगाल राज्य में किया जाता है। कर्म का अर्थ है 'भाग्य'। यह लोक नृत्य भाग्य के देवता की पूजा के दौरान किया जाता है जिसे करम देवता के रूप में जाना जाता है।

अत: विकल्प (B) सही है।

**12.**

- नाइजीरिया ,गिनी की खाड़ी पर एक अफ्रीकी देश है।
- नाइजीरिया की राजधानी अबुजा है।
- मुद्रा नाइजीरियाई नायरा है।
- आधिकारिक भाषा अंग्रेजी है।

अत: विकल्प (A) सही है।

**13.** 'पहाड़ियों की रानी', दार्जिलिंग भारतीय राज्य पश्चिम बंगाल में स्थित एक हिमालयी शहर है। यह अपने चाय उद्योग और यूनेस्को के विश्व धरोहर दार्जिलिंग हिमालयन रेलवे के साथ-साथ, माउंट कंचनजंगा के शानदार दृश्य के लिए एक पर्यटन स्थल के रूप में अंतरराष्ट्रीय स्तर पर प्रसिद्ध है।

अत: विकल्प (A) सही है।

**14.** बिहु उत्तर पूर्व राज्य असम का एक सांस्कृतिक त्योहार है। असमिया लोगों द्वारा तीन प्रकार के बिहु त्योहार मनाए जाते हैं:

- बोहाग बिहु अप्रैल में मनाया जाता है।
- काटी बिहु अक्टूबर में मनाया जाता है।
- जनवरी में माघ बिहु मनाया जाता है।

अत: विकल्प (D) सही है।

**15.** संदीप दास एक भारतीय तबला वादक और संगीतकार हैं। रविशंकर और अली अकबर खान की तरह, उनसे पहले की कई पीढ़ियों ने, 47 वर्षीय तबला वादक संदीप दास ने अपने मूल भारत के शास्त्रीय संगीत को पश्चिम और दुनिया भर में ले जाने के लिए एक संगीत और आध्यात्मिक मिशन बनाया है।

अत: विकल्प (A) सही है।

**16.** अरविंद पारिख (जन्म 19 अक्टूबर 1927) एक भारतीय शास्त्रीय सितार वादक हैं। अरविंद पारिख छह दशकों से प्रदर्शन कर रहे हैं। अन्य संगीतकारों के साथ संघों ने उनके शोध कार्य में उनकी मदद की। इन संगीतकारों में बी.आर.देवधर, लताफत हुसैन खान, अमीर खान, नियाज अहमद-फैयाज अहमद खान, डी. टी.जोशी और राधिका मोहन मैत्रा शामिल हैं। उन्होंने भारत और विदेशों में प्रदर्शन किया है।

अत: विकल्प (B) सही है।

**17.** उष्णकटिबंधीय पर्णपाती जंगलों को "मानसून वन" भी कहा जाता है। वे 70-200 सेमी की वार्षिक वर्षा वाले क्षेत्रों में बढ़ते हैं। चंदन, शीशम, महुआ, साल, सागौन और बांस पेड़ों की महत्वपूर्ण प्रजातियां हैं। नम पर्णपाती और शुष्क पर्णपाती वन इन वनों की दो प्रमुख श्रेणियां हैं।

अत: विकल्प (A) सही है।

**18.** संयुक्त राष्ट्र शैक्षिक, वैज्ञानिक और सांस्कृतिक संगठन (यूनेस्को) संयुक्त राष्ट्र की एक विशेष एजेंसी है। इसका मुख्य उद्देश्य शिक्षा, विज्ञान और संस्कृति में अंतर्राष्ट्रीय सहयोग के माध्यम से विश्व शांति और सुरक्षा को बढ़ावा देना है। इसकी स्थापना 16 नवंबर 1945 को हुई थी।

अत: विकल्प (D) सही है।

**19.** $4 \times 3 = 12 + (2)^2 = 16$
$7 \times 5 = 35 + (2)^2 = 39$
$7 \times 4 = 28 + (2)^2 = 32$

अत: विकल्प (C) सही है।

**20.** नीचे दी गई तालिका का संदर्भ लें:

| | X है | | | |
|---|---|---|---|---|
| प्रतीक | + | - | × | ÷ |
| अर्थ | पिता | बहन | पति | भाई |
| | | Y का | | |

नीचे दी गई तालिका का संदर्भ लें:

| प्रतीक | अर्थ |
|---|---|
| ○ | महिला |
| □ | पुरुष |
| = | विवाहित |
| — | एक माँ की संताने |
| \| | एक पीढ़ी का अंतर |

अभिव्यक्ति दी: L + A × P – Y ÷ E

L + A → L, A का पिता है

A × P → A, P का पति है

P – Y → P, Y की बहन है

Y ÷ E → Y, E का भाई है

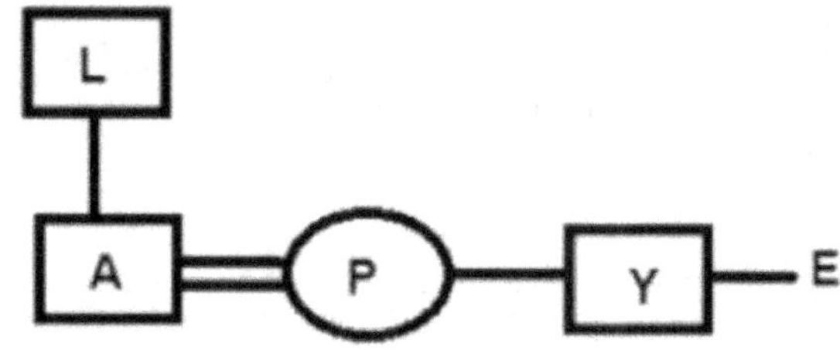

स्पष्ट रूप से, Y, A का बहनोई है।

अत: विकल्प (A) सही है।

**21.** जब भारत के विभाजन के बाद बांग्लादेश बनाया गया था, तब जूट उत्पादन के क्षेत्र बांग्लादेश में चले गए थे, जबकि जूट मिलों को भारत में छोड़ दिया गया था। इसलिए, भारत बांग्लादेश से कच्चे जूट का आयात करता है।

अत: विकल्प (D) सही है।

**22.**

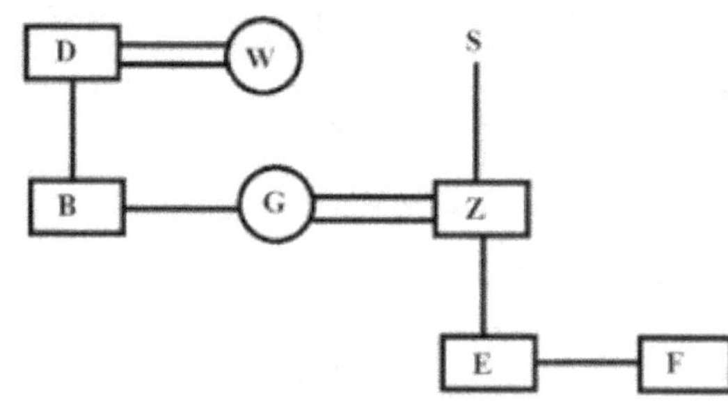

E, W का ग्रैंडसन है।

अत: विकल्प (D) सही है।

**23.** कथन 1 से हम केवल एक ही संभव केस बना सकते हैं

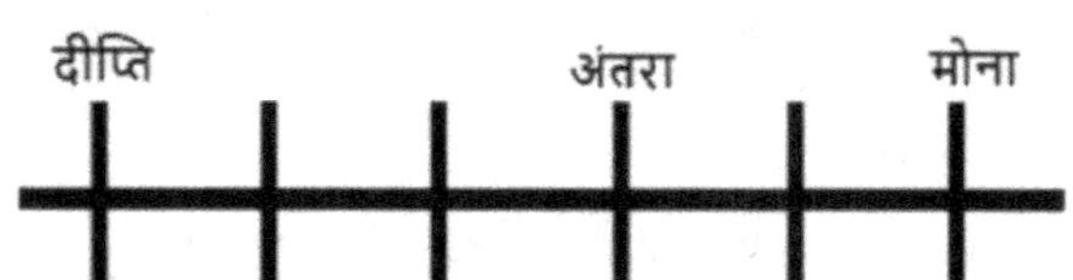


उपरोक्त आरेख से हम कह सकते हैं कि मोना अत्यधिक दाहिने छोर पर बैठी है

कथन II और III का उपयोग करके दो संभावित व्यवस्थाएं बनाई जाएंगी

II. मोना एक कोने में बैठी है। दीप्ति अंतरा के दाहिने दूसरे स्थान पर बैठी हैं।

III. मीनल एक कोने में बैठी हैं और मीनल और मन्नत के बीच में दो लोग बैठे हैं।

केस 1

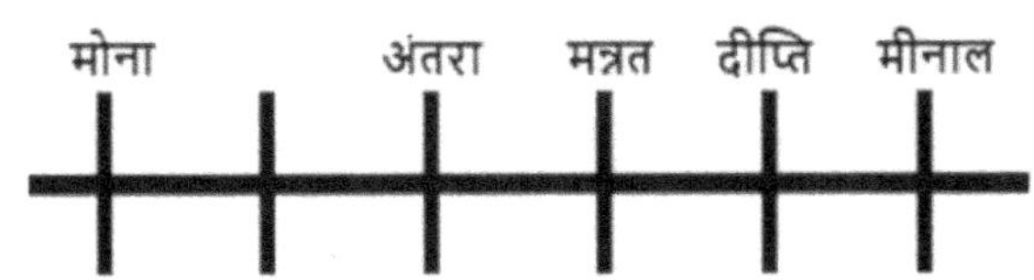

केस 2

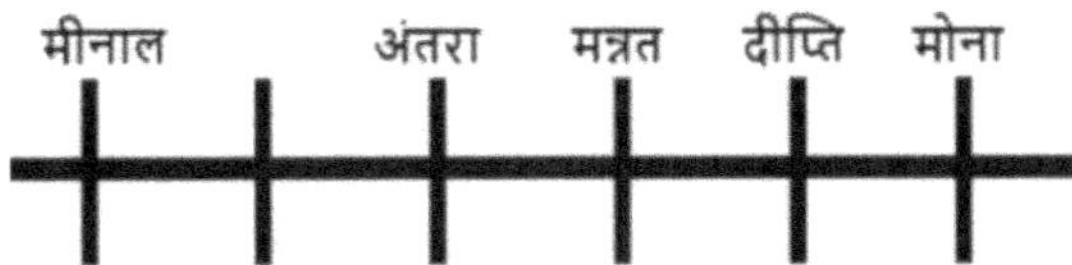

अत: विकल्प (D) सही है ।

**24.** कथन I से:

विक्रम विनय और निधि से पहले लेक्चर लेता है लेकिन सत्यम से पहले नहीं।

विक्रम> विन्या, विक्रम> निधि, सत्यम> विक्रम

कथन II से:

N व्याख्यान लेने वाले पहले व्यक्ति नहीं हैं।

कथन III से:

विनय व्याख्यान लेने के लिए अंतिम नहीं है।

दोनों कथन I और II एक साथ:

सत्यम> विक्रम> विनय, निधि और वरुण पहली बार व्याख्यान नहीं ले रहे हैं।

अत: विकल्प (D) सही है ।

**25.** दी गई जानकारी के अनुसार,

आवश्यक वर्ण = 20 + 9 = 29वाँ वर्ण

अत: बायें सिरे से "/" 29वें स्थान पर होगा।

दी गई श्रृंखला में,

Q, 6, Z, N, W, U, @, X, 5, E, *, %, 1, $, 2, A, P, H, J, &, G, F, I, +, C, K, L, 3, /, M, O, !, B, #, R, Y, 4, 8, =, D

अत: विकल्प (B) सही है ।

**26.** गुसादी आन्ध्र प्रदेश की गोंड जनजाति का प्रसिद्ध नृत्य है। गुसादी नृत्य आंध्र प्रदेश में गोंड जनजाति के लोगों द्वारा किया जाता है। आदिलाबाद जनपद में 'राजगोंड' जनजाति का विशिष्ट स्थान हैं। इनके द्वारा मनाये जाने वाले उत्सवों में इनकी संस्कृति की स्पष्ट झलक मिलती है। पर्वों एवं किसी विशेष अवसर पर होने वाले नृत्य और गीत आदि को गोंड अत्यधिक महत्त्व देते हैं। गोंडों के नृत्य में 'गुसादी नृत्य' सर्वाधिक आकर्षक है, जो दशहरे के बाद आरम्भ होता है तथा दीपावली में समाप्त होता है।

अत: विकल्प (A) सही है ।

**27.** मध्यप्रदेश राज्य में जबलपुर जिले के भेड़ाघाट में मध्य भारत में नर्मदा नदी के किनारे संगमरमर की चट्टानें हैं। नदी ने नरम संगमरमर को उकेरा है, जिससे लगभग 8 किमी लंबाई में एक सुंदर घाट बन गया है। यह एक लोकप्रिय भारतीय पर्यटन स्थल है।

अत: विकल्प (B) सही है ।

**28.** इस स्थिति में सबसे उपयुक्त प्रतिक्रिया अन्य यात्रियों की मदद से उन्हें ऐसा करने से रोकने के लिए होगी। क्योंकि हम इच्छित बिंदु पर श्रृंखला नहीं खींच सकते हैं, हमें उस स्टेशन पर उतरना चाहिए जो इच्छित बिंदु के सबसे नजदीक है।

अत: विकल्प (A) सही है ।

**29.** चूंकि भट्टी की गर्मी के कारण आइस क्यूब पहले ही पिघल गया था, इसलिए इसके बाद आइस क्यूब, क्यूब के रूप में नहीं रह सकता है।

अत: विकल्प (C) सही है ।

**30.** दिया गया है :

तालिका को क्रम से हल करने पर,

$\Rightarrow (11 + 25) - 17 = 36 - 17 = 19$

$\Rightarrow (6 + 34) - 12 = 40 - 12 = 28$

$\Rightarrow (8 + 19) - x = 11$

$\Rightarrow x = 27 - 11 = 16$

अत: विकल्प (C) सही है ।

**31.**

| 1 | 2 | 3 | 4 | 5 |
|---|---|---|---|---|
| 6 | 7 | 8 | 9 | 10 |
| 11 | 12 | रमेश | 14 | ... |
| ... | ... | ... | ... | ... |
| ... | ... | ... | ... | सुरेश |
| 5 | 4 | 3 | 2 | 1 |

छात्र की कुल संख्या = 33

रमेश और सुरेश के बीच छात्र की संख्या है,

= 33 - (13 + 6)

अत: विकल्प (B) सही है ।

**32.**

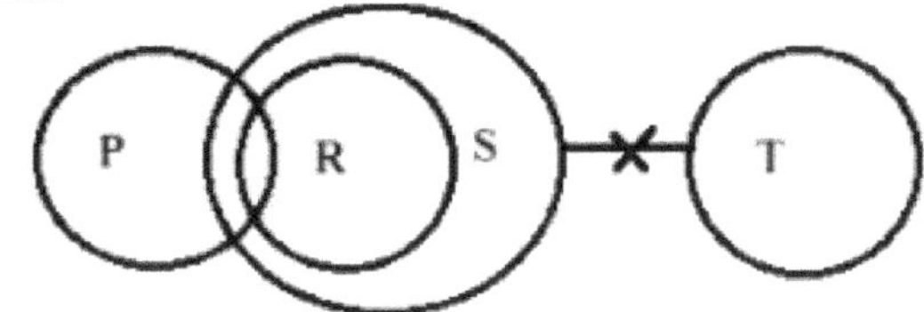


अत: विकल्प (C) सही है ।

**33.**

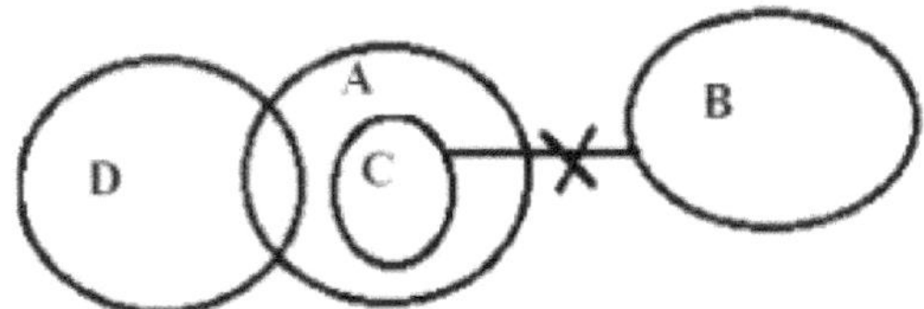


अत: विकल्प (C) सही है ।

**34.** I और II दोनों से, हम देखते हैं,

राहुल (35 - 25) = 10 साल अपने भाई से बड़ा है, जिसका जन्म 1964 में हुआ था। इसलिए, राहुल का जन्म 1954 में हुआ था।

अत: विकल्प (D) सही है ।

**35.** "Story" के लिए कोड

15 → शब्द के तीसरे अक्षर का स्थान मान

% → प्रतीक स्वरों की संख्या को दर्शाता है। यदि सम तो→$, यदि विषम तो→%

B → अंतिम अक्षर के विपरीत अक्षर।

अत: विकल्प (B) सही है।

**36.** चिकन को छोड़कर सभी पानी में रह सकते हैं। इसीलिए चिकन बाकियों से अलग है।

अत: विकल्प (A) सही है।

**37.**

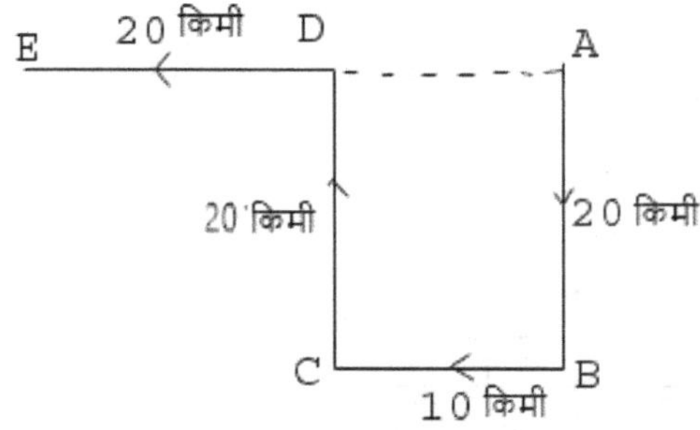

रविराज बिंदु A से चलना शुरू करता है और B तक दक्षिण में 20 किमी चलता है। उसके बाद वह दाएं मुड़ता है और C से 10 किमी आगे बढ़ता है, फिर वह दाएं मुड़ता है और 20 किमी D की ओर बढ़ता है, फिर वह बाएं मुड़ता है और E की ओर 20 किमी चलता है।

इसलिए, आरेख से यह स्पष्ट है कि यदि वह सीधा चलता है तो उसे AD + DE किमी चलना होगा।

यहाँ AD = BC = 10 किमी

अंत में, अपने घर तक पहुंचने के लिए उसे साइकिल चलाना पड़ेगा = AD + DE

= 10+20 =30 किमी

अत: विकल्प (B) सही है।

**38.**

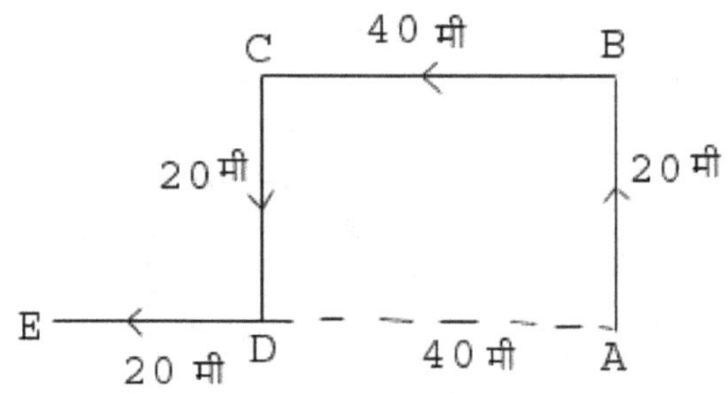

गौरव अपनी प्रारंभिक स्थिति A से E,

AE = (AD+DE)

⇒ AE = 40 + 20

⇒ AE = 60 मी

अत: विकल्प (C) सही है।

**39.** "Phone" के लिए कोड

15 → शब्द के तीसरे अक्षर का स्थान मान

$ → प्रतीक स्वरों की संख्या को दर्शाता है। यदि सम तो→$, यदि विषम तो→%

V → अंतिम अक्षर के विपरीत अक्षर।

अत: विकल्प (D) सही है।

**40.** फरवरी 2022 में कैलिफोर्निया में आयोजित स्क्रीन एक्टर गिल्ड अवार्ड्स में जेसिका चैस्टेन आउटस्टेंडिंग परफॉर्मेंस बाय अ फीमेल एक्टर इन अ लीडिंग रोल का पुरस्कार जीता।

कैलिफोर्निया में स्क्रीन एक्टर गिल्ड अवार्ड्स का आयोजन किया गया। जेसिका चैस्टेन (द आइज ऑफ टैमी फेय) ने आउटस्टैंडिंग परफॉर्मेंस बाय अ फीमेल एक्टर इन अ लीडिंग रोल का पुरस्कार जीता। विल स्मिथ (किंग रिचर्ड) ने आउटस्टैंडिंग परफॉर्मेंस बाय अ मेल एक्टर इन अ लीडिंग रोल का पुरस्कार जीता। CODA ने आउटस्टैंडिंग परफॉर्मेंस बाय अ कास्ट इन अ मोशन पिक्चर का पुरस्कार जीता, जिसमें यूजेनियो डर्बेज, डैनियल दुराण्ट, एमिलिया जोन्स आदि शामिल थे।

अत: विकल्प (A) सही है।

**41.** दिया गया है,

दो संख्याओं का ल. स. = 2376

दो संख्याओं का म. स. = 33

संख्या में से एक = 297

∴ (दो संख्याओं का म. स.) × (दो संख्याओं का ल. स.) = (पहली संख्या) × (दूसरी संख्या)

∴ दूसरी संख्या $= \frac{33 \times 2376}{297} = 264$

अत: विकल्प (B) सही है।

**42.** आकृति में दिखाया गया है,

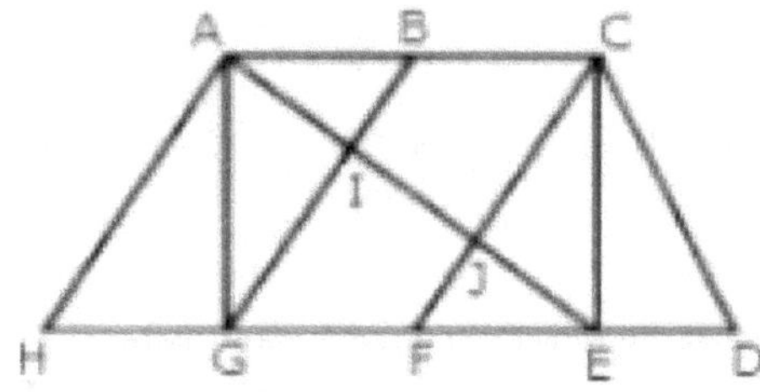

सबसे सरल त्रिभुज AHG, AIG, AIB, JFE, CJE और CED हैं अर्थात् 6 की संख्या में हैं।

प्रत्येक दो घटकों से बने त्रिभुज ABG, CFE, ACJ और EGI हैं अर्थात् 4 की संख्या में हैं।

तीन घटकों से बना त्रिभुज ACE, AGI और CFD यानी संख्या में 3 हैं।

केवल एक त्रिभुज है यानी AHE चार घटकों से बना है।

इसलिए, दी गयी आकृति में 6 + 4 + 3 + 1 = 14 त्रिभुज हैं।

अत: विकल्प (D) सही है।

**43.** आकृति में दिखाया गया है:

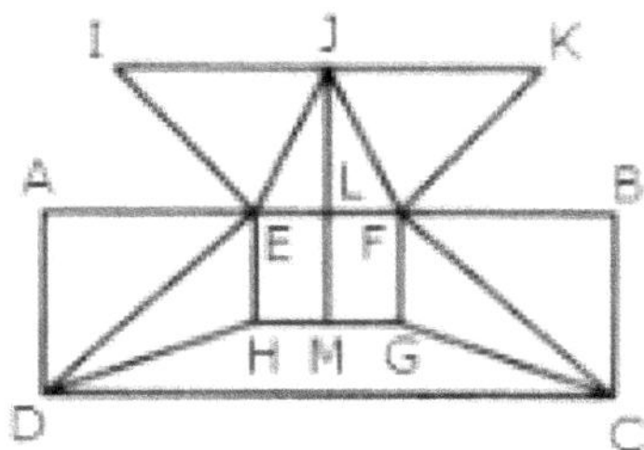

क्षैतिज रेखाएं IK, AB, HG और DC अर्थात् संख्या 4 हैं।
ऊर्ध्वाधर रेखाएं AD, EH, JM, FG और BC हैं अर्थात् संख्या 5 हैं।
तिरछी रेखाएं IE, JE, JF, KF, DE, DH, FC और GC हैं अर्थात् संख्या 8 है।
इस प्रकार, आकृति में 4 + 5 + 8 = 17 सीधी रेखाएं हैं।

अत: विकल्प (B) सही है।

**44.** आकृति में दिखाया गया है:

सबसे सरल त्रिकोण हैं AML, LRK, KWD, DWJ, JXI, IYC, CYH, HTG, GOB, BOF, FNE और EMA अर्थात् संख्या 12 है।
प्रत्येक दो घटकों से बना त्रिकोण AEL, KDJ, HIC और FBG अर्थात संख्या 4 है।
प्रत्येक तीन घटकों से बने त्रिकोण APF, EQB, BQH, GVC, CVJ, IUD, DUL और KPA अर्थात् संख्या 8 है।
छह घटकों में से प्रत्येक से बना त्रिकोण ASB, BSG, CSD, DSA, AKF, EBH, GGJ, और IDL अर्थात् संख्या 8 है।
बारह घटकों से बना त्रिकोण प्रत्येक ADB, ABC, BCD और CDA अर्थात संख्या 4 है।
आकृति में त्रिकोणों की कुल संख्या = 12 + 4 + 8 + 8 + 4 = 36
अत: विकल्प (C) सही है।

**45.** आकृति (i), (ii) और (iv) से, हम निष्कर्ष निकालते हैं कि 6, 4,1 और 2 बिंदु, 3 बिंदु से सटे हुए दिखाई देते हैं। स्पष्ट रूप से, 3 बिंदुओं वाली सतह के विपरीत की सतह पर 5 बिंदु आएंगे।

अत: विकल्प (C) सही है।

**46.** जब प्रश्न आकृति के विभिन्न भागों को एक साथ जोड़ दिया जाता है, तो गठित सही उत्तर आकृति (A) द्वारा दिखाया जाता है।

**(A)**

अत: विकल्प (A) सही है।

**47.** जब प्रश्न आकृति के विभिन्न हिस्सों को एक साथ जोड़ दिया जाता है, तो गठित सही उत्तर आकृति (B) द्वारा दिखाया जाता है।

अत: विकल्प (B) सही है।

**48.** दिया गया है,

$$200 \text{ का } 120\% + \frac{16^2 - 12^2}{2} - 15 = ?$$

$$\Rightarrow 240 + \frac{256 - 144}{2} - 15 = ?$$

$$\Rightarrow 240 + \frac{112}{2} - 15 = ?$$

$$\Rightarrow 240 + 56 - 15 = ?$$

$$\Rightarrow ? = 296 - 15$$

$$\Rightarrow ? = 281$$

अत: विकल्प (B) सही है।

**49.** जैसा कि हम देख सकते हैं कि,

आकृतियाँ 1, 3 और 4: तीन भुजाएं

आकृतियाँ 2, 5 और 9: पांच भुजाएं

आकृतियाँ 6, 7 और 8: चार भुजाएं

जैसा कि नीचे दिया गया है:-

तीन भुजाओं वाली आकृतियाँ:

पांच भुजाओं वाली आकृतियाँ:

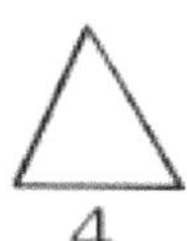
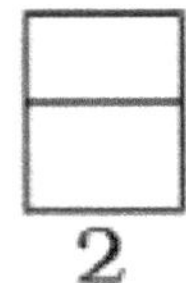

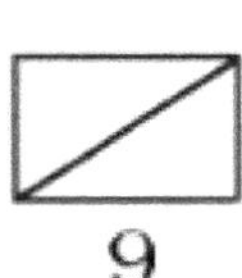

चार भुजाओं वाली आकृतियाँ:

अत: विकल्प (A) सही है।

**50.** दिया गया है,

$$\frac{56}{7 \times 2} \times \sqrt{441} - \sqrt{729} = \sqrt{?}$$

$$\Rightarrow \sqrt{?} = \frac{56}{14} \times 21 - 27$$

$$\Rightarrow \sqrt{?} = (84 - 27)$$

$\Rightarrow ? = (57)^2$

$\Rightarrow ? = 3249$

अतः विकल्प (B) सही है।

**51.** दिया गया है,

किसी संख्या का $\frac{1}{6}$ भाग उसी के $\frac{1}{8}$ भाग से 10 अधिक है।

माना संख्या $x$ है।

$\therefore \frac{1}{6}x - \frac{1}{8}x = 10$

$\therefore \frac{8x-6x}{48} = 10$

$\therefore 2x = 480$

इस प्रकार, संख्या का दोगुना $480$ है।

अतः विकल्प (B) सही है।

**52.** माना संख्या = 4x, 5x

4x – 4 : 5x – 4 = 3 : 4

(4x – 4) × 4 = (5x – 4) × 3

16x – 16 = 15x – 12

16x – 15x = 16 – 12

x = 4

संख्याएँ = 16, 20

अब अनुपात = (16 + 4) : (20 + 4)

= 20 : 24 = 5 : 6

अतः विकल्प (C) सही है।

**53.** दिया गया है:

कमरे की लम्बाई $= 13$ मीटर

कमरे की चौड़ाई $= 9$ मीटर

कालीन की चौड़ाई $= 75$ सेमी $= 0.75$ मीटर

कालीन का क्षेत्रफल $=$ कमरे का क्षेत्रफल

$= (13 \times 9)$ मीटर $^2$

$= 117$ मीटर $^2$

कालीन की लंबाई $=$ क्षेत्रफल/ चौड़ाई

$= \frac{117}{0.75}$

$= 156$ मीटर

इसलिए कालीन बिछाने का खर्च $= (156 \times 12.40)$ रुपए $=$ 1934.40 रुपए

अतः विकल्प (A) सही है।

**54.**

अतः विकल्प (C) सही है।

**55.**

अतः विकल्प (D) सही है।

**56.**

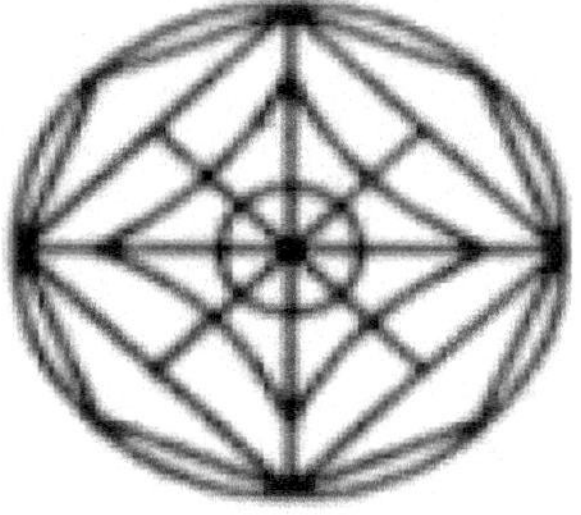

अतः विकल्प (A) सही है।

**57.**

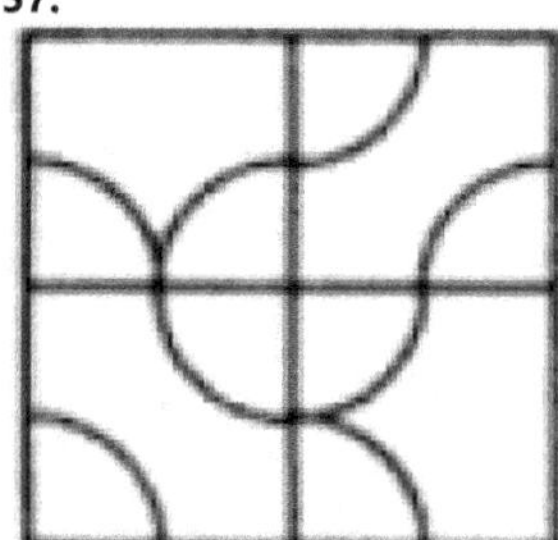

अतः विकल्प (A) सही है।

**58.** प्रत्येक पंक्ति में, पहली आकृति के सबसे बाहरी तत्व को हटाकर दूसरी आकृति प्राप्त की जाती है और दूसरी आकृति के बाहरी तत्व को हटाकर तीसरी आकृति प्राप्त की जाती है।

अतः विकल्प (D) सही है।

**59.** प्रत्येक पंक्ति में (साथ ही साथ प्रत्येक स्तंभ में), दूसरी आकृति में आयतों की संख्या पहली आकृति में आयतों की संख्या की दो गुनी होती है और तीसरी आकृति में आयतों की संख्या पहली आयतों की संख्या से तीन गुनी होती है।

अतः विकल्प (C) सही है।

**60.**

LLADE

दी गयी आकृति की पानी की छवि को विकल्प (D) में दिए गए आकृति में सही ढंग से दिखाया गया है।

अत: विकल्प (D) सही है।

**61.** दिया गया है,

आयत का क्षेत्रफल = लंबाई $\times$ चौड़ाई

वृत्त का क्षेत्रफल = $\pi r^2$

प्रश्न के अनुसार,

आयत का क्षेत्रफल = वृत्त का क्षेत्रफल

$$l \times b = \frac{22}{7} \times 14 \times 14 = 616 \text{ सेमी}^2$$

$$\Rightarrow l \times 22 = 616$$

$$\Rightarrow l = 28$$

अत: आयत की लंबाई $= 28$ सेमी होगी।

अत: विकल्प (B) सही है।

**62.**

जल की छवि किसी वस्तु की छवि है, जिसे जल में देखा जाता है। यह एक छवि को उल्टा करके प्राप्त की जाती है। उपरोक्त तर्क के बाद, विकल्प (B) में दी गयी आकृति की जल छवि है।

अत: विकल्प (B) सही है।

**63.** डॉक्टर और वकील बिल्कुल अलग हैं। लेकिन, दोनों प्रोफेशनल हैं।

अतः विकल्प (B) सही है।

**64.** आकृति (X) फॉर्म. के समान है। इसलिए, जब आकृति (X) में दिखाई गई शीट को घन बनाने के लिए मोड़ा जाता है, तो दो आधी छायांकित सतहों में से एक खाली सतह के विपरीत होती है और दूसरी आधी छायांकित सतह दूसरी खाली सतह के विपरीत होती है। शेष दो खाली सतह एक दूसरे के विपरीत हैं।

अत: विकल्प (A) सही है।

**65.** हाइड्रोजन जल और वायुमंडल दोनों का एक घटक है। वायुमण्डल में जल विद्यमान है।

अत: विकल्प (D) सही है।

**66.** हम प्राप्त करते हैं,

$(8 - 8) + 8 \times 32 = 64$

$\Rightarrow (8 + 8) \div 8 \times 32 = 64$

$\Rightarrow 16 \div 8 \times 32 = 64$

$\Rightarrow 2 \times 32 = 64$

अत: विकल्प (D) सही है।

**67.** हम प्राप्त करते हैं,

$64 - 8 \times 9 \div 8 = 64$

समीकरण में (- और ) रखने पर,

$\Rightarrow 64 \div 8 \times 9 - 8 = 64$

$\Rightarrow 8 \times 9 - 8 = 64$

$\Rightarrow 72 - 8 = 64$

$\Rightarrow 64 = 64$

अत: विकल्प (D) सही है।

**68.**

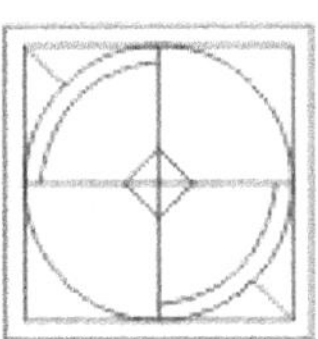

अत: विकल्प (B) सही है।

**69.**

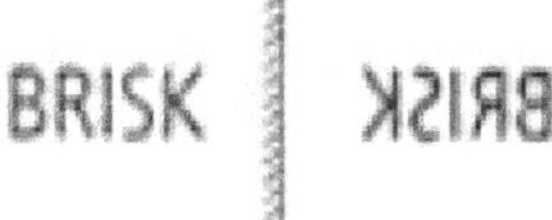


अत: विकल्प (D) सही है।

**70.**



अत: विकल्प (C) सही है।

**71.** दिया गया है,

तिरछी ऊँचाई $(L) = 45$ सेमी

बाल्टी के शीर्ष तल की त्रिज्या $(R) = 28$ सेमी

बाल्टी के निचले तल की त्रिज्या $(r) = 7$ सेमी

इसलिए,

बाल्टी के वक्र भाग की सतह का क्षेत्रफल $= \pi L(R + r)$

$$\Rightarrow \frac{22}{7} \times 45(28 + 7)$$

$\Rightarrow \frac{22}{7} \times 45 \times 35$

$\Rightarrow \frac{22 \times 45 \times 35}{7} = \frac{34650}{7} = 4950$ सेमी $^2$

अतः विकल्प (A) सही है।

**72.** तरल पदार्थों की श्यानता का गुण तब उत्पन्न होती है जब इसकी परतों के बीच एक सापेक्ष गति होती है। श्यानता बल गति की दिशा के विपरीत एक दिशा में कार्य करता है, अर्थात यह गति का विरोध करता है।

अत: विकल्प (A) सही है।

**73.** औसत जनसंख्या $= \frac{1089+968+1210+1815+1547}{5}$

औसत जनसंख्या $= 1325.8$

अतः विकल्प (B) सही है।

**74.** दिया गया है,

$38.6 \times 3 + 24.4 - 26.2 = ? + 41.6 + 42.4$

$\Rightarrow 115.8 + 24.4 - 26.2 = ? + 84$

$\Rightarrow 114 - 84 = ?$

$\Rightarrow ? = 30$

अतः विकल्प (B) सही है।

**75.** भौतिक राशि एक पदार्थ या प्रणाली का एक गुण है, जिसे माप द्वारा परिमाणित किया जा सकता है। एक भौतिक राशि को एक संख्यात्मक मूल्य और एक इकाई के संयोजन के रूप में व्यक्त किया जा सकता है। उदाहरण के लिए, भौतिक राशि द्रव्यमान को n किलो के रूप में मात्राबद्ध किया जा सकता है, जहां n संख्यात्मक मान है और किलो इकाई है।

अतः विकल्प (B) सही है।

**76.** भोपाल में पुरुषों की संख्या $= \frac{1089 \times 5}{9} = 605$

रीवा में पुरुषों की संख्या $= \frac{1815 \times 8}{15} = 968$

आवश्यक अंतर $= 363$

अतः विकल्प (C) सही है।

**77.** दिया गया है,

भार का द्रव्यमान = 20 किलोग्राम

आदमी का द्रव्यमान = 50 किलोग्राम

कुल द्रव्यमान = (50 + 20) = 70 किलोग्राम

कुल ऊंचाई = 20 × 0.25 = 5 मीटर

∴ किया जाने वाला कार्य = mgh

$\Rightarrow$ W = 70 × 9.8 × 5

$\Rightarrow$ W = 3430 जूल

अतः विकल्प (D) सही है।

**78.** जबलपुर में पुरुषों की संख्या $= \frac{968 \times 3}{4} = 726$

जबलपुर में महिलाओं की संख्या $= (968 - 726) = 242$

सतना में पुरुषों की संख्या $= \frac{1210 \times 3}{5} = 726$

सतना में महिलाओं की संख्या $= (1210 - 726) = 484$

ग्वालियर में पुरुषों की संख्या $= \frac{1547 \times 4}{7} = 884$

ग्वालियर में महिलाओं की संख्या $= (1547 - 884) = 663$

आवश्यक अंतर $= \{726 + 726 + 884\} - \{242 + 484 + 663\}$

आवश्यक अंतर $= (2336 - 1389) = 947$

अतः विकल्प (D) सही है।

**79.** जैसा कि दिया गया है, छह समान गेंदों को एक क्षैतिज घर्षण रहित सतह पर बने एक सीधे खांचे में जोड़ा जाता है जैसा कि आकृति में दिखाया गया है। दो समान गेंदें जो प्रत्येक v वेग से चलती हैं, बाईं ओर से 6 गेंदों की पंक्ति के साथ समान रूप से टकराती हैं। फिर, दाईं ओर से, दो गेंदों को v वेग से लुढ़केगी और शेष गेंदें स्थिर रहेंगी क्योंकि संवेग और गतिज ऊर्जा केवल इस केस में संरक्षित रहेंगे।

अतः विकल्प (B) सही है।

**80.** दिया गया है,

आयताकार टैंक की लम्बाई $= 180$ मीटर

आयताकार टैंक की चौड़ाई $= 120$ मीटर

टैंक का क्षेत्रफल = लम्बाई × चौड़ाई

$= 180 \times 120 = 21600$ मीटर $^2$

वृत्ताकार मैदान का क्षेत्रफल $= 40000 + 21600 = 61600$ मीटर $^2$

वृत का क्षेत्रफल $= 61600$

$\pi R^2 = 61600$

$\Rightarrow R^2 = 61600 \times \frac{7}{22}$

$\Rightarrow R^2 = 2800 \times 7$

$\Rightarrow R = 140$ मीटर

अतः विकल्प (D) सही है।

**81.** दिया गया है,

$( 769.002$ का $\frac{98}{3}$%$) + ( 160.89$ का $24$%$) - 67.9900$

प्रश्न को भागों में विभाजित करके हल करने पर,

$\Rightarrow 769.002$ का $\frac{98}{3}$%

$\Rightarrow 769$ का $33$%

$\Rightarrow \frac{33}{100} \times 769 = 254.77 \approx 255$

$\Rightarrow 160.89$ का $24$%

$\Rightarrow \frac{24}{100} \times 160.89 = 38.64 \approx 39$

अंततः, हम प्राप्त करते है

$(769.002$ का $\frac{98}{3}\%) + (160.89$ का $24\%) -67.9900$

$= 255 + 39 - 68$

$= 294 - 68$

$= 226$

अतः विकल्प (D) सही है।

**82.** एड्रेनालाईन हार्मोन तनाव की स्थिति में लिवर ग्लाइकोजन से वसा और ग्लूकोज से फैटी एसिड जारी करने में मदद करता है। इसलिए, इसे 'उड़ान या लड़ाई हार्मोन' भी कहा जाता है।

अतः विकल्प (C) सही है।

**83.** दिया गया है,

$\cos^2\theta\{\sqrt{\frac{(1+\sin\theta)}{(1-\sin\theta)}} + \sqrt{\frac{(1-\sin\theta)}{(1+\sin\theta)}}\}$

$\Rightarrow \cos^2\theta\{\sqrt{\frac{(1+\sin\theta)\times(1+\sin\theta)}{(1-\sin\theta)\times(1+\sin\theta)}} + \sqrt{\frac{(1-\sin\theta)\times(1-\sin\theta)}{(1+\sin\theta)\times(1+\sin\theta)}}\}$

$\Rightarrow \cos^2\theta\{\sqrt{\frac{(1+\sin\theta)^2}{(1-\sin^2\theta)}} + \sqrt{\frac{(1-\sin\theta)^2}{(1-\sin^2\theta)}}\}$

$\Rightarrow \cos^2\theta\{\sqrt{\frac{(1+\sin\theta)^2}{(\cos^2\theta)}} + \sqrt{\frac{(1-\sin\theta)^2}{(\cos^2\theta)}}\}$

$\Rightarrow \cos^2\theta\{\frac{(1+\sin\theta)}{(\cos\theta)} + \frac{(1-\sin\theta)}{(\cos\theta)}\}$

$\Rightarrow \cos^2\theta\{\frac{(1+\sin\theta+1-\sin\theta)}{(\cos\theta)}\}$

$\Rightarrow \frac{(2\cos^2\theta)}{(\cos\theta)}$

$\Rightarrow 2\cos\theta$

अतः विकल्प (C) सही है।

**84.** अधिवृक्क ग्रंथि में एक बाह्य वल्कुट और आंतरिक मध्यांश शामिल होते हैं। बाह्य वल्कुट ग्लूकोकॉर्टिकॉइड, मिनरेलोकॉर्टिकॉइड और लिंग कॉर्टिकॉइड का स्राव करता है। अधिवृक्क मध्यांश एड्रिनलीन और नॉरएड्रिनलीन का स्राव करता है। ये हार्मोन कभी-कभी अतिस्राव या अल्पस्राव को दर्शाते हैं। अधिवृक्क वल्कुट के हार्मोन के अतिस्राव के परिणामस्वरूप कुशिंग रोग होता है, जबकि अल्पस्राव के परिणामस्वरूप एडिसन रोग होता है। एडिसन रोग तब होता है जब ग्लैंडर कॉर्टिसॉल को क्षति पहुँचती हैं और एल्डोस्टीरॉन का स्राव उचित रूप से नहीं होता है।

अतः विकल्प (D) सही है।

**85.** सभी मोनोसैकेराइड, चाहे अल्डोज या किटोज रेड्यूसिंग शर्करा हैं। सुक्रोज जैसे डिसैकेराइड, जिसमें दो मोनोसैकेराइड इकाइयां उनके कम करने वाले केंद्रों के माध्यम से जुड़ी होती हैं, यानी, अल्डहाइडिक या किटोनिक समूह नॉन रेड्यूसिंग होते हैं। इसीलिए सुक्रोज नॉन रेड्यूसिंग शर्करा है।

अतः विकल्प (B) सही है।

**86.** तंत्रिका तंत्र को केंद्रीय और परिधीय तंत्रिका तंत्र में विभाजित किया जाता है। PNS को दो भागों में विभाजित किया जाता है, जिन्हें कायिक तंत्रिका तंत्र और स्वायत्त तंत्रिका तंत्र कहते हैं। कायिक तंत्रिका तंत्र CNS से कंकाल पेशियों तक आवेगों का संचरण करता है, जबकि स्वायत्त तंत्रिका तंत्र CNS से शरीर के अनैच्छिक अंगों और चिकनी पेशियों तक आवेगों का संचरण करता है।

अतः विकल्प (A) सही है।

**87.** दिया गया है,

$\sin21° = \frac{x}{y}$

$\cos21° = \sqrt{(1 - (\sin21°)^2)}$

$\Rightarrow \sqrt{1 - (\frac{x^2}{y^2})} = \frac{\sqrt{(y^2-x^2)}}{y}$

$\Rightarrow \sec21° = \frac{y}{\sqrt{(y^2-x^2)}}$

प्रश्न के अनुसार,

$\Rightarrow \sec21° - \sin69°$

$\Rightarrow \sec21° - \sin(90 - 21°)$

$\Rightarrow \sec21° - \cos21°$

$\Rightarrow \frac{y}{\sqrt{(y^2-x^2)}} - \frac{\sqrt{(y^2-x^2)}}{y}$

$\Rightarrow \sqrt{(y^2 - x^2)}(\frac{y}{(y^2-x^2)} - \frac{1}{y})$

$\Rightarrow \sqrt{(y^2 - x^2)}(\frac{y^2-y^2+x^2}{(y^2-x^2)y})$

$\Rightarrow \frac{x^2}{y\sqrt{(y^2-x^2)}}$

अतः विकल्प (A) सही है।

**88.** $(6)^{333} \times (7)^{222} \times (8)^{111}$

$\therefore (2 \times 3)^{333} \times (7)^{222} \times (2^3)^{111}$

$\therefore 2^{333} \times 3^{333} \times 7^{222} \times 2^{333}$

$\therefore 2^{666} \times 3^{333} \times 7^{222}$

$\therefore$ अभाज्य गुणनखंडों की संख्या

$= 666 + 333 + 222$

$= 1221$

अतः विकल्प (A) सही है।

**89.** नाइट्रोजन पेंटाहैलाइड का निर्माण नहीं कर सकता है क्योंकि यह d-ऑर्बिटल्स की अनुपलब्धता के कारण अपने ऑक्टेट का विस्तार नहीं कर सकता है। इसीलिए $NF_5$ का पेंटाफ्लोराइड संभव नहीं है। बाकी तत्व अपने ऑक्टेट का विस्तार कर सकते हैं।

अतः विकल्प (A) सही है।

**90.** एक समांतर चतुर्भुज में, आसन्न कोण पूरक होते हैं, अर्थात वे $180°$ में जोड़ते हैं। एक समीकरण सेट करने के लिए इसका उपयोग करें, और फिर इसे $x$ के लिए हल:

$(4x + 12) + (3x + 14) = 180$

$\Rightarrow 7x + 26 = 180$

$\Rightarrow 7x = 154$

$\Rightarrow x = 22$

अतः विकल्प (D) सही है।

**91.** 1 वर्ष के लिए साधारण ब्याज $= (854 - 815)$ रुपये $= 39$ रुपये

3 वर्ष के लिए साधारण ब्याज $= (39 \times 3)$ रुपये $= 117$ रुपये

$\therefore$ राशि $= (815 - 117)$ रुपये $= 698$ रुपये

अतः विकल्प (C) सही है।

**92.** मान लीजिए कि योजना $A$ में $x$ रुपये निवेश किये गये है और योजना $B$ में $(13900 - x)$ रुपये है।

फिर, $\left(\frac{x \times 14 \times 2}{100}\right) + \left(\frac{(13900 - x) \times 11 \times 2}{100}\right) = 3508$

$\Rightarrow 28x - 22x = 350800 - (13900 \times 22)$

$\Rightarrow 6x = 45000$

$\Rightarrow x = 7500$

इसलिए, योजना $B$ में निवेश की गई राशि $= (13900 - 7500)$ रुपये

$= 6400$ रुपये

अतः विकल्प (A) सही है।

**93.** जैसा कि हम जानते हैं कि,

चतुर्भुज के आंतरिक कोणों का योग $= 360°$

$x + 120° + 130° + 50° = 360°$

$\Rightarrow x + 300° = 360°$

$\Rightarrow x = 360° - 300° = 60°$

अतः विकल्प (A) सही है।

**94.** विषम इलेक्ट्रॉन अणु जैसे $NO, NO_2$ आम तौर पर पैरामैग्नेटिक होते हैं क्योंकि इनमें प्रत्येक में एक अयुग्मक इलेक्ट्रॉन होता है। नाइट्रोजन में कई ऑक्साइड होते हैं। सभी $NO$ और $NO_2$ पैरामैग्नेटिक है।

अतः विकल्प (A) सही है।

**95.** प्रश्न के अनुसार,

$\frac{V_1}{V_2} = \frac{\frac{4}{3}\pi r_1^3}{\frac{4}{3}\pi r_2^3}$

$\Rightarrow \frac{64}{27} = \frac{r_1^3}{r_2^3}$

$\Rightarrow \frac{r_1}{r_2} = \frac{4}{3}$

इसलिए दोनों गोलों के पृष्ठ क्षेत्रफलों का अनुपात है:

$\frac{S_1}{S_2} = \frac{4\pi r_1^2}{4\pi r_2^2}$

$\Rightarrow \frac{S_1}{S_2} = \left(\frac{r_1}{r_2}\right)^2$

$\Rightarrow \frac{S_1}{S_2} = \left(\frac{4}{3}\right)^2$

$\Rightarrow \frac{S_1}{S_2} = \frac{16}{9}$

अतः विकल्प (D) सही है।

**96.** एक आंतरिक दहन इंजन के निर्वात द्वारा उत्सर्जित ध्वनि को कम करने वाली युक्ति को मफलर कहते हैं। इसी तरह, ध्वनि को कम करने के लिए आबादी वाले क्षेत्र और ध्वनि वाले क्षेत्र के चारों ओर अनेक वृक्षों के रोपण की प्रक्रिया को हरा मफलर कहते हैं। अशोक और नीम मुख्य वृक्ष हैं जिनको आवासीय क्षेत्रों में ध्वनि प्रदूषण को कम करने के लिए रोपित किया जाता है। सघन वृक्ष ध्वनि का निस्पंदन (फिल्ट्रेशन) करते हैं और इसे लोगों तक पहुँचने से रोकते हैं। वृक्ष ध्वनि अवशोषक के रूप में कार्य करते हैं।

अतः विकल्प (B) सही है।

**97.** दिया गया है,

विक्रय मूल्य $= 5800$ रुपये

क्रय मूल्य $= (4700 + 800)$ रुपये $= 5500$ रुपये

लाभ $=$ विक्रय मूल्य - क्रय मूल्य

$\Rightarrow (5800 - 5500)$ रुपये $= 300$ रुपये

लाभ $\% = \left(\frac{300}{5500} \times 100\right)\% = 5\frac{5}{11}\%$

अतः विकल्प (B) सही है।

**98.** माना कि प्रत्येक लेख का क्रय मूल्य 1 रुपये है।

$x$ लेख का क्रय मूल्य $= x$ रुपये

$x$ लेख का विक्रय मूल्य $= 20$ रुपये

लाभ $= (20 - x)$

$\therefore \left(\frac{20 - x}{x} \times 100 = 25\right)$

$\Rightarrow 2000 - 100x = 25x$

$125x = 2000$

$\Rightarrow x = 16$

अतः विकल्प (B) सही है।

**99.** मान लीजिए कि अजीत का औसत 9 पारियों के लिए $x$ है।

तो, अजीत ने 9 पारियों में $9x$ रन बनाए।

दसवीं पारी में, उन्होंने 100 रन बनाए तब औसत $(x + 8)$ हो गया।

और उन्होंने 10 पारियों में $(x + 8) \times 10$ रन बनाए।

अब,

$\Rightarrow 9x + 100 = 10 \times (x + 8)$

या, $9x + 100 = 10x + 80$

या, $x = 100 - 80$

या, $x = 20$

नया औसत $= (x + 8)$

$= 28$ रन

अतः विकल्प (C) सही है।

**100.** सकारात्मक निषेध में आउटपुट का आगे उत्पादन शामिल है, जबकि, नकारात्मक निषेध प्रतिक्रियाओं के एक सेट में आगे के उत्पादन को रोक देता है। प्रतिक्रिया निषेध एक ऐसा तंत्र है जिसमें एंजाइम की गतिविधि एंजाइम के अंतिम उत्पाद द्वारा बाधित होती है।

अतः विकल्प (A) सही है।

# General & Logical Knowledge

**Q.1** समाचार प्रसारण और डिजिटल मानक प्राधिकरण (एनबीडीएसए) के संबंध में निम्नलिखित कथनों पर विचार करें।

1. यह सूचना और प्रसारण मंत्रालय के तहत एक स्वायत्त निकाय है
2. प्राधिकरण स्वयं कार्यवाही शुरू कर सकता है और अपने नियमों के अंतर्गत आने वाले किसी भी मामले के संबंध में कार्रवाई कर सकता है

सही कथन का चयन करें।

**A.** केवल 1      **B.** केवल 2

**C.** दोनों 1 और 2      **D.** न तो 1 और न ही 2

**Q.2** उस्ताद अली अहमद हुसैन खान, जिनका हाल ही में निधन हो गया था, एक प्रसिद्ध __________ थे।

*[RRB (NTPC), 2017]*

**A.** संतूर वादक      **B.** तबला वादक

**C.** सरोद वादक      **D.** शहनाई वादक

**Q.3** जुलाई 2022 में रक्षा कर्मियों के वेतन खातों के प्रबंधन के लिए किस बैंक ने इंडियन एयर फोर्स (आइएफ) के साथ एक समझौता ज्ञापन पर हस्ताक्षर किए हैं?

**A.** एक्सिस बैंक      **B.** कोटक महिंद्रा बैंक

**C.** भारतीय स्टेट बैंक      **D.** एचडीएफसी बैंक

**Q.4** निम्नलिखित में से किसे जुलाई 2022 में भारत के 15वें राष्ट्रपति के रूप में चुना गया है?

**A.** निर्मला सीतारमण      **B.** स्वाति पीरामली

**C.** हिमा कोहली      **D.** द्रौपदी मुर्मू

**Q.5** खान अब्दुल गफ्फार खान के अतिरिक्त, भारत रत्न पुरस्कार किस अन्य विदेशी ने जीता है?

**A.** नेल्सन मंडेला      **B.** बर्नार्ड शॉ

**C.** कोफ़ी अन्नान      **D.** मुजीब-उर-रहमान

**Q.6** वर्ष 2020 के कोलिन्स डिक्शनरी शब्द के रूप में किस शब्द को चुना गया है?

**A.** पैंडेमिक      **B.** कोविड

**C.** लॉकडाउन      **D.** कर्फ्यू

**Q.7** कोणार्क में सूर्य-देवता के प्रसिद्ध मंदिर का निर्माण किसने किया था?

**A.** अशोक      **B.** नरसिम्हा प्रथम

**C.** कपिलेंद्र      **D.** पुरुषोत्तम

**Q.8** विश्व सुनामी जागरूकता दिवस ________ को मनाया जाता है।

**A.** 5 नवंबर    **B.** 6 नवंबर    **C.** 4 नवंबर    **D.** 3 नवंबर

**Q.9** विश्व जैव-ईंधन दिवस (अंतर्राष्ट्रीय बायोडीज़ल दिवस) प्रति वर्ष कब मनाया जाता है?

**A.** 10 अगस्त    **B.** 11 अगस्त    **C.** 12 अगस्त    **D.** 13 अगस्त

**Q.10** किस स्थान को कैथेड्रल सिटी ऑफ़ इंडिया कहा जाता है?

**A.** बनारस    **B.** कांचीपुरम    **C.** मदुरै    **D.** भुवनेश्वर

**Q.11** "विश्व ओजोन दिवस" कब मनाया जाता है?

*[Delhi Forest Guard, 2020]*

**A.** 16 सितंबर      **B.** 15 सितंबर

**C.** 30 अगस्त      **D.** 29 अक्टूबर

**Q.12** निम्नलिखित में से कौन सा साक्षरता पुरस्कार से संबंधित है?

**A.** इंटरनेशनल रीडिंग एसोसिएशन साक्षरता पुरस्कार

**B.** नोमा साक्षरता पुरस्कार

**C.** यूनेस्को किंग सेजोंग साक्षरता पुरस्कार

**D.** उपरोक्त सभी

**Q.13** शोवाना नारायण निम्नलिखित में से किस क्षेत्र में एक प्रतिष्ठित व्यक्तित्व हैं?

**A.** शास्त्रीय नृत्य      **B.** साहित्य

**C.** पत्रकार      **D.** शास्त्रीय संगीत

**Q.14** घूमर किस भारतीय राज्य का प्रसिद्ध लोक नृत्य है?

**A.** हरियाणा    **B.** सिक्किम    **C.** मिजोरम    **D.** राजस्थान

**Q.15** 1983 में केंद्र-राज्य संबंधों पर केंद्र सरकार द्वारा निम्नलिखित में से कौन सा आयोग नियुक्त किया गया था?

**A.** सरकारिया आयोग      **B.** दत्त आयोग

**C.** सेतलवाड आयोग      **D.** राजमन्नार आयोग

**Q.16** निम्न में से किस खिलाड़ी को राजीव गाँधी खेल रत्न पुरस्कार नहीं मिला है?

**A.** धनराज पिल्लै      **B.** पुलेला गोपीचंद

**C.** अंजू बॉबी जॉर्ज      **D.** विराट कोहली

**Q.17** किस देश ने संयुक्त राज्य अमेरिका और अन्य नाटो देशों की एक स्ट्रिंग के साथ संयुक्त सैन्य अभ्यास शुरू किया है?

**A.** पोलैंड    **B.** हंगरी    **C.** रूस    **D.** यूक्रेन

**Q.18** भाखड़ा नांगल बांध किस नदी पर स्थित है?

**A.** रावी    **B.** सतलुज    **C.** गंडक    **D.** यमुना

**Q.19** किस राज्य की राजधानी "कर्क रेखा" के समीप है?

**A.** भोपाल    **B.** मुंबई    **C.** रायपुर    **D.** दिसपुर

**Q.20** भोपाल गैस त्रासदी यूनियन कार्बाइड कारखाने में किस गैस रिसाव के कारण हुई थी?

**A.** मिथाइल आइसोसाइनाइड

**B.** मिथाइल आइसोसाइनेट

**C.** हाइड्रोजन साइनाइड

**D.** इथाइल आइसोसाइनेट

**Q.21** मुर्लें राष्ट्रीय उद्यान कहाँ स्थित है?

**A.** असम

**B.** अंडमान और निकोबार द्वीप समूह

**C.** मिजोरम

**D.** सिक्किम

**Q.22** 'हरित क्रांति' का आह्वान किसने किया था?

**A.** एम. एस. स्वामीनाथन      **B.** वर्गीज कुरियन

**C.** त्रिभुवनदास पटेल      **D.** एच. एम. दलाया

**Q.23** संयुक्त राष्ट्र संघ के प्रमुख अंगों की संख्या है:

**A.** 3    **B.** 4    **C.** 5    **D.** 6

**Q.24** भारत में सबसे बड़ी जनजाति कौन सी है?

A. भील
B. गोंड
C. बैगा
D. इनमें से कोई नहीं

**Q.25** सातवीं अनुसूची ______ से संबंधित है।

A. भाषाओं से
B. केंद्र और राज्यों के बीच शक्तियों के विभाजन से
C. राज्यों के न्यायिक क्षेत्रों से
D. पंचायती राज से

**Q.26** यदि A, B के दक्षिण में है और C, B के पूर्व में है, तो C के संबंध में A किस दिशा में है?

A. उत्तर-पूर्व
B. उत्तर-पश्चिम
C. दक्षिण-पूर्व
D. दक्षिण-पश्चिम

**Q.27** 'राम' 'कुशा' के पिता हैं, लेकिन 'कुशा' उनके पुत्र नहीं हैं। 'माला' 'कुशा' की बेटी है। 'शलाका' 'राम' की जीवनसाथी है। 'गोपाल' 'कुशा' का भाई है। 'हरि' 'गोपाल' का पुत्र है। 'मीना' 'गोपाल' की जीवनसाथी है। 'गणपत' 'मीना' के पिता हैं। 'राम' की नातिन कौन है?

A. हरि
B. माला
C. मीना
D. शलाका

**Q.28** नीचे दिए गए शब्दों को सार्थक क्रम में व्यवस्थित करें।

1. पुलिस
2. सजा
3. अपराध
4. जज
5. निर्णय

A. 3, 1, 2, 4, 5
B. 1, 2, 4, 3, 5
C. 5, 4, 3, 2, 1
D. 3, 1, 4, 5, 2

**Q.29** समीकरण को सही बनाने के लिए लगाए जाने वाले चिन्हों की पहचान करें।

8 Ω 10 Ω 54 Ω 3 Ω 62

A. ÷ , − , + , =
B. − , × , ÷ , =
C. × , − , ÷ , =
D. = , × , ÷ , +

**Q.30 निर्देश:** नीचे दिए गए अभिकथन (A) और कारण (R) के लिए, सही विकल्प चुनें।

**अभिकथन (A):** हीरे का उपयोग कांच काटने के लिए किया जाता है।

**कारण (R):** हीरे में उच्च अपवर्तक सूचकांक होता है।

A. (A) और (R) दोनों सत्य हैं और (R), (A) का सही स्पष्टीकरण है
B. (A) और (R) दोनों सत्य हैं और (R), (A) का सही स्पष्टीकरण नहीं है
C. (A) सत्य है लेकिन (R) असत्य है
D. (A) असत्य है लेकिन (R) सत्य है

**Q.31** यदि INTROSPECTION शब्द के सभी अक्षरों को इस तरह से व्यवस्थित किया जाता है कि सभी स्वर वर्णमाला के क्रम में शुरुआत में व्यवस्थित होते हैं और फिर सभी व्यंजन वर्णमाला क्रम में व्यवस्थित होते हैं, तो कितने अक्षरों की स्थिति अपरिवर्तित होती है?

A. एक
B. दो
C. दो से अधिक
D. कोई नहीं

**Q.32** एक निश्चित कोड में, FRACTION को FNAITCOR के रूप में लिखा जाता है। उस कोड में QUANTITATIVE कैसे लिखा जाता है?

A. QTNAVIAITETU
B. QIATAETUTNVI
C. QTEATUIAVITN
D. QEAITATITNVU

**Q.33** दिए गए युग्मों में से विषम को ज्ञात कीजिए।

A. 5:15
B. 24:70
C. 33:99
D. 121:363

**Q.34** एक प्लेटफॉर्म पर खड़े राजन ने कुमार से कहा कि वाराणसी 20 किमी से अधिक है, लेकिन वहाँ से 25 किमी से कम है। कुमार को पता था कि यह 18 किमी से अधिक है, लेकिन वहाँ से 22 किमी से कम है। यदि दोनों सही हैं, तो प्लेटफॉर्म से वाराणसी की सही दूरी निम्नलिखित में से कौन सी है?

A. 20 किमी
B. 22 किमी
C. 19 किमी
D. 21 किमी

**Q.35** दी गई आकृति में, कौन सी संख्या पुरुष क्रिकेटरों को दर्शाती हैं जो वयस्क हैं लेकिन लंबे नहीं हैं?

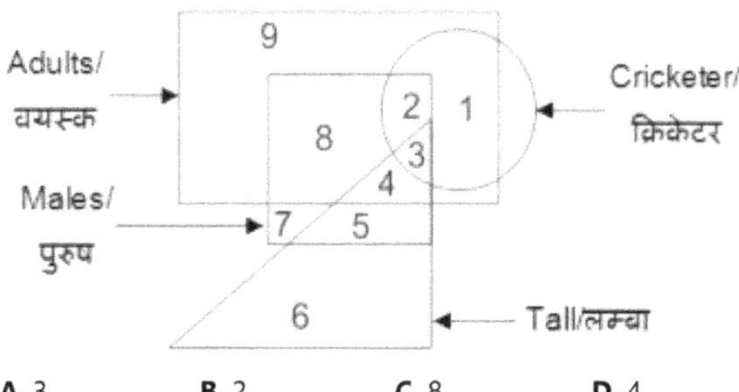


A. 3
B. 2
C. 8
D. 4

**Q.36** प्रसन्ना मेरे घर से पश्चिम की ओर 15 मी दूर गया, फिर बाएं मुड़ गया और 20 मी चला गया। वह फिर पूर्व की ओर मुड़ गया और 25 मी दूर गया और अंत में बायीं ओर मुड़ गया और 20 मी चला गया। वह अपने घर से कितनी दूर था?

A. 10 मी
B. 20 मी
C. 30 मी
D. 40 मी

**Q.37** निम्नलिखित चार में से तीन एक निश्चित तरीके से सामान है और इसलिए एक समूह बनाते है। वह कौन सा है जो उस समूह से संबंधित नहीं है।

A. 34 - 43
B. 55 - 62
C. 62 - 71
D. 83 - 92

**Q.38** एक निश्चित कोड में 'SEQUENCE' को 'FDOFVRFT' के रूप में कोडित किया गया है। उस कोड में 'CHILDREN' को किस प्रकार कोडित किया गया है?

A. OFESJMID
B. OFSEMJID
C. OFSEJIMD
D. OFSEJMID

**Q.39 निर्देश:** नीचे दिए गए अभिकथन (A) और कारण (R) के लिए, निम्नलिखित में से सही विकल्प चुनें।

**अभिकथन (A):** लाल रक्त कोशिकाएं लौह से भरी हुई हैं।

**कारण (R):** हीमोग्लोबिन रक्त को लाल रंग देता है।

A. (A) और (R) दोनों सत्य हैं और (R), (A) का सही स्पष्टीकरण है
B. (A) और (R) दोनों सत्य हैं और (R), (A) का सही स्पष्टीकरण नहीं है
C. (A) सत्य है लेकिन (R) असत्य है
D. (A) असत्य है लेकिन (R) सत्य है

**Q.40 निर्देश:** नीचे दिए गए अभिकथन (A) और कारण (R) के लिए, निम्नलिखित में से सही विकल्प चुनें।

**अभिकथन (A):** नरम जल आसानी से साबुन का झाग बनाता है।

**कारण (R):** कठोर जल में खनिज नहीं होते हैं।

A. (A) और (R) दोनों सत्य हैं और (R), (A) का सही स्पष्टीकरण है
B. (A) और (R) दोनों सत्य हैं और (R), (A) का सही स्पष्टीकरण नहीं है
C. (A) सत्य है लेकिन (R) असत्य है
D. (A) असत्य है लेकिन (R) सत्य है

## Mental Ability & Mental Aptitude

**Q.41** यदि दर्पण को लाइन XY पर रखा गया है, तो उत्तर आकृति से दिए गए प्रश्न आकृति की सही दर्पण छवि की पहचान करें।

**प्रश्न आकृति:**

748596

X      Y

**A.** 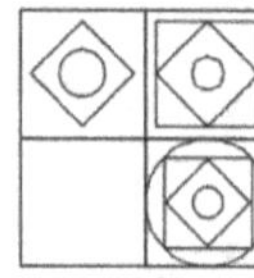 **B.**  **C.**  **D.**  

**Q.42** उस आकृति को पहचानें जो पैटर्न को पूरा करता है।

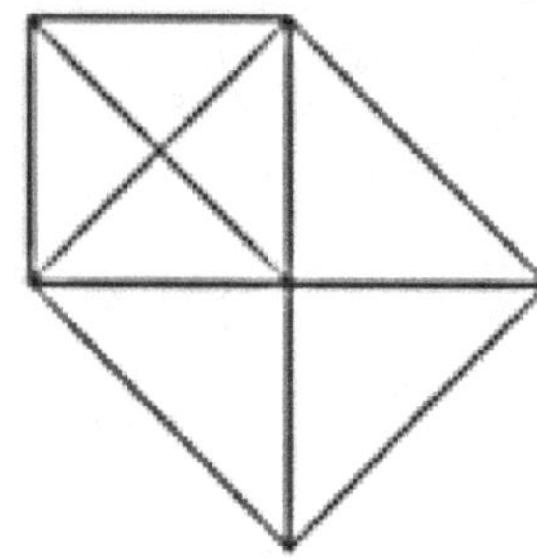

(1)     (2)     (3)     (4)

**A.** 1     **B.** 2     **C.** 3     **D.** 4

**Q.43** दी गई आकृति में कितने त्रिभुज हैं?

**A.** 12     **B.** 13     **C.** 15     **D.** 18

**Q.44** यदि प्रत्येक संख्या को एक से घटाया जाता है, तो निम्नलिखित में से कौन सा दायीं ओर से दसवें के दायीं ओर के चौथे स्थान पर होगा?

Q 2 3 B 9 V 5 L S R F P

**A.** 4     **B.** 2     **C.** 8     **D.** 1

**Q.45** निम्नलिखित शब्दों को शब्दकोश के क्रम के अनुसार व्यवस्थित कीजिये।

1. Modicum
2. Modal
3. Mode
4. Modifier

**A.** 2, 3, 1, 4     **B.** 2, 3, 4, 1     **C.** 3, 2, 1, 4     **D.** 3, 2, 4, 1

**Q.46** दी गई श्रृंखला में लुप्त संख्या ज्ञात कीजिए।

46080, 3840, 384, 48, 8, 2, ?

**A.** $\frac{1}{64}$     **B.** 1     **C.** 2     **D.** $\frac{1}{8}$

**Q.47** निम्नलिखित में से कौन सी उत्तर आकृति को प्रश्न आकृति के साथ जोड़ा जा सकता है, ताकि एक वर्ग बनाया जा सके?

**प्रश्न आकृति:**

**उत्तर आकृतियाँ:**

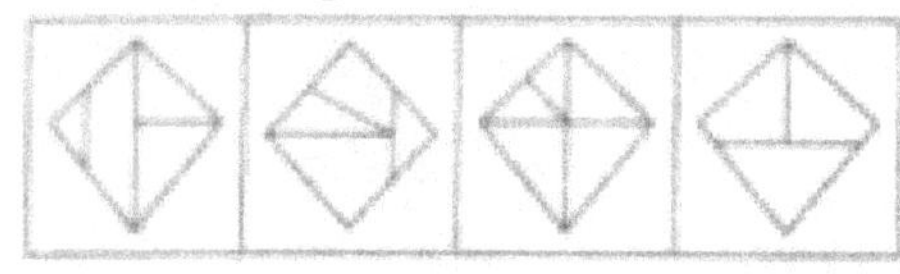

(1)     (2)     (3)     (4)

**A.** 1     **B.** 2     **C.** 3     **D.** 4

**Q.48** एक ही घन की तीन स्थितियां दी गई हैं। घन के सभी फलक में 1 से 6 तक की संख्याएं हैं। दिए गए विकल्पों की सहायता से उस आकृति का चयन करें जो घन को खोलने पर प्राप्त होगी।

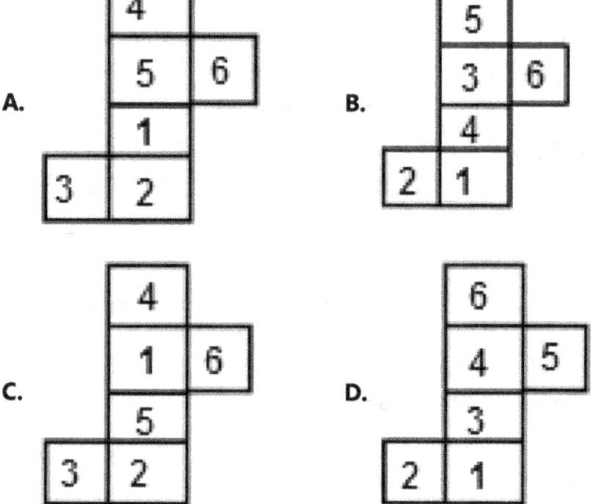

**Q.49** नीचे दिए गए शब्दों को सार्थक क्रम में व्यवस्थित करें।

1. राष्ट्र
2. गाँव
3. शहर
4. जिला

5. राज्य

**A.** 2,3,4,5,1    **B.** 2,3,4,1,5    **C.** 1,3,5,4,2    **D.** 1,2,3,4,5

**Q.50** यदि एक दर्पण को एक रेखा पर रखा जाता है, तो दी गयी आकृति में से कौन सी उत्तर आकृति की सही छवि है?

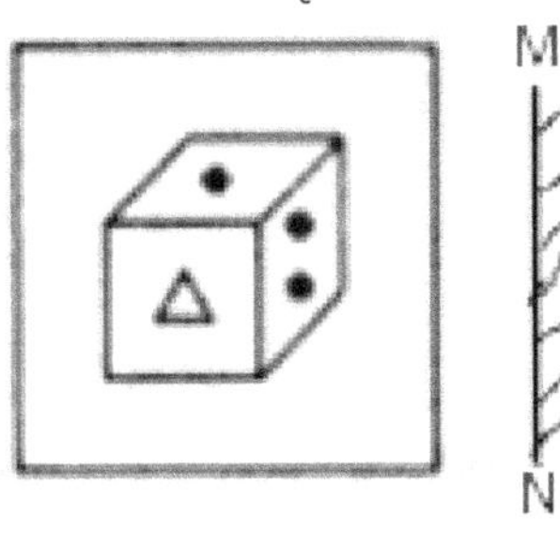

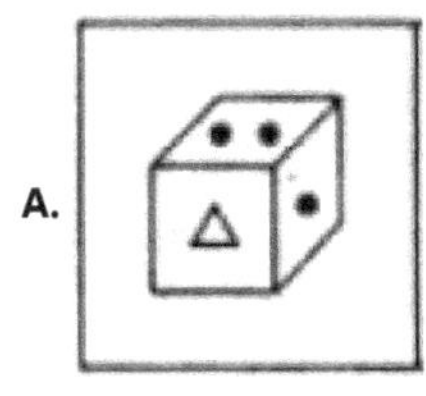

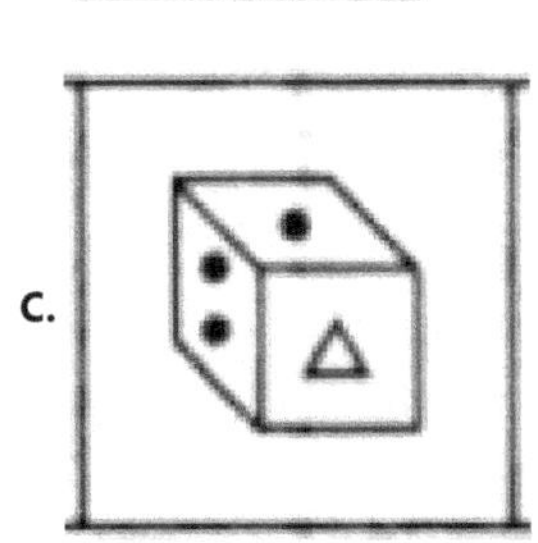

**A.**    **B.**    **C.**    **D.**

**Q.51 निर्देश:** नीचे दिए गए प्रश्न में निष्कर्ष के बाद एक कथन दिया गया है। आपको कथन के सत्य होने के लिए सब कुछ मान लेना है, फिर निष्कर्ष पर विचार करें और निर्णय लें कि उनमें से कौन से निष्कर्ष से कथन में दी गई जानकारी से उचित संदेह से परे है।

**कथन:** कुछ पेन किताबें हैं। कुछ किताबें पेंसिल हैं।

**निष्कर्ष:**

I. कुछ पेन पेंसिल हैं।

II. कुछ पेंसिल पेन हैं।

III. सभी पेंसिल पेन हैं।

IV. सभी किताबें पेन हैं।

**A.** केवल (I) और (III)     **B.** केवल (II) और (IV)

**C.** सभी चार     **D.** चारों में से कोई नहीं

**Q.52** लुप्त संख्या ज्ञात कीजिए।

8, 16, 32, 64, 128, 256, _____, 1024

**A.** 423     **B.** 512     **C.** 896     **D.** 980

**Q.53** निम्नलिखित चार में से तीन एक निश्चित तरीके से एक जैसे हैं और इसलिए एक समूह बनाते हैं। वह कौन सा है जो समूह से संबंधित नहीं है?

**A.** 35     **B.** 42     **C.** 63     **D.** 96

**Q.54** दी गयी आकृति में त्रिभुजों की संख्या ज्ञात कीजिए।

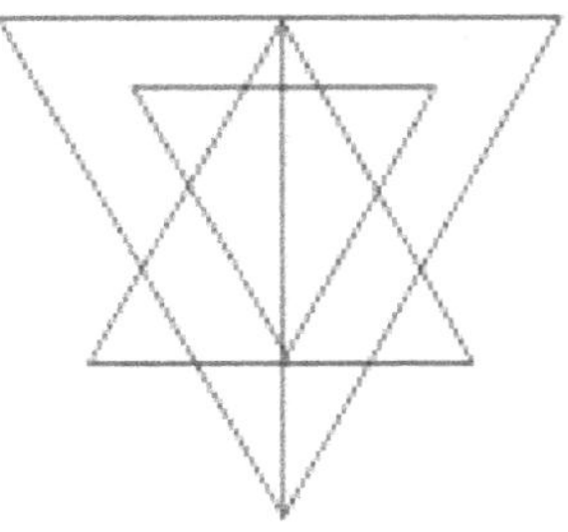

**A.** 27     **B.** 25     **C.** 23     **D.** 21

**Q.55** चार विकल्पों में से एक उपयुक्त आकृति चुनें जो आकृति पूरा करेगी।

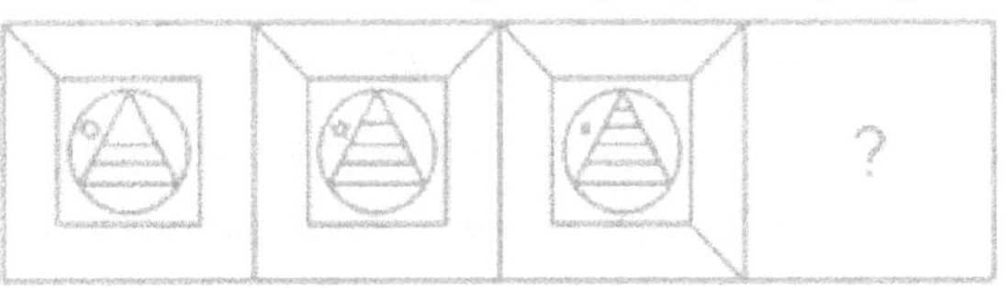

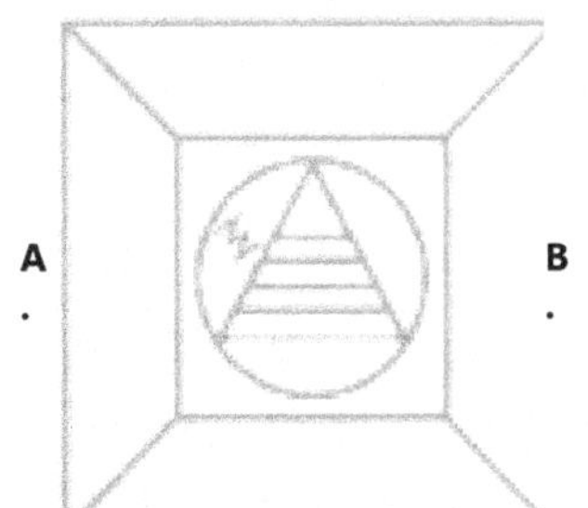
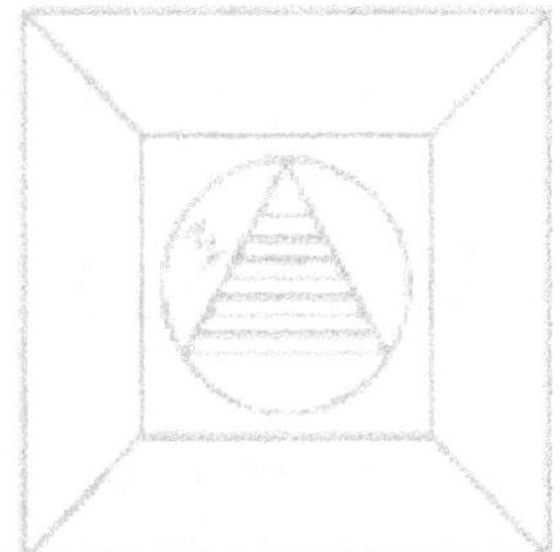

**A**    **B**

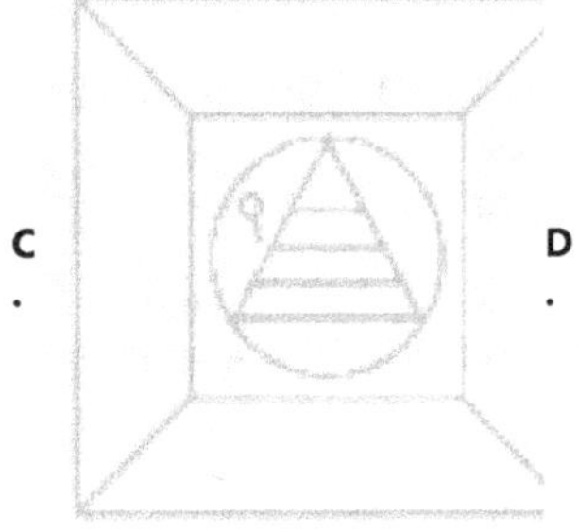
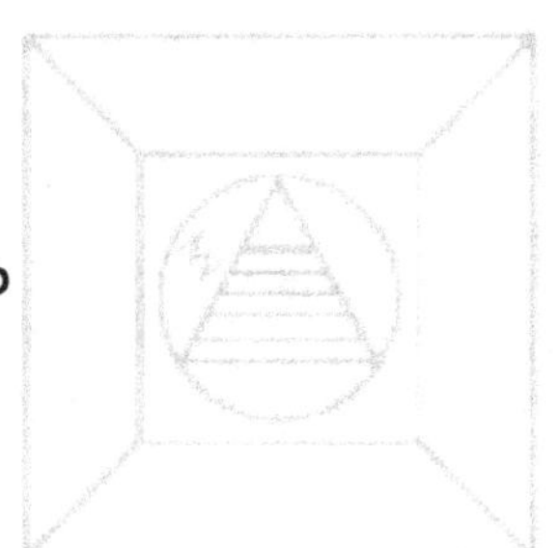

**C**    **D**

**Q.56 निर्देश:** निम्नलिखित प्रश्न में तीन कथन हैं। जिसके बाद तीन या चार निष्कर्ष निकाले जाते हैं। उन निष्कर्षों को चुनें जो दिए गए कथनों से तार्किक रूप से अनुसरण करते हैं।

**कथन:**

कुछ कारें जीप हैं।

सभी बॉक्स जीप हैं।

सभी कलम कार हैं।

**निष्कर्ष:**

1. कुछ कारें बॉक्स हैं।

2. कोई कलम जीप नहीं है।

3. कुछ बॉक्स कार हैं।

**A.** तीनों में से कोई नहीं     **B.** केवल (1) और (2)

**C.** केवल (1) और (3)     **D.** केवल (2) और (3)

**Q.57** निम्नलिखित प्रश्न में, दिए गए विकल्पों की सहायता से लुप्त संख्या ज्ञात करें।

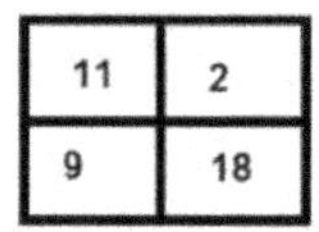

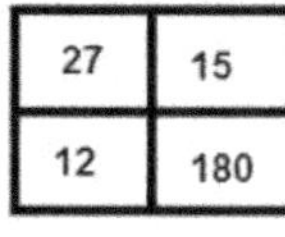

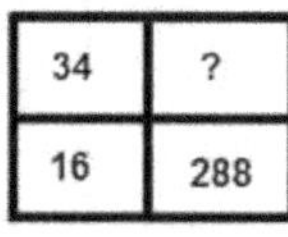

(i)  (ii)  (iii)

A. 15  B. 22  C. 18  D. 20

**Q.58** निम्नलिखित चार में से तीन एक निश्चित तरीके से सामान है और इसलिए एक समूह बनाते है। वह कौन सा है जो उस समूह से संबंधित नहीं है।

A. ऋग्वेद  B. यजुर्वेद  C. अथर्ववेद  D. आयुर्वेद

**Q.59** 450 रुपये के मूलधन पर 2 वर्ष में कितना ब्याज मिलेगा यदि 4 वर्ष बाद 1 रुपये पर साधारण ब्याज की उसी दर से 0.40 रुपये का ब्याज मिलता है?

A. 90 रुपये  B. 180 रुपये
C. 36 रुपये  D. 45 रुपये

**Q.60** तीन पाइप A, B, और C एक टैंक को 6 घंटे में भर सकते हैं। 2 घंटे के लिए एक साथ काम करने के बाद, C बंद है और A और B शेष भाग को 7 घंटों में भर सकते हैं। अकेले टैंक को भरने के लिए C द्वारा घंटे लगते हैं

A. 10  B. 12  C. 14  D. 16

**Q.61** एक आदमी 27.50 रुपये में एक लेख खरीदता है और इसे 28.60 रुपये में बेचता है। उसका लाभ प्रतिशत ज्ञात कीजिए।

A. 1%  B. 2%  C. 3%  D. 4%

**Q.62** चक्रवृद्धि ब्याज के तहत धन की राशि 4 वर्षों में दोगुनी हो जाती है। कितने वर्षों में यह इसका 32 गुना हो जाएगा?

A. 16  B. 20  C. 24  D. 30

**Q.63** एक बॉक्स में, 8 लाल, 7 नीली, और 6 हरी गेंदें हैं। एक गेंद को यादृच्छिक ढंग से निकाला जाता है। क्या संभावना है कि यह न तो लाल है और न ही हरा है?

A. $\frac{1}{3}$  B. $\frac{3}{4}$  C. $\frac{7}{19}$  D. $\frac{8}{21}$

**Q.64** छह घंटियाँ एक साथ टोल देना शुरू करती हैं और क्रमशः 3,4,6,8,10 तथा 12 सेकंड के अंतराल पर टोल देती हैं। 30 मिनट में, कितनी बार वे एक साथ टोल देते हैं?

A. 4  B. 10  C. 15  D. 16

**Q.65** $\sqrt{2^n} = 64$, तो $n$ के बराबर है:

A. 2  B. 4  C. 6  D. 12

**Q.66** एक बेलनाकार स्तंभ का वक्र पृष्ठ क्षेत्रफल 264 मीटर$^2$ है और इसका आयतन 924 मीटर$^3$ है। इसका व्यास और ऊंचाई का अनुपात है:

A. 3:7  B. 7:3  C. 6:7  D. 7:6

**Q.67** दो रेलगाड़ियों की लंबाई क्रमशः 400 मीटर, 600 मीटर है, एक ही दिशा में चल रही है। तेज़ रेलगाड़ी धीमी रेलगाड़ी को 180 सेकंड में पार कर सकती है, धीमी रेलगाड़ी की गति 48 किमी/घंटा है। फिर तेज़ रेलगाड़ी की गति का ज्ञात करें।

A. 68 किमी/घंटा  B. 52 किमी/घंटा
C. 76 किमी/घंटा  D. 50 किमी/घंटा

**Q.68** सरलीकृत करें:

$$\left(\sqrt{5} - 1\right)^2 = ? - 2\sqrt{5}$$

A. 6  B. $6 + 2\sqrt{5}$
C. $6\sqrt{5}$  D. $6 - 2\sqrt{5}$

**Q.69** एक दशक में एक शहर की जनसंख्या 1,75,000 से बढ़कर 2,62,500 हो गई। प्रति वर्ष जनसंख्या की औसत प्रतिशत वृद्धि है:

A. 4.37%  B. 5%  C. 6%  D. 8.75%

**Q.70** एक मिश्र धातु में जस्ता, तांबा और टिन 2:3:1 के अनुपात में होता है और और एक अन्य में तांबा, टिन और सीसा 5:4:3 के अनुपात में होता है। यदि दोनों मिश्र धातुओं के बराबर वजन को एक साथ मिलाकर तीसरी धातु बनाते है तो नए मिश्र धातु में सीसा का वजन प्रति किलोग्राम होगा

A. $\frac{1}{2}$ किलो  B. $\frac{1}{8}$ किलो  C. $\frac{3}{14}$ किलो  D. $\frac{7}{9}$ किलो

## Science & Simple Arithmetic

**Q.71** $50N$ का एक बल एक निकाय पर कार्य करता है और निकाय को सीधे पथ पर 4 मीटर की दूरी तक ले जाता है। अगर बल क्षैतिज के साथ $60°$ के कोण पर कार्य करता है तो किए गए कार्य को ज्ञात करें।

A. $100J$  B. $300J$  C. $10J$  D. $200J$

**Q.72** एक अश्व शक्ति बराबर है:

A. 746 W  B. 748 W  C. 756 W  D. 736 W

**Q.73** हमारे आकाशगंगा मिल्की वे का आकार है:

A. गोलाकार  B. दीर्घ वृत्ताकार
C. सर्पिल  D. इनमें से कोई नहीं

**Q.74** ध्वनि स्रोत और श्रोता एक-दूसरे की तरफ बढ़ रहे हैं, श्रोता सुनेंगे:

A. उच्च आवृत्ति, उच्च तरंगदैर्ध्य
B. कम आवृत्ति, कम तरंगदैर्ध्य
C. उच्च आवृत्ति, कम तरंगदैर्ध्य
D. कम आवृत्ति, उच्च तरंगदैर्ध्य

**Q.75** आवर्त सारणी में कृत्रिम तत्वों की संख्या_______ है।

A. 26  B. 24  C. 22  D. 18

**Q.76** हमारे शरीर में सबसे सामान्य तत्व क्या हैं?

A. पोटैशियम, सल्फर, सोडियम
B. ऑक्सीजन, कार्बन, हाइड्रोजन
C. सल्फर, सोडियम, मैग्नीशियम
D. फॉस्फोरस, नाइट्रोजन, कैल्शियम

**Q.77** स्पष्ट प्रतिध्वनि सुनने के लिए, न्यूनतम दूरी होनी चाहिए:

A. 165 फीट  B. 165 मीटर
C. 16.5 फीट  D. 16.5 मीटर

**Q.78** अधिकांश तरल पदार्थ जो विद्युत का संचालन करते हैं, अम्ल, क्षार और निम्न में से कौन से हैं?

A. एल्युमीनियम  B. तांबा
C. लोहा  D. लवण

**Q.79** अम्ल और क्षार का परीक्षण करने के लिए किसका प्रयोग किया जाता है?

A. लिटमस पेपर  B. कोबाल्ट पेपर
C. अमोनिया पेपर  D. इनमें से कोई नहीं

**Q.80** अम्ल हमेशा _____ से बने पात्र में संग्रहीत किया जाता है।
A. मिट्टी
B. काँच
C. धातु
D. इनमें से कोई नहीं

**Q.81** टाइफाइड बुखार निम्नलिखित में से किसके कारण होता है?
A. एलर्जी
B. कवक
C. बैक्टीरिया
D. विषाणु

**Q.82** व्हाइट लेगॉर्न निम्नलिखित में से किसकी एक नस्ल है?
A. मुर्गी
B. हिमालयन लंगूर
C. हिमालयन हिरण
D. भारतीय बकरी

**Q.83** किस अंग में उंगली की तरह उभार होता है जिसे विली (सिंगुलर विलस) कहा जाता है?
A. मूत्राशय
B. पेट
C. छोटी आंत
D. बड़ी आंत

**Q.84** निम्नलिखित में से कौन एक संयोजी ऊतक नहीं है?
A. रक्त
B. त्वचा
C. उपास्थि
D. हड्डी

**Q.85** अम्ल वर्षा का परिणाम है:
A. $CO_2$ की अधिक मात्रा
B. $NH_3$ की अधिक मात्रा
C. $SO_2$ और $NO_2$ की अधिक मात्रा
D. कार्बन मोनोऑक्साइड की अधिक मात्रा

**Q.86** यदि $(P + Q) = 8$ और $P^2 + Q^2 = 34$, तो $P^3 + Q^3$ का मान होगा:
A. 72
B. 224
C. 152
D. 91

**Q.87** यदि $\sec(y) = \frac{13}{12}$, तो $\tan(3y)$ का मान ज्ञात करें।
A. $\frac{2039}{826}$
B. $\frac{2035}{826}$
C. $\frac{2035}{828}$
D. इनमें से कोई भी नहीं

**Q.88** यदि $3\sqrt{5} + \sqrt{125} = 17.88$, तो $\sqrt{80} + 6\sqrt{5}$ का मान क्या होगा?

[Territorial Army Officer, 2021]

A. 13.41
B. 20.46
C. 21.66
D. 22.35

**Q.89** यदि $3^{(x-y)} = 27$ और $3^{(x+y)} = 243$, तो $x$ बराबर है:

[HSSC Canal Patwari, 2021]

A. 0
B. 2
C. 4
D. 6

**Q.90** A के तीन-चौथाई के 150% का 28%, B के 14% के पांच-छठे के 80% से दो गुना अधिक है। यदि A और B के बीच का अंतर 60 है, तो उनका योग ज्ञात कीजिए।
A. 1140
B. 1020
C. 1080
D. 1160

**Q.91** एक आयत की लंबाई और चौड़ाई के बीच का अंतर 32 मी है। यदि इसका परिमाप 260 मी है, तो इसका क्षेत्रफल ज्ञात कीजिए।
A. 6390 मी $^2$
B. 3820 मी $^2$
C. 3969 मी $^2$
D. इनमें से कोई नहीं

**Q.92** माँ की उम्र 8 साल पहले उसके बेटे की उम्र का तीन गुना थी। 8 साल बाद, माँ की उम्र उसके बेटे से दोगुनी होगी। उनकी वर्तमान उम्र का अनुपात ज्ञात कीजिए।
A. 5 : 2
B. 7 : 3
C. 9 : 2
D. 7 : 4

**Q.93** 7000 रुपये की धनराशि कितने वर्षों में 4% प्रतिवर्ष की साधारण ब्याज की दर से 8680 रुपये हो जाएगी?
A. 3 वर्ष
B. 2 वर्ष
C. 5 वर्ष
D. 6 वर्ष

**Q.94** निम्नलिखित में से कौन सा सूक्ष्म जीव पोलियो और चिकनपॉक्स जैसी बीमारियों का कारण बनता है?
A. जीवाणु
B. प्रोटोजोआ
C. शैवाल
D. वायरस

**Q.95** A और B किसी कार्य को क्रमशः 12 दिन और 8 दिन में पूरा कर सकते हैं। उन्होंने एक साथ कार्य करना शुरू किया लेकिन 4 दिनों के बाद B ने कार्य छोड़ दिया। अब A अकेले ही शेष कार्य को पूरा करता है, तो कितने दिनों में कार्य पूरा हो जाएगा?
A. 4 दिन
B. 6 दिन
C. 3 दिन
D. 8 दिन

**Q.96** अंकित मूल्य पर क्रमशः 20% और 25% की दो क्रमिक छूट देने के बाद, एक वस्तु को 507 रुपये में बेचा जाता है। वस्तु का अंकित मूल्य क्या है?
A. रु. 845
B. रु. 1014
C. रु. 1267.5
D. रु. 920

**Ques (97-99): निर्देश:** निम्नलिखित जानकारी का ध्यानपूर्वक अध्ययन करें और प्रश्नों के उत्तर दें।

निम्नलिखित लाइन ग्राफ 1994 से 2000 तक सात वर्षों की अवधि में परीक्षा के लिए उपस्थित होने वाले उम्मीदवारों की कुल संख्या में से परीक्षा उत्तीर्ण करने वाले उम्मीदवारों की संख्या का प्रतिशत देता है।

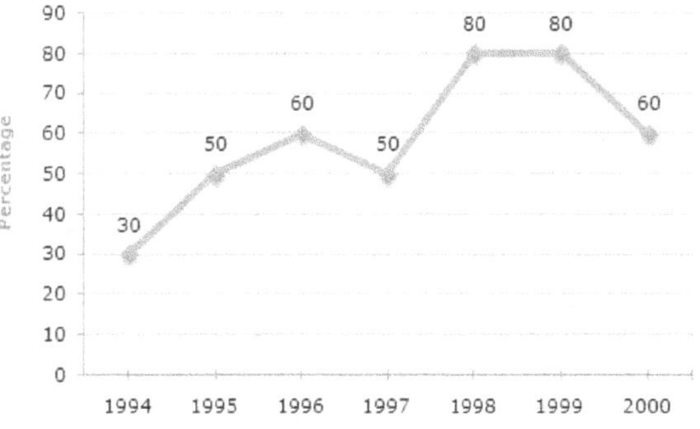


**Q.97** उपस्थित होने के लिए योग्य उम्मीदवारों के प्रतिशत के बीच का अंतर निम्नलिखित में से किस जोड़े के वर्षों में अधिकतम था?
A. 1994 और 1995
B. 1997 और 1998
C. 1998 और 1999
D. 1999 और 2000

**Q.98** किस जोड़ी वर्षों में योग्य उम्मीदवारों की संख्या समान थी?
A. 1995 और 1997
B. 1995 और 2000
C. 1998 और 1999
D. डेटा अपर्याप्त

**Q.99** यदि 1998 में योग्य उम्मीदवारों की संख्या 21200 थी, तो 1998 में उपस्थित होने वाले उम्मीदवारों की संख्या क्या थी?
A. 32000
B. 28500
C. 26500
D. 25000

**Q.100** 5 बॉक्स A, B, C, D और E का औसत वजन 64 किलोग्राम है। एक और बॉक्स P को समूह में शामिल किया जाता है और अब औसत 62 किलोग्राम हो जाता है। यदि एक अन्य बॉक्स Q जिसका वजन बॉक्स P की तुलना में 6 किलोग्राम अधिक है, को बॉक्स A से बदला जाता है, तो B, C, D, E, P और Q का औसत वजन 61 किलोग्राम हो जाता है। बॉक्स A का वजन ज्ञात कीजिये।
A. 72 किलोग्राम
B. 64 किलोग्राम
C. 40 किलोग्राम
D. 74 किलोग्राम

# // स्मार्ट उत्तर पुस्तिका //

**सही उत्तर** उन छात्रों के प्रतिशत को इंगित करता है जिन्होंने प्रश्नों का सही उत्तर दिया था।

**छोड़ दिया** उन छात्रों के प्रतिशत को इंगित करता है जिन्होंने प्रश्नों को छोड़ दिया था।

| प्रश्न संख्या | उत्तर | सही उत्तर / छोड़ दिया |
|---|---|---|
| 1 | B | 54.96 % / 1.86 % |
| 2 | D | 11.73 % / 4.95 % |
| 3 | A | 66.17 % / 1.08 % |
| 4 | D | 85.32 % / 0.0 % |
| 5 | A | 24.56 % / 3.47 % |
| 6 | C | 17.95 % / 3.39 % |
| 7 | B | 81.87 % / 0.0 % |
| 8 | A | 59.2 % / 1.62 % |
| 9 | A | 89.54 % / 0.0 % |
| 10 | D | 88.29 % / 0.0 % |
| 11 | A | 60.06 % / 1.43 % |
| 12 | D | 11.13 % / 4.92 % |
| 13 | A | 87.91 % / 0.0 % |
| 14 | D | 63.92 % / 1.85 % |
| 15 | A | 76.95 % / 0.0 % |
| 16 | | 50.5 % / 1.88 % |

| प्रश्न संख्या | उत्तर | सही उत्तर / छोड़ दिया |
|---|---|---|
| 17 | D | 44.91 % / 1.92 % |
| 18 | B | 40.65 % / 1.27 % |
| 19 | A | 83.46 % / 0.0 % |
| 20 | B | 17.04 % / 4.34 % |
| 21 | C | 56.19 % / 1.04 % |
| 22 | A | 78.27 % / 0.0 % |
| 23 | D | 58.16 % / 1.44 % |
| 24 | A | 88.26 % / 0.0 % |
| 25 | B | 20.68 % / 4.08 % |
| 26 | D | 49.52 % / 1.52 % |
| 27 | B | 65.21 % / 1.54 % |
| 28 | D | 83.79 % / 0.0 % |
| 29 | C | 45.36 % / 1.48 % |
| 30 | B | 44.98 % / 1.03 % |
| 31 | A | 46.31 % / 1.2 % |
| 32 | D | 49.65 % / 1.61 % |

| प्रश्न संख्या | उत्तर | सही उत्तर / छोड़ दिया |
|---|---|---|
| 33 | B | 77.54 % / 0.0 % |
| 34 | D | 86.72 % / 0.0 % |
| 35 | B | 82.92 % / 0.0 % |
| 36 | A | 87.35 % / 0.0 % |
| 37 | B | 30.25 % / 3.57 % |
| 38 | B | 30.39 % / 4.37 % |
| 39 | B | 62.25 % / 1.55 % |
| 40 | C | 40.47 % / 1.49 % |
| 41 | A | 84.81 % / 0.0 % |
| 42 | A | 47.65 % / 1.2 % |
| 43 | C | 88.16 % / 0.0 % |
| 44 | A | 49.19 % / 1.07 % |
| 45 | A | 41.73 % / 1.31 % |
| 46 | B | 51.78 % / 1.21 % |
| 47 | B | 81.68 % / 0.0 % |
| 48 | C | 44.99 % / 1.61 % |

| प्रश्न संख्या | उत्तर | सही उत्तर / छोड़ दिया |
|---|---|---|
| 49 | A | 41.82 % / 1.36 % |
| 50 | C | 62.46 % / 1.61 % |
| 51 | D | 77.81 % / 0.0 % |
| 52 | B | 89.92 % / 0.0 % |
| 53 | D | 77.6 % / 0.0 % |
| 54 | A | 78.92 % / 0.0 % |
| 55 | D | 46.68 % / 1.66 % |
| 56 | A | 62.49 % / 1.58 % |
| 57 | C | 61.97 % / 1.84 % |
| 58 | D | 81.59 % / 0.0 % |
| 59 | A | 52.32 % / 1.48 % |
| 60 | C | 81.74 % / 0.0 % |
| 61 | D | 64.48 % / 1.94 % |
| 62 | B | 55.63 % / 1.8 % |
| 63 | A | 45.75 % / 1.29 % |
| 64 | D | 87.01 % / 0.0 % |

| प्रश्न संख्या | उत्तर | सही उत्तर / छोड़ दिया |
|---|---|---|
| 65 | D | 41.97 % / 1.36 % |
| 66 | B | 80.38 % / 0.0 % |
| 67 | A | 80.69 % / 0.0 % |
| 68 | A | 79.26 % / 0.0 % |
| 69 | B | 82.53 % / 0.0 % |
| 70 | B | 19.87 % / 4.08 % |
| 71 | A | 69.83 % / 1.87 % |
| 72 | A | 83.02 % / 0.0 % |
| 73 | C | 50.98 % / 1.08 % |
| 74 | C | 54.93 % / 1.87 % |
| 75 | B | 46.99 % / 1.97 % |
| 76 | B | 13.09 % / 3.94 % |
| 77 | D | 81.59 % / 0.0 % |
| 78 | D | 55.4 % / 1.32 % |
| 79 | A | 80.01 % / 0.0 % |
| 80 | B | 59.67 % / 1.97 % |

| प्रश्न संख्या | उत्तर | सही उत्तर / छोड़ दिया |
|---|---|---|
| 81 | C | 63.69 % / 1.73 % |
| 82 | A | 28.39 % / 3.36 % |
| 83 | C | 52.02 % / 1.77 % |
| 84 | B | 15.76 % / 4.55 % |

| प्रश्न संख्या | उत्तर | सही उत्तर / छोड़ दिया |
|---|---|---|
| 85 | C | 85.65 % / 0.0 % |
| 86 | C | 59.49 % / 1.41 % |
| 87 | C | 20.72 % / 3.44 % |
| 88 | D | 81.7 % / 0.0 % |

| प्रश्न संख्या | उत्तर | सही उत्तर / छोड़ दिया |
|---|---|---|
| 89 | C | 64.78 % / 1.96 % |
| 90 | B | 26.11 % / 3.37 % |
| 91 | C | 86.28 % / 0.0 % |
| 92 | B | 81.98 % / 0.0 % |

| प्रश्न संख्या | उत्तर | सही उत्तर / छोड़ दिया |
|---|---|---|
| 93 | D | 52.61 % / 1.01 % |
| 94 | D | 49.03 % / 1.13 % |
| 95 | B | 86.32 % / 0.0 % |
| 96 | A | 68.52 % / 1.49 % |

| प्रश्न संख्या | उत्तर | सही उत्तर / छोड़ दिया |
|---|---|---|
| 97 | B | 51.57 % / 1.85 % |
| 98 | D | 22.44 % / 3.76 % |
| 99 | C | 50.35 % / 1.5 % |
| 100 | B | 30.76 % / 3.92 % |

| कार्य विश्लेषण | |
|---|---|
| औसत अंक ( % ) | 30.0% |
| टॉपर्स स्कोर ( % ) | 56.0% |
| आपका स्कोर | |

# //संकेत और समाधान//

**1.** दिए गए कथनों में से केवल कथन 2 सही हैं।

यह न्यूज ब्रॉडकास्टर्स एंड डिजिटल एसोसिएशन (एनबीडीए) द्वारा स्थापित एक स्वतंत्र निकाय है। यह निजी टेलीविजन समाचार, समसामयिक मामलों और डिजिटल प्रसारकों के प्रतिनिधि के रूप में कार्य करता है।

कथन 1 गलत है।

प्राधिकरण स्वयं कार्यवाही शुरू कर सकता है और नोटिस जारी कर सकता है या किसी भी मामले के संबंध में कार्रवाई कर सकता है जो उसके नियमों के अंतर्गत आता है। यह सूचना और प्रसारण मंत्रालय या किसी अन्य सरकारी निकाय या किसी अन्य व्यक्ति द्वारा अपनी वेबसाइट के माध्यम से प्राधिकरण को भेजी गई शिकायतों के माध्यम से भी हो सकता है।

कथन 2 सही है।

अतः विकल्प (B) सही है।

**2.** उस्ताद अली अहमद हुसैन खान, जिनका हाल ही में निधन हो गया था, एक प्रसिद्ध शहनाई वादक थे।

प्रसिद्ध शहनाई प्रतिपादक उस्ताद अली अहमद हुसैन खान (77) का 16 मार्च 2016 को पश्चिम बंगाल के कोलकाता में निधन हो गया। वह अपनी अभिनव शैली और शास्त्रीय की महारत, अर्ध-शास्त्रीय और लोक संगीत प्रदर्शनों के लिए जाने जाते थे।

अतः विकल्प (D) सही है।

**3.** एक्सिस बैंक ने जुलाई 2022 में रक्षा कर्मियों के वेतन खातों के प्रबंधन के लिए भारतीय वायु सेना (आइएफ) के साथ एक समझौता ज्ञापन पर हस्ताक्षर किए हैं।

इन वेतन खातों में 56 लाख रुपये तक के व्यक्तिगत दुर्घटना कवर और अन्य लोगों के बीच 1 करोड़ रुपये के हवाई दुर्घटना कवर जैसे लाभ होंगे। बैंक अपनी 'पावर सैल्यूट' पहल के तहत 'रक्षा सेवा वेतन पैकेज' की पेशकश करेगा।

एक्सिस बैंक लिमिटेड:

सीईओ: अमिताभ चौधरी

मुख्यालय: मुंबई

स्थापित: 1993, अहमदाबाद

अतः विकल्प (A) सही है।

**4.** झारखंड के पूर्व राज्यपाल और राष्ट्रीय जनतांत्रिक गठबंधन की उम्मीदवार द्रौपदी मुर्मू को 21 जुलाई 2022 को भारत के 15वें राष्ट्रपति के रूप में चुना गया है।

वह इस पद के लिए चुनी जाने वाली पहली आदिवासी महिला हैं और सबसे कम उम्र की भी हैं।

उन्होंने निर्वाचक मंडल के वोटों का 64.03% जीतकर विपक्षी उम्मीदवार यशवंत सिन्हा को हराया।

अतः विकल्प (D) सही है।

**5.** नेल्सन मंडेला को 1990 में भारत रत्न से सम्मानित किया गया था। दक्षिण अफ्रीका के पूर्व राष्ट्रपति नेल्सन मंडेला को रंगभेद विरोधी आंदोलन में उनकी भूमिका के लिए 1990 में भारत के सर्वोच्च नागरिक सम्मान, भारत रत्न से सम्मानित किया गया था। पाकिस्तान के नागरिक खान अब्दुल गफ्फार खान के अलावा, वह एकमात्र गैर-भारतीय हैं जिन्हें यह पुरस्कार मिला है।

अतः विकल्प (A) सही है।

**6.** शब्द "लॉकडाउन" को वर्ष 2020 के कोलिन्स डिक्शनरी शब्द के रूप में चुना गया है। यह शब्द कोविड-19 के प्रसार के दौरान शब्द के उपयोग में अचानक वृद्धि के लिए चुना गया है।

लेक्सिकोग्राफर्स ने कहा है कि उन्होंने इस शब्द को चुना है क्योंकि यह दुनिया भर में आबादी के अनुभव का पर्याय बन गया है जो कि सरकार कोरोनोवायरस महामारी को रोकने के लिए देखती है।

अतः विकल्प (C) सही है।

**7.** कोणार्क का सूर्य मंदिर हिंदू सूर्य-देवता को समर्पित है, और, 12 पहियों के साथ एक विशाल पत्थर के रथ के रूप में कल्पना की गई थी, यह 1250 ईसवी में पूर्वी नरेश गंगा वंश (8 वीं शताब्दी ईसवी- 15 वीं शताब्दी ईसवी) के राजा नरसिम्हदेव (नरसिम्हा) प्रथम (आर. 1238-1264 ईसवी) द्वारा बनाया गया था। वर्तमान स्थिति में मंदिर को यूनेस्को ने 1984 में विश्व विरासत स्थल घोषित किया था।

अतः विकल्प (B) सही है।

**8.** दुनिया भर में आपदाओं से प्रभावित लोगों की संख्या को कम करने के उद्देश्य से पाकिस्तान समेत दुनिया भर में विश्व सुनामी जागरूकता दिवस 5 नवंबर को मनाया जाता है।

विश्व सुनामी जागरूकता दिवस राष्ट्रीय और सामुदायिक स्तर, स्थानीय आपदा जोखिम न्यूनीकरण रणनीतियों के विकास को प्रोत्साहित करता है ताकि आपदाओं के खिलाफ अधिक लोगों की जान बचाई जा सके। इस वर्ष का पालन "सेंडाई सेवन अभियान," लक्ष्य (e) को बढ़ावा देता है।

अतः विकल्प (A) सही है।

**9.** पेट्रोलियम और प्राकृतिक गैस मंत्रालय हर वर्ष 10 अगस्त को विश्व जैव ईंधन दिवस (अंतर्राष्ट्रीय बायोडीज़ल दिवस) मनाता है। मंत्रालय ने इस अवसर पर वेबिनार का आयोजन "आत्मनिर्भर भारत की ओर जैव ईंधन" विषय के साथ किया।

अतः विकल्प (A) सही है।

**10.** भारत में ओडिशा राज्य की राजधानी भुवनेश्वर को कैथेड्रल सिटी ऑफ़ इंडिया और टेम्पल सिटी ऑफ़ इंडिया कहा जाता है। पुरी और कोणार्क के साथ यह स्वर्ण त्रिभुज बनाता है, जो पूर्वी भारत के सबसे अधिक दर्शनीय स्थलों में से एक है।

अतः विकल्प (D) सही है।

**11.** ओजोन परत के संरक्षण के लिए "विश्व ओजोन दिवस" या अंतर्राष्ट्रीय दिवस 16 सितंबर को प्रतिवर्ष मनाया जाता है। यह दिन ओजोन परत को क्षीण करने वाले पदार्थों पर मॉन्ट्रियल प्रोटोकॉल पर हस्ताक्षर करने के बारे में याद दिलाता है।

अतः विकल्प (A) सही है।

**12.** साक्षरता पुरस्कार में पांच पुरस्कार होते हैं।

वे इंटरनेशनल रीडिंग एसोसिएशन साक्षरता पुरस्कार, नोमा साक्षरता पुरस्कार, यूनेस्को किंग सेजोंग साक्षरता पुरस्कार, मैल्कम आदिशेशिया अंतर्राष्ट्रीय साक्षरता पुरस्कार और साक्षरता के लिए यूनेस्को कन्फ्यूशियस पुरस्कार हैं।

अतः विकल्प (D) सही है।

**13.** शोवाना नारायण एक प्रसिद्ध और मान्यता प्राप्त भारतीय कथक (शास्त्रीय नृत्य) नृत्यांगना हैं। उनका समानांतर, कथक कलाकार और भारतीय लेखा परीक्षा और लेखा सेवा के रूप में, दोहरा करियर रहा।

अतः विकल्प (A) सही है।

**14.** घूमर राजस्थान का एक पारंपरिक लोक नृत्य है।

यह भील जनजाति थी जिसने देवी सरस्वती की पूजा करने के लिए इसे किया था, जिसे बाद में अन्य राजस्थानी लोगों ने अपनाया।

अतः विकल्प (D) सही है।

**15.** सरकारिया आयोग की स्थापना 1983 में विभिन्न पोर्टफ़ोलियो पर केंद्र-राज्य संबंधों की जांच के लिए भारत की केंद्र सरकार द्वारा की गई थी। न्यायमूर्ति रंजीत सिंह सरकारिया (आयोग के अध्यक्ष), भारत के सर्वोच्च न्यायालय के एक सेवानिवृत्त न्यायाधीश थे।
अतः विकल्प (A) सही है।

**16.** विराट कोहली को राजीव गाँधी खेल रत्न पुरस्कार नहीं मिला है। 1991-1992 में स्थापित यह पुरस्कार पहले किसी खिलाड़ी को एक वर्ष में शानदार प्रदर्शन के लिए दिया जाता था।

अतः विकल्प (D) सही है।

**17.** यूक्रेन ने संयुक्त राज्य अमेरिका और अन्य नाटो देशों के साथ संयुक्त सैन्य अभ्यास शुरू किया क्योंकि रूस के साथ तनाव देश के पूर्व में क्रेमलिन समर्थित विद्रोह पर अधिक है।

अतः विकल्प (D) सही है।

**18.** भाखड़ा नांगल बांध सतलुज नदी के ऊपर एक ठोस गुरुत्वाकर्षण बांध है और उत्तरी भारत में पंजाब और हिमाचल प्रदेश की सीमा के पास है। बांध, हिमाचल प्रदेश के बिलासपुर जिले में नदी के ऊपर भाखड़ा गाँव के पास स्थित है।
अतः विकल्प (B) सही है।

**19.** "अगरतला (त्रिपुरा की राजधानी)", "आइजवाल (मिजोरम की राजधानी)" और "रांची (झारखंड की राजधानी)" सभी राजधानी "कर्क रेखा" के पास स्थित हैं। "भोपाल (मध्य प्रदेश की राजधानी)" और "गांधीनगर (गुजरात की राजधानी)" भी "कर्क रेखा" के काफी करीब स्थित हैं।
अतः विकल्प (A) सही है।

**20.** 2 दिसंबर, 1984 की रात को, यूनियन कार्बाइड इंडिया लिमिटेड (UCIL) के कीटनाशक कारखाने से निकलने वाले रसायन ,मिथाइल आइसोसाइनेट (MIC) ने भोपाल शहर को एक विशाल गैस कक्ष में बदल दिया। यह भारत की पहली बड़ी औद्योगिक आपदा थी। कम से कम 30 टन मिथाइल आइसोसाइनेट गैस ने 15,000 से अधिक लोगों को मार डाला और 600,000 से अधिक लोगो को प्रभावित किया। भोपाल गैस त्रासदी को दुनिया की सबसे खराब औद्योगिक आपदा के रूप में जाना जाता है।
अतः विकल्प (B) सही है।

**21.** मुरलेन राष्ट्रीय उद्यान मिज़ोरम में म्यांमार सीमा के पास चिनहाई जिले के पास चिन पहाड़ियों में स्थित है। इसे 1991 में राष्ट्रीय उद्यान घोषित किया गया था। मिजोरम पूर्वोत्तर भारत के राज्यों में से एक है। राज्य की राजधानी आइजोल है। यह नाम एमआई (लोगों), ज़ो (ऊंची जगह, जैसे कि एक पहाड़ी), और राम (भूमि) से लिया गया है, और इस प्रकार मिजोरम का अर्थ है "पहाड़ी लोगों की भूमि"।

अतः विकल्प (C) सही है।

**22.** भारत में हरित क्रांति के जनक और प्रसिद्ध कृषि वैज्ञानिक एम. एस. स्वामीनाथन ने 'हरित क्रांति' का आह्वान किया है, जिसका तात्पर्य है कि पारिस्थितिक और सामाजिक नुकसान के बिना उत्पादकता में सुधार।
अतः विकल्प (A) सही है।

**23.** संयुक्त राष्ट्र संघ के मुख्य अंग महासभा, सुरक्षा परिषद, आर्थिक और सामाजिक परिषद, न्यासधारिता परिषद, अंतर्राष्ट्रीय न्यायालय और संयुक्त राष्ट्र संघ सचिवालय हैं। सभी संयुक्त राष्ट्र संघ की स्थापना के समय 1945 में स्थापित हुए थे।
अतः विकल्प (D) सही है।

**24.** भारत की 2011 की जनगणना के अनुसार, 4,618,068 की कुल आबादी के साथ भील सबसे अधिक आबादी वाली जनजाति है, जिसमें कुल एसटी आबादी का 37.7 प्रतिशत। गोंड दूसरी सबसे बड़ी जनजाति है, जिसकी आबादी 4,357,918 है, जिसकी संख्या 35.6 प्रतिशत है।

अतः विकल्प (A) सही है।

**25.** भारत के संविधान की सातवीं अनुसूची केंद्र और राज्यों के बीच शक्तियों और कार्यों के आवंटन को परिभाषित और निर्दिष्ट करती है। इसमें तीन सूचियाँ शामिल हैं; संघ सूची, राज्य सूची और समवर्ती सूची।

अतः विकल्प (B) सही है।

**26.**

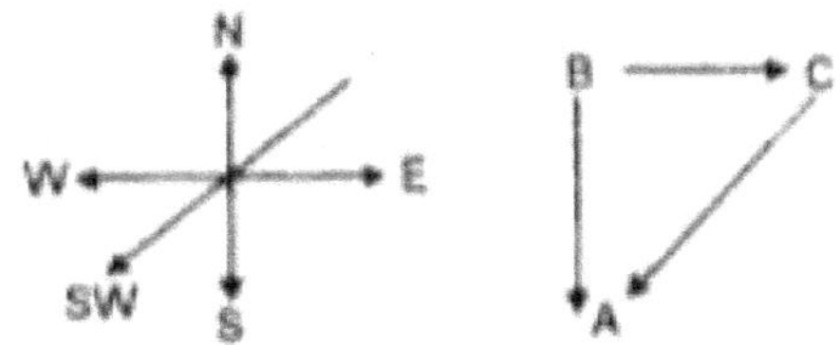


स्पष्ट रूप से A की दिशा की तुलना C से करना दूसरे आरेख के साथ है, पहले आरेख में, A, C का दक्षिण-पश्चिम होगा।

अतः विकल्प (D) सही है।

**27.**

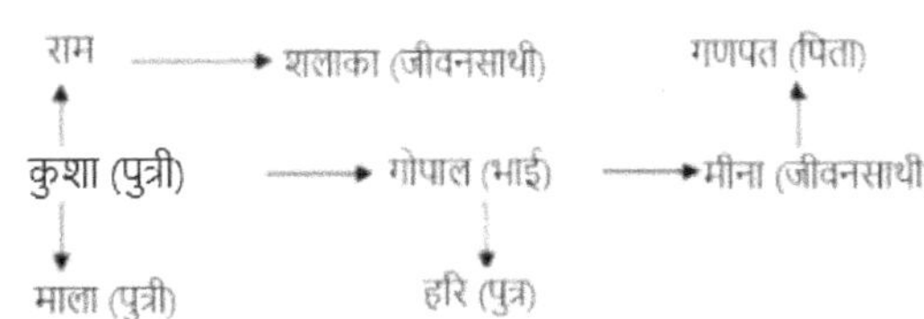


'माला' 'कुशा' की पुत्री है और 'राम' 'कुशा' के पिता हैं। तो, 'माला' 'राम' की नातिन है।

अतः विकल्प (B) सही है।

**28.** सही क्रम है:

3. अपराध

1. पुलिस

4. जज

5. निर्णय

2. सजा

अतः विकल्प (D) सही है।

**29.** चिन्ह लगाने के बाद,

8 × 10 – 54 ÷ 3

= 8 × 10 – 18

= 80 – 18

= 62

अतः विकल्प (C) सही है।

**30.** हीरा अपने वढ़ तीन आयामी संरचना के कारण बहुत कठोर है और इसलिए, इसका उपयोग कांच काटने के लिए किया जाता है। हीरे का अपवर्तक सूचकांक अधिक होता है और यह अधिक पारदर्शिता और चमक प्रदान करता है।

अतः विकल्प (B) सही है।

**31.** दिए गए पुनर्व्यवस्था के बाद शब्द और नया शब्द दिया गया:

| I | N | T | R | O | S | P | E | C | T | I | O | N |
|---|---|---|---|---|---|---|---|---|---|---|---|---|
| E | I | I | O | O | C | N | N | P | R | S | T | T |

इस प्रकार, केवल एक अक्षर का स्थान यानी "O" अपरिवर्तित रहता है।
अतः विकल्प (A) सही है।

**32.** दिया गया: FRACTION को FNAITCOR के रूप में लिखा गया है

इसके बाद का पैटर्न यह है कि अक्षर विषम स्थिति (बाईं ओर से) समान स्थिति में हैं, लेकिन स्थिति में भी अक्षर उल्टे क्रम में लिखे गए हैं।

विषम स्थिति में अक्षर = FATO: FATO

समान पद पर अक्षर = RCIN: NICR

इसी तरह, QUANTITATIVE के लिए,

विषम स्थिति में अक्षर = QATTTV: QATTTV

समान पद पर अक्षर = UNIAIE: EIAINU

इस प्रकार, दोनों पदों पर अक्षर विलय के बाद अंतिम उत्तर: QEAITATITNVU

अतः विकल्प (D) सही है।

**33.** पैटर्न पहले अंक से 3 गुणा करके दूसरा अंक देता है

5×3=15 जो 5:15 देता है

24×3=72 और दिया गया विकल्प 24:70 है

33×3=99 जो 33:99 देता है

121×3=363 जो 121: 363 देता है

अतः विकल्प (B) सही है।

**34.** दोनों बातों से, यह निष्कर्ष निकाला जा सकता है कि,

वाराणसी 20 किमी से अधिक लेकिन 22 किमी से कम दूरी पर है। यानी यह 21 किमी दूर है।

अतः विकल्प (D) सही है।

**35.**

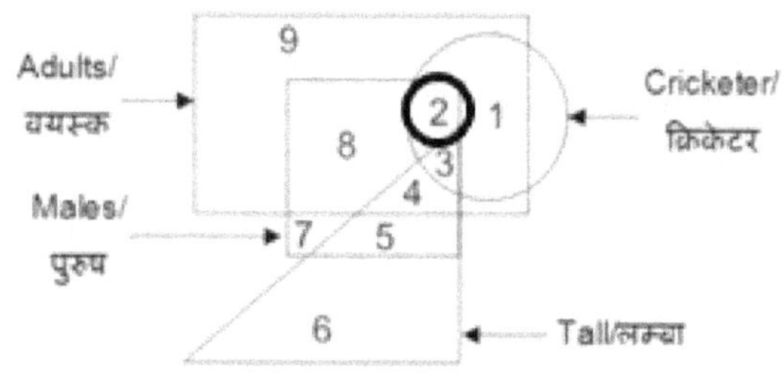


वह संख्या जो उन पुरूष क्रिकेटरों का प्रतिनिधित्व करती है जो वयस्क हैं लेकिन लंबे नहीं हैं, वह 2 है।
अतः विकल्प (B) सही है।

**36.**

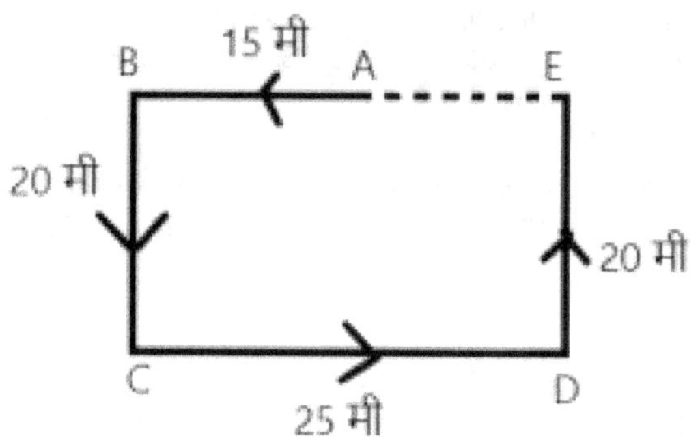


प्रसन्ना की गति को चित्र में दिखाया गया है।

इसलिए, प्रसन्ना की उसके घर से A तक की दूरी

$$= AE = (BE - BA)$$

$$= (CD - BA)$$

$$= (25 - 15) \text{ मी}$$

$$= 10 \text{ मी}$$

अतः विकल्प (A) सही है।

**37.** अन्य सभी जोड़ियों में, दूसरी संख्या पहले की तुलना में 9 अधिक है।

⇒ 34+9=43

⇒ 62+9=71

⇒ 83+9=92

⇒ 55+9=64

अतः विकल्प (B) सही है।

**38.** शब्द का उल्टा और प्रत्येक अक्षर को +1 कर दें। CHILDREN का उल्टा NERDLIHC है।

प्रत्येक अक्षर में 1 जोड़ें। इसलिए, CHILDREN का कोड OFSEMJID हो जाता है।

अतः विकल्प (B) सही है।

**39.** लाल रक्त कोशिकाओं में हीमोग्लोबिन होता है जो एक लौह समृद्ध प्रोटीन होता है, जब रक्त फेफड़ों के माध्यम से गुजरता है, तो ये लौह परमाणु शीर्ष ऑक्सीजन अणुओं को बांधते हैं और इस प्रकार हीमोग्लोबिन चमकदार लाल हो जाता है।
अतः विकल्प (B) सही है।

**40.** नरम जल आसानी से साबुन के साथ झाग बनाता है क्योंकि इसमें शायद ही कभी कैल्शियम या मैग्नीशियम लवण होता है। कठोर जल में खनिज आमतौर पर कैल्शियम या मैग्नीशियम होता है।
अतः विकल्प (C) सही है।

**41.**

748596

9658₹1

अतः विकल्प (A) सही है।

**42.**

अतः विकल्प (A) सही है।

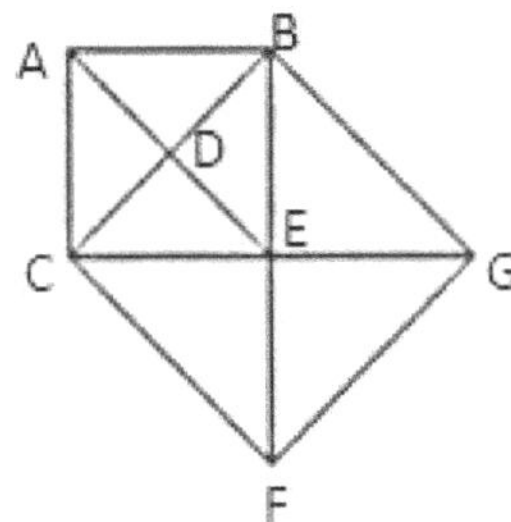

**43.**

त्रिभुज हैं: ACD, ABD, ABC, DCE, DBE, BEC, ACE, ABE, CEF, BEG, FEG, BGF, CFG, BCF, BCG

15 त्रिभुज

अतः विकल्प (C) सही है।

**44.** दसवें से दाएं के चौथे का अर्थ है दाएं से 10 - 4 = 6 वाँ, अर्थात 5, लेकिन प्रश्न के अनुसार, प्रत्येक को संख्याओं में से घटाया जाता है, अर्थात 4।

अतः विकल्प (A) सही है।

**45.** अनुक्रम है:

2. Modal

3. Mode

1. Modicum

4. Modifier

अतः विकल्प (A) सही है।

**46.** पैटर्न है

$$\frac{46080}{12} = 3840$$

$$\frac{3840}{10} = 384$$

$$\frac{384}{8} = 48$$

$$\frac{48}{6} = 8$$

$$\frac{8}{4} = 2$$

$$\frac{2}{2} = 1$$

अतः विकल्प (B) सही है।

**47.** जब प्रश्न आकृति के विभिन्न भागों को एक साथ जोड़ दिया जाता है, तो गठित सही आकृति विकल्प (B) द्वारा दिखाई जाती है।

अतः विकल्प (B) सही है।

**48.** दी गई आकृति का ध्यानपूर्वक अवलोकन करने पर, विकल्प A संभव नहीं हो सकता है क्योंकि 5 और 2 एक-दूसरे के विपरीत हैं जो कि संभव नहीं है। विकल्प B संभव नहीं हो सकता है क्योंकि 3 और 1 एक-दूसरे के विपरीत हैं जो संभव नहीं है। विकल्प D संभव नहीं हो सकता है क्योंकि 5 और 2 एक-दूसरे के विपरीत हैं जो कि संभव नहीं है। स्पष्ट है कि, विकल्प C संभव है। 4, 5 के, 1, 2 के और 3, 6 के विपरीत होगा।
अतः विकल्प (C) सही है।

**49.** सही क्रम है

| गाँव | शहर | जिला | राज्य | राष्ट्र |
|---|---|---|---|---|
| 2 | 3 | 4 | 5 | 1 |

अतः विकल्प (A) सही है।

**50.** दी गई आकृति के निरिक्षण के बाद, चूँकि, MN एक दर्पण रेखा हैं, तो परावर्तन के बाद प्रश्न आकृति का दायाँ भाग परावर्तित आकृति के बाएं पक्ष में दिखाई देना चाहिए, इसी प्रकार, प्रश्न आकृति का बायाँ भाग परावर्तित आकृति के दाएं भाग में दिखाई देना चाहिए।

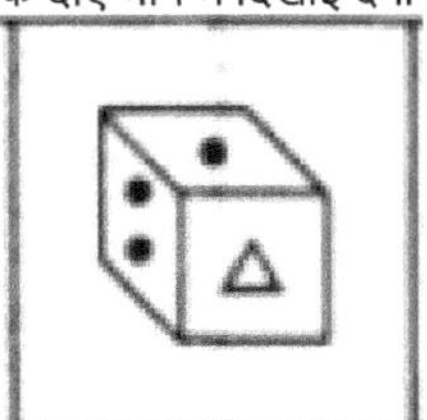

अतः विकल्प (C) सही है।

**51.**

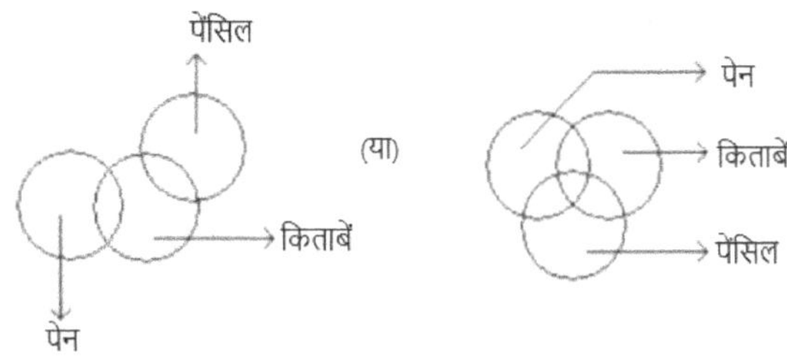


इन चार निष्कर्षों में से कोई भी अनुसरण नहीं करता है।
अतः विकल्प (D) सही है।

**52.** प्रत्येक पूर्ववर्ती संख्या को 2 से गुणा किया जाता है।

8 × 2 = 16

16 × 2 = 32

32 × 2 = 64

64 × 2 = 128

256 × 2 = 512

512 × 2 = 1024

तो, लुप्त संख्या 512 है।

अतः विकल्प (B) सही है।

**53.** 7 × 5 = 35

7 × 6 = 42

7 × 9 = 63

96 को छोड़कर सभी तीन 7 के गुणज हैं।

अतः विकल्प (D) सही है।

**54.** आकृति को दिखाए अनुसार लेबल किया जा सकता है।

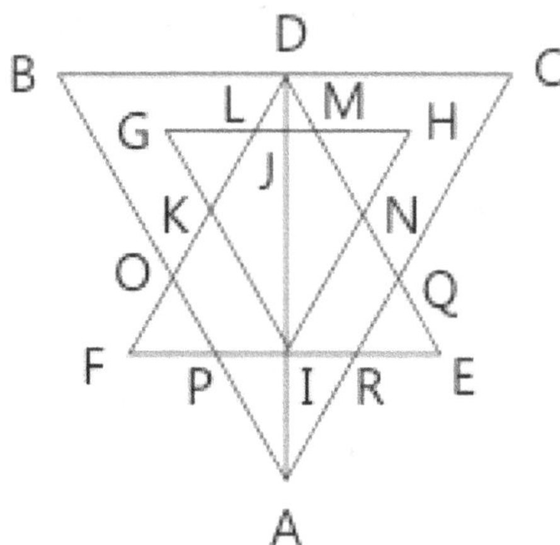

सबसे सरल त्रिभुज GLK, DLJ, DJM, HMN, QRE, IRA, IPA, और FPO अर्थात संख्या में 8 हैं।

प्रत्येक दो घटक वाले त्रिभुज BDO, CDQ, DLM, PRA, KFI, NEI, HJI, GJI, DKI, और DNI अर्थात संख्या में 10 हैं।

प्रत्येक चार घटक वाले त्रिभुज DIE, DFI, DOA, DQA, और GHI अर्थात संख्या में 5 हैं।

प्रत्येक छह घटक वाले त्रिभुज DCA और DBA अर्थात संख्या में 2 हैं।

DEF, 8 घटकों वाला एकमात्र त्रिभुज है।

ABC एकमात्र त्रिभुज है जिसमें 12 घटक होते हैं।

इस प्रकार, आकृति में 8 + 10 + 5 + 2 + 1 + 1 = 27 त्रिभुज हैं।

अतः विकल्प (A) सही है।

**55.** आकृति 1 में शीर्ष-बाएं कोने में एक रेखा खींची गई है। एक वर्ग खींचा जाता है; वर्ग के अंदर, एक वृत्त खींचा गया है। वृत्त के भीतर, एक त्रिभुज जिसमें दो लाइनें होती हैं और एक प्रतीक 'वृत्त' रखा जाता है।

आकृति 2 में शीर्ष-दाएं कोने में एक और रेखा खींची गई है। एक वर्ग खींचा जाता है वर्ग के अंदर एक वृत्त खींचा जाता है। वृत्त के भीतर, तीन लाइनों वाला एक त्रिभुज खींचा जाता है और एक नया प्रतीक 'स्टार' रखा जाता है।

आकृति 3 में नीचे-दाएं कोने में एक और रेखा खींची गई है। एक वर्ग खींचा जाता है; वर्ग के अंदर, एक वृत्त खींचा गया है। वृत्त के भीतर, चार लाइनों वाला एक त्रिभुज खींचा जाता है और एक नया प्रतीक 'हैश' रखा जाता है।

आकृति 4 में नीचे-बाएं कोने में एक और रेखा खींची गई है। एक वर्ग खींचा जाता है; वर्ग के अंदर, एक वृत्त खींचा गया है। वृत्त के भीतर, पांच लाइनों वाला एक त्रिभुज खींचा जाता है और एक नया प्रतीक 'स्पाइरल' रखा जाता है।

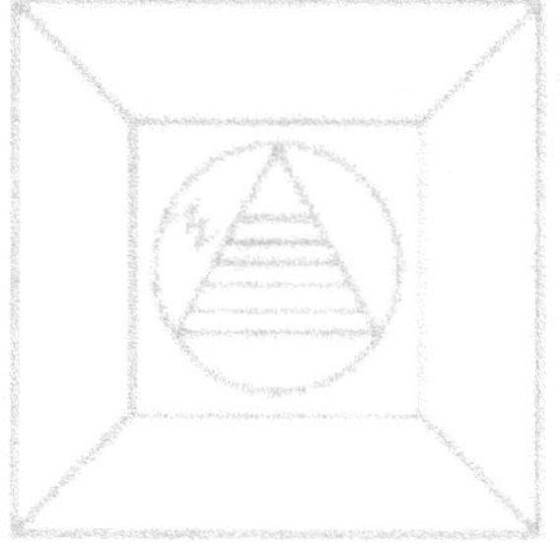

अतः विकल्प (D) सही है।

**56.**

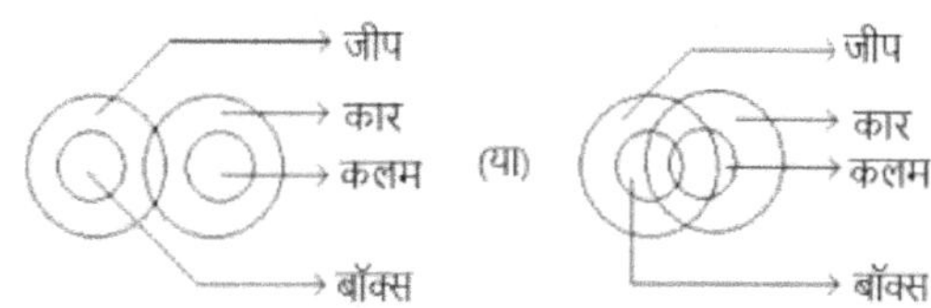


तीनों में से कोई नहीं।

अतः विकल्प (A) सही है।

**57.** दी गई आकृति का अवलोकन करने के बाद, पहले कॉलम में –
(2 + 9) = 11
(2 × 9) = 18 दूसरे कॉलम में –
(15 + 12) = 27
(15 × 12) = 180 उसी प्रकार, तीसरे कॉलम में –
(? + 16) = 34
? = 34 − 16 = 18
(? × 16) = 288
? = 288 ÷ 16 = 18
अतः विकल्प (C) सही है।

**58.** आयुर्वेद को छोड़कर सभी पवित्र ग्रंथों, वेदों के नाम हैं। आयुर्वेद चिकित्सा की एक शाखा है।

अतः विकल्प (D) सही है।

**59.** 4 वर्ष में 1 रुपये पर ब्याज $= 0.4$ रुपये

$\therefore$ 4 वर्ष में 100 रुपये पर ब्याज $= 40$ रुपये

$\therefore$ 1 वर्ष में 100 रुपये पर ब्याज $= 10$ रुपये

ब्याज $= \{$मूलधन $\times$ समय $\times$ दर$\}/100$

$$= \frac{450 \times 2 \times 10}{100}$$

$$= 90 \text{ रुपये}$$

अतः विकल्प (A) सही है।

**60.** दिया है,

$$2 \text{ घंटे में भरा भाग } = \frac{2}{6} = \frac{1}{3}$$

$$\text{शेष भाग } = \left(1 - \frac{1}{3}\right) = \frac{2}{3}$$

$$\therefore (A+B) \text{ का } 7 \text{ घंटे का काम } = \frac{2}{3}$$

(A+B) का 1 घंटे का काम $= \frac{2}{21}$

∴ C का 1 घंटे का काम $=$ {(A+B+C) का 1 घंटे का काम} $-$ {(A+B) का 1 घंटे का काम}

$= \left(\frac{1}{6} - \frac{2}{21}\right) = \frac{1}{14}$

∴ C अकेले टैंक को 14 घंटे में भर सकता है।

अतः विकल्प (C) सही है।

**61.** हमारे पास क्रय मूल्य 27.50 रुपये है।

विक्रय मूल्य $= 28.60$ रुपये

लाभ $= 28.60 - 27.50 = 1.10$ रुपये

लाभ % $=$ ({लाभ/ लागत} $\times 100$)%

$= \left(\frac{1.10}{27.50} \times 100\right) \% = 4\%$

अतः विकल्प (D) सही है।

**62.** माना धन P है। हमें 32 P की आवश्यकता है।

4 वर्षों में P, 2P हो जाता है।

4 वर्षों में 2P, 4P हो जाता है।

4 वर्षों में 4P, 8P हो जाता है।

4 वर्षों में 8P, 16P हो जाता है।

4 वर्षों में 16P, 32P हो जाता है।

तो, 20 वर्षों में P, 32P हो जाता है।

अतः विकल्प (B) सही है।

**63.** गेंदों की कुल संख्या $= (8 + 7 + 6) = 21$

माना E $=$ निकाली गई गेंद न तो लाल है और न ही हरी $=$ निकाली गई गेंद नीली है

∴ $n(E) = 7$

∴ $P(E) = \frac{n(E)}{n(S)}$

$= \frac{7}{21}$

$= \frac{1}{3}$

अतः विकल्प (A) सही है।

**64.** $3, 4, 6, 8, 10, 12$ का LCM $120$ है।

तो, घंटियाँ हर 120 सेकंड (2 मिनट) के बाद एक साथ टोल देंगी।

30 मिनट में वे एक साथ टोल देंगी $= \frac{30}{2} + 1 = 16$ समय एक साथ टोल देंगी।

अतः विकल्प (D) सही है।

**65.** दिया है,

$\sqrt{2^n} = 64$

$\Rightarrow 2^n = 64^2$

$\Rightarrow 2^n = (2^6)^2$

$\Rightarrow 2^n = 2^{12}$

$\Rightarrow n = 12$

अतः विकल्प (D) सही है।

**66.** दिया है:

बेलनाकार स्तंभ का वक्र पृष्ठ क्षेत्रफल $= 264$ मीटर$^2$

$2\pi r h = 264$

$\Rightarrow 2 \times \frac{22}{7} rh = 264$

$\Rightarrow rh = 42$ मीटर

बेलनाकार स्तंभ का आयतन $= 924$ मीटर$^3$

$\pi r^2 h = 924$

$\Rightarrow \frac{22}{7} \times r \times rh = 924$

$\Rightarrow \frac{22 \times r \times 42}{7} = 924$

$\Rightarrow r = 7$ मीटर

और,

$7 \times h = 42$

$\Rightarrow h = 6$ मीटर

व्यास : ऊंचाई $= 14 : 6$

$= 7 : 3$

अतः विकल्प (B) सही है।

**67.** माना कि तेज रेलगाड़ी की गति '$X$' किमी/घंटा है,

फिर उनकी सापेक्ष गति $= X - 48$ किमी/घंटा

तेज रेलगाड़ी से धीमी रेलगाड़ी को पार करने के लिए,

दूरी को कवर करने की आवश्यकता है $= (400 + 600)$ मीटर $= 1$ किमी और

समय की आवश्यकता $= 180$ सेकंड $= \frac{180}{3600}$ घंटा $= \frac{1}{20}$ घंटा

समय $=$ दूरी/गति

$\Rightarrow \frac{1}{20} = \frac{1}{x - 48}$

$\Rightarrow X = 68$ किमी/घंटा

अतः विकल्प (A) सही है।

**68.** दिया है,

$$\left(\sqrt{5}-1\right)^{2} =? -2\sqrt{5}$$

$(a-b)^2 = a^2 + b^2 - 2ab$ लागू करने से

$$\Rightarrow \left(\sqrt{5}\right)^{2} + (1)^{2} - 2\sqrt{5} =? -2\sqrt{5}$$

$$\Rightarrow \left(\sqrt{5}\right)^{2} + (1)^{2} =? -2\sqrt{5} + 2\sqrt{5}$$

$$\Rightarrow 5 + 1 = 6$$

अतः विकल्प (A) सही है।

**69.** दिया है,

10 वर्षों में बढ़ी हुई जनसंख्या $= (262500 - 175000) = 87500$

वृद्धि $\% = \left(\frac{87500}{175000} \times 100\right)\% = 50\%$

अभीष्ट औसत $= \left(\frac{50}{10}\right)\% = 5\%$

अतः विकल्प (B) सही है।

**70.** दिया है,

जस्ता, तांबा और टिन का अनुपात निम्नानुसार है,

$$Z:C:T = 2:3:1$$

अब, पहले मिश्र धातु को 12 किलो ( 4 किलो जिंक, 6 किलो कॉपर और 2 किलो लेड के रूप में लिया गया) लें।

दूसरे मिश्र धातु का वजन $= 12$ किलो के रूप में, $C:T:L = 5:4:3$ ( 5 किलो तांबा, 4 किलो टिन और 3 किलो लीड के रूप में लिया गया)

तीसरे मिश्र धातु के निर्माण के लिए मिश्र धातुओं को एक साथ मिलाया जाता है। फिर इसमें सामग्री का अनुपात,

$$Z:C:T:L = 4:(6+5):(2+4):3$$

तीसरे मिश्र धातु का वजन $= 12 + 12 = 24$ किलो

तो, लीड का वजन $= \frac{3}{24} = \frac{1}{8}$ किलो

अतः विकल्प (B) सही है।

**71.** किया गया कार्य $=$ बल $\times$ विस्थापन $\times \cos a$ (क्षितिज के साथ)

$F = 50N$ और $D = 4$ मीटर,

$a = 60°, \cos 60° = \frac{1}{2}$

किया गया कार्य $= 50 \times 4 \times \left(\frac{1}{2}\right)$

$\Rightarrow$ किया गया कार्य $= 100J$

अतः विकल्प (A) सही है।

**72.** इकाइयों की अंतर्राष्ट्रीय प्रणाली (SI) में एक अश्व शक्ति का विद्युत समतुल्य 746 W है, और ताप समकक्ष 2,545 BTU (ब्रिटिश थर्मल यूनिट) प्रति घंटे है।

अतः विकल्प (A) सही है।

**73.** मिल्की वे 200-400 बिलियन सितारों वाले एक सर्पिल आकाशगंगा 100,000-120,000 प्रकाश वर्ष वर्जित है। इसमें कम से कम जितने भी ग्रह हो सकते हैं, अनुमानित 10 बिलियन के साथ अपने मूल सितारों के रहने योग्य क्षेत्र में परिक्रमा करते हैं।

अतः विकल्प (C) सही है।

**74.** डॉपलर प्रभाव: एक ही ध्वनि स्रोत एक ही माध्यम में निरंतर आवृत्ति पर ध्वनि तरंगों को विकीर्ण कर रहा है। जब श्रोता एक ध्वनि स्रोत की ओर बढ़ता है, तो पिछली लहर की तुलना में प्रत्येक क्रमिक तरंग जल्द ही सामने आती है। इस प्रकार, श्रोता को अगले एक को सुनने में थोड़ा कम समय लगेगा।

अतः विकल्प (C) सही है।

**75.** कृत्रिम तत्व वह तत्व होते हैं जो प्रकृति में नहीं पाए जाते हैं, वे परमाणु भट्टी, कण त्वरक, या परमाणु बम के विस्फोट में मौलिक कणों के मानव हेरफेर द्वारा बनाए गए हैं; इस प्रकार, उन्हें "कृत्रिम" या "मानव निर्मित" कहा जाता है। कृत्रिम तत्व वे होते हैं जिनकी परमाणु संख्या 95–118 होती है, इन 24 तत्वों को पहली बार 1944 से 2010 के बीच बनाया गया था। अतः आवर्त सारणी में कृत्रिम तत्वों की संख्या 24 है।

अतः विकल्प (B) सही है।

**76.** ऑक्सीजन और हाइड्रोजन (ज्यादातर पानी के रूप में) कार्बन के साथ शरीर के कुल द्रव्यमान के लगभग 93 प्रतिशत के लिए शरीर के सबसे सामान्य तत्व हैं। तीन और तत्व — नाइट्रोजन कैल्शियम और फास्फोरस— शरीर के द्रव्यमान के 99 प्रतिशत हैं।

अतः विकल्प (B) सही है।

**77.** एक स्पष्ट प्रतिध्वनि सुनने के लिए, न्यूनतम दूरी 16.5 मीटर होनी चाहिए।

एक प्रतिध्वनि सुनने के लिए, समय $= \frac{1}{10}$ सेकंड

ध्वनि का वेग (हवा में) $= 330$ मीटर सेकंड $^{-1}$

समय $= 2d$ /हवा में ध्वनि का वेग

$\Rightarrow \frac{1}{10} = \frac{2d}{330}$

$\therefore d = 16.5$ मीटर

अतः विकल्प (D) सही है।

**78.** लवण जिसमें आयन होते हैं, वे विद्युत के अच्छे सुचालक होते हैं, जैसे, अम्ल, क्षार, लवण। नल का पानी, नींबू का रस और पारा दूसरों के साथ तुलना में सबसे अच्छी तरह सुचालक है। किसी भी विलयन का विद्युत के सुचालक होने के लिए उसमें मुक्त इलेक्ट्रॉनों का होना आवश्यक होता है।
अतः विकल्प (D) सही है।

**79.** ● लिटमस पेपर का मुख्य उपयोग यह परीक्षण करना है कि कोई विलयन अम्लीय है या क्षारीय है।

● लिटमस पेपर लाइकेन से निकाले गए विभिन्न रंगों का पानी में घुलनशील मिश्रण है।

● नीला लिटमस पेपर अम्लीय परिस्थितियों में लाल हो जाता है और लाल लिटमस पेपर क्षारक या क्षारीय परिस्थितियों में नीला हो जाता है।

अतः विकल्प (A) सही है।

**80.** धातु के पात्र में अम्ल को संग्रहीत नहीं किया जा सकता है क्योंकि वे धातु के साथ प्रतिक्रिया करेंगे, धातु नमक का निर्माण करेंगे और हाइड्रोजन गैस को मुक्त करेंगे। कांच से बने पात्र अपनी रासायनिक निष्क्रियता के कारण अम्ल के भंडारण के लिए आदर्श होते हैं।

अतः विकल्प (B) सही है।

**81.** टाइफाइड बुखार एक प्रणालीगत संक्रमण है जो आमतौर पर दूषित भोजन या पानी के अंतर्ग्रहण के माध्यम से बैक्टीरिया साल्मोनेला टाइफी के कारण होता है। तीव्र बीमारी लंबे समय तक बुखार, सिरदर्द, मिचली, भूख न लगना और कब्ज या कभी-कभी दस्त से होती है।

अतः विकल्प (C) सही है।

**82.** व्हाइट लेग़ॉर्न मध्य इटली के टस्कनी में उत्पन्न होने वाली मुर्गी की एक नस्ल है। टस्कनी के पश्चिमी तट पर बंदरगाह शहर लिवोर्नो से 1828 में पक्षियों को पहली बार उत्तरी अमेरिका में निर्यात किया गया था। उन्हें शुरू में "इटालियंस" कहा जाता था, लेकिन 1865 तक नस्ल को "लेग़ॉर्न" के रूप में जाना जाता था।

अतः विकल्प (A) सही है।

**83.** छोटी आंत की आंतरिक दीवारें उंगली की तरह ऊतक में ढकी होती हैं जिसे विली कहा जाता है। इनमें से प्रत्येक विली माइक्रोविली नामक छोटी उंगली जैसी संरचनाओं से ढका हुआ है। ये विली और माइक्रोविली पोषक तत्वों के अवशोषण के लिए उपलब्ध सतह क्षेत्र को बढ़ाते हैं।

अतः विकल्प (C) सही है।

**84.** त्वचा उपकला कोशिकाओं से बनी होती है, और इसलिए संयोजी ऊतक का एक उदाहरण नहीं है। संयोजी ऊतक के प्रमुख प्रकारों में हड्डी, वसा, रक्त और उपास्थि शामिल हैं। संयोजी ऊतक अन्य ऊतक को बांधने और समर्थन के लिए जिम्मेदार है।

किसी भी ऊतक को अनिवार्य रूप से उपकला (या एंडोथेलियम), मांसपेशी ऊतक, तंत्रिका ऊतक या संयोजी ऊतक में तोड़ा जा सकता है।

अतः विकल्प (B) सही है।

**85.** अम्लीय वर्षा एक रासायनिक प्रतिक्रिया के कारण होती है जो तब शुरू होती है जब सल्फर डाइऑक्साइड (SO2) और नाइट्रोजन ऑक्साइड ( NO2) जैसे यौगिक हवा में छोड़े जाते हैं। ये पदार्थ वातावरण में बहुत अधिक बढ़ सकते हैं, जहां वे पानी, ऑक्सीजन और अन्य रसायनों के साथ मिश्रित और प्रतिक्रिया करते हैं और अधिक अम्लीय प्रदूषक बनाते हैं, जिसे अम्लीय वर्षा कहा जाता है।

अतः विकल्प (C) सही है।

**86.** हम जानते हैं कि,

$$(P + Q)^2 = P^2 + Q^2 + 2PQ$$

$$\Rightarrow 8^2 = 34 + 2PQ$$

$$\Rightarrow 2PQ = 64 - 34 = 30$$

$$\Rightarrow PQ = 15$$

हम यह भी जानते हैं कि,

$$(P + Q)^3 = P^3 + Q^3 + 3PQ(P + Q)$$

$$\Rightarrow 8^3 = P^3 + Q^3 + 3 \times 15 \times 8$$

$$\Rightarrow 512 = P^3 + Q^3 + 360$$

$$\Rightarrow P^3 + Q^3 = 512 - 360$$

$$\Rightarrow P^3 + Q^3 = 152$$

अतः विकल्प (C) सही है।

**87.** हम जानते हैं कि,

$$\sec(y) = \frac{13}{12} = कर्ण/आधार$$

$$\Rightarrow (लम्ब)^2 = (कर्ण)^2 - (आधार)^2$$

$$\Rightarrow (लम्ब)^2 = (13)^2 - (12)^2$$

$$\Rightarrow (लम्ब)^2 = 169 - 144 = 25$$

$$लम्ब = 5$$

$$\tan(y) = लम्ब/आधार$$

$$= \frac{5}{12}$$

$$\tan(3y) = \frac{3\tan(y) - \tan^3(y)}{1 - 3\tan^2(y)}$$

$$= \frac{\frac{5}{4} - \left(\frac{125}{175}\right)}{1 - \left(\frac{25}{48}\right)}$$

$$= \frac{\frac{2160}{1728} - \left(\frac{125}{1728}\right)}{\frac{23}{48}}$$

$$= \frac{\frac{20.55}{1728}}{\frac{23}{18}}$$

$$= \frac{97680}{39744}$$

$$= \frac{2035}{828}$$

अतः विकल्प (C) सही है।

**88.** $3\sqrt{5} + \sqrt{125} = 17.88$

$$\Rightarrow 3\sqrt{5} + \sqrt{25 \times 5} = 17.88$$

$$\Rightarrow 3\sqrt{5} + 5\sqrt{5} = 17.88$$

$$\Rightarrow 8\sqrt{5} = 17.88$$

$$\Rightarrow \sqrt{5} = 2.235$$

$$\therefore \sqrt{80} + 6\sqrt{5} = \sqrt{16 \times 5} + 6\sqrt{5}$$

$$= 4\sqrt{5} + 6\sqrt{5}$$

$$= 10\sqrt{5}$$

$$= (10 \times 2.235)$$

$$= 22.35$$

अतः विकल्प (D) सही है।

**89.** हल:

$$3^{(x-y)} = 27 = 3^3$$

$$\Rightarrow x - y = 3 .... (i)$$

$$3^{(x+y)} = 243 = 3^5$$

$\Rightarrow x + y = 5 ....$ (ii)

(i) और (ii) को हल करने पर

हम प्राप्त करते हैं,

$\Rightarrow x = 4$

अतः विकल्प (C) सही है।

**90.** 150% का 28% का $\frac{3}{4}$ का $A = (2 + 1) \times 80\%$ का $\frac{5}{6}$ का 14% का $B$

$\frac{A}{B} = \frac{8}{9}$

$B - A = 60$

फिर, $A = \frac{60 \times 8}{(9 - 8)} = 480$

तथा $B = 480 + 60 = 540$

इसलिए, योग $= A + B = 480 + 540 = 1020$

अतः विकल्प (B) सही है।

**91.** दिया है,

$(l - b) = 32$ मी.....(i)

परिमाप $= 260$ मी

$2(l + b) = 260$ मी

$(l + b) = 130$ मी....(ii)

(i) और (ii) हल करने पर, हम प्राप्त करते है

$l = 81$ मी

$b = 49$ मी

क्षेत्रफल $= (l \times b) = (81 \times 49) = 3969$ मी $^2$

अतः विकल्प (C) सही है।

**92.** माना कि 8 साल पहले माँ और बेटे की उम्र क्रमशः $3x$ और $x$ साल थी।

$(3x + 8) + 8 = 2[(x + 8) + 8]$

$\Rightarrow 3x + 16 = 2x + 32$

$\Rightarrow x = 16$

अभीष्ट अनुपात $= (3x + 8) : (x + 8) = 56 : 24 = 7 : 3$

अतः विकल्प (B) सही है।

**93.** दिया है:

धनराशि = 8680 रुपये

मूलधन = 7000 रुपये

दर = 4% प्रतिवर्ष

समय = (साधारण ब्याज × 100)/(मूलधन × दर)

साधारण ब्याज = धनराशि – मूलधन

साधारण ब्याज = (8680 - 7000) रुपये

$\Rightarrow$ 1680 रुपये

समय $= \frac{1680 \times 100}{7000 \times 4}$

$\Rightarrow$ 6 वर्ष

अतः विकल्प (B) सही है।

**94.** पोलियोमाइलाइटिस या पोलियो, पोलियो वायरस के कारण होने वाला संक्रमण है। यह एक गंभीर बीमारी है जो किसी व्यक्ति के मस्तिष्क और रीढ़ की हड्डी को प्रभावित करती है। चिकनपॉक्स, जिसे वैरिकाला के रूप में भी जाना जाता है, एक अत्यधिक संक्रामक रोग है जो वैरिकाला जोस्टर वायरस (VZV) के साथ प्रारंभिक संक्रमण के कारण होता है।

अतः विकल्प (D) सही है।

**95.** दिया है,

(A+B) का 1 दिन का कार्य $= \left(\frac{1}{12} + \frac{1}{8}\right) = \frac{5}{24}$

(A+B) द्वारा 4 दिन में किया गया कार्य $= \left(\frac{5}{24} \times 4\right) = \frac{5}{6}$

शेष कार्य $= \left(1 - \frac{5}{6}\right) = \frac{1}{6}$

A द्वारा शेष कार्य किया जाएगा $= \left(12 \times \frac{1}{6}\right) = 2$ दिन

इसलिए, कुल लिया गया समय $= (2 + 4)$ दिन $= 6$ दिन

अतः विकल्प (B) सही है।

**96.** कुल छूट $= \left(20 + 25 - 20 \times \frac{25}{100}\right)\% = 40\%$

वस्तु का विक्रय मूल्य $= 507$

इसलिए, वस्तु का अंकित मूल्य $= \frac{507 \times 100}{(100 - 40)} = $ रु. 845

अतः विकल्प (A) सही है।

**97.** वर्ष के दिए गए जोड़े के लिए उपस्थित होने के लिए योग्य उम्मीदवारों के प्रतिशत के बीच अंतर हैं:

1994 और 1995 के लिए = 50 - 30 = 20

1998 और 1999 के लिए = 80 - 80 = 0

1994 और 1997 के लिए = 50 - 30 = 20

1997 और 1998 के लिए = 80 - 50 = 30

1999 और 2000 के लिए = 80 - 60 = 20

इस प्रकार, अधिकतम अंतर वर्ष 1997 और 1998 के बीच है।

अतः विकल्प (B) सही है।

**98.** यह ग्राफ उपस्थित होने के योग्य उम्मीदवारों के प्रतिशत के लिए डेटा देता है और जब तक योग्य उम्मीदवारों या उम्मीदवारों की संख्या का पूर्ण मान नहीं पता होता है, हम किसी भी दो वर्षों के लिए पूर्ण मूल्यों की तुलना नहीं कर सकते हैं।

अतः विकल्प (D) सही है।

**99.** माना 1998 में उपस्थित हुए उम्मीदवारों की संख्या $x$ है।

फिर, $x$ का $80\% = 21200$

$\Rightarrow x = \dfrac{21200 \times 100}{80}$

$\Rightarrow x = 26500$ (अभीष्ट संख्या)

अतः विकल्प (C) सही है।

**100.** दिया है,

(A + B + C + D + E) = 5 × 64 = 320 किलोग्राम

(A + B + C + D + E + P) = 6 × 62 = 372 किलोग्राम

अब,

P = 372 – 320 = 52 किलोग्राम

इसलिए,

Q = 52 + 6 = 58 किलोग्राम

अब,

(B + C + D + E + P + Q) = 6 × 61 = 366 किलोग्राम

$\Rightarrow$ (B + C + D + E + 52 + 58) = 366

$\Rightarrow$ (B + C + D + E) = 366 - 110

$\Rightarrow$ (B + C + D + E) = 256

इसलिए,

A = 320-256 = 64 किलोग्राम

अतः विकल्प (B) सही है।

# General Knowledge and Logical Knowledge

**Q.1** "द नेमसेक" के लेखक कौन हैं?

**A.** अमिताव घोष **B.** अरुंधति रॉय

**C.** झुम्पा लाहिड़ी **D.** किरण देसाई

**Q.2** अल-बिरूनी की अरबी पुस्तक का क्या नाम है?

**A.** किताब-उल-हिन्द **B.** हिंदुस्तान-नामा

**C.** तारीख-ए-हिन्दुस्तान **D.** फतवा-ए-हिन्दुस्तानी

**Q.3** निम्नलिखित प्रश्न में दो शब्द होते हैं जिनमें एक दूसरे के साथ एक निश्चित संबंध होता है, जिसके बाद चार अक्षर जोड़े होते हैं। उस अक्षर वाले जोड़े का चयन करें जिसका मूल जोड़ी के समान संबंध है:

ट्रेलर (Trailer) : चलचित्र (Picture)

**A.** ट्रक : मालवाहक **B.** व्यावसायिक : उत्पाद

**C.** थियेटर : नाटक **D.** संस्करण : उपन्यास

**Q.4** निम्नलिखित प्रत्येक प्रश्न में दिए गए विकल्पों में से संबंधित शब्द/अक्षर/संख्या को चुनिए।

मूर्तिकार : छेनी :: लेखक : ?

**A.** टेबल **B.** कागज **C.** बुक **D.** पेन

**Q.5** एक निश्चित कूट भाषा में GLARE को 67810 और MONSOON को 2395339 लिखा जाता है तो RANSOM को उसी निश्चित कूट भाषा में कैसे लिखा जाएगा?

**A.** 183952 **B.** 198532 **C.** 189352 **D.** 189532

**Q.6 निर्देश:** नीचे दिए गए प्रश्न का उत्तर देने के लिए निम्नलिखित जानकारी को ध्यानपूर्वक पढ़ें।

(i) $X \times Y$ अर्थात X, Y का भाई है।

(ii) $X \div Y$ अर्थात X, Y का पिता है।

(iii) $X + Y$ अर्थात X, Y की बहन है।

(iv) $X - Y$ अर्थात X, Y की माँ है।

निम्नलिखित में से किसका अर्थ है कि A का पैतृक चाचा K है ?

**A.** $K \times P \div M \times A$ **B.** $K \times B \div N \times A$

**C.** $A \times L \div R \times K$ **D.** दोनों (i) और (ii)

**Q.7** A, B की बहन है, C, B की माता है! D, C का पिता है, E, D की माता है! तब A का D से क्या सम्बन्ध है?

**A.** दादा **B.** पुत्री **C.** दादी **D.** नातिन

**Q.8** विश्व हिंदी दिवस हर साल किस तारीख को मनाया जाता है?

**A.** 8 जनवरी **B.** 9 जनवरी **C.** 10 जनवरी **D.** 11 जनवरी

**Q.9** रोहन एक बिंदु से पश्चिम की ओर 13 किमी की यात्रा करता है और फिर वह बायें मुड़ता है और 4 किमी की यात्रा करता है। पुनः वह घड़ी की दिशा में 135º डिग्री घूमता है और सीधे चलता है। अब वह किस दिशा में देख रहा है?

**A.** उत्तर-पूर्व

**B.** उत्तर-पश्चिम

**C.** दक्षिण-पूर्व

**D.** निर्धारित नहीं किया जा सकता है।

**Q.10 निर्देश:** निम्नलिखित प्रश्न का ध्यानपूर्वक अध्ययन करें और सही उत्तर चुनें:

**कथन:**

कुछ मोबाइल लैपटॉप हैं।

कोई भी लैपटॉप टैबलेट नहीं है।

**निष्कर्ष:**

I. कुछ टैबलेट मोबाइल नहीं हैं।

II. सभी टैबलेट मोबाइल होने की संभावना है।

**A.** यदि केवल निष्कर्ष I अनुसरण करता है

**B.** यदि केवल निष्कर्ष II अनुसरण करता है

**C.** यदि या तो निष्कर्ष I या II अनुसरण करता है

**D.** यदि दोनों निष्कर्ष I और II अनुसरण करते हैं

**Q.11 निर्देश:** निम्नलिखित प्रश्न का ध्यानपूर्वक अध्ययन करें और सही उत्तर चुनें।

**कथन:**

कुछ लड़कियां युवा हैं।

कोई भी युवा महिला नहीं है।

**निष्कर्ष:**

I. कुछ महिलाएं लड़कियां नहीं हैं।

II. सभी महिलाओं के लड़कियां होने की संभावना है।

**A.** यदि केवल निष्कर्ष I अनुसरण करता है

**B.** यदि केवल निष्कर्ष II अनुसरण करता है

**C.** यदि या तो निष्कर्ष I या II अनुसरण करता है

**D.** यदि न तो निष्कर्ष I और न ही II अनुसरण करता है

**Q.12** संविधान का कौन सा भाग पंचायतों से संबंधित है?

**A.** भाग IX **B.** भाग X **C.** भाग IX **D.** भाग XI

**Q.13** बगलिहार बांध किस नदी पर स्थित है?

**A.** झेलम **B.** चिनाब **C.** सतलुज **D.** गंडक

**Q.14** अक्षरों का कौनसा समूह रिक्त स्थानों पर क्रमवार रखने पर दी गयी अक्षर श्रृंखला को पूरा करेगा?

KPL_KPL_KKPPL_KKK_PPP_LL

**A.** PKKLL **B.** KKPPL **C.** KKLKL **D.** KPKKL

**Q.15** निम्नलिखित प्रत्येक प्रश्न में एक अनुक्रम दिया है, जिसमे एक/दो पद लुप्त है। दिए गए विकल्पों में से वह सही विकल्प चुनिए जो अनुक्रम को पूरा करे।

L-144, -----?----, H- 64, F-36, D- 16

**A.** K-121 **B.** J-10 **C.** J-100 **D.** M-169

**Q.16 निर्देश:** दी गई मैट्रिक्स में दिए गए अंकों में से लुप्त अंक को ढूंढें।

| 18 | 32 | 14 |
|----|----|----|
| 12 | 18 | 16 |
| 3 | 4 | 7 |
| 72 | 144 | ? |

**A.** 32 **B.** 64 **C.** 25 **D.** 54

**Q.17 निर्देश:** दिए गए प्रश्न में प्रश्न चिह्न (?) के स्थान पर कौन सा नंबर / पद आयेगा, जो दिए गए पैटर्न को पूरा करेगा।

| 25 | 64 | 36 |
|----|----|----|
| 20 | 26 | 25 |
| 30 | 20 | 30 |
| 10 | 32 | 15 |
| 20 | 32 | ? |

**A.** 25 **B.** 30 **C.** 40 **D.** 55

**Q.18** भारतीय संविधान का कौन सा अनुच्छेद भारत में चुनाव आयोग का प्रावधान करता है?

**A.** अनुच्छेद 324 **B.** अनुच्छेद 128

**C.** अनुच्छेद 256 **D.** अनुच्छेद 378

**Q.19** निम्नलिखित में से कौन भारत की प्रायद्वीपीय नदी नहीं है?

**A.** महानदी **B.** गोदावरी **C.** कृष्णा **D.** गंगा

**Q.20** देश और राजधानी की सही जोड़ी चुनें।

**A.** अज़रबैजान - बाकू **B.** बांग्लादेश - वियना

**C.** ऑस्ट्रिया - मनामा **D.** बहरीन - ढाका

**Q.21** निम्नलिखित में से किस यूरोपीय देश ने हाल ही में अपने आक्रामक हथियार विधेयक में संशोधन किया है ताकि सिख समुदाय के लिए किरपान देने की अनुमति दी जा सके?

**A.** यूनाइटेड किंगडम **B.** बेलोरूस

**C.** रूस **D.** यूक्रेन

**Q.22** भारत का कौन सा राज्य चीन के साथ सबसे छोटी सीमा साझा करता है?

**A.** उत्तराखंड **B.** सिक्किम

**C.** हिमाचल प्रदेश **D.** अरुणाचल प्रदेश

**Q.23** 20 मई 2019 को भारतीय सेंसेक्स ने पिछले 10 वर्षों में सबसे अधिक बढ़त और रिकॉर्ड ऊंचाई के साथ बंद हुआ। निम्न से इसका कारण क्या था?

**A.** एग्जिट पोल के अनुसार आम चुनाव 2019 में बीजेपी सरकार फिर से सत्ता में आएगी

**B.** आम चुनाव 2019 में कांग्रेस के नेतृत्व वाली सरकार का गठन

**C.** यूएस-चाइना ट्रेड वॉर के रूप में अमेरिकी कंपनियां भारत में शिफ्ट हो रही हैं

**D.** इनमें से कोई भी नहीं

**Q.24** मुख्यमंत्री दाल भात योजना (एमडीबीवाई) किस राज्य सरकार की सब्सिडी वाली खाद्य योजना है?

**A.** उत्तर प्रदेश **B.** बिहार

**C.** झारखंड **D.** पश्चिम बंगाल

**Q.25** 4 से 12 जनवरी, 2020 तक आयोजित नई दिल्ली विश्व पुस्तक मेला 2020 का विषय क्या था?

**A.** गांधी: द राइटर्स राइटर

**B.** गांधी: द नेशन का सम्मान

**C.** महात्मा को याद करना

**D.** महात्मा को मनाते हुए

**Q.26** कुषाण वंश कनिष्क के महान राजा के सिक्के किसमें पाए गए थे?

**A.** ग्वालियर **B.** इंदौर **C.** शाहडोल **D.** शिवपुरी

**Q.27** राष्ट्रीय आंदोलन के दौरान झंडा सत्याग्रह मध्य प्रदेश के किस शहर में आयोजित किया गया था?

**A.** जबलपुर **B.** ग्वालियर **C.** रीवा **D.** सतना

**Q.28** कर्क रेखा मध्य प्रदेश के कितने जिलों से होकर गुजरती है?

**A.** 12 **B.** 13 **C.** 14 **D.** 15

**Q.29** नीचे दिए गए कथनों में से कौन सा मध्य प्रदेश की भौगोलिक सीमा के बारे में सही रूप से मेल खाता है?

1) उत्तरी सीमा- गंगा-यमुना के मैदान

2) पश्चिमी सीमा- छोटानागपुर पठार

3) पूर्वी सीमा- छत्तीसगढ़ का मैदान

4) दक्षिणी सीमा- ताप्ती घाटी और महाराष्ट्र का पठार।

**A.** केवल 1, 2 और 3 **B.** 2 और 4 दोनों

**C.** केवल 2, 3 और 4 **D.** केवल 1, 3 और 4

**Q.30** मड़ीखेड़ा बांध को मोहिनी सागर बांध के नाम से भी जाना जाता है, किस नदी पर स्थित है?

**A.** नर्मदा **B.** सिंध **C.** बेतवा **D.** बेटा

**Q.31** अजंता-एलोरा गुफाएं किसके निकट स्थित हैं?

**A.** अजमेर **B.** जयपुर **C.** पटना **D.** औरंगाबाद

**Q.32** प्रसिद्ध रॉक गार्डन किस शहर में स्थित है?

**A.** जयपुर **B.** शिमला **C.** लखनऊ **D.** चंडीगढ़

**Q.33** दूर के चमकदार पिंडों का तापमान किसके द्वारा निर्धारित किया जा सकता है

**A.** पारा थर्ममीटर **B.** गैस थर्ममीटर

**C.** पाइरोमीटर **D.** रंग थर्ममीटर

**Q.34** किस राज्य सरकार ने आदिवासी समुदायों के संवैधानिक अधिकारों की रक्षा के लिए एक आयोग का गठन किया है?

**A.** ओडिशा **B.** मध्य प्रदेश **C.** गुजरात **D.** छत्तीसगढ

**Q.35** यदि SUMMER को RUNNER कोडित किया जाता है, तो WINTER के लिए कोड है:

**A.** SUITER **B.** VIOUER

**C.** WALKER **D.** SUFFER

**Q.36** चार्ल्स कोरेया एक प्रसिद्ध _________ भारतीय हैं।

**A.** स्वतंत्रता सेनानी

**B.** चित्रकार

**C.** वास्तुकार, शहरी योजनाकार

**D.** पुरस्कार विजेता डॉक्टर

**Q.37** बिरजू महाराज जाने-माने प्रतिपादक हैं:

**A.** मणिपुरी नृत्य **B.** कथक

**C.** ओडिसी **D.** कथकली

**Q.38** सतरिया _______ का एक शास्त्रीय नृत्य रूप है।

**A.** मणिपुर **B.** उत्तर प्रदेश

**C.** असम **D.** आंध्र प्रदेश

**Q.39** आंध्र प्रदेश का शास्त्रीय नृत्य है:

**A.** कुचिपुड़ी **B.** ओडिसी

**C.** भरतनाट्यम **D.** कथकली

**Q.40** एबेल पुरस्कार किस क्षेत्र में दिया जाता है?

**A.** भौतिक विज्ञान **B.** रसायन शास्त्र

**C.** गणित **D.** चिकित्सा

# **Mental Ability and Mental Aptitude**

**Q.41** 12 संख्याओं का औसत 15 है और पहले दो संख्याओं का औसत 14 है। शेष संख्याओं का औसत क्या है?

**A.** $15\frac{1}{5}$    **B.** 14    **C.** $11\frac{1}{5}$    **D.** 15

**Q.42** एक फल विक्रेता ने क्रमशः 15 रुपये 10 रुपये और 5 रुपये के सेब के बड़े, मध्यम और छोटे आकार को बेचा। बेचे गए सेब की कुल संख्या 3 : 2 : 5 के अनुपात में थी। एक सेब की औसत लागत ज्ञात कीजिए।

**A.** 8 रुपये    **B.** 9 रुपये    **C.** 10 रुपये    **D.** 7 रुपये

**Q.43** सुमन ने चंदन के साथ व्यवसाय आरंभ किया। उनके निवेश क्रमशः 78000 एंव 65000 हैं। कुछ माह बाद सुमन व्यवसाय से पूंजी निकाल लेता है और वह कुल वार्षिक लाभ का 40% प्राप्त करता है तो उसने कितने माह बाद व्यापार छोड़ा?

**A.** $\frac{25}{3}$ माह    **B.** $\frac{20}{3}$ माह    **C.** $\frac{29}{3}$ माह    **D.** $\frac{22}{3}$ माह

**Q.44** एक छात्र किसी संख्या को $\frac{3}{5}$ से गुणा करने के बजाय भाग दे देता है। इस प्रकार हुई प्रतिशत त्रुटि की गणना करें?

**A.** 46%    **B.** 64%    **C.** $177\frac{7}{9}\%$    **D.** 44%

**Q.45** लोकल ट्रेन के दैनिक टिकट का मूल्य 140 रु है और मासिक पास का मूल्य 3276 रु है। यदि मोहन मासिक पास खरीदता है और एक महीने में 30 दिन यात्रा करता है, तो उसकी कितनी बचत होगी?

**A.** 18%    **B.** 16%    **C.** 15%    **D.** 22%

**Q.46** उस चित्र को ज्ञात कीजिये जो पशु, सीप और बाज सही तरीके से प्रदर्शित करता है।

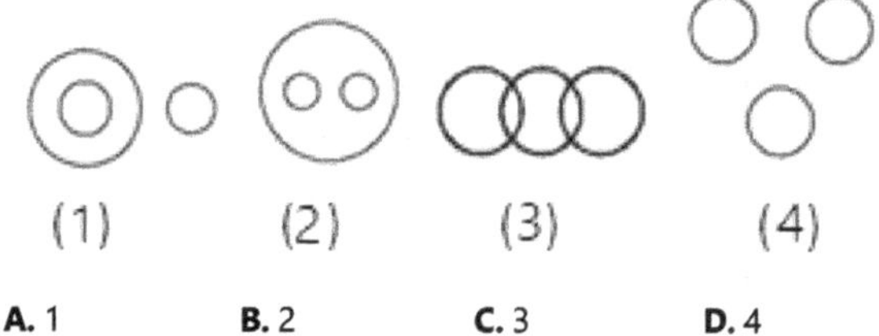



**A.** 1    **B.** 2    **C.** 3    **D.** 4

**Q.47** पानी में एक नाव की गति 8 किमी / घंटा है और धारा की गति 1.5 किमी / घंटा है। एक आदमी 61.75 किमी की दूरी पर एक जगह पर जाता है और शुरुआती बिंदु पर वापस आता है। कुल समय उसके द्वारा लिया जाता है:

**A.** 6 घंटे    **B.** 8 घंटे    **C.** 16 घंटे    **D.** 22 घंटे

**Q.48** उस वैकल्पिक आकृति का पता लगाएं, जिसमें उसके भाग के रूप में आकृति (X) है।

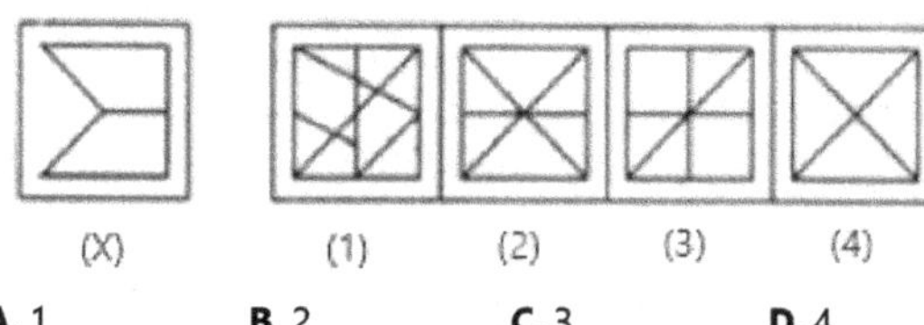



**A.** 1    **B.** 2    **C.** 3    **D.** 4

**Q.49** उस आकृति का चयन करें जो अन्य से भिन्न है।

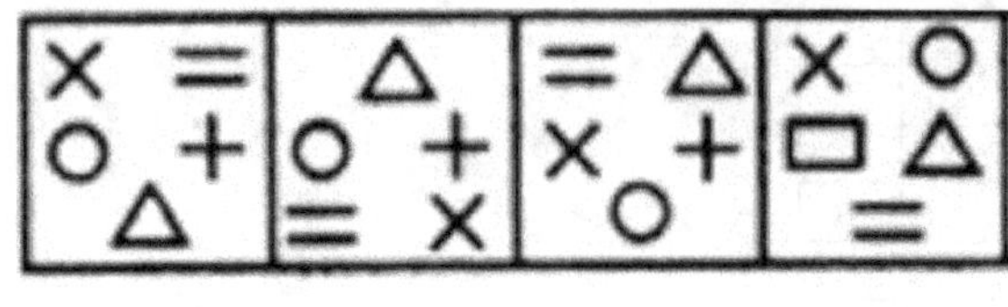



**A.** 1    **B.** 2    **C.** 3    **D.** 4

**Q.50** निम्नलिखित प्रश्नों में आकृतियों के दो सेट दिए हैं। आकृति A, B, C और D प्रश्न आकृति है जबकि आकृति (1), (2), (3) और (4) उत्तर आकृति है। आकृति (A) और (B) के बीच एक निश्चित संबंध है वही संबंध आकृति (C) और (D) के बीच होना है, तो इस प्रकार आकृति (D) में प्रश्नचिन्ह (?) के स्थान पर कौनसी आकृति आएगी।

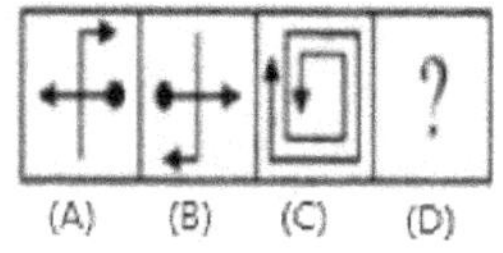



**A.** 1    **B.** 2    **C.** 3    **D.** 4

**Q.51** निम्नलिखित प्रश्न में, चार विकल्पों में से एक आकृति का चयन करें, जिसे जब आकृति (X) के खाली स्थान में रखा जाता है, तो पैटर्न पूरा होता है।

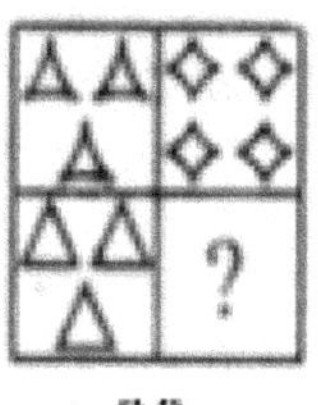



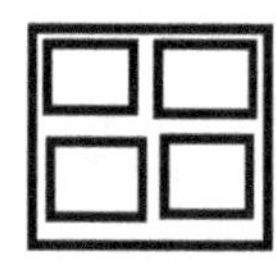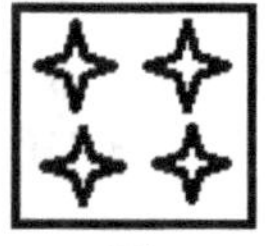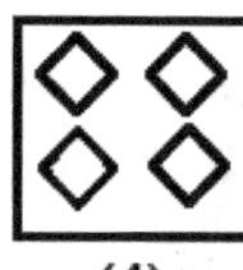



**A.** 1    **B.** 2    **C.** 3    **D.** 4

**Q.52** दो संख्याओं का अंतर 1365 है। बड़ी संख्या द्वार छोटी संख्या को विभाजित करने पर हमें 6 भागफल और 15 शेष के रूप में मिलता हैं। छोटी संख्या क्या है?

**A.** 240    **B.** 270    **C.** 295    **D.** 360

**Q.53** उस विकल्प का चयन करें जो दिए गए शब्द का दर्पण प्रतिबिम्ब है।

INFORMATIONS

(1) IИᄃOЯMAТIОИƧ    (2) IИᖴOЯИAMITOИƧ

(3) ƧИOITAMЯOᖴИI    (4) ƧИOITAWЯOᖴИI

**A.** 1    **B.** 2    **C.** 3    **D.** 4

**Q.54** दी गई आकृति में कितने त्रिभुज हैं?

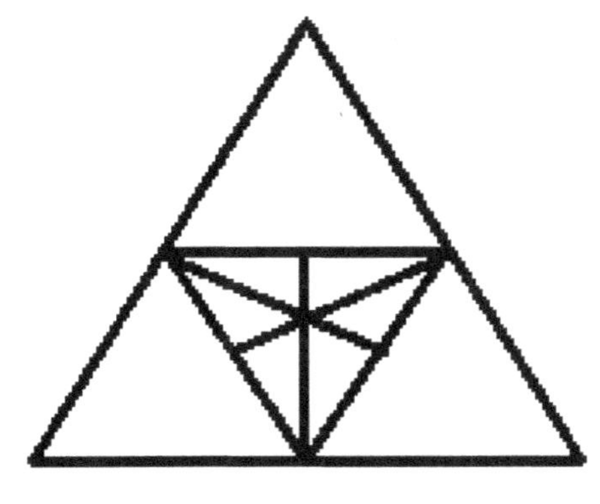

**A.** 16     **B.** 18     **C.** 19     **D.** 20

**Q.55** दिए गए आकृति में त्रिकोणों की संख्या ज्ञात कीजिए।

**A.** 5     **B.** 6     **C.** 8     **D.** 10

**Q.56** A को अंग्रेजी विषय में विज्ञान विषय की अपेक्षा दुगुने अंक मिले। अंग्रेजी, विज्ञान और गणित विषयों में उसे कुल मिलाकर 180 अंक प्राप्त हुए। यदि उसे अंग्रेजी और गणित विषयों में प्राप्त अंकों का अनुपात 2: 3 है, तो उसे विज्ञान विषय में कितने अंक प्राप्त हुए?

**A.** 20     **B.** 60     **C.** 30     **D.** 40

**Q.57** एक दो-अंकीय संख्या ऐसी है कि अंकों का गुणनफल 8 है। जब संख्या में 18 जोड़ दिया जाता है, तो अंक उलट हो जाते हैं। संख्या है:

**A.** 18     **B.** 24     **C.** 42     **D.** 81

**Q.58** वेन आरेख में संख्याएँ व्यक्तियों की संख्या को प्रदर्शित करती है, तब कितने युवा स्नातक हैं?

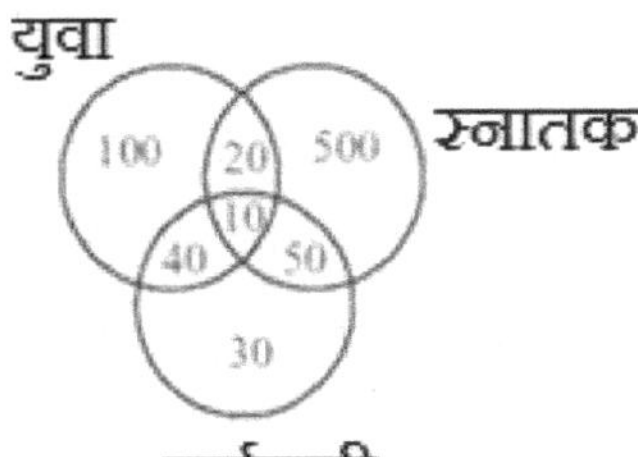

**A.** 30     **B.** 20     **C.** 40     **D.** 50

**Q.59** नीचे दी गई आकृतियों में से विषम आकृति की पहचान करें।

**A.** 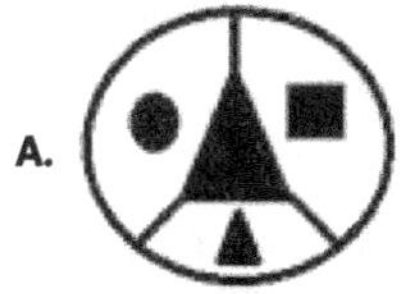     **B.** 

**C.**      **D.** 

**Q.60** $39.012 \times 14.98 - 28.013 \times 9.999 = (20+?) \times 5.23$

**A.** 45     **B.** 42     **C.** 41     **D.** 43

**Q.61** निम्नलिखित प्रश्न में यदि क्रम जारी रहा तो दाहिनी ओर दी गई पांच उत्तर आकृतियों मे से कौन सी उत्तर आकृति बायीं ओर की प्रश्न-आकृतियों के तत्काल बाद आनी चाहिए ?

**प्रश्न आकृति:**

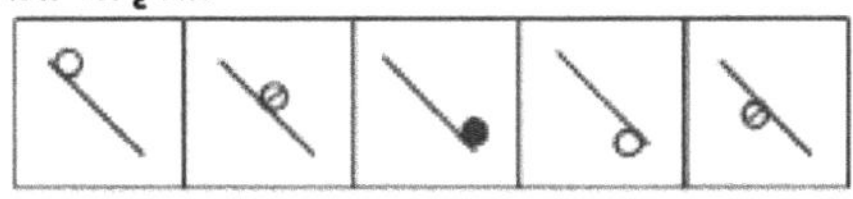

**A.**      **B.** 

**C.** 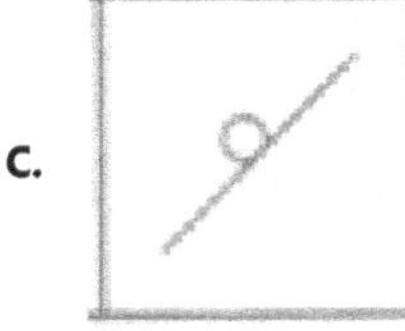     **D.** 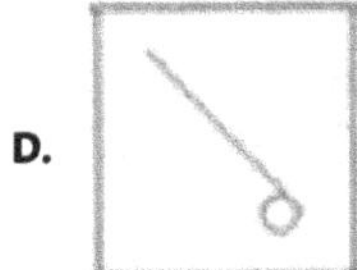

**Q.62** एक बचत खाते में जमा धनराशि साधारण ब्याज की दर से 5 वर्षों में 50% बढ़ जाती है। यदि ब्याज दर वार्षिक रूप से संयोजित ब्याज के रूप में बदल दी जाए तो 3 वर्ष के लिए 12000 रुपये का चक्रवृद्धि ब्याज क्या होगा?

**A.** 3500 रुपये     **B.** 3627 रुपये

**C.** 3792 रुपये     **D.** 3972 रुपये

**Q.63** दिए गए चार चित्रों में से आकृति के लिए सही वाटर इमेज क्या होगी?

$(x)$

**A.** 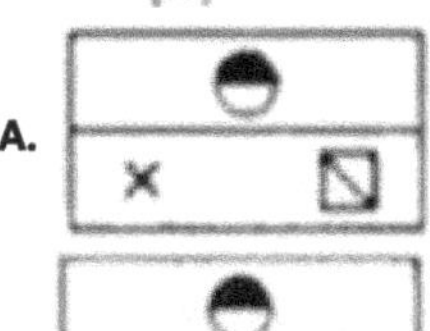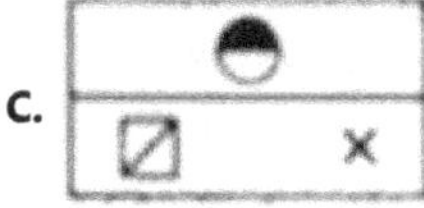     **B.** 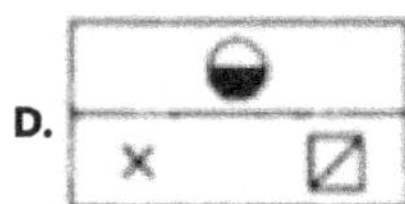

**Q.64** 9% वार्षिक दर पर (वर्ष में देय) 2 वर्ष का रु. 5000 पर चक्रवृद्धि ब्याज और साधारण ब्याज के बीच कितना अन्तर है?

**A.** रु. 40.5 **B.** रु. 32 **C.** रु. 38 **D.** रु. 49

**Q.65** एक नाव बिंदु A से बिंदु B तक जाने में 19 घंटे का समय लेती है, A और B के मध्य में बिंदु C पर वापस आती है। यदि धारा का वेग 4 किमी / घंटा है और स्थिर पानी में नाव की गति 12 किमी / घंटा है । A और B के बीच की दूरी क्या है?

**A.** 160 किमी **B.** 152 किमी **C.** 200 किमी **D.** 220 किमी

**Q.66** दिए गए विकल्पों में से विषम संख्या/अक्षर/शब्द ज्ञात कीजिए।

**A.** STR **B.** ONP **C.** IHJ **D.** LKM

**Q.67** कौन सी उत्तर आकृति प्रश्न आकृति के प्रतिरूप को पूरा करेगी?

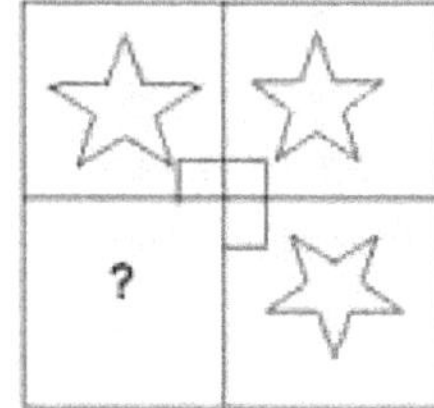

[UP Police Constable, 2019], [SSC MTS, 2017]

 **A.**    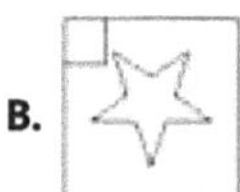 **B.**     **C.**     **D.**

**Q.68** अरुण ने एक रुपए के लिए 6 टॉफी खरीदी। 20% मुनाफ़ा प्राप्त करने के लिए उसे कितने रुपए में बेचना चाहिए?

**A.** 2 **B.** 3 **C.** 4 **D.** 5

**Q.69** A, B से 50% अधिक कार्यकुशल है। साथ कार्य करते हुए वे किसी कार्य को 15 घंटों में समाप्त करते हैं। यदि B अकेले कार्य करे, तो उसे उसी कार्य को पूरा करने में कितना समय लगेगा?

**A.** 24 घंटे **B.** 36 घंटे **C.** $37\frac{1}{2}$ घंटे **D.** $32\frac{1}{4}$ घंटे

**Q.70** X, Y की अपेक्षा तीन गुना अधिक कार्यकुशल है और साथ मिलकर वे किसी कार्य को 16 दिन में पूर्ण करते हैं। उसी कार्य के आधे भाग को Y अकेले कितने दिनों में पूरा करेगा?

**A.** 32 दिन **B.** 64 दिन **C.** 11 दिन **D.** 9 दिन

# Science and Simple Arithmetic

**Q.71** प्रतिरोध में बैटरी की पावर किस रूप में प्रकट होती है?

**A.** पावर की खपत
**B.** पावर का अपव्यय
**C.** पावर प्रतिरोध
**D.** A और B दोनों

**Q.72** पृथ्वी पर लौटने से पहले पृथ्वी से लंबवत एक निकाय पृथ्वी की त्रिज्या के बराबर ऊंचाई तक जाता है। गुरुत्वाकर्षण बल द्वारा लगाई गई शक्ति सबसे ज्यादा है?

**A.** निकाय की उच्चतम स्थिति में
**B.** निकाय के पृथ्वी पर टकराने से ठीक पहले
**C.** यह सभी में नियत बना रहता है
**D.** निकाय के प्रक्षेपण के तुरंत बाद

**Q.73** प्रकाश की किरण $2.25 \times 10^8\ m/s.$ की गति से पानी से होकर गुजरती है। जल का अपवर्तनांक क्या है? निर्वात में प्रकाश की गति को देखते हुए $3 \times 10^8\ m/s$

**A.** 1.5 **B.** 1.33 **C.** 1.0 **D.** 1.25

**Q.74** यदि एक माध्यम से निर्वात तक कुल आंतरिक परावर्तन के लिए क्रांतिक कोण 30° है। तब माध्यम में प्रकाश का वेग है-

**A.** $2 \times 10^8\ m/s$ **B.** $1.5 \times 10^8\ m/s$
**C.** $0.75 \times 10^8\ m/s$ **D.** $3 \times 10^8\ m/s$

**Q.75** ध्वनि तरंगें __ में यात्रा नहीं कर सकती हैं।

**A.** वायु **B.** पानी **C.** निर्वात **D.** इस्पात

**Q.76** एक ही या अतिव्यापी क्षेत्र में व्याप्त दो प्रजातियाँ हैं?

**A.** एलोपैथिक **B.** पैरापैट्रिक **C.** समपैतृक **D.** पेरीपैट्रिक

**Q.77** तालाब के पारिस्थितिक तंत्र को कहा जाता है?

**A.** लोटिक **B.** लेंटिक **C.** जेरिक **D.** बेन्थिक

**Q.78** मनुष्य में निम्न में से कौन सी प्रणाली कोबरा के काटने से प्रभावित होती है?

**A.** पाचन **B.** बेचैन
**C.** निकालनेवाला **D.** फिरनेवाला

**Q.79** निम्नलिखित में से किसे मनुष्य में मास्टर ग्रंथि के रूप में जाना जाता है?

**A.** पैनक्रियास **B.** पिट्यूटरी **C.** अधिवृक्क **D.** थाइरोइड

**Q.80** _________ एक थायराइड हार्मोन है जो शरीर में कैल्शियम के संतुलन को नियंत्रित करता है।

**A.** कैल्सीटोनिन **B.** थायरोक्सिन
**C.** कैलमोडुलिन **D.** ये सभी

**Q.81** खाना पकाने के बर्तन के लिए निम्नलिखित में से किसका उपयोग नॉन-स्टिक कोटिंग के रूप में किया जाता है?

**A.** पर्सपेक्स **B.** स्टायरोफोम
**C.** पॉलीस्टाइनिन **D.** टेफ्लान

**Q.82** फाइबर कम से कम आग पकड़ने के लिए प्रवण है?

**A.** नायलॉन **B.** पॉलिएस्टर **C.** कपास **D.** टेरलीन

**Q.83** निम्नलिखित में से किसका उपयोग हल्के वजन, लेकिन मजबूत प्लास्टिक बनाने के लिए किया जाता है?

**A.** नायलॉन **B.** पॉलिथीन
**C.** पोलीविनाइल क्लोराइड **D.** मिथाइल मेथाक्रायलेट

**Q.84** निम्नलिखित में से कौन सा एंटासिड के रूप में कार्य नहीं करेगा?

**A.** सोडियम हाइड्रोजन कार्बोनेट
**B.** मैग्नेशियम हायड्रॉक्साइड
**C.** सोडियम कार्बोनेट
**D.** एल्यूमीनियम कार्बोनेट

**Q.85** पेट में अम्लता का मुख्य कारण है:

**A.** अतिरिक्त गैस्ट्रिक एसिड का निर्माण जो पीएच स्तर को कम करती है।
**B.** अपच और बड़ी आंत में दर्द
**C.** पेट में पीएच स्तर में वृद्धि
**D.** अतिरिक्त पित्त रस की रिहाई जो पेट में क्षारीय माध्यम को बढ़ाता है

**Q.86** तिरछी ऊंचाई 35 सेमी की एक बाल्टी के ऊपर और नीचे की त्रिज्या 25 सेमी और 8 सेमी हैं। बाल्टी की घुमावदार सतह है:

**A.** 4000 सेमी $^2$ **B.** 3500 सेमी $^2$
**C.** 3630 सेमी $^2$ **D.** 3750 सेमी $^2$

**Q.87** टैंक एक छोर पर एक गोलार्ध के साथ एक सिलेंडर के आकार का बना है। सिलेंडर की ऊंचाई $1.45$ मीटर और त्रिज्या $30$ सेमी है। टैंक की कुल सतह क्षेत्र है:

**A.** 30 मीटर $^2$
**B.** 3.3 मीटर $^2$
**C.** 30.3 मीटर $^2$
**D.** 3300 मीटर $^2$

**Q.88** यदि किसी घनाकार बॉक्स की ऊंचाई, लंबाई और चौड़ाई क्रमशः $20$ सेमी, $15$ सेमी और $10$ है। फिर इसका कुल सतह क्षेत्र है:

**A.** 1100 सेमी $^2$
**B.** 1200 सेमी $^2$
**C.** 1300 सेमी $^2$
**D.** 1400 सेमी $^2$

**Q.89** आकृति में, y का मान है:

**A.** 20°
**B.** 60°
**C.** 40°
**D.** 80°

**Q.90** एक चक्रीय चतुर्भुज में $ABCD, \angle A = 80°$ फिर $\angle C =$?

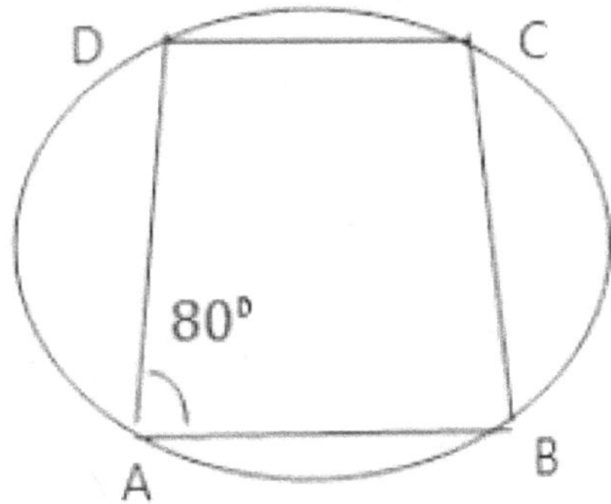


**A.** 80°
**B.** 160°
**C.** 100°
**D.** 120°

**Q.91** दो रेखाएँ AB और CD, O पर प्रतिच्छेद करती हैं। यदि $\angle AOC = 50°$, तो $\angle BOD$ और $\angle AOD$ क्रमश हैं:

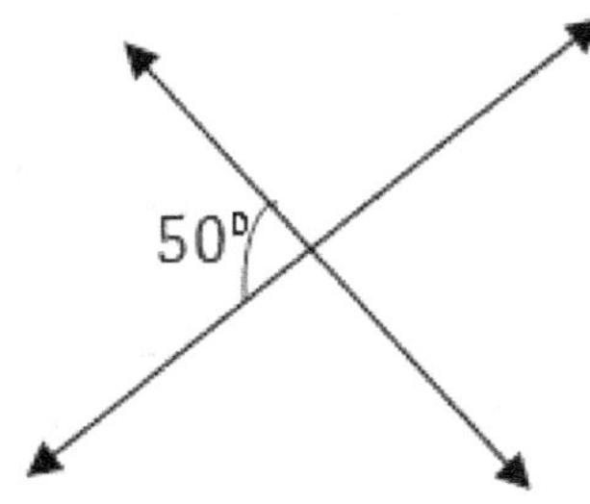


**A.** 130°, 50°
**B.** 50°, 130°
**C.** 60°, 120°
**D.** 40°, 140°

**Q.92** अगर $x^2 + \frac{1}{x^2} = 98, (x > 0)$ है, तो $x^3 + \frac{1}{x^3}$ का मान है?

**A.** 970
**B.** 1030
**C.** -970
**D.** -1030

**Q.93** अगर $a + \frac{1}{b} = b + \frac{1}{c} = c + \frac{1}{a}$ (जहां $a \neq b \neq c$) है, तो एबीसी बराबर है?

**A.** +1
**B.** -1
**C.** +1 और -1
**D.** इनमें से कोई नहीं

**Q.94** $\left(1 - \frac{2xy}{x^2+y^2}\right) \div \left(\frac{x^3-y^3}{x-y} - 3xy\right)$ का सरलीकृत मूल्य है?

*[Territorial Army Officer, 2017]*

**A.** $\frac{1}{x^2-y^2}$
**B.** $\frac{1}{x^2+y^2}$
**C.** $\frac{1}{x-y}$
**D.** $\frac{1}{x+y}$

**Q.95** अगर $4x + \frac{1}{x} = 5, x \neq 0$ है, तो $\frac{5x}{4x^2+10x+1}$ का मान है?

**A.** $\frac{1}{2}$
**B.** $\frac{1}{3}$
**C.** $\frac{2}{3}$
**D.** 3

**Q.96** यदि $\left(\frac{a}{b}\right)^{x-1} = \left(\frac{b}{a}\right)^{x-3}$ है, तो $x$ का मान है:

**A.** $\frac{1}{2}$
**B.** 1
**C.** 2
**D.** $\frac{7}{2}$

**Ques (97-100):** निम्नलिखित तालिका एक परीक्षा में छह अलग-अलग विषयों में सात छात्रों द्वारा प्राप्त अंकों का प्रतिशत दर्शाती है।

कोष्ठक में दिए गए अंक प्रत्येक विषय में अधिकतम अंक देते हैं।

| छात्र | विषय (अधिकतम अंक) | | | | | |
|---|---|---|---|---|---|---|
| | गणित | रसायन विज्ञान | भौतिक विज्ञान | भूगोल | इतिहास | कंप्यूटर विज्ञान |
| | (150) | (130) | (120) | (100) | (60) | (40) |
| आयुष | 90 | 50 | 90 | 60 | 70 | 80 |
| अमन | 100 | 80 | 80 | 40 | 80 | 70 |
| सजल | 90 | 60 | 70 | 70 | 90 | 70 |
| रोहित | 80 | 65 | 80 | 80 | 60 | 60 |
| मुस्कान | 80 | 65 | 85 | 95 | 50 | 90 |
| तन्वी | 70 | 75 | 65 | 85 | 40 | 60 |
| तरूण | 65 | 35 | 50 | 77 | 80 | 80 |

**Q.97** भौतिकी में सभी सात छात्रों द्वारा प्राप्त औसत अंक क्या हैं? (दशमलव के बाद दो अंकों तक पूर्णांकित):

**A.** 77.26
**B.** 89.14
**C.** 91.37
**D.** 96.11

**Q.98** सभी विषयों में 60% और उससे अधिक अंक प्राप्त करने वाले छात्रों की संख्या है?

**A.** 1
**B.** 2
**C.** 3
**D.** कोई नहीं

**Q.99** सजल द्वारा सभी छह विषयों में प्राप्त अंकों का योग कितना था?

**A.** 409
**B.** 419
**C.** 429
**D.** 449

**Q.100** तरुण का कुल प्रतिशत कितना है?

**A.** 52.5 %
**B.** 55 %
**C.** 60 %
**D.** 63 %

# // स्मार्ट उत्तर पुस्तिका //

सही उत्तर — उन छात्रों के प्रतिशत को इंगित करता है जिन्होंने प्रश्नों का सही उत्तर दिया था।

छोड़ दिया — उन छात्रों के प्रतिशत को इंगित करता है जिन्होंने प्रश्नों को छोड़ दिया था।

| प्रश्न संख्या | उत्तर | सही उत्तर / छोड़ दिया | प्रश्न संख्या | उत्तर | सही उत्तर / छोड़ दिया | प्रश्न संख्या | उत्तर | सही उत्तर / छोड़ दिया | प्रश्न संख्या | उत्तर | सही उत्तर / छोड़ दिया | प्रश्न संख्या | उत्तर | सही उत्तर / छोड़ दिया |
|---|---|---|---|---|---|---|---|---|---|---|---|---|---|---|
| 1 | C | 77.74 % / 0.0 % | 17 | B | 45.89 % / 1.49 % | 33 | C | 53.66 % / 1.16 % | 49 | D | 43.63 % / 1.77 % | 65 | B | 68.15 % / 1.5 % |
| 2 | A | 84.56 % / 0.0 % | 18 | A | 53.36 % / 1.18 % | 34 | C | 89.18 % / 0.0 % | 50 | B | 15.89 % / 3.14 % | 66 | A | 81.1 % / 0.0 % |
| 3 | D | 81.42 % / 0.0 % | 19 | D | 44.15 % / 1.04 % | 35 | B | 50.47 % / 1.63 % | 51 | D | 67.84 % / 1.54 % | 67 | C | 89.7 % / 0.0 % |
| 4 | D | 82.25 % / 0.0 % | 20 | A | 46.82 % / 1.65 % | 36 | C | 18.77 % / 4.59 % | 52 | B | 88.74 % / 0.0 % | 68 | D | 76.93 % / 0.0 % |
| 5 | D | 50.37 % / 1.87 % | 21 | A | 48.7 % / 1.34 % | 37 | B | 69.65 % / 1.97 % | 53 | C | 85.88 % / 0.0 % | 69 | C | 52.98 % / 2.0 % |
| 6 | D | 63.42 % / 1.44 % | 22 | C | 49.41 % / 1.59 % | 38 | C | 40.73 % / 1.55 % | 54 | D | 53.91 % / 1.64 % | 70 | A | 58.96 % / 1.45 % |
| 7 | D | 58.28 % / 1.1 % | 23 | A | 45.5 % / 1.5 % | 39 | A | 59.58 % / 1.78 % | 55 | D | 76.84 % / 0.0 % | 71 | D | 78.79 % / 0.0 % |
| 8 | C | 85.85 % / 0.0 % | 24 | C | 49.29 % / 1.96 % | 40 | C | 46.9 % / 1.5 % | 56 | C | 56.73 % / 1.5 % | 72 | B | 57.14 % / 1.8 % |
| 9 | B | 42.26 % / 1.8 % | 25 | A | 58.57 % / 1.05 % | 41 | A | 76.82 % / 0.0 % | 57 | B | 69.41 % / 1.33 % | 73 | B | 32.83 % / 4.97 % |
| 10 | B | 64.99 % / 1.53 % | 26 | C | 62.18 % / 1.59 % | 42 | B | 52.78 % / 1.62 % | 58 | B | 42.45 % / 1.2 % | 74 | B | 66.36 % / 1.66 % |
| 11 | B | 63.84 % / 1.26 % | 27 | A | 44.01 % / 1.81 % | 43 | B | 65.24 % / 1.03 % | 59 | D | 45.24 % / 1.05 % | 75 | C | 87.3 % / 0.0 % |
| 12 | A | 88.29 % / 0.0 % | 28 | C | 76.22 % / 0.0 % | 44 | B | 42.44 % / 1.3 % | 60 | C | 64.05 % / 1.77 % | 76 | C | 80.83 % / 0.0 % |
| 13 | B | 45.13 % / 1.02 % | 29 | D | 61.2 % / 1.2 % | 45 | D | 43.91 % / 1.75 % | 61 | B | 52.11 % / 1.13 % | 77 | B | 86.13 % / 0.0 % |
| 14 | C | 77.82 % / 0.0 % | 30 | B | 64.45 % / 1.77 % | 46 | A | 56.09 % / 1.78 % | 62 | D | 48.12 % / 1.12 % | 78 | B | 82.57 % / 0.0 % |
| 15 | C | 88.96 % / 0.0 % | 31 | D | 78.89 % / 0.0 % | 47 | C | 46.96 % / 1.88 % | 63 | B | 64.94 % / 1.09 % | 79 | B | 83.1 % / 0.0 % |
| 16 | A | 80.13 % / 0.0 % | 32 | D | 85.27 % / 0.0 % | 48 | B | 83.94 % / 0.0 % | 64 | A | 61.2 % / 1.18 % | 80 | A | 55.65 % / 1.47 % |

| प्रश्न संख्या | उत्तर | सही उत्तर / छोड़ दिया |
|---|---|---|
| 81 | D | 79.11 % |
| | | 0.0 % |
| 82 | C | 80.35 % |
| | | 0.0 % |
| 83 | C | 89.78 % |
| | | 0.0 % |
| 84 | C | 84.41 % |
| | | 0.0 % |

| प्रश्न संख्या | उत्तर | सही उत्तर / छोड़ दिया |
|---|---|---|
| 85 | A | 84.32 % |
| | | 0.0 % |
| 86 | C | 68.16 % |
| | | 1.1 % |
| 87 | B | 67.64 % |
| | | 1.4 % |
| 88 | C | 64.95 % |
| | | 1.28 % |

| प्रश्न संख्या | उत्तर | सही उत्तर / छोड़ दिया |
|---|---|---|
| 89 | A | 43.25 % |
| | | 1.54 % |
| 90 | C | 63.81 % |
| | | 1.39 % |
| 91 | B | 84.15 % |
| | | 0.0 % |
| 92 | A | 52.6 % |
| | | 1.24 % |

| प्रश्न संख्या | उत्तर | सही उत्तर / छोड़ दिया |
|---|---|---|
| 93 | C | 17.99 % |
| | | 3.42 % |
| 94 | B | 41.35 % |
| | | 1.51 % |
| 95 | B | 44.12 % |
| | | 1.17 % |
| 96 | C | 60.89 % |
| | | 1.33 % |

| प्रश्न संख्या | उत्तर | सही उत्तर / छोड़ दिया |
|---|---|---|
| 97 | B | 69.14 % |
| | | 1.95 % |
| 98 | B | 53.83 % |
| | | 1.28 % |
| 99 | D | 61.94 % |
| | | 1.49 % |
| 100 | C | 16.16 % |
| | | 3.93 % |

| कार्य विश्लेषण | |
|---|---|
| औसत अंक ( % ) | 50.0% |
| टॉपर्स स्कोर ( % ) | 70.0% |
| आपका स्कोर | |

## //संकेत और समाधान//

**1.** झुम्पा लाहिड़ी एक भारतीय अमेरिकी लेखक हैं। उनका पहला उपन्यास, द नेमसेक (2003), इसी नाम की लोकप्रिय फिल्म में रूपांतरित किया गया था।

अतः विकल्प (C) सही है।

**2.** सही उत्तर किताब-उल-हिंद है।

- अल-बिरूनी एक ईरानी विद्वान था।
    - उन्हें आधुनिक भूगणित का जनक माना जाता है।
    - अल-बिरूनी एक यात्री है जिसने केरल को मालाबार कहा।
    - किताब-उल-हिंद अल-बिरूनी द्वारा लिखित अरबी पुस्तक है।
    - किताब अल-तफ़ीम अल-बिरूनी द्वारा फ़ारसी और अरबी दोनों भाषाओं में लिखी गई पुस्तक है।
    - उन्होंने 1017 में भारतीय उपमहाद्वीप की यात्रा की।
    - तारिख अल-हिंद (भारत का इतिहास) अल-बिरूनी द्वारा भारतीय संस्कृति के अध्ययन पर आधारित एक पुस्तक है।
    - उनका जन्मदिन ईरान में सर्वेक्षण इंजीनियर के दिन के रूप में मनाया जाता था।
- अल-बिरूनी के उल्लेखनीय कार्य हैं:
    - पिछली शताब्दियों के शेष लक्षण।
    - रत्न।
    - मसूदी कैनन।
    - ज्योतिष को समझना।
- तारिख-ए-हिंदुस्तान मोलवी मोहम्मद ज़का उल्ला द्वारा लिखित पुस्तक है।

अतः विकल्प (A) सही है।

**3.** एक ट्रेलर एक तस्वीर या एक फिल्म की एक क्लिप है। इसी तरह, एक संस्करण एक किताब का एक प्रिंट है।

अतः विकल्प (D) सही है।

**4.** छेनी एक उपकरण है जिसका उपयोग मूर्तिकला द्वारा प्रतिमा के निर्माण के लिए किया जाता है। इसी प्रकार, लेखक द्वारा उपन्यास या पुस्तक लिखने के लिए एक पेन का उपयोग किया जाता है।

तो, यह दोनों अपने काम के उपकरण के साथ खुद को जोड़ता है।

अतः विकल्प (D) सही है।

**5.**

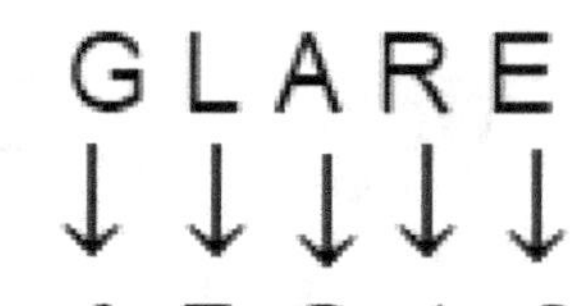


उसी तरह से,

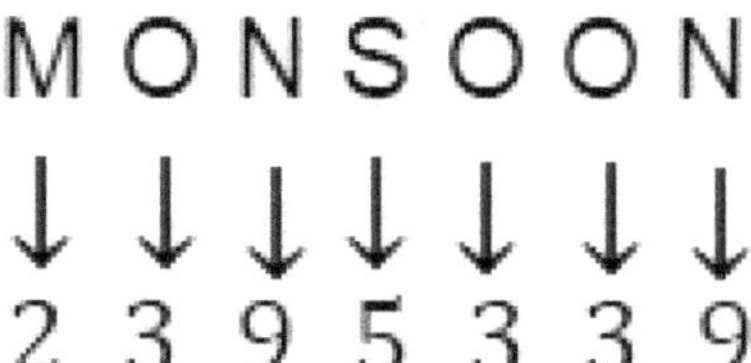


इसलिए, सही विकल्प (D) है।

**6.** (A). $K \times P \div M \times A$ अर्थात K, P का भाई है, P, M का पिता है तथा M, A का भाई है।

(B). $K \times B \div N \times A$ अर्थात K, B का भाई है B, N का पिता है तथा N, A का भाई है।

(C). $A \times L \div R \times K$ अर्थत अर्थात A, L का भाई है, L, R का पिता है तथा R, K का भाई है।

अतः विकल्प (D) सही है।

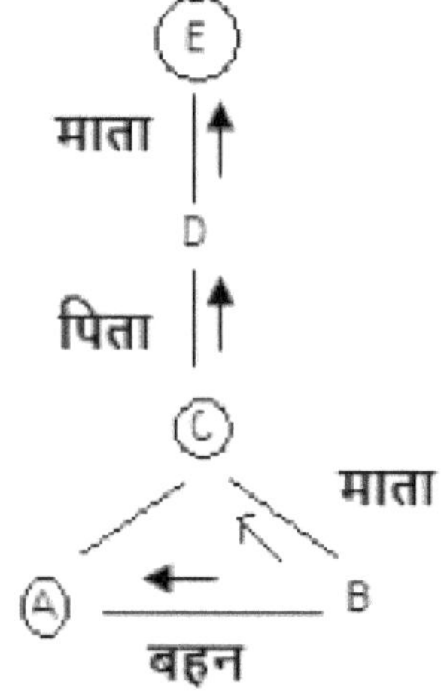


**7.**

A, B की बहन है और B, C की बेटी है।

तो, A, C की बेटी है। D, C का पिता है।

इस प्रकार, A, D की नातिन है।

अतः विकल्प (D) सही है।

**8.** विश्व हिंदी दिवस हर साल 10 जनवरी को मनाया जाता है। यह दिन प्रथम विश्व हिंदी सम्मेलन, जो 10 जनवरी से 12 जनवरी, 1975 को नागपुर में आयोजित किया गया था। पहले हिंदी सम्मेलन का उद्घाटन भारत के तत्कालीन प्रधान मंत्री, इंदिरा गांधी द्वारा किया गया था। इसके बाद अमेरिका, दक्षिण अफ्रीका, ब्रिटेन, मॉरीशस सहित विभिन्न देशों में सम्मेलन हुए।

अतः विकल्प (C) सही है।

**9.**

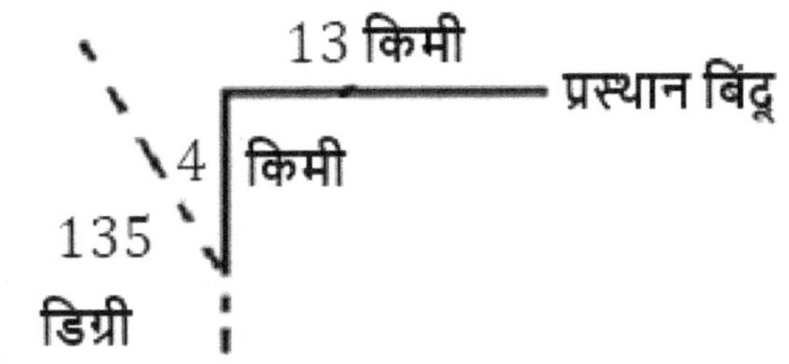


अतः विकल्प (B) सही है।

**10.**

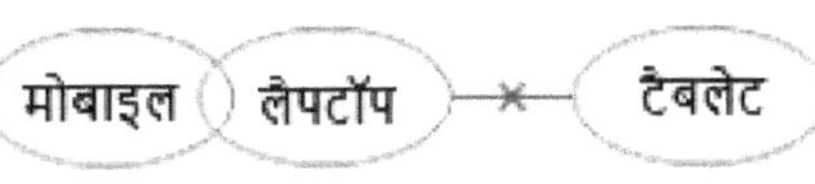


कुछ मोबाइल लैपटॉप हैं (I) + कोई लैपटॉप टैबलेट नहीं है (E) = I + E = O = कुछ मोबाइल टैबलेट नहीं हैं।

इसलिए, निष्कर्ष I. अनुसरण नहीं करता है। लेकिन II. में संभावना मौजूद है। इस प्रकार, निष्कर्ष II. अनुसरण करता है।

अतः विकल्प (B) सही है।

**11.**

कुछ लड़कियां युवा हैं (I) + कोई युवा महिला नहीं है (E) = I + E = O = कुछ लड़कियां महिला नहीं हैं।

इसलिए, निष्कर्ष I. का अनुसरण नहीं करता है। लेकिन II. में संभावना मौजूद है। इस प्रकार, निष्कर्ष II. अनुसरण करता है।

अतः विकल्प (B) सही है।

**12.** पंचायती राज से सम्बंधित प्रावधान भारत के संविधान के भाग IX में दिया गया है। यह भाग 73वें संविधान संशोधन से सम्बन्धित है। इसके तहत स्थानीय स्तर पर त्रिस्तरीय शासन व्यवस्था लागू की गई।

अतः विकल्प (A) सही है।

**13.** बगलिहार बांध को बगलिहार हाइड्रोइलेक्ट्रिक पावर प्रोजेक्ट के रूप में भी जाना जाता है, भारत के जम्मू और कश्मीर के रामबन जिले में चिनाब नदी पर एक रन-ऑफ-द-रिवर पावर प्रोजेक्ट है। जम्मू और कश्मीर पावर डेवलपमेंट कारपोरेशन द्वारा निष्पादित पहली बिजली परियोजना है।

अतः विकल्प (B) सही है।

**14.** पैटर्न है:

KPL/ KKPL/ KKKPPLL/ KKKKPPPLLL

अतः विकल्प (C) सही है।

**15.** $L(12)^2 = 144$

$L - 2 = J(10)^2 = 100$

$J - 2 = H(8)^2 = 64$

$H - 2 = F(6)^2 = 36$

$F - 2 = D(4)^2 = 16$

अतः विकल्प (C) सही है।

**16.** पैटर्न निम्नानुसार है:

पहले कॉलम में, $\frac{18}{3} \times 12 = 72$

दूसरे कॉलम में, $\frac{32}{4} \times 18 = 144$

इसी तरह, तीसरे कॉलम में, $\frac{14}{7} \times 16 = 32$

अतः विकल्प (A) सही है।

**17.** जैसे, $(25 \times 20) \div 10 - 30 = 20$

और $(64 \times 26) \div 32 - 20 = 32$

इसी प्रकार, $(36 \times 25) \div 15 - 30 = 30$

अतः विकल्प (B) सही है।

**18.** संविधान के अनुच्छेद 324 में प्रावधान है कि संसद, राज्य विधानसभाओं, भारत के राष्ट्रपति के कार्यालय और भारत के उपराष्ट्रपति के कार्यालय के चुनावों के अधीक्षण, निर्देशन और नियंत्रण की शक्ति चुनाव आयोग में निहित होगी।

अतः विकल्प (A) सही है।

**19.** भारत में नदियों को दो तंत्रो में विभाजित किया गया है- हिमालयी नदियाँ और प्रायद्वीपीय नदियाँ।

जो नदियाँ हिमालय से निकलती हैं जिन्हें हिमालयी नदियाँ कहते हैं जैसे - गंगा, सिन्धु, यमुना इत्यादि। जबकि प्रायद्वीपीय नदियों का उद्गम क्षेत्र प्रायद्वीपीय भारत के विविध क्षेत्रों से होता है जैसे- गोदावरी, नर्मदा, कृष्णा, कावेरी, महानदी इत्यादि।

अतः विकल्प (D) सही है।

**20.** व्याख्या:

देश और राजधानी का सही युग्म है-

अज़रबैजान - बाकू

बांग्लादेश - ढाका

ऑस्ट्रिया - वियना

बहरीन - मनामा

अतः विकल्प (A) सही है।

**21.** यू.के. सरकार ने एक संशोधन पारित किया है जिसके द्वारा देश में सिखों को कृपाण ले जाने और धार्मिक और सांस्कृतिक कार्यों के दौरान इसका

उपयोग करने की अनुमति दी जाएगी। इस सप्ताह 'आक्रामक हथियार विधेयक' को शाही स्वीकृति मिली। सिख समुदाय के कृपाण रखने के अधिकार को सुरक्षित रखते हुए 2018 में कानून में संशोधन किया गया था। इस संशोधन के अनुसार सिख समुदाय को कृपाण या धार्मिक तलवारों आदान-प्रदान की अनुमति भी होगी।

अतः विकल्प (A) सही है।

**22.** हिमाचल प्रदेश चीन के साथ लगभग 200 किलोमीटर की सीमा साझा करता है जो भारत के अन्य साझा सीमावर्ती राज्यों में सबसे छोटा है।

अतः विकल्प (C) सही है।

**23.** भारतीय शेयर बाजार में बीते 10 साल की सबसे अधिक बढ़त और रिकॉर्ड ऊंचाई के साथ बंद हुआ। 20 मई को आए एग्जिट पोल में मोदी सरकार की पूर्ण बहुमत के साथ सत्ता में वापसी के संकेतों से उत्साहित निवेशकों के उत्साह से बीएसई का 30 शेयरों वाला संवेदी सूचकांक सेंसेक्स 20 मई को 1421 अंकों को बढ़त के साथ 39,352.67 के स्तर पर बंद हुआ।

अतः विकल्प (A) सही है।

**24.** झारखंड की राज्य सरकार ने हाल ही में वित्तीय वर्ष 2020-21 के लिए अपना बजट पेश किया। आईटी ने बेरोजगार स्नातक और स्नातकोत्तर युवाओं को 5000 रुपये से 7000 रुपये तक की वित्तीय सहायता की घोषणा की।

राज्य सरकार ने 100 यूनिट मुफ्त बिजली प्रदान करने और पूरे राज्य में 100 मुहल्ला क्लीनिक स्थापित करने का भी प्रस्ताव दिया। मुख्यमंत्री गरीब भात योजना (एमडीबीवाई) को राज्य के गरीब लोगों को 5 रुपये में भोजन उपलब्ध कराने के लिए पुनर्जीवित किया गया था।

अतः विकल्प (C) सही है।

**25.** नई दिल्ली विश्व पुस्तक मेला 2020 का 28 वां संस्करण 4 से 12 जनवरी, 2020 तक प्रगति मैदान, नई दिल्ली में आयोजित किया गया था। महात्मा गांधी की 150 वीं जयंती मनाने के लिए, मेले के विषय को 'गाँधी : दी राइटर्स राइटर' चुना गया था। केंद्रीय मानव संसाधन विकास मंत्री रमेश पोखरियाल ने वार्षिक मेले का उद्घाटन किया, जिसका आयोजन नेशनल बुक ट्रस्ट (एनबीटी) द्वारा किया गया था। उद्घाटन समारोह के मुख्य अतिथि गांधीवादी विद्वान गिरीश्वर मिश्र थे।

अतः विकल्प (A) सही है।

**26.** महान कुषाण राजा के सिक्के मध्य प्रदेश के शहडोल जिले में पाए गए थे। कनिष्क ईसा पूर्व दूसरी शताब्दी के दौरान कुषाण राजवंश के महान सम्राट थे। वह कुजुला कडफिसेस का एक निर्णायक था। वह कुषाण वंश का सबसे शक्तिशाली और प्रसिद्ध शासक था जो अपनी सैन्य, राजनीतिक शक्ति के लिए जाना जाता था। उनके राज्य की राजधानी पुरुषपुरा (पेशावर) थी। उसने भारत के पश्चिम में शासन किया। वह शक युग की स्थापना के लिए जाना जाता है।

अतः विकल्प (C) सही है।

**27.** झंडा सत्याग्रह जिसे फ्लैग सत्याग्रह के रूप में भी जाना जाता है, भारतीय राष्ट्रीय आंदोलन के दौरान अंग्रेजों के खिलाफ अभियान का एक तरीका था। प्रारंभ में, जबलपुर में झंडा सत्याग्रह शुरू हुआ और फिर पूरे भारत में फैल गया, कई क्रांतिकारी चुनाव प्रचार के दौरान जेल गए। सरदार बल्लभ भाई पटेल राष्ट्रीय स्तर पर झंडा सत्याग्रह का नेतृत्व कर रहे थे। यह 1923 में नागपुर में समाप्त हुआ था।

अतः विकल्प (A) सही है।

**28.** कर्क रेखा जो 23 है और 1/2 डिग्री उत्तरी अक्षांश भारत के आठ राज्यों से होकर गुजरती है। मध्य प्रदेश आठ में से एक है। आठ राज्य- गुजरात, राजस्थान, मध्य प्रदेश, छत्तीसगढ़, झारखंड, पश्चिम बंगाल, त्रिपुरा, मिजोरम।

मध्यप्रदेश के 14 जिलों से होकर गुजरते हुए कर्क रेखाएँ हैं- रतलाम, उज्जैन, शाजापुर, राजगढ़, सीहोर, भोपाल, विदिशा, रायसेन, सागर, दमोह, कटनी, जबलपुर, उमरिया और शहडोल।

अतः विकल्प (C) सही है।

**29.** मध्य प्रदेश, 3,08,000 वर्ग किलोमीटर के क्षेत्र के साथ राजस्थान के बाद भारत का दूसरा सबसे बड़ा राज्य। यह भारत के उत्तर-मध्य क्षेत्र में स्थित प्रायद्वीपीय पठार का एक हिस्सा है, जिसकी सीमा उत्तर में गंगा-यमुना के मैदानी भाग में, पश्चिम में अरावली द्वारा, पूर्व में छत्तीसगढ़ मैदान द्वारा, और में वर्गीकृत किया जा सकता है। ताप्ती घाटी और महाराष्ट्र के पठार द्वारा दक्षिण।

अतः विकल्प (D) सही है।

**30.** मदीखेड़ा बांध जिसे मोहिनी सागर बांध भी कहा जाता है, मध्य प्रदेश में सिंध नदी पर शिवपुरी के पास स्थित है। यह सिंध नदी पर एक महत्वपूर्ण जलाशय है। बांध को बनाने का उद्देश्य पनबिजली उत्पादन और सिंचाई दोनों था और यह 2008 में पूरा हुआ था। यमुना नदी की एक सहायक नदी सिंध नदी मध्य प्रदेश और उत्तर प्रदेश के भारतीय राज्यों से होकर बहती है।

अतः विकल्प (B) सही है।

**31.** अजंता और एलोरा की गुफाएँ, जिन्हें प्राचीन रॉक-कट गुफाओं में से एक बेहतरीन उदाहरण माना जाता है, भारत के महाराष्ट्र में औरंगाबाद के पास स्थित हैं। अजंता और एलोरा की गुफाएं सुंदर मूर्तियों, चित्रों और भित्तिचित्रों से सजी हैं और इनमें बौद्ध मठ, हिंदू और जैन मंदिर शामिल हैं।

अतः विकल्प (D) सही है।

**32.** प्रसिद्ध रॉक गार्डन जिसे नेक चंद के रॉक गार्डन के रूप में भी जाना जाता है, इसके संस्थापक नेक चंद के बाद, एक सरकारी अधिकारी जिसने 1957 में अपने खाली समय में गुप्त रूप से उद्यान शुरू किया था, वह चंडीगढ़ शहर में है।

अतः विकल्प (D) सही है।

**33.** पाइरोमीटर एक प्रकार का रिमोट-सेंसिंग थर्ममीटर है, जिसका उपयोग सतह के तापमान को मापने के लिए किया जाता है। यह एक उपकरण है जो दूर से थर्मल विकिरण के स्पेक्ट्रम से एक चमकदार सतह के तापमान को निर्धारित करता है जो इसे उत्सर्जित करता है, एक प्रक्रिया जिसे पाइरोमेट्री के रूप में जाना जाता है।

अतः विकल्प (C) सही है।

**34.** गुजरात की राज्य सरकार ने हाल ही में गिर, बर्दा और आलेच जंगलों के क्षेत्रों में रहने वाले तीन आदिवासी समुदायों के बीच सही लाभार्थियों को तय करने के लिए पांच सदस्यीय आयोग का गठन किया है।

आयोग में एक सेवानिवृत्त उच्च न्यायालय के न्यायाधीश, दो सेवानिवृत्त जिला न्यायालय के न्यायाधीश, एक सेवानिवृत्त वन विभाग के अधिकारी और एक सेवानिवृत्त अतिरिक्त कलेक्टर शामिल होंगे। इसका उद्देश्य गलत व्यक्तियों को आदिवासी लोगों का लाभ लेने से रोकना और उनके अधिकारों की रक्षा करना है।

अतः विकल्प (C) सही है।

**35. SUMMER = RUNNER**

दिए गए कोड में, दूसरे, पांचवें और छठे अक्षर समान हैं। शब्द का पहला अक्षर (S → R) एक कदम पीछे चला गया है, जबकि दो मध्य अक्षर (M → N और M → N) प्रत्येक एक कदम आगे बढ़कर कोड के संबंधित अक्षर प्राप्त करते हैं। इसलिए,

**WINTER = VIOUER**

अतः विकल्प (B) सही है।

**36.** चार्ल्स कोरिया एक भारतीय वास्तुकार, शहरी योजनाकार और कार्यकर्ता थे। आजादी के बाद के भारत में आधुनिक वास्तुकला के निर्माण का श्रेय उन्हें "भारत के सबसे महान वास्तुकार" के रूप में दिया गया। वह 1970 के दशक में नवी मुंबई की टाउनशिप की योजना के लिए मुख्य रूप से जिम्मेदार थे।

अतः विकल्प (C) सही है।

**37.** बिरजू महाराज भारत में कथक नृत्य के लखनऊ कालका-बिंदादीन घराने के प्रमुख प्रतिपादक हैं। वह कथक नर्तकियों के महान महाराज परिवार के वंशज हैं, जिसमें उनके दो चाचा शंभू महाराज और लच्छू महाराज और उनके पिता अचन महाराज शामिल हैं।

अतः विकल्प (B) सही है।

**38.** असम के कृष्ण-केंद्रित वैष्णव मठों में उत्पत्ति के साथ सत्रिया नृत्य-नाट्य प्रदर्शन कला है। इसका श्रेय 15 वीं शताब्दी के भक्ति आंदोलन के विद्वान और श्रीमंत शंकरदेव नाम के संत को जाता है। इसे भारतीय संगीत के संगीत नाटक अकादमी द्वारा शास्त्रीय नृत्य के रूप में मान्यता दी गई थी।

अतः विकल्प (C) सही है।

**39.** कुचिपुड़ी आंध्र प्रदेश का एक शास्त्रीय भारतीय नृत्य है। कुचिपुड़ी, कृष्णा जिले के दिवि तालुका के एक गाँव का नाम है जो बंगाल की खाड़ी की सीमा में है। किंवदंती के अनुसार, सिद्धेंद्र योगी को कुचिपुड़ी नृत्य-नाटक परंपरा का संस्थापक माना जाता है।

अतः विकल्प (A) सही है।

**40.** एबेल पुरस्कार नॉर्वे के राजा द्वारा एक या अधिक उत्कृष्ट गणितज्ञों को प्रतिवर्ष प्रदान किया जाता है। इसका नाम नॉर्वेजियन गणितज्ञ नील्स हेनरिक एबेल (1802-1829) के नाम पर रखा गया है और सीधे नोबेल पुरस्कारों के बाद तैयार किया गया है। 2022 का एबेल पुरस्कार डेनिस सुलिवन को टोपोलॉजी में उनके व्यापक योगदान और विशेष रूप से इसके बीजगणितीय, ज्यामितीय और गतिशील पहलुओं के लिए प्रदान किया गया था।

अतः विकल्प (C) सही है।

**41.** 12 संख्याओं का औसत $= 15$

12 संख्याओं का योग $= 15 \times 12 = 180$

पहले दो संख्याओं का औसत $= 14$

पहले दो संख्याओं का योग $= 14 \times 2 = 28$

पहले दो संख्याओं का योग $+$ शेष संख्याओं का योग $= 180$

शेष संख्याओं का योग $= 180 - 28 = 152$

शेष संख्याओं का औसत $= \dfrac{152}{10} = 15\dfrac{1}{5}$

अतः विकल्प (A) सही है।

**42.** मान लें कि सेब की संख्या $3x, 2x$ तथा $5x$ है।

औसत लागत $= \dfrac{3x \times 15 + 2x \times 10 + 5x \times 5}{3x + 2x + 5x}$

$= \dfrac{45x + 20x + 25x}{10x}$

$= \dfrac{90x}{10x}$

$= 9$ रुपये

अतः विकल्प (B) सही है।

**43.** माना सुमन x महीनों बाद छोड़ देती है

प्रश्नानुसार,

$78000 \times \dfrac{x}{65000} \times 12 = 4060$ महीने

$\therefore x = \dfrac{40}{6} = \dfrac{20}{3}$ महीने

अतः विकल्प (B) सही है।

**44.** माना नंबर है $100$

वास्तविक गुणन $= \dfrac{100 \times 5}{3} = \dfrac{500}{3}$

विद्यार्थी का गुणा $= \dfrac{100 \times 3}{5} = \dfrac{300}{5}$

त्रुटि $= \dfrac{500}{3} - \dfrac{300}{5}$

$= \dfrac{2500 - 900}{15} = \dfrac{1600}{15}$

% त्रुटि $= \dfrac{1600 \times 100 \times 3}{15 \times 500} = 64\%$

अतः विकल्प (B) सही है।

**45.** ट्रेन टिकट की कीमत 1 दिन के लिए = रु. 140

30 दिनों के लिए लागत $= 30 \times 140 =$ रु. 4200

मासिक पास की लागत = रु. 3276

पैसा बचाया = 4200 - 3276 = रु. 924

$\therefore$ अपेक्षित % $= \dfrac{924}{4200} \times 100$

$= \dfrac{924}{42} = 22\%$

अतः विकल्प (D) सही है।

**46.** सीप एक पशु है और बाज एक पक्षी है। इसलिए, उत्तर आकृति (1) तीनों के बीच संबंध का सबसे अच्छा प्रतिनिधित्व करता है।

अतः विकल्प (A) सही है।

**47.** प्रतिप्रवाह की गति $= 8 - 1.5 = 6.5$ किमी प्रति घंटे

अनुप्रवाह की गति $= 8 + 1.5 = 9.5$ किमी प्रति घंटे

प्रतिप्रवाह में लगने वाला समय $= \dfrac{61.75}{6.5} = 9.5$ घंटे

अनुप्रवाह में लगने वाला समय $= \dfrac{61.75}{9.5} = 6.5$ घंटे

कुल समय $= 9.5 + 6.5 = 16$ घंटे

अतः विकल्प (C) सही है।

**48.** स्पष्ट रूप से, आकृति (2) खाली स्थान में रखे जाने पर पैटर्न को पूरा करेगी।

जैसा कि नीचे दिखाया गया है:

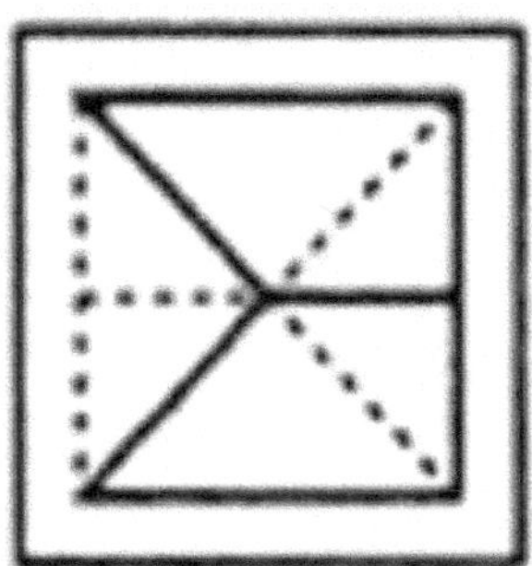

अतः सही विकल्प (B) है।

**49.**

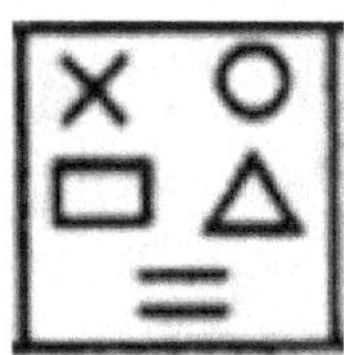

आकृति (4) में '+' चिन्ह के स्थान पर आयत है।

अतः विकल्प (D) सही है।

**50.**

आकृति (2) $180°$ घूमती है।

अतः सही विकल्प (B) है।

**51.** स्पष्ट रूप से, आकृति (4) खाली स्थान में रखे जाने पर पैटर्न को पूरा करेगा।

जैसा कि नीचे दिखाया गया है:

अतः विकल्प (D) सही है।

**52.** छोटी संख्या को $x$ मानते हैं।

फिर बड़ी संख्या $= (x + 1365)$

$\therefore\ x + 1365 = 6x + 15$

$\Rightarrow 5x = 1350$

$\Rightarrow x = 270$

$\therefore$ छोटी संख्या $= 270$

अतः विकल्प (B) सही है।

**53.**

(3) ƧИΟΙТΑМЯΟꟻИΙ

अतः विकल्प (C) सही है।

**54.**

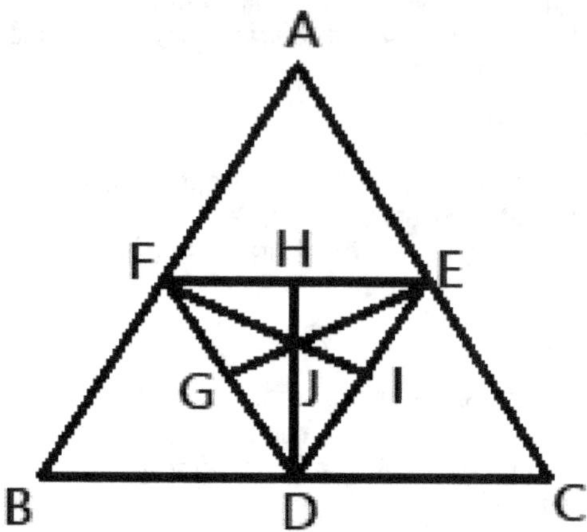

त्रिकोण हैं: AFE, FBD, DEC, FJG, FJH, GJD, JDI, JIE, JEH, FID, FIE, DEG, FEG, FDH, DHE, FJE, JED, JDF, ABC, DEF.

इसलिए, 20 त्रिकोण हैं।

अतः सही विकल्प (D) है।

**55.** चित्र को दिखाए अनुसार लेबल किया जा सकता है।

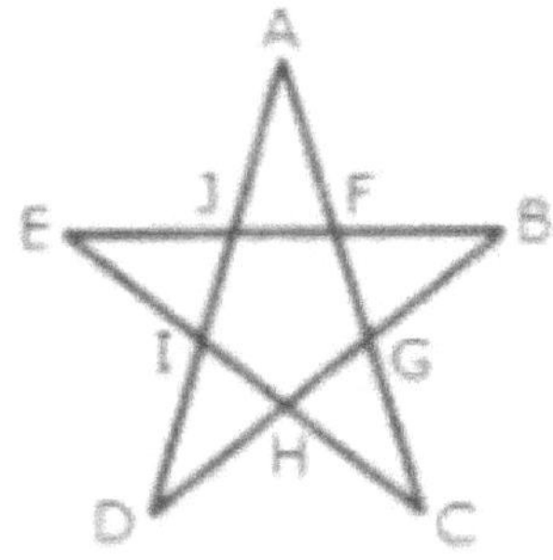

सबसे सरल त्रिकोण हैं $AJF, FBG, GCH, HDI$ और $IEJ$ यानी 5 की संख्या में।

त्रिकोण तीन घटकों से बना है $EBH, AIC, EFC, ADG,$ और $BJD$ यानी 5 की संख्या में।

इस प्रकार, आकृति में $5 + 5 = 10$ त्रिकोण हैं।

अतः विकल्प (D) सही है।

**56.** अंग्रेजी : गणित = 2:3

अंग्रेजी : विज्ञान = 2:1

अंग्रेजी : गणित : विज्ञान = 2:3:1

अंग्रेजी + गणित + विज्ञान = 180

विज्ञान में अंक $= \dfrac{1}{6} \times 180 = 30$

अतः विकल्प (C) सही है।

**57.** दस और इकाई अंक क्रमशः $x$ और $\dfrac{8}{x}$ होने दें। फिर

$$\left(10x + \frac{8}{x}\right) + 18 = 10 \times \frac{8}{x} + x$$

$$\Rightarrow 10x^2 + 8 + 18x = 80 + x^2$$

$$\Rightarrow 9x^2 + 18x - 72 = 0$$

$$\Rightarrow x^2 + 2x - 8 = 0$$

$$\Rightarrow (x + 4)(x - 2) = 0$$

$$\Rightarrow x = 2$$

∴ पहला अंक होगा 2 और दूसरा अंक होगा 4

यानी डिजिट 24 है।

अतः विकल्प (B) सही है।

**58.** वेन आरेख के अनुसार, हम कह सकते हैं कि युवाओं और स्नातक के उभय क्षेत्र में संख्या 20 है जो उन युवाओं को दर्शाता है जो स्नातक हैं।

अतः विकल्प (B) सही है।

**59.** विकल्प A, B, C और D में एक सर्कल, एक त्रिकोण और एक वर्ग है। दिए गए विकल्पों को ध्यान से देखने के बाद, मध्य त्रिकोण और साइड त्रिकोण विकल्प D को छोड़कर उसी दिशा में हैं।

अतः विकल्प (D) सही है।

**60.** बोडमास के अनुसार,

$$39.012 \times 14.98 = 39 \times 15 = 585$$

$$28.013 \times 9.999 = 28 \times 10 = 280$$

तो, $585 - 280 = (20 + x) \times 5.23$

$$\Rightarrow 585 - 280 = 100 + 5x$$

$$\Rightarrow 305 - 100 = 5x$$

$$\Rightarrow 205 = 5x$$

$$\Rightarrow x = 41$$

अतः विकल्प (C) सही है।

**61.** अनुवर्ती चित्र में वृत्त के पैटर्न (○, ◑ और ●) की पुनरावृत्ति हो रही है और प्रत्येक अनुवर्ती चित्र में वृत्त रेखा खंड के साथ खिसकता है।इसलिए,

अतः विकल्प B सही है।

**62.** माना, $P = 100$ रुपये

तो, $S.I$ है 50 रुपये और समय $= 5$ साल

$$\therefore R = \frac{100 \times 50}{100 \times 5} = 10\% \text{ p.a.}$$

अब, P = 12,000 रुपये, T = 3 साल और $R = 10\%$ p.a.

चक्रवृद्धि ब्याज $= 12000$ रुपये $\times \left\{\left(1 + \frac{10}{100}\right)^3 - 1\right\} = 3972$ रुपये

अतः विकल्प (D) सही है।

**63.** जल में, परावर्तन के बाद प्रश्न आकृति का ऊपरी भाग प्रतिबिंब में नीचे की ओर दिखाई देगा। उसी प्रकार, प्रश्न आकृति का निचला भाग प्रतिबिंब

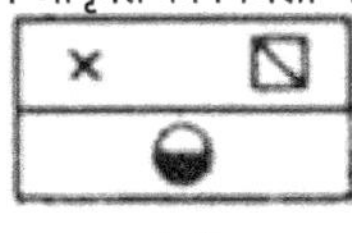

आकृति में ऊपर की ओर दिखाई देगा।

अतः विकल्प (B) सही है।

**64.** दिया हुआ,

$$S.I. = \text{रु. } 5000$$

$$T = 2 \text{ वर्षों}$$

$$S.I. = \frac{P \times R \times T}{100}$$

$$= \frac{5000 \times 9 \times 2}{100}$$

रु. 900

$$A = P\left(1 + \frac{R}{100}\right)^n$$

$$= 5000\left(1 + \frac{9}{100}\right)^2$$

$$A = \text{रु. } 5940.5$$

$$C.I. = A - P = 5940.5 - 5000$$

$$= 940.5$$

अंतर $= C.I. - S.I.$

$$= 940.5 - 900$$

$$= \text{रु. } 40.5$$

अतः विकल्प (A) सही है।

**65.** अनुप्रवाह = (12+4) किमी प्रति घंटे=16 किमी प्रति घंटे

प्रतिप्रवाह = (12-4) किमी प्रति घंटे = 8 किमी प्रति घंटे

A और B के बीच की दूरी x हो,

तब,

$$\frac{x}{16} + \frac{\left(\frac{x}{2}\right)}{8} = 19$$

$$\Rightarrow \frac{x}{16} + \frac{x}{16} = 19$$

$$\Rightarrow \frac{2x}{16} = 19$$

⇒ x = 152 किमी

अतः विकल्प (B) सही है।

**66.** STR = RST (अक्षरों की स्थिति अन्य तीन विकल्पों की तुलना में भिन्न पैटर्न में बदल रही है),

ONP = NOP

IHJ = HIJ

LKM = KLM

अतः विकल्प (A) सही है।

**67.** दिए गए चार विकल्पों को ध्यान से देखने पर, स्पष्ट है कि उत्तर आकृति (C) प्रश्न में दिए गए पैटर्न को पूरा करती है। पूरी आकृति इस प्रकार है:

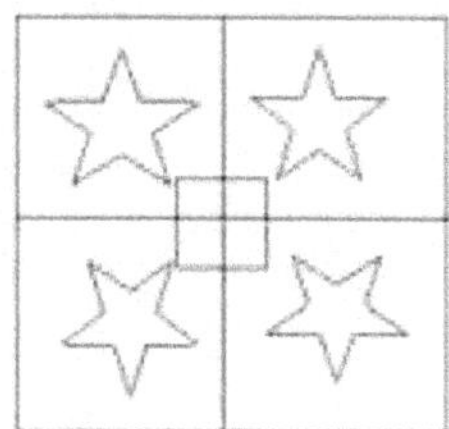

अतः, विकल्प (C) सही उत्तर है।

**68.** एक टॉफी के लिए लागत मूल्य $= \dfrac{100}{6}$

विक्रय मूल्य लागत मूल्य से $20\%$ ऊपर होगा

इसलिए,

एक टॉफी के लिए विक्रय मूल्य $= \dfrac{100}{6} \times 1.2 = \dfrac{100}{5} = 20$

इस प्रकार, उसे ₹ 1 ( 100 पैसा) में 5 टॉफी बेचनी चाहिए

अतः विकल्प (D) सही है।

**69.** दिया हुआ,

A,B से 50% अधिक कुशल है

माना B की दक्षता 100 है

A की दक्षता का 150 अनुपात है

कार्य क्षमता का अनुपात A:B=150:100=3:2

लिए गए समय का अनुपात A:B=2:3

B की कार्यक्षमता

$= \dfrac{\frac{1}{15}}{\frac{1}{2}+\frac{1}{3}} \times \dfrac{1}{3} = \dfrac{2}{75}$

B द्वारा लिया गया समय $B\,\dfrac{75}{2}$ घंटे $= 37\dfrac{1}{2}$ घंटे

अतः विकल्प (C) सही है।

**70.** 1 दिन में Y द्वारा किया गया कार्य = 1y

1 दिन में X द्वारा किया गया कार्य = 3y

1 दिन में X और Y दोनों द्वारा किया गया कुल कार्य $= \dfrac{1}{y} + \dfrac{3}{y} = \dfrac{4}{y}$

एक साथ कार्य पूरा करने में लिया गया समय $= \dfrac{y}{4} = 16$ दिया गया है, y = 64 दिन

Y द्वारा आधे काम को पूरा करने के लिए आवश्यक दिनों की संख्या = 32 दिन

अतः विकल्प (A) सही है।

**71.** एक सर्किट में कोई भी प्रतिरोध जिसमें एक वोल्टेज ड्रॉप होता है, विद्युत शक्ति को नष्ट कर देता है। यह विद्युत शक्ति ऊष्मा ऊर्जा में परिवर्तित हो जाती है जिसका उपयोग खपत में किया जाता है।

अतः विकल्प (D) सही है।

**72.** बल द्वारा लगाई गई शक्ति ज्ञात की जा सकती है-

$$P = F.v$$

जब निकाय पृथ्वी की सतह से ऊपर है, तब इसकी गति सबसे ज्यादा है। इस समय, गुरुत्वाकर्षण बल भी अधिकतम है। इसलिए, निकाय के पृथ्वी से टकराने से ठीक पहले, गुरुत्वाकर्षण बल द्वारा लगाई गई शक्ति सबसे ज्यादा होती है।

अतः विकल्प (B) सही है।

**73.** दिया गया है,

पानी में प्रकाश की गति, $v = 2.25 \times 10^8 \, m/s$

निर्वात में प्रकाश की गति, $c = 3 \times 10^8 m/s$

अपवर्तक सूचकांक, $n = ?$

अपवर्तक सूचकांक की गणना करने का सूत्र इस प्रकार है-

$$n = \dfrac{c}{v}$$

$n = \dfrac{3 \times 10^8}{2 \cdot 25 \times 10^8} = 1.33$

अतः विकल्प (B) सही है।

**74.** $\mu = \dfrac{1}{\sin c}$

$\mu = \dfrac{1}{\sin 30°} = 2$

$\mu$ = माध्यम में प्रकाश का वेग / माध्यम में प्रकाश का वेग

माध्यम में प्रकाश का वेग = माध्यम में प्रकाश का वेग / $\mu$

माध्यम में प्रकाश का वेग $= \dfrac{3 \times 10^8}{2} = 1.5 \times 10^8 \, m/s$

अतः विकल्प (B) सही है।

**75.** ध्वनि तरंगें अंतरिक्ष के निर्वात में यात्रा कर सकती क्योंकि इन यांत्रिक तरंगों को संचारित करने का कोई माध्यम नहीं है। परम्परागत तरंगें माध्यम से पदार्थ के परिवहन के बिना ऊर्जा को स्थानांतरित करती हैं।

अतः विकल्प (C) सही है।

**76.** दो संबंधित प्रजातियों या आबादी को सहानुभूति माना जाता है जब वे एक ही भौगोलिक क्षेत्र में मौजूद होते हैं और इस तरह एक दूसरे से अक्सर मिलते हैं। एक प्रारंभिक इंटरब्रीडिंग आबादी जो एक आम सीमा को साझा करने वाली दो या अधिक विशिष्ट प्रजातियों में विभाजित होती है, सहानुभूति की अटकलों का उदाहरण देती है।

अतः विकल्प (C) सही है।

**77.** एक लेंटिक इकोसिस्टम तालाबों, झीलों की तरह अभी भी पानी का एक इकोसिस्टम है। एक लॉट इकोसिस्टम एक धारा, महासागर की तरह स्वतंत्र

रूप से बहने वाले पानी का एक पारिस्थितिकी तंत्र है। बेंटिक इकोसिस्टम में उन जल निकायों के तल शामिल होते हैं जो झील का समुंदर या तल होता है। जेरिक इकोसिस्टम बहुत कम पानी वाले रेगिस्तानी इलाकों का इकोसिस्टम है।

अतः विकल्प (B) सही है।

**78.** समुद्री सांपों, क्रिट्स, कोबरा, किंग कोबरा, मांबा और कई ऑस्ट्रेलियाई प्रजातियों सहित एलपीडस के जहर में टॉक्सिन्स होते हैं जो तंत्रिका तंत्र पर हमला करते हैं, जिससे न्यूरोटॉक्सिसिटी होती है। व्यक्ति अपनी दृष्टि को अजीब गड़बड़ी के साथ पेश कर सकता है, जिसमें धुंधलापन भी शामिल है।

अतः विकल्प (B) सही है।

**79.** पिट्यूटरी ग्रंथि, जो हाइपोथैलेमस से एक पतली डंठल द्वारा लटकती है, शरीर की मास्टर ग्रंथि कहलाती है क्योंकि यह अंतःस्रावी ग्रंथियों की गतिविधि को नियंत्रित करती है।

अतः विकल्प (B) सही है।

**80.** कैल्सीटोनिन एक हार्मोन है जो मनुष्यों में थायरॉयड ग्रंथि के पैराफॉलिकुलर कोशिकाओं (आमतौर पर सी-कोशिकाओं के रूप में जाना जाता है) द्वारा निर्मित होता है। कैल्सीटोनिन रक्त में कैल्शियम और फॉस्फेट के स्तर को विनियमित करने में मदद करने में शामिल है, पैराथाइरॉइड हार्मोन की कार्रवाई का विरोध करता है।

अतः विकल्प (A) सही है।

**81.** टेफ्लॉन में महान रासायनिक जड़ता और उच्च तापीय स्थिरता है, इसलिए इसका उपयोग नॉन-स्टिक बर्तन बनाने के लिए किया जाता है। इस प्रयोजन के लिए, टेफ्लॉन की एक पतली परत को बर्तन के अंदरूनी तरफ लेपित किया जाता है।

अतः विकल्प (D) सही है।

**82.** कपास वह फाइबर है जो आग पकड़ने के लिए कम से कम प्रवण होता है। इस तरह के कई अन्य तंतु हैं, लेकिन कपास यहां की सूची में सबसे ऊपर है। कपास प्राकृतिक फाइबर है जो ग्लूकोज का बहुलक है। कपास फाइबर को पकड़ने से रोकने में मदद करता है। इसलिए हमारे माता-पिता रसोई में सूती कपड़े का उपयोग करते हैं।

अतः विकल्प (C) सही है।

**83.** पॉलिविनील क्लोराइड (पीवीसी) एक आम, मजबूत लेकिन हल्का प्लास्टिक है जिसका उपयोग कठिन प्लास्टिक बनाने में किया जाता है। इसका उपयोग लचीले अनुप्रयोगों जैसे कि इन्सुलेट केबल के लिए किया जाता है। यह पॉलीथीन और पॉलीप्रोपाइलीन के बाद तीसरा सबसे व्यापक रूप से उत्पादित सिंथेटिक प्लास्टिक बहुलक है।

अतः विकल्प (C) सही है।

**84.** वाशिंग सोडा के रूप में जाना जाने वाला सोडियम कार्बोनेट प्रकृति में काफी क्षारीय होता है और इसमें एक भयानक साबुन का स्वाद होता है। यह बहुत स्वादिष्ट नहीं है और गले को जला सकता है। बाइकार्बोनेट बहुत जेंटलर है और उतनी दृढ़ता से क्षारीय नहीं है, और इसलिए, अधिक स्वादिष्ट है। इसलिए, यह एंटासिड के रूप में कार्य नहीं करेगा।

अतः विकल्प (C) सही है।

**85.** गैस्ट्रिक एसिड पेट में बनने वाला एक पाचन तरल पदार्थ है और यह हाइड्रोक्लोरिक एसिड (HCl), पोटेशियम क्लोराइड (KCl), और सोडियम क्लोराइड (NaCl) से बना होता है। यदि पेट में गैस्ट्रिक एसिड का निर्माण हो जाता है, तो पीएच स्तर कम हो जाता है और जिससे पेट में अम्लता बढ़ जाती है।

अतः विकल्प (A) सही है।

**86.** दिया हुआ: $R_1 = 25, R_2 = 8$

तिरछी ऊंचाई $(l) = 35$

बाल्टी की घुमावदार सतह $= \pi(R_1 + R_2) \times$ तिरछी ऊंचाई $(l)$

घुमावदार सतह $= \left(\frac{22}{7}\right) \times (25 + 8) \times 35$

घुमावदार सतह $= 22 \times 33 \times 5 = 3630$ सेमी $^2$

अतः विकल्प (C) सही है।

**87.** $h = 1.45$ मीटर

$r = 30$ सेमी

$r$ सिलेंडर और गोलार्द्ध के सामान्य त्रिज्या हो और $h$ खोखले सिलेंडर की ऊंचाई हो।

तो $r = 30$ सेमी; $h = 1.45$ मीटर $= 145$ सेमी

कुल सतह क्षेत्रफल = सिलेंडर का घुमावदार सतह क्षेत्र + गोलार्ध का घुमावदार सतह क्षेत्र

$= 2\pi rh + 2\pi r^2$

$= 2\pi(h + r)$

$= 2 \times \frac{22}{7} \times 30(145 + 30)$ सेमी $^2$

$= 3.3$ मीटर $^2$

अतः विकल्प (B) सही है।

**88.** दिया गया है,

$l = 20$ सेमी

$b = 15$ सेमी

$h = 10$ सेमी

कुल सतह क्षेत्रफल $= 2(lb + bh + hl)$

$\Rightarrow 2(20 \times 15 + 15 \times 10 + 20 \times 10)$

$\Rightarrow 2(300 + 150 + 200)$

$\Rightarrow 2(650)$

$= 1300$ सेमी $^2$

अतः विकल्प (C) सही है।

**89.** आकृति में दी गई एक सीधी रेखा के बारे में सभी कोणों का योग $180°$ के बराबर है

तो, $6y + y + 2y = 180°$

$9y = 180°$

$y = \frac{180}{9}$

$y = 20°$

तो, $y$ का मान $20°$ है

अतः विकल्प (A) सही है।

**90.** चक्रीय चतुर्भुज के विपरीत कोण पूरक हैं।

$\therefore \angle A + \angle C = 180°$

$\Rightarrow 80° + C = 180°$

$\Rightarrow C = 100°$

अतः विकल्प (C) सही है।

**91.** $\angle$BOD = $\angle$AOC (सीधा विपक्ष $\angle$s) = 50º

$\angle$AOC + $\angle$AOD = 180º

$\Rightarrow$ 50º + $\angle$AOD = 180º

$\Rightarrow \angle$AOD = 130º

$\therefore \angle$BOD = 50º और $\angle$AOD = 130º

अतः विकल्प (B) सही है।

**92.** $x^2 + \dfrac{1}{x^2} = 98$

$\Rightarrow x^2 + \dfrac{1}{x^2} + 2 = 100$

$\Rightarrow \left(x + \dfrac{1}{x}\right)^2 = 100$

$\Rightarrow x + \dfrac{1}{x} = 10$

दोनों पक्षों को क्यूबिंग,

$\Rightarrow x^3 + \dfrac{1}{x^3} = 10^3 - 3 \times 10$

$\Rightarrow x^3 + \dfrac{1}{x^3} = 1000 - 3 \times 10$

$\Rightarrow x^3 + \dfrac{1}{x^3} = 970$

अतः विकल्प (A) सही है।

**93.** $a + \dfrac{1}{b} = b + \dfrac{1}{c} = c + \dfrac{1}{a}$

रखा, $a = \dfrac{1}{2}, b = 2, c = -1$

$\Rightarrow \dfrac{1}{2} + \dfrac{1}{2} = 2 - 1 = -1 + 2$

$\Rightarrow 1 = 1 = 1$

$abc = \dfrac{1}{2} \times 2 \times -1$

$abc = -1$

फिर से रखा $a = -\dfrac{1}{2}, b = -2, c = 1$

$\Rightarrow a + \dfrac{1}{b} = b + \dfrac{1}{c} = c + \dfrac{1}{a}$

$\Rightarrow -\dfrac{1}{2} - \dfrac{1}{2} = -2 + 1 = 1 - 2$

$\Rightarrow -1 = -1 = -1$

समीकरण संतुष्ट $\Rightarrow abc = -\dfrac{1}{2} \times -2 \times 1$

$abc = +1$

तो, $abc$ हो सकता है $-1$ तथा $+1$

अतः विकल्प (C) सही है।

**94.** $\left(1 - \dfrac{2xy}{x^2+y^2}\right) \div \left(\dfrac{x^3-y^3}{x-y} - 3xy\right)$

$= \left(\dfrac{x^2+y^2-2xy}{x^2+y^2}\right) \div \left(\dfrac{x^3-y^3-3xy(x-y)}{x-y}\right)$

$= \dfrac{(x-y)^2}{x^2+y^2} \div \dfrac{(x-y)^3}{x-y}$

$= \dfrac{(x-y)^2}{x^2+y^2} \div (x-y)^2$

$= \dfrac{(x-y)^2}{x^2+y^2} \times \dfrac{1}{(x-y)^2}$

$= \dfrac{1}{x^2+y^2}$

अतः विकल्प (B) सही है।

**95.** $\dfrac{5x}{4x^2+10x+1}$

$= \dfrac{5x}{x\left(4x+10+\dfrac{1}{x}\right)}$

$= \dfrac{5}{4x+\dfrac{1}{x}+10}$

$= \dfrac{5}{5+10}$

$= \dfrac{5}{15}$

$= \dfrac{1}{3}$

अतः विकल्प (B) सही है।

**96.** दिया है:

$\left(\dfrac{a}{b}\right)^{x-1} = \left(\dfrac{b}{a}\right)^{x-3}$

$\Rightarrow \left(\dfrac{a}{b}\right)^{x-1} = \left(\dfrac{a}{b}\right)^{-(x-3)} = \left(\dfrac{a}{b}\right)^{(3-x)}$

$\Rightarrow x - 1 = 3 - x$

$\Rightarrow 2x = 4$

$\Rightarrow x = 2$

अतः विकल्प (C) सही है।

**97.** सभी सात छात्रों द्वारा भौतिकी में प्राप्त औसत अंक:

$$= \frac{1}{7} \times [(90\% \text{ of } 120) + (80\% \text{ of } 120) + (70\% \text{ of } 120)$$
$$+ (80\% \text{ of } 120) + (85\% \text{ of } 120) + (65\% \text{ of } 120)$$
$$+ (50\% \text{ of } 120)]$$
$$= \frac{1}{7} \times [(90 + 80 + 70 + 80 + 85 + 65 + 50)\% \text{ of } 120]$$
$$= \frac{1}{7} \times [520\% \text{ of } 120]$$
$$= \frac{624}{7}$$
$$= 89.14$$

अतः विकल्प (B) सही है।

**98.** तालिका से यह स्पष्ट है कि सजल और रोहित के छह विषयों में से प्रत्येक में 60% या अधिक अंक हैं।

अतः विकल्प (B) सही है।

**99.** सजल द्वारा प्राप्त कुल अंक:

= [ (90% of 150) + (60% of 130) + (70% of 120) + (70% of 100) + (90% of 60) + (70% of 40) ]

= [ 135 + 78 + 84 + 70 + 54 + 28 ]

= 449

अतः विकल्प (D) सही है।

**100.** तरुण द्वारा प्राप्त कुल अंक

$$= [(65\% \text{ of } 150) + (35\% \text{ of } 130) + (50\% \text{ of } 120) + ((77\% \text{ of } 100) + (80\% \text{ of } 60) + (80\% \text{ of } 40))]$$
$$= [97.5 + 45.5 + 60 + 77 + 48 + 32]$$
$$= 360$$

अधिकतम अंक (सभी छह विषयों में से)

$$= (150 + 130 + 120 + 100 + 60 + 40)$$
$$= 600$$

∴ तरुण का कुल प्रतिशत

$$= \left(\frac{360}{600} \times 100\right)\%$$
$$= 60\%$$

अतः विकल्प (C) सही है।

# General Knowledge and Logical Knowledge

**Q.1** किस बैंक ने शहरी सहकारी बैंकों को एक वर्ष के भीतर मानद पदों को समाप्त करने का निर्देश दिया?

**A.** बैंक ऑफ बड़ौदा
**B.** पंजाब नेशनल बैंक
**C.** स्टेट बैंक ऑफ इंडिया
**D.** भारतीय रिजर्व बैंक

**Q.2** निम्नलिखित में से कौन सा अनुच्छेद "अखिल भारतीय सेवाओं" के बारे में बताता है?

**A.** अनुच्छेद 310
**B.** अनुच्छेद 311
**C.** अनुच्छेद 312
**D.** अनुच्छेद 313

**Q.3** भारतीय संविधान का अनुच्छेद 21(A) _________ है:

**A.** वाक और अभिव्यक्ति की स्वतंत्रता का अधिकार
**B.** शिक्षा का अधिकार
**C.** गिरफ्तारी और निरोध के खिलाफ संरक्षण
**D.** संवैधानिक उपचारों का अधिकार

**Q.4** प्रश्न चिह्न (?) के स्थान पर क्या आएगा।

वायु: वायुमंडल :: जल:?

**A.** द्वीप
**B.** पृथ्वी
**C.** सागर
**D.** ड्रॉप

**Q.5** प्रश्न चिह्न (?) के स्थान पर क्या आएगा।

माँ: पुत्री :: पिता:?

**A.** पुत्र
**B.** भाई
**C.** लड़का
**D.** बहन

**Q.6** प्रश्न चिह्न (?) के स्थान पर क्या आएगा।

2, 7, 27, 107, 427,?

**A.** 1262
**B.** 1707
**C.** 4027
**D.** 4207

**Q.7** प्रश्न चिह्न (?) के स्थान पर क्या आएगा।

9, 27, 31, 155, 161, 1127,?

**A.** 316
**B.** 1135
**C.** 1288
**D.** 2254

**Q.8** लुप्त पद का पता लगाएं।

| 13 | INC | 2 |
|----|-----|---|
| 6 | ORI | 7 |
| 4 | DOM | 8 |
| 7 | SUI | 7 |
| 8 | AD? | 2 |

**A.** O
**B.** K
**C.** Q
**D.** G

**Q.9** लुप्त पद का पता लगाएं।

| E | J | O |
|---|---|---|
| A | C | B |
| D | G | ? |

**A.** M
**B.** O
**C.** N
**D.** T

**Q.10** निम्नलिखित में से कौन सी आकृति तेल, बाती और दीपक के बीच सबसे अच्छा संबंध दर्शाती है?

A. 
B. 

C. 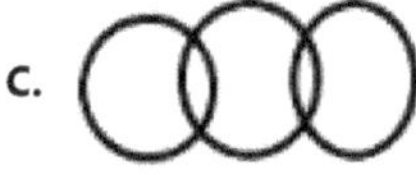
D. 

**Q.11** लुप्त अक्षर का पता लगाएं।

| H | L | P | T | X | B | F | J |
|---|---|---|---|---|---|---|---|
| A | F | K | P | U | Z | E | J |
| M | S | Y | E | K | Q | W | C |
| C | J | Q | X | E | L | S | Z |
| Q | Y | G | O | W | E | M | U |
| D | M | V | E | N | W | F | ? |

**A.** Q
**B.** E
**C.** S
**D.** O

**Q.12 निर्देश:** निम्नलिखित प्रश्न में, कुछ कथनों के बाद कुछ निष्कर्ष दिए गए हैं। आपको दिए गए कथनों को सत्य मानना है, भले ही वे सामान्यतः ज्ञात तथ्यों के साथ विचरण करते हों। सभी निष्कर्षों को पढ़ें और फिर तय करें कि दिए गए निष्कर्षों में से कौन सा दिए गए कथनों का तार्किक रूप से अनुसरण करता है, सामान्यतः ज्ञात तथ्यों की उपेक्षा करता है।

**कथन:**

सभी गिटार वायलिन हैं।

सभी वायलिन पियानो हैं।

**निष्कर्ष:**

I. सभी पियानो वायलिन हैं।

II. सभी गिटार पियानो हैं।

**A.** निष्कर्ष I अनुसरण करता है
**B.** निष्कर्ष II अनुसरण करता है
**C.** निष्कर्ष I और II दोनों अनुसरण करता है
**D.** ना तो निष्कर्ष I ना निष्कर्ष II अनुसरण करता है

**Q.13** निम्नलिखित में से कौन सी आकृति मिठाई, रसगुल्ला और सेब के बीच सबसे अच्छा संबंध दर्शाता है?

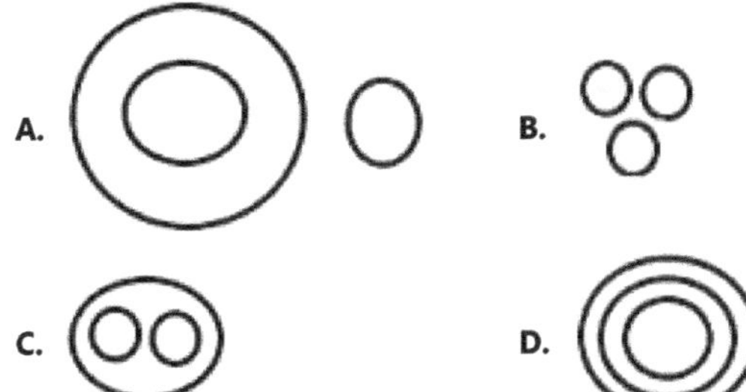

**Q.14** एक परिवार में, पिता ने केक का $\frac{1}{4}$ हिस्सा लिया था और अन्य प्रत्येक सदस्यों की तुलना मे उनके पास 3 गुना था। परिवार के सदस्यों की कुल संख्या है

**A.** 3    **B.** 7    **C.** 10    **D.** 12

**Q.15 निर्देश:** नीचे दिए गए प्रश्न में दो कथनों के बाद दो निष्कर्ष दिए गए हैं। निष्कर्ष पढ़ें और फिर निश्चित करें कि निम्नलिखित निष्कर्षों में से कौन दिए गए दो कथनों का अनुसरण करता है।

**कथन:**

कुछ छात्र गरीब हैं।

सभी गरीब अच्छे लोग हैं।

**निष्कर्ष:**

1. कुछ अच्छे लोग छात्र हैं।
2. कोई छात्र अच्छे लोग नहीं हैं।

**A.** केवल निष्कर्ष 1 अनुसरण करता है

**B.** केवल निष्कर्ष 2 अनुसरण करता है

**C.** न तो 1 और न ही 2 अनुसरण करता है

**D.** 1 और 2 दोनों ही अनुसरण करते हैं

**Q.16** उस भारतीय खिलाड़ी का नाम बताइए जिसे 2014 में भारत रत्न से सम्मानित किया गया था।

*[MP Jail Prahari, 2018]*

**A.** सचिन तेंदुलकर    **B.** ध्यान चंद

**C.** पी.टी. उषा    **D.** मिल्खा सिंह

**Q.17** निम्नलिखित प्रश्न में उस विकल्प का पता लगाएं जो प्रश्न चिह्न को बदल देगा।

मोर : भारत :: भालू : ?

**A.** ऑस्ट्रेलिया    **B.** अमेरिका

**C.** रूस    **D.** इंग्लैंड

**Q.18** मैं अपने घर से 30 मीटर उत्तर-पश्चिम दिशा में चलता हूं, और फिर दक्षिण-पश्चिम दिशा में 30 मीटर चलता हूं। इसके बाद मैं दक्षिण-पूर्व दिशा में 30 मीटर चलता हूं। अब, मैं अपने घर की ओर मुड़ गया, मैं किस दिशा में जा रहा हूँ?

**A.** उत्तर-पूर्व    **B.** उत्तर-पश्चिम

**C.** दक्षिण-पूर्व    **D.** दक्षिण-पश्चिम

**Q.19** विनोद ने विशाल का परिचय अपने पिता की पत्नी के इकलौते भाई के बेटे के रूप में दिया , विनोद विशाल से कैसे संबंधित है?

**A.** ममेरा भाई    **B.** भाई    **C.** बेटा    **D.** चाचा

**Q.20** एक आदमी की ओर इशारा करते हुए, रोशनी ने कहा कि उसकी पत्नी मेरे ससुर मोहन की इकलौती बहू है। वह व्यक्ति मोहन से किस प्रकार संबंधित है?

**A.** बेटा    **B.** चाचा    **C.** पिता जी    **D.** भाई

**Q.21** एक आदमी उत्तर की ओर मुंह करता है। अपने दाईं ओर मुड़ते हुए, वह 25 मीटर चलता है। वह फिर अपनी बाईं ओर मुड़ता है और 30 मीटर चलता है। इसके बाद, वह अपने दाईं ओर 25 मीटर चलता है। वह फिर अपने दाईं ओर मुड़ता है और 55 मीटर चलता है। अंत में, वह दाईं ओर मुड़ता है और 40 मीटर चलता है। वह अपने शुरुआती बिंदु से किस दिशा में है?

**A.** दक्षिण-पश्चिम    **B.** दक्षिण

**C.** उत्तर-पश्चिम    **D.** दक्षिण-पूर्व

**Q.22** एनटीपीसी एक केन्द्रीय लोक क्षेत्र उद्यम है जो निम्नलिखित में से किस क्षेत्र से सम्बन्धित है?

**A.** शिक्षा    **B.** स्वास्थ्य    **C.** विद्युत    **D.** परिवहन

**Q.23** निम्नलिखित में से किस वर्ष में, मध्य प्रदेश ने "मेरा मध्य प्रदेश" को अपने आधिकारिक राज्य गीत के रूप में अपनाया?

**A.** 2005    **B.** 2010    **C.** 1956    **D.** 2000

**Q.24** निम्नलिखित में से कौन मध्य प्रदेश का वर्तमान मुख्य न्यायाधीश है?

**A.** न्यायाधीश संजय यादव

**B.** न्यायाधीश मोहम्मद रफीक

**C.** न्यायाधीश शरद अरविंद बोबडे

**D.** न्यायाधीश मुहम्मद हिदायतुल्लाह

**Q.25** मध्य प्रदेश के किस जिले में प्रसिद्ध पर्यटन स्थल पेंच नेशनल पार्क स्थित है?

**A.** सीहोर और देवास    **B.** छिंदवाड़ा और बैतूल

**C.** सिवनी और जबलपुर    **D.** सिवनी और छिंदवाड़ा

**Q.26** मध्य प्रदेश की सबसे ऊँची चोटी कौन सी है?

**A.** लेडी हिल    **B.** कैमूर पहाड़ी

**C.** धूपगढ़ चोटी    **D.** माउंट लोगन

**Q.27** 2021 का विश्व खाद्य पुरस्कार किसने जीता है?

**A.** अकिनवूमी अडेसिना

**B.** फजल हसन अबेद

**C.** शकुंतला हरकसिंह थिल्स्टेड

**D.** रतन लाल

**Q.28** निम्नलिखित में से मानव शरीर के कौन से हिस्से पायरिया से प्रभावित होते है?

**A.** श्वसनी    **B.** छोटी आंत

**C.** दांत और मसूड़े    **D.** बड़ी आंत

**Q.29** वर्ष 2021-22 का बजट किस दिन पेश किया गया?

**A.** 1 फरवरी    **B.** 1 मार्च    **C.** 28 फरवरी    **D.** 2 फरवरी

**Q.30** दुनिया में सबसे पुराना पाठ कौन सा है?

**A.** यजुर्वेद    **B.** अथर्ववेद    **C.** ऋग्वेद    **D.** सामवेद

**Q.31** अशोक का सिंहचतुर्मुख स्तम्भशीर्ष भारत के किस राज्य में स्थित है?

**A.** मणिपुर    **B.** आंध्र प्रदेश

**C.** मध्य प्रदेश    **D.** उत्तर प्रदेश

**Q.32** कौन सी लघु फिल्म ऑस्कर नामांकन के लिए पात्र हो गई है?

**A.** गली बॉय    **B.** घॉल

**C.** नटखट    **D.** इनमें से कोई नहीं

**Q.33** लोकसभा के अधिकांश सदस्यों का चयन कैसे किया जाता है?

**A.** सीधे जनता द्वारा चुने जाते है

**B.** परोक्ष रूप से निर्वाचित किये जाते है

**C.** नामित किये जाते है

**D.** इनमे से कोई नहीं

**Q.34** शंघाई सहयोग संगठन के 8 अजूबों में शंघाई सहयोग संगठन की सूची में किस भारतीय स्मारक को जगह मिली है?

**A.** ताज महल  **B.** स्टैच्यू ऑफ यूनिटी

**C.** कोणार्क सूर्य मंदिर  **D.** अजंता की गुफाएँ

**Q.35** जिन्होंने हाल ही में संगीत अकादमी के प्रसिद्ध संगीत कलानिधि पुरस्कार प्राप्त किया?

**A.** एस. सौम्या  **B.** सुधा रघुनाथन

**C.** बॉम्बे जयश्री  **D.** अरुणा साईराम

**Q.36** मध्य प्रदेश के किस जिले को निमाड़ के पेरिस के रूप में जाना जाता है?

**A.** खरगोन  **B.** बड़वानी

**C.** खंडवा  **D.** अलीराजपुर

**Q.37** देश में बाघों की संख्या के मामले में मध्यप्रदेश की वर्तमान स्थिति क्या है?

**A.** प्रथम  **B.** दूसरा  **C.** तीसरा  **D.** चौथा

**Q.38** राष्ट्रीय ध्वज के धर्म चक्र में कितने रेखाएँ हैं?

**A.** 22  **B.** 18  **C.** 24  **D.** 14

**Q.39** मध्य प्रदेश का उच्चतम बिंदु कौन सा है?

**A.** लेडी हिल  **B.** कैमूर हिल

**C.** धूपगढ़ चोटी  **D.** माउंट लोगन

**Q.40** निम्नलिखित में से कौन मध्य प्रदेश का राज्य नृत्य है?

**A.** मांच  **B.** विलासिनी नाट्यम

**C.** बिहु  **D.** गरबा

# Mental Ability and Mental Aptitude

**Q.41** एक चित्र को चुनें जो खोलने पर चित्र (Z) से बहुत निकट से मिलता जुलता है।

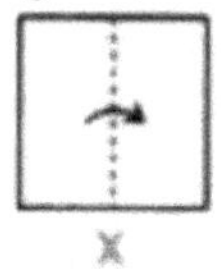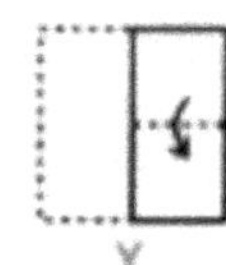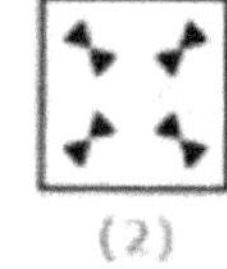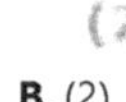

**A.** (1)  **B.** (2)  **C.** (3)  **D.** (4)

**Q.42** $x$ का मान ज्ञात कीजिए, यदि निम्नलिखित संख्याओं का औसत 27 है।

$$24, 8, 35, 40, x, 26, 32, 52$$

**A.** -2  **B.** 1  **C.** 2  **D.** -1

**Q.43** चार विकल्पों में से एक आकृति का चयन करें, जो आकृति (x) के रिक्त स्थान में रखा जाता है।

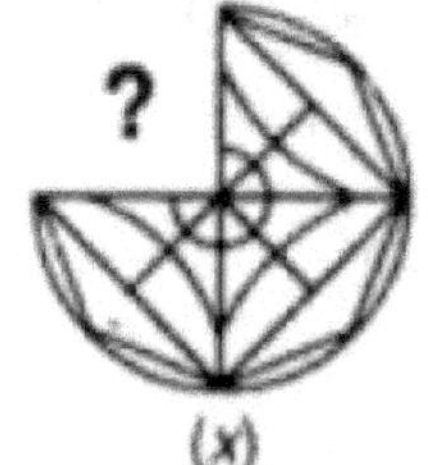

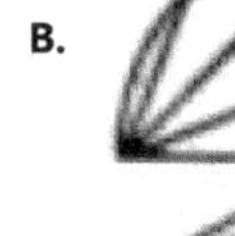

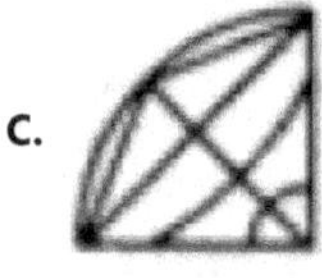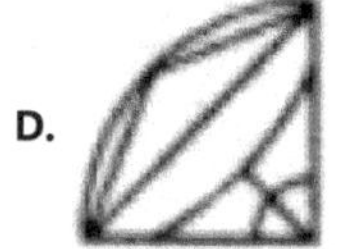

**Q.44** चार विकल्पों में से एक आकृति का चयन करें, जो आकृति (x) के रिक्त स्थान में रखा जाता है।

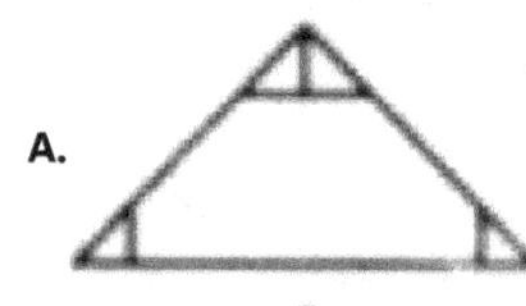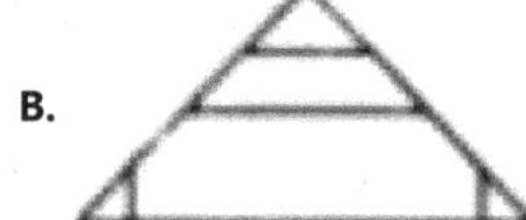

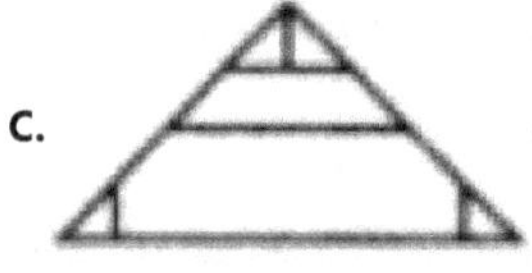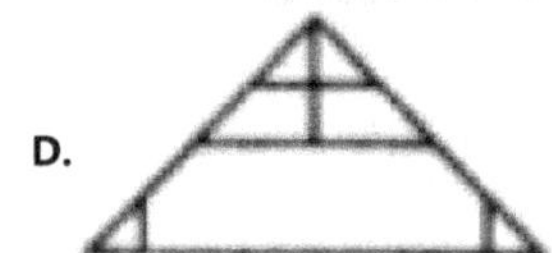

**Q.45** उस वैकल्पिक आकृति का पता लगाएं जिसमें उसके भाग के रूप में आकृति (X) हो।

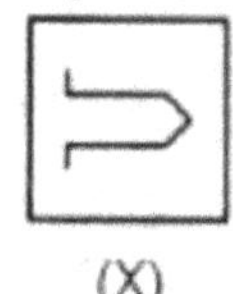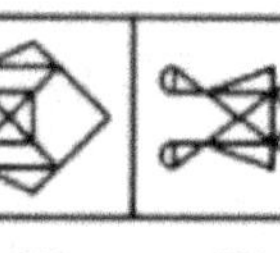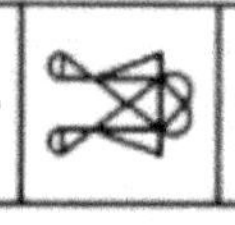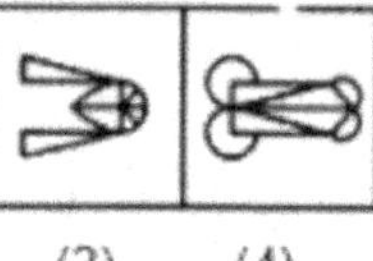

**A.** (1)  **B.** (2)  **C.** (3)  **D.** (4)

**Q.46** उस विकल्प का चयन करें जो पाँच वैकल्पिक आंकड़ों में से तीन का प्रतिनिधित्व करता है जो एक दूसरे में फिट होने पर एक पूर्ण वर्ग बनाते हैं।

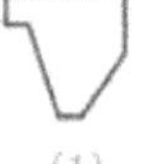

**A.** (1), (4), (5)  **B.** (2), (3), (4)

**C.** (1), (3) ,(4)  **D.** (2) ,(3) ,(5)

**Q.47** उस आकृति का चयन करें जो आकृति (X) के रूप में डॉट्स के प्लेसमेंट की समान स्थितियों को संतुष्ट करता है।

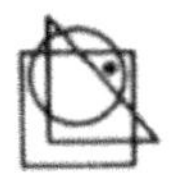  

A. (1)  B. (2)  C. (3)  D. (4)

**Q.48** प्रश्न चिह्न (?) का मान ज्ञात कीजिए।

$$(256)^{0.16} \times (256)^{0.09} = ?$$

A. 4  B. 16  C. 64  D. 256.25

**Q.49** निम्नलिखित आंकड़ों में पासा (एक से छह बिंदु) पर बिंदुओं का निरीक्षण करें। चार डॉट्स युक्त चार बिंदुओं के विपरीत सतह पर कितने डॉट होते हैं?

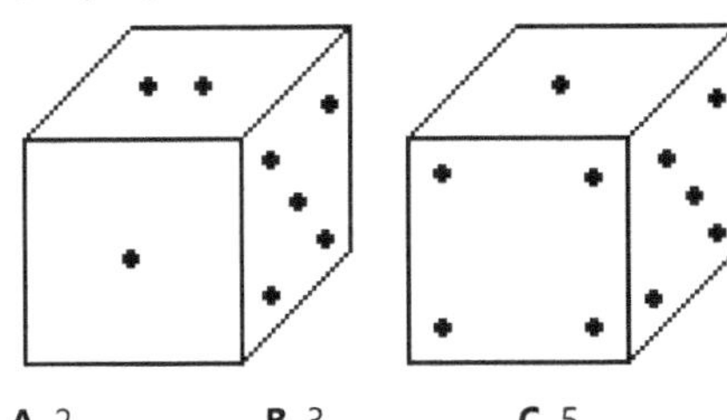

A. 2  B. 3  C. 5  D. 6

**Q.50** एक ट्रेन दो व्यक्तियों को पार करती है जो उसी दिशा में चल रहे हैं जिसमें ट्रेन 2 किमी प्रति घंटे और 4 किमी प्रति घंटे की गति से जा रही है और उन्हें क्रमशः 9 और 10 सेकंड में पूरी तरह से गुजरती है। ट्रेन की लंबाई है:

A. 45 मीटर  B. 50 मीटर  C. 54 मीटर  D. 72 मीटर

**Q.51** उस विकल्प का चयन करें जो पाँच वैकल्पिक आकृति में से तीन का प्रतिनिधित्व करता है जो एक दूसरे में फिट होने पर एक पूर्ण वर्ग बनाते हैं।

A. (1), (2), (3)  B. (2), (3), (4)
C. (1), (3), (4)  D. (2), (3), (5)

**Q.52** प्रश्न चिह्न (?) का मान ज्ञात कीजिए।

$$\frac{1}{1+x^{(b-a)}+x^{(c-a)}} + \frac{1}{1+x^{(a-b)}+x^{(c-b)}} + \frac{1}{1+x^{(b-c)}+x^{(a-c)}} = ?$$

A. 0  B. 1
C. $x^{a-b-c}$  D. इनमें से कोई नहीं

**Q.53** वह विकल्प चुनें जो दिए गए संयोजन की जल-छवि के समान है।

RECRUIT

(1) ЯƐϹᴚUIT  (2) ᴚƐϹᴚUIT
(3) TIUЯϹƐᴚ  (4) TIUᴚϹƐᴚ

A. (1)  B. (2)  C. (3)  D. (4)

**Q.54** 12 सेमी, 0.25 सेमी मोटी और 15 सेमी लंबे बाहरी व्यास के खोखले सिलेंडर में ढलने के लिए ठोस सिलेंडर की लंबाई कितनी होनी चाहिए?

A. 42.3215 सेमी  B. 44.0123 सेमी
C. 44.0625 सेमी  D. 44.6023 सेमी

**Q.55** 25 संख्याओं का औसत 29 है और अन्य 15 संख्याओं का औसत 45 है। सभी संख्याओं का औसत एक साथ है?

A. 32  B. 37  C. 35  D. 36

**Q.56** इनमें से कौन सा आकृति राजनीतिज्ञ, कवि तथा औरतों के मध्य सम्बन्ध को दर्शाता है ?

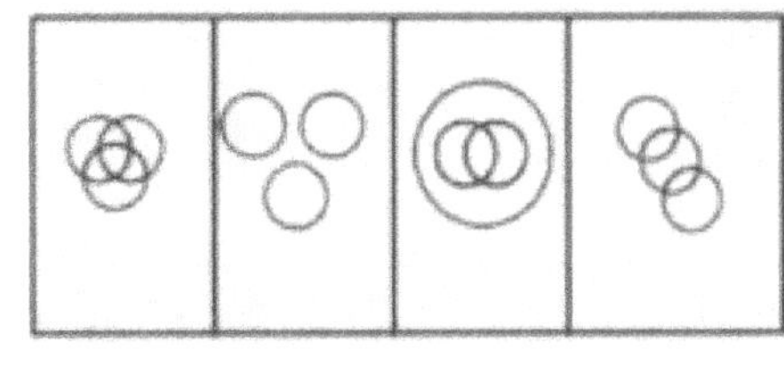

A. (A)  B. (B)  C. (C)  D. (D)

**Q.57** यदि एक दाएँ गोलाकार शंकु की ऊंचाई 200% बढ़ जाती है और आधार की त्रिज्या 50% तक कम हो जाती है, तो शंकु की मात्रा:

A. अपरिवर्तित  B. 25% की कमी
C. 25% की वृद्धि  D. 50% की वृद्धि

**Q.58** दिए गए आरेख में, कितनी झोपड़ियां ढकी हुई और गन्दी हैं?

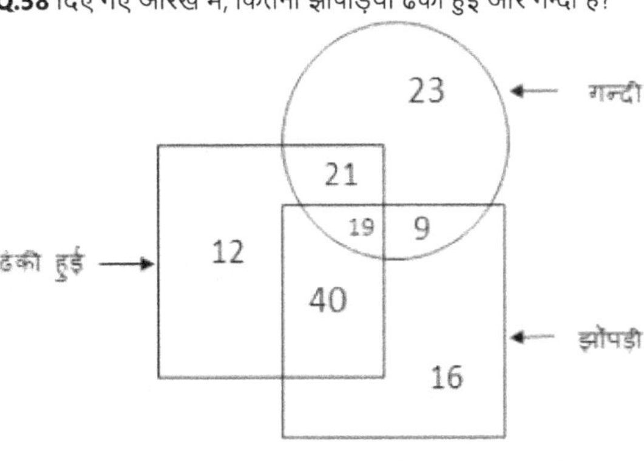

A. 28  B. 40  C. 33  D. 19

**Q.59** वस्तु और सेवा कर सहित एक फुटबॉल का मूल्य 2360 रूपये है। यदि वस्तु और सेवा कर की दर 18% है और दुकानदार द्वारा अर्जित लाभ 25% है, तो फुटबॉल का क्रय मूल्य क्या है?

A. 1750 रूपये  B. 1800 रूपये
C. 1600 रूपये  D. 1500 रूपये

**Q.60** 20% छूट पर खरीदा गया एक वस्तु 25% लाभ पर बेचा जाता है। क्रय मूल्य की तुलना में लाभ या हानि क्या है?

A. 10% लाभ  B. 20% हानि
C. 10% हानि  D. ना लाभ ना हानि

**Q.61** उस आकृति का चयन करें जो डॉट्स के उपस्थित होने की समान स्थितियों को संतुष्ट करता है जैसा कि आकृति (X) में है।

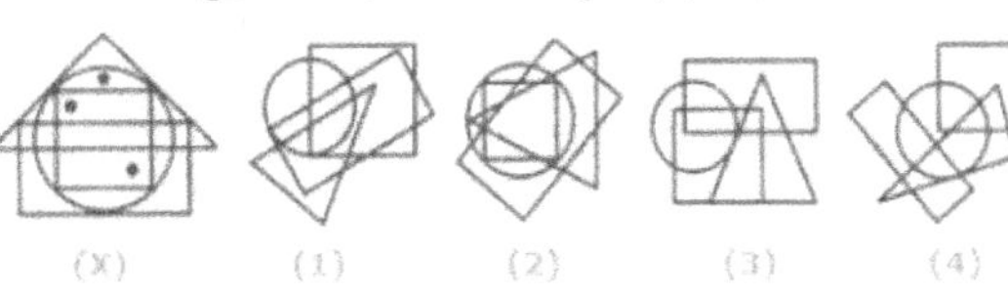

A. 1  B. 2  C. 3  D. 4

**Q.62** एक व्यक्ति एक विशेष मूल्य पर वस्तु बेचने पर 10% कमाता है। यदि वह उसे दोगुने मूल्य पर बेचता है, तो लाभ प्रतिशत क्या होगा?

**A.** 110     **B.** 120     **C.** 150     **D.** 140

**Q.63** निम्नलिखित आकृति श्रृंखला में उस उत्तर आकृति का चयन कीजिये जो प्रश्न चिह्न (?) का स्थान लेगी।

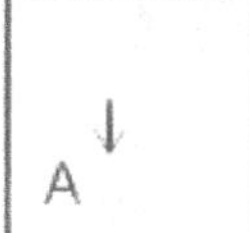  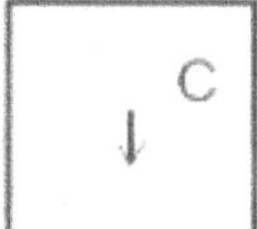 

*[SSC MTS, 2021]*

**A.**

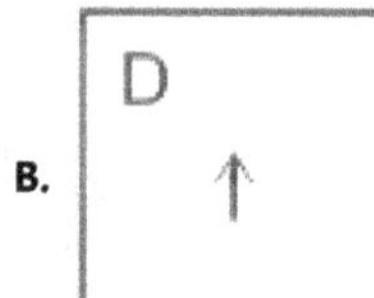
**B.**

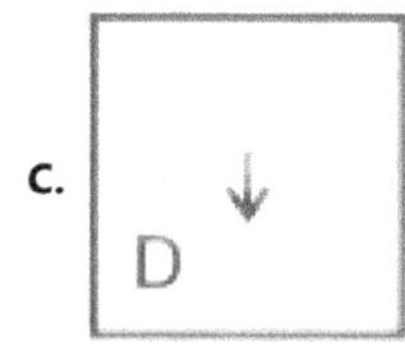
**C.**

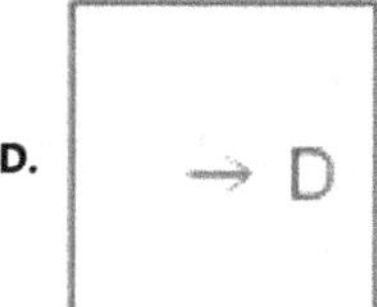
**D.**

**Q.64** उस विकल्प का चयन कीजिये जो निम्नलिखित वर्गों के बीच संबंध को सही रूप से दर्शाता है:

तेंदुआ, शुतुरमुर्ग, सांप

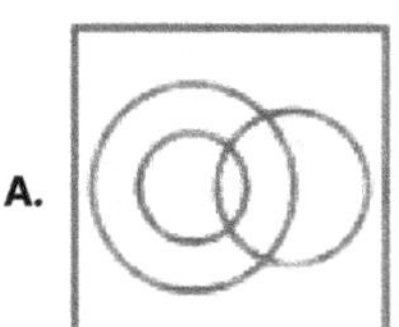
**A.**

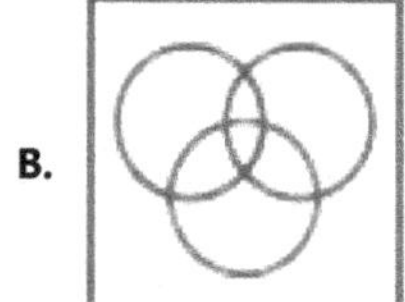
**B.**

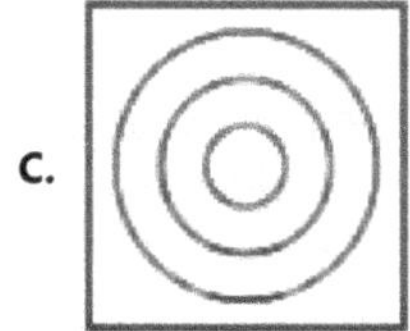
**C.**

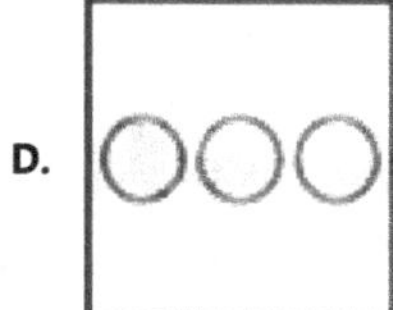
**D.**

**Q.65** उस विकल्प का चयन कीजिये जो निम्नलिखित वर्गों के बीच संबंध को सही रूप से दर्शाता है

ऊतक टूना, कछुआ

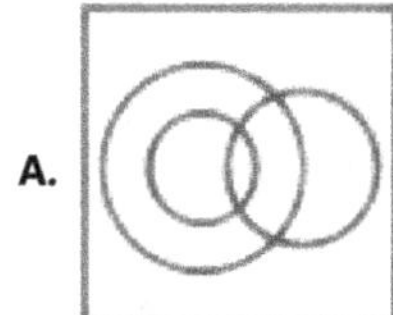
**A.**

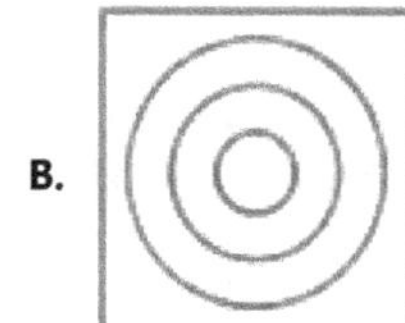
**B.**

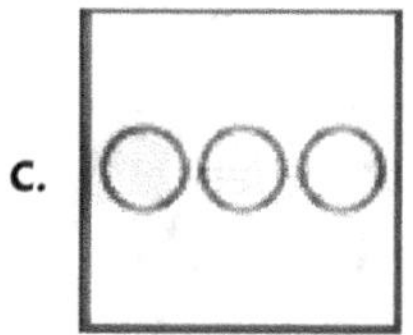
**C.**

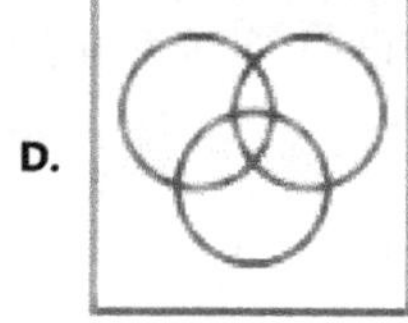
**D.**

**Q.66** निम्नलिखित आकृति में त्रिभुजों की संख्या ज्ञात कीजिए।

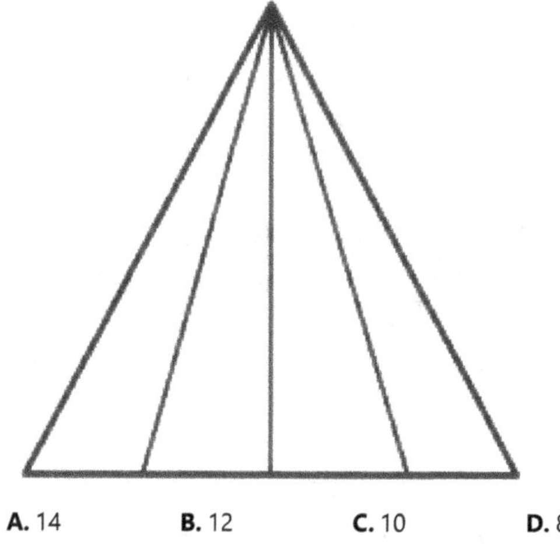

**A.** 14     **B.** 12     **C.** 10     **D.** 8

**Q.67** एक पैटर्न के साथ पारदर्शी शीट की एक आकृति नीचे दी गई है। उस विकल्प का चयन करें, जो यह दर्शाता है कि बिंदीदार रेखा पर पारदर्शी शीट को मोड़ने पर पैटर्न कैसे दिखाई देगा।

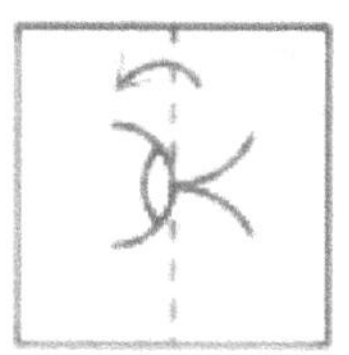

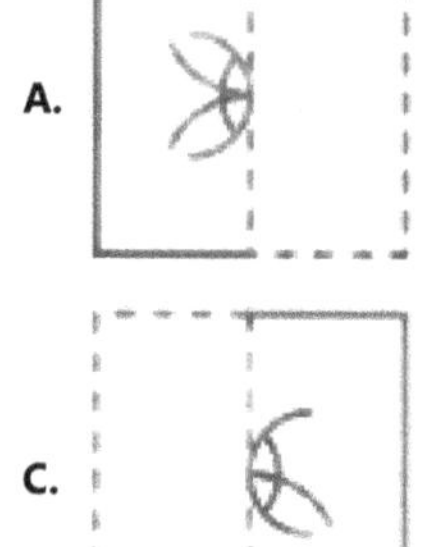
**A.**     **B.**

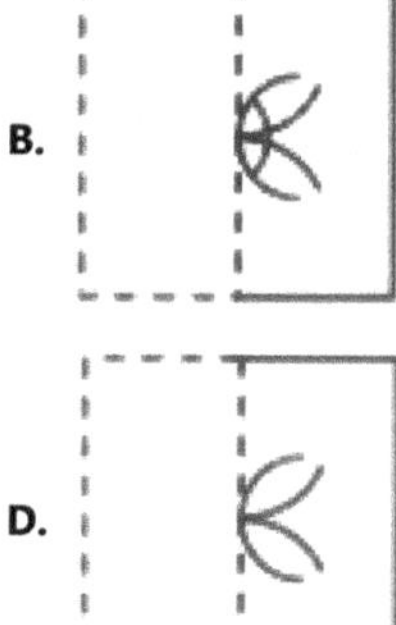
**C.**     **D.**

**Q.68** मानदंड-संदर्भित परीक्षणों का उपयोग करके और मूल्यांकन की कई तकनीकों को नियोजित करके इकाई के अंत में अक्सर छात्रों द्वारा किए गए प्रदर्शन का आकलन किस प्रकार के मूल्यांकन के रूप में जाना जाता है।

*[Haryana Primary Teacher (PRT), 2019]*

**A.** मूल्यांकन की निरंतरता

**B.** मूल्यांकन की आवधिकता

**C.** ऊपर (A) और (B) दोनों

**D.** न तो (A) और न ही (B) ऊपर

**Q.69** $A$, $B$ और $C$ एक साथ 550 रुपये के लिए एक काम का अनुबंध करते हैं। $A$ और $B$ को कार्य का $\frac{7}{11}$ भाग करना है। $C$ को मिलने वाली राशि है

A. 200 रुपये   B. 210 रुपये   C. 100 रुपये   D. 150 रुपये

**Q.70** एक टीम ने एक सत्र में 40 मैच खेले और उनमें से 24 में जीत दर्ज की। टीम ने कितने प्रतिशत मैच जीते?

A. 70%   B. 40%   C. 60%   D. 35%

# Science and Simple Arithmetic

**Q.71** निम्नलिखित में से किसने चेचक के टीके की खोज की थी?

A. जोनास ई. साल्क   B. पॉल मुलर
C. एडवर्ड जेनर   D. रॉबर्ट फ्रॉस्ट

**Q.72** निम्नलिखित में से कौन सी बीमारी असंक्रामक प्रवृति की है?

A. हैजा   B. चेचक   C. क्षय रोग   D. कैंसर

**Q.73** मनुष्यों में छोटी आंत की लंबाई लगभग है:

A. 1.5 मीटर   B. 2.5 मीटर   C. 5 मीटर   D. 6 मीटर

**Q.74** झूठ का पता लगाने के लिए किस उपकरण का उपयोग किया जाता है?

A. पॉलीग्राफ   B. ज़ेरोग्राफ
C. अल्टीमीटर   D. क्म्योग्राफ

**Q.75** शक्कर के किण्वन से क्या प्राप्त होता है?

A. क्लोरोफिल   B. एसिटिक एसिड
C. मिथाइल अल्कोहल   D. एथिल अल्कोहल

**Q.76** अल्कोहल का हिमांक बिन्दु क्या है?

A. -115°C   B. -95°C   C. -50°C   D. -145°C

**Q.77** अंगूर में कौन सा अम्ल पाया जाता है?

A. लैक्टिक अम्ल   B. फ़ॉर्मिक अम्ल
C. एसीटिक अम्ल   D. टार्टरिक अम्ल

**Q.78** गैस वेल्डिंग में, निम्नलिखित में से कौनसी गैस का उपयोग प्रकाश उत्पन्न करने के लिए किया जाता है?

A. आक्सैलिक अम्ल   B. एथिलीन
C. एसिटिलीन   D. एसिटिक अम्ल

**Q.79** समताप मंडल में 'ओजोन छेद' के गठन के लिए निम्नलिखित में से कौन सा जिम्मेदार होता है?

A. यू.वी रेडिएशन   B. सीएफसी
C. हाइड्रोकार्बन   D. बेंजोपाइरीन

**Q.80** कोयले की खानों में विस्फोट का कारण बनने वाली गैस है:

A. ऑक्सीजन   B. कार्बन डाइआक्साइड
C. कार्बन मोनोऑक्साइड   D. मीथेन

**Q.81** "स्वेडबर्ग " ________ की एक इकाई है।

A. एकाग्रता   B. आकार   C. घनत्व   D. समय

**Q.82** आमतौर पर रक्त कोशिकाओं की गिनती के लिए निम्नलिखित उपकरणों में से कौन सा उपयोग किया जाता है?

A. इलेक्ट्रोग्राम   B. स्फिग्मोमैनोमीटर
C. हीमोग्लोबिनोमीटर   D. हीमोसाइटोमीटर

**Q.83** निम्नलिखित में से कौनसे एक समतल दर्पण में बनी छवि के संबंध में सही कथन हैं?

1. छवि हमेशा आभासी होती है।
2. दर्पण से छवि की दूरी वस्तु और दर्पण के बीच की दूरी के समान होती है।
3. छवि बाद में उल्टी हो जाती है।

नीचे दिए गए कोड में से सही विकल्प का चयन करें:

A. केवल 1 और 2   B. केवल 2 और 3
C. केवल 1 और 3   D. 1, 2 और 3

**Q.84** स्पष्ट कीजिये कि आकाश का नीला रंग किसके कारण होता है?

A. प्रकाश का विचलन   B. प्रकाश का फैलाव
C. प्रकाश का परावर्तन   D. प्रकाश का अपवर्तन

**Q.85** निम्नलिखित में से कौन सा जीवन की सबसे प्राथमिक अवस्था है?

A. जीवाणु   B. प्रोटोजोआ
C. वायरस   D. नीले-हरे शैवाल

**Q.86** निम्नलिखित में से कौन सा प्रकृति में सबसे प्रचुर मात्रा में कार्बनिक यौगिक है?

A. ग्लूकोज   B. फ्रुक्टोज   C. सुक्रोज   D. सेलूलोज़

**Q.87** राम और श्याम ने क्रमशः 16000 रुपये और 12000 रुपये की साझेदारी में प्रवेश किया। 3 महीने के बाद, राम ने 5000 रुपये निकाल लिए जबकि श्याम ने अतिरिक्त 5000 रुपये का निवेश किया। 3 महीने बाद घनश्याम 21000 रुपये की पूंजी के साथ व्यापार में शामिल हो गया। एक वर्ष के बाद 26400 रुपये के कुल लाभ में श्याम की हिस्सेदारी (रुपये में) घनश्याम से कितनी अधिक है?

A. 3600 रुपये   B. 3200 रुपये
C. 4800 रुपये   D. 3000 रुपये

**Q.88** यदि $(6y + 70)°$ और $(3y + 47)°$ संपूरक कोण हैं, तो $y$ का मान ज्ञात कीजिए।

A. 12   B. 15   C. 7   D. 10

**Q.89** निम्नलिखित में से कौन सा बैक्टीरिया फलियों की जड़ों के साथ एक एंडोसिम्बायोटिक नाइट्रोजन-फिक्सिंग एसोसिएशन बनाता है जो नाइट्रोजन स्थिरीकरण में मदद करता है?

A. क्लॉस्ट्रिडियम   B. राइजोबियम
C. साल्मोनेला   D. स्टेफिलोकोकस

**Q.90** पंचकोण के सभी आंतरिक कोणों का योग ज्ञात कीजिए।

A. 450°   B. 180°   C. 360°   D. 540°

**Q.91** निम्नलिखित में से किस रोग में उपचार के लिए सीड थेरेपी का प्रयोग किया जाता है?

A. एड्स   B. क्षय रोग   C. कैंसर   D. अस्थमा

**Q.92** दिए गए त्रिभुज में BDC, $\angle BDC : \angle DCB = 3 : 4$ और $\angle DBC = 40°$. $\angle BDC$ का माप ज्ञात कीजिए।

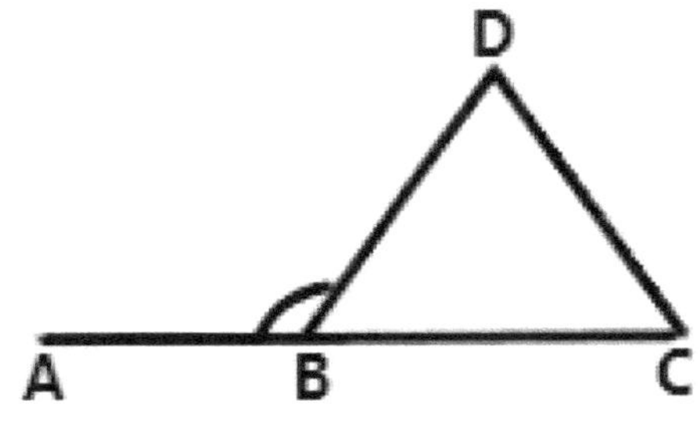


A. 40°   B. 70°   C. 60°   D. 60°

**Q.93** यदि वर्ग की भुजा (2x + 5) सेमी है और परिमाप 28 सेमी है। x का मान ज्ञात कीजिए?

**A.** 1     **B.** 2     **C.** 3     **D.** 4

**Q.94** यदि किसी शंकु के आधार का क्षेत्रफल 154 वर्ग सेमी है और उसकी ऊँचाई 24 सेमी है। शंकु का पार्श्व पृष्ठीय क्षेत्रफल (वर्ग सेमी में) ज्ञात कीजिये।

**A.** 600     **B.** 550     **C.** 500     **D.** 650

**Q.95** यदि घन की प्रत्येक भुजा में 10% की वृद्धि की गई, तो घन की मात्रा में कितनी वृद्धि होगी?

**A.** 30%     **B.** 10%     **C.** 33.1%     **D.** 25%

**Q.96** 360 रु के पहले 4 वर्षों के लिए साधारण ब्याज की दर क्या होगी, यदि यह 9 वर्षों में 540 रु और पिछले 5 वर्षों के लिए ब्याज की दर 6% है?

**A.** 4%     **B.** 5%     **C.** 3%     **D.** 6%

**Q.97** दो उम्मीदवारों के बीच एक चुनाव में, विजेता को मिले कुल मतों का 65% मिला और 2748 मतों के बहुमत से वह चुनाव जीता। यदि कोई वोट अवैध घोषित नहीं किया जाता है, तो वोट की कुल संख्या क्या है?

**A.** 8580     **B.** 8720     **C.** 9000     **D.** 9160

**Q.98** 9 मीटर लम्बाई, 8 मीटर चौड़ाई और 12 मीटर ऊंचाई वाले कमरे में सबसे लम्बी कौन सी रॉड रखी जा सकती हैं?

**A.** 15 मीटर

**B.** 13 मीटर

**C.** 17 मीटर

**D.** ज्ञात नही किया जा सकता

**Q.99** एक मैदान का परिमाप 80 मीटर है, जिसकी भुजाएँ बराबर हैं। उस मैदान का क्षेत्रफल ज्ञात कीजिये।

**A.** 225     **B.** 100     **C.** 400     **D.** 256

**Q.100** अगर x, y और z वास्तव संख्याएँ हैं, जैसे कि $(x - 4)^2 + (y - 5)^2 + (z - 6)^2 = 0$ तो (x + y + z) का मान क्या है?

**A.** -15     **B.** 3     **C.** 7     **D.** 15

# // स्मार्ट उत्तर पुस्तिका //

| सही उत्तर | उन छात्रों के प्रतिशत को इंगित करता है जिन्होंने प्रश्नों का सही उत्तर दिया था। |

| छोड़ दिया | उन छात्रों के प्रतिशत को इंगित करता है जिन्होंने प्रश्नों को छोड़ दिया था। |

| प्रश्न संख्या | उत्तर | सही उत्तर / छोड़ दिया | प्रश्न संख्या | उत्तर | सही उत्तर / छोड़ दिया | प्रश्न संख्या | उत्तर | सही उत्तर / छोड़ दिया | प्रश्न संख्या | उत्तर | सही उत्तर / छोड़ दिया | प्रश्न संख्या | उत्तर | सही उत्तर / छोड़ दिया |
|---|---|---|---|---|---|---|---|---|---|---|---|---|---|---|
| 1 | D | 61.47 % / 1.42 % | 17 | C | 54.89 % / 1.56 % | 33 | A | 43.08 % / 1.74 % | 49 | A | 52.84 % / 1.02 % | 65 | C | 43.75 % / 1.41 % |
| 2 | C | 26.1 % / 3.73 % | 18 | A | 52.02 % / 1.28 % | 34 | B | 61.81 % / 1.14 % | 50 | B | 13.88 % / 3.4 % | 66 | C | 54.76 % / 1.43 % |
| 3 | B | 31.77 % / 3.89 % | 19 | A | 41.34 % / 1.46 % | 35 | A | 48.57 % / 1.07 % | 51 | D | 49.02 % / 1.6 % | 67 | A | 50.61 % / 1.66 % |
| 4 | C | 42.75 % / 1.91 % | 20 | A | 66.19 % / 1.86 % | 36 | B | 58.26 % / 1.36 % | 52 | B | 53.22 % / 1.38 % | 68 | B | 61.92 % / 1.71 % |
| 5 | A | 50.47 % / 1.38 % | 21 | D | 65.38 % / 1.17 % | 37 | A | 61.94 % / 1.46 % | 53 | B | 45.84 % / 1.45 % | 69 | A | 17.3 % / 3.89 % |
| 6 | B | 61.8 % / 1.31 % | 22 | C | 89.69 % / 0.0 % | 38 | C | 85.61 % / 0.0 % | 54 | C | 61.81 % / 1.2 % | 70 | C | 66.58 % / 1.07 % |
| 7 | B | 42.18 % / 1.79 % | 23 | B | 51.3 % / 1.23 % | 39 | C | 54.37 % / 1.88 % | 55 | C | 45.7 % / 1.7 % | 71 | C | 86.98 % / 0.0 % |
| 8 | B | 46.2 % / 1.82 % | 24 | B | 87.87 % / 0.0 % | 40 | A | 67.63 % / 1.62 % | 56 | A | 61.51 % / 1.43 % | 72 | D | 83.59 % / 0.0 % |
| 9 | A | 55.86 % / 1.14 % | 25 | D | 59.28 % / 1.91 % | 41 | C | 48.99 % / 1.2 % | 57 | B | 68.34 % / 1.25 % | 73 | D | 63.32 % / 1.89 % |
| 10 | D | 51.85 % / 1.78 % | 26 | C | 59.6 % / 1.15 % | 42 | D | 62.02 % / 1.57 % | 58 | D | 68.97 % / 1.88 % | 74 | A | 41.58 % / 1.21 % |
| 11 | D | 88.06 % / 0.0 % | 27 | C | 67.07 % / 1.76 % | 43 | A | 43.23 % / 1.89 % | 59 | C | 42.39 % / 1.23 % | 75 | D | 48.53 % / 1.8 % |
| 12 | B | 54.4 % / 1.64 % | 28 | C | 42.18 % / 1.82 % | 44 | D | 63.08 % / 1.46 % | 60 | D | 61.69 % / 1.17 % | 76 | A | 44.11 % / 1.76 % |
| 13 | A | 76.28 % / 0.0 % | 29 | A | 54.88 % / 1.29 % | 45 | B | 44.24 % / 1.36 % | 61 | B | 44.16 % / 1.6 % | 77 | D | 86.1 % / 0.0 % |
| 14 | C | 43.42 % / 1.26 % | 30 | C | 51.23 % / 1.46 % | 46 | B | 60.14 % / 1.0 % | 62 | B | 16.98 % / 4.38 % | 78 | C | 31.39 % / 4.08 % |
| 15 | A | 61.35 % / 1.12 % | 31 | D | 45.63 % / 1.77 % | 47 | D | 45.73 % / 1.14 % | 63 | A | 67.29 % / 1.72 % | 79 | B | 17.65 % / 4.94 % |
| 16 | A | 63.12 % / 1.01 % | 32 | C | 20.26 % / 3.24 % | 48 | A | 80.19 % / 0.0 % | 64 | D | 62.84 % / 1.65 % | 80 | D | 13.66 % / 3.57 % |

| प्रश्न संख्या | उत्तर | सही उत्तर<br>छोड़ दिया |
|---|---|---|
| 81 | D | 62.46 %<br>1.04 % |
| 82 | D | 24.94 %<br>3.66 % |
| 83 | D | 16.05 %<br>3.31 % |
| 84 | B | 76.75 %<br>0.0 % |

| प्रश्न संख्या | उत्तर | सही उत्तर<br>छोड़ दिया |
|---|---|---|
| 85 | A | 63.14 %<br>1.21 % |
| 86 | D | 67.21 %<br>1.95 % |
| 87 | A | 59.18 %<br>1.05 % |
| 88 | C | 46.22 %<br>1.3 % |

| प्रश्न संख्या | उत्तर | सही उत्तर<br>छोड़ दिया |
|---|---|---|
| 89 | B | 41.7 %<br>1.7 % |
| 90 | D | 83.69 %<br>0.0 % |
| 91 | C | 56.62 %<br>1.91 % |
| 92 | C | 76.62 %<br>0.0 % |

| प्रश्न संख्या | उत्तर | सही उत्तर<br>छोड़ दिया |
|---|---|---|
| 93 | A | 53.23 %<br>1.39 % |
| 94 | B | 22.68 %<br>3.29 % |
| 95 | C | 62.35 %<br>1.56 % |
| 96 | B | 46.91 %<br>1.37 % |

| प्रश्न संख्या | उत्तर | सही उत्तर<br>छोड़ दिया |
|---|---|---|
| 97 | D | 43.68 %<br>1.73 % |
| 98 | C | 48.15 %<br>1.09 % |
| 99 | C | 59.62 %<br>1.86 % |
| 100 | D | 60.51 %<br>1.31 % |

| कार्य विश्लेषण | |
|---|---|
| औसत अंक ( % ) | 53.0% |
| टॉपर्स स्कोर ( % ) | 72.0% |
| आपका स्कोर | |

## //संकेत और समाधान//

**1.** रिजर्व बैंक ने शहरी सहकारी बैंकों (यूसीबी) को बोर्ड स्तर पर मानद पद या पद जैसे चेयरमैन एमेरिटस और ग्रुप चेयरमैन का सृजन नहीं करने को कहा क्योंकि इससे एक छाया प्राधिकरण का निर्माण होता है।

अत: विकल्प (D) सही है।

**2.** अनुच्छेद 312- अखिल भारतीय सेवाओं के बारे में बताता है। अनुच्छेद 310- संघ या राज्य की सेवा करने वाले व्यक्तियों के कार्यालय के कार्यकाल के बारे में बताता है। अनुच्छेद 311- संघ या राज्य के अधीन नागरिक क्षमताओं में कार्यरत किसी व्यक्ति के पद से बर्खास्तगी हटाने या घटाने के बारे में बताता है। अनुच्छेद 312 A-कुछ सेवाओं के अधिकारियों की सेवा की स्थिति को बदलने या रद्द करने के लिए संसद की शक्ति के बारे में बताता है। अनुच्छेद 313- सार्वजनिक सेवाओं के संक्रमणकालीन प्रावधानों के बारे में बताता है।

अत: विकल्प (C) सही है।

**3.** शुरुआत के समय हमारे संविधान में 22 भागों में 395 अनुच्छेद और 8 अनुसूचियां थीं। अब भारत के संविधान में 25 भाग और 12 अनुसूचियों में 448 अनुच्छेद हैं।

अत: विकल्प (B) सही है।

**4.** वायुमंडल सबसे बड़ी इकाई है जिसमें वायु है उसी प्रकार सागर सबसे बड़ी इकाई है जिसमें जल है।

अत: विकल्प (C) सही है।

**5.** पिता माँ की पुल्लिंग है उसी तरह पुत्र पुत्री की पुल्लिंग है।

अत: विकल्प (A) सही है।

**6.** दिया गया पैटर्न है,

दूसरा पद $= 2 + (5 \times 1^2) = 7$

तीसरा पद $= 7 + (5 \times 2^2) = 27$

चौथा पद $= 27 + (5 \times 4^2) = 107$

पांचवां पद $= 107 + (5 \times 8^2) = 427$

लुप्त पद $= 427 + (5 \times 16^2) = 1707$

अत: विकल्प (B) सही है।

**7.** दिया गया पैटर्न है,

पहला पद $= 9 \times 3 = 27$

दूसरा पद $= 27 + 4 = 31$

तीसरा पद $= 31 \times 5 = 155$

चौथा पद $= 155 + 6 = 161$

पांचवा पद $= 161 \times 7 = 1127$

अनुपस्थित पद $= 1127 + 8 = 1135$

अत: विकल्प (B) सही है।

**8.** बायां पद × दायां पद = केंद्र में वर्णमाला की संख्या का योग

$13 \times 2 = I + N + C = 9 + 14 + 3 = 26$

$6 \times 7 = O + R + I = 15 + 18 + 9 = 42$

$4 \times 8 = D + O + M = 4 + 15 + 13 = 32$

$7 \times 7 = S + U + I = 19 + 21 + 9 = 49.$

इसलिए,

$8 \times 2 = A + D + ? = 16$

$1 + 4 + ? = 16$

$? = 11 = K$

लुप्त पद = K

अत: विकल्प (B) सही है।

**9.** अक्षर (A से Z) की स्थिति (1 - 26) है।

पहले कॉलम में, E - A = 5 - 1 = 4 = D

दूसरे कॉलम में, J - C = 10 - 3 = 7 = G

तो, तीसरे कॉलम में, लुप्त अक्षर = O - B = 15 - 2 = 13 = M

अत: विकल्प (A) सही है।

**10.** तेल और बाती एक दूसरे से अलग हैं, लेकिन वे दोनों दीपक में उपयोग किए जाते हैं।

अत: विकल्प (D) सही है।

**11.** प्रत्येक पंक्ति में, वर्ण वर्णानुक्रम क्रम का अनुसरण करते हैं, पहली पंक्ति के लिए हर बार 4 अक्षरों के चरण में, दूसरी के लिए 5 अक्षर, फिर 6, 7 आदि।

इसलिए (?), "O" द्वारा प्रतिस्थापित किया जाएगा।

अत: विकल्प (D) सही है।

**12.**

उपरोक्त वेन-आरेख के अनुसार, सभी गिटार पियानो हैं एक निश्चित मामला है इसलिए निष्कर्ष II अनुसरण करता है।

अत: विकल्प (B) सही है।

**13.** रसगुल्ला मिठाई में से एक है जबकि सेब इन सबसे अलग है।

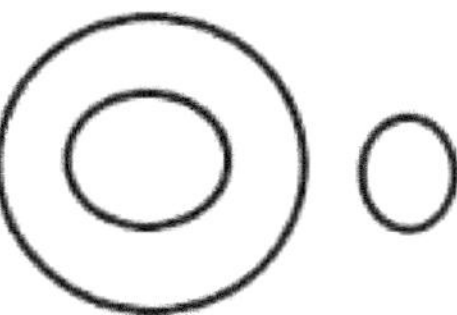

अत: विकल्प (A) सही है।

**14.** मान लीजिए कि $(x + 1)$ सदस्य हैं।

फिर,

पिता का हिस्सा $= \dfrac{1}{4}$

एक दूसरे सदस्य का हिस्सा $= \dfrac{3}{4x}$

$\therefore 3\left(\dfrac{3}{4x}\right) = \dfrac{1}{4}$

$\Rightarrow 4x = 36$

$\Rightarrow x = 9$

इसलिए, परिवार के सदस्यों की कुल संख्या $= 10$

अतः विकल्प (C) सही है।

**15.** दी गई स्थिति के अनुसार, वेन आरेख नीचे तैयार किया गया हैं

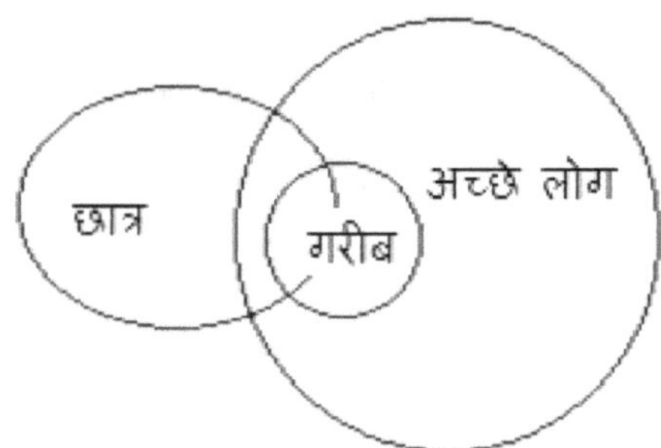


ऊपर आरेख के अनुसार, यह स्पष्ट है कि केवल निष्कर्ष 1 दिए गए कथनों का अनुसरण करता है।

अतः विकल्प (A) सही है।

**16.** 4 फरवरी 2014 को, क्रिकेट खिलाड़ी सचिन तेंदुलकर और वैज्ञानिक सी.एन.आर. राव को भारत के सर्वोच्च नागरिक सम्मान भारत रत्न से सम्मानित किया गया था। सचिन तेंदुलकर ने 2013 में अंतरराष्ट्रीय क्रिकेट से सन्यास ले लिया। इस सम्मान से सम्मानित होने वाले वह पहले खिलाड़ी हैं। 2013 में राज्यसभा सदस्य बनने वाले वह पहले सक्रिय खिलाड़ी भी हैं। चिंतामणि नागेश रामचंद्र राव ठोस अवस्था और सामग्री रसायन विज्ञान पर अपने अध्ययन के लिए जाने जाते हैं। सी.वी. रमन और पूर्व राष्ट्रपति ए.पी.जे. अब्दुल कलाम के बाद इस पुरस्कार से सम्मानित किये जाने वाले वे तीसरे वैज्ञानिक हैं।

अतः विकल्प (A) सही है।

**17.** जैसे मोर भारत का राष्ट्रीय पक्षी है, उसी तरह भालू रूस का राष्ट्रीय पशु है।

अतः विकल्प (C) सही है।

**18.** स्थान - परिवर्तन इस प्रकार हैं:

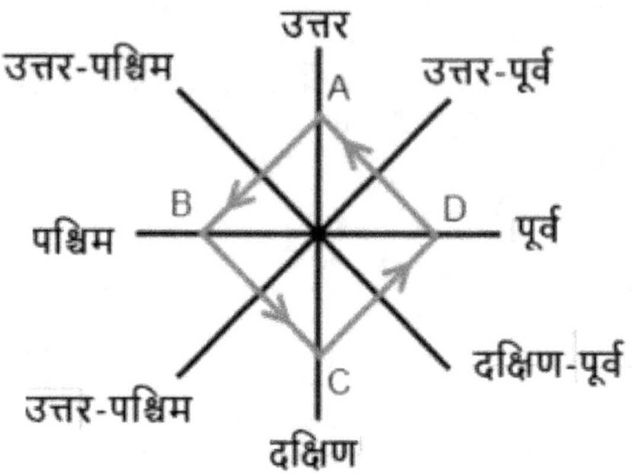


मैं उत्तर-पूर्व दिशा में जा रहा हूं।

अतः विकल्प (A) सही है।

**19.** विनोद ने विशाल का परिचय अपने पिता की पत्नी के इकलौते भाई के बेटे के रूप में दिया।

दी गई जानकारी के प्रवाह चार्ट को निम्नानुसार खींचते हैं, वृत्त प्रदर्शित करता है कि वह व्यक्ति एक महिला है।

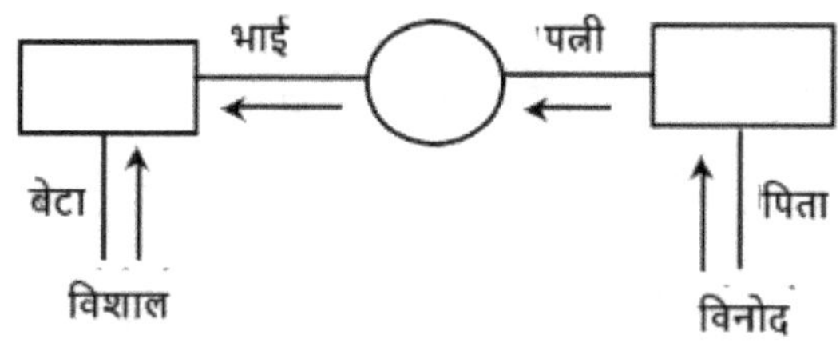


विनोद विशाल का ममेरा भाई है।

अतः विकल्प (A) सही है।

**20.**

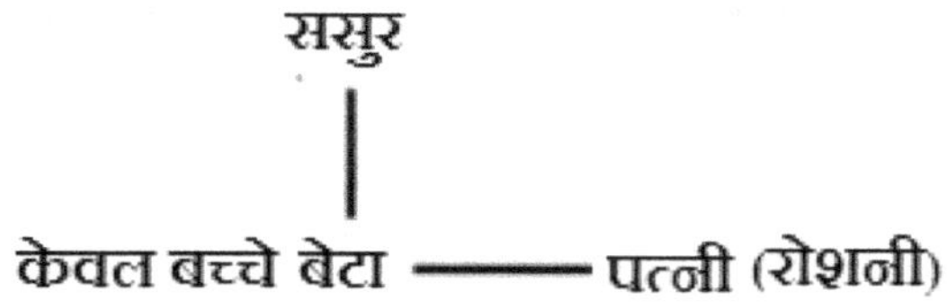


अतः विकल्प (A) सही है।

**21.** आदमी की गति:

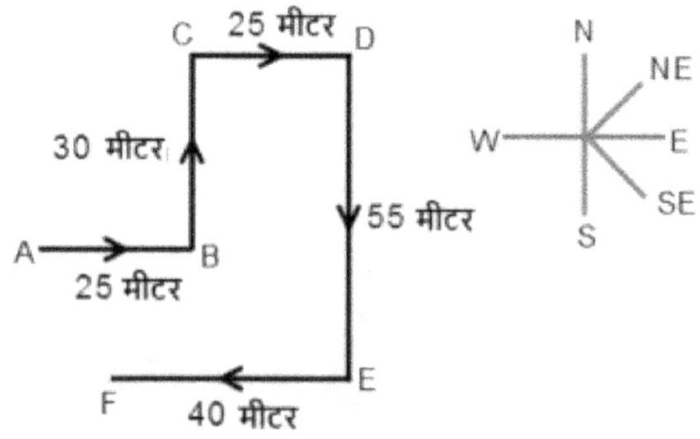

अंत में वह अपने शुरुआती बिंदु से दक्षिण-पूर्व की ओर है।

अतः विकल्प (D) सही है।

**22.** एनटीपीसी लिमिटेड भारत का सबसे बड़ा ऊर्जा समूह है जिसकी जड़ें 1975 में भारत में बिजली के विकास को गति देने के लिए लगाई गई थीं।

एनटीपीसी लिमिटेड, जिसे पहले नेशनल थर्मल पावर कॉर्पोरेशन लिमिटेड के रूप में जाना जाता था, एक भारतीय सार्वजनिक क्षेत्र का उपक्रम है, जो बिजली उत्पादन और संबद्ध गतिविधियों के व्यवसाय में लगा हुआ है, यह कंपनी अधिनियम 1956 के तहत निगमित कंपनी है और भारत सरकार द्वारा इसे बढ़ावा दिया जाता है।

अतः विकल्प (C) सही है।

**23.** मेरा मध्य प्रदेश गीत आधिकारिक तौर पर अक्टूबर 2010 में अपनाया गया था। इसे महेश श्रीवास्तव ने लिखा था। 4 मिनट 16 सेकंड की अवधि। इसमें मध्य प्रदेश के संसाधनों, इसकी नदी जैसी नर्मदा और विंध्य पर्वतमाला के बारे में भी उल्लेख है।

वर्तमान में, शिवराज सिंह चौहान और आनंदीबेन पटेल क्रमशः मध्य प्रदेश के मुख्यमंत्री और राज्यपाल हैं।

अतः विकल्प (B) सही है।

**24.** जस्टिस मोहम्मद रफीक मध्य प्रदेश उच्च न्यायालय के नए मुख्य न्यायाधीश हैं। वह उड़ीसा उच्च न्यायालय और मेघालय उच्च न्यायालय के पूर्व मुख्य न्यायाधीश और राजस्थान उच्च न्यायालय के पूर्व न्यायाधीश भी थे। मध्य प्रदेश उच्च न्यायालय जबलपुर में स्थित है। इसे 2 जनवरी 1936 को नागपुर उच्च न्यायालय के रूप में स्थापित किया गया था।

अतः विकल्प (B) सही है।

**25.** पेंच राष्ट्रीय उद्यान भारत का एक प्रमुख राष्ट्रीय उद्यान है। पेंच नदी के कारण इसका नाम पेंच उद्यान पड़ा। यह सतपुड़ा पहाड़ियों के दक्षिणी भाग में स्थित है । यह मध्य प्रदेश के सिवनी और छिंदवाड़ा जिलों में स्थित है। 1983 में इसे राष्ट्रीय उद्यान घोषित किया गया और 1992 में इसे टाइगर रिज़र्व घोषित किया गया पेंच नेशनल पार्क में पैंथर और बाघ के अलावा चीतल, ब्लैकबक, जंगली सूअर आदि जंगली जानवर पाए जाते हैं। पार्क में देशी और प्रवासी पक्षी सहित पक्षियों की कई प्रजातियाँ बहुतायत में पाई जाती हैं। पेंच नेशनल पार्क को "मोगली लैंड" कहा जाता है। " द जंगल बुक" इस क्षेत्र से संबंधित है।

अतः विकल्प (D) सही है।

**26.** धूपगढ़ चोटी मध्य प्रदेश की सबसे ऊँची चोटी है। धूपगढ़ चोटी दक्षिण-मध्य मध्य प्रदेश के पचमढ़ी में स्थित है। कैमूर श्रेणी विंध्य श्रेणी का पूर्वी भाग है। यह मध्य प्रदेश के जबलपुर जिले से बिहार के रोहतास जिले के सासाराम तक फैला हुआ है। यह रीवा और मिर्जापुर मंडल से होकर गुजरता है। माउंट लोगन कनाडा का सबसे ऊँचा पर्वत है।

अतः विकल्प (C) सही है।

**27.** भारतीय मूल की शकुंतला हरकसिंह थिल्स्टेड को 2021 के विश्व खाद्य पुरस्कार के विजेता के रूप में नामित किया गया है।

अतः विकल्प (C) सही है।

**28.** पायरिया या पीरियडोंटल बीमारी, एक प्रगतिशील मसूड़ों की बीमारी है जो सूजन के कारण होती है, जो पट्टिका में पाए जाने वाले विषाक्त पदार्थों के कारण होती है। इससे मसूड़ों से रक्तस्राव होने लगता है। यदि प्रगति करने की अनुमति दी जाती है, तो पायरिया अंतर्निहित ऊतक को नष्ट करना शुरू कर देता है, जो अंततः शरीर के अन्य क्षेत्रों में दांत के नुकसान या संक्रमण का कारण बन सकता है क्योंकि बैक्टीरिया रक्तप्रवाह द्वारा फैलता हैं।

अतः विकल्प (C) सही है।

**29.** केन्द्रीय वित्त एवं कॉर्पोरेट कार्य मंत्री श्रीमती निर्मला सीतारमण ने 1 फरवरी 2021 के दिन संसद में केन्द्रीय बजट 2021-22 पेश किया, जो इस नये दशक का पहला बजट है और अप्रत्याशित कोविड संकट के मद्देनजर एक डिजिटल बजट भी है।

वर्ष 2021-22 के बजट प्रस्ताव इन 6 स्तंभों पर आधारित हैं :
1. स्वास्थ्य एवं खुशहाली

2. भौतिक एवं वित्तीय पूंजी, और अवसंरचना

3. आकांक्षी भारत के लिए समावेशी विकास

4. मानव पूंजी को फिर से ऊर्जावान बनाना

5. नवाचार और अनुसंधान व विकास

6. न्यूनतम सरकार और अधिकतम शासन

अतः विकल्प (A) सही है।

**30.** ऋग्वेद दुनिया का सबसे पुराना पाठ है इसलिए इसे मानव जाति के पहले वसीयतनामे के रूप में भी जाना जाता है। ऋग्वेद एक प्राचीन इंडो-आर्यन भारतीय संग्रह है जो वैदिक संस्कृत भजनों के साथ-साथ साहित्यिक, अनुष्ठान और रहस्यवादी बहिष्कारों पर टिप्पणी करता है।

सीधे अनुवाद के रूप में "स्तुति ज्ञान" के रूप में अनुवादित, ऋग्वेद चार विहित हिंदू पवित्र ग्रंथों में से एक है जो सामूहिक रूप से वेदों को बनाते हैं। यह अनिवार्य रूप से 1,000 से अधिक भजनों का संग्रह है, जिसमें कुल 10,600 छंद हैं।

अतः विकल्प (C) सही है।

**31.** अशोक का सिंहचतुर्मुख स्तम्भशीर्ष भारत के उत्तर प्रदेश राज्य में स्थित है। यह मूल रूप से सम्राट अशोक द्वारा सारनाथ के महत्वपूर्ण बौद्ध स्थल पर लगभग 250 ईसा पूर्व में अशोक स्तंभ के शीर्ष पर रखा गया था। स्तंभ को अशोक स्तंभ भी कहा जाता है।

अतः विकल्प (D) सही है।

**32.** विद्या बालन द्वारा अभिनीत और सह-निर्मित भारतीय फिल्म 'नटखट' ने बेस्ट ऑफ इंडिया शॉर्ट फिल्म फेस्टिवल 2020 के तीसरे संस्करण में शीर्ष पुरस्कार जीता है। समारोह में जीतकर, यह फिल्म 2021 ऑस्कर की योग्यता के लिए पात्र हो गई है। फिल्म का निर्देशन शान व्यास ने किया है और रॉनी स्क्रूवाला और विद्या बालन द्वारा सह-निर्मित किया गया है।

अतः विकल्प (C) सही है।

**33.** लोकसभा वयस्क मताधिकार के आधार पर प्रत्यक्ष चुनाव द्वारा चुने गए लोगों के प्रतिनिधियों से बना है।

संविधान द्वारा परिकल्पित सदन में सदस्यों की अधिकतम संख्या 552 है। जिसमें 530 सदस्य राज्यों का प्रतिनिधित्व तथा 20 सदस्य केंद्र प्रदेशों का प्रतिनिधित्व। शेष 2 सदस्य एंग्लो-इंडियन होते है जो माननीय राष्ट्रपति द्वारा नामित किये जाते है।

अतः विकल्प (A) सही है।

**34.** गुजरात के हाल ही में निर्मित स्मारक, 'स्टैच्यू ऑफ यूनिटी' को शंघाई सहयोग संगठन द्वारा जारी 8 वंडर्स ऑफ एससीओ 'सूची में शामिल किया गया था। यह दुनिया की सबसे ऊंची प्रतिमा है, जिसे भारतीय नेता सरदार वल्लभभाई पटेल को श्रद्धांजलि के रूप में बनाया गया था।

अतः विकल्प (B) सही है।

**35.** संगीत अकादमी द्वारा स्थापित संगीत कलानिधि पुरस्कार के लिए प्रमुख कर्नाटक गायक एस. सौम्या को इस पुरस्कार से सम्मानित किया गया। अपने संगीत करियर में विभिन्न पुरस्कारों और खिताबों की प्राप्तकर्ता, सौम्या, संगीत अकादमी द्वारा संचालित कर्नाटक संगीत के मद्रास एडवांस स्कूल में एक संकाय हैं। वह तमिलनाडु संगीत और ललित कला विश्वविद्यालय की अकादमिक परिषद की सदस्य भी हैं।

अतः विकल्प (A) सही है।

**36.** बड़वानी पश्चिम निमाड़ में स्थित है। सतपुड़ा रेंज की पहाड़ियाँ बड़वानी को घेर लेती हैं। शहर को "निमाड़ का पेरिस" ("नीम के पेड़ों से परे क्षेत्र") भी कहा जाता है। निमाड़ पूर्वी निमाड़ और पश्चिम निमाड़ में विभाजित है।

अतः विकल्प (B) सही है।

**37.** लगभग एक दशक के बाद, मध्य प्रदेश ने 2018 के अनुमान के बाद प्रतिष्ठित "बाघ राज्य" का दर्जा हासिल किया है, यह देखा गया कि यह 526 बड़ी बिल्लियों का घर है, जो देश में सबसे अधिक है। 2014 में, राज्य में कुल 308 बाघ थे, जोकि 2018 की गणना के पश्चात 218 की वृद्धि के साथ 526 तक पहुँच गई।

अतः विकल्प (A) सही है।

**38.** अशोक चक्र बौद्ध धर्मचक्र का एक चित्रण है, जिसका प्रतिनिधित्व 24 रेखाएँ हैं। यह तथाकथित है क्योंकि यह अशोक के कई संस्करणों पर दिखाई देता है, जिनमें से सबसे प्रमुख सारनाथ की शेर राजधानी है जिसे भारत गणराज्य के राष्ट्रीय प्रतीक के रूप में अपनाया गया है।

अतः विकल्प (C) सही है।

**39.** दक्षिण-मध्य मध्य प्रदेश में पचमढ़ी के पास, धूपगढ़ चोटी (4,429 फीट [1,350 मीटर]), राज्य का सबसे ऊंचा स्थान है। पहाड़ी का शीर्ष सूर्यास्त देखने के लिए एक लोकप्रिय क्षेत्र है। पचमढ़ी हिल स्टेशन शिखर के करीब स्थित है।

अतः विकल्प (C) सही है।

**40.** मांच नृत्य एक सीतात्मक लोक नृत्य और नाटक है जो मालवा क्षेत्र से आता है और यह मध्य प्रदेश का एक राज्य नृत्य है। यह मूल मलावी भाषा में किया जाता है, लेकिन आजकल दूसरों को समझने के लिए हिंदी में अनुवाद किया जाता है।

अतः विकल्प (A) सही है।

**41.**

अतः विकल्प (C) सही है।

**42.** दिया गया है,

औसत = 27

मानों की संख्या = 8

औसत = मानों का योग/मानों की संख्या

प्रश्न के अनुसार,

$$\Rightarrow \frac{(24+8+35+40+x+26+32+52)}{8} = 27$$

$$\Rightarrow \frac{(217+x)}{8} = 27$$

$$\Rightarrow 217 + x = 216$$

$$\Rightarrow x = 216 - 217$$

$$\Rightarrow x = -1$$

$\therefore x$ का मान $-1$ है।

अतः विकल्प (D) सही है।

**43.**

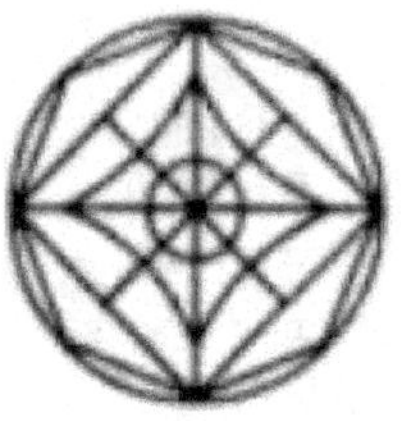

अतः विकल्प (A) सही है।

**44.**

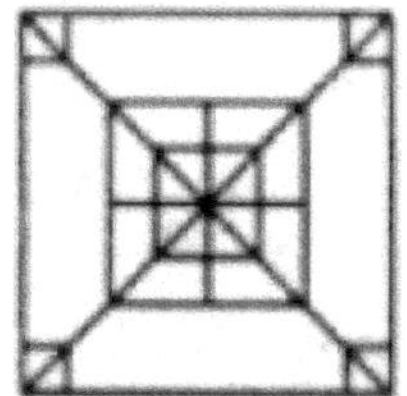

अतः विकल्प (D) सही है।

**45.**

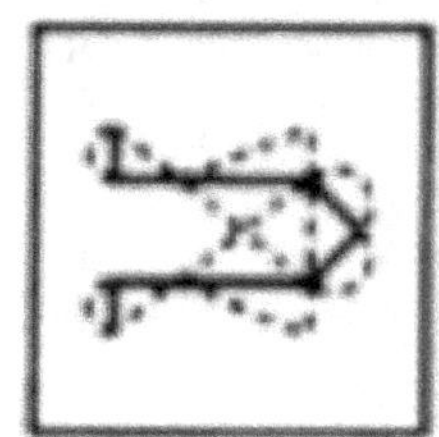

अतः विकल्प (B) सही है।

**46.**

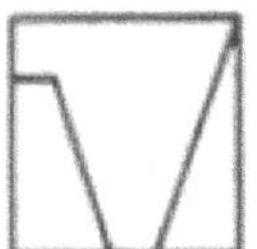

अतः विकल्प (B) सही है।

**47.** आकृति में (X), डॉट केवल वर्ग और वृत्त के लिए सामान्य क्षेत्र में निहित है। चार विकल्पों में से, केवल आकृति (4) वर्ग और वृत्त के लिए एक क्षेत्र समान है।

अतः विकल्प (D) सही है।

**48.** $(256)^{0.16} \times (256)^{0.09} = (256)^{(0.16+0.09)}$

$= (256)^{0.25}$

$= (256)^{\left(\frac{25}{100}\right)}$

$= (256)^{\left(\frac{1}{4}\right)}$

$= (4^4)^{\left(\frac{1}{4}\right)}$

$= 4^{4\left(\frac{1}{4}\right)}$

$= 4^1$

$= 4$

अतः विकल्प (A) सही है।

**49.** यहाँ दो उभयनिष्ठ किनारे (5) एक ही स्थिति में है। प्रश्न के अनुसार, शेष किनारो में 4 बिन्दु वाला 2 बिन्दु वाले के विपरीत किनारे पर है।

अतः विकल्प (A) सही है।

**50.** दिया गया है:

$2$ किमी प्रति घंटा $= \left(2 \times \dfrac{5}{18}\right)$ मीटर / सेकंड

$= \dfrac{5}{9}$ मीटर / सेकंड

$4$ किमी प्रति घंटा $= \left(4 \times \dfrac{5}{18}\right)$ मीटर / सेकंड

$= \dfrac{10}{9}$ मीटर / सेकंड

मान लीजिए ट्रेन की लंबाई $x$ मीटर है और इसकी गति $y$ मीटर / सेकंड है।

फिर, $\dfrac{x}{y-\frac{5}{9}} = 9$ and $\dfrac{x}{y-\frac{10}{9}} = 10$

$\therefore 9y - 5 = x$

और $10(9y - 10) = 9x$

$\Rightarrow 9y - x = 5 \ldots\ldots (i)$

और $90y - 9x = 100 \ldots\ldots (ii)$

दोनों $(i)$ और $(ii)$ को हल करने पर हमें मिलता है,

$x = 50$

$\therefore$ ट्रेन की लंबाई $50$ मीटर है।

अतः विकल्प (B) सही है।

**51.**

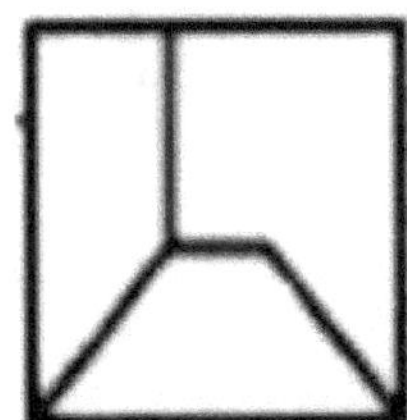

अतः विकल्प (D) सही है।

**52.** दिया गया है,

$\Rightarrow \dfrac{1}{\left(1+\frac{x^b}{x^a}+\frac{x^c}{x^a}\right)} + \dfrac{1}{\left(1+\frac{x^a}{x^b}+\frac{x^c}{x^b}\right)} + \dfrac{1}{\left(1+\frac{x^b}{x^c}+\frac{x^a}{x^c}\right)}$

$\Rightarrow \dfrac{x^a}{(x^a+x^b+x^c)} + \dfrac{x^b}{(x^a+x^b+x^c)} + \dfrac{x^c}{(x^a+x^b+x^c)}$

$\Rightarrow \dfrac{(x^a+x^b+x^c)}{(x^a+x^b+x^c)}$

$= 1$

अतः विकल्प (B) सही है।

**53.**

RECRUIT

अतः विकल्प (B) सही है।

**54.** खोखले सिलेंडर की बाहरी त्रिज्या $= 6$ सेमी

खोखले सिलेंडर की आंतरिक त्रिज्या $= (6 - 0.25) = 5.75$ सेमी

खोखले सिलेंडर में सामग्री का आयतन:

$= \left[\dfrac{22}{7} \times \{(6)^2 - (5.75)^2\} \times 15\right]$ सेमी$^3$

$= \left(\dfrac{22}{7} \times 11.75 \times 0.25 \times 15\right)$ सेमी$^3$

$= \left(\dfrac{22}{7} \times \dfrac{1175}{100} \times \dfrac{25}{100} \times 15\right)$ सेमी$^3$

$= \left(\dfrac{11\times705}{56}\right)$ सेमी$^3$

मान लीजिए कि ठोस सिलेंडर की लंबाई $h$ है।

खोखले सिलेंडर और ठोस सिलेंडर की सामग्री की मात्रा बराबर होनी चाहिए इसलिए,

ठोस सिलेंडर का आयतन $=$ खोखले सिलेंडर का आयतन

$\Rightarrow \pi \times r^2 \times h$

$\Rightarrow \left(\dfrac{11\times705}{56}\right)$

फिर,

$\dfrac{22}{7} \times 1 \times 1 \times h = \left(\dfrac{11\times705}{56}\right)$

$\Rightarrow h = \left(\dfrac{11\times705}{56} \times \dfrac{7}{22}\right)$

$\Rightarrow h = 44.0625$ सेमी

अतः विकल्प (C) सही है।

**55.** दिया गया है:

25 संख्याओं का औसत $= 29$

15 संख्याओं का औसत $= 45$

औसत $=$ पदों का योग / पदों की कुल संख्या

$\Rightarrow 25$ संख्याओं का योग $= 25 \times 29 = 725$

$\Rightarrow 15$ संख्याओं का योग $= 15 \times 45 = 625$

$\Rightarrow$ सभी 40 संख्याओं का योग $= 725 + 675 = 1400$

$\Rightarrow$ अभीष्ट औसत $= \dfrac{1400}{40} = 35$

$\therefore$ एक साथ सभी संख्याओं का औसत 35 है

अतः विकल्प (C) सही है।

**56.** कुछ राजनीतिज्ञ तथा कवि औरतें हो सकती है। कुछ औरतें राजनीतिज्ञ तथा कवि हो सकती है। इसलिए सभी तीनों आपस में सम्बन्धित हैं।

अतः विकल्प (A) सही है।

**57.** मान लीजिए कि शंकु की मूल त्रिज्या और ऊंचाई क्रमशः $r$ और $h$ है।

फिर, मूल आयतन $= \frac{1}{3} \pi r^2 h$

नयी त्रिज्या $= \frac{r}{2}$

और नयी ऊंचाई $= 2h$

नया आयतन :

$$= \frac{1}{3} \times \pi \times \left(\frac{r}{2}\right)^2 \times 3h$$

$$= \frac{3}{4} \times \frac{1}{3} \pi r^2 h$$

$$\therefore \text{कमी } \% = \left(\frac{\frac{1}{4} \times \frac{1}{3} \pi r^2 h}{\frac{1}{3} \pi r^2 h} \times 100\right)\%$$

$$= 25\%$$

अतः विकल्प (B) सही है।

**58.** केवल 19 झोंपड़ी ढकी हुई और गन्दी हैं।

अतः विकल्प (D) सही है।

**59.** ⇒ मान लीजिए, फुटबॉल का क्रय मूल्य $P$ रूपये है।

⇒ तो विक्रय मूल्य $= P \times 1.25 \times 1.18$

⇒ $P \times 1.25 \times 1.18 = 2360$

⇒ $P \times 1.25 = 2000$

∴ फुटबॉल का क्रय मूल्य = 1600 रूपये

अतः विकल्प (C) सही है।

**60.** माना वस्तु का अंकित मूल्य 100 रु. है।

⇒ वस्तु का क्रय मूल्य

$= \text{रु. } \frac{100 \times 80}{100} = 80$ रु.

⇒ वस्तु का विक्रय मूल्य

$= \text{रु. } \frac{80 \times 125}{100} = 100$ रु.

∴ अब हम कह सकते हैं कि, ना तो लाभ और ना ही हानि हुई है।

अतः विकल्प (D) सही है।

**61.** आकृति (X) में, डॉट्स में से एक क्षेत्र वृत्त और त्रिभुज के लिए सामान्य है और दूसरा डॉट क्षेत्र वर्ग वृत्त और त्रिभुज के लिए सामान्य है, और तीसरा डॉट क्षेत्र वृत्त, वर्ग और आयत के लिए सामान्य है। आकृति (1) और (3)में केवल वृत्त और त्रिभुज के लिए कोई समान क्षेत्र नहीं है। आकृति (4) में वृत्त, वर्ग और आयत के सामान्य कोई क्षेत्र नहीं है। केवल आकृति (2) में तीनों प्रकार के क्षेत्र हैं।

अतः विकल्प (B) सही है।

**62.** लाभ% = (विक्रय मूल्य - क्रय मूल्य)/ क्रय मूल्य $\times 100$

माना वस्तु का क्रय मूल्य $x$ है

लाभ $= 10\%$

वस्तु का विक्रय मूल्य

$$= x + \left(\frac{10}{100}\right) \times x = 1.1x$$

अब वस्तु, वास्तविक विक्रय मूल्य से दो गुने मूल्य पर बेची गई

वस्तु का नया विक्रय मूल्य

$$= 1.1x \times 2 = 2.2x$$

लाभ $\% = \frac{(2.2x - x)}{x} \times 100 = 120\%$

∴ लाभ $\% = 120\%$ है।

अतः विकल्प (B) सही है।

**63.** यहाँ अनुसरित स्वरूप निम्न प्रकार है:

दी गई श्रंखला:

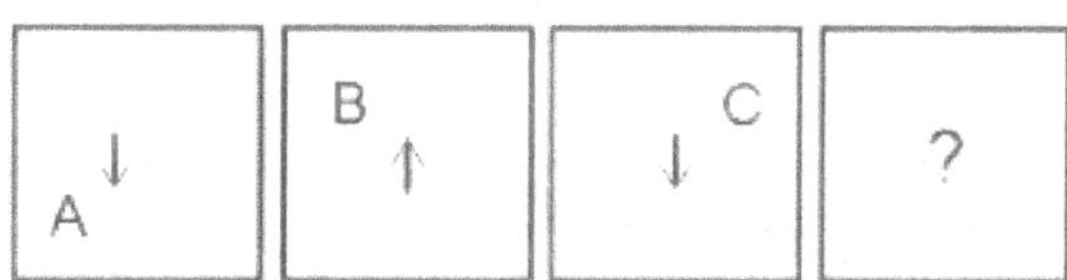


अक्षर के स्थानीय मान में +1 की वृद्धि हो रही है और यह दक्षिणावर्त दिशा में एक चरण बढ़ती है

जबकि तीर प्रत्येक बार उल्टा हो जाता है।

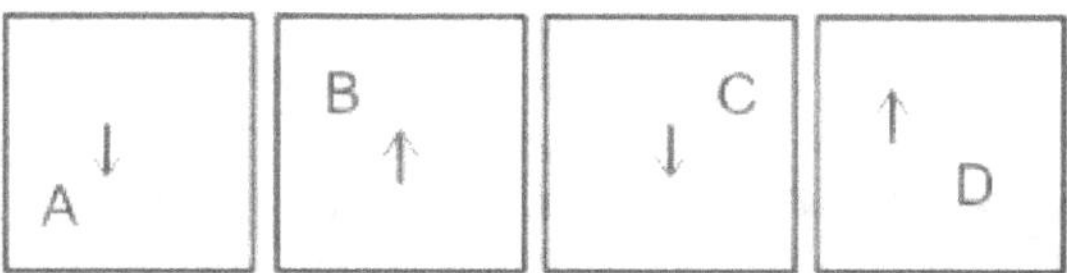


अतः विकल्प (A) सही है।

**64.** तेंदुआ, शुतुरमुर्ग और सांप एक-दूसरे से संबंधित नहीं हैं।

सही वेन आरेख निरूपण इस प्रकार है,

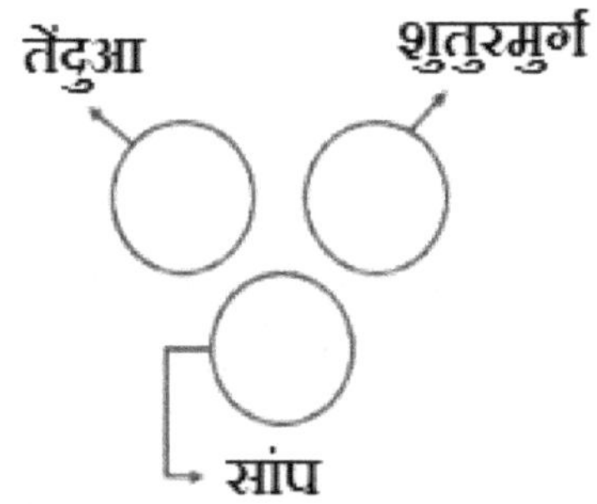


अतः विकल्प (D) सही है।

**65.** ऊतक, टूना और कछुआ एक-दूसरे से संबंधित नहीं हैं।

सही वेन आरेख निरूपण इस प्रकार है,

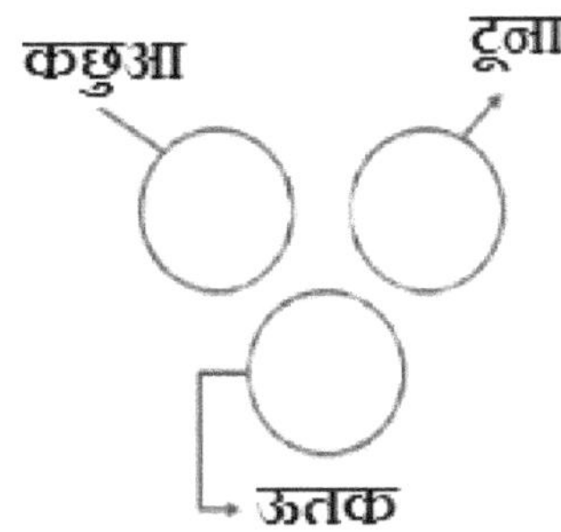


अतः विकल्प (C) सही है।

**66.** इस त्रिभुज को नाम देते हैं।

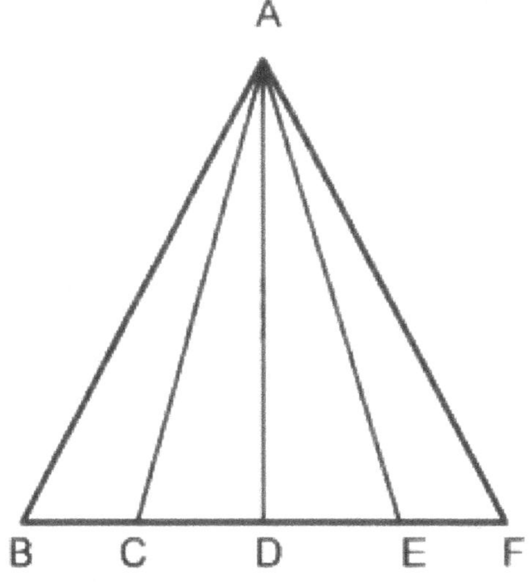


हमें ABC, ABD, ABE, ABF, ACD, ACE, ADF, AEF, ADE, ACF नाम के त्रिभुज प्राप्त होते है

अत: इस दी गई आकृति में 10 त्रिभुज हैं।

अतः विकल्प (C) सही है।

**67.** जब पारदर्शी शीट को मोड़ दिया जाता है तो यह निम्न आकृति में दिखाई देगा:

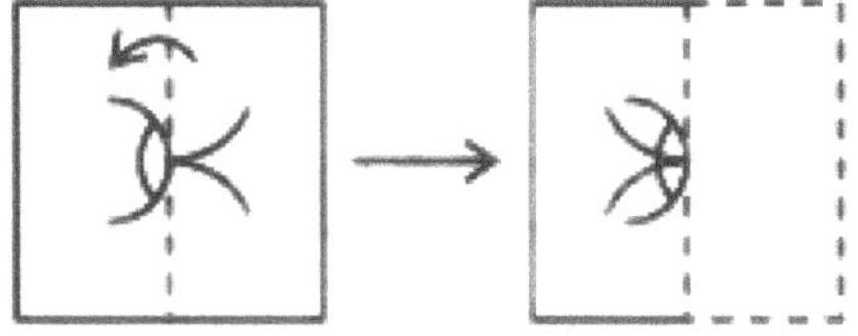

अतः विकल्प (A) सही है।

**68.** मूल्यांकन छात्रों की प्रगति और उपलब्धि के साक्ष्य एकत्र करने, उनका विश्लेषण करने और उनकी व्याख्या करने की एक व्यवस्थित प्रक्रिया है।

मूल्यांकन को शिक्षण और सीखने की प्रक्रिया के साथ एकीकृत करने की आवश्यकता है। विभिन्न प्रकार की मूल्यांकन प्रक्रियाएँ हैं जो सार्थक अधिगम सुनिश्चित करती हैं।

अतः विकल्प (B) सही है।

**69.** दिया है:

$A$, $B$ और $C$ एक साथ 550 रुपये के लिए एक काम का अनुबंध करते हैं।

$A$ और $B$ को कार्य का $\frac{7}{11}$ भाग करना है।

$C$ द्वारा किया गया कार्य $= \left[1 - \left(\frac{7}{11}\right)\right]$

$\Rightarrow \frac{4}{11}$

$(A + B):C$ का अनुपात

$\Rightarrow \frac{7}{11}:\frac{4}{11}$

$\Rightarrow 7:4$

प्रश्न के अनुसार:

$A$, $B$ और $C$ एक साथ 550 रुपये के लिए एक काम का अनुबंध करते हैं।

$C$ की हिस्सेदारी

$= \left[\left(\frac{4}{11}\right) \times 550\right]$

$\Rightarrow 200$ रुपये

$\therefore$ $C$ को 200 रुपये मिलेंगे।

अतः विकल्प (A) सही है।

**70.** खेले जाने वाले खेलों की संख्या $= 40$

जीते गए खेलों की संख्या $= 24$

टीम ने प्रतिशत मैच जीते $= \left(\frac{24}{40} \times 100\right)$

$= 60\%$

अतः विकल्प (C) सही है।

**71.** एडवर्ड जेनर ने चेचक के टीके की खोज की थी। यह विकसित होने वाला पहला सफल टीका था। चेचक का टीका अब जनता के लिए उपलब्ध नहीं है। 1972 में संयुक्त राज्य अमेरिका में नियमित चेचक का टीकाकरण समाप्त हो गया। 1980 में, विश्व स्वास्थय संगठन (WHO) घोषणा कि चेचक का समाप्त हो गया है।

अतः विकल्प (C) सही है।

**72.** कैंसर की बीमारी असंक्रामक प्रवृति की है, दी गयी सभी बीमारियाँ संक्रामक है। असंक्रामक रोग एक ऐसी बीमारी है, जो एक व्यक्ति से दूसरे व्यक्ति में सीधे प्रसारित नहीं होती है।

अतः विकल्प (D) सही है।

**73.** मनुष्यों में, छोटी आंत लगभग 6 मीटर या 20 फीट लंबी होती है, और बड़ी आंत लगभग 1.5 मीटर या 5 फीट लंबी होती है, जो स्पष्ट रूप से व्यक्ति के आकार पर निर्भर करती है।

अतः विकल्प (D) सही है।

**74.** एक पॉलीग्राफ को लोकप्रिय रूप से एक "लाई डिटेक्टर" के रूप में जाना जाता है। इस परिक्षण में एक व्यक्ति को कई सवालों के जवाब देने के लिए कहा जाता है और कई शारीरिक संकेत जैसे कि रक्तचाप नाड़ी, श्रसन और त्वचा की रोशनी को रिकार्ड किया जाता है।

अतः विकल्प (A) सही है।

**75.** एथिल अल्कोहल, शक्कर के किण्वन द्वारा बनाई जाती है, जो ग्लूकोज और फ्रक्टोस से बनी होती है। किण्वन एक उपापचय प्रक्रिया है जो एंजाइमों की कार्रवाई के माध्यम से कार्बनिक पदार्थों में रासायनिक परिवर्तन पैदा करती है।

अतः विकल्प (D) सही है।

**76.** अल्कोहल का हिमांक बिंदु -115°C जबकि पारा का हिमांक बिंदु -39°C है, इसलिए, -39°C से कम तापमान मापने के लिए अल्कोहल थर्मामीटर का उपयोग किया जाता है।

अतः विकल्प (A) सही है।

**77.** अंगूर में पाए जाने वाले प्रमुख कार्बनिक अम्ल टार्टरिक अम्ल, मैलिक अम्ल, और कुछ हद तक, साइट्रिक अम्ल भी होते है। एमिनो अम्ल समेत कई अन्य कार्बनिक अम्ल भी रस और मदिरा में पाए जाते हैं, लेकिन टार्टरिक अम्ल और मैलिक अम्ल कुल उपस्थित अम्लों के 90% से अधिक होते हैं।

अतः विकल्प (D) सही है।

**78.** धातुओं की वेल्डिंग में प्रकाश उत्पन्न करने के लिए एसिटिलीन का उपयोग किया जाता है। ऑक्सीजन और एसिटिलीन वे गैस है, जिनका उपयोग वेल्डिंग लौ उत्पन्न करने के लिए किया जाता है। जो लौ धातु को पिघलाती हैं, ऑक्सीकरण को रोकने और अशुद्धियों को हटाने के लिए एक फ्लक्स का उपयोग किया जाता है। गैस वेल्डिंग द्वारा 2 मिमी से 50 मिमी तक मोटी धातुओं की वेल्डिंग की जाती है।

अतः विकल्प (C) सही है।

**79.** सीएफसी (क्लोरो फ्लूरो कार्बन ) एक कार्बनिक यौगिक है, जिसमें केवल कार्बन, क्लोरीन और फ्लोरीन होता है, जो मीथेन और इथेन के अस्थिर व्युत्पन्न के रूप में उत्पादित होता है। सीएफसी के निर्माण को मॉन्ट्रियल प्रोटोकॉल द्वारा चरणबद्ध (और R -410 A जैसे उत्पादों के साथ प्रतिस्थापित किया गया है) तरीके से समाप्त कर दिया गया, क्योंकि वे ऊपरी वायुमंडल में ओजोन ह्रास में योगदान देते हैं।

अतः विकल्प (B) सही है।

**80.** कोलमाइन विस्फोट के दो मुख्य प्रकार हैं: मीथेन और कोयले की धूल, मीथेन विस्फोट तब होते हैं, जब मीथेन गैस का निर्माण एक ताप स्रोत से संपर्क करता है और इसके विस्फोट बिंदु के नीचे गैस स्तर को कम करने के लिए पर्याप्त हवा नहीं होती है।

अतः विकल्प (D) सही है।

**81.** यद्यपि "स्वेडबर्ग" इकाई तकनीकी रूप से समय ($10^{-13}$ s) का माप है, यह कण के आकार, घनत्व और आकार का एक माप भी प्रदान करता है, क्योंकि एक कण के ये पहलू अवसादन व्यवहार में योगदान करते हैं।

अतः विकल्प (D) सही है।

**82.** हीमोसाइटोमीटर रक्त कोशिकाओं की गिनती के लिए डिज़ाइन और उपयोग किया जाने वाला एक उपकरण है। हीमोसाइटोमीटर का आविष्कार लुई चार्ल्स मलासेज़ द्वारा किया गया था और इसमें एक आयताकार दंतुरण के साथ एक मोटी कांच की सूक्ष्मदर्शी स्लाइड शामिल होती है जो एक कक्ष बनाती है।

अत: विकल्प (D) सही है।

**83.** समतल दर्पण में निर्मित छवि की मुख्य विशेषताएं हैं:

1. छवि सीधी और समान आकार की होती है।
2. छवि आभासी होती है, इसका मतलब है कि छवि को पर्दे पर नहीं लिया जा सकता है।
3. दर्पण से छवि की दूरी वस्तु और दर्पण के बीच की दूरी के समान होती है।
4. छवि बाद में उल्टी हो जाती है। इसका मतलब है कि वस्तु की सीधे हाथ पर की छवि उल्टे हाथ पर की छवि की तरह प्रतीत होती है।

अतः विकल्प (D) सही है।

**84.** पृथ्वी के वायुमंडल में हवा के छोटे अणुओं द्वारा सभी दिशाओं में नीली रोशनी बिखरी होती है। नीला अन्य रंगों की तुलना में अधिक बिखरा हुआ है क्योंकि यह छोटी- छोटी तरंगों के रूप में यात्रा करता है। यही कारण है कि हम ज्यादातर समय एक नीला आकाश देखते हैं। क्षितिज के करीब, आकाश हल्का नीला या सफेद रंग का होता है।

अतः विकल्प (B) सही है।

**85.** बिजली चमकने से पृथ्वी के जल और गैसों से अमीनो एसिड, जीवन के मूल रसायन बन सकते हैं। लेकिन किसी को नहीं पता कि ये रसायन कैसे 'सेल्फ रेप्लिकेटिंग' बन गए यानी खुद की कॉपी बनाने में सक्षम हो गए। यह जीवन की कुंजी है जो एक रहस्य बना हुआ है। हालांकि, पहले जीवन रूप संभवतः एक छोटे बैक्टीरिया थे जिन्हें अर्कबैक्टीरिया कहा जाता था, जो बहुत गर्म, रासायनिक रूप से समृद्ध स्थानों में पनपते हैं। वायरस स्वयं जीवित जीव नहीं हैं।

अतः विकल्प (A) सही है।

**86.** सेलूलोज़ प्रकृति में सबसे प्रचुर मात्रा में कार्बनिक यौगिक है। यह प्लांट फाइबर का मुख्य घटक है। पौधों में औसतन 33% सेल्युलोज होता है, और कपास 90% पर सबसे शुद्ध रूप है।

अतः विकल्प (D) सही है।

**87.** निम्नलिखित सूत्र का प्रयोग करने पर,

मासिक निवेश पर वर्ष के अन्त में कुल प्राप्त लाभ = ( निवेश × समय महीनो में × लाभ की दर) / 100

प्रश्न के अनुसार राम, श्याम और घनश्याम साझेदारी के तहत निवेश करते है इसलिए लाभ की दर प्रत्येक के लिए समान रहेगी।

इसलिए,

राम : श्याम: घनश्याम के लाभ का अनुपात

$= [(16000 \times 3 + 11000 \times 9) : (12000 \times 3 + 17000 \times 9) : (21000 \times 6)]$

$= (48000 + 99000):(36000 + 153000):(126000)$

$= (147000: 189000: 126000)$

$= (7:9:6)$

श्याम का हिस्सा

$= \left(\dfrac{9}{22}\right) \times 26400$ रुपये

घनश्याम का हिस्सा

$= \left(\dfrac{6}{22}\right) \times 26400$ रुपये

इसलिए श्याम का हिस्सा घनश्याम से अधिक है,

$= \left(\dfrac{9}{22}\right) \times 26400 - \left(\dfrac{6}{22}\right) \times 26400$

$= 3600$ रुपये

अतः विकल्प (A) सही है।

**88.** दिया है,

कोण (6y + 70)° और (3y + 47)° हैं

संख्याएँ पूरक हैं।

अधिक कोण: कोणों का योग 180° है।

$(6y + 70)° + (3y + 47)° = 180$

$9y + 117 = 180$

$9y = 63$

या, $y = \dfrac{63}{9} = 7$

∴ y का मान 7 है।

अतः विकल्प (C) सही है।

**89.** राइजोबियम मटर, चना, दाल आदि फलियों की जड़ों में पाया जाता है, जहां यह वायुमंडलीय नाइट्रोजन को अमोनिया के रूप में स्थिर करता है, जिसे बाद में उपयोगी अमीनो एसिड में बदल दिया जाता है।

अतः विकल्प (B) सही है।

**90.** हम जानते हैं कि,

एक बहुभुज के सभी आंतरिक कोणों का योग = (n – 2)π, जहाँ n बहुभुज की भुजाओं की संख्या है।

पंचकोण में, n = 5

⇒ पंचकोण के सभी आंतरिक कोणों का योग = (5 – 2)π

= 3 × 180°

= 540°

अतः विकल्प (D) सही है।

**91.** सीड थेरेपी जो कि सुजोक थेरेपी पर आधारित है, बीज या पौधों के अन्य भागों के आवेदन से संबंधित है और इसे दर्द महसूस करने वाले व्यक्ति के हाथ या पैर में एक समान बिंदु पर एक टेप के साथ संलग्न करता है। इसका उपयोग कैंसर के इलाज के लिए किया जाता है।

अतः विकल्प (C) सही है।

**92.** दिया है,

∠BDC : ∠DCB = 3 : 4

माना ∠BDC और ∠DCB क्रमशः 3x° और 4x° है।

त्रिभुज BDC में,

⇒ ∠DBC + ∠BDC + ∠DCB = 180°

⇒ 3x + 4x = 180° - 40°

⇒ x = 20°

⇒ ∠BDC = 20° × 3 = 60°

अतः विकल्प (C) सही है।

**93.** दिया है,

भुजा = (2x + 5) सेमी

परिमाप = 28 सेमी

परिमाप = 4 × भुजा

भुजा = (2x + 5) सेमी

परिमाप = 4 × भुजा

⇒ 28 = 4(2x + 5)

⇒ 2x + 5 = 7

⇒ 2x = 2

⇒ x = 1

∴ x का मान 1 है।

अतः विकल्प (A) सही है।

**94.** $πr^2 = 154$

$r^2 = 49$

r = 7 सेमी

ऊँचाई(h) = 24 सेमी

पार्श्व ऊँचाई (l) = $\sqrt{(h^2 + r^2)}$

(l) = $\sqrt{(24^2 + 7^2)}$

पार्श्व ऊँचाई (l) = 25 cm

इस शंकु का पार्श्व पृष्ठीय क्षेत्रफल = πrl

इस शंकु का पार्श्व पृष्ठीय क्षेत्रफल = $\left(\dfrac{22}{7}\right) × 7 × 25$

इस शंकु का पार्श्व पृष्ठीय क्षेत्रफल = 550 वर्ग सेमी

∴ इस शंकु का पार्श्व पृष्ठीय क्षेत्रफल 550 वर्ग सेमी है

अतः विकल्प (B) सही है।

**95.** मात्रा = a × a × a

माना, घन का भुजा 'a' हैं।

दिया गया है, घन की प्रत्येक भुजा में 10% की वृद्धि हुई है।

नया भुजा = a + a का 10%

⇒ नया भुजा = 1.1a

नयी मात्रा = 1.1a × 1.1a × 1.1a

⇒ नयी मात्रा = 1.331a

मात्रा में % वृद्धि = $\dfrac{1.331a - a}{a} × 100\%$

⇒ मात्रा में % वृद्धि = 33.1%

अतः विकल्प (C) सही है।

**96.** पिछले 5 वर्षों के लिए ब्याज

= (मूलधन × दर × समय) / 100

= $\dfrac{360 × 5 × 6}{100} = 108$ रु

वर्ष के लिए ब्याज = 540 − 360

= 180

तो, पहले चार साल के लिए ब्याज

180 − 108 = 72

अब, पहले चार साल की दर $= \dfrac{72 \times 100}{360 \times 4}$

$= 5\%$

अतः विकल्प (B) सही है।

**97.** विजेता को $65\%$ वैध वोट मिले और हारे हुए को $35\%$ वोट मिले।

इन दोनों में अंतर $= (65 - 35)\% = 2748$

$30\% = 2748$

मतदाताओं की कुल संख्या, $100\% = \dfrac{2748 \times 100}{30}$

$= 9160$

अतः विकल्प (D) सही है।

**98.** 9 मीटर लम्बाई, 8 मीटर चौड़ाई और 12 मीटर ऊंचाई वाले कमरे में सबसे लम्बी रॉड उस कमरे के सबसे लंबे विकर्ण के बराबर होगी।

सबसे लम्बा विकर्ण $= \sqrt{l^2 + b^2 + h^2}$

जहां, l = लम्बाई, b = चौड़ाई, h = ऊंचाई

सबसे लम्बा विकर्ण $= \sqrt{9^2 + 8^2 + 12^2}$

$= \sqrt{(81 + 64 + 144)}$

$= \sqrt{289}$

= 17 मीटर

अतः विकल्प (C) सही है।

**99.** दिया है,

परिमाप = 80 मीटर

सभी भुजाएँ बराबर हैं। इसलिए, यह एक वर्ग है।

वर्ग का परिमाप = 4 × भुजा

वर्ग का क्षेत्रफल = भुजा²

P = 4 × a

$\Rightarrow$ 80 = 4 × a

$\Rightarrow$ a = 20

क्षेत्रफल = a²

= 20²

= 400

∴ उस मैदान का क्षेत्रफल = 400 मी²

अतः विकल्प (C) सही है।

**100.** हम जानते हैं कि अगर वास्तव संख्याओं के वर्ग का योग = 0 है तो प्रत्येक संख्या 0 होगी।

यहाँ दिया गया है कि, $(x - 4)^2 + (y - 5)^2 + (z - 6)^2 = 0$

$x - 4 = 0$

$\Rightarrow x = 4$

$y - 5 = 0$

$\Rightarrow y = 5$

$z - 6 = 0$

$\Rightarrow z = 6$

$\therefore (x + y + z) = (4 + 5 + 6)$

$= 15$

अतः विकल्प (D) सही है।

# // टिप्पणियाँ //

# // टिप्पणियाँ //

www.ingramcontent.com/pod-product-compliance
Lightning Source LLC
Chambersburg PA
CBHW081316150726
48001CB00021B/2983